JN247714

畠山のスパっとわかる 政治・経済 爽快講義

Z-KAI

Guidance

政経を学ぶ皆さんへ
「講義ガイダンス」

全員必修!!

受験政経の完全攻略型の画期的な参考書とともに「合格」を君に!!

さぁ，いよいよ講義に入りましょう。

あの『畠山のスパッとわかる　政治・経済爽快講義』が爆発的に売れて（改訂版を含めて32刷，爽快シリーズ累計25万部突破）以来，2021年度からの大学入学共通テスト（以下，共通テスト）の導入や時事動向に伴い，更なる改訂版が欲しいとの声が寄せられていました。多くの政経受験生が（学校採用などを含めて）この本を手にして合格を勝ち取ってきた最強・信頼の一冊です。

さて，2003年のイラク戦争開戦の年にこの本が出版されて以来，世の中は大きく変わりました。2008年にはリーマン・ショックの発生（p429で詳しく解説），2015年の安保法制の整備と大きく変化する世界が僕らの前に映し出されているよね。この最新版の『爽快講義』では，こうした時事動向もふんだんに解説し，「深める爽快講義」や「ここで差をつける!!」で新たな用語やデータも付け加えました。いわば共通テストから難関大までを攻略する「受験政経の完全攻略型」の画期的な参考書です。

共通テストのポイントは次の３点

いよいよ，2021年度から共通テストがスタートします。これに伴い2018年11月に全国の一部高校で試行調査が実施され，後の報告書の中で共通テストの概要が示されました。おおむねこれまでのセンター対策がベースとなりますが，10問ほど新傾向も見られました。試行調査と報告書をもとに出題傾向を３点示します。

① 「思考力」を養う⇒「グラフ・統計」を正確に

具体的には，統計資料や各種データを正確に読み取った上で，そこから課題を発見することです。例えば「合計特殊出生率の変化」から税収構造の変化を読み取り，少子高齢化の課題を探す。「ジニ係数の国際比較」から1980年代以降の各国の経済政策の問題点や格差の拡大といった課題を探す。「小選挙区の政党別得票率と政党別議席占有率の隔たり」から死票の問題点を探す。という具合です。こ

の爽快講義では，以前から「資料を見る！」を掲載していますが，以前にも増してよく見るようにしましょう。また，難関私大受験生は，当然ながら最新資料を意識して，特に念入りに確認しましょう。

②「判断力」を養う⇒「原因・理由」を大切に

具体的には，なぜその問題が起こったのか，なぜその制度が必要なのか，といった原因・理由の判断です。例えば「都市部では人口の過密化（都市化），地方では人口の過疎化の進行」が，「選挙区間の有権者数に格差をもたらした」，「高度経済成長の時期に都市化が進行」など，「一票の格差」の原因・理由を考えるということです。**爽快講義**では，この部分をかなり丁寧に解説しています。用語と意味は「ググる」ことですぐ出てきます。しかし，その背景は政経をちゃんと**講義を読みながら流れを学ばなければわかりません**。くれぐれも（特に初学者は）「一問一答的」な理解の仕方はやめてください。

③「表現力」を養う⇒「解決策・対策」を大切に

具体的には，どうすればその問題が解決するのか，新たな問題点の提起などです。これらは小論文などで計られてきましたが，具体的には「少子高齢化を解決するために労働生産性を上げるべき」，「一票の格差を是正するために合区をすべき」，「世論調査の問題点やマスコミ報道の問題点と中立報道の在り方」などです。受験生は，現在行われている政府の政策や，新しい法律と意義，時事的動向にますます多く触れましょう。この新しい爽快講義では，「時事問題」のコーナーを大幅にボリュームアップしています。また「深める爽快講義」もこれまで以上に読み込んで，自分なりに社会問題について考えてください。

> ## 政経とは何か？「良き社会創造へのチャンス」である!!
> ## 受験とは何か？「人生最大のチャンス」である!!

政治・経済は変化する社会の現状を理解しながら，どのような社会が望ましいのかを模索していく，面白くもあり，僕らにとって本当に必要な科目です。**人間は新しい知識によって，新しい自分が作り出され，社会を見る目が変わる。そして君自身がより良き社会を実現するための「何か」に関わっていく**。その手助けが政治・経済という科目です。

この本を読み終えて合格を手にした時，君は合格以上に大切な何かを手にしているはずです。それが受験というものの醍醐味なんだ。決して**受験は暗いものじゃない。受験生であることが「後ろめたいこと」でもない**。自分が成長する人生の大きなチャンスを手にしている。どうか一日を大切に悔いのないように過ごしてください。

Guidance

予備校の空間を最大限に再現!!

　今皆さんは受験政経の入り口に立っています。ですからこの先つまずかないよう，とにかく丁寧に説明します。また，ある程度政経が得意な人もきっとこの講義を通して，根本から理解することができるでしょう。背伸びせずしっかりと読んでみてください。さらに，なるべく**予備校にいるような臨場感**を出していきたいので，授業のつもりで読み進めていってください。いつしか不思議に政経が好きに，そして自信がもてるくらいに得意になるはずです。

「はじめての政経」何が勝敗を決めるのか？

　さて，まず質問です。どんな教科でもそうですが，**初めてその教科を学習しようとするときに必要なものって何だと思います？**

　ではその質問に答える前にちょっと考えてみましょうか。

　実は，人間にとって「恐れ」を抱くものって何だと思いますか？

　例えば「リングの貞子」は誰もが恐いよね。UFOや心霊現象が恐いよね。何故だろう。答えは簡単。**人間は「正体が不明」なものに恐れを抱くんです。** 例えば，「リングの貞子」があさイチに出演したら，全然恐くなくなりますよね。宇宙人がミュージックステーションで歌を歌ったら恐くないですよね。何故か。**「正体」**を知ったからなんです。

　つまり僕らがはじめて何かを学習しようとするとき必要なのは，まさにその正体，言い換えれば「**正確な定義を身につけること**」なんです。そうでないとつまらない無味乾燥な世界に引きずり込まれます。

　それでは「**正確な定義を身につける**」ためには何が必要なのかな？

　それは「**言葉を言葉として憶えない**」ということです。例えば民主政治。これを「権力分立，人権保障，国民主権，法の支配が確立した政治」なんて憶えたってなんにも面白くない。確かに試験ではそれが聞かれます。でも取り出せない。

まず，用語の線（本質）を把握すること

　大切なのはその用語の「線（本質）」を作って，そこに用語を位置づけることです。この場合，「人々は自由を要求した」だから，「自由を抑圧されないために，その原理を作った」この「自由の要求」という大切な「線（本質）」が頭にあれば，スムーズに用語を取り出せますよね。

　こうして用語をつなぐ「線（本質）」を作る作業が，さらには「点」である用語を「線」でつなぐ作業こそが，政経そして学問をする上で大切なんです。その上で自らが考えていく。そんな繰り返しが，いつかあなたの政経観を変えていくこ

とでしょう。

しかし，この「線（本質）」を作る作業が一人ではなかなかできない。憶えても忘れるのは「線（本質）」がないから。**だからこの講義で僕が君たちの頭に「線（本質）」を作ることを約束**します。そしてこれこそがこの参考書の狙いです。

さて，面白いことに，近年の**大学入試**などの傾向は，まさにこの用語の意味ではなく，その背景である「線」を聞く問題が多く出題されています。

この講義（参考書）では，その問題の「線（本質）」を捉えていくことを第一目標にします。だって憶えることは誰でもできるんだから。そして，この政経をその「線（本質）」で眺めたとき，きっとあなたの社会への見方は，180度変わることでしょう。

「用語戦は用語線（本質）で勝利できる」

政経は確かに，用語の戦い「用語戦」であることには変わりありません。しかし，繰り返しますが，その**戦いは用語を「線」でつないだとき勝てる**のだと思います。僕はこれを**「用語線」と名づけます。**

「用語戦は用語線（本質）で勝利できる」

僕はそう確信してこの本を書いていきます。ここは共有してください。

さらにちょっと考えると，これは受験だけでなく人生もそうでしょう。

誕生，遊び，受験，恋愛，挫折，成功，死。

ひとつひとつの人生の出来事もきっと「線」のつなぎ方次第で良くも悪くもなっていくんじゃないかな。悲しい「線」でつなげば，全ての出来事は悲しくなるし，希望の「線」でつなげば，きっとその人生は「希望」がきれいに輝く人生になることでしょう。

どんな「線」を作るのか？受験も人生もそこが味の素ですね。

いつかこの受験も希望の「線」を作り出すひとつの材料になることを，僕は真剣に祈っています！

そんな信念と共に，この講義で君達にぶつかります!!　どうかよろしく!!

それでは，はじめましょうか！　素晴らしき政経の物語を!!

「君にはできないと世間がいうことをやってのける事，それが栄光だ!」
〜W.バジョット〜

Guidance

本書の効果的な使い方

　まず，この本の構成を説明します。この本は原則，左ページに「板書ポイント」，右ページに「爽快講義」の見開き2ページで各項目を完成してあります。**「板書ポイント」**は僕が予備校で行った板書をそのまま再現し，配ったプリントなども，そのまま再現しています。これで知識を定着できるようになっています。「深める爽快講義」「最新時事動向」も差をつけるために活用してください。さらに，付録として「時代随想（コラム）」，「ここで差をつける!!」，「資料を見る!」も差をつけるために活用してください!!

　各項目の上には★で「出題頻度」を示してあります。共通テストの予想に関しては，検定教科書，学習指導要領，2018年に実施された試行調査と報告書，および過去のセンター試験から分析しています。学習の参考に。

　さて，具体的な方法に入りますよ。まず最初に「最強ポイント」を読んだ上で，「爽快講義」を読み，必要に応じて「板書」に目を通してください。**大切なのは用語を見て憶えようとしないこと。とにかく講義の流れで用語を位置づけてください。**（一部ページの都合上，板書のみの項目もあり）

　一通り読み終わったら，**板書ページに赤シートをかぶせて，必要用語をチェック。**そしてもう一度，「爽快講義」に赤シートをかぶせてチェックし，用語を言えるようにしましょう。

　こうして上の**学習**が終わったら『爽快問題集』に**トライ!!**して，実戦力をつけていく。これを繰り返そう!!

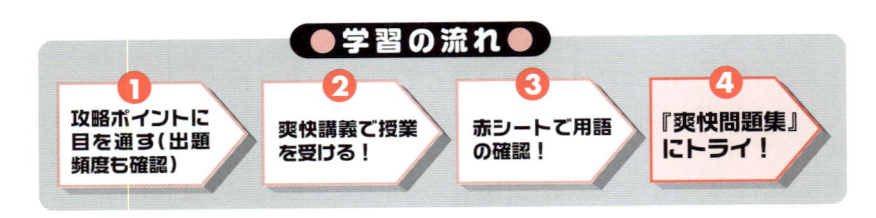

●学習の流れ●

| ❶ 攻略ポイントに目を通す（出題頻度も確認） | ❷ 爽快講義で授業を受ける！ | ❸ 赤シートで用語の確認！ | ❹ 『爽快問題集』にトライ！ |

　❶〜❸までは，通学中の電車の中でもできるよね。受験生は主要科目に時間が取られるので，そのことも考慮に入れました。そして講義を受けたら，必ず『爽快問題集』で問題演習を行ってください。（これはやらんと）

　また，**必ず全範囲を学習し，「ついばみ的」な使い方をしないこと。政経はすべての項目がつながっている。**だから必ず全部やること!!

　私立大学や国公立二次を受験する人は，さらに，『実力をつける政治・経済80題』

（株式会社Ｚ会）で実際の過去問に取り組み，実践力をつけることをオススメします。

それでは諸君の健闘を祈る!!

見て納得! 本書の構成!

＋  の立体構成で予備校の授業を完全再現!

過去30年間の入試問題分析による最強のポイント!
試験前に必ず見直そう!!　ヤマをはるならココだ!!

学習の目安に，学校の中間・期末対策には基礎を
入試対策には，発展，時事も含めて学習しよう!

過去30年間の入試問題
分析から一目で分かる
出題頻度!!

共通テスト，私大基礎，難関
大のレベルを表示!

予備校の講義をそのまま再現!!
誰もがポイントをスパッと理解
赤シートを使えば，空所補充問題に変身!

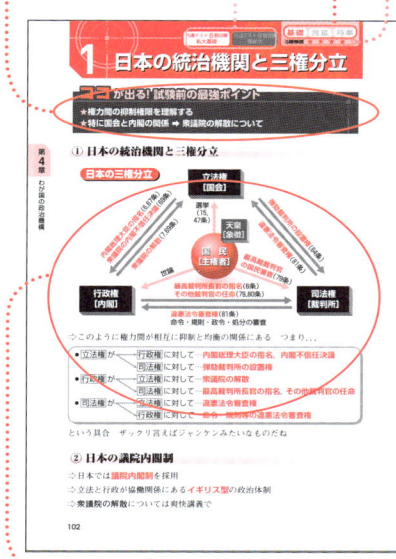

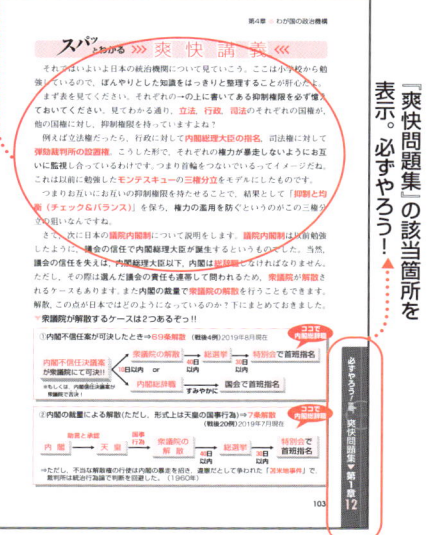

僕の予備校での，板書・プリントを整理
赤シートを使ってポイントを整理しよう! 爽快講義を読んで効果倍増!!

Contents

第1章
民主政治の原理

政治分野

共通テスト8割目標 私大基礎 ／ 共通テスト9割目標 難関大

基礎 発展 時事
出題頻度 ★ ☆ ☆ ☆ ☆

1 政治と権力

ココが出る！試験前の最強ポイント

★政治の定義　★アリストテレスの「人間は社会的（ポリス的）動物」
★M.ウェーバーの権力の正統性

① 政治とは

⇒定義「**利害関係**を調整し**社会秩序**を維持する行為」

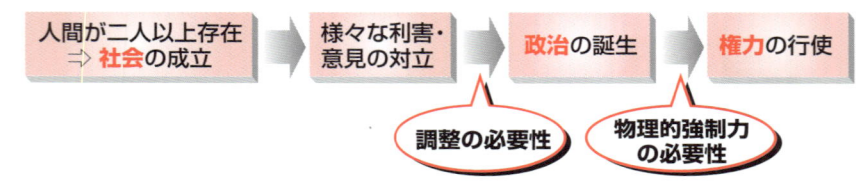

人間が二人以上存在 ⇒ **社会**の成立 → 様々な利害・意見の対立 → **政治**の誕生 → **権力**の行使

調整の必要性　物理的強制力の必要性

「**人間とは社会的（ポリス的）動物である**」…… **アリストテレス**『政治学』

② 権力とは

⇒人々を服従させ支配する為の物理的強制力 ☞ 例．警察・軍隊等
⇒ただし，濫用の危険性あり　民主政治は**権力分立**が原則
「絶対的権力は絶対的に腐敗する」**アクトン**卿

③ マックス・ウェーバーによる権力の正統性の分類

※権力の正統性⇒人々が何故権力に従うかという正統性

人の支配

1. 伝統的支配
その**支配者の背後にある「神聖さ」や「伝統」**による権力の行使
中世の王権神授説に基づく絶対王政や日本のかつての天皇制など

2. カリスマ的支配
その**支配者の背後にある「カリスマ（個人的神秘性）」**によって権力を
行使する。ヒトラーや，古代日本の卑弥呼のような弁舌や呪術的信仰

法の支配

3. 合法的支配
その**権力者が「合法性」によって誕生**し，合法的権威によって権力
を行使　現代国家の殆どがこの形態をとる

スパッとわかる >>> 爽 快 講 義 <<<

　さぁ，いよいよ最新の時事動向に対応した**最新のこの爽快講義**を使って講義に入りましょう。ちょっと最初に確認しますが，すでに皆さんは**「政経を学ぶ皆さんへ　講義ガイダンス」を読み終えてあるよね？** 今ドキッとした君！ 読んでからこの講義を聴くこと‼(すぐにガイダンス<p2>へ)

　さて，政治とは何でしょう。ガイダンスでも言ったとおり言葉の定義がないと僕らはまったく勉強に手がつかないんだったね。ここから最初の講義をしていきます。そして「深める爽快講義」で，更に本質に迫って下さい。

　まず，**僕らは1人で生きることはできません。**僕だって本を書くために色々な人の手を借りているし，みんなだってそうでしょう。つまり人間は1人では生きられない。だから**人々が集まり「社会」**を作るんだ。古代ギリシャのアリストテレスは**「人間は社会的(ポリス的)動物」**であるといっています。そして**社会の中に生きる人間は必ず利害対立を引き起こす。**1人じゃ利害対立は起きないからね。でも利害対立は放っておいたって治まらない。ここまでいいね。

　いいですか。この**「利害を調整する行為」**そして**「社会秩序を維持する行為」**を**「政治」**といいます。この方法には古代ギリシャのような**ディアレゲイン**にはじまる議論，また果ては**戦争を手段とする政治**※まで，様々政治方法，政治過程がある。

　現在の基本的な政治過程は，話し合う(**議会**)⇒法律をつくる(**立法**)⇒法を執行する(**行政**)⇒法で解決する(**司法**)，というように**一連を「法」により正当化**しています。こうした国家を**「法治国家」**と呼んでいます。

　ただし，現実には作られた法を無視する人もいます。殺人，放火など。このとき当然この人たちに**「強制的に従ってもらう必要」**が出てきますね。この強制力を**「権力」**といいます。さっきの話でいえば，作られた法から裁判の判決にいたるまで，**権力が政治には絶対に必要**になるわけです。

　このとき問題になるのが，誰がこの権力を行使するかということ。いきなり「俺が‼」ってなわけにはいかない。そこで**権力の行使には人々を納得させる「理由」**が必要になる。ここまでいい？

　この理由を**「権力の正統性」**といい，現代最高の社会学者といわれる**マックス・ウェーバー**が板書③の3つに分けました。特に1の**伝統的支配**と2の**カリスマ的支配**を**「人の支配」**，3の**合法的支配**を**「法の支配」**と区別する場合があるので注意しましょう。次に国家について見ていきます。

※19世紀の**クラウゼヴィッツ**は『**戦争論**』の中で，「戦争は政治目的を達成する手段」つまり，政治の延長であるとした。

必ずやろう！ 爽快問題集 ▼ 第1章 01

2 国家とは

ココが出る! 試験前の最強ポイント

★国家の三要素　特に領海と経済水域の区別
★主権の定義　★領土問題も要チェック（p226）

① 国家とはなにか

⇒**国家の三要素　イェリネック**　主著『**一般国家学**』

- **1. 領域** 領土，領海（沿岸12海里），領空（領土・領海の上空）
  ※ 経済水域⇒沿岸**200**海里は排他的経済水域

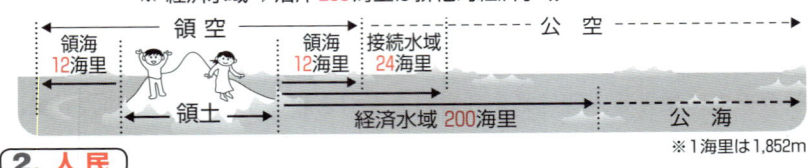

※1海里は1,852m

- **2. 人民**
- **3. 主権** 一般的には統治権をいい最高性と独立性を意味する。

主権（統治権）
- 対内的主権 ➡ **最高性** …国政の**最高意思決定権**
- 対外的主権 ➡ **独立性** …**内政不干渉**の原則

⇒主権理論の父**ジャン・ボーダン**『**国家論**』

- 君主主権の代表的学者⇒**ボーダン**『**国家論**』，**ホッブズ**『**リヴァイアサン**』
- 人民主権の代表的学者⇒**ロック**『**市民政府二論**』，**ルソー**『**社会契約論**』

② その他の国家観

学説	学者	内容
国家有機体説	スペンサー等	国家は生命体であり個人は細胞とする説
多元的国家論	**ラスキ，マッキーバー**	国家は企業，学校等の**社会集団の一部**
国家法人説	イェリネック	国家は法律を整備する法人，君主は国家の機関として国を統治　⇒天皇機関説（p89）へ影響
国家征服説	オッペンハイマー	国家は強者の強力な征服によって成立
王権神授説★	**フィルマー，ボシュエ**	**国家は神が創造し国王が神の権力を行使**
社会契約説★	**ロック，ルソー，ホッブズ**	**国家は人間が契約によって作り**，政府は人民の各種権利の保持を委託され成立　⇒**近代市民革命に影響**

スパッとわかる >>> 爽 快 講 義 <<<

　いままで，学習してきた中の「国家」という言葉は何を指すのでしょうか。受験では**イェリネック**[1851〜1911年]の「**国家の三要素**」が切り口になります。

　まず**領域**ですが，これは**領土，領海，領空**(領土・領海の上空)から成ります。これは基礎だよね。板書の図のとおり，海里は距離の単位で，領土から**12海里**が領海，**200海里**が**経済水域**となっている。この経済水域は領海ではないので，**注意が必要**です。経済水域とは鉱物資源や漁業などの支配権がある水域です。

　ちなみにわが国では，**1977年の領海法で12海里が規定**されました。一方，国際的には1982年の第3回**国連海洋法会議**で，領海12海里と経済水域200海里などとする**国連海洋法条約**が採択，1994年に発効。日本は1996年に批准しています。また，領海，領空に属さない区域をそれぞれ，公海，公空といい，特に**グロティウス**[1609年]が『**海洋自由論**』の中で，公海は自由航行できるという**公海上の自由**を主張。これは**国際慣習法**として有名です。

　次に人民は人のことです。これについては問題ないよね。

　最後に，**主権**です，ここは頻出なのでしっかり聞いてください。**主権**とは，その国家を統治する**統治権**をいいます。そして主権は，次の2つからなります。以下は**ボーダン**[1530〜96年]により確立されました。

　まず1つは，その国内部の統治権「**最高意思決定権**」。これはその国家において政治的な決定をする権利で，君主にあれば**君主主権**，人民にあれば**人民主権**になるね。またこれは，その国内部の統治権をいうので，「**対内的主権**」ともいうんだ。2つ目は，その国家が他国から独立するという「**独立権**」を意味します。当然独立しているのだから，他国がその国の内政にあれこれ口出しできない，「**内政不干渉**」が原則です。これは「**対外的主権**」と表現され，主として「**主権国家**」という言葉の「主権」はこの「独立権」という意味で用いられています。つまりまとめると，**自ら意思決定ができ，他国に干渉されない**。これが国家の主権であり，本来の国家の姿です。

　実はこのボーダンの主権理論は，ローマ教皇の内政の干渉を排除し，諸国の王が独立して政治を行うため，**君主主権**を擁護する理論だったんだ。後に主権の主体は市民革命を経ながら，**国民主権**へと移行していくことになります。

　最後にその他の国家観ですが，ここはあまり出題されません。②の表の多元的国家論，国家法人説を読んでおく程度でいいでしょう。**社会契約説，王権神授説**は近代市民革命での出題が多いので，そこで詳しく説明します。

必ずやろう！ 爽快問題集 ▼ 第1章 01

3 法とは

ココ が出る! 試験前の最強ポイント

★ 自然法と実定法の相違　★ 法の支配と法治主義の相違（論述注意）

① 法とはなにか

社会規範

法……公権力が制定した社会的強制力が伴う社会規範，外面的な規定，反すればなんらかの制裁的事態が用意されている

道徳…社会的強制力は必ずしも伴わない，内面的な規範
反した場合，良心の呵責が発生

慣習…社会・共同体の慣行によって成立した規範

② 実定法と自然法

1. 実定法 ⇒ 人為的に発生した法

2. 自然法 ⇒ 生まれながらの自然的な法，主として人間が生まれながらに自由かつ平等であり，誰もそれを侵害できないとする法　☛ 自然法の父**グロティウス**

③ さらに実定法は ➡ 成文法と不文法に分類される

1. 成文法 ⇒ 文章化された法，日本国憲法や日本の法律等

2. 不文法 ⇒ 文章化されていない法　☛ 例，**イギリス**の**コモン・ロー**や不文憲法

④ 法の支配と法治主義（超頻出!! 論述注意）

法 の 支 配		法 治 主 義
自然法による支配	原　　　理	**議会制定法**による支配
法の内容を重視 ⇒ 実質的	法 の 質	法の形式を重視 ⇒ 形式的
基本的人権を保障する内容	内　　　容	法制定によって人権蹂躙可
悪法は法ならず	結　　　果	悪法も法なり
イギリス	発 達 国	**ドイツ** ⇒ 明治憲法にも影響

⑤ 法の支配の歩み（頻出! 丸暗記!!）

13世紀　**ブラクトン**「**国王といえども神と法の下にある**」⇒ 法の支配の主張

17世紀　**E. コーク**，国王に**法の支配**を要求 ⇒ **1628**年**権利請願**

19世紀　**ダイシー**『**英国憲法研究序説**（1885年）』⇒ 法の支配の**定式化**

スパッとわかる >>> 爽 快 講 義 <<<

さて，法は社会規範の1つです。

社会規範は，**公権力（公的手続）によって制定され，かつ一定の範囲で強制力を持つ法**と，それに対して，歴史の中で個人に内面化された道徳と慣習があります。特に政経では前者の法について深く学びます。

この法は，人為的に定めた**実定法**と，生まれながらに従う**自然法**に分かれます。特に重要なのはこの自然法の存在。「えっ法律って人が作るもんじゃないの？」誰もがそう思うでしょう？　でも良く考えると違うんだね。

例えば，「人を殺してはいけない」。これは誰もが了解しているよね。でも法律にはどこにもそんな規定は無い。「殺人は懲役，無期または死刑」と刑法第199条の規定は，殺したら罰すると書いてあるだけ。つまりその罰が受け入れられるのならば，殺人は可能なのです。でも僕はしない。なぜ？

ちょっと過激になりましたが，わかります？　つまり「**人間は実定法を作る以前の段階で拘束されているルールがある**」。これが**自然法思想**の立場なんです。この自然法の父が**グロティウス**です。彼の言う自然法は，人間は生まれながらに自由であり，故に**自由や生命・財産を奪うことは誰もできない**，とするものです。この前提の上に実定法は作られているんですね。

一方の実定法は制定形式により2つに分かれます。文章化した**成文法**と，文章化しない**不文法**です。特に不文法が分かりにくいと思うので説明します。この形式をとっているのが英国です。英国では年間3つ程度しか法律を作りません。ちなみに日本は約150の法案が通ります。つまり，**あえて成文法にしない文化を持っている**。これが英国の**コモン・ロー**（英国慣習法）です。国によって法律の形式まで違うって面白いですね。

最後に「**法の支配**」と「**法治主義**」の原理を表を見ながら押さえましょう。

ここは重要ですよ。**法の支配はイギリス**で発達しました。これは自然法の支配を意味し，制定される法の内容までもを問う「**実質的法治主義**」で，人権を蹂躙するような法は法にできません。対し**ドイツ**の**法治主義**は法の内容までは問わない「**形式的法治主義**」です。これは「**悪法も法なり**」という考え方で，かつての**ファシズム**などを生み出す要因ともなったんです。**ヒトラー**は1933年，当時，民主的とされていた**ワイマール憲法**の下で，自らに全権を委任する「**全権委任法（授権法）**」を制定しました。その後ユダヤ人の大虐殺などの**ホロコースト**を実施。犠牲者の数は1000万人以上にも上るという統計もあります。

必ずやろう！ 爽快問題集▼第1章 **02**

17

共通テスト8割目標 私大基礎　共通テスト9割目標 難関大　基礎 発展 時事　出題頻度 ★ ★ ★ ★ ★

4 民主政治の基本原理

ココ が出る! 試験前の最強ポイント

★直接民主制と間接民主制　★ロックとモンテスキューの権力分立の相違

① 民主主義とは

⇒「**Demos・人民** + **Kratia・支配**」が語源

⇒ 古代ギリシャの**ポリス**の**民会**での**ディアレゲイン**（議論）が起源

⇒ 元来，西欧近代は「**自由**への欲求と実現」のため民主政治を求めた

➡ **①権力分立**　**②人権保障**　**③法の支配**　**④国民主権**

➡これらを近代市民革命によって手に入れた。

直接民主制 …**代表者を介さずに人民が政治に参加**
☛ 例：古代ギリシャの**ポリス**の**民会**
　　　一部米国ニューイングランド地区の**タウンミーティング**
　　　スイスの一部州の**ランズゲマインデ**

間接民主制 …代表民主制，代議制ともいう　**代表者を介して**政治に参加
現代国家の殆どの国家がこの形態

② 権力分立　ここは頻出!! ★

⇒ 人民の自由を守るため権力濫用の防止のシステム

⇒ **ハリントン**（1611～77年）がその著書『**オセアナ共和国**』の中で，立法部内を審議院と発案院に分立（二院制）することを提唱→さきがけ的（ハイレベル）

⇒ その後，**ロック**と**モンテスキュー**が，権力間の**三権分立**を主張

③ ロックとモンテスキューの権力分立

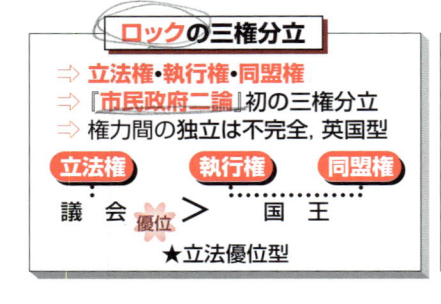

ロックの三権分立
⇒ **立法権・執行権・同盟権**
⇒ 『**市民政府二論**』初の三権分立
⇒ 権力間の独立は不完全, 英国型
立法権　**執行権**　**同盟権**
議　会 優位 ＞ …… 国　王
★立法優位型

モンテスキューの三権分立
⇒ **立法権・行政権・司法権**
⇒ 『**法の精神**』司法権を分立
⇒ 権力間は厳格に独立, 米国型
立法権　**行政権**　**司法権**
分立　分立
★抑制と均衡型

スパッとわかる ≫≫ 爽 快 講 義 ≪≪

さて，いよいよ政治の核心ともいえる重要な項目に入ります。

民主政治とはその名のとおり，**人民主権を実現する政治体制**を指します。古代ギリシャの「**Demos・人民＋Kratia・支配**」が語源であり，ここでのポリスの**民会**にその起源があります。ただし，民主主義という言葉はその実現方法をめぐって今日様々な議論があるんです。例えば，朝鮮民主主義人民共和国での民主主義と私達の考える民主主義にはやはり差があります。

さて，受験では西欧近代以降に確立した**近代民主主義**を出題します。西欧近代は，14〜16世紀のルネッサンス運動に象徴されるように「**権威からの解放**」と「**自由への欲求**」が世界史の中に一筋の光となって現れた時代です。そう，まさに「自由の実現」こそが，近代人の第一の目標だった。だからこそ自由の実現のために，**市民革命**を通じて民主主義を求め発展させたんです。

そして，自由を守るための制度的結果こそが①**権力分立**，②**人権保障**，③**法の支配**，④**国民主権**という原則だったということなんですね。

まず①の権力分立から説明します。「誰が権力を握っても結果として濫用されては意味が無い。」これは**モンテスキュー**自身の言葉です。彼らは1つに権力を集中させずに分立させて互いに監視しあう，こうして「**抑制と均衡（チェック＆バランス）**」により，権力の濫用が防止できると考えたんだね。

とにかくめちゃくちゃ重要なのが**ロックとモンテスキュー**です。この2人は区別してください。まず**ロックは初めての三権分立を説いた学者**として試験に出ます。彼の学説は，まず権力を**立法権**，**執行権**，**同盟権**(外交権)に分け，立法権を議会に，そして執行権，同盟権を**国王**がもつ，というものです。**議会と国王との間の権力分立を行った**，という意味から「**二権分立**」として捉えることもできるよね。そして議会が国王に対して優越する（立法優位），というものです。ただし**司法権**を分立させなかった点で不完全であり，これを批判・修正する形でモンテスキューの権力分立が生まれたんですね。

モンテスキューは国家権力を，**立法権**，**行政権**，**司法権**の3つに分立し，特に司法権の役割を重視しました。この厳格な**抑制と均衡(チェック＆バランス)**の三権分立理論は，米国の政治制度に厳格に反映されています。

ちなみにロックが司法権を独立なものとして分立しなかった訳は，**英国では元来，立法と司法は同一視されている**ためです。※かつての**最高法院は上院**が担当

共通テスト8割目標 私大基礎	共通テスト9割目標 難関大	基礎 発展 時事 出題頻度 ★ ★ ★ ★ ★

5 社会契約説と市民革命

ココが出る! 試験前の最強ポイント

★社会契約説が近代市民革命を支えた理由
★ホッブズ，ロック，ルソーの社会契約の相違

① 社会契約説の政治的意義

⇒ 自然権・自由を守るため**合意・契約による国家の人間の作為性を認めたこと**
⇒ 国家の契約違反に対し**抵抗権（革命権）**を認めたこと（特にロック，ルソー）
⇒ これらが，結果として**近代市民革命を肯定し**，近代市民革命を誘発したこと

王権神授説
- 世界は神によって成立，**国王が神から権力を授かり市民に対して絶対権を持つ**
- **神が世界を創造したとする**，よって→作り直しができない
- **→革命は否定された**
- 代表人物
  英国→**フィルマー**『父権論(パトリアーカ)』（1590?～1653年）
  仏国→**ボシュエ**『世界史論』（1627～1704年）
  ※国王ではジェームズ1世(英)や，ルイ14世(仏)が信奉

社会契約説
- 国家はその**国家の構成員との契約によって成立**するという思想 →人民の合意(コンセンサス)という契約の元に
- **人間が世界を作為したとする**，よって→作り直しが可能
- **→革命が肯定された**
- 代表人物
  ホッブズ，**ロック**，**ルソー**の3名と契約内容の相違点を絶対に押さえること

② ホッブズ，ロック，ルソーの社会契約説（違いに注意）

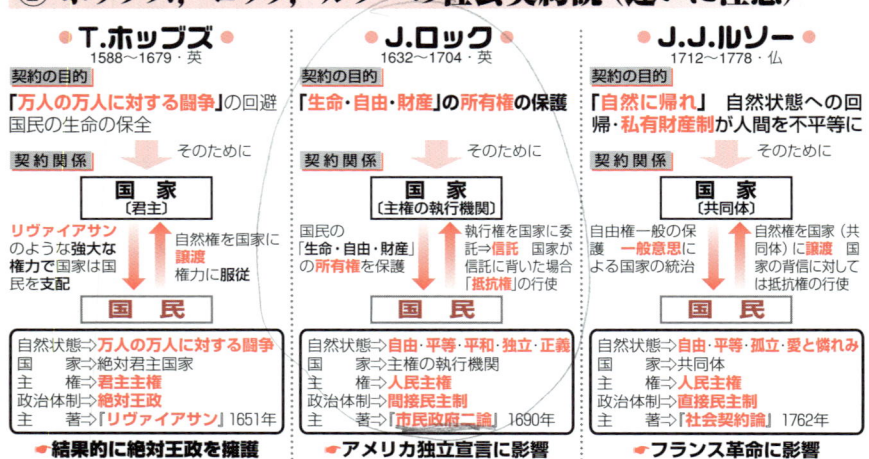

● T.ホッブズ ● （1588～1679・英）
契約の目的
「**万人の万人に対する闘争**」の回避
国民の生命の保全

契約関係 そのために
国家（君主）
リヴァイアサンのような強大な権力で国家は国民を支配
自然権を国家に**譲渡**権力に服従
国民

自然状態⇒**万人の万人に対する闘争**
国　家⇒**絶対君主国家**
主　権⇒**君主主権**
政治体制⇒**絶対王政**
主　著⇒『**リヴァイアサン**』1651年

▶結果的に絶対王政を擁護

● J.ロック ● （1632～1704・英）
契約の目的
「**生命・自由・財産**」の所有権の保護

契約関係 そのために
国家（主権の執行機関）
国民の「**生命・自由・財産**」の所有権を保護
執行権を国家に委託⇒**信託** 国家が信託に背いた場合「**抵抗権**」の行使
国民

自然状態⇒**自由・平等・平和・独立・正義**
国　権⇒主権の執行機関
主　権⇒**人民主権**
政治体制⇒**間接民主制**
主　著⇒『**市民政府二論**』1690年

▶アメリカ独立宣言に影響

● J.J.ルソー ● （1712～1778・仏）
契約の目的
「**自然に帰れ**」 自然状態への回帰・**私有財産制**が人間を不平等に

契約関係 そのために
国家（共同体）
自由権一般の保護 **一般意思**による国家の統治
自然権を国家（共同体）に**譲渡** 国家の背信に対しては抵抗権の行使
国民

自然状態⇒**自由・平等・孤立・愛と憐れみ**
国⇒共同体
主　権⇒**人民主権**
政治体制⇒**直接民主制**
主　著⇒『**社会契約論**』1762年

▶フランス革命に影響

スパッとわかる >>> 爽 快 講 義 <<<

　先ほど僕は，政治的意味での西欧近代は「自由への欲求」を原動力に，近代市民革命によって近代民主主義を獲得していく歴史であると説明しましたね。

▼ それでは自由獲得のための革命を肯定する理論は当時何だったのか？

　まさに受験の切り口はそこで，これこそが「**社会契約説**」という思想だったんです。革命を肯定し，人々を革命の中に引き込んだ重要思想。これこそが社会契約説です。それでは説明しましょう。板書①を見て下さい。

　さて，17世紀頃まで西欧において人々を支配していた国家観は「**王権神授説**」というものでした。これは神が世界を創造し，神に支配権力を授かった国王が国家を支配するという考えです。この政治体制を**絶対王政**といいますね。重要なのは神が世界を創造した，ってところ。つまり人間が作り変えることは神への反逆となり，この意味で革命は許されなかったんだ。

　ちなみにこの王権神授説を唱えた学者として有名なのが，英国の**フィルマー**とフランスの**ボシュエ**です。またそれを信奉した国王として挙げられるのが，英国の**ジェームズ1世**，フランスの太陽王で有名な**ルイ14世**です。

▼ しかし，そこに来て，グロティウスに代表される自然法思想が出てきます

　さっき学習したように「**人間の生命，自由，財産は奪われない**」って思想です。でも現実には国王が奪っていた。そこで社会の矛盾を克服する形で**社会契約説**が生まれます。

　社会契約説は，自然権をもった人々が，「**自然権を守る合意**」という契約によって，**必要だから社会を作る**，という思想です。大切なのは必要性により「**人間が社会を作為した**」というところなんだ。だからもしその契約が実現されなければ，国家を作り変えてよいことになる。この作り変えの肯定が，結果として**市民革命**を肯定していくんだね。

　最後に**ホッブズ**，**ロック**，**ルソー**3人の思想の相違を見ていきます。かなり頻出度が高いので注意してくださいよ。（②の板書を赤シートを使って暗記）

▼ **ホッブズ**は「**万人の万人に対する闘争**」を回避するために契約をします

　これは自己保存権の濫用による闘争を意味する言葉なんです。例えば無人島におかれたら，絶対僕らは食料の取り合いで喧嘩になるよね。まさに，この状況を

回避するために契約を結び国家を作る。その際，ホッブズの言う自然権である，**自己保存権**は自己主張の道具になるので君主に**全面譲渡**し，**リヴァイアサン**（旧約聖書の海獣）のような強大な君主に支配されるという国家形態です。従って**彼は君主主権**を容認し，結果として絶対王政を擁護しちゃうことになるんだ。

▼ 次に<u>ロック</u>です。彼は「財産権」を保護するために契約すると考えています

その際，人民の自然権の**一部**を国家に譲渡し，国家に**執行権**（制裁を加える権限）を託します。この行為を**信託**といいます。つまり，彼の思想は**間接**民主制になるということを頭に入れといてください。さらにその国家がもし契約に反する暴走をした場合，人民がその政府を否定し新たな政府を作ることができる，という**抵抗権**を持つというのがロックのポイントになります。いいですか。この**抵抗権**の思想こそがまさに近代革命を推し進めた論理である点を憶えておいてくださいよ。この部分が1番入試に出題される。

それと，ロックの『**市民政府二論**』は**1690**年，つまり1688年の名誉革命の2年後に書かれているというところも大切なポイントになります。（意外に革命の前だと勘違いする人も多いですよ）。また，聞き方によっては，1689年の**権利章典**の翌年とも出題される。あくまでもイギリス革命の肯定的理論として世の中に出回ったんですね。その後，1776年の**アメリカ独立宣言**にこの思想は影響を与えることになります。影響を与えたのは独立革命の方です。

▼ 最後に<u>ルソー</u> → 自然状態に帰るために契約を結ぶと考えています

彼の自然状態は自由・平等で孤立，そして愛と憐れみを持つ状態です。よって「**自然に帰れ**」ば自由になれると彼は考えている。そのために，まず自然権をすべて共同体に譲渡するんです。ここでみなさんは，「えっ」と思いませんか？だってこの点だとホッブズと共通です。ただしルソーの譲渡先は，国家ではなく共同体であって君主ではありません。つまり，ざっくり言い換えれば「自然権をみんなで共有する」という意味なんですね。だから自由は保障される。

また，彼もロックと同じ人民主権を主張します。ただし，ロックのような**間接民主制**ではなく，**一般意思**という全人民・共同体の幸福を目指す意志に従い，全会一致を目指す**直接民主制**で運営される，「**人民主権**論」を展開しました。

このルソーの思想は**1789**年の**フランス革命**に影響していく。

ルソーはロックを次のように批判しています。

「**イギリス人の自由は選挙の時のみの自由にすぎない**」と。

▼ 現代国家のほとんどが間接民主主義

さて，今の政治を見ても選挙以外に政治へ参加する手段はなかなかありませんよね。つまり現代国家の殆どが，間接民主制をとっているんだね。だから，ロックの主張を採用してるということになるんです。

このように，**社会契約説は近代の民主主義を作る上でとても重要な役割を果たしたんですね。「人間が社会を作った以上，人間が社会を作り変えることができる」。**この論理こそが革命を推し進め民主主義を作り上げたのです。だからこそ入試ではよく出てくる。でも多くの受験生はこの分野を単なる用語の暗記で勉強したつもりになってる人が多いようです。それが実に怖い。政治の根本の大切な思想です。だからこそ今日は理解するまで絶対に眠らないこと。約束してください。**寝たら起こしに行きますっ!!（ウソつきっ!!）**

少し長い講義になりましたが，とても大事な講義なのであえて説明しました。ちょっと長かったので最後に講義をまとめていきたいと思います。

必ず『爽快問題集』を解いて理解してください。

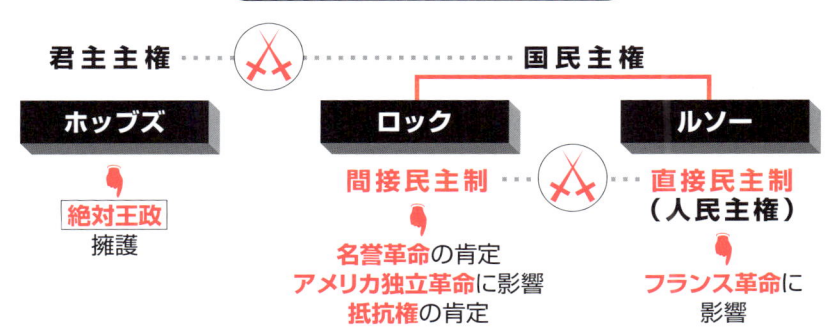

社会契約説のまとめ

君主主権 ⚔ 国民主権

ホッブズ **ロック** **ルソー**

↓ 間接民主制 ⚔ 直接民主制
絶対王政 （人民主権）
擁護
名誉革命の肯定
アメリカ独立革命に影響 フランス革命に
抵抗権の肯定 影響

これだけは！ 社会契約説　超重要用語

⇒憶えておくと絶対に得します。
①ホッブズ…『**リヴァイアサン**』，自然権**全面譲渡（君主へ）**，**君主主権**
②ロック……『**市民政府二論**』，自然権**一部譲渡（執行権）**，**間接**民主制，**信託**
③ルソー……『**社会契約論**』，自然権**全面譲渡（共同体へ）**，**直接**民主制

共通テスト8割目標 私大基礎	共通テスト9割目標 難関大	基礎 発展 時事
		出題頻度 ★ ★ ★ ☆ ☆

6 近代市民革命の歩み

ココが出る! 試験前の最強ポイント

★英国，米国，仏国のそれぞれの市民革命の内容を把握
★特に革命後に手に入れた権利，文書は必ず確認

英国

1215年
英国の三大不文憲法

マグナ・カルタ（大憲章）
→封建階級による**国王ジョン**に対する「**法の支配**」要求により制定
→「**不当逮捕・拘禁の禁止**」「**国王の課税権の制限**」を盛り込む
　　　　　　　　　　　　　　　　　　コレは初

1628年
権利請願（**コーク**が起草）
→議会による国王チャールズ1世に対する「**法の支配**」要求

1642〜49年　ピューリタン革命　⇒　**1688年**　**名誉革命**
1689年
権利章典
→ピューリタン革命・名誉革命の勝利によって制定，王権制限
→**議会主権**の民主的統治と，**人権（自由権）**保障（請願権，信教の自由，人身の自由，私有財産権）を確立

米国

1775〜83年　アメリカ独立革命
1776年6月
初の明記
バージニア権利章典（憲法）
→独立戦争の勝利により制定，**自然権・天賦人権**を軸
「すべて人は生来ひとしく自由かつ独立しており，一定の生来の権利を有する。」

1776年7月
アメリカ独立宣言　→自然権・**天賦人権**を明記
「われわれは，自明の真理として，すべての人は平等に造られ造物主によって，一定の奪いがたい天賦の権利を付与され……」起草人…T.ジェファーソン

1787年
アメリカ合衆国憲法制定
（国家として）
世界最初の**成文憲法**　☛起草人…**J.マディソン**,ハミルトン,ジェイ

仏国

1789年
フランス革命

フランス人権宣言　→フランス革命の勝利によって制定
正式名称「**人及び市民の権利宣言**」起草人…**ラ・ファイエット**
⇒国民主権・権力分立・人権保障（平等権・所有権の神聖不可侵など）
「第1条　人は自由かつ権利において平等なものとして出生し，かつ生存する。」
「第16条　権利の保障が確保されず，権力の分立が明記されていないすべての社会は，憲法を持つものではない。」
コレは必ず暗記!!!
⇒**自由権の集大成の近代憲法**

スパッとわかる >>> 爽 快 講 義 <<<

　近代における民主政治の確立までに，中世にも様々な動きがありました。特に受験で出題されるのは**1215年マグナ・カルタ**です。なぜならこの**マグナ・カルタこそが法の支配の原型**を作るものになっているからです。失政を続けた国王ジョンに対し，比較的教養深かった**封建階級が国王の政治的権限を抑制する目的**で認めさせたものです。また，**不当逮捕・拘禁の禁止や国王の課税権の制限**を盛り込んだ点でも，試験によく出ます。

　続いて**1628年の権利請願**です。これも英国において**コーク**率いる議会が，国王チャールズ1世に対して**法の支配を要求**したんですね。議会が行ったという点がよく試験に出題されるので注意しよう。その後イギリスはピューリタン革命と**1688年の名誉革命**を経て，**1689年，権利章典**が制定されます。この内容が大事で，**議会主権**，**自由権**一般，具体的には信教の自由，人身の自由，請願権，私有財産権といった**具体的な権利が規定されている**のがポイントです。この権利章典をもって**英国の自由権は集大成**したということができるんだ。

　さらに，この英国の動きは米国にも飛び火していくんです。1775年から始まる**アメリカ独立革命**は**ロック**の**抵抗権**の思想と**トマス・ペイン**の『**常識論（コモン・センス）**』にある「**政府は最低でも必要悪であり，最悪の場合耐え難い悪となる**」というメッセージが人々を革命へと駆り立てていきました。そして**1776**年6月，**バージニア権利章典（憲法）**の中で，**天賦人権**（人間の生まれながらの権利）を有していることが高らかに宣言されるんですね。

　また，**1776**年の7月，**アメリカ独立宣言**においても同じ，**天賦人権**を明記しています。ここでポイントなのは両方とも年号が同じなので，板書の原典で区別できるようにね。□でくくった箇所を暗記していれば大丈夫でしょう。

　さらに米国では，**1787**年，**フィラデルフィア憲法制定会議**を経て，**合衆国憲法**が制定されます。これは**世界最初の成文憲法**としても有名で，**マディソン**，**ハミルトン**が有名な起草者として試験に出ます。また**制定当初は人権規定がなかった**ので（ここ大事），1791年に修正第10条（一般に権利章典という）が付け加えられ，現在までに27の修正が加えられています。

　最後に**フランス人権宣言**です。正式名称が「**人及び市民の権利宣言**」。ここ非常に出るのでちゃんと憶えてください。これはフランス革命に際して**ラ・ファイエット**によって起草されました。

共通テスト8割目標 私大基礎 / 共通テスト9割目標 難関大

基礎 発展 時事
出題頻度 ★ ★ ★ ★ ★

7 基本的人権の歴史的展開

ココが出る! 試験前の最強ポイント

★自由権と社会権の相違について
★世界人権宣言と国際人権規約の法的拘束力の有無
★国際人権規約の日本の批准状況

① 世紀別にみた人権の獲得

18世紀的権利 … **自由権** ➡ 国家の不作為 ➡ 国家**からの**自由 ➡ **夜警国家**

19世紀的権利 … **参政権** ➡ 国家**への**自由

20世紀的権利 … **社会権** ➡ 国家の作為 ➡ 国家**による**自由 ➡ **福祉国家**

違いに注意!!

⇒ 社会権は具体的に，**生存権，教育権，労働基本権**などをいう
⇒ **1919**年ドイツの**ワイマール**憲法が世界で初めて規定

② 戦後の世界的人権保障の取組み ➡「人権の国際化」

⇒ 国家レベルでの人権保障ではなく国連中心に世界全体としての人権保障へ
⇒ これを，**「人権の国際化」**という　流れは以下のとおり

1948年　世界人権宣言⇒ただし**法的拘束力[なし]**

1966年　第**21**回国連総会にて　**国際人権規約**を採択

1976年発効 ⇒ **法的拘束力あり**

違いに注意!!

国連の**規約人権委員会**に訴えを起こす事ができる

☛A規約・B規約・それぞれの選択議定書からなる

1979年　**日本批准〔留保批准（一部批准）〕**⇒**ここで差を付けよ!!**

☛ポイント，A規約**留保批准**，B規約**批准**，選択議定書**未批准**

A 規約（経済的，社会的及び文化的権利に関する規約）➡社会権的内容

⇒ 日本政府は，「祝日の報酬」，「公務員のスト権」の**2**点留保

A 規約に関する選択議定書（2008年採択，2013年発効）

⇒ **規約人権委員会**への個人通報制度

B 規約（市民的及び政治的権利に関する規約）⇒自由権的内容

⇒ すべて批准

B 規約に関する選択議定書　**未批准**

⇒ 第一議定書→**規約人権委員会**への個人通報制度

⇒ 第二議定書（1989年）→**死刑廃止実施義務（死刑廃止条約）**

スパッとわかる >>> 爽 快 講 義 <<<

まず，**18**世紀の人権の主な概念を**自由権**といいます。これは国家ができるだけ個人に介入しない，国家の不介入（不作為）を求める人権です。いいですか。ここが大切で，国家の不介入（不作為）を要求するわけです。この意味から「**国家からの自由**」と表現します。また国家の理想は治安維持のみに限定すべきだと考えられていました。これを**夜警国家**といい，**ラッサール**が皮肉を込めて名づけました。

次に19世紀的権利の**参政権**ですが，「**国家への自由**」と呼ばれています。**チャーチスト運動**により，英国の労働者が参政権要求運動をしたことに始まります。

> ●男子普通選挙⇒**フランス**1848年　●女子の参政権付与⇒**ニュージーランド**1893年
> ●男女普通選挙⇒**ドイツ**1919年

続いて**20**世紀的権利の**社会権**。これは重要な人権です。19世紀以降，世界では貧富の差が拡大しました。つまり社会的弱者が増えたわけです。**当然放っておいたら彼らの自由は保障されませんよね。**そこで20世紀では国家が個人に一部介入してこの社会的な不平等をなくそうと考えたわけだね。ここで生まれるのが**社会権**という権利です。国家の介入（作為）という点で「**国家による自由**」と表現されます。また国家の不介入を求める自由権と対比して試験によく出てきます。これを世界で初めて規定したのがドイツの**ワイマール憲法**（**1919**年）です。

さて，第二次世界大戦後はこれらの人権を国毎ではなく，**世界的に認めようとする**動きが出てきます。この動きを**人権の国際化**と言います。

まず**1948**年に第**3**回国連総会は**世界人権宣言**を宣言します。しかし，これには法的拘束力がなかったため実効性を欠いた。そこで，**1966**年，第**21**回国連総会で，**国際人権規約**という拘束力のある国際条約を採択したんですね。発効は**76**年なので採択年と発効年を区別しておいてください。日本は**1979**年に**一部留保**（自国に適用しないこと）した上で批准をしています。いいですか。一部留保してるんですよ。

この国際人権規約は，**A規約**（社会権的内容）と**B規約**（自由権的内容），そしてそれぞれのオプション的な**選択議定書**から構成されています。A規約については，「祝日の報酬」と，「公務員のスト権」については，留保した上で批准しています。また，これまで留保していた，「中等・高等教育（高校・大学）の無償化」については2012年9月に，日本政府は同留保を撤回しました※。

また，**規約人権委員会**への個人通報制度（個人救済規定）を内容とするA規約，B規約の選択議定書，通称・**死刑廃止条約**と呼ばれる，B規約の第二選択議定書は批准していません。試験前に必ず日本の批准状況を確認しよう。

※同留保撤回の理由として，**2010年に高校授業料の実質無償化**が実現したことや，奨学金や大学の授業料減免措置の拡大など，学生への支援・施策が拡充されてきたことが挙げられる。

8 主な人権条約とその動向

ココが出る! 試験前の最強ポイント

★ 日本が批准していない条約を押さえる
★ 1990年以降の批准条約を押さえる

① 主な人権関連国際条約　★は注意

採択年	批准年	条約
★1948	未批准	ジェノサイド条約（集団殺害の防止及び処罰に関する条約）
1949	1958	人身売買・買春禁止条約
★1951	1981	難民条約（難民の地位に関する条約）※1 ノン・ルフールマン原則
1952	1955	婦人参政権条約
1965	1995	人種差別撤廃条約
★1966	1979	国際人権規約　A規約
★1966	1979	国際人権規約　B規約
1966	未批准	国際人権規約　B規約に関する選択議定書　第一議定書
1973	未批准	アパルトヘイト犯罪条約
★1979	1985	女子差別撤廃条約　→批准に先立ち男女雇用機会均等法制定
1984	1999	拷問禁止条約
★1989	1994	子どもの権利条約　※同条約での子どもとは「18歳未満」
1989	未批准	国際人権規約　B規約に関する選択議定書　第二議定書 通称・死刑廃止条約
1990	未批准	移住労働者等権利保護条約
2006	2014	障害者権利条約
★2008	未批准	国際人権規約　A規約に関する選択議定書

※1　政治難民を（経済難民は含まない）迫害の恐れのある国に強制送還することを禁止する原則

② 人権関連をめぐるその他の動向

1. NGO（非政府組織）

⇒ 民間団体として，特定の政府に属さずに，国際的に活動する非政府組織。国際連合の経済社会理事会では，**協議資格制度（オブザーバー制度）**を設けている。近年，人権・環境関連などの国際会議では，**ロビー活動**（働きかけ）を行うなど，強い発言力・影響力を持つ。有名なものは以下の通り。

- **アムネスティ・インターナショナル**…政治犯などの**良心の囚人**の解放や，死刑廃止などを訴え，**国際的な人権啓発**を行っている（1977年ノーベル平和賞）。
- **国境なき医師団**（MSF）…戦場などでの医療活動（1999年ノーベル平和賞）。
- **ジュビリー2000**…重債務貧困国の債務の帳消しキャンペーンを行っている国際的NGO。

2. NPO（民間非営利団体）

⇒寄付などをもとに，**利益を追求せずに**，国内の社会問題の解決を目指す。**一部行政と協力**しながら，市民レベルでの災害支援や就労支援などを行う。

⇒1998年NPO法が制定され，「**法人格**」が付与されるなどした。

3. エンパワーメント →あらゆる分野で男女ともに社会的参加決定・責任能力を持つ存在となること

4. リプロダクティブ＝ヘルス＝ライツ

→性と生殖に関する権利（女性の妊娠中絶の自己決定など）

⇒この2つ（3・4）は1995年北京で開催された**第4回世界女性会議**などで確認された。

スパッとわかる ≫≫ 爽 快 講 義 ≪≪

▼ 第二次世界大戦後も難民問題などが山積した

ここでは，前回扱った世界人権宣言や，国際人権規約以外の人権関連条約について学習するよ。また難民問題や，**NGO**（非政府組織）等の近年の政治動向についても理解を深めていきます。特に人権関連条約については，**日本が批准していないもの**，近年批准したものを試験前に確認しておこう。

難民（政治難民）とは，**政治的理由により国内の定住地を追われ国外に逃れた人**を言います（経済的理由で国外に逃れた**経済難民**及び**国内避難民**（p30参照）は，難民条約上の庇護対象にはならない）。多くの場合，**戦争**（主として主権国家同士の争い）や**内戦**（主として国内での紛争）が発生すると，難民の発生数は多くなる傾向があります。第二次世界大戦後，難民の庇護体制を整えるため1950年に**国連難民高等弁務官事務所**（**UNHCR**，日本人の**緒方貞子**氏〈2019年死去〉が1990年から2000年まで第8代の国連難民高等弁務官を務めた）が設立され，翌1951年には**難民条約**（**難民の地位に関する条約**）が採択されました。難民条約では，難民は「**人種，宗教，国籍，政治的意見**やまたは特定の社会集団に属するなどの理由で，自国にいると迫害を受けるかあるいは迫害を受ける恐れがあるために**他国に逃れた者**」と規定されています。難民条約では，**難民を迫害の恐れのある国**（発生国本国も含む）に強制送還することを禁止しています。これを**ノン・ルフールマン原則**といいます。

▼ 日本はインドシナ難民を救済へ

日本は，ベトナム戦争で傷ついた**インドシナ難民**（ベトナム・ラオス・カンボジアのインドシナ三国）の大量流出を受け，1981年に難民条約に加入しました。また，これに伴って，1982年からは，**出入国管理及び難民認定法**が改正され，法的に難民認定手続きが行われています。ただし**日本の条約上の難民受**

け入れ数は世界的に少ないとの批判があります※1。一方で日本政府は，アジア初となる「**第三国定住**（すでに母国を逃れて別の国で難民となっている人を，第三国〈他国〉が受け入れる制度）」を2010年から始めています。

▼ シリア紛争勃発以降，難民は益々増加

しかし，2011年から始まった**シリア紛争**により，シリアでは約670万人の難民が発生しています（2018年末）。2018年末の**難民**と**国内避難民**※2（政治的理由で国内の定住地を追われ国内にとどまっている人，難民条約の庇護対象外）の合計は7080万人で，過去最多であるとＵＮＨＣＲは発表しています。

▼ ＮＧＯって何？⇨「えっそんなに発言力があるの？」

次に板書②の**ＮＧＯ**（**非政府組織**）について勉強していこう。ＮＧＯは民間団体として，特定の政府に属さずに国際的に活動する非政府組織のことです。国際連合の経済社会理事会では，ＮＧＯの**協議資格制度**（**オブザーバー制度**）を設けています。1999年にはＮＧＯの「**地雷禁止国際キャンペーン**」などの活動により，**対人地雷全面禁止条約**が発効するにいたりました。こうして近年，人権・環境関連などの国際会議で，**ロビー活動**（働きかけ）を行うなど，**大きな発言力・影響力**を持っています。代表的なＮＧＯである「**アムネスティ・インターナショナル**」や，「**国境なき医師団**」などはノーベル平和賞を受けています。

▼ 国内の市民ボランティアを公的に認める必要性⇨ＮＰＯ法制定へ

また国内でも，**ＮＰＯ**（**民間非営利団体**）の活動を支えるため，1998年**ＮＰＯ法**（**特定非営利活動促進法**）が制定され，**特定非営利法人**として，「**法人格**」が付与されるなどしました。具体的には，寄付などをもとに，利益を追求せずに，一部行政と協力しながら，市民レベルでの災害支援や就労支援などを行っています。ＮＰＯ法の制定の背景は，1995年に6200名あまりの犠牲者を出した阪神・淡路大震災でした。多くのボランティアは法人格がない任意団体として活動していました。すると，認知度が低いため寄付が受けにくい，寄付税制の優遇措置もない，などの問題が指摘され，ＮＰＯ法が成立するにいたりました。

こうして，現在の社会は，主権国家を超えた利害調整や，支援活動，新しい市民参加が求められています。また国内においても，議会と行政，法律的制度という従来の枠だけでなく，**市民が多角的に社会参加する事**が求められています。こうした**多元的市民参加**を21世紀に生きる私たちは模索している最中なのです。

その他のカタカナ用語については，試験前に確認しておいてください。

※1 法務省は，2018年末までに750人の条約難民を認定。難民認定申請不認定とされたものの，人道的配慮から在留が認められたのは2106人。受け入れ国1位のトルコでは，2018年末までに約370万人を受け入れている（UNHCR，ホームページより）。

※2 本来は，自国で保護を受けるべきであるが，主権の問題などから条約での庇護対象とはなっていない。1980年代以降の国際会議で保護の在り方が議論されている。

見てスパッとわかる!! 人権関連の攻略ボード

16世紀〜17世紀
絶対王政国家 国家による自由抑圧
自由への欲求としての国家からの解放要求
☞ 社会契約説に基づく近代市民革命へ
☞ 近代民主主義国家へ

18世紀
近代民主主義の発達 国家の徹底的な**不介入**（不作為）
[政治面] 「**国家からの自由**」**自由権**
[経済面] 産業革命 **自由放任主義**
産業資本主義
"**小さな政府**"

夜警国家

19世紀
[政治面] 「**国家への自由**」参政権
[経済面] **貧富の差の拡大**⇒資本の**集中・集積**
独占資本主義
社会的弱者の救済の必要性

帝国主義国家
⇒植民地の獲得

この相違に注意!!

1930's
世界恐慌 （1930年代）

国家の積極的な**介入**（作為）

20世紀
[政治面] 「**国家による自由**」**社会権**
[経済面] 国家による社会的弱者の救済
国家が一部経済に介入
⇒ **修正資本主義**へ
"**大きな政府**"

福祉国家
ワイマール憲法
（1919）

1980's
小さな政府 〈**新自由主義**〉
[政治面] 軍事費増大などの夜警主義化
[経済面] 歳出削減,民営化,規制緩和

ココが出る! 試験前の最強ポイント

★国家の不介入から介入の大きな流れを押さえること
★特に18世紀的国家観と20世紀的国家観は必ず比較できるように
　頭の中で整理すること。
★1980's〜の新自由主義の流れも押さえること。

共通テスト8割目標
私大基礎

共通テスト9割目標
難関大

基礎　発展　時事
出題頻度 ★ ★ ☆ ☆ ☆

深める 爽快講義

テーマ 民主主義とは何か？
～3人の政治哲学者と考えてみよう！ 許容・批判・同意～

講義ポイント

　難関大学（早稲田大学など）では，聞き慣れない民主主義の定義や具体例，選択肢を見かけることがあります。それは僕らが民主主義を「国民主権」，「人権保障」，「権力分立」，「法の支配」と暗記しているからです。しかしダールの言葉を借りるならば，民主主義とは探究であり，「完結」されるべきものではありません。その意味でこれから3人の政治哲学者とともに，難関大学の問題の出題意図が見えるように，そして読解問題が得点できるように，「深める爽快講義」を始めましょう。かなり面白いですよ。

---

(1) ある生徒3人は，自身の信仰上の理由で給食の肉食を拒否した。学校は退学させるべきか？

　まずこの学校は100人の公立高校だと仮定します。つまり97％は肉食しない彼らを異端視しています。ある日，97人の親たちの抗議で職員会議が開かれ，多数決によって彼らの退学が決定しました。学校は退学させるべきか？

　ここでは19世紀の政治哲学者（経済学者でもあるが）**ミル**の『**自由論**』を根拠に考えてみよう。

　ミルは市民社会において政府以外にも危険視するものがあると考えます。例えばイラク戦争の際，拉致されたジャーナリストなどは「自己責任」とのバッシングを世の中から受けました。それも家族たちに対しても。日本（政府）はイラク戦争を支持し，2004年にはサマワに自衛隊を展開させました。つまりイラクはある意味敵国でした。一方で2012年のシリアを取材し死を遂げた女性ジャーナリストの場合，バッシングはありません。

　このように**市民社会では「優位な世論」**が**「少数の世論」を抑圧**します。そしてそれは政府が行っているのでない「多数の意見」なのだから，正統性があると主張されます。ミルはこの「優位な世論」が「少数の世論」を抑圧することを**「社会的専制」**や**「多数の暴政」**と呼び警鐘を鳴らします。

　この場合，何が規制されるべきものなのかを説明しなければなりません。言い換えれば，その原理に基づく規制以外，政府は個人の自由に規制をかけるべきではないのです。

　これから少し変わった人に登場してもらいます。あなたならどちらを規制しますか？

❖ 自己関係的行為と他者関係的行為 ～失恋曲（Love is Over）を歌う人～

　2人は失恋した直後で，失恋曲（Love is Over）を歌っています。しかし状況が違う。

　まずAさんは，カラオケボックスで一人で泣きながら失恋曲（Love is Over）を歌っています。誰にも迷惑はかけていません。つまりこれは**「自己関係的行為」**です。

　次にBさんは，予備校の政治・経済の授業中に泣きながら失恋曲（Love is Over）を歌っています。これは他人にとって「大変迷惑」の一言に尽きます。つまりこれは**「他者関係的行為」**です。政府から規制されるべき人は誰か？　Bさんです。

　つまりミルはまず**「他者関係的行為」**において，自由が規制されると考えています。

❖ 第三者への物理的危害があるか　～大きなヘルメットをかぶる人～

　次にAさんはヘルメットを着用せずにオートバイに乗っています（もちろん日本では犯罪ですよ）。一方Bさんは見たこともないような大きなヘルメットをかぶってオートバイに乗っています。今にも横の自動車と接触しそうです。規制されるべき人はどちらか？　Bさんです。

　ミルは**「第三者に対する物理的危害を与える行為」**，「他人の自由を奪う行為」にのみ政府・社会の規制は行われるべきで，規制を最小限にすることが「自由」の本質だと考えています。これを**「危害防止原理」**といいます。

❖ つまりまとめると,,,

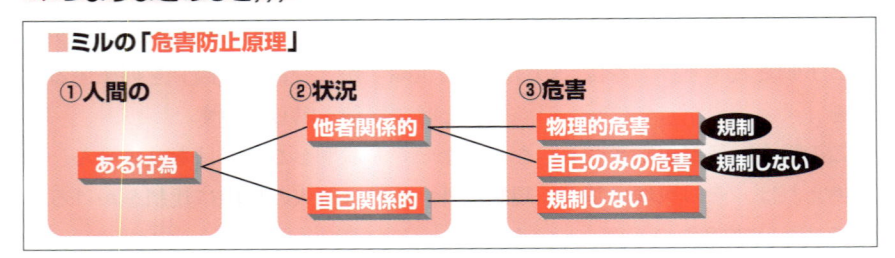

従ってこの原理に基づけば,3人の退学は物理的危害がない限り,**政府の規制**（政府の規制であり，私人間の規制とは区別される）は行われるべきものではありません。**ミルは多数が不快視するようなことであっても，その融合点を見いだすことが,民主的正統性**（この言葉はミルは用いていないが）である，と考えています。

人間社会においては，いつの時代でも多くの価値観が存在します。誰一人として同じ人間はいません。その中で多数が専制すれば，社会的マイノリティーは排除されます。

障害者，在留外国人，そして，少数となる思想・良心の持ち主への差別と偏見をなくすために，ミルの，この**社会的マイノリティーへの配慮と「許容」の考えは有効になるのかもしれません。**

(2) 消費税の増税が決定された。市民はこれに従うべきか？

ここからは20世紀の政治学者**ダール**の『**デモクラシーとは何か**』を根拠に考えます。まずこの場合，どのようなプロセスで消費税の増税が決定されたのか？にダールは着目します。

例えばある一人の人物が突然「やるぞ」となれば，**民主的正統性**はありません。一方で「選挙の公約」の実現のためであるならば，それは有権者の参政権の行使の帰結として，政策が実現されるわけですから，民主的正統性があります（民主党のマニフェストでは消費税増税は行わないとしていたのですが…2012年の野田政権における消費税の決定の場合この公約に反したことを野田総理が認めましたが…）。

この場合の**有権者は当然できるだけ多い方がいい。収入や学歴，地域，など**

の属性によって参政権が制限されてしまえば，参政権（当然この参政権には立候補権・被選挙権を含む。ダールは特にこの立候補権を重視する）を付与されている属性にある人たちにとって有利な政策しか運用されなくなるからです。

　ダールはこのように「広範な参政権」が保障されている必要性を考えます。

❖ ただそれだけでいいの？　決まった政策に異議を唱えることも大切

　しかし，実際にそうして消費税の増税が実は国民生活に不利益を与えてしまう状況がやってきたとしましょう。このとき決まりは決まりだからと黙り込むのでしょうか。

　ダールは市民がある政策を評価し，「**公的異議申し立て**」を行う権利，つまりは政府の政策に対する「批判」を許容する**表現の自由**をも広範に認めるべきであると考えます。その方法は，**デモや市民運動**，あるいは今ならば**ツイッター**などでつぶやくことでしょう。

　つまり，政策を商品に例えるなら，それを供給するのは政府で，需要するのは有権者です。ある政策の評価「公的異議申し立て」を通して，より民主的正統性が担保される。つまり民主主義とは，完結ではなく「公的異議申し立て」による継続的活動であるとダールは考えています。

　こうした民主主義のとらえ方を「**ポリアーキー**※（かつてセンターでも出題があるが）」といいます。※ダールが造った用語。

　民主主義は，常に探究され，修正され，継続されていく必要がある。民主主義は下りのエスカレーターのようなもので，自ら歩かずに止まっていては，下に下がっていってしまうだけです。ダールは**広範な立候補権と，政府への異議申し立てを十分に認めている国家**は，現在見当たらないとしています。

> **(3)** 親の年収200万円の家庭に生まれたＡは，大学に行くことができなかった。現在の年収は200万円である。ある日肺炎にかかったが，病院に通う費用がない。果たしてこうして生まれた「格差」は「自己責任」といえるのか？　社会は彼の医療費を支払うべきか？

　実はこの講義は2012年5月に早稲田大学（学生の要請による）で行い，か

なり面白い反応が返ってきました。今回は受験用にアレンジし，格差と**ロールズ**という政治哲学者を考えます（個人的に大学で研究していた学者です）。

　ではまず次の表を見てください。

▼四年制大学進学率は，親の年収400万円以下約3割，1000万円を超えると6割。

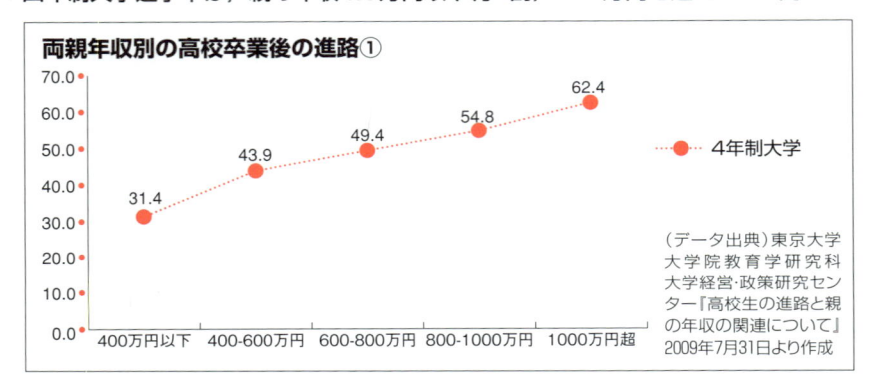

両親年収別の高校卒業後の進路①

（データ出典）東京大学大学院教育学研究科大学経営・政策研究センター『高校生の進路と親の年収の関連について』2009年7月31日より作成

▼年収1500万円以上の親を持つ子ども約40％が東大などの旧帝大，医学部，早慶に進学

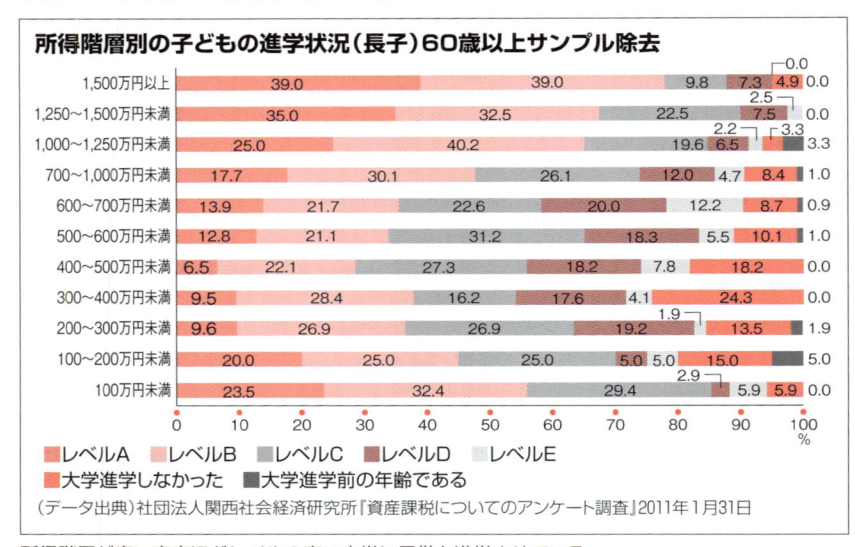

所得階層別の子どもの進学状況（長子）60歳以上サンプル除去

凡例：レベルA　レベルB　レベルC　レベルD　レベルE　大学進学しなかった　大学進学前の年齢である

（データ出典）社団法人関西社会経済研究所『資産課税についてのアンケート調査』2011年1月31日

所得階層が高い家庭ほどレベルの高い大学に子供を進学させている。
例）1500万円以上世帯では39.0％がレベルA（旧帝大，医学部，早慶）に入学させている。この値は400～600万円世帯に至るまで下がり続ける（400～500万円世帯では6.5％）。

❖ 生まれる環境は選べない。自己決定が及ばない状況がある以上，人々にとっての「正義」とは何か？

　ロールズはプリンストン大学で博士号をとり，長い間ハーバード大学で政治哲学を研究していた人物です。彼のテーマは「（公正としての）正義とはなにか？」（※1971年に『**正義論**』を出版）。

　ロールズはこの収入による格差をデータ的に知っていたわけではありません。ただ，おそらく彼ならば，こうした社会に怒りを感じるでしょう。

　ロールズは幼い頃こういう経験をします。

　別荘に行ったとき，貧しい「先住民」の管理人の友達を見つけたロールズは，マイノリティーが教育を受ける機会がほとんど与えられていないこと，将来の見通しが格段に劣悪であることを知った。**自由と平等を謳う「独立宣言」とあまりに乖離している矛盾に気が付いた。**自分は何も悪いことをしていないのに，不遇な目に遭っている人々がいる。そのことがロールズの心に大きく焼き付きました。　※川本隆史著『ロールズ　正義の原理』（講談社）p34〜35

　すると，今仮にロールズがテレビのコメンテーターとして，このデータについてコメントを求められたなら，何というだろう？

　おそらく「不正義」だ，と言うだろうね。自分が選べない要素によって人生が決まることは許されない。

　今みんなは，この本を読むことができる。買うこともできる。でも読むことも買うこともできない境遇，努力ではどうにもならない境遇に生まれたとき，大学に行けなかった理由を「自己責任」と言うだろうか？

❖ ロールズの正義は，どんな境遇でも「合意」できること「**無知のヴェール**」

　ロールズは，**地位や財産，性別といったものをすべて取り去った状態である**「**無知のヴェール**」から社会成員が合意できる原理をさがしていく。男であるとか，親の年収とか，国籍とかを意識している以上，その境遇にとって有利なものを選ぶ傾向がある。

　だから僕らは一度「無知」になり，そこから「合意できるルール」を探しだす。

　例えば，ソフィーの世界のマルクスの箇所には，みんながルールをつくって

生まれ変わって，顔も国籍も違っている。それでも合意できるなら正義なんだ，という具合に書いてあった。

　これは，ある意味，原初形態に「自然状態」をおき，そこからの合意をして社会を作るという意味で，社会契約説の現代版リメイクと言われるんだ。

❖ いよいよロールズの「公正としての正義」について見ていこう

　では考えよう。

　この社会では男性には5票の投票権，女性には2票の投票権しか与えられていない。「正義」だろうか？　やはり，これはおかしい。

　なぜなら，性別は選べる物ではないし，男性にとって有利なルールが作られ，女性は不利に扱われ抑圧される。男性は逆にこう考えてみよう。女性になりたいか？　不利な条件でしか政治参加できないのならなりたくはないでしょう。つまり「無知のヴェール」に照らして考えてみると，政治的自由は平等でなくてはならない。これが「公正としての正義」の第一原理となっています。

❖ 次に経済的格差はあってよいか

　ロールズによれば，**ある条件を満たすのであれば，経済的・社会的不平等を認めるだろう**と考えます。

　例えば，いま生まれた環境の結果，大学に行けず，不安定な年収で過酷な労働を続けた結果，肺炎になったAのケースを考えるとしよう。このとき社会は彼を助ける義務はあるだろうか？　つまり高所得者の税金で彼の医療費を負担するとか。どうだろう？

　ロールズは，必要だという。**経済的・社会的不平等は社会的に不遇な立場の人々への救済を伴う必要がある**と考えているんだ。これを「**格差是正原理**」という。

　次に年収5000万円の家庭に育ち，有名中高一貫校から一流国立大学に入り，30歳で部長となり，今の年収が2000万円のA君と，年収200万円の家庭に育ち，中学卒業後働き，30歳で今の年収が200万円のB君の所得格差は「正義」だろうか？

　ロールズは不正義であるという。**経済的・社会的不平等は機会均等，つまり平等なチャンスが与えられた場で，発生しなければならない**からです。これを

「**機会均等の原理**」という。

　もちろん，後者の「機会均等，つまり平等なチャンス」はこの世界で完璧に保障されません。従って，前者の「格差是正原理」が必要となるわけです。例えば，メジャーリーガー。彼は当然努力をした。しかし彼を賞賛し，観戦に来てくれる多くの人々がいなければ，彼の所得は発生しなかった。**高所得者にはその分，社会に対する「借り」がある。**とすれば，一部を社会的弱者に分配することは「正義」となる。

❖ 最初の問い　彼は「自己責任」？

　まず，ロールズの原理に照らせば，不遇な環境に育ち，不遇な生活を送っている。社会は当然，彼を救う義務がある。どんな人であれ幸福を感じられる社会をロールズは理想としたんだね。そしてこの考え方，ピンと来た人もいるんじゃないですか？

　そう，現代の「**福祉国家**」を哲学的に支える重要な理論となっているんです。社会契約説から福祉国家へ。政治・経済の用語のつながり方は実に面白い。

　これからも『爽快講義』だけじゃなく，様々な本から知識を得るときは「なぜ？」を考え，その用語を多様に「繋いで」，頭の中に「線」を作ってください。

　ちなみにロールズは2002年にこの世を去りました。1995年には，アメリカの知識人としては異例ですが，**アメリカの日本への原爆投下は大きな誤りであったとシンポジウムで論陣を張りました。**多くの人を救うために，罪のない人を犠牲にすることは不正義だと。

　きっとロールズの思いは，罪のない人の犠牲をつくらない社会を「正義」としていたのかもしれません。

　格差社会といわれる昨今。もう一度ロールズが教壇にたち，社会に向かって知的メッセージを発して欲しいと願ってやみません。

❖ ロールズの『**正義論**』，「**公正としての正義**」のまとめ

第1原理　平等な自由原理

⇒表現の自由や参政権などは，財産や性別，人種にかかわらず，すべての人に平等に与えられなければならない。

第2原理　経済的・社会的不平等が満たすべき条件

ａ．経済的・社会的不平等は，その社会において最も不遇となった人々の格差を是正する限り（利益を最大化する限り）において許容される。（**格差是正原理**・格差原理）

ｂ．経済的不平等は，機会が均等に与えられた上で成立するものでなければならない。（**機会均等**の原理）

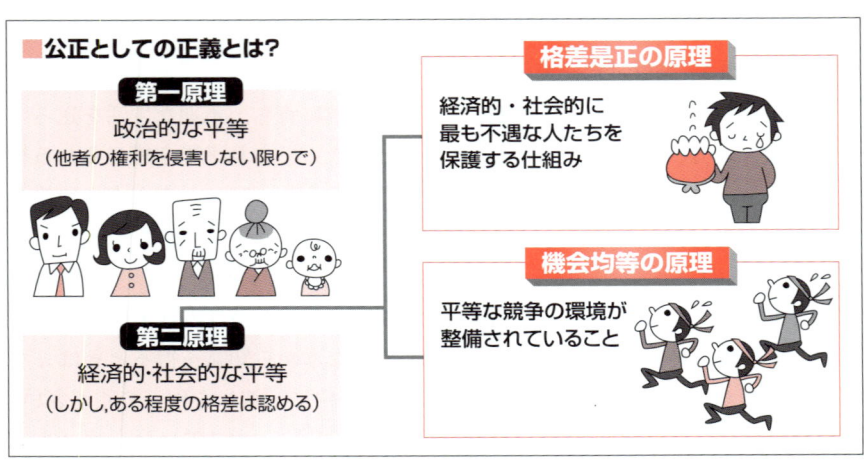

 # 民主主義とは何か？

　この世界には，不思議なことがある。そうだと思われていることを，疑うことを恐れてしまうことです。

　例えば「民主主義」。

　一般に選挙に行き，投票すること。これが「そうだと思われていること」です。

　ここで面白いデータがあります。2012年，2011年に起きた東京電力福島第一原子力発電所の事故の，**国民的議論**を国家戦略室が行いました。

　中でも**討論型世論調査**は，政府としては初めての試みで，とても新鮮な結果を呼んだのでありました。2030年のシナリオとして，原発「ゼロシナリオ」，「15シナリオ」，「20～25シナリオ」のどれがいいのかをそれぞれ調査しました。電話調査の時には，おおよそ3割程度が「ゼロシナリオ」を選んだのに対して，**討論後は，その約10％近くを上回る，約40％**が「ゼロシナリオ」を選びました。

　ここで注目すべきは，政治家や専門家といった，従来の政策決定に多く携わってきたわけではない市民が，討論を通して，自らの意思を表明した点にあります。

　1980年代に，デンマークでは，**「専門的なことは専門家が決めるべき」**との反証に，**「そこで決められたリスクを被るのも市民である」**という主張がなされました。

　こうした意見の下，デンマークではいち早く，新しい科学技術が社会生活に及ぼす影響を事前評価する，**テクノロジー・アセスメント**を取り入れました。この中で市民も参加する**コンセンサス会議**も導入され，リスクを被る市民の立場も反映されるようになっています。

　たいがい，世論調査とか，アンケートとかという類は，「イエス」か「ノー」か。はたまた日本人に多くありがちな，「どちらともいえない」という3択を，唾液を飲み込むような速さで答えるようなものが主流でした。

　しかし，人々が一定時間討論し，検討し，自らの意思を再確認することで，また別の自分の意思が形成され，世の中に公表されたわけです。

　いままで，僕たちは**「間接民主制**（すなわち**ロック**の理論）」を現実的な政治制度として受容してきました。しかし，2011年3月11日以降は，**自らが主体的に考えたことを，自らの言葉で，何らかの客観的情報に基づきながら発信する**ことが，求められています。

　そして，その形は，かつて**ルソー**が述べた**「人民主権論」**，すなわち**直接民主制**的要素すらも，砂上の楼閣でないことを物語っています。

　民主主義の究極的形態が，「代表制」なのか，それとも「人民主権的な参加型」なのか。むしろその二者択一的な選択を超えて，この社会の主体者として関わり続けることが，新しい民主主義に求められているのかもしれません。

中東ロードマップは本物か？

vol.1

2003年6月4日。歴史的なニュースが飛び込んできた。なんと2005年を目途にパレスチナ人国家を樹立するという，ブッシュ米国大統領からの提案である「ロードマップ（2003年4月にアメリカ，ロシア，EU，国際連合が策定）」をイスラエルとパレスチナが受け入れたのだ。

なぜだろうか？　この時期に。

しかし，一方でイスラム原理主義組織「ハマス」は戦闘継続を宣言している。

なぜだろうか？　平和が訪れそうなのに。

この矛盾したようにみえる事実も，よく考えるとつながっている。

実は2003年3月。アメリカの意を汲んだアッバスがパレスチナ自治政府の首相に就任した。つまりこれまでの反米意識の強いアラファト議長に代わり，比較的親米路線をとるアッバスをパレスチナの実質的指導者とした形だ。

そして，アメリカはパレスチナ自治政府の政治的実権を握るアラファトを完全に排除したい。

このことはニューヨークタイムズも報じている。

つまりパレスチナ側を親米化する目的が見え隠れしているのである。

またイラク戦争の結果，経済は上向くどころか益々悪化。さらにイラクの戦後復興もうまいように進んでいない。これとは別に米軍の劣化ウラン弾の使用疑惑や，イラク人による核物質の略奪などの放射能汚染なども囁かれている。（日本の小泉政権はイラク戦争を全面的に支持した）

つまり，戦争には勝ったがその先が見えない。それはまるで子どもが遊んだおもちゃをちらかしたまま，片付けない様子に酷似している。イラクでは連日のようにテロが相次いでいるのだから。（2007年1月現在）

そこで中東和平提案を行った。つまりロードマップはイラクの戦後復興の不手際を覆い隠すベールの役割を果たしたのだ。またイラク戦争に反対した，フランスやドイツとの関係修復も，これで少しはしやすくなっただろう。

パレスチナの親米化と，イラク復興問題の不手際隠し。そんな動機が透けている。

問題なのは，アラファトを排除した後のパレスチナだ。ハマスやアルカイダなどはアラファトでなければ統御できない。逆に言えば親米のアッバスが実権を握れば，火に油を注ぐようなもので，ますますテロを拡大させてしまう。

そして，2004年にはそのアラファトが死去し，その後PLOの大統領にアッバスが就任している。

思えば中東は常に，欧米によって好き勝手にあるときは分断され，またあるときは統合されてきた。常に圧倒的軍事力をもつ強者が支配していた。

これは過去の話ではなく，継続しているイラクの復興，また2001年のアフガニスタンの復興，すべて強者アメリカが決めたレールの上に彼らは置かれ，動いている。そしてその復興は遅々として進んではいない。

いくら大国の好き勝手で政治指導者が変わろうとも，その下にある民衆の重い傷跡は癒えることはないだろう。

民衆の上に横たわる重い大木を取り除かない限り，真の中東の平和はやって来ないのではないだろうか。

民衆不在の政治は人類が犯してきた最大の失政であったはずではないだろうか。

（この原稿は初版（2003年）に執筆いたしました。時代の追憶物として存置いたします。）

第2章

各国の
政治制度

政治分野

1 議院内閣制と大統領制の相違

ココ が出る! 試験前の最強ポイント

★行政部の首長を議会が選出するのか国民が選出するのか
★議院内閣制と大統領制の長所と短所

① 議院内閣制 ➡ 英国で発達（図は英国のケース）

⇒ **行政部**の**首長**である**首相**が議会の信任で誕生
⇒ 議会は内閣に対し**不信任決議権**，首相は議会に対して**解散権**あり
⇒ 議会と内閣が**協働関係**にある→権力間の独立性が薄い

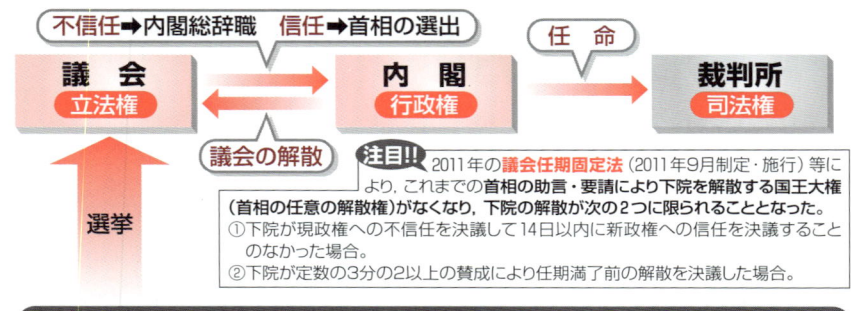

注目!! 2011年の**議会任期固定法**（2011年9月制定・施行）等により，これまでの首相の助言・要請により下院を解散する国王大権（首相の任意の解散権）がなくなり，下院の解散が次の2つに限られることとなった。
① 下院が現政権への不信任を決議して14日以内に新政権への信任を決議することのなかった場合。
② 下院が定数の3分の2以上の賛成により任期満了前の解散を決議した場合。

② 大統領制 ➡ 米国で発達（図は米国のケース）

⇒ **行政部**の**首長**である**大統領**が国民の信任で誕生
⇒ 議会と内閣が**独立関係**にある→各権力の独立性が高い

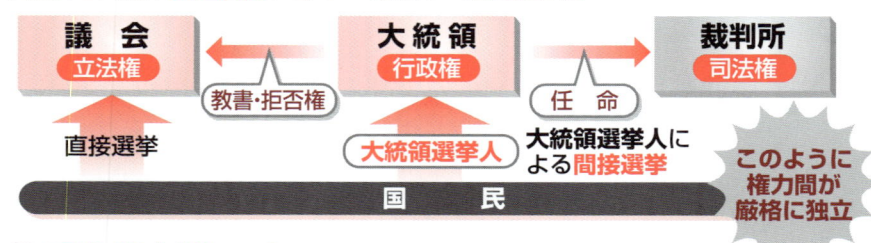

このように権力間が厳格に独立

③ 民主集中制 ➡ 中国など

⇒ 社会主義体制で多く採用され，**共産党**等の1つの政党が政権を掌握する

④ 混合政体（半大統領制）➡ ドイツ，フランスなど

⇒ 議院内閣制的要素と，大統領制的要素を併せ持つ
⇒ よって首相と大統領が存在

スパッとわかる >>> 爽 快 講 義 <<<

　この章ではそれぞれの世界の政治体制について見ていくことにします。

　現代の世界では**主に4つの政治体制**があります。それぞれ具体的な国名をしっかりと頭の中に想像しながら講義を聴いてくださいね。

▼ 議院内閣制と大統領制の違いを押さえよ!

　ここはかなり重要ですから論述などに対応できるようにしておきましょう。

　この2つの違いは、**行政部**の**首長**が、議会から選ばれるのか、それとも国民から選ばれるのか、によって異なっていると考えてください。

▼ 議院内閣制の場合，行政部の首長を議会が選出! ➡ 英国型

　よって議会の信任がなければ内閣は存続できません。この上で**議会**と**内閣**がともに協力し合っている関係ということができますよね。だって、議会の信任がなければ行政部の首長が誕生しないんですから。つまり議会と内閣が**協働関係**である、ということができますよね。**長所は議会と内閣の対立がないために常にスムーズな政治運営**ができます。短所は**権力間の独立性が薄いこと**、そして国民の意思が行政に反映されにくいってこと。日本もこの制度をとっていますよ。

▼ 大統領制の場合，これは国民が行政部の首長を選出! ➡ 米国型

　この場合、議会と大統領との間は独立関係が成立していて権力間の分立は極めて高いのがポイントです。また国民の意見が大統領選挙の際に反映されるため、行政に国民の意思が反映されやすいってことも意味していますよね。ただし、議会と大統領が対立することも度々あるんですね。代表的な国は**米国**です。

　つまり、議会から誕生した行政部の首長を首相、国民から誕生した方を大統領、というふうに呼び分けていると考えておいてくださいね。

▼ 大統領制と議院内閣制を合わせて使っている国もある!

　この制度を**混合政体（半大統領制）**といいます。**フランス**や**ドイツ**などがそうですね。後で詳しくやりますが、**首相と大統領どちらの方の権限が上なのか**を押さえてくださいよ。

▼ 中国などが採用している民主集中制とは?

　これは社会主義の国に多く採用されていて、**共産党**等が唯一の政権政党となり政治の実権をすべて握るという政治体制です。長所は国民に強力な指導ができる点です。しかし、政権交代が行われないことから、汚職や独裁なども問題になっています。

　以上の4つしっかり差別化しておこう!

2 イギリスの政治制度

ココ が出る！試験前の最強ポイント

★議院内閣制の起源 ➡ ウォルポール内閣
★下院優位の原則 ➡ 1911年の議会法　★違憲審査制なし ➡ その理由

① 政 体

⇒ **立憲君主制**…憲法に従って君主が統治
⇒ **議院内閣制**
⇒ **不文憲法**…**マグナ・カルタ（大憲章）**〔1215年〕・**権利請願**〔1628年〕・**権利章典**〔1689年〕など

② 内 閣…すべて国会議員で構成

⇒ 下院の不信任によって内閣が総辞職する**責任内閣制**は18世紀の**ウォルポール内閣**（1721～42）に始まる　→議院内閣制の起源
⇒ 現在は**労働**党と**保守**党を主とした二大政党制
⇒ 野党は「**影の内閣**」を組織し与党に対抗
⇒ 2010年～保守党と自由民主党の連立政権となっていた。こうした単独過半数の政党がない議会の状態をイギリスでは「**ハング・パーラメント**」と呼ぶ。
⇒ 2017年からは再び「ハング・パーラメント」となっていたが、2019年12月の総選挙の結果保守党が単独過半数を獲得し「ハング・パーラメント」が解消された。

③ 議 会 ➡ 1911年の「議会法」によって下院優位の原則が確立

貴族院・上院		庶民院・下院
不定（現在約700名）	任期　定員	**5年**　650名
21歳以上の僧侶・貴族	被選挙権	18歳以上の庶民
国王による勅選議院	選出方法	**小選挙区**による民選議院

⇒ 審議は委員会中心ではなく、本会議中心の「**三読会制**」

④ 司 法…通常裁判所と最高司法機関である**最高法院**がある ➡ 三審制

⇒ **最高法院** ➡ **大法官**（上院議長）と法律貴族（上院議員）が裁判官
⇒ 「**違憲立法（法令）審査権**」は**ない**
　● **理由** ● 不文憲法であること、判事が上院議員であることから
⇒ 2009年に上院から独立した**最高裁判所**が設立された

⑤ イギリスの政党史（最初の政党と現在の政党を暗記すること）

17世紀		20世紀

ホイッグ党 ⟶ 自由党（1832～）‥‥▶ 後に衰退

トーリー党 ⟶ **保守党**（1832～）

　　　　　　　‥‥‥‥‥▶ 〔台頭〕**労働党**（1906～）

※現在は保守党と労働党の二大政党制
※実際には少数ながら自由民主党などがある

スパッとわかる >>> 爽 快 講 義 <<<

▼ 英国は「国王は君臨すれども統治せず」の立憲君主制を採用

英国の国王には政治的実権がほとんどありません。これは日本の「象徴天皇制」も同じですね。

▼ 議院内閣制を採用し議会と内閣が協働関係にあるのもポイント

1742年，議会から不信任を突きつけられ辞職した**ウォルポール内閣**において確立されたものです。不信任を理由に責任をとって辞職するこの議院内閣制は別名，**責任内閣制**とも呼ばれています。2011年から**議会任期固定法**により，首相の裁量による一方的な下院の解散権は行使できなくなりました（p44の「注目!!」を参照）。

また英国は具体的な成文憲法を持っていないので，**マグナ・カルタ（大憲章）**などの歴史的文書が**不文憲法**とされているのも重要なポイントで，古くから**コモン・ロー**主義を重んじている政治的傾向があるんですね。

▼ 議会の「下院優位」➡ 1911年議会法

英国議会は，貴族から国王が任命する**貴族院**（上院）と，庶民が小選挙区によって選ぶ**庶民院**（下院）からなっています。**1911**年の**議会法**によって**下院優位の原則**が確立された点は非常によく出てきますので注意してくださいね。英国はあまり議会制定法を作らないのですが，この場合は例外的。注意しよう。

議案はすべて全議員が本会議場に集まって，与党と野党が向かい合い議論（つまり本会議中心）して決める「**三読会制**」を採用しています。日本やアメリカは委員会が審議の中心となっています。ここで大切なのが，政権交代に備えて，野党第一党が「**影の内閣（シャドー・キャビネット）**」を組織することになっている点です。また，近年は単独で過半数を得る政党がなく結果的に連立政権となる「**ハング・パーラメント**」もしばしば見られます（板書②を確認）。

▼ 英国の司法には違憲立法（法令）審査権はない

以前の最高司法機関である**最高法院**は判事がすべて**上院議員**で構成されていました。これについて，権力分立を厳格化するため，2009年に上院から独立した**最高裁判所**が設置されました。またイギリスは伝統的に**不文憲法**であることなどから，(現在も)違憲立法（法令）審査権がありません。ちなみにこの制度は，アメリカで18世紀に判例で確立しています。

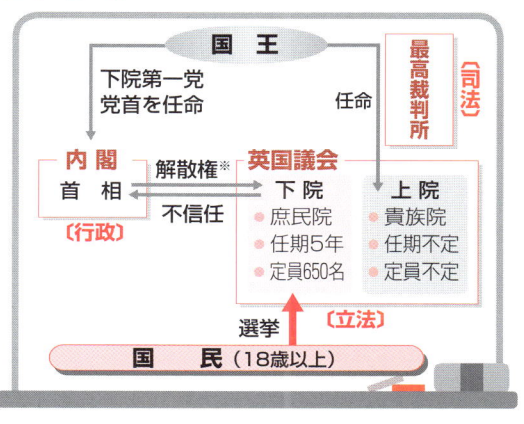

共通テスト8割目標 私大基礎 ／ 共通テスト9割目標 難関大

基礎 発展 時事
出題頻度 ★ ★ ★ ★ ★

3 アメリカ合衆国の政治制度

ココ が出る! 試験前の最強ポイント

★大統領と議会の関係 ➡ 行使できる権限「教書」と「拒否権」
★上院と下院の相違 ➡ 各々の院にある「専権事項」
★違憲審査制あり ➡ 憲法上はないが，判例上はある

① 政体…大統領制 と 連邦制

⇒ **大統領制**…国民からの**間接選挙**で行政部の首長である大統領が誕生
⇒ **連邦制**…50の州による合衆国，連邦政府と州政府の権力分立
　●**委託権限の原理** ⇒ 憲法上規定されている委託以外は連邦政府は不関与
⇒ 憲法…**アメリカ合衆国憲法**（世界初の成文憲法）**1787**年制定，**1788**年発効
　●代表的起草人 ⇒ **マディソン**，**ハミルトン**，ジェイ

② 大統領 … 国家元首 任期**4**年（**3**選禁止）被選挙権35歳以上

⇒ **538**名の大統領選挙人による 間接選挙 （18歳以上）によって選出
※大統領選挙人の配分は，上院（各州2名）と下院（人口比例435名）議席を各州に配分し，ワシントンD.C.の3名を加えた，538名となっている
⇒ 「**勝者総取り方式（ウィナー・テイク・オール方式）**」…その州での**得票数が過半数を超えた候補者**が，その州の大統領選挙人をすべて獲得する方法
⇒ 議会との関係（頻出事項）　前提→議会に対して責任を負わない

ないもの シリーズ（大統領が議会に対して）	あるもの シリーズ（大統領が議会に対して）
●**議会解散権なし** ●**議会出席権なし** →要請があれば出席可能 ●**法案提出権なし**	●議会に対する「**教書送付権**」 →一般・予算・経済・外交・特別 ●議会に対する「**法案拒否権**」 →ただし両院が**2/3**以上で再議決すれば法案成立

⇒ 2008年の大統領選挙によりアメリカ史上黒人初の**バラク・オバマ**が，2009年1月に第44代合衆国大統領に就任した

③ 議会 … 上院(元老院)，下院(代議院)ともに法案制定権は両院対等

上院 被選挙権30歳以上		下院 被選挙権25歳以上
6年 **100**名 各州**2**名 ※2年毎に3分の1ずつ改選	任期・定員	**2**年 **435**名 **人口比例**
高級官吏任命と**条約締結**に対する →大統領への**同意権**	専権事項	**予算案の先議権**と**高級官吏の訴追権**

④ 司 法

違憲立法審査権あり （判例法として，憲法上の規定ではない）
　⇒ 1803年の 「**マーベリー対マディソン事件**」 のマーシャル判決

スパッとわかる >>> 爽 快 講 義 <<<

▼ 米国はモンテスキュー流の厳格な三権分立を確立

米国は大統領に強大な権限を認めている大統領制の国として有名ですね。

まず合衆国憲法は**1787**年に制定されました。これは**国家として初の成文憲法**として有名ですね。起草人として，**マディソン，ハミルトン**もよく出題されていますので注意が必要です。米国は元々，英国から独立した州毎の州政府でした。しかしこれではイギリスという大きな国に対抗できない。そこでいわゆる**フェデラリスト**（連邦政府派）※が，合衆国憲法制定を推進したんです。

さて，大統領は**間接選挙**によって選出されます。また任期は**4年**で**3選禁止**です。とはいってもこの規定，1951年に修正第22条で**後から付け加えられた**んです。理由は，**F.ローズベルト**が4期連続ということの反省からなんだ。

▼ 大統領には議会解散権，議会出席権，法案提出権はない

これは，議会との独立性を保つためです。一方で，自らの意見を**教書**という形で送付したり，議会に対する法案の**拒否権**を持っています。ただし，拒否権は議会の**3分の2**以上の再議決で停止できます。ここの知識大切だよ。

次に議会です。基本的に**法案制定権は両院対等**です。ただし，**専権事項**といって，その院だけに認められている権限が主に2つあります。板書③を見ながら必ず確認をしておいてください。ここもかなり頻出です。

▼ 米国には違憲立法審査権があると思いますか？

正解は「**Yes**」。ただし憲法上の規定ではないんです。1803年までに「**マーベリー対マディソン事件**」のマーシャル判決によって**判例法**として確立したんだ。判例法ということを頭にたたき込んでおいてくださいね。

※ハミルトンを中心とする連邦政府推進派。ちなみに反連邦派をアンチ・フェデラリストと呼ぶ。1787年5月からのフィラデルフィア憲法制定会議を経て，1788年に9の州の承認を経て，合衆国憲法が発効した。

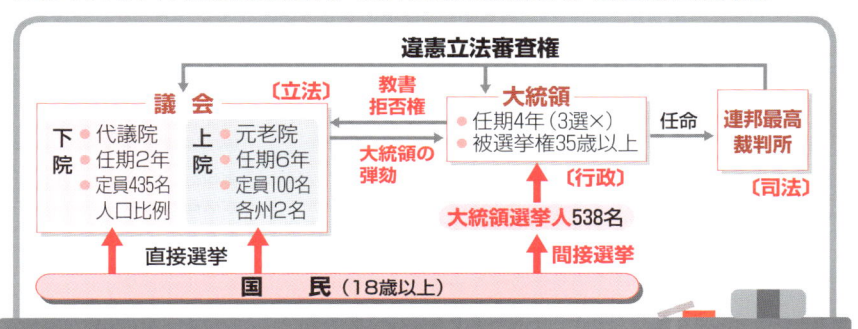

必ずやろう！ 爽快問題集 ▼ 第1章 03

深める 爽快講義

第2章　各国の政治制度

テーマ アメリカ大統領選挙の仕組み

講義ポイント

　2020年はアメリカ大統領選挙の年。4で割れる閏年と憶えればいいんだけど，僕は生徒に「夏季オリンピックの年」と憶えればいいと言っています。実はこの大統領選挙の仕組みがかなり複雑なようで，授業後多くの人が質問にやってきます。ということで，今回は分かり易い文章にしましたので，この爽快講義でマスターしちゃいましょう!!

❖ 大統領選挙人って？

　爽快講義のp48にもあったけど，アメリカの場合は，大統領選挙人を選び，その人たちが投票する「間接選挙制」を採っているんだ。

　まずアメリカでは民主党，共和党の党大会などで，統一候補を指名します。2020年の場合は，民主党は「バイデン」，共和党は2期目を狙う「トランプ」が候補者です。11月の大統領選挙人選挙では，民主党や共和党の指名を受けずに立候補する人もいます。ちなみに，アメリカの大統領選挙の立候補資格は，「35歳以上，アメリカ国籍，アメリカで出生，14年以上アメリカに居住」と，かなり制約が厳しくなっています。2020年11月の選挙では「バイデン」が勝利し，2021年1月に第46代アメリカ合衆国大統領に就任しました。

　大きな流れはこんな感じです。

■ **大統領選挙の流れ**

 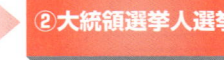 

①予備選挙（プライマリー選挙）	②大統領選挙人選挙	③大統領選挙人投票
民主党，共和党の両党が大統領の統一候補を選挙	各州ごとに，どの候補者に大統領選挙人が投票するのかを決定する選挙　➡ 勝者総取り方式	各州の選挙人が決定された候補者に投票　➡ 形式的なもの

❖ 各州の大統領選挙人は何を根拠に配分されているの？

　実は，カリフォルニアが「55」，アラスカが「3」。これは，上院の議席数（各州2名，定員100名）＋下院の議席数（各州比例，定員435名）＋ワシントンD.C.（コロンビア特別区）3名の計**538**名が大統領選挙人として配分されます。つまり大都市になるほど大統領選挙人の数は多くなるわけです。

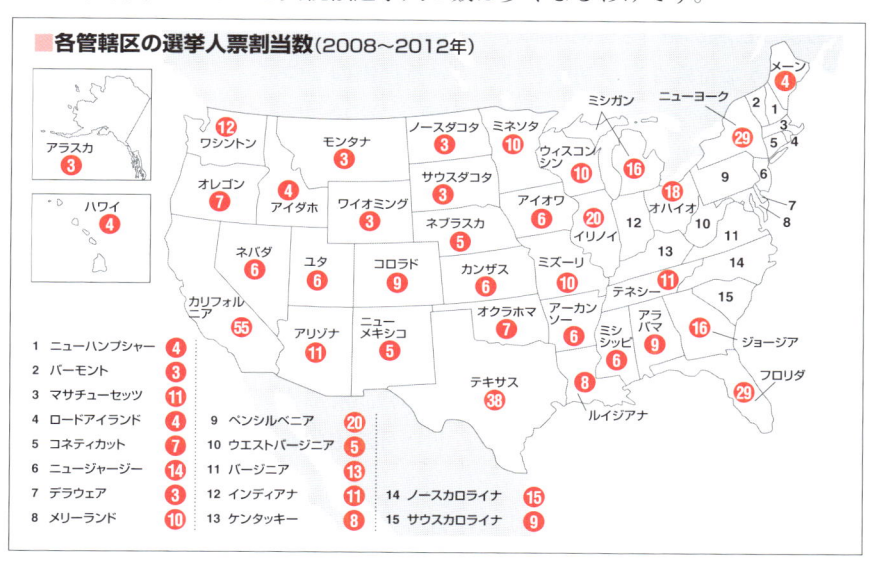

■各管轄区の選挙人票割当数（2008〜2012年）

❖ 実際は「大統領選挙人団」に対して投票する

　ここが，一番大切です。よく聴いてね。まずカリフォルニアを例にとって説明しよう。この場合。カリフォルニアでバイデンを支持する大統領選挙人団名簿（55人が記載）と，トランプを支持する大統領選挙人団名簿（55人が記載）があります。**有権者はどちらの名簿を支持するか，つまり実際は「バイデン」と「トランプ」どちらを支持するのか？を決めるわけです。**つまり，**大統領選挙人一人一人を選んでいくのではなく，選挙人団に対する信任を行うと考えてよいでしょう。**この結果，過半数の支持を得た候補者の選挙人全員が当選します。この方式を「**勝者総取り方式**」とか「**勝者独占方式**」，「**ウィナー・テイク・オール方式**」といいます。
※メーン州とネブラスカ州においては，得票数に応じた比例配分方式が採用さ

れている。

　あとは，12月に各州の大統領選挙人，例えばカリフォルニアだったら55人が，首都ワシントンD．C．の上院議場でその候補者への投票を行います。つまり12月の大統領選挙人投票は，形式的なものに過ぎません。

❖ちょっと深い話「多数の暴政」への抑止

　このような特殊な選挙制度を採っている理由の一つに「**多数の暴政**」の抑止という考えがあります。この言葉は，フランスの**トックビル（トックヴィル）**や，先に触れたイギリスの**ミル**，そしてアメリカ建国の父である**マディソン**が警鐘を鳴らす意味で用いています。「多数の暴政」とは，多数による支配により，民主主義が退廃することです。

　例えば，かつてのヒトラー率いるナチスの台頭のように，民主的なワイマール憲法体制をも転覆しかねません。**ヒトラーは，「選挙」という民主的手法とされている手法を巧みに使って政権を掌握したのです。**つまり「多数」が君臨することが全てであるとする，民主主義への誤解です。**多数決が民主主義の本質ではありません。**これは「**法の支配**」と「**法治主義**」の違いのところでも触れました。

　また19世紀に活躍したイギリスの哲学者（経済学者でもあるが）**ミル**は，その著書『**自由論**』のなかで，市民社会において最も恐ろしい権力はむしろ市民社会，我々の中にあるとしました。この考えを「**社会的専制**」といいます。多くの場合その専制は「多数にある側」が「少数にある側」へ，「**社会的に有利にある側・意見（社会的マジョリティー）**」が「**社会的に不利にある側（社会的マイノリティー）**」に対して抑圧をします。

　この抑圧は多数の意思によるものであり，政府が行っている抑圧ではないのだから，正統であるのでしょうか？

　ミルはここには民主的正当性はないとします。

　例えば，かつてのタレント山本太郎さんは，原子力発電を批判したことで，事務所を解雇になりました。例えばイラク戦争の際取材を行っていたジャーナリストや，ＮＧＯで活動していた人の拉致事件は，「自己責任」という多くの世論の名で「バッシング」されました。

　ミルは市民社会において危険視しなければいけないのは，政府の行使する権力だけでなく，この「社会的専制」も含めるべきだと主張しました。

　この「多数の暴政」という言葉と「社会的専制」という言葉は，狭義に政治哲学的には区別される場合があります。ただし「多数が正義である」という考え方への反証としてよく引き合いに出されます。

　実はアメリカの大統領選挙では，得票総数で勝っていても大統領選挙人の獲得数で負ける場合があるんです。※2016年のトランプ対ヒラリーもそうであったが…

　ここには，各州の様々な人々の意見を多元的に大統領選挙に反映させる，巧妙な仕組みが見て取れます。

　さてここで，アメリカ合衆国が次のような特徴をもつ5つの州からなると仮定して考えてみよう。以下が大統領選挙人選挙の結果です。

州の特徴	都市部である	アフリカ系アメリカ人が多い	名門大学が集中している	石油産業が基盤となっている	公的医療制度に寛容である	合　計
投票者数	10000人	4000人	4000人	2000人	5000人	25000人
大統領選挙人	10人	4人	4人	2人	5人	25人
候補者Aの獲得数	3000人	3000人	2500人	500人	3000人	得票総数12000人 大統領選挙人の獲得数13人
候補者Bの獲得数	7000人	1000人	1500人	1500人	2000人	得票総数13000人 大統領選挙人の獲得数12人

　こうしてみると，大都市，人種，学歴，職種，政策の是非など様々な要因を考慮することで，**大都市で圧勝し，得票数でもAより上回ったB候補が敗北**することもあり得るわけだね。ただし上の話はあくまでも仮定で，実際は，大都市を制した候補者が勝利する場合が多いのが事実です。

　アメリカは，多民族国家です。また当時のオバマ大統領が掲げる**公的医療保険制度については，2012年に最高裁が合憲判決**を下しました。そしてオバマ

大統領自身はアフリカ系アメリカ人です。つまり多くの価値観や，社会的マイノリティーと共存していく必要がある国であり，それはどの社会でも必要なことです。

　アメリカ大使館のホームページで公開されている「The Electoral College: How It Works in Contemporary Presidential Elections　選挙人団制度—現代の大統領選挙における選挙人団制度の役割」の中に大統領選挙人制度が目指すものについて，「**選挙人団制度が目指したのは，州と連邦政府の異なる利害を調整すること，一般市民が選挙にある程度参加できるようにすること，人口の少ない州に多少の追加的な影響力を与えること**」と指摘されています。

　つまり，**民主主義**とは「**多数決の政治**」ではなく，「**多元的意見の調整**」，**多様性と寛容性の「質」**が大切になることを，アメリカの大統領選挙の仕組みに見ることができます。

注目!!
　フランスの大統領（任期**5**年，**3選禁止**）は，アメリカとは異なり「**直接選挙**」であり，**一回目の投票で有効投票総数の過半数の得票を得た候補者がいない場合は，二回目投票で，一回目の投票の得票数の上位2名の決選投票となる**。
　2017年に行われたフランス大統領選挙では，「**マクロン**（共和国前進）」と「**ルペン**（国民戦線 ※2018年，「国民連合」に名称変更）」の決選投票となり，「**マクロン**」が勝利した。

差のつく知識
　　　　　　　　　　大統領の弾劾は，あくまでも大統領の憲法違反についての責任を追及するもので，政策等の政治的責任を問うものではない。下院の過半数の賛成で訴追され，上院の出席議員の3分の2の賛成で弾劾され，罷免となる。1度も罷免された例はない。尚，**ニクソン**大統領（共和党）は，民主党本部に盗聴器を仕掛けたとされる「**ウォーターゲート事件**」の関与により，1974年に下院の弾劾訴追の直前に，自ら辞任した。歴代アメリカ合衆国大統領の中で，任期を全うせずに辞任したのはニクソン1人である。弾劾されたわけではないので区別したい。

　これまで弾劾訴追を受けた大統領は，A.ジョンソン，B.クリントン，D.トランプの3人で，弾劾例はない。

共通テスト8割目標
私大基礎

共通テスト9割目標
難関大

基礎　発展　時事
出題頻度　★ ★ ★ ☆ ☆

4 その他の政治制度

ココが出る！試験前の最強ポイント

★中国の全人代と国家主席の任期変更　★フランスのコアビタシオン

Ⅰ 中国の政治制度

①政体…**民主集中制**⇒中国**共産党**の一党制

②**全国人民代表大会（全人代）**…国家の最高機関

⇒　**一院制**　任期5年　選挙権18歳以上

③**国家主席**…国家元首　任期**5**年（**3選禁止**）

※2018年に国家主席の「5年（3選禁止），10年に2期制とも呼ばれる」を廃止する憲法改正が行われ，2023年以降も習近平氏の続投が可能となった。

④全国人民代表大会常務委員会

⇒ 全人代の常設機関

条約締結，法解釈などを行う

⑤**国務院**…行政の最高機関 ※**首相**は国務院総理のこと

⑥最高人民法院…最高の裁判機関

※1997年155年ぶりに**イギリス**から香港返還

⇒ **一国二制度**の維持（社会主義と資本主義）

※2013年より胡錦濤に代わり**習近平**が国家主席に

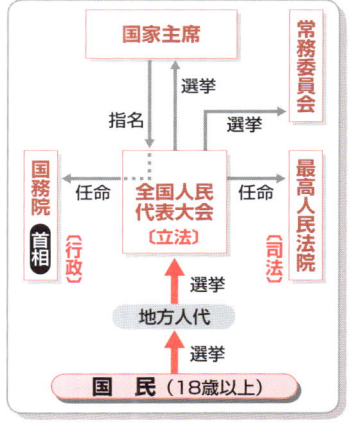

Ⅱ フランスの政治制度

①政体…大統領制＋議院内閣制の**混合政体（半大統領制）**

●**注意!!**⇒ 大統領の権限は首相より強大

②憲法…**第五共和国憲法（ド・ゴール〈ドゴール〉憲法）** 1958年

③大統領

（2000年に憲法改正）

…任期**5**年，2002年まで任期7年　**直接選挙**

⇒ 議会の大統領不信任決議権なし

④内閣…首相は**大統領**が任命

⇒ 閣僚は首相が指名，大統領が任命

⇒ 国民議会は内閣不信任決議権あり

⑤議会…**国民議会**（下院）⇒小選挙区任期5年

元老院（上院）⇒間接選挙　任期6年

※2002年の選挙より**男女同数法（パリテ法）**により，男女同数の候補者擁立が義務付けされた

⑥司法…大統領を会長とする司法高等会議

⑦**保革共存路線（コアビタシオン）**※

※選挙で対立政党が議会の多数を占めた際，大統領は敢えて対立政党党首を首相にして円滑な議会運営をする。2002年のシラク政権以降はない。2012年～**オランド**大統領　2017年～**マクロン**大統領

※また，2008年より大統領の3選禁止などを盛り込んだ憲法改正が行われた

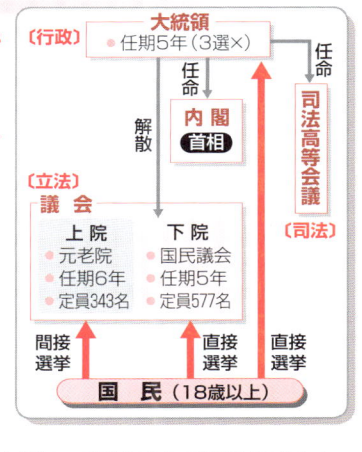

Ⅲ ドイツの政治制度

① **政体**…大統領制＋議院内閣制の混合政体
- ●**注意‼**⇨首相の権限は大統領より強大，フランスと逆‼
② **大統領**
　…連邦会議（下院＋州議会）による**間接選挙**
　⇒任期5年　政治的実権はあまりない
③ **首相**…連邦議会（下院）が指名 大統領が任命
　⇒閣僚の任免権　閣議を主宰　**政治的実権あり**
④ **議会**…二院制　法案制定権は両院対等
- ●連邦参議院（上院）任期不定　69名
　⇒州政府より任命　非民選議院
- ●連邦議会（下院）　任期4年　598名(基本定数)
　⇒**小選挙区比例代表併用制**　民選議院
⑤ **憲法裁判所**…違憲審査を行う裁判所
　⇒ナチスによってワイマール憲法を破綻させた，との反省から設置
　⇒法文を抽象的に審査（p118を参照）すると共に，政党・結社の違憲審査もある

※2005年〜**メルケル**首相

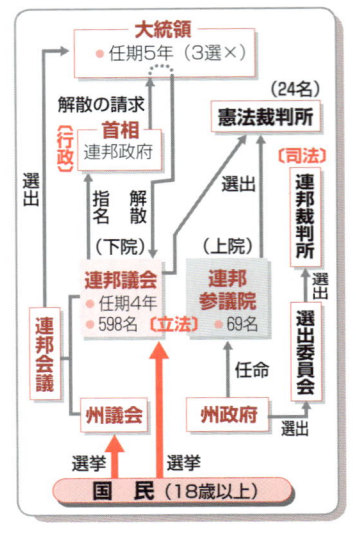

Ⅳ ロシアの政治体制

① **政体**…大統領の権限が強い混合政体
　⇒かつては**最高会議（ソビエト）**に全権限を集中する民主集中制　**1990〜複数政党制**の導入
② **大統領**…任期**6年**＊（**3選禁止**）　**直接選挙**
③ **首相**…大統領が任命（下院の同意が必要）
④ **議会**…二院制　**下院優位**
　⇒（上院・連邦会議，下院・国家会議・ドゥーマ）
⑤ **ロシアの誕生**
　1985年に**ゴルバチョフ**が書記長に就任「**ペレストロイカ（改革）**」と「**グラスノスチ（情報公開）**」に反対した保守勢力が起こした**1991**年のクーデター「**8月革命**」をエリツィンが制圧，ソ連は解体し同年12月，**アルマアタ宣言**により「**CIS（独立国家共同体）**」が誕生した

※2008年の憲法改正により，任期が4年から6年に延長　2012年から適用されている

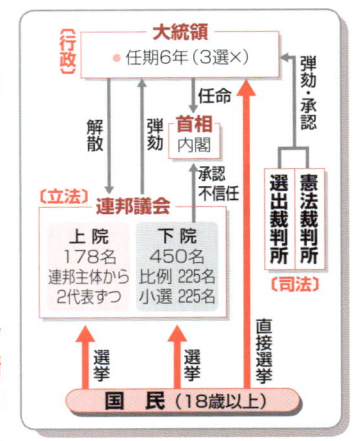

※2004年〜**プーチン**大統領
※2008年〜**メドベージェフ**大統領
※2012年〜**プーチン**大統領

戦後歴代内閣総理大臣

★はポイント

成　立	内閣総理大臣	出題ポイント
1945年 8 月	東久邇宮稔彦 （ひがしくにのみやなるひこ）	戦後初の総理大臣，軍の解体。降伏文書調印
1945年10月	**幣原　喜重郎**	**GHQ五大改革指令**，**憲法問題調査委員会**設置，**公職追放令**
1946年 5 月	吉田　茂	極東軍事裁判，**日本国憲法公布**・施行
1947年 5 月	**片山　哲**	**社会党初の総理大臣**
1948年 3 月	芦田　均	**政令201号**（1948年）
1948年10月	**吉田　茂***	**朝鮮戦争**（1950年），**警察予備隊**（1950年）， **日米安保条約とサンフランシスコ講和条約**（1951年）
1954年12月	**鳩山　一郎***	**日ソ共同宣言**（1956年），**国連加盟**（1956年）
1956年12月	石橋　湛山	病気のため2ヶ月で辞職
1957年 2 月	**岸　信介**	**防衛力整備計画**（1957年），**安保改定**で総辞職（1960年7月）
1960年 7 月	**池田　勇人***	**国民所得倍増計画**（1960年）
1964年11月	**佐藤　栄作***	岸信介の実弟，**日韓基本条約**（1965年），**武器輸出三原則**（1967年），**非核三原則**（1968年），**沖縄返還協定**（1971年6月〈ニクソン大統領との間で，1972年5月沖縄本土復帰〉），1974年**ノーベル平和賞**受賞
1972年 7 月	**田中　角栄**	**日本列島改造計画**，**日中共同声明**（1972年9月），1976年に元首相として**ロッキード事件**で逮捕
1974年12月	三木　武夫	クリーンな政治，**靖国神社**に私人として**戦後初の参拝**（1975年8月），党内の「三木おろし」で退陣
1976年12月	福田　赳夫	**日中平和友好条約**（1978年8月），**日米ガイドライン**（日米防衛協力のための指針）（1978年11月）
1978年12月	大平　正芳	**東京サミット**（1979年6月），初の**衆参同日選挙**（1980年〈第36回衆議院総選挙・第12回参議院議員選挙〉）
1980年 7 月	鈴木　善幸	衆参同日選挙により誕生「**シーレーン防衛**」（p74）表明
1982年11月	**中曽根　康弘**	首相として**靖国神社**に戦後初の**公式参拝**（1985年8月），**三公社の民営化**
1987年11月	竹下　登	リクルート事件で証人喚問，**消費税3%導入**（1989年）
1989年 6 月	宇野　宗佑	女性スキャンダルで退陣
1989年 8 月	海部　俊樹	**湾岸戦争**勃発（1991年1月），日本の「**国際貢献論**」
1991年11月	**宮沢　喜一***	**国際平和協力法（PKO協力法）**（1992年），**不信任案可決**→自民党過半数割れ・**55年体制崩壊**（非自民政権へ，1993年8月）
1993年 8 月	**細川　護熙***	38年ぶりの**非自民**の**連立政権**，**政治改革関連法**（1994年）
1994年 4 月	羽田　孜	細川内閣の政策遂行

成　立	内閣総理大臣	出題ポイント
1994年6月	村山　富市	戦後2人目の**社会党**の総理，**自民**，**社会**，**新党さきがけ**の連立内閣
1996年1月	橋本　龍太郎	**消費税5%**へ（1997年），**財政構造改革法**（1997年）後に**小渕**内閣が凍結
1998年7月	小渕　恵三*	1999年に**国旗・国歌法**，**通信傍受法**，**住民基本台帳法**の改正，**日米ガイドライン関連法**などの重要法案が成立，**金融再生法**（1998年，財政再建よりも景気対策を優先）
2000年4月	森　喜朗	**九州・沖縄サミット**
2001年4月	小泉　純一郎*	**聖域なき構造改革**，**骨太の方針**，**郵政の公社化**（2003年），**テロ対策特別措置法**（2001年），**武力攻撃事態法**を含む有事3法（2003年），**イラク人道復興支援特別措置法**（2003年）→戦後安保体制の転換期
2006年9月	安倍　晋三	**教育基本法改正**，防衛庁が**防衛省**に格上げなど
2007年9月	福田　康夫	洞爺湖サミット（2008年）
2008年9月	麻生　太郎	定額給付金制度
2009年9月	鳩山　由紀夫	$CO_2$25%削減を発表「鳩山イニシアティブ」
2010年6月	菅　直人	**東日本大震災**発生（2011年3月11日），東京電力**福島第一原子力発電所**で**メルトダウン（炉心溶融）**や水素爆発などの事故が発生。1992年にIAEAが示した基準である，「国際原子力事象評価尺度［**INES**：International Nuclear Event Scale］」は，1986年のチェルノブイリ原発事故以来の「**レベル7（深刻な事故）**」と最悪の事故となっている。
2011年9月	野田　佳彦	**復興庁設置法**（2011年12月。2012年2月に**復興庁**が発足）。**大飯**原発再稼働，**社会保障・税の一体改革**，改正**消費税**法，**地球温暖化防止税**（環境税・炭素税）
2012年12月	安倍　晋三	**アベノミクス**（インフレ目標2%，2013年1月），北朝鮮3度目の核実験（2013年2月），**国家安全保障会議**（2013年12月），**特定秘密保護法**（2013年12月），**集団的自衛権**の行使を容認する閣議決定（2014年），消費税**8**%へ（2014年4月），**平和安全法制（安全保障関連法**，2015年9月），**マイナンバー制度**運用開始（2016年1月），日銀**マイナス金利**導入（2016年2月），**18歳選挙**スタート（2016年7月第24回参議院議員通常選挙），**テロ等準備罪**創設（2017年6月），**候補者男女同数法**（2018年5月），**高度プロフェッショナル制度**創設（2018年6月），**成人年齢18歳**へ（2018年6月の民法改正，2022年4月スタート），**TPP11**発効（2018年12月），**日EU・EPA**発効（2019年2月），消費税**10**%へ（2019年10月）

第3章
わが国の憲法

政治分野

1 明治憲法

ココが出る! 試験前の最強ポイント

★制定の動機→自由民権運動　★天皇の地位→統治権の総攬者
★国民の地位と人権→「法律の留保」の上での一部人権

① 明治憲法の概要（大日本帝国憲法）

⇒ **1889**年（明治22年）2月11日発布　1890年（明治23年）11月29日施行
⇒ 制定の動機…「**自由民権運動**の高まり」,「欧米列強との**対等外交**の実現」
⇒ 起草人…**伊藤博文，伊東巳代治**，金子堅太郎，井上毅
　　　　　　※ドイツ人顧問として**ロエスレル**
⇒ モデル…**プロシア（プロイセン）憲法**（採用の理由…君主色が強い，法治主義的思想）

② 天皇の地位 ➡ 前提「天皇主権」

⇒「天皇ハ**統治権ヲ総攬**ス」…全ての国権を一手に掌握
⇒ **天皇大権**…あらゆる国権が介入せず，独立して行使できる権限
　ex）**緊急勅令制定権，独立命令権，統帥大権**などの30種の権限
⇒ 神権天皇制…天皇を現人神として神聖不可侵なものとする天皇制

③ 国民の地位と権利保障 ➡ 前提「天皇の恩恵としての一部自由権あり」

⇒ **臣民**（天皇に仕えるもの）として，一部自由権，請求権あり
　ex）信教の自由も**安寧秩序**に反しない限り認められていた
⇒ ただし，その人権は法律で制限できた→「**法律の留保**」
　ex）**1925**年の**治安維持法**など

④ 明治憲法下の統治機関

➡ 権力分立，権利保障のない「**外見的立憲主義**」

帝国議会	内閣	裁判所	枢密院
天皇の**協賛機関**	天皇の**輔弼機関**	**天皇の名**の裁判	天皇の**諮問機関**
貴族院と衆議院 ⇒ **両院対等**	内閣総理大臣 ⇒ 天皇が任命	違憲立法審査権 ⇒ **なし**	有識者，元老 ⇒ 天皇への諮問

※内閣は議会に対して責任を負わず，**天皇に対しての
み負う**「**超然内閣制**」→内閣については憲法上の規
定ではなく，1889年の内閣官制による

※ただし，衆議院に**予算の先議権**あり

スパッとわかる >>> 爽 快 講 義 <<<

　いよいよ日本の憲法の歴史についての講義に入っていくことにします。

　時は**1889**年，我が国最初の憲法である**大日本帝国憲法**が誕生します。そもそもなぜこの時期に憲法ができたんでしょう？　それは**板垣退助**などを中心とした**自由民権運動**が高まり，憲法を中心とした国家体制を望む声が国民を中心に起こってきたことが挙げられます。また**憲法を持つことで近代国家としての基礎を作り，欧米列強に対して政治的な平等を求めていく**という意味でも憲法の制定は大きな意義がありました。つまり**憲法を持つことが民主主義のステータス**だったんですね。制定形式は君主が定めた「**欽定憲法**」とされています。ちなみに，現在の日本国憲法は国民が定めた「**民定憲法**」とされています。対比しておきましょう。また試験には起草人と**プロシア（プロイセン）憲法**をモデルにしたということがよく出ます。注意しましょう。

　さて，次に内容なんですが，とにかく天皇に大きな力がある**天皇主権**が軸となっています。当然，権力の分立はなく，これらの権限をすべて「天皇ハ**統治権ヲ総攬ス**」という形で握っています。また**あらゆる権力が介入できない天皇大権**と呼ばれる権限があって，天皇の単独立法である**緊急勅令制定権**，また天皇の単独行政権である**独立命令権**，軍を統括する**統帥大権**などが主なものです。こうして様々な形で，天皇に対して強大な権限を認めています。

　一方で国民はというと，天皇の**臣民**と呼ばれていました。そして，**天皇の恩恵として一部の自由権**，裁判請求権などの一部の請求権などを**臣民の権利**として認めています。ただし，条文では「**法律ノ範囲内**」で認めているに過ぎず，**人権を簡単に法律で制限することが許されています**。これを**法律の留保**と呼びます。ドイツの**法治主義**と全く同じ発想ですね。

　この法律の留保の発想のもと，**1925**年には**治安維持法**などの強力に人権を制圧する立法が作られます。すべての発言や行動を**特高警察**（特別高等警察）が厳しく監視する，まさに地獄の様な世の中だったということが言えるでしょう。

　最後に明治憲法下の統治機関について見ていきます。**帝国議会**，**内閣**，**裁判所**，**枢密院**が主なものとしてありますが，**決して立法権や行政権を持つものではなく，あくまで天皇に対する補佐的な役割を果たす機関**でしかありません。それぞれの**位置づけを表を見ながらしっかりと押さえておいてください**。また当時，内閣は天皇の任命により成立していました。つまり議会との関係性はまったくなく，この意味で**超然内閣制**と呼ばれています。

2 ｜ 日本国憲法の制定過程とその内容

ココ が出る！ 試験前の最強ポイント

★明治憲法の改正憲法として誕生 ➡ GHQの指示
★政府案（松本案）ではなくマッカーサー草案が原型

① 制定過程

1945年	8月6日	**広島**に原爆投下，8月9日 **長崎**に原爆投下 ⇒ **マンハッタン**計画

8月14日 **ポツダム宣言**受諾
内容…「即時無条件降伏」，「軍国主義の除去」，「民主主義の復活」，「人権保障」

8月15日　終戦 ⇒ 昭和天皇による**終戦の詔**（玉音放送）

10月11日　**マッカーサー**，**五大改革指令**のもと，**憲法の改正**を示唆

10月27日　日本政府「**憲法問題調査委員会**」設置　※政府案を「**松本案**」とよぶ

1946年 2月8日　日本政府，GHQに松本案提出
⇒　2月13日　GHQ松本案の**受取を拒否**
●拒否の理由…明治憲法と**同一内容**だった⇒この時 **マッカーサー草案** 手交

4月　　　　第22回衆議院議員総選挙で，39名の女性が当選

6月20日　第**90**回帝国議会 で「憲法改正草案要綱」を提出，審議

8月24日　衆議院修正可決
⇒ ●具体的修正点「国民主権」を明記，「**第25条生存権**」の追加等

10月6日　貴族院修正可決 ⇒ 10月29日　枢密院が改正案可決

11月3日　日本国憲法**公布**
1947年 5月3日　日本国憲法**施行**
違いに注意!!

② 日本国憲法の3大原則

1.「**国民主権**」⇒間接民主制の導入，一部に直接民主制「**憲法改正の国民投票**」，「**地方特別法の住民投票**」，「**最高裁判所裁判官の国民審査**」

2. **基本的人権の尊重** ⇒ **自由**権，**平等**権，**社会**権，**参政**権，**請求**権　但し「**公共の福祉**」の制約（p84で詳しく講義）

3. **平和主義** ⇒ 第**9**条（**戦争放棄・戦力不保持・交戦権の否認**）と前文に明記

● **天皇の地位**　**象徴天皇制**
⇒**天皇は政治的権能を持たない** →ただし，**内閣**の**助言**と**承認**により，**国事行為**を行う→憲法第6,7条に明示してある事項のみ

● **憲法改正の手続き（憲法第96条）**　次の3段階の厳格な手続きの**硬性憲法**
① 衆参両院の「**総議員**」の「**3分の2**」以上の賛成で**国会**がこれを「**発議**」
②「**国民投票**」で「**過半数**」の賛成
③「**天皇**」が「**国民の名**」でこれを「**公布**」　★この手続きは頻出!!

※1946年2月3日，マッカーサーは，GHQ民政局に"**マッカーサー3原則**"を提示　内容は→「**天皇制存続**」，「**戦争放棄**」，「**華族制度（封建的制度）の廃止**」 2月10日GHQ案完成　この案を13日に日本政府に提示

第3章 ● わが国の憲法

スパッとわかる ≫≫ 爽快講義 ≪≪

1945年8月6日**広島**。そして8月9日**長崎**。2つの原子爆弾が日本に投下されました。これにより、日本は**ポツダム宣言**を受諾。15日に終戦を迎えます。こうして戦後は**GHQ**(連合国軍総司令部)の占領下に置かれた日本ですが、このGHQの指示によって新しい日本国憲法が作られていくことになります。ちなみにこの2つの原子爆弾での死者は約30万人。多くの非戦闘員が無差別に殺された米国によるこのホロコーストは、決して許されません。

10月。GHQ総司令官**マッカーサー**は**五大改革指令**を発表。**憲法改正**を示唆します。日本政府は**憲法問題調査委員会**を設置し、ここに改正案がいくつか検討されていきます。委員会でいくつかの案が審議されたが、成案をみるに至らず。46年2月1日毎日新聞のスクープ記事を契機に、政府は2月8日にもっとも保守的な改正案(**松本烝治**委員長の案)をGHQに提出。これを**松本案**と呼びます。2月13日、GHQは松本案の受け取りを拒否。この時、**マッカーサー草案**といういうものが日本政府に渡され、これが日本国憲法の原型になっていくことになります。1946年5月、第90回帝国議会※でこの審議を行います。実はこの過程で修正を加えているんです。ここ非常に大事ですよ。有名なものは国民主権の明記と第**25条生存権**の追加です。そして1946年**11月3日**に公布され、1947年**5月3日**、日本国憲法は正式に施行されることになります。 ※絶対暗記です。

さて、その内容ですが、以下の3本柱から成っています。

▼ **日本国憲法の三大原則 → 「国民主権」、「基本的人権の尊重」、「平和主義」** の3つです。

基本的人権の尊重と、平和主義については後の項目で詳しくやります。ここでは国民主権について押さえていきましょう。わが国では**間接民主制**を導入しています。ただし一部に**直接民主制**的要素を導入していて、この3つのケースがよく試験に出ています。「**憲法改正の国民投票**」、「**地方特別法の住民投票**」、「**最高裁判所裁判官の国民審査**」の3つです。

また天皇には**政治的権能**がありません。あくまで象徴という形をとっていて、これを**象徴天皇制**と呼びます。憲法では第**1条**で日本国と日本国民統合の象徴という2つの象徴であることを規定しています。わが国では内閣の助言と承認によって**国事行為**を行うことになっています。具体的には憲法第6条と7条に明記してあるもので**内閣総理大臣**や**最高裁判所長官の任命**、衆議院の解散や国会の召集などです。2019年4月30日に「**皇室典範**」の特例法(天皇の退位等に関する**皇室典範特例法**)により天皇は、**生前退位**し(退位後は「**上皇**」へ)、5月1日から新天皇が即位しました。元号は平成から「**令和**」へと改元されました。最後に**改正手続**は、次ページ「深める爽快講義」の**国民投票法**とともに確認してください。

※1946年4月の第22回衆議院議員総選挙では、女性候補者79名のうち39名が当選した。

深める 爽 快 講 義

テーマ 国民投票法と憲法改正

講義ポイント

　2007年に憲法を改正するための具体的手続きを定めた「国民投票法」が制定されました。これで憲法改正の舞台装置が揃ったわけです（関連した動向はコラムp100に書いてあります。約17年前の文章ですが，『爽快講義』初版時代の追憶物としてそのまま残しておきます）。まずは，国民投票法の内容について見ていきましょう。

(1) 国民投票法の主な内容

⇨2007年5月成立。3年後の2010年5月18日施行。

⇨正式名称は「**日本国憲法の改正手続に関する法律**」。

① 投票対象は「**憲法改正**」に限定。

② **最低投票率は設けず**，賛成票が**有効投票総数の過半数**で改正。

③ 投票者は**18**歳以上の日本国民。

④ 公示期間（運動期間）中の**公務員と教育者の地位利用を伴う運動の規制**（公示期間は60～最長で180日間）。投票日14日前からのテレビ・ラジオでの広告を禁止。

⑤ 憲法改正原案の提出（「憲法審査会への提出・第一発議」）は，衆議院で「**100**」名以上，もしくは参議院で「**50**」名以上の**国会議員**の賛成が必要（別途，国会法で規定）。

⑥ 改正原案を審理する「**憲法審査会**」を設置（別途，国会法で規定）。

(2) 解　説

　例えば，①について考えると，この法律で原発の是非を問う国民投票のよう

な，ある**政策についての是非を問う国民投票はできない**ってことになる（地方自治体が直接請求制度に基づいてある政策の是非を問う住民投票条例を作り，住民投票を行うことはできる）。②については投票率が低下すればするほど，実質的に憲法改正に必要な人数が少なくてすむことになるね。③については，出題に注意しよう。

特に④の教育者の運動規制については議論を呼んだ部分で，政治的中立を担保するために，教育者の運動規制がある。特に教育者の定義が曖昧であるとの指摘がなされている。また方法については，**投票用紙に，賛成か反対かに「○」印を付す。**

最後に**憲法審査会**について説明しよう。これは改正案を提出・実質審議する場所で，国会の学習項目で勉強する「委員会的なモノ」に当たると思ってくれればいい。ここに憲法改正原案を提出するために必要な国会議員の賛成数が，衆議院は「**100**」名以上，もしくは参議院は「**50**」名以上となっている（別途，国会法で規定）。

この憲法審査会を通過した後，**憲法第96条**の定める，衆議院，参議院それぞれの院の総議員の「**3分の2**」以上で国民に発議され，国民投票となる。

簡単にまとめてみよう。

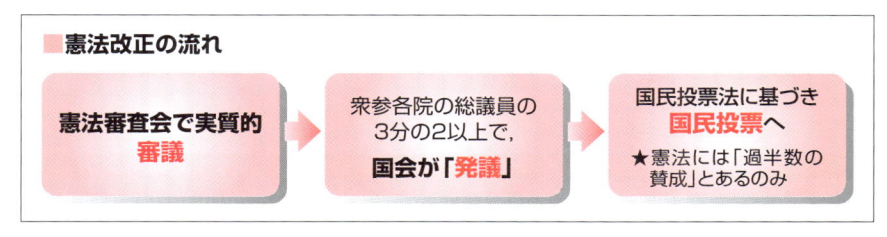

（3）動 向

憲法改正については，戦後の日本政治の中で，一貫して中心的な政治テーマであったとはいえないものの，**改正されたことは一度もないが**，改正論議を呼んだことは幾度かあった。例えば1956年に「**自主憲法**」を前面に押し出した**鳩山一郎**内閣（自由民主党）は，首相の諮問機関として「**憲法調査会**」をつくり，同委員会は報告書を内閣に提出して解散した。また2000年には衆参両議

院に「**憲法調査会**」を設置し，2005年に衆参両議院の議長にそれぞれ報告書を提出したんだ。

　現在の改正論議の主なものは以下の通り。

① 天皇の「元首」化
② 第9条の平和主義の改正
③ 新しい人権の明記
④ 国民の義務規定の強化
⑤ 改正手続きの緩和

などである。

参考 「国民投票法と18歳成人と18歳選挙の動向」

⇒ 国民投票法では18歳を投票権行使の年齢としている。また2015年には国政選挙，地方議会首長選挙も**18歳選挙**とする公職選挙法の改正も行われた。

⇒ 2016年7月10日に実施された，**第24回参議院通常選挙**では，18歳，19歳選挙が初めて行われ，全体の投票率54.70％に対し，18歳のそれは「**51.17％**」，19歳のそれは「**39.66％**」であった。

⇒ 諸外国では選挙年齢と成年年齢を同じにする国もあれば異なる国もある。以下に資料を挙げておく。

■主な国・地域の選挙年齢と成年年齢

選挙年齢＝成年年齢	選挙年齢＞成年年齢	選挙年齢＜成年年齢
17歳　北朝鮮	18歳＞16歳　ネパール	16歳＜18歳　オーストリア
18歳　米国，英国，カナダ，イタリア，インド，中国，オーストラリア，ケニア，スイス，スウェーデン，ドイツ，フランス，ベトナム，メキシコなど	21歳＞18歳　マレーシア，パキスタン，レバノン	16歳＜21歳　ニカラグア
		17歳＜21歳　インドネシア
	25歳＞21歳　アラブ首長国連邦	18歳＜20歳　タイ
20歳　台湾，チュニジア，モロッコ		18歳＜21歳　アルゼンチン，エジプト，南アフリカ共和国，モナコ
21歳　シンガポール，クウェート，サモア		19歳＜20歳　韓国

（選挙年齢は下院。08年8月，法務省まとめ。米国，英国，カナダは州によって例外あり。）

憲法とは何か？

　今まで学習したように，**近代憲法とは，市民の王に対する要求，簡単に言えば「王権制限」がその内容でした。**つまり，権力は市民を抑圧する可能性が高いのだから，その歴史的背景に基づいて，国王がしでかすであろう「生命の剥奪」や，「財産の剥奪」を事前に適正手続きなしに行うことを禁止した。

　こうした手続きが，**マグナ・カルタ**や，**権利請願**，そして**権利章典**へと脈々と受け伝えられてきたのですね。

　つまり，**権力を行使する側を，常に危険視し，その正統性を市民の監視と，要求の上に担保することが，近代憲法の意義**だったのです。

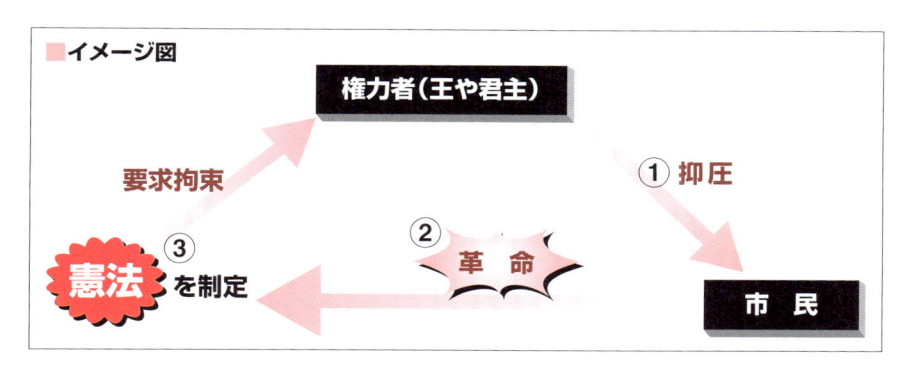

　よって，憲法を制定し，王を市民が統御し，王権の暴走を防ぐことがその狙いでした。

　こうした歴史的背景のなかで，「**立憲主義**」や「**法の支配**」が確立していくことになります。

　しかし近年，「国民の義務規定の強化」といった，国民を権力の側が拘束するような内容の憲法改正の視点が見られます。無論現在の日本国憲法にも，国民の三大義務は明記されている（**教育を受けさせる義務，納税の義務，勤労の義務**，公務員に関しては，**憲法の尊重擁護義務**）ものの，最低限にとどまっています。

　もし憲法が，国民を拘束するような内容に支配されたとき，それは法律と同様のものとなり下がり，「憲法の法律化」ともいうべき事態を避けられません。

　憲法改正に際して，今一度，憲法とはいかなるものか。もう一度，近代憲法の精神に照らして考えることが必要です。

3 わが国の平和主義①

ココ が出る！試験前の最強ポイント

★「①戦争放棄」「②戦力不保持」「③交戦権の否認」
★しかし現実には自衛隊と日米安保条約に基づく，在日米軍の存在がある ➡ その誕生の歴史

① 日本の平和主義の憲法上の位置づけ

第九条【戦争放棄，軍備及び交戦権の否認】
1 日本国民は，正義と秩序を基調とする**国際平和**を誠実に希求し，**国権の発動たる戦争**と，**武力による威嚇**又は**武力の行使**は，**国際紛争**を解決する手段としては，**永久にこれを放棄**する。
2 前項の目的を達するため，**陸海空軍**その他の**戦力**は，これを保持しない。国の**交戦権**は，これを認めない。

② 自衛隊と在日米軍（安保条約）の歴史（概略）

1950年 ： ［**朝鮮戦争**］勃発

同　年 　 ＧＨＱは日本政府に［**警察予備隊**］の創設を指令 ── **流れと年号注意!!**
　　　　　 ⇒**1952**年［**保安隊**］に改組 → **1954**年［**自衛隊**］に改組

1951年 　 ［**日米安全保障条約**］締結 → **在日米軍**のはじまり
　　　　　 ⇒**1960**年に**条約の10年延長**と**共同防衛義務**の明記→**安保改定**

同　年 　 **サンフランシスコ平和（講和）条約**締結→翌**1952**年，日本主権回復
　　　　　 ※つまりアメリカは在日米軍の設置と引き換えに，独立を容認
　　　　　 ※またこの時，中国，ソ連とは未講和→「単独講和（**片面講和**）」

③ まとめ ➡ アメリカの戦後政策の転換による再軍備

1. 米国は共産主義の極東進出を脅威とし，日本の再軍備を迫ったこと
　　 ⇒米国の政策転換（**レッドパージ**）→**自衛隊**の設置へ
2. 米国は極東地域の平和と安全を守る最前線の基地を日本に求めたこと
　　 ⇒**在日米軍**へ

※1953年の**池田・ロバートソン会談**で「**愛国心教育**」と「**軍備増強**」を合意　1954年には**MSA協定**（**日米相互防衛援助協定**）を締結し，米国から「軍備増強」を強く求められた

スパッとわかる >>> 爽 快 講 義 <<<

この項目は，近年の時事動向も含め出題の可能性が高い項目です。

戦後日本は「不戦」を誓い※，その精神を憲法第9条の中に具現化します。この9条はめちゃくちゃ大切なので，**まず①の赤字を必ず暗記してください。**この第9条は，①のとおり，「3つの原則」からなっています。まず「**戦争放棄**」，「**戦力不保持**」，「**交戦権**〔主権国家としての戦いを交わす権利〕**の否認**」です。特に，「**戦力不保持**」は日本やパナマ，コスタリカなどが憲法に明記。「**交戦権の否認**」については，世界で唯一，日本国憲法にしか明記されていません。しかし，周りをみれば，「**自衛隊**」や「**在日米軍**」がありますよね。そうなんです。この憲法の理念と，現実の乖離が入試での切り口になるんです。

さて，日本が自衛隊を創設するきっかけとなったのは，**1950**年に勃発する**朝鮮戦争**です。この戦争は，北側に社会主義国の中国・ソ連，南側に資本主義国の米国が支援する中での，いわば東西冷戦の「**代理戦争**」でした。さらにその1年前の**1949**年には社会主義国「**中華人民共和国**」が誕生し，まさに**極東地域は社会主義国との最前線**だった。

こうした状況に危機感を抱いた米国は，社会主義の防波堤に日本を位置付けます。そして，ＧＨＱは日本の非軍事化政策から一転し，反共の防波堤とするために再軍備を指令。こうして同年，**警察予備隊**が創設されたわけです。さらに翌**1951**年には**在日米軍**を日本に置くことを定めた「**日米安全保障条約**」を締結しました。ここに，現在の**在日米軍**が誕生するのです。

ここで大切なのは，日本の独立条約でもある「**サンフランシスコ平和（講和）条約**」と同時締結であったという点です。なぜか？

それはつまり，米国は自国の軍隊を日本に置く見返りとして，日本の独立を認めたということです。またこの「**サンフランシスコ平和（講和）条約**」はソ連や中国などの東側を除く西側48ヵ国のみの講和，つまり**単独（片面）講和**でした。この一連の米国の反共政策をすすめる中で**レッドパージ〔赤狩り〕**が行われました。

こうして日本は西側陣営の一員として翌**52**年に主権を回復し独立を果たします。またこの年は，警察予備隊が**保安隊**に改組された年でもあります。さらに**1953**年には「**池田・ロバートソン会談**」，1954年3月の**MSA（日米相互援助）協定**，**1954**年7月，**自衛隊法**にもとづいて，保安隊が**自衛隊**に改組。同時に**防衛庁設置法**により**防衛庁**（2007年，**防衛省**へ昇格）が設置されました。

※1928年の「**パリ不戦条約（ケロッグ・ブリアン協定）**」では侵略戦争の禁止などを盛り込んでいる。

4 わが国の平和主義②

ココが出る! 試験前の最強ポイント

★裁判所の判決 ➡ 統治行為論で憲法判断回避
★政府の見解 ➡ 専守防衛のための実力組織であり合憲

① 裁判所の判決 ➡ 基本は「統治行為論」で判断回避

⇒ただし,「砂川訴訟」と「長沼ナイキ基地事件」は第一審で違憲判決

> ●★統治行為論● 論述注意!! 頻出
> ⇒高度な政治性を有する問題（統治行為）については,司法審査の対象になじまない,とする説 → この考えは司法消極主義として批判される

★砂川訴訟	★長沼ナイキ基地訴訟	恵庭訴訟	百里基地訴訟
争点…安保条約	争点…自衛隊	争点…自衛隊	争点…自衛隊
判決 第一審「違憲」 ⇒伊達判決 1959年 最高裁 ⇒統治行為論 1959年	判決 第一審「違憲」 ⇒福島判決 1973年 第二審⇒統治行為論 1976年 最高裁⇒憲法判断なし	判決 第一審 被告人無罪 1967年 ⇒憲法判断なし	判決 第一審 統治行為論 高裁・最高裁 ⇒売買契約の有効性の判断のみ （憲法判断なし）

●事件の概要

1. 砂川事件 …1957年。東京都砂川町（現・立川市）の立川飛行場に,基地拡大に反対するデモ隊が入り込んだ。「日米安保条約に基く行政協定に伴う刑事特別法」に反するとして起訴された。第一審では駐留米軍は違憲であり,特別法は無効であるとして被告人は無罪とされた。しかし,跳躍上告審の最高裁では安保条約については「統治行為論」を展開した。なお,外国軍隊は我が国の戦力ではないとして,違憲とは言えないとして,原判決を差し戻しとし,東京地裁は,被告人を有罪とし罰金が確定した。

2. 長沼ナイキ基地事件 …1968年。北海道長沼町の国有林に,航空自衛隊のナイキミサイル基地建設のため,長沼町の水源かん養の国有保安林指定が解除された。住民は水害を恐れ,かつ「平和的生存権」が侵害されるなどとして,保安林指定解除取り消しを求めて提訴した。第一審では自衛隊については違憲。平和的生存権を認めた。その後の第二審では,防衛施設庁の代替施設の建設で水害の危険は解消したから,原告が回復すべき訴えの利益はなくなり,本件は訴訟として成り立たないとして,原告の請求は棄却された。なお判決主文の傍論として,

自衛隊については「**統治行為論**」で判断を回避。平和的生存権は権利として認めなかった。ちなみに地裁裁判中に「**平賀書簡事件**」^{p112・113}が起きている。後の最高裁は二審判決を支持して原告の上告を棄却，自衛隊に関する憲法裁判はしなかった。

（3. 恵庭事件）…1962年。北海道恵庭町に住む野崎兄弟は，自衛隊基地の砲撃演習音を理由に，自衛隊の演習で使用中の通信線を切断し，自衛隊法第121条（防衛の用に供するものを損壊してはならないとする内容）違反で起訴された。第一審では，通信線は「防衛の用に供するもの」ではあるが，被告の行為は可罰的違法性がないとして，兄弟は無罪となった。検察側は控訴せず，第一審で無罪が確定・結審した異例の事件。憲法判断を回避するために無罪とした，いわゆる「**肩すかし判決**」だとする批判もある。

（4. 百里基地事件）…1958年。茨城県の小川町に自衛隊の百里基地をつくる際，基地建設反対派住民は，基地建設予定の地主から土地を買い取る契約をした。しかし，残金の支払いをめぐり争いとなり，地主は契約を解除し防衛庁に土地を売った。第一審では自衛のための実力組織を保持することは合憲としたが，自衛隊の実力の程度については**統治行為論**で判断を回避した。また，売買契約については私法上の契約であり，明らかな反社会的契約であるとは言えないとして，地主が防衛庁に土地を売った契約は有効であるとした。第二審では憲法判断には触れず，売買契約の有効性について第一審を支持。最高裁は第二審を支持した。

② 政府の見解 ⇨ 自衛隊は憲法の言う「**戦力**」にあたらないとして合憲

1946.6	**吉田**茂内閣	憲法は一切の軍備と**自衛戦争も否定**している
1952.11	**吉田**茂内閣	戦力とは**近代戦争遂行能力**
1954.12	鳩山一郎内閣	憲法は侵略戦争のみを禁止，自衛戦争は合憲
1957.5	**岸**信介内閣	**核兵器の保有**は違憲ではない
1972.10	**田中**角栄内閣	**集団的自衛権**は行使できない
1972.11	**田中**角栄内閣	戦力とは自衛のための**必要最小限度を超える**実力
1981.5	鈴木善幸内閣	集団的自衛権はあるがその行使は許されない

（1946.6 と 1952.11 の間）180°転換!!

注目!! **個別的自衛権**とは，**自国に対する直接の攻撃**があった際に，**自国のみで実力を行使**するものである。一方，**集団的自衛権**とは，**緊密な関係**にある他国への武力攻撃を，**自国への攻撃と見なし**，**実力**を行使するものである。これらは国連憲章第**51**条に明記がある。日本政府はこれまで，**両者を保有**するが，**集団的自衛権の行使は憲法上できない**としてきた。しかし，2014年7月の閣議決定で，一部，**集団的自衛権の行使を認める**解釈変更を行った。☛p76

2015年9月には「**平和安全法制**」（いわゆる**安全保障関連法**）において**集団的自衛権の行使が法的に可能**となった。

軍事力の暴走を防止するための様々なシステム

① 「文民統制」（シビリアンコントロール）の原則

⇒**文民**（日本では現役自衛官ではない人）が国政上の実権と軍隊の指揮権を握ること。

⇒内閣構成員が全員文民でなければならない（憲法第66条②）。

⇒従って日本の場合，「**内閣総理大臣**」が自衛隊の最高指揮官（自衛隊法で規定）。また，防衛大臣も文民。

② 非核三原則 ⇒ 「持たず，作らず，持ち込ませず」

⇒1968年の「**佐藤栄作**」内閣が閣議決定，1971年国会決議。

⇒「**ライシャワー発言**（元駐日大使が日本への核持ち込みを発言）」により，安全保障条約に基づく**事前協議**制度の運用が議論に。→ただし**開催されず**。

★1967年には佐藤内閣は以下の「**武器輸出三原則**」を提示している。

1. 共産主義国　　2. 国連指定国　　3. 紛争当事国

注目!!

「**武器輸出三原則**」の抜本見直し⇒「**防衛装備移転三原則**」へ

⇒2014年4月，安倍内閣は1967年の佐藤内閣の「武器輸出三原則」で禁止されている「防衛装備品の輸出」と「防衛装備品の国際共同開発・生産への国内企業の参加」を原則認める閣議決定を行った。安倍政権の掲げる「**積極的平和主義**」の立場から，武器輸出を例外とするのではなく，一定の範囲で認めるという大幅な変更を行った。

⇒これにより「**武器輸出三原則**」は抜本見直しされ，「**防衛装備移転三原則**※」となった。

　※　　（1）移転を禁止する場合の明確化（第一原則）
　　　　　　①条約違反国，②国連安保理違反国，③紛争当事国，への海外移転を認めない
　　　　（2）移転を認め得る場合の限定並びに厳格審査及び情報公開（第二原則）
　　　　（3）目的外使用及び第三国移転に係る適正管理の確保（第三原則）

③ 防衛関係費の「GNP1％」枠

⇒1976年の「**三木武夫**」内閣の「閣議決定」。

⇒1987年の**中曽根康弘**内閣の時にこの枠が撤廃され→代わりに「**総額明示方式**」が採用されている。

⇒1957年以降，政府は「**防衛力整備計画**」を策定し，それ以来防衛関係費は世界有数の規模に拡大している。

⇒1956年に設置された「国防会議」は1986年に「**安全保障会議**」，2013年には「**国家安全保障会議**」へと改組された。

★1954年**参議院**は「**自衛隊の海外派兵**」を禁止する**国会決議**を行っている。

スパッとわかる >>> 爽 快 講 義 <<<

それでは次に裁判所の見解と政府の見解について見ていくことになります。

▼ 裁判所の見解→基本的には統治行為論で判断を回避 2例に違憲判決

まず裁判所は、「**統治行為論**」によって憲法判断を回避する、というのが主なスタンスです。この**統治行為論**は論述などでよく出題されますからしっかり理解してくださいよ。これは**高度な政治性**を有する問題は司法審査の対象になじまないとする説です。具体的には日米安全保障条約や自衛隊のような政治的レベルが非常に高い問題を統治行為としています。裁判所によれば、このような問題の判断は本来、国会などの国民から直接的に信託を受けた機関が行うべきで、司法が判断すべきでないというのです。この司法のスタンスを違憲審査をあまり行わない**司法消極主義**と批判する声もあります。

さて、具体的な判例について見ていきましょう。まず**砂川事件**と**長沼ナイキ基地訴訟**がよく出てきますよ。というのも**第一審**で**違憲**判決が出ているからなんです。ただし、**最終判決は統治行為論**で判断が回避されています。恵庭訴訟と百里基地訴訟については板書で確認する程度でいいでしょう。

次に政府の見解についてです。

▼ 政府の見解→自衛隊は憲法の言う「戦力」にあたらないとして合憲

これが政府の立場です。憲法第9条が規定しているのは**戦力**の不保持です。つまりこうなると「**戦力**」がいったい何なのかをめぐって議論になってくる。**自衛権は戦力か否か？**ここが大切なポイントで、**政府は自衛権は戦力ではない**としています。つまり**専守防衛**のための自衛力は主権国家として当然持つべき権利であり**戦力**ではない、よって自衛隊は戦力にあたらないから合憲である。

これが政府のスタンスです。ただし**1946年の吉田内閣**は自衛も含めての軍備を否定しており、当初の政府見解から大きな変遷があったことも注意しておいてください。板書には表を書いておきましたので確認をしておくのがよいでしょう。裁判所との相違は、とにかく政府については明確な意味で自衛隊は合憲であるとの判断をしている点です。また政府の法解釈をする機関として**内閣法制局**という機関があることも押さえておいてくださいね。

最後に**集団的自衛権**と**個別的自衛権**の相違です。同盟国と共同で防衛するのが集団的自衛権。自国のみで防衛するのが**個別的自衛権**です。これは2014年7月に政府解釈の変更が行われ、その後2015年に**平和安全法制**において行使が容認されたので、<u>必ずp76「深める爽快講義」を確認しておいてください。</u>

必ずやろう！ 爽快問題集▼ 第1章 07

5 わが国の平和主義③

ココが出る！試験前の最強ポイント

以下★は必ず暗記！

1950年	**朝鮮戦争勃発★**
	警察予備隊発足★
1951年	日米安全保障条約★
	※サンフランシスコ平和（講和）条約同時締結
1952年	保安隊★
1953年	池田・ロバートソン会談
	⇒「愛国心教育」「軍備増強」
1954年	MSA（日米相互防衛援助）協定 自衛隊★，防衛庁発足
	防衛2法 自衛隊法 防衛庁設置法
1956年	日ソ共同宣言 国連加盟★
1959年	砂川事件一審違憲判決 →伊達判決
1960年	安保改定★→共同防衛義務
	10年延長
	日米地位協定★
1965年	日韓基本条約
1968年	非核三原則★ 佐藤内閣
	→「持たず，作らず，持ち込ませず」
1971年	**沖縄返還協定**
1972年	沖縄本土復帰 日中共同声明★
1973年	長沼ナイキ事件一審違憲判決 →福島判決
1976年	防衛費GNP1%枠★ 三木内閣
	→87年中曽根内閣突破
	→以後「総額明示方式」
1978年	**日米ガイドライン★**
	（日米防衛協力のための指針）
	⇒ 極東 の平和と安全
	⇒ ソ連の脅威
	「思いやり予算」はじまる
1981年	鈴木・レーガン会談
	⇒日米の「同盟関係」明記
	⇒「シーレーン防衛」表明

※シーレーンとは海外資源の供給の為の海上ルートをいい，これを守る防衛をシーレーン防衛という

1991年	**湾岸戦争勃発★**
	⇒多国籍軍へ「90億ドル」追加支援
	⇒ペルシャ湾に掃海艇派遣
	⇒「国際貢献」論浮上 海部内閣
	ソ連の解体（消滅）
1992年	国際平和協力法（PKO協力法）制定★ 宮沢内閣
	⇒PKO参加5原則（p196を参照）
	⇒PKF参加凍結 ※2001年凍結解除
1995年	大田昌秀沖縄県知事が「米軍用地強制使用」の「代理署名」を拒否
1996年	**日米安全保障共同宣言**
	⇒範囲を「アジア・太平洋地域」に拡大
	普天間基地返還合意
1997年	**新日米ガイドライン★**
1998年	北朝鮮「テポドン」発射
1999年	**周辺事態安全確保法★**を含めた **「日米ガイドライン関連法」★**制定
	⇒これにより米軍への「後方支援」
	⇒「周辺」とは地理的条件ではなく，定義が不明瞭として問題に
2001年	9月 米国同時多発テロ
	テロ対策特別措置法（2年間）★
	PKO協力法の改正
	12月 この間の活動でインド洋に「イージス艦」も派遣
2003年	6月 有事3法案可決★
	⇒武力攻撃事態対処法★ 自衛隊法改正，安全保障会議設置法改正
	イラク人道復興支援特別措置法
2004年	有事7法成立（国民保護法など）
2015年	平和安全法制

※米軍基地移設・再編問題については，p452(32)を参照。

スパッとわかる ≫≫ 爽 快 講 義 ≪≪

この項目では，近年頻出となっている発展知識と，時事的傾向を扱っていきます。まず年表の★を憶えた上で，大きく出題ポイントは2つになります。

▼ 第1のポイント「安保の拡大」

まず年表を見てください。以前学習したように，**1960**年の**安保改定**により，10年の米軍の駐留延長が決まりました。また「**共同防衛義務**」も義務付けられた。

さらに，この安保条約とは別に，**1978**年に**日米ガイドライン**が策定されます。これは**日本周辺で有事**，つまり戦争が起きたとき，米国と日本がどのように協力するのかを決めているんです。この**協力範囲の拡大**が大切なポイントですよ。

その拡大過程をまとめると次のようになります。

1978年 日米ガイドライン*（日米防衛協力のための指針）
⇒ **極東** の平和と安全　　⇒ **ソ連の脅威**
⬇ 協力範囲の拡大
1991年 **ソ連の解体**・脅威の消滅
1996年 日米安全保障共同宣言* ⇒範囲を「**アジア・太平洋地域**」に拡大
⬇ その内容を**盛込んでガイドラインの改定**
1997年 新日米ガイドライン
⬇ この**内容を法制化**
1999年 周辺事態安全確保法* を含めた「**日米ガイドライン関連法**」制定
⇒これにより米軍への「**後方支援**（施設提供，輸送業務など）」を行う
⇒「周辺」とは地理的条件ではなく，定義が不明瞭などの問題がある

という流れです。範囲の拡大と**周辺事態安全確保法**の**後方支援**が頻出です。つまり，この法律は日本周辺の戦争に米国が介入した際，日本の自衛隊，そして**一部民間の施設提供を定めていて**，かなり身近な危険を感じる側面があります。また，**集団的自衛権**の行使に当たるのでは，との批判が当時あったことも確かです。

▼ 第2のポイント「テロ対策特別措置法」

2001年9.11の米国テロ事件以降，わが国でも国際的テロ組織（**ハマス，アルカイダ**等）の撲滅のため，国際協力すべきだという声が出てきます。この流れの中で，**2001**年の10月に「**テロ対策特別措置法**」※という**2年間**の時限立法が国会を通過しました。これにより，テロ撲滅のため全世界に向けて米軍などへの後方支援が可能になり，**日本の自衛隊の活動領域はますます拡大**しました。

※2007年の**新テロ特措法**を経て，2010年1月に同法は失効した。

必ずやろう！ 爽快問題集 ▼ 第1章 06 07

共通テスト8割目標
私大基礎

共通テスト9割目標
難関大

基礎 発展 時事

出題頻度 ★ ★ ★ ★ ★

深める 爽 快 講 義

テーマ 「平和安全法制(安全保障関連法)」をめぐって

講義ポイント

2014年, 安倍政権は集団的自衛権の行使を認める閣議決定を行いました。これに伴い2015年9月に「平和安全法制(いわゆる安全保障関連法)」が制定されました。この法律は1つの新法と10の関連法の改正からなります。改正武力攻撃事態対処法(事態対処法)では,「我が国と密接な関係にある他国への攻撃」を自国への攻撃と見なし, 武力行使を行うこととなりました。従来の米軍などへの支援活動は, 後方支援であり武力行使ではありませんでした。これからの日本の防衛が大きく変わったわけです。最新の時事動向とともに考えていきましょう。

(1) 拡大する日米協力 ― 安保体制の大転換

前回までの講義で学習したように, 東西冷戦終結後, 日本への脅威は「ソ連」ではなく「北朝鮮」などの北東アジア情勢の緊迫化にとって代わられました。

2014年7月に安倍政権は, 積極的平和主義という名の下に, 歴代内閣が維持してきた憲法第9条の解釈を変更して, 集団的自衛権の行使を認める閣議決定を行いました。これにより, 日本が直接攻撃されていなくても,「我が国と密接な関係にある他国への攻撃」を自国への攻撃と見なし, 武力行使を行うことを認めたわけです。2015年4月には,「新日米ガイドライン」を大幅に変更しました。具体的には, 1997年に拡大された「アジア・太平洋地域」という範囲に加えて「及びこれを越えた地域」とし, 事実上, 日米の協力範囲は全世界, グローバルなものへと拡大・大転換しました。

ここでこれまでの, 日米ガイドラインの動向を確認しておきましょう。

1978年 **日米ガイドライン**（日米防衛協力のための指針）※日米安全保障条約の運用細則
　→日米の協力範囲は，安保条約と同様に「極東」。

東西冷戦終結（1989年**マルタ会談**）後

1996年 **橋本・クリントン会談**→安保再定義
　→日米の協力範囲を「極東」から「**アジア・太平洋地域**」に拡大。
　→「**日米安全保障共同宣言**」

1997年 **新日米ガイドライン**
　→日米安全保障共同宣言をうけ，「**アジア・太平洋地域**」に拡大。

2015年 **新日米ガイドラインの見直し**
　→日米の協力範囲を「**アジア・太平洋地域**」から「アジア・太平洋地域及び
　これを**越えた地域**」に拡大。

　以降，政府は国内法の整備，すなわち「**平和安全法制**（いわゆる安全保障関連法）」の整備へと国会での強行採決を行いました。

(2) 1つの新法，そしてこれまでの各種法律が改正される

　平和安全法制（以下，安全保障関連法）を，一言で説明できる人は少ないはずです。それもそのはず，**安全保障関連法は，1つの新法（国際平和支援法）と，10の改正法（国際平和協力法，周辺事態安全確保法，武力攻撃事態対処法，等の改正）から成り立っています**。受験では11の内容すべてを押さえるのではなく，今挙がった4つを柱に整理していきましょう。ポイントは，**集団的自衛権**の行使を認める法律は「改正された**武力攻撃事態対処法（呼称は事態対処法）**」であるということです。他の3つについては，拡大された内容について押さえておきましょう。

　この講義では，時系列を分かりやすくするために，「改正**国際平和協力法**（PKO協力法）」，「周辺事態安全確保法を抜本改正⇒名称変更して，**重要影響事態安全確保法**」，「改正**武力攻撃事態対処法（事態対処法）**」，そして新法である「**国際平和支援法**」の順番に講義します。

　その前にもう一度，**集団的自衛権**と個別的自衛権の違いを理解しておきましょう。

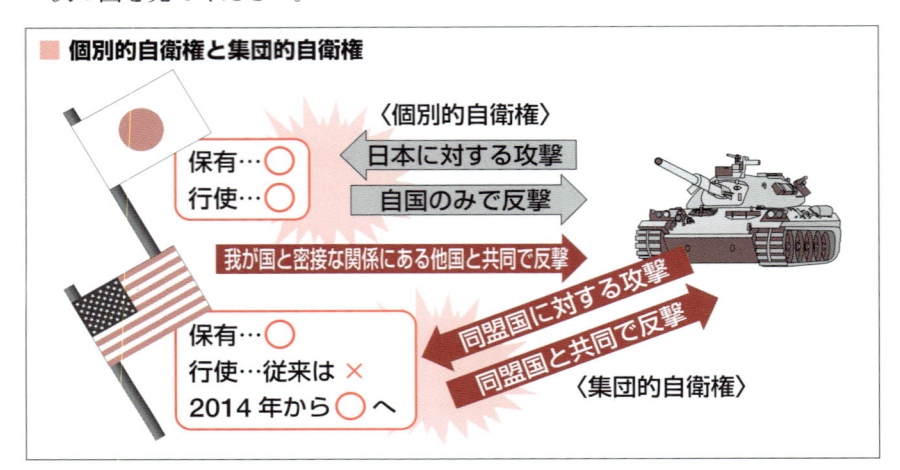

次の図を見てください。

まず，**個別的自衛権**から説明しましょう。これは，我が国に対する攻撃に対して，我が国のみで武力行使を行う自衛権です。一方，**集団的自衛権**とは，「我が国と密接な関係にある他国への攻撃」を自国への攻撃と見なし，武力行使を行う自衛権です。当然日本に攻撃がなくても武力行使を行うことから，1972年の**内閣法制局**（内閣として法律や憲法の解釈を行う機関）の見解では，両者を保有はするが，集団的自衛権の行使はできないと解釈されてきました。実は，個別的自衛権と集団的自衛権については，**国際連合憲章第51条**に明記されています。すると日本も国連加盟国ですから，国際法上保有することになります。しかし，それを使うか否かは，自国の憲法との問題であり，2014年6月まで日本政府は，**憲法第9条の平和主義の規定**から，集団的自衛権の行使はできないと解釈してきたのです。

（3）国際平和協力法の改正⇒駆けつけ警護なども可能に

この先の，国際政治分野でも学習しますが（p196参照），1991年に勃発した「**湾岸戦争**」の際，日本は人的支援として，国際社会から人的な国際貢献を迫られます。こうしてPKOに自衛隊などが参加する「**国際平和協力法**（PKO協力法）」が制定されました。日本は，**参加5原則**（**停戦の合意，当事国の受け入れ合意，**

中立的立場，自国の判断での撤退，武器使用は護身用）というバイアスをつけての参加でした。今回の改正では，武器使用の要件が緩和され，NGO職員や国連職員を守るなどのための「**駆けつけ警護**」なども可能となりました。

ただし，この法律は「集団的自衛権」の行使が内容ではなく，あくまでも，PKO活動です。

（4）周辺事態安全確保法の改正⇒重要影響事態安全確保法

前回の講義までに学習したように，日本は，1997年の日米ガイドラインに伴い，日本周辺での有事（周辺事態）が発生した際に，米軍の「**後方支援**（武力行使と異なり，施設提供や，輸送業務などの非軍事的活動）を行うことを規定した「**周辺事態安全確保法**」を制定（1999年）しました。2015年の安全保障関連法では，「周辺事態」というバイアスを外し，日本の安全に重要な影響を与える事態を「**重要影響事態**」として，地理的条件をなくしました。同法は，名称が変更され「**重要影響事態安全確保法**」となっています。

ただし，この法律も「集団的自衛権」の行使が内容ではなく，あくまでも，重要影響事態において，現に戦闘行為が行われていない場での非軍事的活動である，後方支援※を行うものです。

※「後方支援」の言葉は日本だけの造語であり，世界ではロジスティクス（兵たん）と言われ，戦争行為の一部とされている。

（5）2003年の「有事関連3法」として制定された「武力攻撃事態対処法」

いよいよ，核心部分の法律です。これまでは，PKOや，日本周辺での有事といった，日本への攻撃を想定とする法律ではありませんでした。しかし，2003年に「有事関連3法」として制定された，「**武力攻撃事態対処法**」は，自国に武力行使があった場合（武力攻撃事態），またはそれが予測される場合（武力攻撃予測事態）などにおいて，軍事的活動である「防衛行動」を個別的自衛権の行使という形で行う，というのが大きな内容でした。

この法律が，2015年に改正されて**事態対処法**となり，「**我が国と密接な関係にある他国**」に攻撃があり，我が国に**明白な危険**がある事態を，「**存立危機事態**」として，武力行使を行うこととなりました。つまり，この法律改正によって，

集団的自衛権の行使が可能とされたわけです。

　また，これに先立って政府は，武力行使にバイアスをかけるために，「**武力行使の新三要件**」を示し，「限定的な」集団的自衛権の行使としています。

武力行使の新三要件　2014年7月発表
(1) 我が国に対する**武力攻撃**が**発生**した**場合**のみならず，**我が国と密接な関係にある他国**に対する武力攻撃が発生し，これにより**我が国の存立が脅かされ，国民の生命，自由及び幸福追求の権利**が根底から覆される**明白な危険**がある場合
(2) 我が国の存立を全うし，国民を守るために**他に適当な手段がない**時
(3) **必要最小限度の実力**を行使

　これとは別に，住民の避難（**住民避難**）などについては，2005年「**有事関連7法**」として制定された，「**国民保護法**」に規定があります。以下に「**武力攻撃事態対処法（事態対処法）**」と「国民保護法」についてまとめておきます。

武力攻撃事態対処法　2003年制定　⇒「有事関連3法」の1つとして制定。
⇒自国に武力行使があった場合（武力攻撃事態），またそれが予測される場合（武力攻撃予測事態）に，政府が「対処基本方針」を策定し防衛行動を実施する。いわゆる「戦争になった際に日本は何をするか」という法律。
⇒有事関連3法の「改正自衛隊法」では，自衛隊に対する民間家屋の提供なども盛り込まれている。
⇒2015年には，**集団的自衛権の行使を可能とする改正が行われた（事態対処法）。**

国民保護法　2004年制定　⇒「有事7法」の1つとして制定。
⇒有事の際の**「住民避難」を含め，どのように国民を守るか**を定めた法律。
⇒報道機関などが**指定公共機関**となり住民避難に協力。
⇒また，国民には「避難訓練」なども「自発的意思」で協力するよう求めている。

(6) 2001年の「9.11同時多発テロ事件」以降の自衛隊の海外派遣

　2001年の「9.11同時多発テロ事件」以降の自衛隊の海外派遣は増えていきました。同年に「**テロ対策特別措置法**」が制定され，アフガニスタンの米軍の後方支援を行うため，2001年に自衛隊を派遣し，のちにイージス艦を「**インド洋**」に派遣しました（時限立法のため，同法は現在失効）。

　また，2003年に勃発した「イラク戦争」においては，**イラクの非戦闘地域にお
ける，人道復興支援のため「イラク人道復興支援特別措置法」**が制定され，イラ
ク戦争後の復興を行う多国籍軍の後方支援を行っています。具体的には，2004年
に自衛隊がイラクの「**サマワ**」に派遣されています（現在同法は失効）。今もそう
ですが，イラク戦争後のイラクは，内戦が日常化し，戦後も多くの犠牲が出てい
ます。**この意味でイラクが「非戦闘地域」なのか，といった疑問の声もありました。**

テロ対策特別措置法　2001年制定

⇒2001年の9.11米国同時多発テロ事件を受け，テロ撲滅のため，<u>全世界に
　自衛隊を米軍等の「後方支援」のため派遣できる法律。</u>

⇒これに基づき，2001年，**アフガニスタン**の米軍を支援（給油活動）する
　ため「**インド洋**」に自衛隊が派遣され，のちにイージス艦が派遣された。

⇒2008年1月からは補給支援特別措置法へと移行した。（2010年1月まで）

イラク人道復興支援特別措置法（4年間の時限立法）

⇒2003年7月，イラクの**非戦闘地域**での人道復興支援を目的とした「**イラク
　人道復興支援特別措置法**」が成立した。ただし，そもそものイラク戦争の
　正当性や，イラクは現在も**「戦闘地域」ではないか**，との声も上がり，「対
　米追従外交」との小泉内閣への批判もあった。

⇒2004年1月には陸上自衛隊がイラク南部の「**サマワ**」に派遣された。

⇒2006年に自衛隊は撤退を開始し，2009年2月に任務が終了した。

　このように，**日本は国際的な後方支援を行う際は，その都度「特別措置法」と
いう時限立法を制定して対処した**わけです。安全保障関連法の新法である「**国際
平和支援法**」では，国会の事前承認により，新設された「**国際平和共同対処事態**
(国際社会の平和と安全を脅かす事態)」において，現に戦闘行為が行われていな
い場での，非軍事的活動である「協力支援」が恒久的に行えるようになりました。

　ちなみに，**必ず国会の事前承認（7日間で議決という限定つき）を設けてい
ること**は，「国際平和支援法」の特徴と言えます。一方で，国際平和協力法や，
重要影響事態安全確保法，武力攻撃事態対処法（事態対処法）などの国会の同
意は，「事前または事後」となっています。

　今回の，安全保障関連法の制定をめぐっては，国会前をはじめ全国で，学生
を含む多くのデモが行われました。また多くの憲法学者も，**憲法審査会**におい

て，安全保障関連法は違憲である，という意見を述べました。本来は憲法を改正してから行うことが立憲主義のルールではないのか，立憲主義の破壊・解釈改憲の強行といった批判も聞かれました。

こうしてみると，安全保障関連法の内容はもとより，これが制定された，政治的・歴史的背景を含めて，国民が十分に内容を把握する事が必要です。

●ズバッと整理 「安全保障関連法」の4つのツボ　※以下には自衛隊法の改正も一部関わる

法　律	制定・改正のツボ
国際平和支援法（新法）	①国際社会の平和と安全を脅かす事態を「**国際平和共同対処事態**」として新設。 ②これにより，他国軍への**協力支援**（武力行使は不可）が「いつでも」「世界のどこにでも」可能。 ③国連決議や国際機関の支持が必要。 ④例外なく，**国会の事前承認が必要。**
改正**国際平和協力法（PKO協力法**）	①武器使用の基準を緩和。 ②**駆けつけ警護**や，安全確保活動，停戦監視活動が可能に。 ③国会の事前または，緊急時は事後承認が必要。
周辺事態安全確保法を改称し**重要影響事態安全確保法**	①朝鮮半島有事を想定した地理的制約の撤廃。 ②これに伴い，周辺事態法を改正し，「**重要影響事態**（日本の安全と平和に重要な影響を与える事態）」の規定に改める。 ③米軍のみならず，他国軍の**後方支援**（武力行使は不可）が可能に。 ④国会の事前または，緊急時は事後承認が必要。
改正**武力攻撃事態対処法**⇒改称し，**事態対処法**	①我が国が，直接攻撃されていなくても，我が国と密接な関係にある他国に攻撃があり，我が国に明白な危険がある事態を「**存立危機事態**」とし，事態を新設。 ②**集団的自衛権**を自衛隊が行使。 ③国会の事前または，緊急時は事後承認が必要。

（「平和安全法制」の概要　内閣官房，内閣府，外務省，防衛省をもとに作成）

●ズバッと整理 「事態」の6つのツボ

6つの事態	定義	自衛権	行動など
武力攻撃発生事態	我が国に外部から攻撃	個別的自衛権	武力行使○ 防衛出動○
武力攻撃切迫事態	我が国に武力攻撃が発生する明白な危険	個別的自衛権	武力行使× 防衛出動○

武力攻撃予測事態	切迫事態かつ武力行使が予測される事態	個別的自衛権	武力行使× 防衛出動× 出動待機○
存立危機事態 （新設）★	我が国と密接な関係にある他国に攻撃があり，我が国に明白な危険がある事態	集団的自衛権	武力行使○ 防衛出動○
重要影響事態 （新設）★	我が国の安全と平和に重要な影響を与える事態	後方支援 （武力行使不可）	後方支援
国際平和共同対処事態（新設）★	国際社会の平和と安全を脅かす事態	協力支援 （武力行使不可）	協力支援

★は例外なく，国会の事前承認が必要。他は国会の原則事前承認で，緊急時は事後承認も可。

（「平和安全法制」の概要　内閣官房，内閣府，外務省，防衛省をもとに作成）

見てズバッとわかる!! 図解ボード　平和安全法制のイメージ

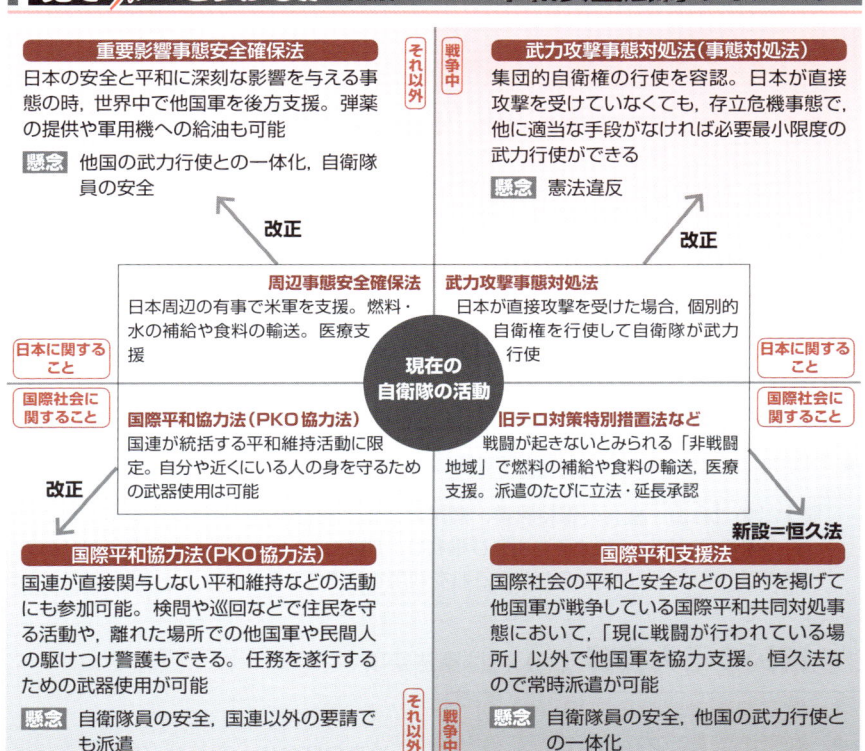

重要影響事態安全確保法

日本の安全と平和に深刻な影響を与える事態の時，世界中で他国軍を後方支援。弾薬の提供や軍用機への給油も可能

懸念 他国の武力行使との一体化，自衛隊員の安全

武力攻撃事態対処法（事態対処法）

集団的自衛権の行使を容認。日本が直接攻撃を受けていなくても，存立危機事態で，他に適当な手段がなければ必要最小限度の武力行使ができる

懸念 憲法違反

改正

周辺事態安全確保法

日本周辺の有事で米軍を支援。燃料・水の補給や食料の輸送。医療支援

武力攻撃事態対処法

日本が直接攻撃を受けた場合，個別的自衛権を行使して自衛隊が武力行使

現在の自衛隊の活動

国際平和協力法（PKO協力法）

国連が統括する平和維持活動に限定。自分や近くにいる人の身を守るための武器使用は可能

旧テロ対策特別措置法など

戦闘が起きないとみられる「非戦闘地域」で燃料の補給や食料の輸送，医療支援。派遣のたびに立法・延長承認

改正

新設＝恒久法

国際平和協力法（PKO協力法）

国連が直接関与しない平和維持などの活動にも参加可能。検問や巡回などで住民を守る活動や，離れた場所での他国軍や民間人の駆けつけ警護もできる。任務を遂行するための武器使用が可能

懸念 自衛隊員の安全，国連以外の要請でも派遣

国際平和支援法

国際社会の平和と安全などの目的を掲げて他国軍が戦争している国際平和共同対処事態において，「現に戦闘が行われている場所」以外で他国軍を協力支援。恒久法なので常時派遣が可能

懸念 自衛隊員の安全，他国の武力行使との一体化

6 憲法上の基本的人権の位置づけ

ココが出る! 試験前の最強ポイント

★5つの人権体系 ➡ 自由権，平等権，社会権，参政権，請求権
★人権の制限について ➡ 公共の福祉　★国民の三大義務

① 日本国憲法における人権の基本原則

【1 人間としての生まれながらの権利 ⇒「普遍性」】

【2 何人も侵害できない権利 ⇒「不可侵性」】

> **第十一条【基本的人権の享有と性質】**
> 　国民は，すべての**基本的人権**の享有を妨げられない。この憲法が国民に保障する基本的人権は，**侵すことのできない永久の権利**として，現在及び将来の国民に与へられる。

【3 個人として有する権利 ⇒「固有性」 ※個人の尊重という観点】

> **第十三条【個人の尊重，生命・自由・幸福追求の権利の尊重】**
> 　すべて国民は，**個人として尊重**される。生命，自由及び**幸福追求**に対する国民の権利については，**公共の福祉**に反しない限り，**立法**その他の**国政**の上で，最大の尊重を必要とする。

② 基本的人権の制約原理「公共の福祉」

ここ頻出!! ポイントは以下の5点

　⇒人権は絶対無制限ではなく**公共の福祉**の制限を受ける
　⇒公共の福祉とは**人権間の衝突**を調整し，社会幸福を実現する原理
　⇒また，経済的自由権を制限し，福祉国家を実現する原理
　⇒法律による制限はできない→明治憲法下にあった「**法律の留保**」の禁止
★⇒**精神の自由**は**経済の自由**より制限しにくい→**二重の基準論**（ダブルスタンダード）

> **第十二条【自由・権利の保持義務，濫用の禁止，利用の責任】**
> 　この憲法が国民に保障する自由及び権利は，（中略）これを**濫用**してはならないのであつて，常に**公共の福祉**のためにこれを利用する責任を負ふ。

③ 国民の三大義務 （ ）内は憲法条項

1. **教育を受けさせる義務**（26②）
2. **勤労の義務**（27①）
3. **納税の義務**（30）

※このほかに**公務員**などには「**憲法尊重擁護義務**」がある（99）

スパッとわかる >>> 爽 快 講 義 <<<

　この項目では日本国憲法の中で規定されている人権体系を見ていきます。その後の項目で，個々の人権と判例について触れます。表を穴埋めするのではなく，どの人権がどこに位置づけられていくのかを整理しておくことが大切だよ。

▼「自然権」としての人権

　明治憲法では人権は天皇の恩恵としての「**臣民の権利**」に過ぎず，「**法律の留保**」という形で，人権を事後につくられた**治安維持法**などの法律によって簡単に制限できました。

　これに対して日本国憲法では，「人間として生まれながらの権利（**普遍性**）」，「何人も侵害できない権利（**不可侵性**）」，「個人として有する権利（**固有性**）」として，「**自然権**思想」を前提として人権が規定されています。つまり，国家権力に都合の良い人権の制約は認められません。一方で，憲法第12条には，「権利保持の責任と**濫用**の禁止」と，「**公共の福祉**のために利用する責任」が明記されています。

▼ 人権の制約原理「公共の福祉」ってなに？

　まず板書②を見てください。

　大まかに2つの意味があります。第**12**，**13**条に規定されている，一般原則（総則）としての広義な意味と，第**22**（居住，移転，職業選択の自由），**29**（財産権の不可侵）条に個別的に規定されている，狭義な意味です。

　一つ目の広義な意味は，「**人権間相互の衝突を調整する原理**」（調整原理）です。例えば，商店街で朝からデモを行う「表現の自由」と，そこで普段通りに商売する「経済の自由」はぶつかり合ってしまいますよね。するとどちらかにガマンをしてもらわなければならないわけです。このように，人権を守るために，人権を制約するという考え方です。つまり他の権利に配慮することが，人権には内在しているという訳です。これを公共の福祉の「**内在的制約**」といいます。気をつけなければならないのが，国家権力が不当に国民の権利を制限するためのものではありません。

　二つ目の狭義な意味は，「社会的弱者を救済する目的で，経済の自由（第22，29条）を制約すること」です。例えば，公害防止のための，営業活動（経済の自由）の制約のような形で制限されます。あるいは，労働者の長時間労働を防ぐために，会社側の営業時間や労働者の使用時間（労働時間）が制限されます。

こうして，社会的弱者を救済するために**経済の自由**を制限し，「**福祉国家**」や「**社会権**」を実現する原理として捉えることもあります。これを公共の福祉の「**政策的制約**」といいます。

　もともと経済の自由の制限は，社会権を保障するために必要不可欠でした。以前学習した世界で社会権を初めて規定した**ワイマール憲法**（1919年）第153条（3）には，「**所有権は義務を伴う**。その行使は，同時に**公共の福祉に役立つべきである**」と明記されています。これは，所有権には限界があり，経済の自由には制約が伴うことを意味しています。

▼ 特に「表現の自由」への公共の福祉の適用は厳格に ⇒「二重の基準」

　先ほども言いましたが，公共の福祉は，国家権力が不当に国民の権利を制限するためのものではありません。特に「**表現の自由**」が国家権力の好き勝手に制限されたらどうなるでしょう？

　デモ活動や出版活動，Twitter上での政治的な立場での自由な表現活動が，公共の福祉の名の下に権力によって制約されてしまえば，権力にとって都合の良い表現活動だけが行われます。すると，**国民主権**は侵害され，民主主義も危うくなります。

　一方で，経済の自由への公共の福祉の適用は，社会権を実現するために必要不可欠でしたね。つまり，**経済の自由**は，人身の自由や表現の自由（精神の自由）に比べて，公共の福祉の制約をより強く受けると解釈されています。これを公共の福祉の制約における「**二重の基準論（ダブルスタンダード）**」といいます。逆に言えば，人身の自由や，国民主権の実現にとって表現の自由（精神の自由）への適用は最小限にとどめられるべきだ，ということになります。

　公共の福祉の制約は，一歩間違えると，権力や，社会的多数者にとって都合の良い制約となってしまいます。「権利を守るための制約」という前提を忘れないようにしましょう。

　最後の国民の義務については，板書③を確認してください。特に「**教育を受けさせる義務**」は，大人が子どもに「教育を受けさせる義務（第26条②）」であり，子どもの「教育を受ける義務」ではないので，間違えないようにしてください。子ども（すべての国民）にあるのは「**教育を受ける権利**（第26条①）」です。

見て スパッ とわかる!! 攻略ボード

● 日本国憲法の人権体系 ●
→は判例・関連事件　★は頻出事項　（　）内は憲法条項

自由権★ 18世紀的権利	精神の自由 ⇒国家の精神活動への不介入（不作為）	■ **思想・良心の自由**(19)→**三菱樹脂**事件★
		■ **信教の自由**(20)→**津地鎮祭**訴訟, **愛媛玉串料訴訟**★
		■ 集会・結社・出版・言論, **表現の自由**(21①) →**チャタレー**事件★, **東京都公安条例**事件
		■ **検閲**の禁止, **通信の秘密**(21②)
		■ **学問の自由**(23)→（戦前の**天皇機関説**事件）, **東大ポポロ**事件, **家永教科書裁判**
	身体の自由 ⇒国家からの身柄の確保	■ 奴隷的拘束及び苦役からの自由(18)
		■ **法定手続きの保障**(31)★　■ 不法逮捕の禁止(33)
		■ 不当な抑留・拘禁の禁止(34)
		■ 不法な住居侵入, 捜索・押収の禁止(35)
		■ 拷問・残虐刑の禁止(36)　■ 刑事被告人の権利(37)
		■ 不利益供述の不強要, **自白強要の禁止**(38)★
		■ **遡及処罰の禁止, 一事不再理**(39)★
	経済の自由	■ **居住・移転・職業選択の自由**(22①)→**薬事法**事件★
		■ **財産権**の不可侵(29)→**森林法共有林分割規定**事件
平等権★		■ **法の下の平等**(14)→**尊属殺人重罰規定違憲**判決★
		■ 両性の**本質的**平等(24)　■ 教育の機会均等(26①)
		■ **選挙人資格**の平等(44)→**衆議院定数不均衡違憲**判決★
社会権★ 20世紀的権利	⇒国家の介入（作為）	■ **生存権**(25)→**朝日**訴訟, **堀木訴訟, プログラム規定説**★
		■ 教育を受ける権利(26①)　■ 勤労の権利(27①)
		■ 勤労者の**団結権・団体交渉権・団体行動権**(28)
請求権		■ **請願権**(16)　■ 国家賠償請求権(17)　■ 裁判請求権(32)
		■ **刑事補償請求権**(40)→冤罪被害者に対する補償★
参政権		■ 公務員選定・罷免権(15)■ 被選挙権(43・44)→以上2つ, 間接的参政権
		■ **最高裁判所裁判官の国民審査権**(79)■ 地方特別法の住民投票権(95)
		■ **憲法改正の国民投票権**(96)→以上3つ, 直接的参政権★

7 憲法上の5つの基本的人権

Ⅰ 自由権

基礎 | 発展 | 時事
出題頻度 | ★ ★ ★ ★ ☆

ココが出る! 試験前の最強ポイント

★ 必ず裁判の判例とともに押さえる
★ 特に精神の自由と経済の自由の違憲判決が狙われる

① 精神の自由 ➡ 国家（私人ではない!）の精神活動への不介入の保障

（事件の年号は最終判決、（　）内の数字は憲法条項）

権　利	事件と争点	判　決
思想・良心の自由（19） ⇒ **国家による思想・良心の自由の侵害の禁止** ⇒ 私人間の場合は民法を適用することで、憲法を間接適用する ⇒ 私人間の直接効力なし	**三菱樹脂事件** 1973年 ⇒ 学生運動を理由に採用内定を取消されたとする事件 思想・良心の自由を企業が侵害したのか否か？	第1審→企業側敗訴 第2審→企業側敗訴 最高裁→**原告敗訴** （差し戻し）高裁で和解 ★**判決のポイント** →思想・良心の自由は、**私人間を直接規定**しない →企業にも雇用の自由がある
信教の自由（20） **「政教分離」** ⇒ 国が**特定の宗教団体に特権**を与えてはならない **「政教分離」の理由** ⇒ 国の特権を貰っている宗教団体以外の**信仰の萎縮効果**を防止	**津地鎮祭訴訟** 1977年 ⇒ 三重県津市が地鎮祭の際に神主へ公金支出　政教分離に反するか否か？	最高裁→**合憲（慣習的）** ⇒ **「目的効果基準説」**★ 違憲か否かはその行為が慣習的行為か、宗教的行為かによって判断する
	愛媛玉串料訴訟 1997年 ⇒ 愛媛県が靖国神社と護国神社へ公金支出　政教分離に反するか否か？	最高裁→**違憲（宗教的）** ★「最新時事動向」も確認 p452(30)へ
表現の自由（21） 民主主義社会において様々な表現活動を認める ⇒ その上で社会変革の可能性を保障する	**東京都公安条例事件** 1960年 ⇒ デモの許可制は検閲に該当するか否か？	最高裁→合憲 暴徒化の恐れあり、**「公共の福祉」**を守るため必要
	チャタレー事件 1957年 ⇒ 小説内容の一部表現が猥褻か否か？	最高裁→出版社の社長 訳者ともに有罪 公共の福祉の制限受ける
学問の自由（23） ⇒ 関連事項**「家永教科書裁判」**※	**東大ポポロ事件** 1963年 ⇒ 大学構内へ警察が侵入 **大学の自治**の侵害か否か？	最高裁→**学生側敗訴** 大学の自治とは**研究・教授活動の自由であり、学生運動は対象にならない**

※家永三郎さんが書いた日本史の教科書に"731部隊"や"南京大虐殺"についての記述があったため、教科書検定に不合格
この検定制度が検閲か否かが争点→1997年8月、検定の行き過ぎを認め、一部を違憲としたものの、検定自体は合憲とした

スパッとわかる >>> 爽 快 講 義 <<<

まず，**思想・良心の自由**の判例を見ていきます。代表的事件は，学生運動を理由に採用内定を取り消された**三菱樹脂事件**。当然取消したのは企業。ここがポイントなんです。なぜなら，企業も原告も私人であり，国家が人権侵害をしたわけではない，というところです。果たしてこの私人間に，憲法規定としての思想・良心の自由が主張できるかがポイントになりました。最高裁は思想・良心の自由は**直接的に私人間には適用できない**として，仮採用段階では企業の**雇用の自由**を認め（原告敗訴），高裁に差し戻しました。（事件は，高裁で審理中に和解した。）

次に**信教の自由**。大切なポイントは「**政教分離**」。これは国が特定の宗教団体に介入できないとするもの。なぜこれが必要だと思う？考えてみて？

もし，あなたが国から特権を与えられていない宗教を信仰していたとしたら，なんか負い目を感じませんか？ この**信仰の萎縮効果**を防止するため，政教分離の原則が規定されているわけです。代表的な事件に**津地鎮祭訴訟**，**愛媛玉串料訴訟**など※1 があります。この判決を見てごらん。**合憲と違憲に分かれている**ね。つまりここがポイント。裁判所はその行為・目的が**慣習的行為**か**宗教的行為**かによって，判断を分けている。これを**目的効果基準説**といいます。

最近は首相の**靖国神社**参拝などが問題になりますが，国の代表である首相が，特定の宗教施設に赴くという行為が，国家の特定介入か否か？ 問題ですね。

続いて**表現の自由**です。これは思想や信教の自由と違い，自分の思想などを**外にアピールする性質の人権**です。この意味で**社会変革の可能性を保障する人権**として民主主義社会では最も重要視されています。特に事件としては**チャタレー事件**と**東京都公安条例事件**。板書で確認してください。ただし，国家が**公共の福祉**という名のもとに，これらの権利をどこまで規制できるのか？争点です。

最後に**学問の自由**です。学問の自由は戦前，**天皇機関説事件**※2 や**滝川事件**※3 など厳しく弾圧された反省から，戦後はあえて憲法に規定がなされました。事件としては**東大ポポロ事件**が有名です。当時東大の学生劇団が，冤罪事件だった松川事件を題材にした演劇公演中，なっなんと会場に公安警察が。学生たちは警察手帳を取り上げた。そして警察側に訴えられた事件です。学生達は**大学の自治**を主張し正当防衛だといいます。しかし最高裁は，「**大学の自治**とは調査・研究・教授活動の自由であり，学生運動は対象にならない」という判決を下しました。大学の自治を極めて狭く解釈しました。学生達の劇は研究活動ではないのか？ 今尚疑問が残ります。

※1 2010年に北海道の**砂川市**が市有地を空知太神社に無償貸与していた問題について最高裁は違憲判断を示した。
※2 1935年：東大の**美濃部達吉**教授の天皇は国家機関だとする「天皇機関説」が貴族院で問題視され，著書が発禁となった事件。
※3 1933年：京大の**滝川幸辰**教授の刑法理論が共産主義的だとして教授職を追われた事件。

② 人身の自由

➡ 前提…**奴隷**的拘束及び**苦役**からの自由（18）　以下がポイント‼

⇒国家によって不当に身柄が拘束されないための諸権利

⇒すべての身柄拘束は法定手続きによる→**法定手続主義（デュー・プロセス）**

⇒また，罪と刑罰をも法律により規定する→「**罪刑法定主義**」

　★これは**マグナ・カルタ**（1215年）が起源

⇒ここでは判決ではなく，日本国憲法の人権体系の内容を参照し暗記のこと

⇒以下のように，取調べから判決に至るまで，様々な権利が保障されている

逮 捕	取調べ	送 検	起 訴	刑事裁判
● **令状主義** ※現行犯は不要	● **黙秘権** ● **自白**強要の禁止		**刑事被告人の権利** ● **国選弁護人**制度 ● **罪刑法定主義**	

盲点　正誤問題注意‼

⇒有罪を示す唯一の証拠が本人の自白のみの場合→**有罪とされない**

⇒また，一度判決が確定した事件は再度審理できず→**一事不再理（再審は例外）**

⇒実行中に適法だった行為を遡って処罰できない→**遡及処罰の禁止**

③ 経済（経済活動）の自由

⇒居住・移転・**職業選択**の自由（22），**財産権**の不可侵（29）

⇒国家の経済活動・私有財産への**必要以上の介入を阻止する権利**

⇒ただし，**公共の福祉**により一部制限される

★⇒**精神の自由**に比べて制限されやすい→**二重の基準論（ダブルスタンダード）**

権 利	事件と争点	判 決
職業選択の自由 **(22)**	**薬事法距離制限規定違憲判決**（1975年） →薬局開設の距離制限は営業権の侵害か否か？	最高裁→**違憲** 距離制限は憲法の職業選択の自由に反し，違憲
財産権の不可侵 **(29)**	**森林法共有林分割規定違憲判決**（1987年） →共有林の分割の際に，1/2以下の持分権者の分割請求を認めない規定は財産権の侵害か否か？	最高裁→**違憲** その土地の所有者の分割・処分権を不当に侵害し，違憲

90

スパッとわかる >>> 爽 快 講 義 <<<

続いて人身の自由について講義をしていきましょう。

人身の自由は主に，国家によって不当に身柄拘束されることがないよう，さらには，人間として奴隷的な苦役を課せられないように，憲法上でこの人権を保障しているんだ。

具体的な**人身の自由**の内容は日本国憲法の**人権体系の表**の★マークの部分を中心に必ず暗記をしておいてください。特に重要なことは**法定手続き**の保障です。隣の板書の表を見てわかる通り，逮捕の段階では**司法官憲**（裁判官）が発する**令状**が必要だし，また取調べの最中は自己に不利な**自白**を強要されることもありません。また裁判中は**刑事裁判**に限って**国選弁護人**がつくなどの，**刑事被告**人の権利も認められています。この辺は司法の項目ではよく出てきますので，合わせて学習していきましょう。また盲点となるところをまとめておきました。

特に**遡及処罰**の禁止。**これは犯罪の時に適法だった行為を処罰できないというもの。**そうだな～。例えば，お酒を飲んではいけないという法律が今日できたとして（僕にとっては地獄だね～）昨日まで飲んでいた僕を逮捕できない。また一度審理が終わった事件について二度と審理することはできない，**一事不再理**の原則なども定められています。ただし，冤罪などのような形で，新たに無罪を証明する証拠が出てきた場合に限り，再審請求も可能だという点も押さえておきましょう。ここは司法で詳しくやっていきたいと思います。(p120 参照)

次に**経済の自由**です。これは**私有財産制**を認め，できるだけ国家は経済に介入しないようにしようとする権利です。**居住・移転・職業選択の自由**，そして**財産権**の不可侵という２点がポイントです。ただし絶対無制限に国家が介入しないわけではない。例えば道路の立ち退き請求のように，「**公共の福祉**に供するため」であれば，一部制約を受ける場合があります。重要な判例としては**薬事法事件**が有名です。これは薬局を開設する場合，他の薬局と一定の距離を置かなければ開設できない，というものでした。この規定は**職業選択の自由**，とりわけ**営業権**を侵害するとして，最高裁は**違憲判決**を出しています。また**森林法共有林分割規定違憲判決**。これは共有林において，1/2以下の持分権者の分割制限を認めないという規定に関して，所有者の財産権を侵害している規定だとして，最高裁判所は同じく**違憲判決**を出しています。この２つの違憲判決は重要な事件なので，必ず確認をしておこう!!

II 平等権

ココが出る！試験前の最強ポイント

★憲法14条の暗記と尊属殺人重罰規定違憲判決

① 法の下の平等 以下□を暗記

> **第十四条【法の下の平等，貴族制度の否認，栄典の限界】**
> **1** すべて国民は，法の下に平等であつて，人種，信条，性別，社会的身分又は門地により，政治的，経済的又は社会的関係において，差別されない。

☛尊属殺人重罰規定違憲判決 1973年最高裁

● **争点**→親を殺した場合，無期懲役か死刑は法の下の平等に反するのでは？
● **判決**→尊属への敬愛そのものは古今東西の倫理であり違憲とはいえない
　　　　　ただし，刑罰は普通殺との隔たりが大きすぎていて**違憲**

② 両性の本質的平等（24）　③ 教育の機会均等（26①）

④ 選挙人資格の平等（44）　➡ 議員定数不均衡訴訟（詳しくはp160を参照）

● **争点**→選挙区間の一票の価値の格差は選挙の平等に反するのでは？
● **判決**→**衆議院**（第33，37回総選挙）**違憲**，ただし選挙は有効「**事情判決**」┐両方選挙
　　　　　参議院（第16回通常選挙）**違憲状態**，選挙は有効 ──────┘は有効！

（など，詳しくはp160を参照）

スパッとわかる **≫爽快講義≪**　憲法第14条をまずは暗記しよう。（「最新時事動向」p448（25）も要チェック）

　さて，ポイントとなるのは，14条の法の下の平等に関する判例です。1973年に最高裁は刑法第200条の「**尊属殺人重罰規定違憲判決**」を下します。

　当時ある女性が父親からの性的暴力を理由に父親を絞殺。当時父親がこの女性を軟禁状態においていたことも含めれば情状酌量の余地が十分ある。しかし，この女性は尊属，つまり父親を殺したので，尊属殺人罪（刑法200条）に問われます。**尊属殺人の刑は，無期懲役または死刑**。一方，普通殺人は懲役3年以上，無期懲役または死刑。さらに，尊属殺には執行猶予がつきません。つまり情状酌量の余地がないんです。**言い換えれば殺す対象によって刑罰に差別がある**。これが法の下の平等に反するか否かが問われた。裁判所は，倫理上，尊属殺人罪は必要であり違憲とはいえないとした上で，この罪ではなく，重すぎる刑罰に合理性がないとしてこの重罰規定を**違憲**としました。1995年，尊属殺人罪は刑法改正で削除されました。

Ⅲ 社 会 権

基礎　発展　時事
出題頻度│★ ★ ★ ★ ★

ココが出る! 試験前の最強ポイント
★生存権のプログラム規定説とその判例

① **生存権** (25①) ⇨ **健康で文化的**な**最低限度**の生活を営む権利　以下□を暗記

> **第二十五条【生存権，国の生存権保障義務】**
> **1**　すべて国民は，**健康で文化的な最低限度**の生活を営む権利を有する。

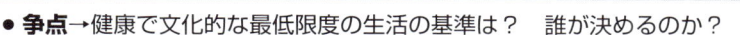

- **争点**→健康で文化的な最低限度の生活の基準は？　誰が決めるのか？
- **判決**→**プログラム規定説**により行政が決定する（**朝日訴訟**で初めて展開）

★**プログラム規定説とは，憲法25条は国の努力目標として示したもの，
つまり個人の具体的権利として規定したものではない，とする説**

事　件	争　点	判　決
1967年 **朝日訴訟**★	月600円の生活保護費は生存権基準か否か？	第一審…原告勝訴（朝日さん） 第二審…**プログラム規定説**で**原告敗訴** 最高裁…原告死亡で判決なし
1982年 **堀木訴訟**★	障害年金と児童手当の併給禁止は認められるか否か？	最高裁…**プログラム規定説**で**原告敗訴**（堀木さん）
1993年 **加藤訴訟**	生活保護費の貯蓄はできるか？	第一審…原告勝訴（**貯蓄可能**）（加藤さん）

② **教育を受ける権利** (26①) ⇨ 「**家永教科書裁判**」（p88を参照）

③ **労働基本権** ⇨ **勤労権**(27①), **団結権**(28), **団体交渉権**(28), **団体行動権**(28)

**スパッとわかる
»爽快講義«**　　以前説明したように，**社会権は国家の介入（作為）によって自由を保障**する**20**世紀的権利，「**国家による自由**」だったよね。憲法では具体的に，**生存権，教育を受ける権利，労働基本権**を指します。
　ポイントは生存権。条文を暗記した上で，**健康で文化的な最低限度**とは何か？　その基準をめぐっての出題になるよ。これは判例でみていこう。
　特に重要なのが**朝日訴訟**で，この事件で「**プログラム規定説**」ってのが出てるのね。これは，**第25条の生存権**とは，個々の国民の具体的権利ではなく，国（行政）の努力目標として宣言したもの，とする考え方。確かに一人一人の都合に合わせて決めるのは限界がある。また，**堀木訴訟**も頻出なので注意です。

Ⅳ 参 政 権

ココが出る! 試験前の最強ポイント

★憲法が規定する直接的参政権3つの暗記
★公務員の選定・罷免権

① 間接的参政権 ➡ 公務員の選定・罷免権(15)，被選挙権(43・44)

② 直接的参政権★

最高裁判所裁判官の国民審査 (79)→衆議院の選挙の際に実施
地方特別法の住民投票 (95)→特定の自治体だけに適用する法律 (特別法) の制定の際，その地域住民の住民投票で過半数の同意が必要
憲法改正の国民投票 (96)→具体的な改正手続きを定める「国民投票法」が2007年に制定され，2010年に施行された。詳細はp64へ。

スパッとわかる
≫爽快講義≪　　ここでは**公務員の選定・罷免権**（**第15条**）と，直接的参政権を押さえることが大切です。また，**特別法**といって，特定の地方自治体にしか適用されない法律を作る場合は，国会の議決だけでなく，その自治体の**住民投票**による同意が必要になることも憶えておこう。

Ⅴ 請求権（受益権）

ココが出る! 試験前の最強ポイント

★刑事補償請求権を押さえよ

① 請願権(16) ➡ 国政上の要求・要望を行う権利　明治憲法にも一部あり

② 国家賠償請求権(17) ➡ 公務員から受けた損害に対し賠償を行政に求める権利

③ 裁判請求権(32) ➡ 公平で公正な裁判を受ける権利　明治憲法にもあり

④ 刑事補償請求権(40) ➡ 冤罪被害者に対する補償★

スパッとわかる
≫爽快講義≪　　請求権はあくまでも国家に対して何かを請求するという権利です。請願権は国家や行政に対しての請願を行うものです。明治憲法でも，裁判を請求する権利については認められていたんです。
　　また，刑事補償請求権は頻出で，国家によって拘束された刑事被告人が判決の結果無罪だったとき，つまり冤罪だった時の補償を求める権利です。

Ⅵ 新しい人権

基礎 | 発展 | 時事
出題頻度 ★ ★ ★ ★ ★

ココが出る! 試験前の最強ポイント

★憲法上に規定なし→時代的要請とともに確立しつつある
★幸福追求権が主張根拠
★プライバシーの権利，知る権利，アクセス権が頻出

① 新しい人権とは

⇒憲法上には明確な規定は無いが，憲法第13条の「**幸福追求権（条文にない権利を保障する人権）**」と「**個人の尊厳**」を基に，判例や法律等によって，時代的要請とともに主張されている人権　**プライバシーの権利**，**環境権**など

> **第十三条【個人の尊重，生命・自由・幸福追求の権利の尊重】**
> すべて国民は，個人として尊重される。**生命，自由及び幸福追求に対する国民の権利**については，**公共の福祉**に反しない限り，**立法**その他の**国政**の上で，**最大の尊重を必要とする。**

② 具体的な新しい人権

1. **プライバシーの権利** …私生活や個人情報をみだりに公開されない権利。『**宴のあと**』事件によって判例で認められた
   ● 関連する法律「**個人情報保護法**」⇒講義で確認
   ● 時事的動向…★「**住民基本台帳法改正**」1999 年改正
     ⇒国民に**11**桁の番号をつけ，コンピュータで一元管理（性別・氏名・住所・生年月日），漏洩には罰則あり，2002 年「**住基ネット**」稼動
     ⇒2016 年からは行政機関の個人情報などを紐付けし合う「**マイナンバー制度**」スタート（p444 参照）
2. **知る権利** …行政のもっている情報を主権者たる国民が知る権利
   ● 関連する法律…**1999 年　情報公開法**（2001 年施行）
     ⇒国民主権主義に基づき行政情報を公開，ただし**個人**，**企業**，**外交・防衛**，**犯罪捜査**などは非公開。また**特殊法人**には公開が及ばない
     ⇒方法…行政機関に請求→非公開決定の場合，「**情報公開・個人情報保護審査会**」，「**情報公開請求訴訟**」の救済措置あり，「**知る権利**」**この明文化はなし**
3. **アクセス権** …メディアへの接近・反論権，**サンケイ新聞意見広告事件**で主張　_{1987 年 最高裁}
4. **自己決定権** …自分の生き方は自分で決定する権利，特に生命について
   ⇒**インフォームド・コンセント** ⇒医者が患者に説明を行い，同意と共に医療行為を行うこと

スパッとわかる ≫≫ 爽 快 講 義 ≪≪

▼ 学習項目の最後の部分に頻出事項あり!!

　ここで，大事な話をしますよ。実は入試での頻出事項は，学習項目の最後の部分であることが珍しくないんです。まさにこの人権の項目でも，この新しい人権は最頻出事項です。『爽快問題集』（p29～31）での定着も忘れずに行ってください。

▼ 憲法に明記はないが，主張されている「新しい人権」

　日本国憲法が施行されたのは，1947年。つまり2017年で施行から70年が経ちます。ということは，憲法を作ったときには考えもしなかった問題が起こりうる可能性があります。ここで板書①を見てください。憲法には，第**13**条に「**個人の尊厳**」と，「**幸福追求権**」を明記しています。これらにより，**憲法上明記はないが，時代的要請とともに主張されている人権**を「**新しい人権**」といいます。

▼ 判例で確立したのは，プライバシーの権利のみ

　板書②を見てください。**プライバシーの権利**とは，日本では一般に「**私生活をみだりに公開されない権利**」をいいます。三島由紀夫の小説『宴のあと』に登場する元外相である有田八郎が，プライバシーを侵害されたとして，損害賠償を求めた。1964年に東京地裁は，**プライバシーの権利を判例で認めました**。ただし二審の係属中に原告の有田八郎が死亡し，その後，被告と原告の遺族の間で和解が成立しています（『**宴のあと**』**事件**）。

　また，**柳美里**（ゆうみり）の小説『石に泳ぐ魚』の内容をめぐり，そのモデルとなった大学院生（当時）がプライバシーの権利を理由に，小説の出版差し止めを求めた，『**石に泳ぐ魚**』**事件**では，東京地裁が，**初めてとなる小説の出版差し止めを認めました**。この判決は東京高裁，最高裁でも認められました（2002年）。

　現在では，プライバシーの権利は，自分の情報を自身で管理・訂正を求める「**コントロール権**」としても捉えられるようになっています。

　さて，ここで**個人情報保護法**について見ておこう。実は1988年には，**行政機関が保有する個人情報の保護を定めた**「**個人情報保護法**」が制定されています。ちなみに1990年には**神奈川県**で個人情報保護条例が制定されている。さらに，**民間事業者の個人情報の取り扱いに制限を加える**「**個人情報保護法**（個人情報保護関連**5**法）」が2003年に制定され，2005年から全面施行されています。以下で確認しておきましょう。

■ **個人情報保護法** 2003年5月制定，2005年4月完全施行

⇒民間の保有する個人情報の取り扱いに一定の制限を加える。

⇒電子データ所有者を「**個人情報取扱事業者**」として，

①**利用目的の明確化**⇒ダイレクトメール送付などは×

②**適正な取得**⇒名簿業者からや，偽っての取得は×

③安全性の確保⇒外部からの侵入などがないよう，適性に管理すること

④**透明性の確保**⇒本人が適切に関与し得るよう配慮されること。また上記に沿った運用がなされること。（明記は無いが**コントロール権**の概念）

⇒これらに抵触した場合「主務大臣」が勧告や改善命令を出せる。

⇒罰則は最高で**懲役**「6ヵ月」，罰金30万円以下

▼ 通信傍受法やマイナンバーなどの動向

結構この分野は出題が深いので，もう少し解説します。実は1999年に「**通信傍受法**」という法律が制定されました。捜査当局が，組織犯罪4類型「**組織的殺人，銃器，薬物，集団密航**」の捜査の際に，メールや通話内容を傍受できるというものです。2016年5月には新たに，（すべて組織的犯行が疑われる）詐欺，児童ポルノなどが加わり，9類型[※1]へと拡大しました。市民の**プライバシーの権利**はもとより，憲法第21条②で規定されている「**通信の秘密**」を侵すのではないか，との指摘もあります。

また，2016年からは，板書にある「住基ネット」とは別に，行政情報を**12**桁（法人は13桁）の番号で紐付けし合い，行政の効率化を目指す「**マイナンバー制度**」も運用開始となりました。一方で**ハッキング**や**サイバー攻撃**などの被害の防止など，プライバシーの権利の保護も必要になりそうです。

▼ 「知る権利」と情報公開

知る権利とは，**行政情報を知る権利**のことです。もし仮に，なんでも国家機密として行政が情報を公開しない場合，情報が無い私たちは，何を基準に討論したり，ツイートしたり，政策の判断を行ったりすればいいのでしょうか。つまり行政情報が開示されることによって，公正な表現活動が可能となり，**国民主権**を実現できます。言い換えれば「**知る権利**」は，憲法上の「**表現の自由**」や「**国民主権**」を制度的に保障する権利です。

従来は，国民の知る権利に奉仕する，「報道・取材の自由」として把握され

※1　組織的な犯行が疑われる，「窃盗，詐欺，殺人，傷害，放火，誘拐，監禁，爆発物，児童ポルノ」の9類型。また警察官が電話会社に赴き，社員の立会いで行われていた傍受を，電話会社の立会いをなくし，暗号化した通話内容を警察施設で傍受できるようになった。

ていました。1972年の沖縄返還に際しての，日米の密約[※2]を報道したことに端を
なす，「**外務省公電漏洩事件**（**西山事件**）」の判決で，記者（西山太吉）が正当な取
材とは言えないとして有罪判決を受けました（1978年最高裁判決）。一方で，記
者の報道は「**知る権利**」に貢献しているのではとの声も世論の一部にありました。

ちなみに2010年に外務省はこの密約の存在を認めています。

さらに，当時は**田中角栄**元首相が逮捕された，**ロッキード事件**[※3]などの政治
汚職が吹き荒れていたのです。すると情報公開条例を制定する地方自治体が現
れ始めます。1982年3月には「山形県**金山町**」で日本初の情報公開条例が制定
されました。また同年10月には，都道府県レベルで初めての情報公開条例が「**神
奈川**県」で制定されています。

ようやく1999年になり国レベルでも**情報公開法**が制定され，2001年に施行
されました。ポイントは，知る権利の明記がない点，外国人も請求可能な点，
行政側の不開示に不服があった場合，裁判所に**情報公開請求訴訟**を起こせるこ
とにあります。また，板書②の2にある通り，非公開分野（**個人，企業，外交・
防衛，犯罪捜査**など）があることです。

▼「**特定秘密保護法**」と知る権利

そんな中で議論を呼んでいるのが，2013年12月6日に制定された，「**特定秘
密保護法**」です。「**外交**」，「**防衛**」，「**スパイ活動防止**」「**テロ防止**」の4分野の
繊細な情報を「特定秘密」とし，漏洩した公務員に対しては，**最高で10年の
懲役**（民間の場合は最長で5年の懲役）となります。

特定秘密に指定された場合，原則**5**年間は公開されません。特定秘密の指定は，
防衛大臣や外務大臣，警察庁長官といった，行政機関の長の判断で指定できて
しまいます。また指定を延長する閣議決定を行えば最長で**60**年間非公開にでき
てしまいます（一部情報は60年間を超えることが可能）。

こうなると国民の知る権利，表現の自由，ひいては国民主権に重要な影響を
与えかねないとの声もあります。一方で，機密情報の流出は，テロなどの危険
性に日本をさらすかもしれません。

実は，この法律ができる二日前の2013年12月4日に，**安全保障会議**（1986
年に国防会議から改組）が，「**国家安全保障会議**（日本版ＮＳＣ）」へと改組さ
れました。これにより**極めて機密性の高い膨大な情報**を，この組織が扱うこと

※2　沖縄返還に際し，米国が負担するはずの基地の原状回復費用を日本側が肩代わりするなどといった
　　密約。2010年に外務省は密約の存在を認めた。
※3　旅客機の受注などをめぐる，汚職事件。田中角栄元首相などが逮捕・起訴され，1983年，第一審で田
　　中角栄は有罪。控訴棄却。上告審の最中の1993年12月，田中角栄の死亡により，裁判は打ち切られた。

になるわけです。すると特定秘密を厳重に扱わざるをえなくなる。日本のテロ防止や国際社会での信用維持のために，諜報活動を効率化するには，**特定秘密保護法**が必要だ，というのが政府の説明でした。

▼ アクセス権⇨裁判では認められず

アクセス権は，マスメディアが行った報道に対して反論を行うために，紙面の提供や番組への出演機会を求めて，**マスメディアの行った報道に対する反論を行う権利**です。

事の発端は1973年12月2日，自民党が「サンケイ新聞」に「前略　日本共産党殿　はっきりさせてください。」などする意見広告を掲載しました。これに対し日本共産党はサンケイ新聞に，反論記事を掲載するための紙面を求めたのです。世に言う「**サンケイ新聞意見広告事件**」です。しかし最高裁は「**アクセス権**」は認めませんでした（1987年）。

▼ 自己決定権⇨特に自分の生命についての自己決定

この**自己決定権**を大きく問われた事件に，いわゆる「**エホバの証人輸血拒否事件**」があります。この事件は，自身の宗教上の理由から，輸血をしない手術を希望する患者に対して，医師が輸血を行って手術。このことに対して患者が医師に賠償請求をした，という事件です。判決では「**自己決定権**」ではなく，個人の人格的利益を保護する新しい人権の一つである，「**人格権**」に基づき，「**患者の輸血を受けないという宗教上の意志決定は人格権**として尊重されるべき」として，国・医師らに賠償を命じました（2000年最高裁）。

人格権については，この後解説する，大阪空港騒音公害訴訟などでも一部主張されています。

▼ 環境権⇨裁判で認めず

板書にはないですが，ここで有名な「**環境権**」について説明します。

一般に「**生存権**」と「**幸福追求権**」を主張根拠として，国民がよりよい環境を享受する権利です。高度経済成長の中，公害問題が深刻化する中で，1970年代頃から主張されるようになりました。

事の発端は，大阪空港の周辺住民が，飛行機の離発着などの騒音に悩み，**人格権や環境権**に基づいて，夜間の飛行差し止めと賠償請求を求めたことでした（大阪空港騒音公害訴訟）。裁判所は**環境権**については認めず，最高裁判決（1981年）では**飛行差し止めは認めず**，賠償請求のみ認められました。

このように，人権問題は，近年の様々な社会動向を敏感に反映します。時事対策を含めて，新しい社会の在り方について考えてください。

2003年5月3日　憲法記念日に
～朝日，毎日，産経，読売の社説に思うこと～

vol.2

　各紙とも意見はばらばらなようで実は2つに集約される。1つは朝日の「憲法の精神に則り戦争をさせない努力をすべきだ」。もう1つは産経に代表されるような「憲法はもはや理想すぎて話にならない。速やかに改正しあるべき国の姿を作るべきだ」というものである。

　しかし，よく考えてみると，後者のこの風潮はあることを物語っている。それは「戦争は悪である」という認識の欠如である。とくに朝日を除いてそれを明言した新聞はなかった。いやむしろそれを主張することを「恥ずべきこと」とする風潮すらもある。

　9.11以降，私が一貫して言ってきたことがある。それは「力には力を」が肯定されたこと。そして「米国は被害者であると同時に加害者になった」ということである。

　理性的に考えるならば，力の制裁は新たな憎悪を生み出す。そしてそれがまた新たなテロを生み出す。根本的な解決には，軍事制裁だけでは不可能であることを誰もが知っている。しかし，そこに「やられたんだぞ俺たちは」という感情が先走る。それをメディアが煽る。そしてその感情は「世論」という形で現れ，新たな戦争を肯定する。これこそが今の米国の国内風潮である。しかし，それは日本にも言えまいか？

　例えば「拉致問題」はいまや「経済制裁」もやむを得ないという風潮を生み出した。「日本は拉致されたんだ」という感情が生まれる。そしてそれをメディアが煽る。こうして現在，世論の8割が制裁支持に傾いている。ちょうど半年前は，北との国交正常化を望む声が8割だったことを考えるならば，まさに朝から夜へと変わったような瞬間である。

　一方でイラクの戦争をもう1度考えたい。

　朝日新聞の社説には「イラクを作った国は誰かを問うべきだ」という主張があった。そう、言うなれば戦争の原因を作った国「アメリカ」の問題である。

　そして，もっと言うならば「テロ」を生み出した原因も1970年代の石油利権をめぐるアメリカとの対立があったはずだ。

　常に問題は両者に原因がある。どちらかが善で，どちらかが悪なのではない。確かに話し合いは困難だろう。しかし外交努力として様々なアプローチを続けることは可能であるはずだ。例えば1993年のオスロ合意がいい例である。

　歴史上，戦争は作られる側面が多かった。さらに今の現状で言うならば，いつでもアメリカが起こしたい，と思えば戦争を起こせる状況にある。

　日本はもう1度，アメリカの本質を光に照らすべきではないだろうか？

　つまり，議論は憲法改正ではなく，現在の出来事の原因を詳細に見つめ直す作業こそ大切である。改正云々はその後の話だ。

　やられたからやる。これでは理性も何もない。

　今必要なのは，我々の手で真実を見つめ，その上で平和のあり方を考えていくことである。最後の手段を，最初の手段としてはならない。

第4章

わが国の政治機構

基礎　発展　時事
出題頻度 ★ ★ ★ ★ ☆

共通テスト8割目標
私大基礎

共通テスト9割目標
難関大

1 日本の統治機関と三権分立

ココ が出る! 試験前の最強ポイント

★ 権力間の抑制権限を理解する
★ 特に国会と内閣の関係 ➡ 衆議院の解散について

① 日本の統治機関と三権分立

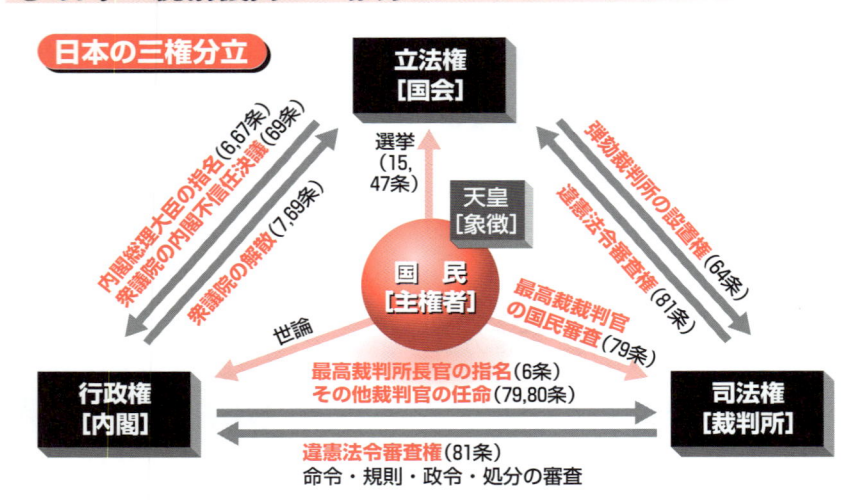

⇒ このように権力間が相互に抑制と均衡の関係にある　つまり,,,

- 立法権 が ─── 行政権 に対して…**内閣総理大臣の指名, 内閣不信任決議**
  　　　　　　　 司法権 に対して…**弾劾裁判所の設置権**
- 行政権 が ─── 立法権 に対して…**衆議院の解散**
  　　　　　　　 司法権 に対して…**最高裁判所長官の指名, その他裁判官の任命**
- 司法権 が ─── 立法権 に対して…**違憲法令審査権**
  　　　　　　　 行政権 に対して…**命令・規則等の違憲法令審査権**

という具合　ザックリ言えばジャンケンみたいなものだね

② 日本の議院内閣制

⇒ 日本では**議院内閣制**を採用
⇒ 立法と行政が協働関係にある**イギリス型**の政治体制
⇒ 衆議院の解散については爽快講義で

スパッとわかる >>> 爽 快 講 義 <<<

　それではいよいよ日本の統治機関について見ていこう。ここは小学校から勉強しているので，**ぼんやりとした知識をはっきりと整理すること**が肝心だよ。

　まず表を見てください。それぞれの→の上に書いてある抑制権限を必ず憶えておいてください。見てわかる通り，**立法**，**行政**，**司法**のそれぞれの国権が，他の国権に対し，抑制権限を持っていますよね？

　例えば立法権だったら，行政に対して**内閣総理大臣の指名**，司法権に対して**弾劾裁判所の設置権**。こうした形で，それぞれの**権力が暴走しない**ようにお互いに監視し合っているわけです。つまり首輪をつないでいるってイメージだね。これは以前に勉強した**モンテスキュー**の**三権分立**をモデルにしたものです。

　つまりお互いにお互いの抑制権限を持たせることで，結果として「**抑制と均衡（チェック＆バランス）**」を保ち，**権力の濫用を防ぐ**というのがこの三権分立の狙いなんですね。

　さて，次に日本の**議院内閣制**について説明をします。**議院内閣制**は以前勉強したように，議会の信任で内閣総理大臣が誕生するというものでした。当然，議会の信任を失えば，内閣総理大臣以下，内閣は**総辞職**しなければなりません。ただし，その際は選んだ議会の責任も連帯して問われるため，**衆議院**が**解散**されるケースもあります。また**内閣の裁量で衆議院の解散**を行うこともできます。解散，この点が日本ではどのようになっているのか？下にまとめておきました。

▼ 衆議院が解散するケースは2つあるぞっ!!

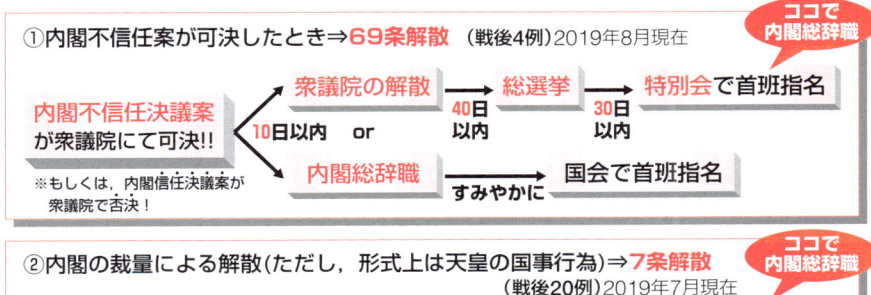

①内閣不信任案が可決したとき⇒**69条解散** （戦後4例）2019年8月現在

ココで
内閣総辞職

内閣不信任決議案
が衆議院にて可決!!
※もしくは，内閣信任決議案が
衆議院で否決！

衆議院の解散 → 総選挙 → 特別会で首班指名
10日以内　or　40日以内　30日以内

内閣総辞職 → 国会で首班指名
すみやかに

②内閣の裁量による解散（ただし，形式上は天皇の国事行為）⇒**7条解散**
（戦後20例）2019年7月現在

ココで
内閣総辞職

内閣 —助言と承認→ 天皇 —国事行為→ 衆議院の解散 → 総選挙 → 特別会で首班指名
40日以内　30日以内

⇒ただし，不当な解散権の行使は内閣の暴走を招き，違憲だとして争われた「**苫米地事件**」で，裁判所は統治行為論で判断を回避した。（1960年）

必ずやろう！爽快問題集▼第1章 12

2 国会の地位

ココが出る! 試験前の最強ポイント

★国会中心立法と国会単独立法の例外
★憲法第41条の条文補充　★衆参の相違と，国会の相違

① 地 位

第**41**条「国会は国権の　**最高機関**　であり，国の唯一の　**立法機関**　である」

⇒国権の最高機関とは→**全国民**の代表機関　議会制民主主義

⇒唯一の立法機関とは→以下の２つの原則の下，国会以外が立法しない

- **国会中心立法の原則**…国会以外に立法作用がない
  ★例外⇒(a)最高裁と**両議院の規則制定権**　(b)地方公共団体の**条例制定権**
  　　　　(c)内閣の**政令制定権**

- **国会単独立法の原則**…国会の**単独の議決のみ**で立法する
  ★例外⇒(a)**憲法改正の国民投票**　(b)**地方特別法の住民投票**

② 国会の組織

衆議院・参議院の**二院制**，**両院兼職禁止**（48条）

衆 議 院 任期**4**年　被選挙権**25**歳以上		**参 議 院** 任期**6**年　被選挙権**30**歳以上
465名 ⇒小選挙区**289**，比例代表**176**	**定員**	**248**名（3年毎に半数改選） ⇒選挙区**148**，比例区**100**
解散**あり**	**性質**	解散なし

注目!! 　2016年5月，衆議院の小選挙区を289名(0増**6**減)，比例代表を176名(0増**4**減)，定数を**465**名とする，改正公職選挙法が成立した。また，小選挙区，比例代表のブロックの議員定数配分について，人口比をより反映しやすい「**アダムズ方式**」を導入する(p165参照)。適用されるのは2020年の夏以降の見通し。

③ 国会の種類

名 称	召 集 時 期	会 期
常会	年1回1月　主に予算案の議決	**150**日　延長1回可
臨時会	**内閣**が必要と認めた場合 各院いずれかの総議員の**4分の1**以上の要求があるとき 任期満了による選挙後30日以内	不定期　延長2回可
特別会	衆議院の総選挙後**30**日以内	不定期　延長2回可
緊急集会 **参議院のみ**	**衆議院の解散**中の緊急時 ⇒次の国会開会後**10**日以内に， 　決議への**衆議院の同意**が必要	不定期

⇒国会は衆議院と参議院の合議体をさすので，緊急集会は厳密には国会でないとする説もある

第**4**章　わが国の政治機構

スパッとわかる >>> 爽 快 講 義 <<<

　それでは国会から見ていくことにしましょう。まずこれから学習する統治機構に関しては，**必ず憲法条項を押さえる必要があります**。国会の場合は憲法第**41条**の，**国権の最高機関**という部分と**唯一の立法機関**を必ず憶えてくださいね。

　まずこの最高機関という意味なんですけど，これは選挙によって選ばれた**全国民の代表機関である**，ということです。ただし実際は，三権分立で平等な立場にありますから，ただのお膳立てだと思っていてくれればいいでしょう。

　次に，唯一の立法機関という意味なんですが，ざっくり言えば**国会以外が法律を作ることができないということ**。ただし，厳密には2つの意味があります。

　まずひとつが**国会中心立法の原則**です。**これは国会以外で法律を作ることができない**という意味です。ただし実際には，**板書で例外に挙げた3点は**，日本国内において法的拘束力を持つ法として，制定が認められています。

　次の意味は**国会単独立法の原則**だね。これは**国会の議決のみで法律を作る**ということです。ただし**憲法改正の国民投票**と，以前勉強した**地方特別法の住民投票**については，国会だけで決められませんから，この原則の例外になるわけです。

　この辺はちょっとややこしいところでもありますから，しっかりと板書を見ながら確認をしておきましょう。特に例外が最近頻出だよ。

　さて，次に国会の組織です。これは特に説明することはないと思います。板書の方を確認しておいてください。**両院の兼職が禁止**されている事，そして衆議院は「**数の政治**」，参議院は「**理**（理性）**の政治**」といわれています。また，②の中で**憲法に規定があるのは二院制，両院兼職の禁止，任期，解散の有無で，他は公職選挙法などに規定**されています。

　でも，実際には「参議院は衆議院の**カーボンコピー**」などと呼ばれるほど，参議院の存在については議論があるんですが，名目上は「解散がないから安心して理性を持った政治ができる」ことに設置の意義があります。また，**慎重な審議を**行うという目的もあります。

　最後に国会の種類です。まず板書のように4つある。ただし，**厳密には3つ**です。というのも，国会は衆議院と参議院を合わせた状態を意味します。国会と議院は違うわけです。**緊急集会**は**参議院**だけで行われるものです。すると，この点からすれば厳密には緊急集会は国会に入らないとする説もあります。

　出題ポイントとなるのは召集の時期です。この点については板書③の表の赤字をしっかりと押さえておきましょう。

必ずやろう！ 爽快問題集 ▼ 第1章 08.12

3 国会の権限①

ココ が出る! 試験前の最強ポイント

★ 衆参両院が別々の議決をした場合の対応 ➡ 両院協議会
★ 衆議院の優越事項

① 立法上の権限

⇒ 1. **法律案**の議決　2. **条約**の承認（**事前**または**事後**，**締結**は内閣）
　 3. 憲法改正の**発議**（各議院の**総議員**の**3分の2**以上）

② 立法過程　基本は以下の三段階

❶ 先ず（議長に法案提出）
● **議員立法**
　⇒衆20名,参10名以上の署名
● **内閣提出立法**
● 委員会提出立法

❷ （委員会で審議）
⇒ **常任**委員会
⇒ **特別**委員会
議決→**過半数**
定足数→**その委員の半数**

⇒ 委員会は**公聴会**も開ける

❸ （本会議で議決）
議決→**過半数**
定足数→**3分の1**

※議決は出席議員

これを衆参で行う!!

 **しかし** 両院不一致の場合はケースにより以下のようになる!! **絶対注意!!**

法律案のケース	内閣総理大臣の指名, 予算, 条約
① **両院協議会**で妥協（任意的） ② **衆議院**の出席議員の**3分の2**以上で再議決 ➡ このいずれかができない場合は → **廃案!!** です	① 必ず**両院協議会**（必要的） ② 参議院が内閣総理大臣の指名は**10**日，予算，条約は**30**日以内に議決しないときは，その期間を待って**自然成立** ➡ つまり**衆議院**の議決が国会の議決に

注目!! 国会の議決の例外⇒秘密会の決定，議員の除名，議員の資格争訟裁判，衆議院の法律案の再議決は**出席議員の3分の2**以上，憲法改正の発議は**総議員の3分の2**以上

③ 衆議院の優越とは

　衆議院は任期が4年と短く，解散があることから，民意を反映しやすいとの理由で，以下5つが参議院に対して優越する

1. 法律案の再議決（59条）　2. 予算の先議権（60条）
3. 予算の議決（60条）・条約の承認（61条）・内閣総理大臣の指名（67条）
4. 内閣不信任決議（69条） ➡ 衆議院のみの権限　国会法第13条の規定 **5. 会期の決定**

スパッとわかる ≫≫ 爽 快 講 義 ≪≪

　さて，それではいよいよ国会の具体的な権限について見ていくことにします。この項目では立法上の権限を見ていきます。板書の①には3つの権限が並んでいますよね？ とくに**条約**がポイントで，**事前または事後**でもいいんです。そして締結は**内閣**。あくまで国会は**承認**ですよ。

▼ 次に立法過程です。法律はどのように作られるのか？ 見ていこう！

　まず，法律案を**議長**に提出します。この際，議員が提出した場合は**議員立法**。内閣が提出した場合を**内閣提出立法**。各委員会が提出した場合を**委員会提出立法**，と呼んでいます。2017年の提出件数は，議員が186件，内閣が72件と議員提出が多いものの，成立件数は議員立法が10件，内閣提出立法が66件。**国会の多数派によって内閣が成立するので，内閣の成立率が約92%と高い**のです。

　次に**委員会**で審議します。現在，委員会は衆議院に17，参議院に17の**常任委員会**があり，例えば予算委員会，厚生労働委員会，法務委員会，外務委員会等の専門に分かれて議論をします。また委員会では有識者に意見を聴く**公聴会**も開けます。まぁ，学校にある委員会とちょっと似てますね。ここで議決されたものが**本会議**で採決され法律となり**天皇**が**公布**します。ちなみに，本会議の定足数は**3分の1**，議決は出席議員の**過半数**が原則です。(例外は板書②を参照)

▼ これを衆参両院で繰り返すんですが，もし衆参が別々の議決をした場合どうなるのか？ ここが味の素です。つまり出るんだ！

　まず板書②を見てほしい。2つの場合に分かれているよね？

　法律案の場合は**両院協議会**で妥協するか，**衆議院**が出席議員の**3分の2**以上で**再議決**するかしかありません。これが無理なら廃案です。

　一方，**内閣総理大臣の指名**と，**予算，条約**については，最終的には衆議院の議決が国会の議決となる。流れとしては，まず**両院協議会**を必ず開きます。法律案の場合は開かなくてもいいんですが。そして，そこで決裂をした場合，最後は衆議院の議決となるんだね。また，**内閣総理大臣の指名は10日**，予算・条約は**30日**経っても参議院が議決しない場合，衆議院の議決が国会の議決となり**自然成立**するんだ。

　最後に**衆議院の優越**についてです。衆議院は任期が4年で，解散があるので国民の意見を反映しやすいですよね？ この意味から参議院に対して優越します。内容は板書③のとおりです。

☞ 法律案は，衆議院が可決した法律案を，参議院が**60**日間以内に議決しない時は否決したこととみなされる。

必ずやろう！ 爽快問題集 ▼ 第1章 08〜12

4 国会の権限②

ココが出る! 試験前の最強ポイント

★ 弾劾裁判，国政調査権は超頻出
★ 議員の特権も3つ必ず押さえること

① 財政上の権限（財政監督権）

⇒ **1. 予算の議決**（作成は内閣，衆議院に先議権）
⇒ **2. 決算**の承認（**会計検査院**が監査し報告）
⇒ **3. 租税法律主義** ⇒ 租税は必ず国会の議決が必要

※**マグナ・カルタ**の不当拘禁の禁止に起源

② 司法に対する権限（司法監督権） ➡ 裁判官に対する**弾劾裁判所の設置権**★

弾劾裁判の方法

1	**2**	**3**
国会内の訴追委員会〔衆10＋参10＝20名〕に訴追	**弾劾裁判所の設置**〔衆7＋参7＝14名の裁判員〕※これまで9件中7件が罷免	ここで罷免か不罷免の手続きをとる（3分の2以上の賛成で罷免）

③ 行政に対する権限（行政監督権）

1. 国政調査権（62条）★ ⇒ 別途，**議院証言法，国会法**で詳細を規定
　→議院が国政について調査するため，証人の出頭，証人喚問，証拠の提出を求めたりする権限→ただし裁判の判決までは干渉できない〔**浦和事件**〕
2. 内閣総理大臣の**指名**権（67条）　**3. 内閣不信任決議権**（69条）

④ 国会議員の地位（特権）

1. 歳費特権→国から相当額の歳費支給
2. 不逮捕特権→会期中は逮捕されない，また議院の要求で会期中，釈放しなければならない。ただし，**現行犯**と所属議院の**逮捕許諾**があった場合は除く
3. 免責特権→院内活動（表決・発言など）について，院外での責任を問われない

⑤ 議院の自律権 ➡ 両議院の独立性を保障するための権限，国会の権限ではない

1. 議員資格争訟裁判権→議員資格があったかを問う。
2. 議員懲罰権→議員の院内での責任を問う　戒告・陳謝・登院停止・除名
3. 議院規則制定権→内部規則制定⇒国会中心立法の原則の例外
4. 役員選任権→議長・副議長・常任委員長の自主選任

スパッとわかる >>> 爽 快 講 義 <<<

　それでは国会の最後の項目に入っていきたいと思います。

　①の財政上の権限については，板書の確認でいいでしょう。

　まずは，司法に対する権限です。特に**弾劾裁判所の設置権**が重要です。これは裁判官としてふさわしくない裁判官がいた場合，**弾劾裁判**という形で辞めさせるものですね。これまで**9件中7件が罷免**となっています。(2019年7月現在)

　また，行政監督権については**国政調査権**を憶えよう。**国政調査権**はテレビなどでよく見る，**証人喚問などをする各議院の権限**です。ただし，**裁判の判決にまでは及ばない**，とされています。これは以前，**浦和事件**で裁判官の出した判決について，参議院法務委員会が証人喚問・調査し，報告を議長に提出しました。これに対して最高裁は，**判決にかかわる国政調査権**の行使は，三権分立を崩壊させると反論して，こうした考えが示されたんです。

　さて，ここで国会議員の地位（特権）について見ていきたいと思います。まず**歳費特権**。これは国家からの報酬を歳費としてもらう権利で，月額約130万，非課税です。さらに秘書，車がついたり，期末手当がついたり，至れり尽くせりの特権です。これは世界的にも高い水準です。

　次に**不逮捕特権**です。これは逮捕権の濫用によって議員活動が制限されないように**会期中**は逮捕されない，ということになっています。**任期中ではないので**注意を。また，**現行犯**と，**議院の許諾**があれば逮捕はできる。最近は逮捕されていく議員が後を絶ちませんが，たまに許諾をとって，会期中に逮捕される人もいますよね。そして**免責特権**。これは**国会内での活動について国会外での法的責任を問われない**というものです。民主的議会において自由な発言を保障するというのが，本来の趣旨です。ざっくりいえば，**不逮捕特権は，議員活動に対する不当な行政権（逮捕権）の介入を防止するため**にあります。一方で，**免責特権は，議員活動に対する，不当な行政権や司法権の介入を防止する規定**で，この制度には，**独立した議員活動を通しての権力分立**を垣間見ることもできるでしょう。

　最後に「**議院の自律権**」について最近出題があるので説明しておきます。

　これは衆議院と参議院が独立性を保つために，独自に持っている権限です。国会の権限ではないので注意しよう。近年では「国会の権限」と「議院の権限」を分けさせる問題が出題されているんだ。説明は板書⑤に書いてありますのでここは暗記しておこう‼

必ずやろう！ 爽快問題集 ▼ 第1章 08 12

共通テスト8割目標
私大基礎
共通テスト9割目標
難関大
基礎　発展　時事
出題頻度 ★ ★ ★ ☆ ☆

5 内 閣

ココが出る! 試験前の最強ポイント

★内閣の構成要件と総理と国務大臣の選出方法
★シビリアン・コントロールの意義

① 行政権と内閣 …法を執行し政治を行う権限

第65条「**行政権**は**内閣**に属する」

⇒地位　①行政権全般を統括　②行政機関の指揮・監督

② 内閣の構成 ➡ 首長である内閣総理大臣と国務大臣で構成

- **構成要件**… ①**14**名以内　最大**17**名以内*
    - ②**過半数**が国会議員　③内閣構成員全員が**文民**（非軍人）
    - ☞「**文民統制【シビリアン・コントロール】**の原則」第66条②
- **内閣総理大臣**…国会が**国会議員**の中から**指名**，天皇が**任命**
    - ⇒**権限**…内閣及び各行政部の首長，国務大臣の任免権，自衛隊の指揮監督権等
- **国務大臣**…内閣総理大臣が**任命**，天皇が**認証** ⇒ 省庁の行政部の最高責任者
    - ⇒特定の省庁に属さない大臣→「**無任所大臣**（特命大臣）」
- **閣議**→内閣の意思決定機関，**首相**が主宰，**全会一致**

③ 内閣の職務・権限

①法の執行　　　　②**条約の締結**★（国会の事前又は事後の承認が必要）
③外交関係の処理　④**予算案**の作成権と提出権
⑤**政令制定権**　　⑥天皇の**国事行為**に対する**助言**と**承認**★
⑦最高裁判所長官の**指名**権とその他の裁判官の**任命**権
⑧**恩赦**の決定（恩赦の認証は天皇の国事行為）など

④ 主な行政委員会 ➡ 公平中立を要する職務を処理する機関，民間人も一部参加

■ 政治的中立の確保	**人事院**，国家公安委員会，公安審査委員会など
■ 相対する利害の調整	**中央労働委員会**など→主として争議調整
■ 行政上の不備を補う	**公正取引委員会**→自由競争と適正価格の保持
■ 専門知識が要求される	公害等調整委員会

⇒国会の常任委員会や特別委員会などの「委員会」と区別しよう!!

スパッとわかる >>> 爽快講義 <<<

それでは次に内閣について講義をしていきます。

近年の傾向として，まず憶えてほしいのが，**板書②の内閣の構成要件**と，2001年から施行された，**中央省庁改革関連法**です。

まず内閣の構成要件ですが，内閣法により**14名以内**，最大**17名以内**まで※増員可となっています。また**過半数**が国会議員であればよく，全員が国会議員である必要はありません。さらに内閣構成員全員は**文民**，つまり軍人じゃないという必要性があるのも重要なポイントです。これを**シビリアン・コントロール（文民統制）**といいます。また，板書④の**行政委員会**も必ず確認してください。

これは戦前の東条英機率いる軍事政権の暴走の反省の意図も含まれています。

そして意外につまずくのが，内閣総理大臣は国会が**指名**，天皇が**任命**。国務大臣は総理大臣が**任命**，天皇が**認証**，で天皇の任命か認証か？　よく出題されかつ間違えるところなので注意をしましょう。また内閣の権限については，**条約の締結**と，**天皇の国事行為に対する助言と承認**が頻出となります。

それでは以下に盲点となる2つの分野についてまとめておこう!!

▼**内閣が総辞職する
3つのケース**
① **内閣不信任案**が可決されたとき
② **総選挙後国会が召集**されたとき
③ **内閣総理大臣が欠けた**とき

▼**中央省庁改革関連法**の
　主な枠組み
　（2001年施行　17個の関連法）
① 2001年より**1府12省庁**体制
② 首相に**閣議提案権**
③ 閣僚数変更→**14名〜17名以内**に
④ **政策評価制度**の導入
⑤ **副大臣**，大臣政務官の導入
⑥ **内閣府**の新設（内閣機能強化）
⑦ **独立行政法人（エージェンシー）**設置
　⇒行政のスリム化が目的

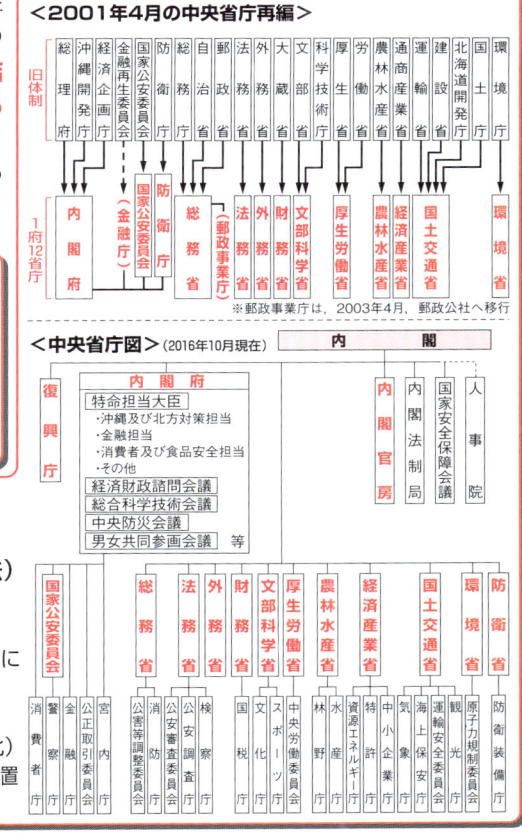

＜2001年4月の中央省庁再編＞

旧体制：総理府／沖縄開発庁／経済企画庁／金融再生委員会／国家公安委員会／防衛庁／総務庁／郵政省／法務省／外務省／大蔵省／文部省／科学技術庁／厚生省／労働省／農林水産省／通商産業省／運輸省／建設省／北海道開発庁／国土庁／環境庁

1府12省庁：内閣府／〈金融庁〉／国家公安委員会／防衛庁／総務省／〈郵政事業庁〉／法務省／外務省／財務省／文部科学省／厚生労働省／農林水産省／経済産業省／国土交通省／環境省

※郵政事業庁は，2003年4月，郵政公社へ移行

＜中央省庁図＞（2016年10月現在）　　　**内　閣**

復興庁

内閣府
特命担当大臣
・沖縄及び北方対策担当
・金融担当
・消費者及び食品安全担当
・その他
経済財政諮問会議
総合科学技術会議
中央防災会議
男女共同参画会議　等

内閣官房／内閣法制局／国家安全保障会議／人事院

国家公安委員会／総務省／法務省／外務省／財務省／文部科学省／厚生労働省／農林水産省／経済産業省／国土交通省／環境省／防衛省

消費者庁／警察庁／金融庁／公正取引委員会／宮内庁／公害等調整委員会／消防庁／公安審査委員会／公安調査庁／検察庁／国税庁／文化庁／スポーツ庁／中央労働委員会／林野庁／水産庁／資源エネルギー庁／特許庁／中小企業庁／気象庁／海上保安庁／運輸安全委員会／観光庁／原子力規制委員会／防衛装備庁

※2012年に復興庁が，2015年に東京オリンピック・パラリンピック競技大会推進本部が設置されたことにより，国務大臣の数を**16名以内**，最大**19名以内**とすることができる。

必ずやろう!／爽快問題集▼第1章／09／12

6 司法権

ココ が出る! 試験前の最強ポイント

★司法権の独立に関わる事件 ➡ 大津事件，平賀書簡事件

① 司法権 ➡ 裁判を通じて紛争を解決し，国民の権利と自由を保障する権力

第76条①「すべて **司法権** は，**最高裁判所** 及び法律の定めるところにより設置する **下級裁判所** に属する。」

※具体的下級裁判所は**裁判所法**で規定→**高等，地方，家庭，簡易**の4つ

② 特別裁判所の禁止 ➡ 司法権以外の裁判の禁止，三権分立の確保

第76条②「**特別裁判所**は，これを設置することができない。**行政機関**は，終審として**裁判**を行ふことができない。」

⇒ただし例外として　1.　**国会** の **弾劾裁判所**
　　　　　　　　　　　2.　**終審** でなければ**行政**が裁決することも可能
　　　　　　　　　　　　　　ex) **公正取引委員会**・人事院・労働委員会・海難審判所などの「審判」
⇒旧憲法下では**皇室裁判所**, **軍法会議**, **行政裁判所**として特別裁判所があった

③ 司法権の独立 ➡ 他の権力や外部の介入を受けずに裁判を行うこと

第76条③「すべて裁判官は，その **良心** に従ひ **独立** してその職権を行ひ，この **憲法** 及び **法律** にのみ拘束される。」

⇒司法権の独立には **2つの意味** がある
1. **司法権の独立**→他の国権からの介入を受けない→●関連事件…**大津事件**
2. **裁判官職権の独立**→裁判官同士も介入できない→●関連事件…**平賀書簡事件**

④ 裁判官の身分保障 ➡ 公正な裁判を行うため裁判官の身分を保障

⇒**行政の懲戒の禁止**(78)，在任中の**報酬減額の禁止**(79⑥，80②)
⇒以下の場合以外での罷免の禁止
1. **心身の故障**(**分限裁判**による)　2. **国会の弾劾**　3. 任期満了
4. **国民審査**(最高裁判所裁判官のみ)※

※就任後初の(直近の)**衆議院議員選挙**の際に審査が行われ，のち**10**年経過後，直近の衆議院議員選挙で審査が繰り返される。方法は**罷免を可とする裁判官に✕印**を付す。この数が，有効投票数の過半数に至ると罷免となる。**なお罷免例はない**(2019年7月現在)。

スパッとわかる >>> 爽 快 講 義 <<<

　それでは司法権について見ていきましょう。この項目は新課程で重点化されたので裁判員制度や時事的動向を含めてちゃんと勉強しようね。**多分みんなが受ける大学のひとつに必ず出題がある項目だと思ってくれて構わないよ。**

　まず，**憲法第76条を3項，入試までに必ず暗記しよう!!**

　さて，**司法権は裁判を通して紛争解決する**という権利です。当然この権利は国民の基本的人権を守る上で，とても重要だよね。従って司法権は公正な裁判を行うために，**いかなる圧力にも屈してはならないし，介入されない。**

　続いて**特別裁判所**の禁止です。この項目はかなり頻出。**これは司法部以外に裁判所を置くことの禁止**です。ただし，例外として，国会が裁判官を裁く**弾劾裁判所**，また最後の判決（**終審**）でなければ**行政**が裁決することも可能なんだ。

　例えば駐車違反なんていうのはまさにこうした事例。ただその行政の裁決に不満がある場合は，裁判所に裁判を申し立てることができるよ。

　かつての旧憲法では，皇室裁判所，軍法会議，行政裁判所といった**特別裁判所**があった。そして司法権の独立は薄かった点がポイントになります。

　この**司法権の独立**という言葉ですが2つの意味があります。1つ目は他の国家権力から介入を受けない，という意味です。内閣の意思で判決が変わったら大変ですね。そしてもう1つは，**裁判官同士の間でも介入できない**ということ。

▼ さて，これについては2つの事件がポイントだよ。

　まず**大津事件**。当時ロシアの皇太子が日本に来日した際，巡査が皇太子に斬りかかった傷害事件です。政府は彼を「死刑にしろ」と言ってきた。しかし大審院長・**児島惟謙**は，日本の皇族ではない一外国人に対する傷害事件として，**罪刑法定主義**に基づき「それはできない」と主張。司法権の独立を守ったんです!!　しかし一方で児島は，担当裁判官に判決についての圧力をかけていた。つまり，司法権の独立を守ったという意味では評価ができる。しかし，担当裁判官に介入したという点で，**裁判官職権の独立を侵した可能性もある**んだ。これはまずかった!!

　もう1つは，**長沼ナイキ基地事件**の判決に際して，上司の平賀健太（札幌地裁所長）が部下の**福島重雄**裁判官に，政府の意見を尊重する旨の判決を出すように，という書簡を送った**平賀書簡事件**。裁判官職権の独立を侵害したとして，試験によく出てきます。

　最後に裁判官の身分保障ですがこれは板書④を確認しておいてください。正誤判定問題でよく出てくるよ。

必ずやろう！爽快問題集▼第1章 10・12

7 裁判官の人事と違憲法令審査権

ココ が出る! 試験前の最強ポイント

★裁判官の任命手続 ➡ 天皇が任命か認証か
★5つの法令違憲判決 ➡ 2008年の国籍法違憲判決
★違憲立法審査権 ➡ 具体的（付随的）審査制と抽象的審査制

① 裁判官の人事

- 最高裁判所長官（1名）⇒ 内閣「**指名**」→ 天皇「**任命**」
- 最高裁判所裁判官（14名）⇒ 内閣「**任命**」→ 天皇「**認証**」
- その他下級裁判所裁判官 ⇒ 最高裁「**名簿の作成**」→ 内閣「**任命**」

※下級裁判所裁判官で天皇の認証官（天皇の認証を要する官吏）となるのは，高等裁判所長官だけである（裁判所法40条第2項）。

スパッ とわかる ≫爽快講義≪　ここでは裁判官の人事と日本の違憲法令審査制について勉強していきます。

　まず，**裁判官の人事権**は内閣にあります。前に学習した三権分立の表を見てわかる通り，内閣が裁判官の人事権を持つことで，**抑制と均衡**を保っています。

▼「指名」，「任命」，「認証」しっかり使い分けを!!

　まず板書①を見てほしい。裁判官の人事ってところです。ここでややこしいのは，「**指名**」，「**任命**」，「**認証**」の使い分けを押さえてほしいんです。**最高裁長官**以外はすべて，「内閣が**任命**」ということになっているね。また，下級裁判所の裁判官については，「最高裁が**名簿を作成**」，これに基づいて内閣が任命する。ここはちょっと暗記になってしまうけど，一生懸命憶えてください。

　ところで，この「最高裁が名簿を作成」に関してちょっと最近問題が起こっているんだ。最高裁が再任を拒否するという**再任拒否問題**です。当然下級裁判所の裁判官は，自由に判決を下せるんですが，政府寄りの判決を出さなかったということ（推測）で，**再任が拒否されるケースがあります**。これは司法権の独立の侵害ではないか，という議論があることも押さえておいてください。

② 違憲法令審査権（法令審査権）

> **第81条**「最高裁判所は，一切の**法律**，**命令**，**規則**又は**処分**が憲法に適合するかしないかを決定する権限を有する**終審裁判所**である。」

⇒憲法の**最高法規性**を確保するため，下級裁も含め全ての裁判所にある。**明治憲法**にはなし

最高裁の法令違憲判決 （2019年10月現在で，戦後の最高裁の法令違憲判決は10例）

判例	争点となった憲法条項	判決〈（ ）は最高裁判決の年〉	その後の動き
尊属殺人重罰規定★	14条 …法の下の平等	刑法第200条が，尊属殺人罪について，無期または死刑（普通殺人罪は当時懲役3年以上，無期または死刑であった）と，重罰を規定していることは違憲（1973年）	国会改正 1995年（刑法第200条を削除）
薬事法距離制限規定★	22条 …職業選択の自由	薬事法が，薬局を開設する場合，既存の薬局との間に一定の距離を置くように定めていることは違憲（1975年）	国会改正 1975年（距離制限規定を削除）
衆議院議員定数不均衡★※1	14条 …法の下の平等 44条 …選挙人資格の平等	公職選挙法の定数違憲（1976年），（1985年）	区割の改正
共有林分割制限規定★	29条 …財産権の保障	森林法が，共有林の分割処分の際に，他の共有者の同意を必要としている規定は違憲（1987年）	国会改正 1987年（分割制限規定を削除）
書留郵便免責規定	17条 …国家賠償請求権	郵便法が，郵便物の遅配などで被った損害について，国の賠償責任を一定の金額の範囲内に限定していることは違憲（2002年）	2002年国会改正（賠償範囲の拡大）
在外邦人選挙権制限規定	15条 …普通選挙の保障 43条 …全国民の代表 44条 …選挙人資格の平等	在外邦人の選挙権を，比例区に限定することは違憲。また1998年まで在外選挙制度がなかった「立法不作為」も違憲（2005年）	国会改正 2006年改正 2007年施行（選挙区への投票も可能に）
婚外子（非嫡出子）国籍取得制限規定※2	14条 …法の下の平等	国籍法が，結婚届のないまま生まれた子ども（婚外子）について，父親が胎児認知していなければ，国籍が取得できないとする規定は違憲（2008年）	国会改正 2008年（出生後認知であっても国籍取得可能に）
婚外子（非嫡出子）の相続格差	14条 …法の下の平等	家族形態が多様化する中で，子を個人として尊重すべきであり，非嫡出子が嫡出子の2分の1しか相続できないとの民法上の区別は違憲（2013年）	国会改正 2013年（非嫡出子が嫡出子の2分の1しか相続できないとの規定を削除）

判例	争点となった憲法条項	判　決〈（　）は最高裁判決の年〉	その後の動き
女性の再婚禁止期間	14条 …**法の下の平等** 24条 …**両性の本質的平等**	女性は離婚後6カ月がたたないと再婚できないと定めた**民法**の規定のうち，100日を超える部分について違憲（2015年）	国会改正　2016年（女性の再婚禁止期間を**100日**に短縮）

※1　衆議院定数不均衡は2回違憲の判決
※2　婚外子（非嫡出子）とは，婚姻届のない夫婦間に生まれた子どものこと。

スパッとわかる
≫爽快講義≪

▼ 法の支配を守る「違憲法令審査権」

　続いては裁判所の**違憲法令審査権**です。ここはめちゃくちゃ重要。必ず入試までに攻略しておきましょう。まず，日本は下級裁も含め全ての裁判所に違憲法令審査権の行使を認めているよ。ただし，最高裁が最終的に判断を下すので，最高裁を「**憲法の番人**」と呼ぶことがあるんだ。板書には，最高裁が出した法律に対する違憲判決を表にあげておきました。以前学習した項目に事件の内容は書いてあります。特に，**事件名だけでなく，どの憲法条文との間で問題となったのか**についても，しっかりと理解してください。ちなみに★が付いている箇所は，すでに第3章の基本的人権の箇所で学習済みです（定数不均衡問題は第5章で詳しく扱います）。

▼ 憲法は国の「最高法規」である!!

　憲法第**98条**には，憲法は国の**最高法規**であると規定されています。つまり，その条規（条文）に反するような，法律などはその効力を持ちえません。しかしそれは，この憲法との整合性を審査する制度や機関があってこそ，安定的に実現します。その制度が**違憲法令審査権**であり，この権限を行使する機関が裁判所であるといえます。

▼ 「法の支配」の実現には違憲法令審査権が必要

　すでに，民主政治の箇所でも学習したように，「どんな法律でも従わなければいけない」となれば，自由や財産をも奪うことを正当化する法律にも従わなくてはならなくなります。1930年代にナチスを率いたヒトラーは，合法的な選挙で政権を掌握し，その後，多くのユダヤ人（その他にも反ナチス的と見なされた政治犯）を弾圧する法律を議会で通過させ，弾圧を行いました。こうした悪しき法律万能主義を「**法治主義**」といいましたね。そしてこれは，民主主

義の実現とは相容れないことも学習しました。

　これに対して，**制定された法の内容を吟味し，自由や財産といった基本的人権を保護することを目的とした**「**法の支配**」という考え方も学習しました。つまり，制定された法の内容を重視するわけです。こうなると，つくられた法をなんらかの形でチェックする必要があるわけです。こうして私たちが，**法に従うことだけではなく，常に法の内容を吟味し続けることが，民主主義の実現にとって必要**となるわけです。

▼ イギリスでは「コモン・ロー」，アメリカでは「違憲法令審査制度」として発展

　この「**法の支配**」の理念を，制度的に保障するものとして，**イギリス**には「**コモン・ロー**（慣習法，判例法）」というものがありましたね。これまでの歴史の中で培われた，慣行や判例を重視することで，より内容の深い法を社会に浸透させるという考え方です。一方**アメリカ**では，大統領の行政行為や，議会がつくった法律を，裁判所が違憲に照らし合わせて審査する「**違憲法令審査**制度」が，19世紀初頭に判例として確立しました（現在もアメリカは憲法上にこの制度は明記せず，判例法として違憲法令審査制度を維持している）。

　こうして，その国で行われている行政行為や，立法行為を，司法が監視することで「法の支配」が確立するわけです。そうです。<u>犯罪者を裁き，刑罰を科すことだけが司法の役割ではなく，行政権や立法権という「権力」を厳しく監視することも司法の役割</u>なのです。

　こうした意味で，司法権は，行政権や立法権からも独立してチェック機能を果たす必要があります。つまり冒頭に学習した「**司法権の独立**」は，「**法の支配**」を実現する意味においても，とても大切になる訳です。

▼ 行政行為への違憲判決と法令違憲判決

　さて，裁判所が違憲判決を下すのは，何も法令・法律に限ったことではありません。例えば，以前学習した「**愛媛玉串料訴訟**」は，愛媛県知事が靖国神社などに，公費を支出した「行政行為」が問題となっていますね。**この行為を最高裁が1997年に違憲（憲法第20条③の政教分離原則に反する）として，知事が県に費用を返還するよう命じたものでした。**

　一方，これも以前学習した「**尊属殺人重罰規定違憲判決**」では，血縁の上位者（尊属）を殺した場合の刑罰を死刑か無期に限定している，刑法第200条の

違憲性が争われました。最高裁は，この重罰規定について違憲と判断しました（**最高裁の違憲判決は1973年，国会が当該条項を削除したのは1995年と，22年も後のことである**）。

このように，**違憲法令審査権は，法令のみではなく，行政行為にも及ぶ**ということを理解しておきましょう。ちなみに板書②の表は，主な最高裁の法令違憲判決です（2019年7月現在10例）。

③ 違憲審査の方法に2つの種類がある

具体的（付随的）違憲審査制		抽象的違憲審査制
⇒具体的事件の中で付随的に審査 ⇒**日本**や**アメリカ**など	**開　始**	⇒憲法裁判所などで法文を抽象的に審査　⇒**ドイツ**など
⇒当該事件内でのみ無効，削除はされず→削除は国会に委ねる	**違憲効力**	⇒即時無効，削除行為としての立法権限をもつ

スパッとわかる
≫爽快講義≪

▼ 最後に審査の方法です。
　　ちょっと皆さんに2つの問いかけを？

1つ目は，いきなり裁判所にある法律をもっていって「すいません。違憲かどうか判断してください」っていう訴訟を起こせるのでしょうか？

例えば「警察予備隊」は「憲法第9条」に反するものなのか判断してください…というように。実は「できない」というのが裁判所の判断です。実際にこの警察予備隊については，1952年に当時の日本社会党が提起しています。ただし裁判所は，「具体的事件」がない限り審査はしない，と返答したのでした。

例えば尊属殺人重罰規定違憲判決の場合は，実際に実の子が父を殺害するという「具体的事件」が起こりました。この裁判に付随して違憲審査が始まったわけです。裁判所はこうした具体的事件に付随して審査が開始される，としています。これを「**具体的違憲審査制**」とか「**付随的違憲審査制**」といいます。日本やアメリカがこのタイプです。

一方でドイツでは，**憲法裁判所**という違憲審査を専門に行う裁判所があり，ここで**法律の法文と憲法を，具体的事件がなくても審査しています**。また，**政党や結社**に対する違憲審査を行うこともできます。こうした制度を「**抽象的違**

憲審査制」といいます。もうお分かりの通り，こちらのドイツタイプの制度は，憲法が法律をより厳しく監視することになります。これはかつてのワイマール憲法に，違憲審査制度がなかったため，ヒトラーがワイマール憲法の民主的な側面を法律によって無効化してしまったことへの反省からです。ちなみに，戦前の明治憲法にも違憲法令審査権の規定や考え方はありませんでした。

　2つ目は，違憲となった法律は，すぐに世の中から消えるのか？　どうでしょう？

　実は，日本では法廷内（当該事件）でのみ無効とするだけです。つまり違憲となった法律でも国会が改正・削除しないかぎり生き続けていることになります。このような考え方を「個別的効力説」といいます。ちなみに，板書②からも分かるように，多くの場合は裁判所の何らかの見解・意見が出ると（事情判決であっても），数年以内に国会は改正を行っているのが現状です。ただし尊属殺人重罰規定違憲判決（現行憲法初の違憲判決）は，1973年に最高裁が違憲を判断してから，20年以上経って国会が改正しています。違憲となった法律が世の中から消えるためには，立法権を有する国会が改正の手続きを行わなくてはなりません。

　一方でドイツなどでは，憲法裁判所の違憲判断が出ると，議会の廃止の手続きを経なくても，その存在が失われます。こうした考え方を「一般的効力説」といいます。

　こうした違憲法令審査制度については憲法81条と98条①の規定がある（憲法を読んでみましょう）ものの，その「開始方法」や，「効力」については，日本国憲法に直接的な規定はありません。従ってこれらの解釈は，裁判所の判例などに委ねられています。今後の動向にも注意しましょう。

8 裁判制度とその動向

ココが出る! 試験前の最強ポイント

★ 裁判公開の原則 ➡ 非公開となる場合と，必ず公開する場合
★ 冤罪事件 ➡ 司法の民主化としての司法制度改革の動向

① 裁判所の種類

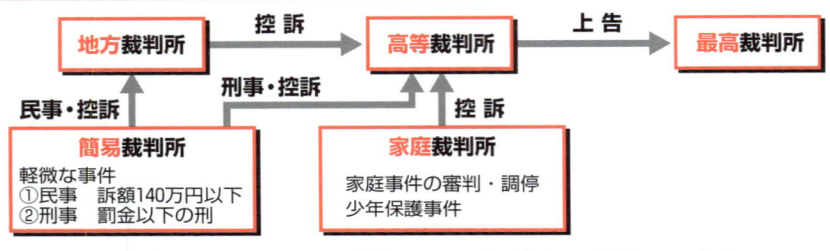

```
地方裁判所 ──控 訴──→ 高等裁判所 ──上 告──→ 最高裁判所
        民事・控訴 ↑      刑事・控訴        控 訴 ↑

簡易裁判所                 家庭裁判所
軽微な事件                 家庭事件の審判・調停
①民事　訴額140万円以下      少年保護事件
②刑事　罰金以下の刑
```

盲点!!　跳躍上告⇒**刑事事件**において控訴審を飛び越えての上告
　　　　　飛躍上告⇒**民事事件**において控訴審を飛び越えての上告

② 裁判公開の原則 判決⇒**必ず全て公開**，対審⇒**原則公開**（例外あり）

⇒ 対審の例外…**公序良俗**に反すると裁判官が**全員一致**で判断した時は非公開
⇒ ただし「**政治犯罪**」「**出版犯罪**」「**基本的人権にかかわる事件**」は必ず公開

③ 裁判の種類

1. **民事裁判**→原告が私人で，私的利害関係を争う裁判　ex）相続，離婚問題など
2. **刑事裁判**→原告が国を代表する「**検察**」（**起訴独占主義**）　ex）殺人，放火など
3. **行政裁判**→行政を相手取って行われる裁判　ex）公害訴訟や**家永教科書裁判**など

注目!!　検察の不当な不起訴処分を審査するため，市民11名からなる「**検察審査会（検察審査会法による 1948年）**」がある。従来は「**起訴相当**」の議決に**拘束力はなかったが**，2009年5月から改正検察審査会設置法の施行により，**二回の起訴相当の議決で出ると地方裁判所が選定する弁護士が検察役となり**，**強制起訴**されることとなった。

④ 冤罪事件と再審　★「最新時事動向」p451(29)もチェック

⇒ **冤罪**…「無実」の者が罪に問われる事
⇒ なぜ起こるのか→多くの場合「**自白**」の強要により発生
⇒ その温床となる制度→「**代用監獄**」制度
⇒ ただし，「新たに無罪を証明する決定的証拠が発見された時」**再審請求**が可能
⇒ 「再審」とは…「**疑わしきは被告人の利益に**」の**推定無罪の原則**に基づき，再度裁判をやり直す制度，**一事不再理の原則の例外**　無罪を有罪には出来ないが，有罪を無罪にはできる　憲法上の規定なし→「**白鳥事件**」が再審の道を大きく開いた
ex）「**免田事件**」「**松山事件**」など　免田さんは死刑台から25年ぶりに生還した

スパッとわかる >>> 爽 快 講 義 <<<

誰もお世話にはなりたくないけれど，裁判制度を見ていきましょう。

日本は慎重で公正な裁判を行うため，3回の審理を保障する**三審制**を採用しています。別名，**審級制**とも呼ばれる。ただし，例外として**内乱罪**は高等裁判所からの二審制になっています。また板書①を見てわかる通り**控訴審を飛ばし**て行う，刑事の跳躍上告や，民事の飛躍上告も例外的にあるんです。

次に裁判公開の原則です。まず，**判決は必ず全て公開**です。一方，審理の過程である**対審**については，「**公序良俗**（公の秩序）」に反すると裁判官が**全員一致**で判断したとき，非公開となります。ただし，「**政治犯罪**」，「**出版犯罪**」，憲法第3章に掲げる「**基本的人権にかかわる事件**」は，必ず判決，対審とも公開とします。いいですか？ **判決はすべて公開**。**対審は原則公開**。そして，この対審が非公開となるケースを押さえておきましょう‼

続いて裁判の種類です。これは板書③を確認しておく程度で結構です。

最後に冤罪事件。この項目はかなりの発展項目になるんですが，**実は日本ではこの冤罪事件が後を絶ちません**。日本の場合，拘留された被疑者は**代用監獄**という警察署内の留置場に入ります。海外では**拘置所**という，警察署とは別の場所に拘置します（**身柄と捜査の分離**）。しかし，日本の場合の9割が例外的に認められている，**代用監獄**で被疑者を拘束します。すると被疑者は早くこの場所から出たい，と**自白**をするんです。なぜならこの場所はブタ小屋同然だからです。またウソの供述調書で裁判となり，有罪となるケースが多数あるんです。

ただし裁判所は，新たに無罪証明する証拠が判決後に出た場合のみ，**再審**を認めています。これは憲法上の規定ではなく，**白鳥事件**（1975年）がこの再審の道を大きく開いたんです。特に**免田事件**（1948年）などは，死刑から無罪という驚くべき事件です。近年では松本サリン事件の河野さんをはじめ，多くの人がこの冤罪の被害に遭っています。捜査の段階で自白ではなく，証拠主義による犯人の検挙を警察は真剣に行うべきです。以下に，最近頻出の司法制度改革の概要をまとめます。

● **司法制度改革 2001年「司法制度改革推進法」**
①裁判員制度（参審制）の導入
②法科大学院（ロースクール）の整備
③2018年ごろまでに法曹人口を **2.5倍**に
④**裁判外紛争解決手続（ADR）の拡充** など

● **主な冤罪事件**
* **免田事件**（1948年発生）→死刑から無罪（1983年）
* **財田川事件**（1950年発生）→死刑から無罪（1984年）
* **松山事件**（1955年発生）→死刑から無罪（1984年）
* **島田事件**（1954年発生）→死刑から無罪（1988年）

裁判員制度（有権者から選ばれた裁判員6名と裁判官3名での合議制）が刑事裁判の重大事件第一審で2009年5月からはじまった ●p122へ

必ずやろう！ 爽快問題集▼第1章 10・12

深める 爽快講義

テーマ 最新の司法動向

講義ポイント

2009年から裁判員制度が始まり（裁判員法2004年に制定，裁判員制度2009年からスタート），2019年でちょうど10年目に当たります。時事的要素も強いので，まず確実に用語を書くことができるようにしていきましょう。以下にまとめます。

(1)「裁判員法」の成立　2004年5月　2009年から実施

⇒2004年5月「**裁判員法（裁判員の参加する刑事裁判に関する法律**）」が成立。

1．対象は「**重大事件**（懲役一年以上無期または死刑)」。
2．**刑事裁判の第一審**においてのみ。
3．職業裁判官「**3**」人と裁判員「**6**」人の合議制。
　※起訴事実に争いがない場合は職業裁判官「1」人と裁判員「4」人の合議制
4．裁判員は**20**歳以上の**衆議院議員選挙の有権者**からくじで選出。
5．裁判員には「**守秘義務**」があり，反すれば罰則規定（6ヵ月以下の懲役，50万円以下の罰金）あり。裁判員裁判の終了までの間，私人が裁判員である旨の公の公表，**裁判員裁判終了後も審理過程などの公表が禁じられる。**
6．同法では表現の自由に配慮し「**報道規制**」は設けていない。
7．意見が割れた場合は多数決であるが，**評決には1人以上の職業裁判官の賛成が必要。裁判員のみでの評決はできない。**
8．「やむをえない理由」がある場合以外，裁判員を断る事はできない。
9．**70歳以上，学生，介護，育児，**疾病，専門的な仕事などの場合は辞退可能
10．2009年8月に東京地裁において「殺人事件」についての初の裁判員裁判が行われた。

● 陪審制と参審制

日本では戦前，アメリカなどで採用されている**陪審制**の採用例はあったが，

その後停止されている。現在の裁判員制度は，ドイツなどで採用されている「**参審制**」に近い。

■ 陪審制と参審制

陪 審 制	参 審 制
● 事実認定（有罪か無罪か）は陪審員が，法律判断（量刑など）は職業裁判官が分担して行う。 ● アメリカなどで採用。*イギリス* ● 戦前の一時期日本の刑事事件でも採用されたが，現在は停止されている。	● 事実認定（有罪か無罪か）と，法律判断（量刑など）を市民から選ばれた「参審員」と職業裁判官が合議して行う。 ● ドイツなどで採用。*フランス* ● 現在の日本の裁判員制度は，この参審制に近い。

● 近況と参考資料

　最高裁の発表によれば，2009年の制度開始から2018年6月末時点の累計で，裁判員裁判における有罪人数は「11915」人，うち死刑判決は「37」人である。また無罪判決は「105」人となっている。

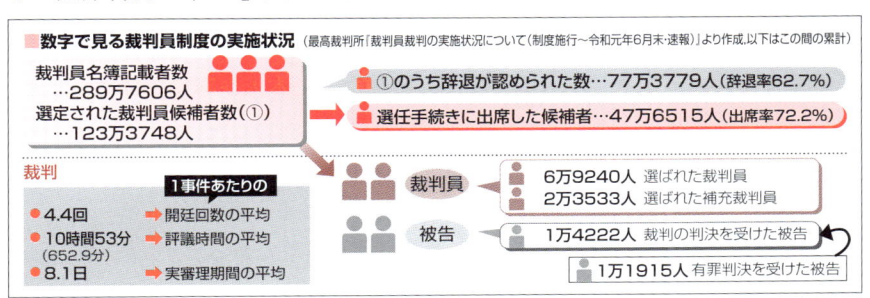

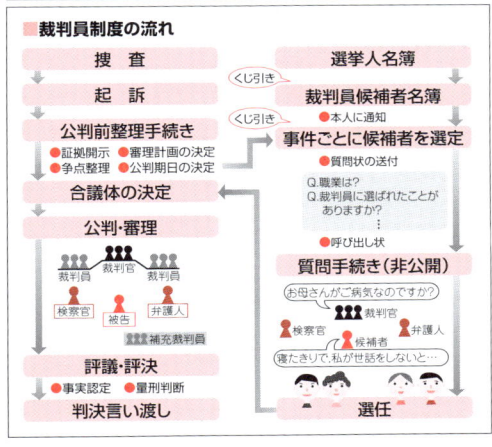

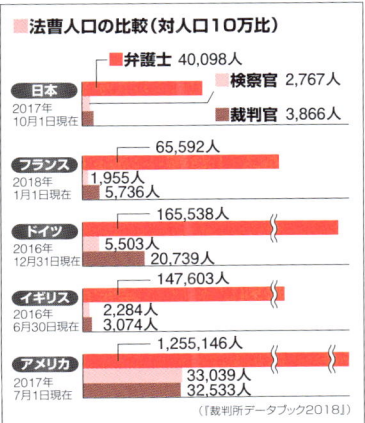

(2) その他の動向・頻出用語の確認

① 金融ADR

⇒2010年10月から金融商品関連で発生したトラブルに関しての「**裁判外紛争解決手続（ADR・Alternative Dispute Resolution）**」である「金融ADR」がスタートした。

⇒この制度は金融商品取引法上の制度で，金融商品取引業者に同制度の法的対応を義務付けていることなどが特徴である。

② 公判前整理手続（2005年11月から導入）

⇒公判前に，裁判官の前で，弁護人と検察側がどのような証拠を持っているかを示して**事前に争点を絞り込む手続**。

⇒審理期間の短縮，裁判員制度の導入を控えて制度化された。

③ 即決裁判手続（2006年10月から導入）

⇒軽微な事件（万引き，出入国管理法，薬物などで**本人が容疑を認めた事件**）について，原則一回で審理を終了する制度。

⇒起訴から**14日以内に審理を始め**，その日のうちに**判決を下す**。

⇒懲役刑には**必ず執行猶予がつく**。※罪を認めてしまう可能性も。

⇒裁判官は一人で，懲役・禁固1年未満の事件が対象である。

④ 日本司法支援センター（法テラス）

⇒2006年10月から始まった。

⇒全国どこにいても**法律相談が可能**となり，司法の民主化が期待される。

⇒相談料は無料で，民事訴訟の裁判費用の立替も行う。

⇒いわゆる「**弁護士過疎**」の解消が目的の一つでもあるが，人材の確保が今後課題となるとの指摘がある。

⑤ 被害者参加制度（2008年12月から導入）

⇒刑事裁判における特定の事件（殺人，強姦，業務上過失致死，誘拐など）について被害者の遺族が法廷に出席し，「**被害者参加人**」として意見を述べられる制度。

⇒**裁判員裁判においても，この制度が運用**されている。

⑥「刑事司法改革関連法」の成立（2016年5月，2018年から導入）

⇨取り調べの「**可視化**」や「**司法取引**」などが内容。

⇨**可視化**とは，録画・録音によって取り調べ内容を目に見える形で記録するもの。

⇨**裁判員裁判対象事件と検察独自捜査事件が対象**。逮捕から起訴までの容疑者に対する全ての取り調べで義務付けられる。

⇨一方で，可視化される事件は**全体の約3％**と少ないのではとの声もある。

⇨**司法取引**とは，主に**経済事件**で，他人の犯罪解明に協力することで，検察官，弁護人，容疑者の三者で，**不起訴などの見返りを合意できる制度**。

⇨こうした制度の導入の背景には，**裁判員裁判での証拠の分かりやすい提示の必要性**や，**通信傍受法の運用対象事案の拡充**などがある。

ここで差をつける!! 足利事件「冤罪」

⇨1990年に栃木県足利市で発生した女児殺害事件の犯人とされた「菅家利和」さんが，2009年6月4日，逮捕から17年ぶりに釈放された。2010年3月に**再審**法廷にて，無罪が確定した。この再審の中で**検察側の自白を誘導するテープの再生も行われた**。また菅家さんに対する**取り調べの最中での暴行**なども明るみになってきている。

⇨有罪決定の証拠とされたDNA鑑定の結果に疑問を持った弁護人の再三の要求により，再度DNA鑑定を行った結果，2例とも女児の下着に付着していたDNAと菅家さんのものとは一致しなかったため，服役中の菅家さんが釈放された後，上述の再審となった。

⇨今後は「**代用監獄**」の廃止，また「**自白の強要**」などが起こらないように，取り調べの全面的な「**可視化**」などが必要である（今後一部で運用開始）。

ここで差をつける!! 「死刑制度」を考える

「80.3％」。

これは，2015年に行った内閣府の世論調査の結果です。この「80.3％」は「死刑はやむを得ない」という人の割合です。廃止すべきと答えたのは僅かに「9.7％」にすぎません。日本に住む人々の大多数が，死刑制度を支持していることになります。

また日本国憲法第36条では「**拷問・残虐刑の禁止**」が明記されていますが，**1948年に最高裁は，死刑について，「残虐刑には当たらない」とする判決**を出しています。

一方世界では，死刑の全面廃止・執行停止などの実質廃止をしている国は，**140カ国**（アムネスティ・インターナショナル調べ，2014年現在）に上り，**約70％の国が死刑に否定的**であることがわかります。

これから死刑廃止の主だった主張3点と，死刑存続の主だった主張を3点ずつ見ていくことにしましょう。

▼ 死刑廃止の主だった主張

①死刑制度には，犯罪抑止効果はないのではないか。

1988年に発表された，国連犯罪防止・犯罪統制委員会の報告書によれば，死刑よりも軽いとされる終身刑と死刑を比較したところ，死刑に犯罪抑止効果があるとは確認できない，と結論付けている。また，1988年に実施され2002年に改訂された，国連に提出された報告書は，死刑の適用の変化と殺人発生率との関係について，「統計の数字が以前と同じ方向を指し続けているという事実は，各国は犯罪曲線が急激かつ深刻に変化することをおそれる必要はないという説得力のある証拠である」としている。

②冤罪であった場合，不可逆（取り返すことのできない）の刑罰となる。

もし冤罪であった場合，すでに本人が死亡しているため，死刑が執行された本人自身の人格を取り戻すことができない。実際に日本でも，**免田事件**，**財田川事件**，**松山事件**，**島田事件**の4件は，死刑の確定判決後，**再審**が認められ無罪となっている。

③国家であっても人を殺す権利はない。死刑は自然法に反する。

自然法に基づく自然権，すなわち生命・自由・財産を奪われない権利を守ることは，人間はもとより，国家の義務である。よって**国家権力という名のもとに命を奪うことはこれら自然法に反する**ものである。

▼ 死刑存続の主だった主張

①遺族感情と応報刑罰

例えば，200万円盗んだ犯人が，20万円の罰金で許されてしまう社会に正義は感じない。つまり200万円以上の罰金を科してこそ刑罰の意味を成す。これは**アリストテレス**の「**調整的（矯正的）正義**」にみられる応報刑罰の考えである。つまり**人を殺しておいて，生きているということは，遺族感情としても許される**ものではない。

②再犯可能性の問題

凶悪犯を生かしておくことにより，再び凶悪犯罪が同一人物によって起こる可能性が除外できない。

③世論の支持と，社会的価値

日本では8割近い人々が死刑を支持しており，**社会的価値観としてその世論の支持は重要視されるべきである。社会として，悪に対しては死刑をもってしても臨むという価値観は尊重されるべき**である。

以上が主な主張である。

ところで，2012年6月，元最高裁判事の**団藤重光氏**（だんどうしげみつ）が亡くなられた。団藤氏は，自らが担当し，死刑判決を下した事件を顧みながら，**誤審の可能性がある以上，死刑については反対であるという立場**を貫かれていた方である。

「自分がやったのではないと言いながら，死刑判決を受ける人がいる。人間は神様ではない。」

団藤氏の言葉である。

（参考文献）菊田幸一『死刑制度を考える』中公文庫，小田晋『人はなぜ，人を殺すのか？』はまの出版，団藤重光『死刑廃止論　第六版』有斐閣，ロジャー・フッド『世界の死刑』　オックスフォード・ユニバーシティ・プレス第3版2002年　など

9 地方自治

ココ が出る! 試験前の最強ポイント

★民主主義の学校 ➡ ブライス　★地方自治の本旨2つ
★副知事，助役の解職請求の過程

① 地方自治とは ➡ 地方公共団体による自治（政治）

「地方自治は**民主主義の学校**である」　**ブライス**『近代民主政治』
　　　　　　　　　　　　　　　　　1838～1922・英
「地方自治制度の自由との関係は，**小学校**の学問との関係にも等しい」
　　　　　　　　　　　　トックビル『アメリカの民主政治』
　　　　　　　　　1805～1859・仏

② 地方公共団体の種類

1. 普通地方公共団体 … 都道府県，市町村
2. 特別地方公共団体 … **東京23区〔特別区〕**，財産区，地方開発事業団，地方組合等

③ 地方自治の基本原則

憲法第92条「地方公共団体の組織及び運営に関する事項は，**地方自治の本旨**
　　　　　　に基いて，法律でこれを定める。」

●**地方自治の本旨** … **地方自治法**（1947年制定）において具体的に規定

1. 団体自治 … 国からの独立した自治，以下がその代表的制度
　・**条例制定権**⇒国会中心立法の原則の例外
　・**100条調査権**⇒地方自治法第100条に基づき，自治体の行政全般につい
　　　　　　　　　て調査する権限，国会の国政調査権に相当

2. 住民自治 … 住民の直接参加による自治
　⇒イニシアティブ（請求），リコール（解職），レファレンダム（住民投票）など

請求事項	署名数	提出先	その後の扱い
条例の制定・改廃請求	**50分の1**以上	**首　　長**	首長が**議会**に付す
監査請求	**50分の1**以上	**監　査　委　員**	その後**報告**
首長の解職請求	**3分の1**※以上	**選挙管理委員会**	**住民投票**で**過半数**の賛成
議会の解散請求	**3分の1**※以上	**選挙管理委員会**	**住民投票**で**過半数**の賛成
副知事，役員の解職請求	**3分の1**※以上	**首　　長**	議会の**3分の2**以上の出席の下**4分の3**以上の賛成★★★

※署名は請求対象の自治体の有権者数。2012年の地方自治法改正により，リコールの必要署名数については，有権者が40万人までの自治体は「40万の3分の1」，40万人以上80万人未満の自治体は「40万人の3分の1」と「40万人超80万以下の6分の1」の合計，80万人以上の自治体は「40万人の3分の1」と「40万人超80万人以下の6分の1」と「80万人を超える数の8分の1」の合計となる。

注目‼ 旧憲法には地方自治の規定はなく，知事も**内務省**が任ずる「**官選知事**」であった。ただし，明治政府の「**廃藩置県**」に基づき，**市町村制**（1888年），府県制・郡制（1890年）という**地方制度は存在**していた。

スパッとわかる >>> 爽 快 講 義 <<<

いよいよ地方自治に入っていこう。この項目は近年，ものすごく頻出度の高い項目となっているんだ。盲点となる項目でもあるのでしっかり学習しよう!!

まず地方自治についての位置づけですが，主に民主主義を勉強する場だということ。**ブライス**と**トックビル**は，板書①のように述べているよね。特に**ブライス**の「**民主主義の学校**」は頻出です。

次に地方公共団体の種類ですが，板書②のように，**普通地方公共団体**と，**特別地方公共団体**に分かれています。大切なのは**特別地方公共団体**に**東京23区（特別区）**が分類されるってとこだよ。

さて，地方自治の運営はかなり自立的な側面が多い。とりわけ日本は戦後になって初めてこの地方自治という概念が芽生えたんです。そうアメリカによってもたらされた（苦笑）。それまでは**中央集権**型で，国（**内務省**）がすべて地方を統治する政治体制でした。それに比べ現在は，地方に自治を広く認めているんだ。

▼ まず憲法第92条のいう「地方自治の本旨」とは何なのでしょうか？

具体的には**地方自治法**に2つ定められています。ここは大切!!

まず「**団体自治**」。これは国から一定の独立をした自治を意味する言葉です。従って国が地方にあれこれ指図することはできません。もともとは**ドイツ**やフランスで発達した考え方です。これに基づいて**条例制定権**などがあるんだね。

次に**住民自治**。これは住民の直接参加によって自治を行う，というもので，**イギリス**やアメリカで発達した考え方なんだ。特に正誤判定させることが多い，直接請求制度の一覧を板書③に載せてあります（赤シートで必ず暗記!!）。

憶え方としては，

> ▼ ただの請求（イニシアティブ）が**50分の1**
> ▼「**解**」っていう文字がつく，解職・解散・リコールが**3分の1**

というふうに分かれているんだ。つまり辞めさせたりする方が，署名の数が多く必要だということになるね。そして受験では実は，副知事，役員の解職請求が最もよく出ます。ここ盲点だよ。特にその後の扱いである，議会の**3分の2**以上の出席の下で，**4分の3**以上の賛成が必要。また，議会の首長に対する不信任決議も，議会の**3分の2**以上の出席の下，**4分の3**以上の賛成で成立します。政治・経済では「3分の1」とか「3分の2」などの数がよく正誤で問われますから，正確に理解してくださいね。

必ずやろう！爽快問題集▼ 第1章 11

10 地方自治の運営

ココが出る! 試験前の最強ポイント

★ 2つの住民投票 ➡ 95条に基づくものと条例に基づくもの
★ 地方の財源　★ 地方分権一括法 ➡ 時事動向に注意

① 自治体が行う住民投票は大きく2つあるので注意

> **1. 憲法第95条による特別法の住民投票** ⇨ 国会単独立法の例外（p104）

● これまで制定された**特別法（その自治体のみに適用される法律）**●
広島平和記念都市建設法（1949年），京都国際文化観光都市建設法（1950年），
長崎国際文化都市建設法（1949年），横浜国際港建設法（1950年）など

違いに注意!!

> **2. 自治体の住民投票条例に基づく住民投票** ⇨ 結果に「**法的拘束力はない**」

1996年	新潟県巻町	「原子力発電所建設の是非」
1996年	沖縄県	「日米地位協定見直しと米軍基地の整理縮小の是非」
1997年	岐阜県御嵩町	「産業廃棄物処理施設の建設の是非」
1997年	沖縄県名護市	「在日米軍の代替ヘリポートの建設の是非」
2001年	新潟県刈羽村	「プルサーマル計画の受け入れの是非」
2006年	山口県岩国市	「米軍厚木基地からの空母艦載機移転の是非」
2019年	沖縄県	「普天間飛行場の辺野古への移設の是非」 などが主なもの

② 地方公共団体の統治機構

徳島県徳島市 ― 吉野川可動堰建設の可否

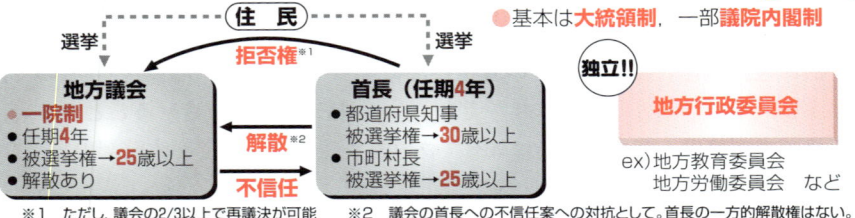

● 基本は**大統領制**，一部**議院内閣制**

住 民

選挙 ← 拒否権※1 → 選挙

独立!!

地方行政委員会

地方議会
● 一院制
● 任期4年
● 被選挙権→25歳以上
● 解散あり

← 解散※2
不信任 →

首長（任期4年）
● 都道府県知事
被選挙権→30歳以上
● 市町村長
被選挙権→25歳以上

ex）地方教育委員会
地方労働委員会　など

※1 ただし，議会の2/3以上で再議決が可能　※2 議会の首長への不信任案への対抗として。首長の一方的解散権はない。

③ 地方財政 ➡ 頻出，とくに依存財源に頼っているので 三割自治 と呼ばれる!!

◆ 自主財源

> **1. 地方税** ⇨「都道府県税」と「市町村税」

地方財政（普通会計）の歳入
<地方財政の歳入の構成>
2019年度

地方税 44.3%	地方交付税 18.3%	国庫支出金 17.0%	地方債 10.4%	その他 10.0%

総務省「2019年度 地方財政計画の概要」による。

◆ 依存財源

> **2. 地方交付税交付金** ⇨ 自主財源が乏しい自治体に国が地域格差是正の為交付「使途が自由な**自由財源**」

☛ 国税の所得税，法人税の33.1%分，酒税の50%分，消費税の19.5%（令和2年度から），地方法人税の全額分。以上の税収が，地方交付税に充てられる。

> **3. 国庫支出金** ⇨ 特定の事務・事業の補助金として国が支出「使途限定の**特定財源**」

> **4. 地方債** ⇨ 都道府県債「**総務大臣**との協議制」，市町村債「**都道府県知事**との協議制」

※この他に国税の一部を地方税として譲渡する「**地方譲与税譲与金**」がある→「使途は自由」

スパッとわかる >>> 爽 快 講 義 <<<

▼ なによりもポイントとしては，2つの住民投票です

板書①を見てください。住民投票は大きく分けて2つある。

まず，憲法第95条による**地方特別法の住民投票**です。これはその地域でしか適用されない法律。**特別法**を制定する際に，国会の議決だけではなく，その法律を適用する自治体の同意を得るための**住民投票**です。これは国会の項目で講義した通り，国会単独立法の原則の例外ですね。それでは何故必要なんでしょうか？考えてみて？　それは，国会が特定の地方公共団体に立法行為という形で介入しますよね。となると，国からの独立という意味の**団体自治**を侵害する可能性がある。よって同意を得るための投票になるわけです。

次に，各自治体の**住民投票条例**に基づく**住民投票**です。これは，その自治体ごとに**住民投票条例**を制定し，その条例に基づいて，ある政策の是非を問う住民投票なんだ。ただし**法的な拘束力はない**。1996年，**沖縄県**では**日米地位協定**の見直しなどをめぐる，都道府県として初めての住民投票が実施されました。2019年にも，**沖縄県**で**普天間飛行場の辺野古への移設**をめぐる住民投票が実施されています。

▼ さて，板書②，③を見てください

地方公共団体の統治機構を図にしてあります。基本的には**大統領制**に近い。ただし，議会が首長に**不信任決議案**を提出できる点，また，その対抗として首長が**議会を解散**できる点（首長の一方的な議会解散権はない）が，大統領制と微妙に異なります。大統領制的でありながら議院内閣制的な要素を持つ。ここを押さえてね。

最後に地方財政です。地方財政については**自主財源**の**地方税**，依存財源の**地方交付税交付金**，**国庫支出金**をそれぞれ憶えてください。特に，**地方交付税交付金**が使途自由〔**自由財源**〕と，**国庫支出金**が使途限定の**特定財源**である点を憶えておけば問題がないでしょう。また地方は，このような形で国からの経済的支援を大きく受けていることから「**三割自治**」とか「**四割自治**」とか呼ばれています。以下に近年の動向である**地方分権一括法**の内容を示し，地方自治は終わりです。ここは時事動向としてよく問われるので理解を！

●**地方分権一括法**（**1999**年制定，2000年施行）→「**中央集権**から**地方分権**へ」
⇒**機関委任事務**（首長に委任する事務）の廃止
⇒**自治事務**と**法定受託事務**の2つの事務に統廃合
⇒1995年に制定された「**地方分権推進法**（5年間の時限立法）」の後継
⇒国の介入への不服申立ての場として「**国地方係争処理委員会**」を設置

※三位一体の改革とは「税源移譲」，「地方交付税の見直し」，「補助金の削減」を柱に自立した地方財政を構築するもの⇒p135で確認

必ずやろう！ 爽快問題集▼第1章 11

深める 爽 快 講 義

テーマ 地方から日本を変える!! 最新地方自治動向

講義ポイント

　「地方から国を変える」。一昔前では絵空事だと思われていたこの言葉が, 現実のものとなっています。**環境アセスメント条例**を初めて制定したのも, **オンブズマン制度**を初めて導入したのも**川崎市**。つまり地方自治体です。**情報公開条例だって地方自治体が国に先駆けて制定しています**（1982年に山形県**金山町**, 1983年に**神奈川県**）。また沖縄県における米軍基地縮小問題も, 住民投票条例に基づく住民投票が大きなきっかけとなりました。2019年にも, 沖縄県で普天間飛行場の辺野古への移設をめぐる住民投票が実施されています。

　市民の多元的政治参加を模索するとき, この地方自治が大きな役割を果たします。とかく政治を変える, というと「総理大臣になります」とか「政治家になります」といった, トップダウン型の意思決定プロセスを考えがちです。しかし, 市民レベルの意見を吸収する地方自治法にある「直接請求制度」は, 運用次第では, 国政以上に迅速に, その地方のニーズにあった政策を実現できるのです。戦前はなかった「地方自治」について考えます。

(1) 単一国家と連邦国家？

　早稲田大学などの入試問題で見たことがある用語だね。簡単に言うと「**単一国家**」とは中央政府の主権のもと, 中央政府に統治権を集中させ, 政治運営を行う国家体制です。現在では若干の変化があるものの, **イギリス**などがこれにあげられます。

　一方で「**連邦国家**（連邦制）」とは, **中央政府の主権のもと, 地方政府が裁判所などの広範な統治権や自治権を持つ国家体制**です。現在では若干の変化があるものの, アメリカなどがこれにあげられます。現在はアメリカには州ごとに憲法があり, 軍隊も裁判所もあります。アメリカ、ベルギー、ロシア・ブラジル

　戦後日本で, 日本国憲法の中に, 「地方自治」の項目が入ったのもこのアメリカの影響です。

(2) 国からの縛り

　ただし，これまで勉強したように，地方の財源は国からの依存財源が多かったり，**自治**事務以外の「**法定受託事務**」が存在するなど，国の子分的な役割しか果たしてきませんでした。急進的な経済発展を遂げなければならなかったという事情は確かにありました。

　しかし，道路やダムばかりが整備されて，公園などの「**生活関連社会資本**」の整備率が低かったり，**待機児童**（保育所などへの入所申請をしても入所できない児童）は19,595人（2018年10月厚生労働省発表）もいるのにもかかわらず，道路ばかりを掘ったり埋めたりしている年末工事。老人ホームも不足しています。

　つまり時代的要請や，ニーズに即した政策が，これまでの国の政策で恩恵を受けた一部の企業・団体の既得権益を，守ることに終始する国の政策によって，必要な政策が実行できないのです。

　そこで，地方自治体に権限や財源を与えて，もっと地域や時代のニーズに即した政策を実現することが，「地方分権」として求められているんですね。

(3) 最新動向の確認

　ここではいくつかの用語や，変化についてまとめておきます。

① 地方自治法改正（2012年）により，リコール請求の必要署名数の要件緩和

■地方自治法の直接請求制度

請求事項	署名数	提出先	その後の扱い
条例の制定・改廃請求	1/50 以上	首長	首長が議会に付す
監査請求	1/50 以上	監査委員	その後報告
首長の解職請求	1/3 以上※	選挙管理委員会	住民投票で過半数の賛成
議会の解散請求	1/3 以上※	選挙管理委員会	住民投票で過半数の賛成
役員の解職請求	1/3 以上※	首長	議会の2/3以上の出席の下3/4以上の賛成★★★

※時事動向…リコールの必要署名数については，40万人までの自治体は「40万人の3分の1」，40万人以上80万人未満の自治体は「40万人の3分の1」と「40万人超80万人以下の6分の1」の合計。80万人以上の自治体は，「40万人の3分の1」と「40万人超80万人以下の6分の1」と「80万人を超える数の8分の1」の合計とする法改正が行われた。これにより大都市のリコール要件が緩和された。

具体的には…

旧制度（200万人の自治体を想定して）

- 40万人までは3分の1「約13万」に
- 40万人を超えた有権者の6分の1「約27万」を合計して
- 合計「約40万」で請求可能

新制度（200万人の自治体を想定して）

- 40万人までは3分の1「約13.3万」に
- 40万以上80万人未満の有権者6分の1「約6.6万人」に
- 80万人を超えた有権者の8分の1「15万」を合計して
- 合計「約34.9万」で請求可能

---

② 広域連合

⇒広域連合とは，**複数の地方自治体が事務などを共同して広域で処理する地方行政組織である**。これにより行政の効率化を目指す。

⇒広域連合は，議会や行政委員会をもつ特別地方公共団体とされる。1994年の地方自治法改正で導入された。

⇒2010年12月には「**大阪，京都，兵庫，和歌山，滋賀，鳥取，徳島**」2府5県により「**関西広域連合**」が発足した。国の出先機関の事務の受け皿として，国に職員を含めた「丸ごと移管」を求めている。

③ 平成の大合併終了　(p453(33)参照)

⇒2005年の「新市町村合併特例法」の期限を2010年に迎え，「平成の大合併」が終了した。なお「新市町村合併特例法」はその後10年の延長が決まった。

⇒1999年に「3232」あった市町村，特別区（東京23区）の合計は，**2019年8月現在「1724」まで減少した**。

⇒合併には2つ以上の市町村を合併して新しい市町村を置く「**新設合併**（対等合併）」と，ある市町村にもう一方の市町村を編入する「**編入合併**（吸収合併）」がある。

誕生した自治体	合併前の自治体	内容
新潟県佐渡市 （2004年3月）	両津市など10市町村	佐渡島が「1島1市」に
岐阜県高山市 （05年2月）	高山市と周辺9町村	面積（2178㎢）が大阪府を超える最大の市に
岐阜県中津川市 （05年2月）	中津川市などと長野県山口村	全国で46年ぶりの「越県合併」
山梨県甲府市, 富士河口湖町 （06年3月）	甲府市, 富士河口湖町, 上九一色村など	上九一色村が南北に分かれ, それぞれ別の自治体と「分村合併」
滋賀県近江八幡市 （10年3月）	近江八幡市と安土町	織田信長ゆかりの地名消える

- ●「明治の大合併」…明治20年代初め。
- ●「昭和の大合併」…昭和20年代初め。

④国地方係争処理委員会と「沖縄県」

⇒**国地方係争処理委員会**は，国の地方への介入に不服がある場合に地方が**審査を申し入れることができる，総務省の第三者機関**。

⇒2000年に施行された「**地方分権一括法**（p131参照）」により設置された。

⇒2015年以降，沖縄県が，国による**辺野古**への新基地建設のための埋め立て問題などに関して，幾度か審査を申し立てている。

⇒近況では，2016年3月に審査の申出を行ったものの，6月同審査会は，国の違法性及び不当性の判断を示さなかった。

よく出る!! ⑤三位一体の改革

⇒2003年の6月に閣議決定された，地方自治改革。

1.補助金（国庫支出金・特定財源）の削減…約20兆円の補助金を2006年までに4兆円程度削減する。

2.地方への税源移譲…2006年までに補助金削減分の8割程度を，国税（所得税など）から地方税へ税源移譲する。

3.地方交付税の見直し…交付額の削減を検討する。

地方財政の歳入・歳出の構成　　（2019年度）

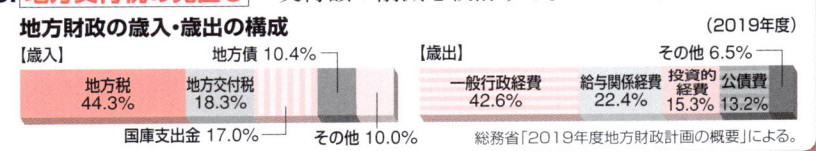

総務省「2019年度地方財政計画の概要」による。

基地の島・沖縄
～本土復帰30周年の今～

vol.3

1945年3月，沖縄。突然の多くのアメリカ軍が沖縄へと上陸しました。民間人の死者は約10万人。こうした沖縄の残酷な戦禍の中，本土決戦を考えていた旧帝国陸軍は，ある意味沖縄を踏台にしたといっても過言ではありません。

戦後1951年，日米安全保障条約により在日米軍が沖縄にも配備されます。わずか全国土の0.6％の土地に，74％の基地が集中するという，まさに沖縄が基地の島であるいうことを如実に物語るデータです。

また，駐留米兵による婦女暴行事件も後を絶ちません。

1995年，12歳の少女が米兵から暴行を受けたということで10万人規模の住民集会が開かれました。後に，米軍基地の整理縮小が住民投票され，8割を超える住民が基地「NO」という判断を下したのでした。

特に基地問題で悩ましていたのが，日米地位協定といわれるものです。これは1960年に日米両国で結ばれたもので，日本側が事前に被疑者の拘束ができないなど，非常に差別的な協定です。被疑者の拘束ができないため捜査は思うように進展せず，このような事件の再発防止がなかなかできないのです。

一方で政府は，沖縄が基地を置くことで多大な援助を行っています。しかし現在の基地依存度は約5％前後（返還前の基地依存度は20％）。一方，観光依存度は約15％ですから，それに比べれば今や基地に依存しなくても，沖縄経済全体は十分やっていける状況にあるといっても過言でありません。

なぜ沖縄に基地があるのか？　それは沖縄の地理的状況です。台湾，中国などのアジアの主要国に1週間かからずに行き来できる。こうした軍事的な地域的な意味合いから米国は沖縄の基地を重要視しているわけです。

かつて沖縄戦のさなか，死を目前にした海軍の大田司令官は次のような言葉を残しています。「一木一草焦土ト化セン　沖縄県民斯ク戦ヘリ　県民ニ対シ後世特別ノ御高配ヲ賜ランコトヲ」つまり沖縄県民はよく協力してくれた，後世の日本人はこの沖縄県民に対し特別の配慮をすべきだ，というのです。

しかしその大田司令官の言葉とは逆に，戦後日本は戦前と同様，沖縄を踏台にしているのです。本当に基地が必要なのか？そして米国が居座ることが果たして日本の国益なのか？　2002年，沖縄は本土復帰30周年を迎えています。

☛ 興味のある人は Mr.Children の『1999年，夏，沖縄』を聴いてみることをお薦めする。

（この原稿は初版（2003年）に執筆いたしました。時代の追憶物として存置いたします。）

第5章
現代政治の課題

政治分野

1 政党と圧力団体

ココが出る! 試験前の最強ポイント

★各政党制の長所と短所
★圧力団体の特徴と政党との相違

① 政党

⇒政治上の主義主張が同じ者同志が集まり，政権獲得と政策の実現を目指す政治集団　有権者に**公約**や**綱領**を示す（**与党**⇒政権政党　**野党**⇒反対勢力政党）

☞ 保守政党…変革に消極的　革新政党…変革に積極的

「国民的利益を増進すべく協力するために結合する**公党**」バーク[1729〜97年英]

『現代の不満に関する考察』

「国民と政治との**架け橋**的存在」バーカー[1874〜1960年英]　『現代政治の考察』

「代議政治は政党なくして不可能である」ブライス[1838〜1922年英]　『近代民主政治』

② 政党形態

二大政党制・英，米など	政局は安定するが多様な意見の吸収が困難
多党制（小党分立制）日本	多様な意見を吸収できるが政局不安定⇒連立政権へ
一党制（単独政党制）中国や北朝鮮	国民に強力な指導可能　しかし腐敗政治の可能性　→社会主義国に多い「民主集中制」がこれ

③ 政党観の変遷

18世紀…**名望家政党**（**制限選挙による**一部階級の選挙権の独占）

19世紀…参政権の拡大

20世紀…**大衆政党へ**（**普通選挙の拡大による**参政権の拡大）

④ 圧力団体（プレッシャーグループ）ex）農協・日本経団連・日本医師会など

⇒政府・政党などに**圧力をかけ**，政策決定において自らの利益を誘導する集団

●台頭の背景 → 職能利益を代弁する必要性

●問題点 → **特定集団の利益のみを実現**する，政党・政治家への政治献金

⇒アメリカでは**ロビー**活動として広く認知　ex）業界，**エスニックロビー**など

スパッとわかる >>> 爽 快 講 義 <<<

第5章では現代の様々な政治の課題を勉強するよ。とっても面白い項目だね（僕は大好き）。まず政党と圧力団体について勉強していきます。

政党は政治上の主義主張が同じ人が集まって、**政権獲得**と**政策**の実現を目指す集団です。重要なのは、必ずしも**国会に議席を有していなくても政党活動ができる**、ということです。かつて、政党について**バーク**は、「国民の**大多数の利益を増進する団体であるべきだ**」と言いました。これを彼は「**公党**」と呼んだ。

▼ 次に板書②の政党形態です。大きく3つある

まず**二大政党制**。国民は2つしか選択肢がないので、**政局が安定**します。ただ、多数の意見の取り入れはできないよね。次に**多党制**。これは日本やイタリアがそうです。これは多種多様な意見を吸収できるよね。でも結局、**連立政権を組むケースが多いため、政局が不安定**になる。最後に**一党制**です。これは共産党などが政権を握り、国民に**強力な指導が可能**です。ただし、**独裁政治や金権政治などに陥る可能性**がある。**中国**や北朝鮮がこの体制だよ。

続いて政党観の変遷について見ていこう。これは板書③を確認しながら講義をしていきます。18世紀は**制限選挙**。だからお金持ちしか政党活動ができなかった。こうして、**貴族や資本家の一部の階級**でつくる、**名望家政党**が主流だったんだ。そして19世紀になると参政権は拡大し、20世紀には多くの国民が選挙に参加できる**普通選挙**になる。こうして**大衆政党**へと変わっていくんですね。

最後に**圧力団体**についてです。これは**農協**や**日本経団連**などが有名です。自分達の**職能利益**を実現するため、政党などに**選挙協力**や**政治献金**という形での圧力をかけ、その実現を図るという集団です。問題点としては、**特定の利益しか実現しません**。例えば、農協だったらコメの自由化反対を言うでしょう。また政党への**政治献金**により、**金権政治**を招くという危険もあります。

▼ ところで、アメリカでは**ロビー**（働きかけ）運動が広く認知されています

これは議事堂のロビーで圧力活動をしていたので、こう呼ばれるんだ。特に米国では業界団体だけではなく、**エスニックロビー**という**民族の利益を代弁するロビー**が多く存在しています。このエスニックロビーが、**パレスチナ**問題などの国際問題をはじめ、様々な政策を決定する力を持っている。つまり、米国では、業界という経済的側面だけの利益ではなく、自分たちの民族を大切にしようとするエスニックロビーの存在が、アメリカの政策決定の鍵なんです。

※米国ではロビー活動を行う人を**ロビイスト**という。

必ずやろう！ 爽快問題集▼第1章 13

2 日本の政党史

ココ が出る！試験前の最強ポイント

★ 55年体制とその崩壊までの歩み ➡ 細川連立政権へ
★ 政治改革関連法の内容

① 戦前の政党 ➡ 高まる自由民権運動の流れの中で政党が誕生

板垣退助が「**自由党**」（**1881年**）を結成，大隈重信が「**立憲改進党**」（**1882年**）を結成

1890年…**国会開設**⇒両党から議員が輩出される

◆ その後 → **立憲政友会と憲政会の二大政党制**

　立憲政友会発足（**1900年**）　総裁・伊藤博文　憲政会発足（**1916年**）　総裁・加藤高明

◆ 戦中 → 政党活動停止 → 「**大政翼賛会**」へ統一　1940年

※日本最初の政党名→**愛国公党**（1874年）

② 戦後 **55年体制** ➡ **自由民主党**と**社会党**の「**1と2分の1政党制**」

⇒**1955**年…**日本社会党**（右派＋左派）と**自由民主党**（保守合同）の誕生

自由民主党		**日本社会党**
改憲→自主憲法路線	◀ **憲法スタンス** ▶	**護憲**→平和憲法9条の堅持
資本主義，**西側**（米国路線）	◀ **イデオロギー** ▶	**社会主義**，**東側**（ソ連路線）

非常に対立軸が分かりやすい政治，**東西冷戦の縮図**

しかし，自民党の**一党優位制(単独一党制)**による，政治汚職の慢性化

1970年代…　ロッキード事件 → 田中角栄元首相逮捕

1980～90年代…　リクルート事件，佐川急便事件，ゼネコン汚職 などきりなく，

1991年…宮沢喜一内閣「政治改革」の実現を国民に公約 → しかし，実現せず！

1993年6月…　宮沢内閣不信任案可決 → 多く自民党離党（小沢一郎，鳩山由紀夫等）

　　　　　　⇒離党議員は翌日，次々に新党を結成「**新党ブーム**」

1993年8月…総選挙の結果，非自民の　細川護熙連立内閣誕生（**8**党派の連立）

1994年…細川内閣，公約どおり「政治改革関連法」を国会提出 → 可決

1994年…細川首相，自らの佐川急便疑惑により辞職→羽田孜内閣へ

スパッとわかる >>> 爽 快 講 義 <<<

戦前の政党史については**板書①の赤字を暗記**してもらう程度でいいです。

さて戦後の政党政治史。特に**55年体制**が最も超重要です！

1945年終戦を迎えた日本は，非合法化されていた**共産党**が合法化され，多くの政党が誕生しました（p143の図）。そして**1955**年，まさに戦後政治の大きな柱である，**55年体制**と呼ばれる政治体制が出来上がるんだ。これは**自由民主党**と**社会党**を軸とした政治体制で，1955年から1993年の38年間続いていく。

1955年，それまで講和条約の対応※をめぐって分かれていた**社会党**の右派と左派が合流し**日本社会党**ができあがります。この動きに保守政党はびっくり。**自由党**と**日本民主党**が**合同（保守合同）**し，社会党に対抗する**自由民主党**を結成し改憲を目指します。さて，この自由民主党と社会党。板書②を見てくれればわかる通り，対立軸が分かりやすい。まさに**護憲vs改憲の縮図**が日本の国会の中にあったことになる。また当時，自民党の議席は衆議院で約300，対する社会党は約150。**社会党が自民党の半分の議席**です。よって**1と2分の1政党制**と呼ばれています。

60年代になると，社会党から分裂した**民社党**や，宗教団体である**創価学会**を支持母体とする，中道政党の**公明党**が結成され，多党化の時代に入ります。

しかし，自民党はこの**一党優位制（単独一党制）**によって多くの利権を手にし，汚職事件を起こします。この国民の怒りがまさに90年代前半には頂点に達した。テレビは毎日政治家の逮捕の映像で始まった。この動きの中，**宮沢内閣**は政治改革を公約するものの，なんとこれが実現しなかったんだ。こうした中，93年には**宮沢内閣不信任案**が可決。なんと小沢一郎など**与党の自民党の一部議員**が同調したんです。彼らは，新しい日本を作ろうと新党を結成する。こうして総選挙後，自民党は惨敗します。そして非自民の**細川連立内閣**が誕生，**38年ぶりの非自民政権**が誕生し55年体制は崩壊しました。細川内閣は94年，公約通り**政治改革関連法**を可決。政治改革は何とか実現しました。

●政治改革関連法の主な内容3つ　1994年制定　詳しくはp169へ

公職選挙法改正	政党助成法	政治資金規正法の改正
→衆議院の定数削減（**511**から**500へ**） →**小選挙区比例代表並立制** →選挙違反者の**連座制**の強化（5年間公民権停止）	国会議員**5名以上**，または国会議員を有し国政選挙で2%以上の得票のある政党へ助成金を支給（国民1人250円負担） ※日本共産党は受取りを拒否	→**政治家個人への個人献金の禁止**，政党への企業団体献金と個人献金は禁止されず ※2000年政治家個人への**企業・団体献金が禁止**された

※1951年のサンフランシスコ講和条約において，ソ連と中国を含めた**全面講和**を目指す**左派**と，早期講和のため，ソ連・中国等を除く西側諸国とのみの**単独（片面）講和**を主張する**右派**とが分裂した。

必ずやろう！ 爽快問題集▼第1章 **13**

深める 爽快講義

テーマ 「55年体制崩壊後の政治」，「2009年民主党政権の発足」，「2019年参院選速報」!!

講義ポイント

　55年体制が崩壊した後もすぐに自民党政権は復活した。しかし2009年に民主党政権が発足し，日本の政治の流れはめまぐるしく変化した。ここでは2019年参議院選挙までを抜群に分かりやすく講義し，近年の政治動向を得点源とする。これで他の受験生と格段の差をつけることになるだろう。

❖ 細川内閣もその後退陣→再び自民を中心とする連立政権へ

　さて政治改革を実現した後，細川内閣はどうなったのでしょう。実は細川首相の熊本県知事時代のヤミ献金疑惑で支持率が急落し，その後総辞職。羽田政権に移行するも，わずか2カ月足らずしかもたなかった。連立与党内の対立と「排除の論理」に遭遇した社会党が，「連立政権をつくる政党間の信義が失われた」として政権を離脱。自民党と手を組んだんです。

　こうして1994年6月末には自民党は社会党と連立し政権の座に返り咲きました。この時の内閣総理大臣は社会党の「村山富市（日本社会党からの首班は，1947年5月発足した片山哲政権から数えて戦後二人目）」となっていることからも分かる通り，ある意味自民党は社会党を総理の座をエサにして引き寄せたとの見方もできます。

　結局非自民政権は，1993年8月から1994年6月の「10カ月」しかもたなかったことになります。共産党を除く8党派の連立は主義・主張がうまくまとまらなかったといえるでしょう。

　1999年には小渕内閣の下，自民党は公明党と連立を組んでいくことになります。参議院で過半数をもっていなかった自民党は，連立を組まざるをえませんでした。このように1990年代以降の政治体制は「連立政権」の時代へ入ったといえます。ただし自民党が与党であることは変わりがなく，野党第一党である民主党（1993年に自民党を離脱した小沢一郎らによって新生党結党，そ

の後日本新党と合流し94年に**新進党**，その後の離合集散ののち98年に民主党）
の議席も自民党政権を覆すほど増加しませんでした。

■ 戦後の日本の政党

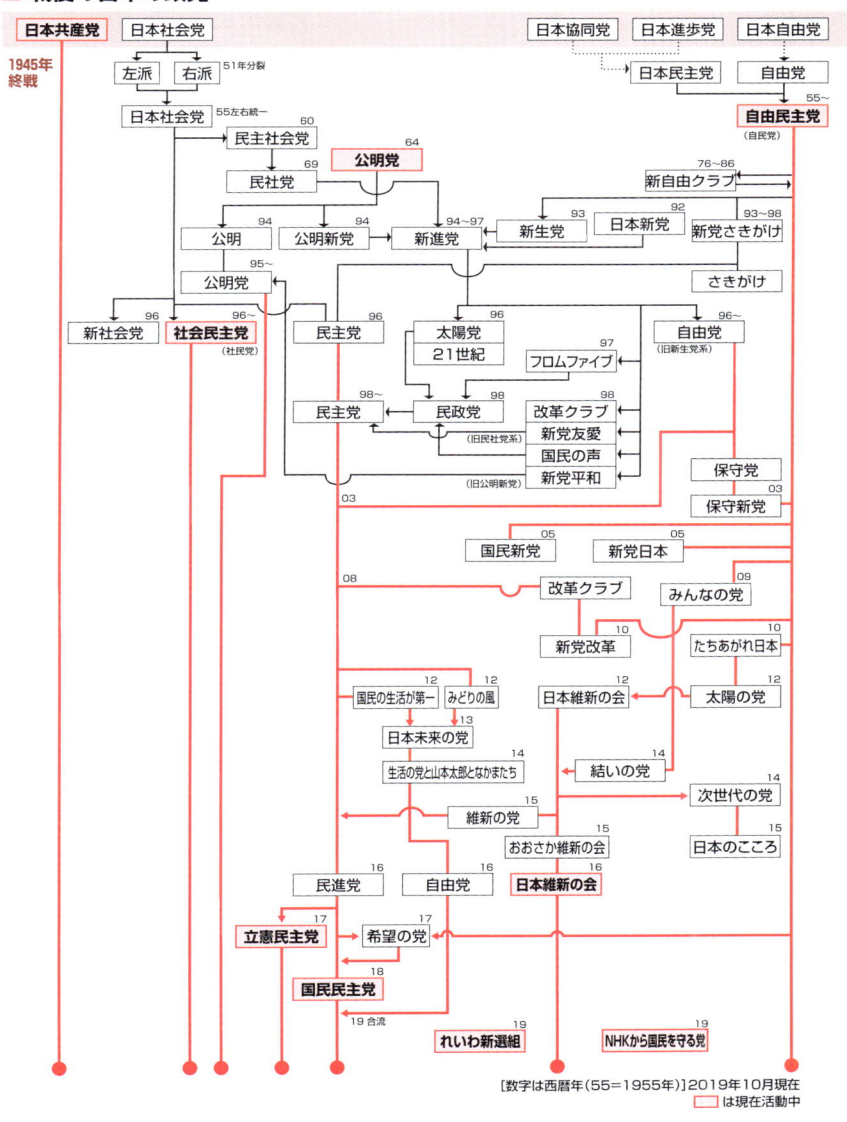

[数字は西暦年（55＝1955年）]2019年10月現在
▭ は現在活動中

❖ 2001年小泉政権「構造改革」とその本丸「郵政民営化」!!

　2001年4月には有権者の大きな期待とともに「**小泉純一郎**」内閣が発足します。小泉内閣は「**構造改革（歳出削減，民営化，規制緩和）**」を進め，その改革の本丸に「**郵政民営化**」を位置づけました，この郵政民営化は2001年の10月にアメリカが日本に対して要求した「年次改革要望書」に強く**主張**されており，この意味で対米追従ではないかとの批判もありました。郵政関連の金融資産は2016年7月末，郵便貯金が「207兆円」。簡易保険が「120兆円」と巨額であり，この金融資産にアメリカは目をつけたわけです（例えば国内1位の金融資産を誇る三菱東京UFJ銀行が約289兆。郵政のそれは肩を並べる）。

　郵政民営化関連法案は2005年7月に衆議院を通過するものの，8月の**参議院本会議**において否決されてしまいました。なんと自民党の中から造反組が出たわけです。当時の小泉総理はこの郵政民営化の是非を問うなどとして「**郵政解散**」と称し，衆議院の解散総選挙に踏み切りました。

　小泉総理は，この法案に反対する議員の選挙区に次々と「刺客」と呼ばれる対立候補を立て，自民党内で猛烈な選挙戦が繰り広げられたのでした。この時「小泉チルドレン」と呼ばれる多数の新人議員が，郵政民営化に反対するベテラン議員を破り，9月に行われた第**44**回総選挙では自民党が圧勝。言い換えれば小泉勢力が圧勝したわけです。この選挙では**争点が「郵政民営化」に限定された結果，野党と与党という政策対立が見えにくくなっていました**（「小泉劇場」による劇場型選挙）。こうして2005年10月の特別国会で郵政民営化関連法案は可決されました。

❖ 後に待っていた衆議院の3分の2条項による強行採決!!

　ただしこの時点で自民・公明合わせて**3分の2**以上の議席を衆議院で確保していたために，いわゆる「**3分の2条項（日本国憲法第59条第2項）**」により**衆議院だけで法案が通せる状態**となりました。2007年の第**21**回参議院議員通常選挙では**民主党**が第一党となり躍進した結果，自民は過半数を割りました。つまり衆議院では自民党などの与党の勢力が強いが，参議院では過半数を与党はもっていない。このように**衆参で多数の勢力が異なってしまう国会を「ねじれ現象」とか「ねじれ国会」といいます**。1989年や1998年にも自民党が惨敗し，この現象が見られました。

　こうなると参議院では法案が通せないため，衆議院の「3分の2条項」で再

議決するという国会運営が数多く見られるようになったのです。これでは**参議院の存在意義**や，**審議の原理**（慎重な審議を行うべきであるという民主的議会の原理の一つ）にも反してしまいます。また参議院で**問責決議**が可決される事もありました。

衆議院には憲法第**69**条で認められた**内閣不信任決議**を行う権限がありますが，参議院にはありません。そこで参議院は**各大臣に対する政治責任を問う**「**問責決議**」（法的拘束力はない）を可決できるんです。衆議院は**内閣の責任**を問うのに対して，参議院は**各大臣の責任**を問う。この問責決議は過去何度か提出され，内閣総理大臣に対しては**4例可決**されたものがあります（2016年8月現在，2008年に福田康夫内閣総理大臣，2009年に麻生太郎内閣総理大臣，2012年に野田佳彦内閣総理大臣，2013年に安倍晋三内閣総理大臣）。とりわけ**福田康夫**内閣総理大臣への問責は現行憲法下初となりました。

❖「宙に浮いた年金問題」で揺れた日本列島と自民党!!

　こうした中，2007年には年金記録約5000万件が見つからない・不明となる「**宙に浮いた年金記録**」問題で当時野党の民主党などから自民党は厳しい追及を受けました。この中で公務員の「**天下り**（関連する**特殊法人**や関連企業への再就職）」問題や，税金の無駄遣い（受験では**行政の非効率化**の一つとして押さえておこう）が指摘されました。こうした中で**社会保険庁**は2010年に**非公務員型**の「**日本年金機構**」となりました。

　しかし，肝心の政権は自民党のまま。**有権者の不満は，長らく官僚や財界の利権**※を温存させた自民党へと向いていったのです。

　後に触れますが，1990年代から特定の支持政党を持たない「**無党派層**」が増加しました。この無党派層は，選挙の時に「**浮動票**」として動き，選挙の勝敗を左右します。

　例えば極端な話，40人のクラスで，学級委員を選ぶこととしましょう。A君はサッカー部でA君を含めて11人が支持しています。B君はバスケ部でB君を含めて9人が支持しています。こうした特定の支持基盤に支えられた票を，「**組織票**」といいます。でも20人のうち，10人がB君を支持し，残る10人が棄権すれば，B君が勝利してしまうのです。こうした，その時々の風が政治を左右する。少し怖い状況でもあります。

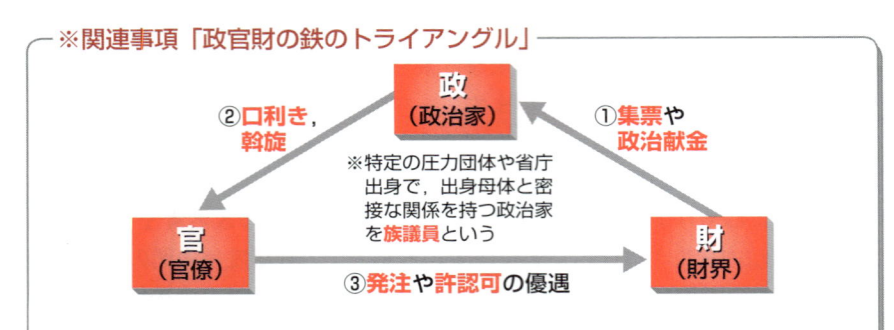

※関連事項「政官財の鉄のトライアングル」

政
（政治家）

②口利き，斡旋

①集票や政治献金

※特定の圧力団体や省庁出身で，出身母体と密接な関係を持つ政治家を族議員という

官
（官僚）

③発注や許認可の優遇

財
（財界）

⇒このように財界（企業など）が政治家に集票・献金などの形で自分たちに都合のよい政策を依頼し，政治家が官僚に口利きや斡旋を行うという仕組み。自民党が長らく大企業などからの政治献金を受けていたことや，中央省庁等をはじめとする官僚出身の議員が多いことで構造化された。戦後長らく本格的な政権交代がなかったことなどが原因として指摘される。

❖ 2009年。「政権交代」。民主党政権誕生!!

　こうして有権者の中にある「何かを変えたい」との思いは「非自民」という形で現れ，2009年8月の解散総選挙（第45回衆議院総選挙，9月の衆議院の任期満了を前に，当時の麻生太郎内閣総理大臣が衆議院を解散したことによる。現行憲法下における衆議院の任期満了に伴う総選挙は，1976年12月5日〈任期満了は同年12月9日〉の三木内閣時の第34回衆議院総選挙のみである。）ではこの声が追い風となり民主党政権を誕生させました。

　この選挙で，民主党は憲政史上1つの政党が獲得する議席としては最多である308議席を獲得し，政権交代が実現したわけです。そして同年9月16日には鳩山由紀夫政権が発足しました。ある意味で55年体制以降の本格的な政権交代となりました。民主党はマニフェストで掲げた「子ども手当」^{p456(37)をチェック}※や，2010年4月からは「高校の授業料無償化」_{p452(31)をチェック}を実現していきました。高校の授業料無償化については必ず親が通わせる「義務教育（小学校，中学校）」とは異なるので注意してください。あくまでも政府が「無料」にしただけです。

※2010年6月から，15歳までの子どもをもつ保護者に対して，月額1万3千円の支給を開始した。2012年4月からは政権交代に伴い，受給者の所得制限の付いた児童手当へと名称を元に戻した。

❖ そして2010年夏。参議院通常選挙→民主敗北へ!!

民主党政権が発足して約10カ月。有権者は政権をどのようにみているのか が問われる重要な選挙が行われました。第**22**回**参議院通常選挙**です。衆議院 と違い参議院は半数ずつ改選しているため、「**総選挙**（全ての議席を選挙）」す ることはできません。この意味から**衆議院の総選挙と区別して「通常選挙」**と 呼んでいるわけですね。

争点は民主党が単独で過半数を取れるか否か？でした。結論は単独過半数は 獲得できませんでした。この背景に、**普天間基地**移設問題では当初の鳩山総理 大臣の発言である県外移設が暗礁に乗り上げ、その結果は当初の日米合意のま ま「**辺野古**」に決定されるなど政策のブレが指摘されました。また有権者は「**政 治とカネ**」の問題で急激に政治に対して冷める傾向があります。加えて**小沢一 郎**民主党幹事長（当時）の政治献金をめぐり秘書に逮捕者が出ました。こうし て2010年6月には鳩山首相は普天間問題で引責、退陣表明。小沢民主党幹事 長も辞任。**菅直人**（第94代内閣総理大臣）内閣が成立しました。この意味で この7月の参議院選挙は菅首相と民主党政権への厳しい有権者の審判が突き付 けられたといえます。また一方で衆議院では巨大な勢力を有しており、政権は 維持されます。

私たち有権者は、短期的視点での政治をみるだけでなく、長期的視点で政治 や政策を客観視できる政治的**リテラシー**がますます必要とされています。

❖ 無党派層の増加　なんで増えたのか？→「対立軸」がボヤけたから!!

こうしてみると、現在の日本政治はなかなか**対立軸の見えない**状態になって いるということがよく分かります。例えば自民も民主も憲法改正自体には賛成 であるし、基本的な日米同盟にスタンスは変わりがない。この対立軸なき政治 は、有権者の目から見れば確かに分かりにくいですよね。また相次ぐ政治汚職 により有権者が「**政治に対する幻滅**」を感じたことは否めません。

さらに**1989**年の**マルタ**会談による冷戦終結宣言や、**1991**年の**ソ連崩壊**により、 名実共に「冷戦」＝「二つの陣営」論という世界の見方は崩れ、20世紀後半 の植民地の独立達成など「世界の構造変化」が進みました。ここでは国連を中 心に、平和と人権擁護が国際社会や国の政治の最重要な課題になっています。

最近の日本では「**無党派層**（選挙時には**浮動票**として動く）」が増加し**選挙**

のカギを握っているんですね。かつては自民党などに象徴される「**組織票**」が選挙の動向を決めていましたが，**現在は世論の風向きに敏感に左右されやすい**ということになります。

❖ その後，民主党政権から再び自民党政権へ

2011年3月11日には，**東日本大震災**が日本を襲いました（2016年3月時点での死者・行方不明者は，約18000人以上の大惨事。死者・行方不明者1万人以上を数えたのは戦後初めてである）。その後，**福島第一原子力発電所**の爆発事故が発生し，その収束の見通しは今でもついていません（詳しくはp448（26）を参照）。こうしたなか，菅政権の後を引き継いだ，**野田佳彦**内閣（2011年9月発足）は，2012年11月に，衆議院の解散を決定します。いわゆる内閣の裁量による（形式上は天皇の国事行為）**第7条解散**です。

実は，民主党は当初，消費税の増税には反対の立場でした。しかしその後，「**社会保障と税の一体改革**」として，社会保障の安定財源の確保のため，改正**消費税法**を成立させ，**消費増税への道を開きます**。こうした政策のブレが，国民の野田内閣，ひいては民主党に対する国民の信頼失墜を生み出していきました。ただし，将来の社会保障を考えるとき，政策選択の一つであると言えます。

いよいよ2012年12月16日に，**第46回衆議院議員総選挙が実施**されました。選挙の結果，民主党は惨敗。前回選挙では憲政史上最多となる**308議席を獲得**した民主党の獲得議席は僅か57議席にすぎませんでした。一方の自民党は，**176議席増の294議席を獲得**。すべての**常任委員会で委員の過半数をとり，かつ委員長を独占できる「絶対安定多数」**を確保しました。ただし，**公明党との連立は維持しています**。当時参議院の自民党は84議席で，過半数の122議席を擁していませんでした。このため17議席を持つ公明党と連立したわけです。しかしこれでも参議院では過半数に届きません。

このように，**衆議院で過半数を擁している勢力（政権を担当している与党）**が，**参議院で過半数を擁していない状態を「ねじれ国会」**といいます。

❖ そして，安倍政権誕生 ⇒ アベノミクス始動

こうして衆議院での絶対多数を確保して，第二次**安倍晋三**内閣が発足します（2012年12月26日発足）。過去の安倍内閣（第一次安倍内閣2006年9月26日発足）と区別するために，「第二次」と称します。

　安倍内閣は，経済の成長を最優先し，「**アベノミクス**」と称する経済政策を打ち出します。いわゆる「**三本の矢**」というものです。その内容は,,,

- ① 大胆な**金融政策**
- ② 機動的な**財政政策**
- ③ 民間投資を喚起する**成長戦略**

というものです。

　特に①に関しては，その後日銀が「**量的・質的金融緩和**」と称するように，積極的な通貨供給によって，２年以内に物価を２％引き上げるとする「**インフレ目標**」も打ち出されました（詳細はp293を参照）。

　また，2013年7月に行われた，**第23回参議院議員通常選挙は，参議院で自公が過半数を獲得し，「ねじれ国会」が解消**。こうして議会運営は，政権与党にとってさらに安定的なものとなっていったのです。

　さらに，2013年9月には，**2020年の夏季オリンピック・パラリンピックの開催都市が東京に決定**し，株価は軒並み上昇しました。

❖ 積極的平和主義や憲法改正を掲げる安倍政権

　一方で，自民党の政治的なスタンスは「**自主憲法**」の制定。つまり憲法改正です。安倍政権は，安定的な議席を基盤に，自民党結党以来の念願としてきた**憲法改正を視野に入れ始めます**。また，2013年12月には，**国家安全保障会議**を設置し，安全保障政策の強化を図ります。この運営方針である「**国家安全保障戦略**」のなかに「**積極的平和主義**」という言葉が登場します。具体的には，**国際協調**主義にもとづき，これまで以上に積極的に国際社会の平和と安定に寄与していく，とするものです。歴代内閣の憲法解釈を変更する「**集団的自衛権**」の行使を認める閣議決定（2014年7月），そして**平和安全法制**（いわゆる安全保障関連法, 2015年9月）の成立（強行採決による）へと繋がっていきます（詳細はp76「深める爽快講義」を参照）。

　ちなみに，2014年12月には，**第47回衆議院議員総選挙**が行われています。これも，内閣裁量による（形式上は天皇の国事行為），いわゆる「**7条解散**」でした。解散の理由は，2015年10月に予定していた，消費増税（**8**％から**10**％へ）

を，2017年4月に延期することの是非を国民に問う，というものでした。しかし，解散の大義には党略的な疑問がつきまとい，争点がつかみにくい選挙には国民の関心は低く，**投票率は過去最低の「52.66%」**となっています。（獲得議席は，自民が291，公明が35，民主が73，維新が41，共産が21，社民が2，生活が2，次世代が2，無所属が8。引き続き自公連立）

❖ いよいよ，18歳選挙権のもと，2016参議院選挙へ!!

消費増税再延期が決定した2016年は，7月に第**24**回参議院議員通常選挙が控えていました。このため，選挙対策を考えての再延期では？との指摘も聞かれました。

さらに，この参議院選挙から「**18**歳選挙権」が始まりました（2015年改正**公職選挙法**による）。18歳，19歳の有権者は，約**240**万人です。これからは，高齢者への優遇政策「**シルバーデモクラシー**」のみではなく，未来を担う，若い世代を育む，具体的な政策の提示も必要となります。また，**最高裁裁判官の国民審査，地方議会，首長の選挙権も18歳以上に引き下げられています。**もちろん，憲法改正の国民投票については，2010年に施行された**国民投票法**により，**18**歳以上となっています。ただし，**裁判員**と検察審査会の審査員については，20歳以上のままです。

投票率は，選挙区選挙全体で54.70%。18歳は**51**.17%，19歳は**39**.66%で，18・19歳合計の平均は45.45%です。

❖ 2019年参議院選挙もやっぱり投票率が低かった

2019年7月21日に，第**25**回**参議院議員通常選挙**が実施されました。今回の投票率は前回を大きく下回り，「**48.8**%」。この数字は1995年の参議院議員通常選挙の「44.52」に次いで戦後2番目に低いものでした。総務省の抽出調査によると，今回の参議院選挙の18歳の投票率は35.62%，19歳は28.83%で，18・19歳の平均は「32%」台でした（前回は45%台）。また今回の選挙では**憲法改正に積極的な「自民・公明・維新」を合わせて3分の2に届かなかった**点も特筆すべきです。「憲法改正」や「消費増税」など重要な政策課題が多かったにも関わらず，国民の目には明確な対立軸が見えなかったとの声もあります。またマスコミ報道が，「**放送法**上の中立」という建前で，選挙期間中ほとんど詳細な政策論争が報道されず（今回だけではないが），投票終了直後から各局が一斉に選挙の詳細を報道することへの疑問も投げかけられました。

　一方で，山本太郎氏率いる「れいわ新選組」が，重度障害者2人を当選させるなどの新しい動きも見られました。

　「安倍一強」の政治状況に対して，新たな動きが始まりました。「市民と野党の共闘」（立憲民主，国民民主，共産，社会，無所属）を基盤に，国政選挙の「**一人区**」や首長選挙で統一候補を擁立，また国会内での共闘の流れです。

❖ これからの課題。「やっぱりちゃんと選挙に行こう！」

　1990年以降の20〜30歳代の投票率が30％台でしたから，これに比べれば，まずまずとの声もあります。しかし，**60歳代の投票率と比較すると，まだまだ低い水準にあります**。また，いわゆる**団塊の世代**（1947年〜49年生まれ。各年約260万人以上が生まれた）の人々は，2012年以降65歳をこえる高齢者となっており，**65歳以上の有権者の数は絶対数でも多くなっています**。この意味で，**絶対数の少ない若年層の投票率の低下は，若い世代の意見が，ますます政治に反映されにくい状況を作りかねません**。政治・経済を受験科目としたみなさんは，しっかりと投票に行くようにしましょう。

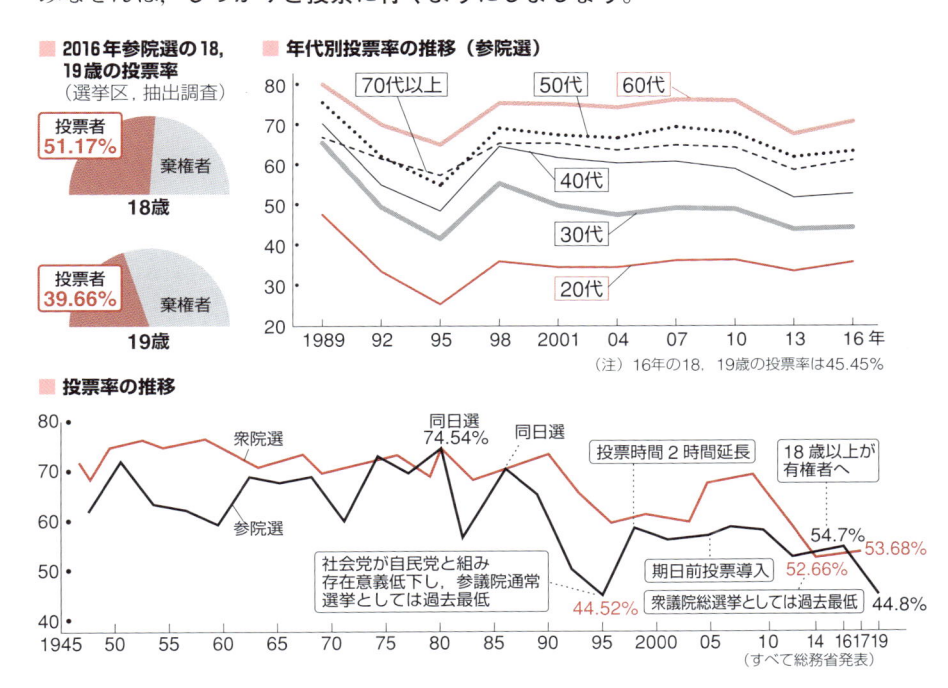

■ **2016年参院選の18，19歳の投票率**
（選挙区，抽出調査）

18歳：投票者 **51.17%**／棄権者

19歳：投票者 **39.66%**／棄権者

■ **年代別投票率の推移（参院選）**

70代以上／50代／60代／40代／30代／20代

（注）16年の18，19歳の投票率は45.45%

■ **投票率の推移**

衆院選／参院選

同日選 74.54%／同日選

社会党が自民党と組み存在意義低下し，参議院通常選挙としては過去最低　44.52%

投票時間2時間延長／18歳以上が有権者へ　54.7%　53.68%

期日前投票導入　52.66%／衆議院総選挙としては過去最低　44.8%

（すべて総務省発表）

3 選挙制度

ココ が出る! 試験前の最強ポイント

★各選挙制度の長所と短所　★民主的選挙の原則
★日本の選挙権拡大の流れ

① 選挙

⇒投票行動を通じて，代表者を選出し，国民の政治的意思表示を行い，国民が政治に参加することのできる重要な機会→**間接民主制**

⇒民主的選挙原則　**普通選挙**，**平等選挙**，**直接選挙**，**秘密選挙**

② 主な選挙制度

制度	小選挙区制	大(中)選挙区制 ※2	比例代表制
特徴	1区**1**名	1区**2**名以上	**ドント式**議席配分
長所	**二大政党制**，政局安定	**死票**少ない	**死票**少ない
短所	・**死票**多い※1 ・**ゲリマンダー**の危険 →都合のいい区割り	・**多党制**となり政局不安定 ・選挙費用がかかる	・**多党制**となり政局不安定 ・選挙費用がかかる

※1　得票率と議席獲得率の差が大きくなる
※2　「**中選挙区**」は大選挙区の日本特有の呼び方で，1つの選挙区から概ね3〜5人を選出する

③ 日本の選挙権の拡大

実施年	資格	選挙区	人口比	
衆議院議員総選挙 第1回1890年★	**男子制限選挙**25歳以上の男子 直接国税**15**円以上	小選挙区	**1.13**% 約45万人	男子制限選挙
衆議院議員総選挙 第7回1902年	直接国税**10**円以上に改正	大選挙区 小選挙区併用	2.19%	
衆議院議員総選挙 第14回1920年	直接国税**3**円以上改正	小選挙区	5.53%	
衆議院議員総選挙 第16回1928年★	**男子普通選挙**に **1925年男子普通選挙の実現**（衆議院議員選挙法改正）同年 **治安維持法制定**	中選挙区	19.99%	男子普通選挙
衆議院議員総選挙 第22回1946年★	**男女普通選挙**	大選挙区	48.65%	普通選挙

第22回衆議院議員総選挙では，79名の女性立候補者のうち，39名が当選した

注目!! 第**24**回参議院通常選挙から，有権者資格は「**18**歳以上」となった（人口比約**83**%）。

スパッとわかる >>> 爽 快 講 義 <<<

▼ 民主的選挙原則は徹底理解を!

　選挙は当然，公明正大に行われなければならないよね。そのために必要とされるのが板書①の選挙原則です。まず，**普通選挙**は成人男女すべてに選挙権を与えることを，20世紀になってから各国が保障しました。1番早いのは**ドイツ**です（1919年）。**平等選挙**は「1人1票」と「**一票の価値**」が等しい，という原則です。例えば，僕が投じる1票は10票に数えて，他は1票として数えるような選挙は民主的ではないですよね。続いての**直接選挙**は直接本人が投票すること。最後の**秘密選挙**は，誰が誰に入れたかを匿名にする選挙です。

▼ 板書②の主な選挙制度については，表を見ながら長所と短所を憶えよう!

　まず，**小選挙区制**は1つの選挙区から1人を選出する選挙制度です。当然勝つためには大きな政党が有利となり，**二大政党制**となりやすくなります。ただし，当選者以外に投じられた票，いわゆる**死票**が多いこと，そして範囲が狭いために特定の政党に有利な区割り，**ゲリマンダー**となる危険もはらんでいます。

　次に，**大（中）選挙区制**は1選挙区から2名以上が当選します。よって少数政党にも勝ち目があるよね? だから当選者に投じられる票が多くなり，**死票**は少なくなる。これがメリット。ただ**多党制**（小党分立）となり政局が不安定（**連立政権**など）になるほか，選挙区が大きくなるので，その分選挙費用がかかってしまうんだ。

　最後の比例代表制は，その政党の得票数に応じて比例して正確に議席を分配する方法です。現在日本では**ドント式**によって分配されてるよ。

　例えば，定数6のあるブロックで，A党が980000票，B党が860000票，C党が760000票，D党が690000票獲得したとすると…

■右の図のとおり，政党得票数を整数で割り，商の多い順に議席を獲得していく方法。

※ベルギーの学者ビクトル・ドントが考案したので「ドント式」という

「ドント式議席配分」とは?

例えばあるブロック（定数6名）で，次のように政党が得票した場合…
➡まず，「0」になるまで割る。
➡そして，上位順に議席獲得!! というしくみ。

つまり，ここでは各党の「議席」がきまる。では「当選者は誰になるのかは次項で。

	A党 2議席	B党 2議席	C党 1議席	D党 1議席
1	① 980000	② 860000	③ 760000	④ 690000
2	④ 490000	⑥ 430000	380000	345000
3	326666	286666	253333	230000
4	245000	215000	190000	172500

　このように，**小選挙区制は二大政党を促進**し，**比例代表制は，多党制を促進**する法則を，分析した学者の名前から「**デュベルジェ（デュヴェルジェ）の法則**」といいます。

　また，これとは別に，小選挙区制は大政党にとって有利ですが，比例代表であれば，比較的小規模の政党でも議席を獲得することができ，少数者の意見も反映されやすいという側面を持ちます（ここ正誤問題などで大事）。

▼ 選挙権の拡大過程は，男子制限→男子普通→男女普通→18歳の流れを!

　ここでは男子制限選挙の選挙資格である国税額の変化が試験で問われます。また，**1925**年**男子普通選挙**と同時に**治安維持法**が制定されたことも大切です。

※2019年7月現在の有権者数は約1億659万人。

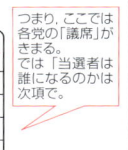

必ずやろう! 爽快問題集 ▼ 第1章 **13**

基礎　発展　時事
出題頻度 ★ ★ ★ ★ ★

共通テスト8割目標
私大基礎

共通テスト9割目標
難関大

4 日本の選挙制度

ココが出る! 試験前の最強ポイント

★衆議院の拘束名簿式と参議院の非拘束名簿式
★公職選挙法の連座制の強化

① 日本の選挙制度

衆議院（任期4年，465名）
小選挙区比例代表並立制
全国289選挙区　　全国11ブロック
➡ 小選挙区**289**名，比例区**176**名

➡ ドント式，**拘束名簿式**比例代表制

参議院（任期6年，248名）
選挙区，比例代表 ➡ 3年毎に，半数改選
原則都道府県毎の選挙区　全国で1区
➡ 選挙区**148**名，比例区**100**名

➡ 2015年，鳥取・島根，徳島・高知の選挙区を「合区」に

➡ ドント式，**非拘束名簿式**比例代表制

スパッとわかる
≫爽快講義≪

▼ いよいよ，「18歳選挙」スタート! この分野は超頻出項目へ!!

　2016年7月の第**24**回**参議院**議員**通常**選挙から「18歳選挙」が始まりました。これを受けて，入試では，この選挙制度や，第1章で学習した民主政治などの分野の出題頻度は益々上がることとなります。特に選挙制度については，各制度の概要だけでなく，その制度の問題点や時事動向まで，詳細に出題されると思われます。この分野に限ったことではありませんが，特に念入りに「深める爽快講義」も含めて理解し，掲載してある各種統計資料などにも目を通しておいてください。

▼ 衆議院の選挙制度

　板書①を見てください。

　現在，衆議院は小選挙区から**289**人（選挙区も**289**区）を選び，全国を**11**のブロックに分けた比例代表制で**176**人（ドント式議席配分，**拘束名簿式**）を選ぶ「**小選挙区比例代表並立制**」を採用しています。選挙区と比例区の「重複立候補」が認められているため，並立制といいます。ちなみに参議院での重複立候補は認められていません（このため並立制ではない）。これは1994年に**細川**内閣による**政治改革関連法**で**公職選挙法**が改正されて以来の制度です。選挙区には「候補者名」，比例区には「政党名」をそれぞれ1つずつ記入することになっています。

　ちなみにその前までは，1つの選挙区から概ね3〜5人を選出する大選挙区

の一種である「中選挙区制」を採用していました（これは日本特有の呼び方）。すると，一つの政党から複数の候補者が乱立し，同じ政党内で争い合う選挙も珍しくはなかった。これを「同士討ち」といいます。特に自民党内では「派閥」と呼ばれるグループが形成され，同じ選挙区の中で自民党内の派閥間で熾烈な選挙戦を繰り広げていたんだ。また，選挙区の範囲が広いため，ポスター代などのコストもかかる。つまりカネがかかる金権政治になり易いとの批判から，小選挙区制を導入した経緯があります。小選挙区では，一つの政党は一致団結しなければならず，派閥よりも「挙党態勢」が必要ってことになります。

一方で小選挙区制では死票（当選者以外の落選者に投じられた票）が多くなることで，得票率と議席占有率が大きくかけ離れることもある。つまり，接戦であるほど，相対的に少ない得票で議席を占有できる。

ここで，右の図を見てほしい。近年では，2014年の衆議院総選挙での自民党の得票率は48％，議席占有率は76％にも上る。またこの選挙での，新潟2区の当選者と次点候補者は，なんと102票差（惜敗率99.855％）だったんだ。（「惜敗率」はp157を参照。）

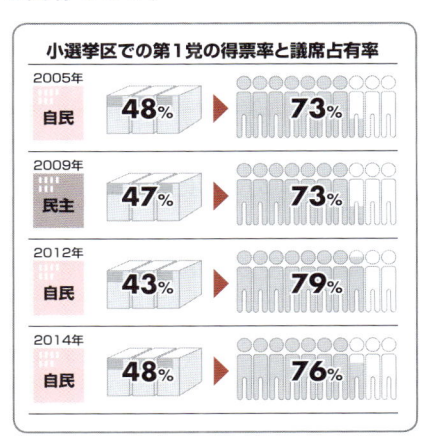

こうなってくると，特定の支持団体や，業界団体などの「圧力団体」による「組織票」だけでなく，支持政党を持たない，いわゆる「無党派層」からの「浮動票」の行方が，近年は選挙の結果を大きく左右してしまいます。

ちなみに，2014年の衆議院総選挙の投票率は戦後最低の「52.66％」。一方2019年の参議院通常選挙の投票率は「48.8（戦後最低は1995年の44.52％）」となっています。この状況を考えれば，わたしたちの一票は，小さいようで，とても大きいといえます。

▼ 参議院の選挙制度

一方，参議院は，原則都道府県毎の選挙区と，全国を1つの単位とする比例区（ドント式議席配分，非拘束名簿式）からなる選挙制度だね。並立制ではありませんから，重複立候補は認められていません。選挙区には「候補者名」，比例区には「政党名か候補者名」をそれぞれ1つずつ記入します。

ただし，都道府県選挙区に関しては，この後学習する「一票の格差」を是正するために，右の図にある通り一部で選挙区を合併しました。これを「合区」といいます。

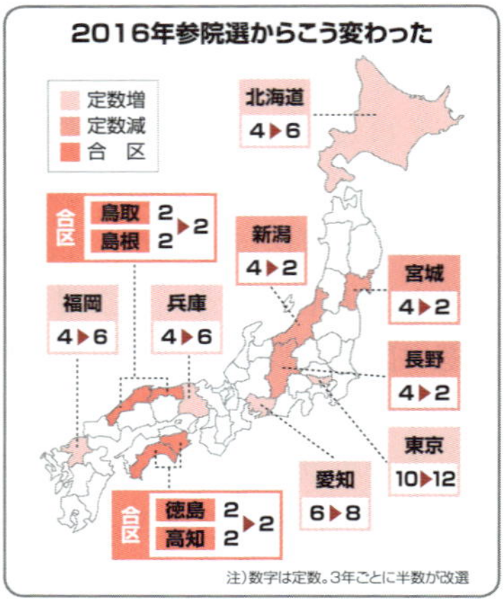

具体的には，2015年7月に公職選挙法が改正され，「鳥取と島根」と「徳島と高知」の2区を「合区」しました。2019年第25回参議院議員通常選挙で，2013年に4.77倍だった格差は3.00倍となりました。

また，2019年の選挙から，選挙区「148」，比例区「100」の計「248」へと定数が「6」増となりました（2021年までは非改選の121議席と，改選議席の124の計245議席）。

近年の注目としては，2016年7月の第24回参議院議員通常選挙から，選挙人資格が「18歳以上」となりました（2015年改正公職選挙法による）。18歳，19歳の有権者は，約240万人です。選挙に関わる君たちは，受験のためだけではなく，未来のためにも，しっかりと民主主義について，学んで理解してくださいね（詳しくはp142「深める爽快講義」を参照）。

2016年参院選からこう変わった

凡例：定数増／定数減／合区

合区：鳥取 2▶2／島根 2▶2
北海道 4▶6
新潟 4▶2
宮城 4▶2
福岡 4▶6
兵庫 4▶6
長野 4▶2
東京 10▶12
愛知 6▶8
合区：徳島 2▶2／高知 2▶2

注）数字は定数。3年ごとに半数が改選

▼ 衆議院の比例区は→拘束名簿式

ここで，見ていきたいのが拘束名簿式と非拘束名簿式の違いです。

まず，両方とも，以前学習したドント式により各党に議席を配分します。次に誰が当選するのか？を，各党派が予め選挙管理委員会に提出した名簿によって決定するんです。このとき，順位を拘束するのが拘束名簿式（衆議院の比例区のケース）。拘束しないのが非拘束名簿式（参議院の比例区のケース）です。

衆議院の拘束名簿式とは？

各党は選挙管理委員会に順位をつけた「拘束名簿」を提出。

順位	A党	B党	C党	D党
1位	小林 当	山中 当	井口 当	石井 当
2位	中野 当	菅野 当	中西	田中
3位	鈴木	木下	田口	下田
4位	林	木村	須田	大西
5位	田崎	松田	加藤	後藤

➡この順位順にそれぞれ当選。

例えば，ドント式議席配分により，A党が2議席，B党が2議席，C党が1議席，D党が1議席をそれぞれ獲得したとする場合……

右上の表のように，衆議院では拘束名簿の順位の高い順から当選します。

▼ ちょっと待った‼ 衆議院の拘束名簿は「同一順位」がつけられる⁉

そう，ここが肝心なところなんです。衆議院の場合，**選挙区と比例区の重複立候補が可能**です。すると比例区をある意味で保険的に考えて，各政党は「同一順位」をつけることができるんです。例えばA党が下の表のような感じ。

この場合，A党は2議席までしか当選できません。1位の小泉は単独で比例名簿順位一位ですから当選です。しかし，2位は3人に同一順位がついているので，この中から1人しか当選できません。

この場合，まず，**選挙区での当選者である野中**は，すでに当選したので名簿から外れます。

次に，選挙区での落選者である鈴木と山崎は，「**惜敗率**（その候補者の

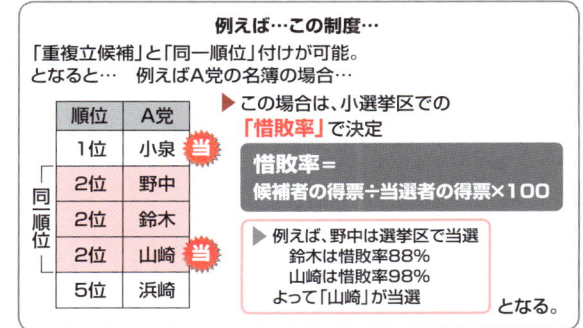

得票数÷その選挙区での当選者の得票数）」という選挙区でどれくらい惜しく負けたのか？という指標で競い合います。言い換えれば選挙の当選者の票数と，自分の票数の距離を見るわけです。例えば，鈴木は選挙区で8800票，当選者は10000票獲得していた場合，鈴木の惜敗率は「88％」。一方山崎は，選挙区で9800票，当選者は10000票獲得していた場合，山崎の惜敗率は「98％」。つまりこの勝負，山崎の勝利となり，A党の比例の当選者は，小泉と山崎となるわけです。

ただし，**小選挙区で落選した候補者が，比例で復活当選するテレビ中継の模様に，民主的観点から疑問を感じる**人もいるかもしれません。ちなみに，2000年の公職選挙法改正により，**比例区選出議員の政党間移動は禁止**されています。だって，少なからず，政党の名前を盾に当選しているんですからね（**参議院でも同じく，比例区選出議員の政党間移動は禁止されている**）。

▼ 参議院の比例区は→非拘束名簿式

さて参議院の比例名簿には，順位がついていません。このため「**非拘束名簿式**」といいます。参議院の**比例区の投票用紙**には，「政党名」か「候補者名」のいずれか1つを書くことになっています（ちなみに衆議院の比例区では政党名しか記入できない）。

この場合，政党に投じられた票と，その政党に所属する候補者に投じられた

票の合計をドント式で計算して，議席配分を行うんだ。ということは，ある有名人が立候補した場合，その立候補を擁立した政党にとっても有利ということになるよね。あとは，その

参議院の非拘束名簿式とは？

各党は選挙管理委員会に順位をつけない「非拘束名簿」を提出。

政党分とその政党に属する候補者の得票の合計をドント式

じゃ〜どうきめるの

➡選挙では，「個人名」か「政党名」を記入。

	A党	B党	C党	D党
	小林 10000	山中	井口	石井
	中野 4000	菅野	中西	田中
	鈴木 1	木下	田口	下田
当	林 20000	木村	須田	大西
当	田崎 30000	松田	加藤	後藤

●例えば，

A 党 と書いた場合，
➡A党に1票

田 崎 と書いた場合，
➡田崎に1票と
➡A党としても1票

あとは，得票の多い候補者から上位順に当選する。

政党の名簿の中で得票の多い候補者が当選します。2018年には，名簿の中に各政党が「**特定枠**」の候補者を設け優先的に当選できる制度ができました。一方でこれでは衆議院の拘束名簿と変わらないのでは?との声もあります。ただの人気だけで政治家となることが横行すれば,「**ポピュリズム**（大衆迎合主義）」的政治が蔓延してしまうことも危惧されます。

② 日本の公職選挙法 （1950年制定）

●禁止事項⇒**事前運動**，**戸別訪問**など
●制限事項⇒**街頭演説**，**ポスター**枚数など
●**連座制**⇒その候補者と一定関係にある親族，秘書，出納責任者などが選挙違反をした場合，その候補者自身の当選が無効　1994年からは**5年間**立候補した選挙区からの立候補禁止

スパッとわかる 》爽快講義《

▼ 日本の公職選挙法

板書②を見てください。このように公職選挙法では，選挙運動について細かな規定があります。特に家々を回って政策を説明する「**戸別訪問**」が禁止されている点がポイントです。理由として，戸別訪問を認めると，買収や利益供与が行われやすくなり，有権者の公正な判断を歪めるとされているからです。ただし，「たまたま出会った人」に対して個々に投票を依頼することや，電話により投票を依頼することは可能です。

　一方で，候補者との距離を縮める効果や，丁寧な政策の説明を受けられることなどから，アメリカなどでは，当たり前となっている選挙運動が戸別訪問です。いいですか。**日本で戸別訪問は禁止されています**。

また，選挙期間を問わず，政治家が選挙区内で寄付を行うことや，金品の提供を伴う選挙運動も，当然禁止されています（後の図を参照）。

さらに，「連座制」といって，候補者と一定関係にある親族や出納責任者，秘書などが，選挙違反を行った場合，その候補者の当選が無効になる制度が存在します。簡単に言うと，連帯責任を負うわけです。1994年に公職選挙法が改正されて，「5年間，立候補した選挙区からの立候補が禁止」されました。ただし，「立候補した選挙区」以外から立候補することや，県議選や知事選に出ることは可能です。色々と法律には，グレーな点や抜け道があるんですね。

▼ ついに，インターネット選挙運動も解禁

2013年に公職選挙法が改正され，日本でも**インターネット選挙運動**が可能となりました。FacebookやTwitter，LINE，電子メールを使っての選挙運動です。ちなみにFacebookやTwitter，LINEは，『爽快講義』が初出版された2003年には存在しませんでした（ちなみに僕は今のところ利用していません。なぜかは秘密）。

特に，18歳以上が有権者となった現在，どのような選挙運動ができるのか。逆に禁止されているのかを把握しておくことが大切です。以下を見てください。

大切なのは，有権者の禁止事項で，投票呼びかけについては，Facebookや

Twitter，LINEでは可能ですが，電子メールでは禁止されている点。もちろんインターネットからの投票もできません。戸別訪問や，金品提供は前に話した通り，もともと禁止

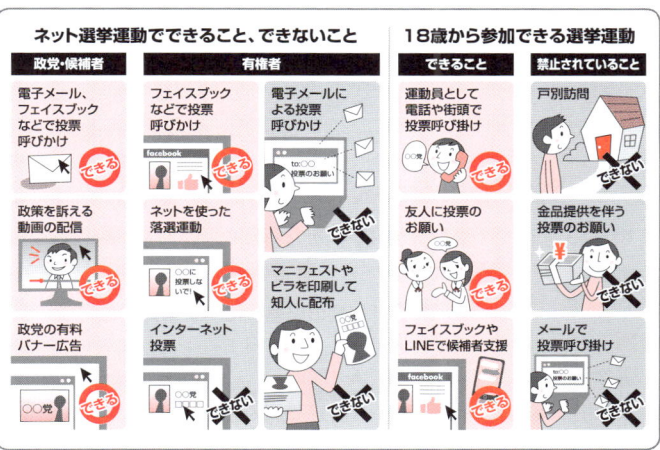

されています。なお，候補者と政党の電子メールについては，受信元が「受信拒否」していない場合に限ります。電子メールの取り扱いがグレーですね。

当然，公職選挙法違反は立派な犯罪です。みなさんもしっかりと理解して，選挙運動するようにしましょう。

必ずやろう！ 爽快問題集 ▼ 第1章 13

5 一票の格差問題

ココが出る! 試験前の最強ポイント

★最高裁の判例→「**違憲**」,「**違憲状態**」,「**事情判決**」
★格差是正の動向→「**合区**」,統計資料

① 議員定数の不均衡問題 (一票の格差)

⇒**選挙区**の区割りによって,有権者の数に対する議員定数に不均衡があること

⇒本来は,行使される選挙権の1票の重さは同じ重みである必要がある(**平等選挙**の原則,**選挙人資格**の平等)

⇒実際には,右のように選挙区間に格差がある(一票の格差)

■ 一票の格差 (2017年9月1日現在)

● 衆議院小選挙区・議員1人当たりの登録者数

有権者の多い選挙区		鳥取1区との格差	有権者の少ない選挙区	
1	東 京 13区 474,118人	1.98	1	鳥 取 1区 239,097人
2	東 京 10区 473,597人	1.98	2	宮 城 4区 240,629人
3	東 京 8区 473,284人	1.98	3	鳥 取 2区 240,692人
4	東 京 17区 473,117人	1.98	4	長 崎 3区 243,046人
5	東 京 9区 470,334人	1.97	5	栃 木 3区 246,943人

● 参議院選挙区・議員1人当たりの登録者数

有権者の多い選挙区		福井県との格差	有権者の少ない選挙区	
1	埼 玉 県 1,018,511人	3.11	1	福 井 県 327,300人
2	宮 城 県 973,785人	2.98	2	佐 賀 県 344,974人
3	新 潟 県 971,765人	2.97	3	山 梨 県 351,334人
4	神奈川県 954,143人	2.92	4	香 川 県 415,500人
5	東 京 都 943,432人	2.88	5	和歌山県 415,649人

⇒このように,現実に一人の議員を選ぶ有権者に,著しい格差が存在する!!

② 一票の格差をめぐる最高裁の判例 (一部高裁判決も掲載)

⇒選挙の効力に異議を唱える選挙効力訴訟などは,高等裁判所からの**二審制**となっている

⇒最高裁は,「**違憲**」であっても「**事情判決**※」により選挙は有効にしている

⇒最高裁は,「**違憲状態**」という判決により選挙を有効にしている

⇒よって,最高裁が選挙を無効とする判決を出したことはない

⇒ただし高裁レベルでは,一部に,違憲・無効判決の判例がある

※社会に大きな損害を与える場合に限り請求を棄却する行政事件訴訟法第31条の規定。

■ 「一票の格差」に対する司法の判断

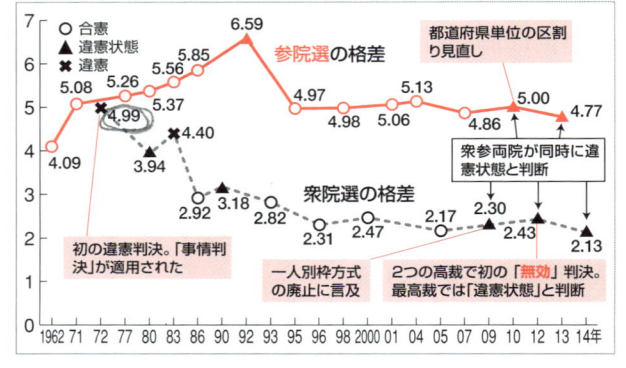

スパッとわかる　>>> 爽　快　講　義 <<<

▼ 一票の格差ってなに？　実は投じる一票の重さが違う⁉

そうなんです。例えば，2017年9月1日現在，東京13区の場合，有権者は約47万人。ここから一人の衆議院議員が選ばれます。一方鳥取1区は有権者は約24万人。ここから一人の衆議院議員が選ばれる。つまり**有権者の少ない選挙区の一票の価値は重たく扱われてしまう**（この場合は1.98倍）。2014年12月の衆議院議員総選挙の2つの選挙区の結果を見てみよう。

東京1区では自民党の山田美樹候補が，107015票で当選。一方の宮城5区では，民主党の安住淳候補が，64753票で当選しています。

つまり，10万票獲得した候補者も，約6.5万票獲得した候補者も，勝ちは勝ち。同じ国会議員として，立法活動などを行うわけです。こうして，**選挙区の区割りや定数配分によって，有権者の一票の価値が歪められる問題を，議員定数の不均衡問題**といいます。

本来は，**法の下の平等**（憲法第14条）や，**全国民の代表**（憲法第43条），**選挙人資格の平等**（憲法第44条）などの要請により，投じられる**一票の価値**は平等でなければなりません。この民主的選挙の原則を「**平等選挙**」といいました。

特に「一票の価値」は人口の多い都市部では価値が軽く，人口の少ない地方・農村部では価値が重たく扱われます。自民党は都市部よりも地方に**組織票**を持ち地盤を固めています。従って今回の選挙（2019年第25回参議院議員通常選挙）でも**一人区**（定員が2人のため改選数が1人の選挙区）と呼ばれる地方選挙区の32選挙区のうち，22議席を自民党が獲得しました。

このように選挙制度や区割りによって票の価値を2倍，3倍…と増やすことも減らすこともできてしまいます。日本ではようやく1994年に「**衆議院議員選挙区画定審議会設置法**」により衆議院で**2倍以内**を目指すことが取り決められました。現在では**5年に一度の国勢調査**の際に見直されていますが，**参議院でもかつては3倍以上の格差があったのが実情です**（**2019年の参議院選挙では3.00倍**）。

▼ 司法はこの格差をどう見ているのか？

まず，ここでは「合憲」，「**違憲**」，「**違憲状態**」という3つの判決があります。合憲は問題ないのですが，「違憲」と「違憲状態」の違いです。両者には「著しい格差がある」ことは共通しています。ただし「違憲状態」は合憲の部類に入ってしまうため，選挙は有効となります。しかし一方の「違憲」のケースでも，「**事情判決**」という理屈で，選挙を有効としているのです。う〜ん。確かにおかしい。

▼「事情判決」って？

　事情判決とは，行政事件訴訟法第31条の規定です。処分を取り消すことで公共の福祉に相容れない場合に限り，違法とだけ指摘して，請求を棄却するとするものです。つまり**今回の場合で言えば，選挙を無効とはせず特別に，違法としつつも有効とするというもの**です。

　しかし，この事情判決，本来は公職選挙法第219条において，当選効力を争う行政訴訟への適用を認めていないのです。苦し紛れに最高裁は「**一般的法の基本原則**」と解釈して，この事情判決を，当選効力を争う行政訴訟に適用しています。う〜ん。実に苦しい。

▼「違憲」と「違憲状態」の判断の基準は？

　もうひとつは，その判断の基準です。それは**格差を解消するために十分な時間（格差是正のための合理的期間）**が経過していたのか？いないのか？という判断にあります。**十分な時間があった（経過した）にもかかわらず，格差を放置しているのなら，これは国会の怠慢です。しかし，その時間がなかった（経過していない）ならば，仕方がない。つまり違憲状態**となるわけです。

　こうした中で近年，一部ですが，高裁レベルでの違憲・選挙無効判決が出ている事実があります。ちなみに，最高裁はこれらの判決また「**事情判決**」で選挙を有効にしています。ただし，裁判所がかなり怒っているのは，誰の目にも明らかですよね。

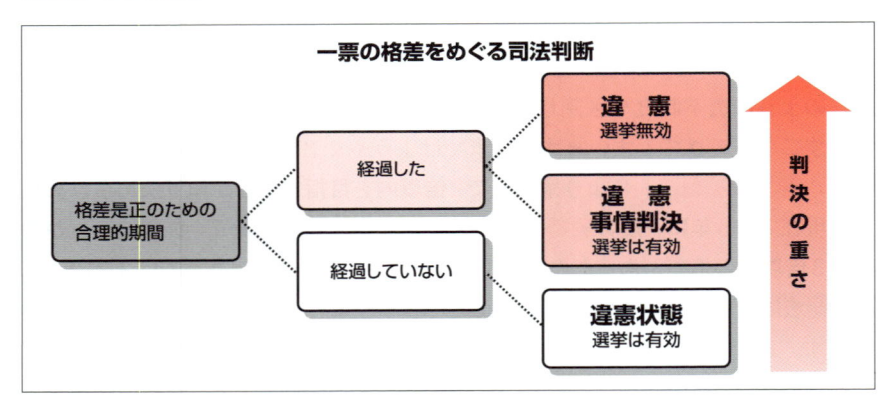

　一方で最高裁は，衆議院総選挙において，2019年8月時点で，**2回**[1]の**違憲**判決（ただし，**事情判決**により選挙は有効）。5回[2]の**違憲状態**（選挙は有効）の判断を示しています。また，参議院通常選挙において，3回[3]の**違憲状態**（選

挙は有効）という判断を示しています。これまで，最高裁は，衆議院の選挙区で3倍以上，参議院の選挙区で6倍以上を，著しい格差としてきました。近年は衆議院の選挙区の判断ではやや厳しく，2011年以降は衆議院で2倍以上で違憲状態[4]としています。

　なぜ衆議院よりも参議院の方に格差が大きく認められるか気になりますよね。

　裁判所によれば，衆議院よりも参議院の方が**地域代表制的性格**（つまり地方の意見も取り込むべき性格）が強いことを挙げています。

　しかし，諸外国で認められる格差は日本よりも厳しいことは有名です。例えばイギリス，フランス，ドイツ，イタリアなどをみると国勢調査年による変動はあるものの，概ね数％〜30％以内にとどまっています。一方アメリカでは下院で1.5倍程度，上院では約60倍を超えることもありで，格差は大きいといえます。もちろん**上院と下院は性質が異なります**から，単純にすべてを同じ制度や格差にすることが望ましいともいい切れません。

　さて，肝心な日本での格差はどうなっているのでしょうか。

　日本は参議院で最大約**3.00倍**（2019年7月の選挙），衆議院で約**1.98倍**（2017年10月の選挙）となり，国際的にみても問題視する意見があることも事実です。こうした中，最高裁は**一票の格差**について，従来よりもその是正に向けた積極的な立場を取っています。また**最高裁は，現在の選挙制度では区画を組み替えただけでは改善に限界がある**，として選挙制度の見直しについても触れています。

　こうしてみると制度によって「**平等選挙**」の原則が歪められ，ひいては民主主義が歪められてしまう危険性が近くにあるのかもしれません。

● **一票の格差裁判（議員定数不均衡訴訟）の主な動向**

①衆議院選挙定数不均衡訴訟「違憲状態」（2011年）
　⇒2011年3月，最高裁は，2009年8月の衆議院の小選挙区における選挙の「一票の格差」，「2.30倍」を「**違憲状態である**」という判断を示した。
　⇒判決の中で「**一人別枠方式**（人口の少ない地方の意見を反映させるため，47都道府県に1議席を別枠として配分し，残りの253議席を人口比例で配分する）」は憲法の要請する投票価値の平等に反すると指摘した。

※1　1976年，1985年
※2　1985年，1993年，2011年，2013年，2015年
※3　1996年，2012年，2014年
※4　2011年は2.30倍，2013年は2.43倍，2015年は2.13倍でそれぞれ違憲状態としている

②参議院の定数不均衡訴訟「違憲状態」（2012年）

⇒2012年10月，最高裁は，2010年7月の第22回参議院議員通常選挙の選挙区における，一票の格差「5.00倍」を「違憲状態である」という判断を示した。

⇒これまでの基準は「6倍以上」で違憲というものであったが，これよりも厳しい基準を示したことになる。

⇒参議院の選挙区には「地域代表制的性格」があることや，都道府県毎に2人を割り振られていること，また3年ごとに半数が改選されることなどにより，衆議院よりも選挙区が大きくなることなどから，基準は衆議院よりも緩かった。

⇒なお，選挙は有効とされた。

⇒2011年の衆議院での「違憲状態」の判決に続き，二年連続して「違憲状態」判決が出たことになる。

再確認

● 最高裁の判決…衆議院の違憲判決2例　違憲状態5例
（「事情判決」で選挙は有効）※2019年8月現在

1972年実施　格差4.99倍　1976年…　違憲　→　事情判決により選挙は有効
1983年実施　格差4.40倍　1985年…　違憲　→　事情判決により選挙は有効

1980年実施　格差3.94倍　1985年…　違憲状態　→　選挙は有効
1990年実施　格差3.18倍　1993年…　違憲状態　→　選挙は有効

2009年実施　格差2.30倍　2011年3月…　違憲状態　→　選挙は有効
★一人別枠方式（47都道府県に一人を配分し，残りの253を人口比例で配分）は違憲状態
2012年実施　格差2.43倍　2013年11月…　違憲状態　→　選挙は有効
★ただし，広島高裁と広島高裁岡山支部は「選挙無効」判決（2013年3月）

2014年実施　格差2.13倍　2015年11月…　違憲状態　→　選挙は有効

再確認

● 最高裁の判決…参議院の判決→違憲状態3例，違憲判決ではない！
つまり選挙は有効。※2019年8月現在

1992年実施　格差6.59倍　1996年…　違憲状態　→　選挙は有効

2010年実施　格差5.00倍　2012年10月…　違憲状態　→　選挙は有効

2013年実施　格差4.77倍　2014年11月…　違憲状態　→　選挙は有効
★ただし，広島高裁岡山支部は「選挙無効」判決（2013年11月）

▼ 国会の定数是正改革の動向は？ さすがにもう真剣にやらんと。

見てわかるように，高裁レベルではありますが，一部には選挙を無効とする判決が出されるなど，裁判所の判決は，近年厳しくなっています。こうした状況を踏まえて，国会は選挙制度改革に取り組んでいくことになりました。

2015年7月に，参議院の定数是正を盛り込む，**公職選挙法**の改正が行われました。一般に選挙区間の格差是正を行うためには，小さい選挙区同士を合併する「**合区**」によって「定数の削減」を行うことと，大きな選挙区を分割して「定数の増加」を行うことがあります。また，単純に人口の多い選挙区の定数を増やしたり，逆に人口の少ない選挙区の定数を減らしたりすることもその方法です。

▼ 参議院はついに「合区」も！ 衆議院は「アダムズ方式」！？

参議院の定数改革では，人口を反映して「北海道，東京，愛知，兵庫，福岡」の5つの選挙区で2議席ずつ定数が増加しました。一方で，「新潟，宮城，長野」の3つの選挙区で定数が2議席ずつ削減されました。そして，戦後初めて「**鳥取**と**島根**」，「**徳島**と**高知**」で「**合区**」が行われ，計4議席が削減されました。10の議席の増加と，10の議席の削減となるため，この改革を一般に「**10増10減**」といいます。特に「**合区**」された地域は，押さえておきましょう。この結果，一票の格差は，2013年参議院議員通常選挙で<u>4.77倍だった格差が2019年には3.00倍</u>となりました。

ただし，その地域の特色や，その地域特有の問題点を代弁する「**地域代表制的機能**」が縮小するのではとの指摘もあります。

一方で，衆議院の選挙改革はどのようになっているのでしょうか。

2016年5月にその大枠が決まり，公職選挙法が改正されました。特に選挙区と比例区の定数配分の決定においては，人口比をより正確に反映する，「**アダムズ方式**※」が採用されました。これにより，小選挙区で「**0増6減**」，比例代表で「**0増4減**」の，合計10議席が減少し，定数は**475**議席から，**465**議席となりました。この定数は戦後最少です。

ただし，アダムズ方式による定数配分の決定は，2020年の国勢調査の人口に基づいて行われるため，新しい定数での総選挙の実施は，それ以降になる見込みです。日頃からニュースの動向などに，注意しましょう。この改革については，まだまだ流動的な部分があることを念頭に，用語と数字を押さえておいてください。

※各都道府県の人口を「ある数X」で割り，商の小数点以下を切り上げて定数とする。「ある数X」は合計定数と合うように調整して決定される。

必ずやろう！ 爽快問題集 ▼ 第1章 13

6 行政機能の拡大と行政の民主化

ココが出る! 試験前の最強ポイント

★小さな政府（夜警国家）から大きな政府（福祉国家）へ
★内閣提出立法，委任立法，許認可行政，行政指導の用語の相違
★情報公開法とオンブズマン制度

① "拡大する行政"

⇒ **夜警国家**から**福祉国家**へと変容した現代社会で行政が肥大化

⇒ これでは立法権に対する**行政権の優位**となり**三権分立を侵す危険性**が

② 行政の拡大による問題点

1. テクノクラート〔官僚〕の台頭と**ビューロクラシー**〔官僚制〕

官僚制の特徴
- **セクショナリズム**（排他的縄張り主義）
- 慣例主義（事なかれ主義）
- 上意下達の文書主義（組織の硬直化）

→ これらを現代社会の特質として**マックス・ウェーバー**が指摘
（1864〜1920・独）

2. 行政府の準立法行為の増大→立法権への介入による行政裁量の増大

　a. 議員立法に対して**内閣提出立法**が増大

　b. 法律が政令などに具体的内容を委任する「**委任立法**」の増大

　c. 許認可権の行使による**許認可**行政

　d. 行政指導（法的拘束力なし）による締め付け

③ 行政の民主化への対策

1. スクラップアンドビルド…行政機関の統廃合「行政のスリム化」

● **中央省庁改革関連法** ⇒ 2001年より「**1府12省庁体制**」（p111を参照）

2. 情報公開法…**1999**年制定　**2001**年施行（p95を参照）

　⇒ ただし，**警察**，**軍事**，**個人**，**企業情報**は非公開。また**特殊法人**には公開が及ばない

3. オンブズマン制度→国レベルではいまだ存在しない

　⇒ 市民の代表として行政を監察する制度〔**行政監察官制度**〕，**スウェーデン**
　　で発達，**川崎市**などの地方自治体レベルでは存在。国レベルではなし

ここで差をつける!!　重要トピック　「市場化テスト」（官民競争入札）

⇒ 省庁や独立行政法人が手がける外部委託可能な公共サービスについて，官民共同で入札に
　参加する制度。2006年5月に成立した「**公共サービス改革法**」によって7月から実施された。
　入札対象とするサービスは「**官民競争入札等監理委員会**（有識者などからなる）」が決め，
　閣議決定する。2005年からモデル事業として，刑務所やハローワークに導入されていた。

スパッとわかる >>> 爽 快 講 義 <<<

▼ 行政の拡大が何故起こり，何が問題なの？

以前学習したように，それまでの18世紀型の**夜警国家**はその後国家が一部介入して社会的弱者を救済するという**福祉国家**へと変化したんだよね。これを「**小さな政府**」から「**大きな政府**」へ，と表現する。

こうして，法律をつくる立法に対して，**仕事をスムーズに進めるために行政に様々な裁量や権限を与えていく結果になった**。つまり行政機能は拡大したんです。いつしか**行政権は立法権よりも力を持つようになった**。また，国民の代表者である議員よりも，**官僚**のほうが力を持つようになった。この意味から「**立法国家**」から「**行政国家**」へ，とも表現します。

ちなみに，**マックス・ウェーバー**は官僚の台頭した組織システムである「**官僚制**」を板書②のように分析。非人間化した組織構造に警鐘を鳴らしたんだね。

▼ 様々な準立法行為

以前国会で学習したように（p107参照），法律は**議員立法**ではなく，**内閣提出立法**の成立率が高い。また，実際に法律案を作っているのは行政の**官僚**。また，国会制定の法律も具体的な内容を規定せずに，政令や省令に具体的内容を委任した「**委任立法**」も増えている。「～についての具体的方法は政令にてこれを定める」という具合に。これまた勝手に行政が準立法行為をできる。さらに，放送事業などの**許認可権**があるため，業界も行政を意識するんだ（**許認可行政**）。また，**法的拘束力がないものの**，**行政指導**という形で直接，企業や教育現場に指導を行う権限もある。拘束力がないとはいえ，補助金の減額や，許認可を有利にするために皆従ってしまう。

この許認可や行政指導の理由や審査の基準に，統一したルールを作ることで，行政手続きの適正化を目指した，**行政手続法**が1993年に制定された。

▼ 行政の民主化へ ⇒ 情報公開法とオンブズマン制度

こうした中で，政府などの社会的影響力を持つ組織などが，その説明責任「**アカウンタビリティ**」を果たしたり，情報の開示によって，僕らが適切に表現活動を行い，政治的意思決定に関わる，すなわち「**国民主権**」を拡大したりする目的で，**1999**年に**情報公開法**が制定（**2001**年施行）されました。詳細はp95で学習しているので，確認してください。

また，行政にもっと直接的に市民がアプローチする制度として，**オンブズマン**（**オンブズパーソン**ともいう）制度（**行政監察官**制度），があります。

1807年に**スウェーデン**で制度化されたもので，現在では市民の中から議会によって任命され，無償で職務に当たります。**具体的には行政機関に対して情報公開を要求したり，閲覧したりして，行政への調査活動を行っています**。特にスウェーデンの場合は，勧告に従わなかった公務員や行政機関を起訴する権限まで持っています。

自治体では**川崎市**などの自治体レベルで制度化（川崎市民オンブズマン）しているものの（行政機関などの起訴まではできない），国レベルでは存在していません。年金記録問題，政治とカネ，原発や基地問題など，オンブズマン制度があれば，もっと様々な情報が市民に知らされ，行政の社会的責任が問われることになるかもしれません。

必ずやろう！ 爽快問題集 ▼ 第1章

7 政治とカネ

ココが出る! 試験前の最強ポイント

★派閥政治
★政治献金と政党交付金の違い

① 派閥とは？

⇒主として，**自民党の内部に政策研究会などの名目でつくられる政治グループ**

⇒かつては，**中選挙区制**だったことから，選挙の際の「**同士討ち**」があり派閥抗争が繰り広げられた

⇒かつては，最大派閥から自民党総裁が誕生し，派閥の規模に応じて大臣ポストが割り当てられた

⇒派閥の勢力の変化が，ある意味，「**疑似的政権交代**」であったとの指摘もある

スパッとわかる ≫爽快講義≪

▼ とにかく，政治にはカネがかかる⇒供託金はいくら？

　例えば選挙に立候補するだけでも，**供託金**（一定の得票に満たないと没収される。泡沫候補防止が理由）が，2016年時点で，衆議院も参議院も選挙区で300万円，比例区単独の場合で600万円。なお，衆議院選で重複立候補すれば比例が300万円となり，計600万円かかる（参議院は重複ができない）。大学受験の受験料とは比べ物にならない。

　だれがそのカネの面倒を見るのか？　まあ政党や派閥の親分ってところだろう。

　板書①を見てください。自民党は党内に政策研究会などの形で**派閥**というものを構成している。なぜなら自民党の総裁になれば，**イコールそれは内閣総理大臣になることを意味する**。だから自民党総裁選挙で多くの票を獲得するためには派閥を作って総裁選を有利に戦う必要がある。**1994**年まで衆議院は「**中選挙区制**（一選挙区概ね3から5名）」。そうなると，同じ政党内で同一選挙区に複数の候補者を擁立し選挙戦を戦います。そう「**同士討ち**」。この時，そして派閥の親分は自分の派閥に属する議員に手厚い支援を行うんだ。もちろん選挙の時の応援演説。果てはお金の面倒まで見てくれる。こうして**総裁選を制した派閥から内閣総理大臣を出し，党内の派閥の力関係から大臣を任命していくんだ**。これが自民党内の「**疑似的政権交代**」などと呼ばれることもある。ただし，様々な主義主張を党内でぶつけ合うことで，政策論議の深まりもあるようです。

②　政治資金の流れ

⇒政治献金は2000年から，**政治家個人**への **企業・団体献金** が全面禁止へ

⇒ただし，政党への企業・団体献金は可能

⇒政党交付金は，**1994**年の**政党助成法**により制度化。公費から政党に交付金を
支給する。政治献金よりも透明かつ中立な資金とされる（**民主主義のコスト**）。

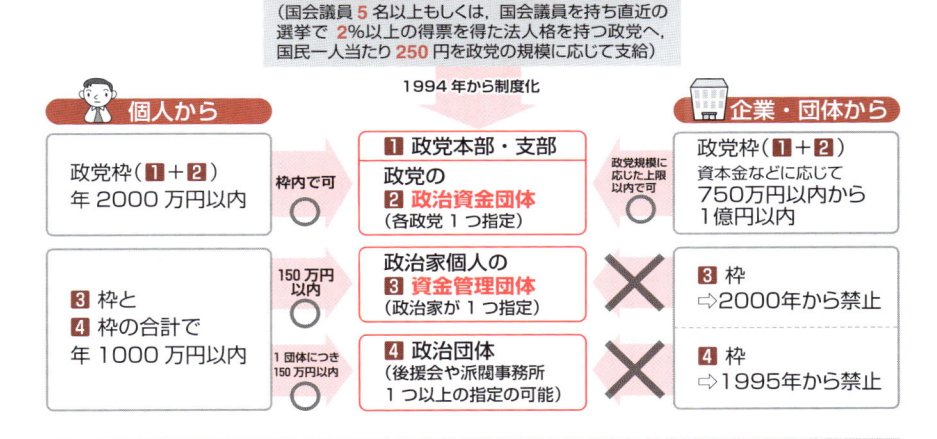

▼ 政党や政治家にカネが入る仕組み⇒政治献金と政党交付金

スパッとわかる
»爽快講義«

　　　　　　　板書②を見てください。政党や政治家が特定の企業・団
体や個人から受け取る政治資金を「政治献金」といいます。自分自身が，地元
に道路を整備したり，ダムを造ったりすることをしていれば，当然，その政治
家個人には，企業・団体や個人から，多くの政治献金が入ります。政党も，規
制改革や，新たな公共事業の決定権をもつ**政権与党の方に，政治献金は集まり
やすい**（p171のグラフ参照）でしょう。ただし，限度を超えると，政治がカ
ネによって動かされる**金権政治**の危険もはらんでいます。逆に政治献金をすべ
て禁止すれば，政党や政治家の政治活動が行いにくくなるばかりでなく，「政
治献金」という形での多様な政治参加も阻害されてしまいます。

▼ そこでルールがある⇒「政治資金規正法（1948年制定）」

　この「**政治資金規正法**」（漢字に注意しよう。規制ではなく「規正」）は，政
治のカネのルールの基本法です。まず，2000年に，企業・団体からの，政治
家個人に当たる「**3**と**4**」への献金を禁止しました。ただし，企業・団体から

の政党枠（**1**と**2**）への献金は禁止されていないため，政党から個人への間接的にカネが回るのでは？との懸念も指摘されています。

また，個人からの**1**～**4**の献金については，限度内で許されています。

たしかに，そういう考えもあります。政治にカネがかかるなら，公正・中立公費で政党を支援しよう。そこで少しでも金権政治や汚職が減るなら，それは「**民主主義のコスト**」ではないか？

この考え方に基づいて「**政党助成**」制度が，スウェーデンでは1965年，ノルウェーでは1970年，フィンランドでは1967年，デンマークでは1987年に始まっています。日本では，**1994**年の**細川**内閣の政治改革の一環として導入されました。具体的には，1994年制定の「**政党助成法**」に基づいて，各党に公費を「**政党交付金**（**政党助成金**ともいう）」を支給することになっています。ただし支給には条件があります。それは，**国会議員5名以上もしくは，国会議員を持ち直近の選挙で2%以上の得票を得た法人格を持つ政党**という条件です。税金から国民一人当たり**250**円を政党の規模に応じて支給します。**ちなみに，2015年の交付額は，総額約320億円**。主な政党別交付額は，自民党170億4900万円，民主党76億6800万円，公明党29億5200万円，生活の党と山本太郎となかまたち3億3100万円などで，**大政党に多くが交付**されています。

ただし，小選挙区制度とセットで導入された政党助成金制度は，支持してもいない政党への政治献金を国民に強制するものであり，国民の**思想・信条・良心の自由**を無視し，**国民主権**に反する憲法違反の制度であるとの批判もあります。**共産党**は政党助成金の受け取りを拒否しているんです。

なお，20年を超える政党助成金制度の結果として，①政党・政治家の支持基盤となる国民との繋がりが弱くなっていること，②大きな政党の中では選挙の際の党公認を得るために党内での異論・闊達な議論がしにくい状況が広がっていること，③政党助成金の交付資格が1月1日現在であるので，年末になると一部の小さな党・会派の離合集散が繰り返され，国民の政治的無関心の土壌を広げるなど，民主主義の劣化を招いているとの指摘もあります。

このように，政治献金などの政治資金と，政党交付金は，それを規定する法律も制度も全く違うものなので区別しましょう。

▼ 他にもまだまだ裏ワザが。

ここから先は，一部の私立大学などで正誤できれば問題ありません。

まず政党から議員に対してや，派閥の中での議員間でのやり取りは，明確な規制がありません。また，**政治家が在任20年などでパーティーを開くとき，パーティー券**というものを企業などが買います。これについては，**20万円以上の購入者のみ公表**すればよいだけです。やはり，いろいろな方法でカネを集める必要があるのでしょう。それがイコール絶対悪ではないのでしょうが…。

また，2007年に，政治資金規正法が改正され，**政治資金収支報告書**の作成の規制などが強化されました。具体的には，**事務所経費の5万円以上支出の際の領収書添付，政治家が1つ指定する，資金管理団体**の不動産取得所有禁止などです。また，政治資金収支報告書の基本方針や，その監査を行う総務省の特別機関である，**政治資金適正化委員会**(委員5名)が2008年4月に設置されています。

資料を見る！ 各政党の政治資金と，政党交付金

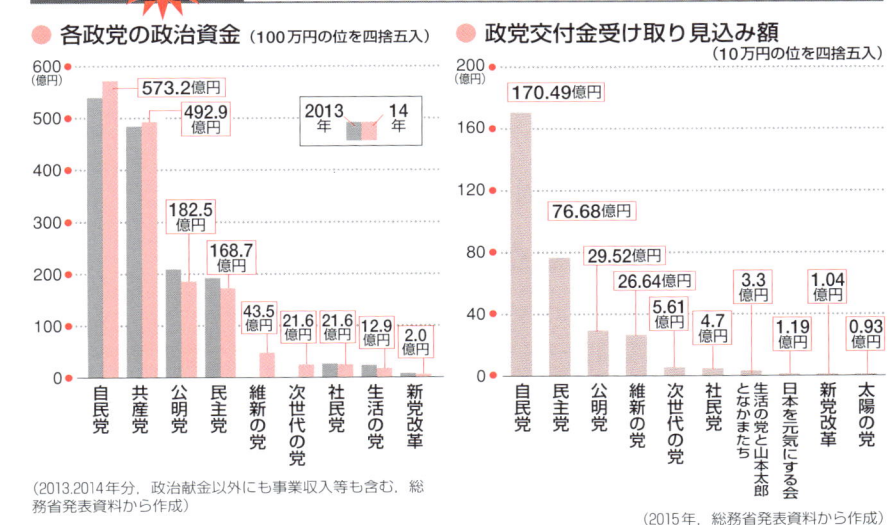

● 各政党の政治資金 (100万円の位を四捨五入)

573.2億円
492.9億円
182.5億円
168.7億円
43.5億円
21.6億円
21.6億円
12.9億円
2.0億円

2013年 14年

自民党 共産党 公明党 民主党 維新の党 次世代の党 社民党 生活の党 新党改革

(2013.2014年分，政治献金以外にも事業収入等も含む。総務省発表資料から作成)

● 政党交付金受け取り見込み額 (10万円の位を四捨五入)

170.49億円
76.68億円
29.52億円
26.64億円
5.61億円
4.7億円
3.3億円
1.19億円
1.04億円
0.93億円

自民党 民主党 公明党 維新の党 次世代の党 社民党 生活の党と山本太郎となかまたち 日本を元気にする会 新党改革 太陽の党

(2015年，総務省発表資料から作成)

ポイント

政党交付金をもらっていない共産党が，政治資金や機関誌活動の事業収入などの政治活動資金総額で，**政党別の収入では自民党の次に多い**ことに気が付く。民主党（現在は民進党），公明党も，**政党交付金には差があるが，政党収入は肩を並べている。**

共通テスト8割目標
私大基礎
共通テスト9割目標
難関大
基礎　**発展**　時事
出題頻度　★ ☆ ☆ ☆ ☆

8 メディアと政治

ココが出る! 試験前の最強ポイント

★世論と世論操作
★政治的無関心（ポリティカルアパシー）

① **世論**とは

⇒その社会における共通の意見・意思，民主政治は世論に基づくことが必要
⇒世論は**オピニオンリーダー**（世論形成指導者）の影響を通じて形成

② オピニオンリーダーとしてのマスメディア

⇒世論形成はマスメディアの影響が多大
⇒逆に言えば，マスメディアの**情報操作**を通しての**世論操作**の危険
⇒また，権力を監視するマスメディアの機能を「**第四の権力**」という

③ 政治的無関心と世論

● **ラズウェル**の政治的無関心の分類
　1. **無政治的態度**→政治に対して低い価値しか認めない態度
　2. **脱政治的態度**→政治に対しての幻滅により政治から逃避する態度
　3. **反政治的態度**→既成の政治的価値を積極的に否定する態度

⇒こうした政治的無関心は結果としてメディアの一方的な情報を受け手が固定化する，「**ステレオタイプ**人間」になる危険がある　W.**リップマン**『**世論**』

④ マスメディアの問題点

1. 世論操作　主として以下のような方法がとられる
⇒事実の歪曲・虚偽の報道→ベトナム戦争を導いたトンキン湾事件[p200]等
⇒都合の良い情報のみを報道し悪い情報を隠蔽→戦場でのピンポイント爆撃等
⇒効果的な時期を選んでの公表や報道→戦争の開始をニュース開始に合わせる等

2. コマーシャリズム（商業主義）⇒商業的利益のみの追求
3. 第四の権力⇒立法・行政・司法の監視としての**マスメディア**

⑤ 対策

1. 中立報道　**2.** 国民の政治的関心　**3. メディアリテラシー**（情報選択能力）
4. アクセス権（メディアへの反論権）の拡充

スパッとわかる >>> 爽 快 講 義 <<<

▼ 世論と政治「油まみれの海鳥」がもたらしたもの

　1991年湾岸戦争。**「油まみれの海鳥」の映像**が連日テレビに流された。世界各国のメディアはイラクのフセイン大統領が海に原油を流し海洋を汚染していると，こぞって報道。しかし後にこの映像はイラクが流したものではなく，**全く湾岸戦争とは関係のない映像**だったことが判明した。一方で当時この映像を見た人々の目には「悪のイラク」，それと戦う「善のアメリカ」という構造を確実に焼き付け，アメリカの戦争を世界が肯定した。

　こうしてみると，**世論はマスメディアの影響を強く受けている**と言えるよね。この世論形成に影響を与えるものを「**オピニオンリーダー**」と言います。しかし，一方でこの情報を一方的に信じることで（**ステレオタイプ人間**），**世論操作**が行われる危険性もあるんだ（関連をコラムに掲載，p180）。

　また，政治的無関心も**世論操作**を容易なものにする。**板書③に参考までにラズウェル**の政治的態度の分類を書いておきました。

▼ 世論は作られている

　板書④を見て下さい。事実の歪曲や虚偽は一番ポピュラーなものですね。特に世論操作は戦争中に顕著に現れるんだ。例えば**ベトナム戦争は，1964年トンキン湾でアメリカの駆逐艦が北側から攻撃されたという偽情報**が，結果としてアメリカをベトナム戦争の開始へと踏み切らせた。また，戦争中にできるだけ死体を見せずに，「きれいな戦争」を演出する。つまり都合のいい情報を流し続けるんだね。

　またマスメディアは，NHK以外のテレビ局は主に広告に収入を頼っている。従って見てもらわなければ意味がない。だから「真実」よりも「面白いもの」を求める**コマーシャリズム（商業主義）**に陥る危険も常にあるんだね。

　そして一番恐ろしいのが，**マスメディアの権力との癒着**です。メディアが立法，行政，司法を監視する機能を「**第四の権力**」と呼ぶ。メディアがこの機能を失えば，ヒトラーの率いたナチスのように，映画によってユダヤ人の「きたなさ」を**プロパガンダ**（政治的扇動宣伝）することもできる。

　大切なのは，メディアが公正で中立な報道をすることだけじゃない。僕らが積極的にメディアに反論・接近する**アクセス権**の拡充，そして受け手が正しく情報を分析し，評価し能動的に受け取る**メディアリテラシー**が必要になるよね。

深める 爽 快 講 義

テーマ 原子力村からみえるもの
～「権力」と「金力」が破壊する人間性

講義ポイント

　原発事故については，様々な大学で出題されています。ここからはコラム調の文章となりますが，今だからこそ，冷静に原発事故について考えていきたいと思います。

　入試問題を意識して，原発事故だけでなく，融合される可能性のある周辺知識も盛り込みました。また最後のデータも，しっかりと確認しましょう。

　ギラギラとした光線とともに太陽が昇っている。

　蝉の声が耳の中に染みいってくる。額には脂汗が滲（にじ）んでいる。アスファルトからは，人間が病に冒された発熱の如き陽炎（かげろう）が，我が目を凝視させる。そうか。もう，8月である。

　思えば約70年前。8月6日**広島**，8月9日**長崎**，2つの原子爆弾が米国により投下され，年末までに推計21万人が，原子力により犠牲となった。そして降伏。

　米国は**広島には「ウラン」**，**長崎には「プルトニウム」**を使用した別々の原子爆弾を投下しその後詳細に被害状況を調べた。どれだけの人が死んだのか。米国は（一部日本軍の協力姿勢もあったが），人を殺す原子力を緻密に調べ上げたのである。

　残念ながら歴史は皮肉なもので，**1950年**に始まる**朝鮮戦争**以降，日本は，反共の防壁として再軍備の道（1950年**警察予備隊**，1952年**保安隊**に改組，1954年**自衛隊**に改組）を歩んでいく。**1951年**には，米軍の駐留を認める**日米安全保障条約**が締結された（1960年に改定され，新条約には，10年経過した後，つまり1970年以降は，日米どちらかの1年前の通告で同条約を破棄できること

を規定）。日本は，米軍を置く見返りに，同年（1951年）の**サンフランシスコ講和（平和）条約**により独立（主権回復）した（1952年）。

1971年（当時の日米首脳は**佐藤栄作**首相と**ニクソン**大統領）には**沖縄返還協定**が締結され，**1972年**に沖縄が返還された。しかし，基地と引き替えの沖縄返還（国土の**0.6％**しかない沖縄県に日本の米軍基地の**74％**が集中）による帰結は至極簡単で，これで日本は安保破棄の通告などできなくなった。1945年からこの1972年までの間にも，1954年3月には，マグロ釣り漁船「**第五福竜丸**」が，ビキニ環礁での米国の水爆実験により被曝した。これで核兵器による犠牲は，日本が3回目である。

2011年3月11日の巨大地震の後，東京電力「**福島第一原子力発電所**」では，冷却水を循環させるための外部電源と非常用電源を断たれる「**ステーション・ブラックアウト**」に陥って原子炉の冷却機能を失い，燃料棒が溶け出す炉心溶融（**メルトダウン**）が発生した。

この事故は，**IAEA（国際原子力機関）**を介して各国に発表される「**国際原子力事象評価尺度（INES）**」の最高レベルである「**レベル7**」に相当する。それ以前にも，日本における原子力関連施設の内部では多くの事故が発生しており，例えば1995年には**福井県敦賀市**にある「**高速増殖炉**（発電と同時に，消費した以上の燃料を生み出す）」である「**もんじゅ**」のナトリウム漏えい火災事故，1999年には茨城県東海村にあった株式会社JCOの核燃料加工施設で「**臨界**事故」が発生している。

「レベル7」の事故は，**1986年**の**チェルノブイリ**原発事故以来である（1979年の米国の**スリーマイル島**での原発事故は「レベル5」）。死の町と化したチェルノブイリ原発周辺は，今でも死の町でありつづけている。しかし事故当時のソ連の対応は，意外にも早かった。すぐに住民を避難させ，移住先として「スラヴィテチ（スラブチチ）(Slavutych) 市」の建設を決定した。この街は事故後，僅か2年で造られ，移住した人々の多くは原発作業員となった。2000年には，スラヴィテチの住民に占める原発関連従事者の割合はかつての8割から3割に減少した。スラヴィテチは新しい街として再生しようとしている。

一方で，この地域のかつての原発作業員からは癌が多発している。また重い遺伝病を持つ子どもたちも産まれている。

　破壊は一瞬だが，再生は長い。

　この1986年に，当時のソ連の最高指導者**ゴルバチョフ**書記長は，前年掲げた「**ペレストロイカ（改革）**」とともに新たに「**グラスノスチ（情報公開）**」という政策を掲げた。そしてゴルバチョフは，「この事故が，我が国全体の病根を照らし出した」として，ソ連の組織的腐敗構造の改革へと着手した。**1989年**には**マルタ会談**（米国はブッシュ〈父〉大統領）において，冷戦終結が宣言された。

　一方で，日本の福島では，89,319人（2016年7月の福島県発表）が仮設住宅や公営住宅での避難生活を余儀なくされている。新しい街など造ってもらえない。雇用もこの先の生活も不安のままの日々である。そして避難指示は，事故当夜の3キロ以内から，翌日夜以降の20キロ以内へと徐々に拡大され，罪のない住民たちは翻弄され，生活を攪乱され，今も警戒区域などへの住民の帰還が困難になっているのである。

　2011年12月に野田首相は，避難生活者をよそ目に，事故の終息宣言を行った。すべては終わったと言うけれど，安全だとは言うけれど，誰もそれを信じてない。その偽りの終息宣言や，安全宣言こそが，益々人々を不安にしている。

　実は，2012年3月11日に京都（保険医協会）で講演をした。主催者が同じだったこともあり，その前日，早めに京都に行って小出裕章先生（京都大学原子炉研究所助教）の講演を聴いた。多くの科学者たちは，「放射能と癌の因果関係」などの議論はしても，原発事故により人々の生活が破壊されるリスクなど議論しない。だが先生は，「原子力の放射線で死んだ人がいるかどうかはわからないかもしれない。しかし，明らかに原発事故のため，避難に伴って50人が死んだ病院，あるいは家畜を放置するしかなく主が自殺に追い込まれた畜産農家，逃げ遅れて死んでしまった人，いろんな人がいる。放射線によって死んだ，死んでないではなく，原発によって人生を奪われた，変わった人がいることは事実なんです。その評価は科学ではできない。ヒューマニティに関わる問題です。」

と講演された。科学的には何ベクレルでどうなるかは分からないが，避難でき なくて死んだ人がいる。事故によって死んだ人がいる以上，原発は反対である， というのが小出先生の意見である。

　原発が安全であるという場合の「安全」とは何なのであろうか？　人間性ま で含めた場合，病院で取り残され死んだ人々がいる。避難生活を強いられてい る人々がいる。この事実をもってしても「安全」といえるのだろうか。

　こうした中，内閣から独立した形で原子力行政の監視を行う，「**原子力規制 委員会**」が2012年9月に発足した。原発の停止，勧告権限などの準司法的権 限をもつ「**行政委員会**」の一つである。もちろん原発の再稼働に際しても，原 子力規制委員会の許可がなくては不可能だ。

　2016年4月14日，**熊本地震**が発生した。こうした中，日本国内では九州の「**川 内原発**」が稼働（一号機は2015年8月，二号機は同年10月に再稼働）している。

　また，すでに稼働した「**高浜原発（2016年2月，三号機)**」については，**大 津**地裁の仮処分（2016年3月）によって，停止している。

　2016年7月現在，稼働か否かは，司法においても意見が分断している。

　一方で，原発がその自治体の経済的基盤となっている所も少なくない。**2012 年7月に再稼働し，その後停止した「大飯原発」のある福井県おおい町は人口 8,796人という小さな町である。この町の原発事故発生前の2009年度の歳入額 の実に42％（約55億円）は原発関連の歳入であった。**

チェルノブイリ原発事故

⇒**1986**年4月26日に**ウクライナ**共和国（当時はソビエト連邦ウクライナ共和国） のチェルノブイリ原子力発電所で発生した原発事故

⇒この事故の結果，約16万人が移住を余儀なくされ，約4万人以上がこの事 故で死亡したとする推計もある

　※1979年には米国の「**スリーマイル島**」でも原子力発電所事故が発生している

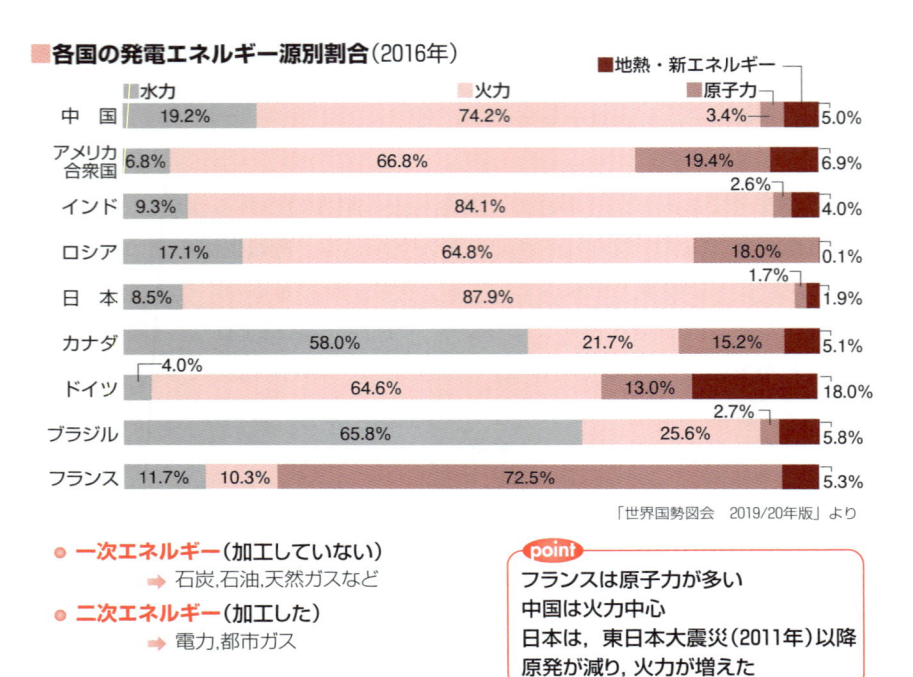

■各国の発電エネルギー源別割合（2016年）

	水力	火力	原子力	地熱・新エネルギー
中国	19.2%	74.2%	3.4%	5.0%
アメリカ合衆国	6.8%	66.8%	19.4%	6.9%
インド	9.3%	84.1%	2.6%	4.0%
ロシア	17.1%	64.8%	18.0%	0.1%
日本	8.5%	87.9%	1.7%	1.9%
カナダ	58.0%	21.7%	15.2%	5.1%
ドイツ	4.0%	64.6%	13.0%	18.0%
ブラジル	65.8%	25.6%	2.7%	5.8%
フランス	11.7%	10.3%	72.5%	5.3%

「世界国勢図会 2019/20年版」より

- ● **一次エネルギー**（加工していない）
  - ➡ 石炭,石油,天然ガスなど

- ● **二次エネルギー**（加工した）
  - ➡ 電力,都市ガス

> **point**
> フランスは原子力が多い
> 中国は火力中心
> 日本は，東日本大震災（2011年）以降
> 原発が減り，火力が増えた

ここで差をつける!! 原子力規制委員会

みなさんは「**二重行政**」という意味をご存じでしょうか？

簡単に言えば，複数の行政機関が，ほぼ同じような行政職務を行うことです。これによって，権限の分散化による，「**縦割り行政**」によって**行政の効率化**が図れなくなるなどの問題があります。

ここで，かつての原子力行政を見てください。（右図）

つまり，原子力を規制する立場の「**原子力安全委員会**」や，「**原子力安全・保安院**」が推進する立場の，「**原子力委員会**」や，「**資源エネルギー庁**」とともに，同じ箱，つまり，**内閣府**や，**経済産業省**の中に存在していたのです。似たような行政職務を行う行政機関が複数あるだけでなく，監視・規制の中立性すら疑われます。

こうした背景から2012年9月に，「**原子力規制委員会**」が内閣府などから独立し，環境省の外局として設置されました。

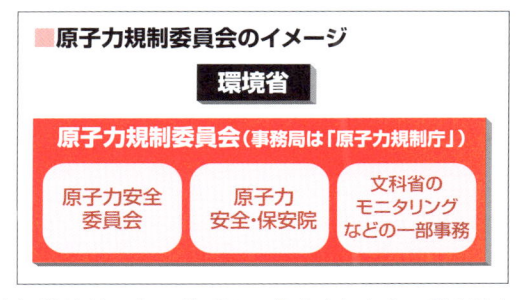

■ 原子力行政の概要

内閣府	天下り	経済産業省
推進の立場 原子力委員会		推進の立場 資源エネルギー庁
監視・規制 原子力安全委員会		監視・規制 原子力安全・保安院

天下り…公務員が早期勧奨退職し，別の行政機関や特殊法人に再就職すること

■ 原子力規制委員会のイメージ

環境省

原子力規制委員会（事務局は「原子力規制庁」）

原子力安全委員会	原子力安全・保安院	文科省のモニタリングなどの一部事務

原子力規制委員会は，**国家行政組織法第3条**に基づき，「原子力安全・保安院」及び「原子力安全委員会」のほか，「文部科学省」の一部事務である，放射線モニタリング，核テロ等からの国民の保護などの一部事務を**一元化したもの**です。

また，原子力利用における安全の確保に関する事項について勧告し，及びその勧告に基づいてとった措置について報告を求めることができる。事務は「**原子力規制庁**」が行うこととなります。

すでに，アメリカには「**アメリカ合衆国原子力規制委員会（NRC　Nuclear Regulatory Commission）**」という原子力規制組織が存在し，原子力のプロフェッショナルが常時監視・規制をしています。

今回発足した日本の原子力規制委員会が，どこまで公正な監視・規制ができるのか。今後の活動に注目が集まっています。

テレビが作る戦争

1990年，ある少女がアメリカ上院で泣いた。少女の名前は「ナイラ」。この「ナイラの涙」が翌年の湾岸戦争へと導いたといわれる。しかし，このナイラの証言は，1992年，すべて嘘であったことが判明した。世界がだまされた瞬間である。

1990年8月，イラクはクウェートに侵攻。アメリカの油田があるクウェートへのイラクの侵攻は，国益を揺るがしかねない。しかし，当時アメリカ国民の8割近くが，戦争に反対。そこで一人の少女が泣いたのだ。

少女は言った。「イラクの兵士はクウェートの病院内の保育器から赤ん坊を取り出して殺しているんです」そして，当時のブッシュ大統領はこれを何度も引用。上院で戦争が決定された。この涙の後，国民の8割近くが湾岸戦争支持に回った。

しかし，後にこのナイラは在米クウェート大使館の娘で，アメリカ国内で贅沢な暮らしをし，クウェートには実際に住んでいない，ナイラ＝アル＝サバーであることが明らかになった。

ここで問題なのは，「戦争の成果をごまかす世論操作」，「きれいな戦争を作る世論操作」ではなく，「戦争そのものを作るための世論操作」であるという点である。テレビが戦争を作るのであり，上の例はテレビが戦争を作った瞬間でもある。だとすれば，一体我々は何を信じればいいのか。そして戦争は避けられないのか？

これだけではない。ベトナム戦争も，テレビで作られた。

1964年，アメリカ海軍がトンキン湾沖で北ベトナムから攻撃を受けたというニュースが流れた。この報復として当時のジョンソン大統領は北爆を決定。こうしてベトナム戦争は始まった。しかし，1970年，これも戦争を起こすための嘘であったことが明らかになったのだ。

一方で，この戦争はメディアによって終わった戦争とも言われる。というのも，当時戦場の悲惨な映像が繰り返しテレビに流されたことで，国民の反戦の声を拡大したのだ。結局戦争は1973年，アメリカの敗北で幕を閉じた。この意味でベトナム戦争は，「テレビに始まり，テレビに終わった戦争」ともいえよう。

テレビは嘘をつく。それは「きれいな戦争を描く嘘」だけではなく，「戦争そのものを作るための嘘」であることすらも。

そして今…。

2003年3月20日11時43分（日本時間）。この原稿を書いている最中にアメリカはイラクを攻撃した。

そしてイラク寄りの報道をしているとして，カタールの衛星テレビ局「アルジャジーラ」はNY証券取引所の取材許可書を取り上げられた。

アルジャジーラは，イラクの戦争の生々しい状況，例えば，人の形をしていない少年の遺体や，山積みの遺体などの誰もが目を伏せてしまうような戦場を，ホームページに掲載している。つまり世界のメディアで唯一といっていいほど，真実の戦場を伝えているイスラム系の報道機関である。

アルジャジーラの経済部長ムスタファ氏はNY証券取引所の取材許可書を取り上げられた理由をこう話す。

「衝撃的な映像や記事が，米国の戦争屋が約束していたきれいな戦場と矛盾するからだ」

そしてこうも言う。

「アルジャジーラはいかなる圧力を受けようとも，メディアとしての信頼を捨てるわけにはいかない」と。

現在，戦争の最中，アメリカ国内で反戦を口にした芸能人が弾圧されている。今やアメリカ国内は政府の方針に従わないものは弾圧されるという檻の中のようだ。多くのメディアもこの檻の中にいる。

テレビが，そして国家が世論を作っている。

メディアがメディアであり続けるためには，権力を批判し，チェックできる報道の自由と表現の自由がなくてはならない。

その剣を捨てたメディアは，すでにメディアではない。

最後にヒトラーの言葉で警鐘を響かせたい。

「巧みな宣伝で権力は国民に天国を地獄に見せることも，地獄を天国に見せることも可能である。」

真っ只中のイラク戦争。やはり世論操作が必ずあるのだろう。

※アメリカは当初WMD（大量破壊兵器）をイラクが保有していることを開戦の大義としたが（メディアもそれを連日報道），結果的にWMDは発見されなかった。

第6章

国際政治と
その動向

政

治分野

1 国際社会と国際法

ココ が出る! 試験前の最強ポイント

★初の国際会議 ➡ ウェストファリア会議
★国際法の父 ➡ グロティウス　　★勢力均衡方式と集団安全保障体制

① 国際社会とは ➡ 主権国家同士のつながり合いによる社会

1648年　ウェストファリア会議
　　⇨三十年戦争の講和会議として世界初の国際会議

② 国 際 法

⇨国際法の父→オランダの**グロティウス**『**戦争と平和の法**』『**海洋自由論**』
　自然法の父である彼は，国家間における自然法の存在として国際法を主張

③ 国際法の分類

国際法 ┬ **国際慣習法** …**不文法**・国家間の自然的・黙示的法
　　　　└ **条　　約** …**成文法**・国家間の人為的・明示的法
　　　　　　　　　　条約・規約・議定書・宣言（宣言には法的拘束力なし）

さてさて，このルールが破られたとき，国家は「戦争」という手段に訴える
かもしれない。そこで…

④ 安全保障体制（戦争を未然に防止するシステム）の必要性

「勢力均衡」方式		「集団安全保障」体制
⇨軍事的勢力を均衡にすることで未然に戦争を防止	軍拡競争と第一次世界大戦に！	⇨対立国も含めて武力行使の禁止を約束し，違反国に対して集団で対処する条約を結び，相互の平和のために安全を保障する体制
例 三国協商VS三国同盟		例 国際連盟や国際連合等
↓ 結果として第一次世界大戦へ		

スパッとわかる >>> 爽 快 講 義 <<<

▼ 国際社会ってなに？

国際という言葉は，国家の間〔際〕と書きますよね。つまり**主権国家**の存在を認めて，お互いにつながり合うというイメージです。間違えてほしくないのは，「世界をひとつにする」という発想ではないってことだよ。

▼ 初の国際会議はウェストファリア会議だ！

1648年，**三十年戦争**を終結させるため**ウェストファリア会議**が開かれた。ここで**ウェストファリア条約**を採択，神聖ローマ帝国内の都市の**主権**の承認と，信教の自由の保障を掲げた。ここに神聖ローマ帝国による支配は終わり，各都市に**主権**が委譲され，オランダ，スイスも独立する結果に。また，1815年の**ウィーン会議**によって，各国の**主権**と対等性が確固としたものになった。こうして神聖ローマ帝国の支配から解放され，「対等・平等」を軸とする国際社会が生まれたんだね。

▼ 国際社会にはルールがある→国際法の父グロティウス

以前，自然法思想ってのを学習したよね。そう「人間の生命・自由・財産は奪えない」という普遍的な法原理だったよね。近代に体系化したのが**グロティウス**だった。そして彼はこの**自然法は国際関係にも当てはめることができる**と主張。こうして普遍的に従う国際法の存在を示したんです。彼の国際法は主に2点です。一つは『**海洋自由論**』の**公海上の航行の自由**を主張。当時はスペイン・ポルトガルが海洋独占をしていた。これを批判したんだね。2つ目は『**戦争と平和の法**』の中で示された**侵略戦争の禁止**です。これは三十年戦争の最中に書かれたもので安定した国際秩序の必要性を彼は主張したんです。

さて，板書③を見てください。国際法の分類についてまとめてあります。ここは**読めば分かる**ので必ず読んでおいてください。

▼ 国際社会は常に国際紛争の危険が→これを防止する安全保障体制が2つ！

まず一つは**勢力均衡方式**です。これはお互いの軍事力を均衡させて安定を作り出そうとするもの。当然相手が軍備を増やせば一方も増やす。こんな風に**軍拡競争**の危険があった。そして第一次世界大戦に！そこで勢力均衡方式に代わって出てきたのが，**集団安全保障体制**なんです。これは敵も味方も全部ひっくるめて武力攻撃はしないという条約・組織に加盟する。そして，もし違反した国があれば他の加盟国が共同で対処・制裁して，平和の秩序を維持する仕組みです。現在の国際連合やその前身の国際連盟がこの考え方ですよ。

必ずやろう！ 爽快問題集▼第1章 16／20

2 国際連盟

ココが出る! 試験前の最強ポイント

★設立過程の会議の名称　★両者の組織の比較

① 国際連盟の設立背景

⇒ **勢力均衡方式**では結果として**軍拡競争**に，**第一次世界大戦**を防げず

⇒ この反省から**集団安全保障**体制の採用→結果，**国際連盟**設立

⇒ **カント**『**永久平和のために**』，**サン・ピエール**『**永久平和草案**』が設立に影響
1795年　　　　　　　　　　　　　　　　　　　1713年

● 設立目的「**民族自決**」→その民族が他民族からの干渉を受けずに政治決定

　　　　　「**国際協調**」→国際平和の実現

設立過程	1914年〜18年　第一次世界大戦
	1918年　**アメリカ**合衆国大統領**ウィルソン**『**平和原則14カ条**』
	→国際連盟設立のきっかけへ
	1919年　**ベルサイユ条約**→国際連盟設立に関する条約
	1920年　**国際連盟**設立　本部　スイスの**ジュネーブ**
組　　織	①総会…**全会一致制**（原加盟国**42**カ国）
	②理事会…常任理事国　英・仏・伊・日（当初4カ国）
	③**常設国際司法裁判所**…本部・オランダの**ハーグ**
	④**国際労働機関（ILO）**
問 題 点	①**大国の不参加**（アメリカの不参加とソ連の除名）
	②経済制裁のみで**軍事的制裁措置がとれない**
	③総会での**全会一致制の採用**

⇒ しかし，第二次世界大戦を防げず！　この反省から1945年**国際連合**設立！

② 国際連盟と国際連合の比較

国際連盟 1920年設立		**国際連合** 1945年設立
1919年**ベルサイユ**条約	設 立 条 約	1945年**サンフランシスコ**条約
当初，英・仏・伊・日の4カ国	常任理事国	**英・米・仏・ソ・中**
①**大国の不参加**	問 題 点	①冷戦下の**5大国の拒否権の発動による安保理機能不全**
②**軍事的制裁措置がとれない**		
③総会での**全会一致制の採用**		②**分担金の未納**による財政難

※国際連盟の常任理事国は1922年に6カ国，1926年に9カ国に拡大している

スパッとわかる >>> 爽快講義 <<<

▼ 勢力均衡方式に代わって集団安全保障体制に！

前項で学んだように、**勢力均衡方式**は結果として**軍拡競争**と第一次世界大戦を防げなかったんだったね。そしてそれに代わって**集団安全保障体制**が生まれた。この理論に基づいて生まれたのが**国際連盟**だった。

▼ きっかけはアメリカ大統領ウィルソン、でもアメリカは入らなかった、なぜ？

1918年に当時の米国大統領**ウィルソン**は『**平和原則14カ条**』を連邦議会で発表します。この中には秘密外交の禁止や**民族自決**、そして国際社会の安定を目指す国際機関の設立構想があったんです。これがきっかけとなり1919年の**パリ講和会議**（第一次世界大戦の講和会議）で**ベルサイユ条約**が採択。こうして**1920**年、スイスの**ジュネーブ**に**国際連盟**が発足しました。ちなみに原加盟国は**42**カ国でした。この数字は意外と盲点なので注意だよ。

しかし、米国自身は国際連盟に入っていなかった。なぜか？

それは当時、米国は**孤立外交主義**という外交政策をとっていたんです。これは、米国が他国と同盟を結ばない、いうなれば自国にとって必要のない戦争に血を流さない、というものです。この政策を最初に掲げた共和党大統領モンローの名をとって「**モンロー主義**」と呼ばれるよ。実は米国が第二次大戦後、各国に介入し「世界の警察官」を気取る理由には、**第二次世界大戦**がこうしたモンロー主義の失敗の果てにあった、という苦い経験からともいえます。

▼ 国際連盟の問題点3つ！必ず押さえよ！

国際連盟の組織については板書①の表を確認してください。特に大切なのは、常任理事国に日本が入っていたこと。そして**常設国際司法裁判所**が設置された点です。さて、この国際連盟には**大変大きな失敗が3つ**ありました。

第1に、**大国の不参加**です。さっきも触れたように米国は当初から参加していなかったね。またソ連も1934年に遅れて加盟※したものの1939年にフィンランド侵攻を理由に除名。さらに、日本、ドイツが1933年に脱退、イタリアも1937年に脱退し、主要な大国がいなくなってしまったんです。第2に、経済制裁のみで**軍事制裁がとれない**こと。そして第3に、総会の議決が**全会一致**であったこと。これでは必要な決定がなかなかできない。また、**議決は勧告のみで法的拘束力がなかった**んです。そして第二次世界大戦を防ぐことができず！

この反省から、国際連盟を補完する形で**1945**年に**国際連合**が発足します。

※1933年に就任した**F.ローズベルト**米国大統領の「**善隣外交政策**」により、1934年ソ連が加盟した。

3 国際連合

共通テスト8割目標 私大基礎 / 共通テスト9割目標 難関大

基礎 発展 時事
出題頻度 ★ ★ ★ ★ ★

ココ が出る! 試験前の最強ポイント

★ダンバートン・オークス会議とサンフランシスコ会議の相違

① 国際連合の設立背景

⇒ **国際連盟**が**第二次世界大戦**を防げなかった反省
⇒ 米・ソ大国の当初からの参加，**国連軍**の組織，総会の多数決制の採用
⇒ こうして国際連盟の問題点を補完する形で設立

● 設立目的「世界の平和および安全の維持」
　　　　　「経済的・社会的・文化的・人道的な国際協力の達成」

設立過程	
1939～45年	第二次世界大戦
1941年	**大西洋憲章** →米ローズベルトと英チャーチルによる，戦後国際構想
1944年	**ダンバートン・オークス会議**⇒国際連合憲章の原案 作成
1945年　2月	**ヤルタ会談**→5大国の**拒否権**の保有を合意
1945年 4～6月	**サンフランシスコ会議**⇒国際連合憲章の 採択
1945年　10月	**国際連合発足** →本部・ニューヨーク，原加盟国数**51**カ国 →2016年現在**193**カ国　※2002年スイス，東ティモール加盟 2006年モンテネグロ加盟 2011年南スーダン共和国加盟

組　織	**総会，安全保障理事会，経済社会理事会，信託統治理事会，事務局，国際司法裁判所**（丸暗記!!）
問題点	①冷戦下の**5大国の拒否権の発動**による安保理の機能不全 ②**分担金の未納**による財政難

② 国連の組織図

国連機構図

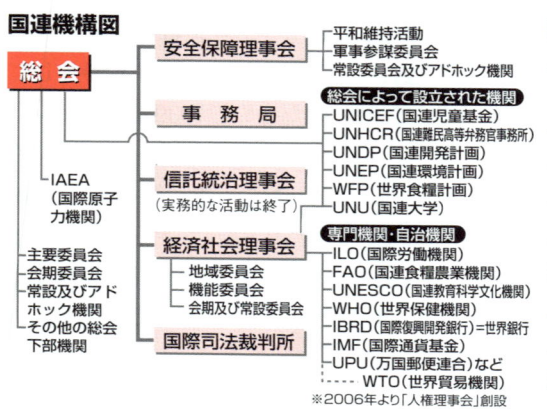

国連通常予算の分担率

(単位：%)

	分担率の推移			
	1946年	1957年	1985年	2019年
アメリカ合衆国	39.89	33.33	25.00	22.000
イギリス	11.98	7.81	4.67	4.567
フランス	6.30	5.70	6.51	4.427
ロシア（旧ソ連時代含む）	6.62	13.96	10.54	2.405
中　国	6.30	5.14	0.88	12.005
日　本	—	1.97	10.32	8.564
ドイツ（旧西独時代含む）	—	—	8.54	6.090

第6章 国際政治とその動向

スパッとわかる >>> 爽 快 講 義 <<<

▼ 国際連盟の失敗を反省してできた国際連合

　先ほど学習したように**国際連盟**は3つの欠陥を持っていました。このことが**第二次世界大戦**を防ぐことができなかったとの反省から，**1945**年**国際連合**が設立されます。ちなみに，この**国際連合**には，米ソの両大国は当初から参加，また**安全保障理事会**が総会との**特別協定**によって**国連軍**を組織することも可能になったんだ。ただし正式には1度も組織されていません。さらに，総会の議決は全会一致ではなく，多数決が採用され，連盟の問題点を克服しての出発でした。

▼ ダンバートン・オークス会議とサンフランシスコ会議の相違に注意せよ！

　第二次世界大戦も終わりに近づいていた1940年代初頭，各地で戦後の国際組織構想が話し合われていくことになります。

　先駆けとなったのは1941年6月，ベルギー，オランダなど14カ国により『14カ国共同宣言』の中で国際平和組織の設立が提唱されました。また**1941**年8月には，英国首相**チャーチル**と米国大統領**F. ローズベルト**が『**大西洋憲章**』の中で国際組織の設立を提唱します。そしてこの『**大西洋憲章**』に基づいて，1942年1月に英・米・ソ・中の4カ国が，戦争を全力遂行し早期の戦争終結に合意する『連合国共同宣言』に署名。これが後の国際連合の基盤になるんだ。

　こうしていよいよ**1944**年8月，国際連合憲章の原案の作成会議である**ダンバートン・オークス会議**が開かれます。**1945**年2月には**ヤルタ会談**で5大国の**拒否権**の保有を合意。ついに**1945**年6月，**サンフランシスコ会議**にて国際連合憲章が採択され，同年10月発効し**国際連合**が発足していくんですね。ちなみに原加盟国は**51**カ国で，**2002**年に**スイス**と東ティモールが，2011年に**南スーダン共和国**が加盟しました。2019年7月現在の加盟国は**193**カ国。**バチカン市国**を除く国家がすべて加盟しているという巨大な組織なんです（このように殆どの国家が加盟する原則を，**普遍主義**の原則という）。

▼ 完璧だったはずの国際連合にも問題点が！→東西冷戦という名の怪物

　1945年以降，新たに登場した国際問題が**資本主義・米国**と**社会主義・ソ連**が対立する「**冷戦**」です。この冷戦は，核開発やミサイル開発などの軍拡競争を引き起こし，「恐怖の中の均衡」へと世界は突入していきます。また，国連の通常予算の各国の**分担金**については，2019年から中国が日本の分担率を抜いて第2位となりました。また，2018年末時点で滞納額が一番多い国であるアメリカの滞納額は，8.5億ドルにも上ります。

※国連の通常予算は2016年の1年間で約25億ドル。日本円で約2500億円（1ドル＝100円換算）。東京都大田区の1年の一般会計（2016年度）と同程度で，とても少ない。

4 国際連合の組織

共通テスト8割目標 私大基礎 / 共通テスト9割目標 難関大

基礎 発展 時事　出題頻度 ★★★★★

ココ が出る! 試験前の最強ポイント

★安全保障理事会の問題点と「平和のための結集決議」

① 総会…全加盟国が参加

- 議決方法「1国1票の原則」一般事項…過半数，重要事項…3分の2以上
※総会によって設立された機関…「**国連貿易開発会議 (UNCTAD)**」，「**国連難民高等弁務官事務所 (UNHCR)**」など

② 安全保障理事会

5常任理事国 ⇒ **米・英・仏・露・中**，任期2年の **10非常任理事国** の計**15**カ国
→1965年に6カ国から10カ国に拡大
- 議決方法　手続事項…9理事国以上の賛成
　　　　　　実質事項…**5常任理事国を含む9理事国以上の賛成**
　　　　　　　→つまり5常任理事国には「**拒否権**」がある，**大国一致の原則**
- 安保理の問題点
⇒**1950**年の「**朝鮮戦争**」時，5大国の拒否権の発動により機能不全に!
⇒同年国連は特別総会を開催し「**平和のための結集決議**」を採択，内容は…
⇒機能しない安保理の代わりに強制措置の勧告ができる「**緊急特別総会**」を開催できる，というもの

③ 経済社会理事会…経済的，文化的，人道的な国際問題の処理

- 専門機関…「**国際労働機関 (ILO)**」「**国際通貨基金 (IMF)**」「国際復興開発銀行 (IBRD)」など

④ 信託統治理事会…自治・独立の支援

1994年，パラオの独立をもって事実上その使命を終えた

⑤ 国際司法裁判所

⇒本部・オランダの**ハーグ**　裁判官15名，任期9年　判決に拘束力あり
⇒ただし，当事国の双方の同意なしに裁判ができない→**強制的管轄権**なし
　※1998年，**国際刑事裁判所**設立条約採択　2002年発効→**個人の責任を裁く**
　　（ **ローマ規程** ）

⑥ 事務局…国連の一切の事務の統括

事務総長…任期**5**年　※2007年〜2016年　潘基文（韓国）
　　　　　　　　　　　　2017年〜　　　**グテーレス**（ポルトガル）

スパッとわかる >>> 爽 快 講 義 <<<

▼ 国連の主要機関は全部で6つ！→p186に機構図あり

　国際連合（以下国連）の主要機関は、**全加盟国で構成される総会**。安全保障を議論する**安全保障理事会**（以下安保理）を含め板書に示した**6つ**があります。試験では安保理、経済社会理事会の専門機関の日本語名称、**国際司法裁判所**（p190へ）について掘り下げて聞かれてくるので、これらについて講義していくよ。

▼ 安保理の問題点を押さえよ！→平和のための結集決議の意義

　安保理は国際紛争の処理や**国連軍**を組織する（総会との**特別協定**が必要）などの、国連の中でもっとも重要な内容を話し合う機関です。しかし、板書②を見て分かるとおり、実質事項は5大国の**拒否権**が認められていますよね？すると当初、英、米、仏の資本主義グループとソ、中（発足時は中華民国、1971年から中華人民共和国に代表権が移行）の社会主義グループとの間で意見の対立が起こったんです。こうして**拒否権**の行使によって国連が機能不全に陥ることがあった。特に**1950**年の**朝鮮戦争**（p68・69）の対応をめぐって両者は対立。結局、ソ連不在のまま**特別国連軍**（変則的なもので正式ではない）が見切り発車的に派遣されたりもします。こんな状況を受けて**1950**年、国連は特別総会を開催し「**平和のための結集決議**」を採択。この決議の内容は、24時間以内に（安保理の9理事国以上の賛成もしくは、加盟国の過半数以上の要請による）機能しない安保理の代わりに強制措置の勧告ができる「**緊急特別総会**」を開催できる、というものなんだ。ただし現在まで、**安保理、緊急特別総会**ともに正式な国連軍の派遣はしたことが**ない**んです。ちなみに緊急特別総会は**1956**年の**スエズ危機**の際、初めて開催されているよ。

▼ 経済社会理事会はNGOと連携

　③の経済社会理事会は、主として経済・社会・人権問題などの解決を目指し、必要に応じて勧告（拘束力はない）を行っています。ここで大切なのは、国連憲章第**71**条などにより**NGO**などの民間団体との「**オブザーバー制度（協議資格制度**、議決権はない）」が採用され、**多くのNGOと連携**しています。また、経済社会理事会の専門機関として <small>国際通貨基金</small> **IMF**、<small>国際労働機関</small> **ILO**、などがあります。

　④の信託統治理事会は住民が自立的に統治できない、信託統治地域の援助を行う機関で、1994年に最後の**信託統治領であるパラオが独立した**事を受け、当面の活動を停止しています。⑤については次項で詳しく説明します。

　⑥国連事務総長は五大国からの選出が避けられている慣行※となっています。

※2016年末に任期を終えた潘基文（韓国）に代わり、グテーレス（ポルトガル）が事務総長に就任した。

必ずやろう！ 爽快問題集▼第1章 18 20

5 国際司法裁判所と国際刑事裁判所

ココ が出る! 試験前の最強ポイント

★国際司法裁判所⇒国家を裁く，審理開始には当事国双方の同意が必要
★国際刑事裁判所⇒個人を裁く，審理開始に個人の同意は不要

● 国際司法裁判所（ICJ）と国際刑事裁判所（ICC）の比較

国際司法裁判所（ICJ）		国際刑事裁判所（ICC）
1946年 国際連盟の常設国際司法裁判所を引き継ぐ	設 立	2002年発効 日本は2007年に批准
国連憲章第92条	根拠法	ICCローマ規程
ハーグ（オランダ）	本 部	ハーグ（オランダ）
国際連合加盟国 （2016年現在，193カ国）	当事国	ICCローマ規程締約国 （2016年現在，123カ国）
国家間の紛争	対 象	紛争時の個人の犯罪
紛争当事国の一方から要請があり，当事国間に合意が成立した場合のみ ※国際機関の要請による勧告的意見は可能	起 訴 提 訴	① 締約国または安保理の要請 ② ICC検察官1名の独自捜査 ※市民やNGOも検察官へ捜査要請は可能
・原則的に一審制で，上訴は認められない ・判決は当事国への法的強制力あり ・勧告的意見は法的強制力なし	特 徴	・二審制 ・最高刑は終身刑で死刑はない ・裁判所設置以後の犯罪に限る
・紛争当事国間の合意がないと提訴できない ・判決に従わない国への対処は安保理に一任されている	問題点	・アメリカ・ロシア・中国・インドなどが未加盟 ・犯罪が締約国以外で行われた場合，その国で容疑者を逮捕できない
南極海における調査捕鯨問題…オーストラリアが日本の調査捕鯨を中止させるために提訴した。2013年7月に日本とオーストラリアの口頭弁論が終了し，2014年3月の判決で日本敗訴（政府は判決に従うと表明）	具体例	2009年，スーダンのバシール大統領に対して，ダルフール紛争での人道に対する犯罪で逮捕状を発行。2011年にはコートジボワール危機に際して，人道に対する罪でバグボ元大統領を逮捕，2019年無罪とした

スパッとわかる >>> 爽 快 講 義 <<<

近年時事動向も多く，出題も多いので，ちゃんと学んでいきましょう。

▼ 国際司法裁判所（ＩＣＪ　International Court of Justice）って？

かつての国際連盟の組織のもとには，**常設国際司法裁判所**という国際裁判所が存在していました。**国際司法裁判所**（以降**ＩＣＪ**，2009年から2012年まで，日本人の**小和田 恆**（おわ だ ひさし）氏が所長であった。現在は判事）は，国際連合の常設機関で，1946年に発足しました。本部は2つともオランダの**ハーグ**です。ちなみに，かの国際法の父**グロティウス**は，ハーグの近隣にあるデルフトで生まれました（ハーグではないよ）。

ＩＣＪは，各国の主権を侵害しないために，**当事国双方の付託（同意）**にもとづいて，「**国家**」間の紛争を解決します。ここに審理が開始しにくい難しさの原因があります。**判決**[1]には**拘束力があり，従わない場合は，安保理にその処理を一任されてし**まいます。また，ＩＣＪは，国連総会や，国連の機関の要請で，**拘束力のない「勧告的意見」**を出すことがあります。これまで，1996年には「核兵器使用は国際

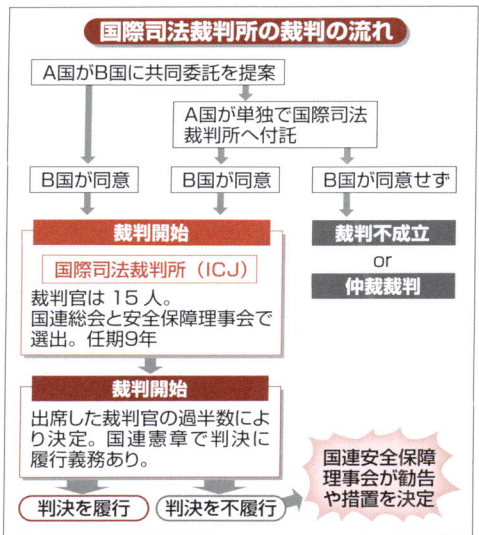

国際司法裁判所の裁判の流れ

A国がB国に共同委託を提案

A国が単独で国際司法裁判所へ付託

B国が同意　　B国が同意　　B国が同意せず

裁判開始

国際司法裁判所（ICJ）
裁判官は15人。
国連総会と安全保障理事会で選出。任期9年

裁判不成立
or
仲裁裁判

裁判開始

出席した裁判官の過半数により決定。国連憲章で判決に履行義務あり。

国連安全保障理事会が勧告や措置を決定

判決を履行　　判決を不履行

法上違法」，2004年には「パレスチナの分離壁は国際法上違法（p211参照）」，2010年には「コソボの独立は国際法上合法」とする勧告的意見を出しています。判決より少しやんわりとした形で，自らの政治的立場を示すことがあるんですね。

また，最近では，**オーストラリア**と**日本**が，南極海における調査捕鯨問題で裁判を行いました。現在，**国際捕鯨取締条約**（1948年発効，1951年日本加入）では，商業捕鯨は禁止されていて，調査捕鯨のみが可能です。オーストラリアは日本の捕鯨活動は，調査捕鯨ではなく，商業捕鯨だと主張したのです。**2014年に日本側が敗訴しました。**

※1　これまで10数度にわたり判決を出している。1953年には，イギリスとフランスの領有権問題である，マンキエ諸島，エクレウ諸島の領有権に関して，イギリスの領有権を認める判決を出した。近年では2014年にペルーとチリの排他的経済水域の管轄問題などの判決を出している。

▼ 国際刑事裁判所（ＩＣＣ　International Criminal Court）って？

国際刑事裁判所（以降**ＩＣＣ**）は，1998年のICCの設立に関する「**ローマ規程**」という条約が採択され，2002年に発効しました。本部はオランダの**ハーグ**です。しかし，これは国連の機関ではなく，各国がローマ規程に批准する必要があります。日本は2007年に批准しました。ICJとの違いは，国家ではなく，「**個人**」を裁く点にあります。なぜか？

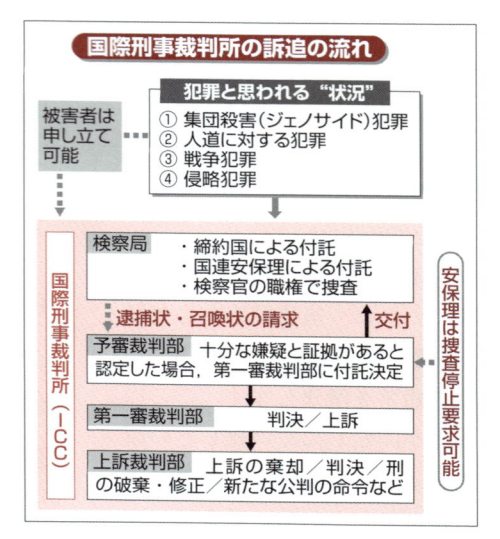

実は，東西冷戦が終焉した1990年代，国家対国家の「**戦争**」よりも，国家内での，人間集団対人間集団の紛争，すなわち「**内戦**」が多発しました。すると内戦を首謀したり，実際に戦闘したりする人間集団に属するであろう個人を裁く必要がありますよね。実際に，**ユーゴスラヴィア**，シエラレオネ，**ルワンダ**などでは，特設で個人を裁く，**国際戦犯法廷**がつくられていきました。

こうした中，常設の国際刑事法廷をつくる道が模索されだしたのです。また常設しておけば，**内戦中であっても犯罪者を処罰することも可能です。この司法的意味での内戦や戦争犯罪の抑止効果も期待**されています。

具体的には，個人の次の**4つの罪**を裁きます。

---

① 集団殺害犯罪（ジェノサイドに対する罪）【ローマ規程　第6条】

⇒「この規程の適用上，「集団殺害犯罪とは」，国民的，民族的，人種的又は宗教的な集団の全部又は一部に対し，その集団自体を破壊する意図をもって行う次のいずれかの行為をいう。」として，集団殺害や集団内部の出生を妨げることなど，5つの事例が挙げられている。

② 人道に対する罪　【ローマ規程　第7条】

⇒「この規程の適用上，「人道に対する犯罪」とは，文民たる住民に対する攻撃であって広範又は組織的なものの一部として，そのような攻撃であ

第6章　国際政治とその動向

ると認識しつつ行う次のいずれかの行為をいう。」として，殺人や拷問，
性的暴力など，11事例が挙げられている。

③ 戦争犯罪 【ローマ規程　第8条】

⇨ **戦時国際法（ジュネーブ条約〈1949年8月12日のジュネーブ諸条約〉や
国際慣習法などへの違反行為**。前者では捕虜などから公正な裁判の権利
を剥奪することや，後者では新たに，自然環境に対する深刻な損害など
の事例が挙げられている。

④ 侵略犯罪 【ローマ規程　第8条の2　2010年の改正で創設※】

⇨ この規程の適用上，「**侵略犯罪**」とは，**国家の政治的又は軍事的活動を実
効的に支配し又は指示する地位にある者**による，その性格，重大性，及
び規模により**国際連合憲章の明白な違反を構成する侵略行為**の計画，準
備，開始又は実行。

※当初この規定はなかったが，2010年にカンパラで催された締約国会議で創設。2017年12月に，
ニューヨークで開催されたローマ規程検討会議において，2018年7月から行使可能となるこ
とが決定した。

　特に，①と②はよく出題されます。①主に特定の集団に向けられた犯罪。②
は文民への非人道的行為という点に気がつくはずです。④については，2010
年にようやく定義が定まり，2018年7月から行使が可能となりました。

　ICCの裁判は二審制（ちなみにICJは一審制）で，判決には拘束力があります。
また，市民やNGOの検察への申し立ても可能で，**審理開始に個人の同意は要
りません。最高刑は死刑ではなく終身刑**です。実際に，**スーダンのダルフール**
紛争に関連して，**バシール**大統領に**逮捕状**が発行されています（2009年）。ま
た2011年には，コートジボワール危機に際して，**バグボ**元大統領にも逮捕状
が発行され，2019年1月にICCは無罪を言い渡しました。

　ただし，**アメリカ**や**ロシア**，**中国**などの大国が批准していないなどの課題も
残っています。また，安保理が捜査停止を要求できることにも疑問があります。

ポイント
ICJは当事国の同意の下「**国家**」を，ICCは「**個人**」を裁く‼

▼ これ以外にはないの？ あるよ。「国際海洋法裁判所」や「常設仲裁裁判所」！

　まず，**国連海洋法条約**（1982年採択，1994年発効）に基づいて，**1996年**に

設立された「**国際海洋法裁判所**（以下，ITLOS〈International Tribunal for the Law of the Sea〉。2011年10月から日本人の**柳井俊二**氏が所長に就任）」は，当事国の双方の付託に基づいて，海洋のあらゆる紛争の解決を行います。ただし国際連合の機関ではありません[※2]。

2016年には**中国**と**フィリピン**で対立する，**南シナ海**の領有問題をめぐり，耳にしたことがあるかもしれません。しかし，一方の国がITLOSの裁判に同意しなかった場合は，裁判が始まりません。この点はＩＣＪも同じだったね。

ではどうするか？

なんと，一方の国の申し立てだけで，常設仲裁裁判所での仲裁裁判に入ることが可能となっているんです。実はＩＣＪも同じです。

大まかに言うとこのようなイメージです。

■ 国際司法裁判所(ICJ)と国際海洋法裁判所(ITLOS)裁判の大きな流れ

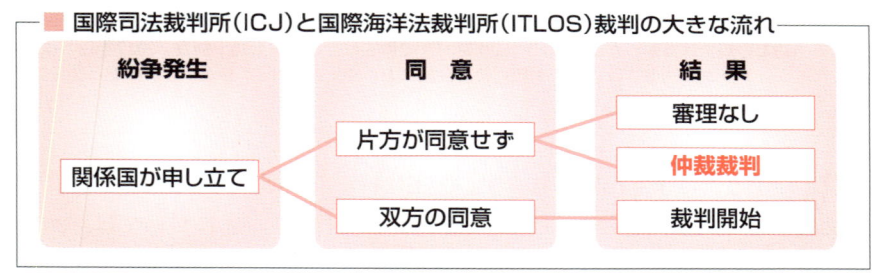

この仲裁裁判の歴史は古く，1899年の**ハーグ平和会議**によって，オランダの**ハーグ**に設立された「**常設仲裁裁判所**」にまで遡ります。**仲裁手続きの申請を受けてから判事の指名などを行うので少し時間がかかります。また判事の人選などでもめることもあります。**これも国際連合の組織ではなく，現在でも国際法に基づく仲裁裁判をおこなっています。

国際法上の第三者の判断を何らかの形で仰いだ方が，紛争解決も早いし，外交上有利な場合もあるかもしれませんよね。

特に2016年7月には，**中国**と**フィリピン**で対立する，**南シナ海**の領有問題をめぐり，**中国側がITLOSの裁判を拒否したため，フィリピンは仲裁裁判に打って出ました。**すると常設仲裁裁判所が，**中国側に領有権はないとする判決を下**したのです。判決は当然遵守することが求められています。国際法上の違法判決を受けた，中国の対応が注目されます。

※2 国連海洋法条約が根拠条約だが，これは，「国連」の場で採択されたという意味であり，国際海洋法裁判所は，国際連合が設立したものではない。

国際裁判動向の爽快整理

■ 主な４つの国際法廷

⇒ 先ほど爽快講義で話した，主な４つの国際法廷を以下にまとめておきます。少し講義が長かったので，試験前に活用して下さい。なお，国際連盟時代には，国際連盟の機関として「**常設国際司法裁判所**」が設置されていました。

国際司法裁判所
（ICJ， 1946年）

内容 **国家を裁く**
国連の常設機関

判決 拘束力あり
従わない場合は安保理
に付託

①日本はこれまで**竹島**の領有をめぐり**韓国**に対して3回の提訴提案を行っている。韓国は拒否し審理できず
②2014年3月には，**オーストラリア**と日本との間で行われた，南極海での**調査捕鯨**問題で日本が敗訴
③2016年3月には，太平洋の**マーシャル諸島**共和国が，核保有国が核拡散防止条約（NPT）の核軍縮義務を怠っているとして，訴えていたが，10月に訴えを却下した。

国際海洋法裁判所
（ITLOS， 1996年）

内容 **国連海洋法条約に**
基づき国家を裁く
国連の機関ではない

判決 拘束力あり

中国と**フィリピン**の**南シナ海**の領有問題と，仲裁裁判。本文p194を参照

国際刑事裁判所
（ICC， 2003年）

内容 **個人を裁く**
人道に対する罪
ジェノサイドに対する罪
戦争犯罪
侵略犯罪の4つを対象とする

判決 拘束力あり
最高刑は,死刑ではなく,
終身刑

スーダン内戦をめぐり，**バシール**大統領に逮捕状を発行。その後訴追
コートジボワールの人道危機に際して，**バグボ**元大統領の無罪判決など

常設仲裁裁判所
（1899年のハーグ平和**
会議**による）

内容 **ICJやITLOS**
などの仲裁手続きを行う

判決 拘束力あり

国家，私人，法人などの国際機関の間の紛争における仲裁手続きも引き受けている

（参考文献）柳井俊二『国際海洋法裁判所の特徴と最近の判例』中央ロー・ジャーナル第10巻第1号 (2013) など

必ずやろう！爽快問題集▼第1章 21

6 PKO

 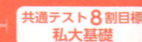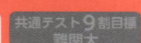

ココが出る! 試験前の最強ポイント

★ 日本のPKO協力法 ➡ 特に参加5原則
★ 2015年の改正動向

① PKO（Peace Keeping Operations）国連平和維持活動

⇒紛争の再発防止・停止を**非軍事的かつ中立的立場**で行う組織

⇒憲章上明記がないため「**6章半的活動**」と呼ばれる

第6章 紛争の平和的解決	⟷ 6章半的活動 ⟷	第7章 強制措置

② PKO活動の種類

PKO ┬ Peace Keeping Force **P K F** — **国連平和維持軍**（初）1956年の第1次国連緊急軍）
└ **監視団** ┬ **停戦監視団**（初）1948年のパレスチナ停戦監視機構）
└ **選挙監視団**（初）1989年のナミビア独立支援団）

⇒PKO要員の派遣は停戦の合意と受入れの同意の上に安保理が決定

③ 日本のPKOへの対応 ➡ 1992年PKO協力法制定

⇒**1991**年…「**湾岸戦争**」勃発⇒日本の「**国際貢献**」のあり方が議論に

⇒公明党からの提案である「**PKO5原則**」と「**PKF（国連平和維持軍）**」への
参加の凍結」を自民党が受け入れる

⇒**1992**年…**宮沢**内閣，自民・公明・民社で「**国際平和協力法（PKO協力法）**」
を強行採決

● PKO5原則 ●
❶**停戦の合意** ❷**当事国の受け入れ** ❸**中立的立場**
❹**武器使用は護身用のみ** ❺**自国の独自判断のみでの撤退**　 丸暗記!!

⇒2001年，それまでのPKFの参加凍結を解除する法改正が行われた

⇒2015年には，**平和安全法制**の整備に伴って，「**駆けつけ警護**」などへの武器使用
範囲を拡大する法改正が行われた

④ 第二世代のPKO ➡ 当事国の受入れ同意なきPKO活動〔発展知識〕

⇒1992年，当時の**ガリ**国連事務総長が『**平和への課題**』レポート発表

⇒従来の当事国の受け入れ同意を必要とする伝統的なPKOに対して，

⇒同意のいらない重装備の**PEU（平和執行部隊）**の創設を提案，後に挫折

スパッとわかる >>> 爽 快 講 義 <<<

▼ 平和的解決と強制措置の真ん中にあるPKO

　PKOはよくニュースなどでも耳にする言葉ですよね？　**1992**年，日本も**国際平和協力法（PKO協力法）**に基づいて**カンボジア**に初めて自衛隊を派遣しました。PKOは紛争の再発防止，停止を非軍事的かつ中立的立場で行う組織だよ。国連憲章に直接規定がないため，板書①を見て分かるとおり，第6章の「平和的解決」を前提としながらも，一部武装していることから，第7章の「強制措置」的な要素がある「**6章半的活動**」（6章半の活動）と言われています。

▼ PKO（国連平和維持活動）にはPKF（国連平和維持軍）と監視団の2つの活動が！

　板書②を見てください。PKOは，**PKF（国連平和維持軍）**と**監視団**の2種類がありますよね。**PKF**は軽武装した部隊で紛争地域の兵力の引き離し・武装解除などの直接的な活動を行います。一方の**監視団**は非武装（護身用武器は保有）の部隊が停戦・選挙の監視活動に当たるものです。**1992**年の**国際平和協力法（PKO協力法）**で日本は当初，**海外派兵**の禁止と**集団的自衛権**を行使できないという立場から，監視団のみの参加だった。しかし，**2001**年に同法が改正されて，**PKF**への参加が可能になったんです。

▼ 日本のPKO活動→1992年「国際平和協力法（PKO協力法）」制定→参加5原則を絶対暗記！

　1991年に**湾岸戦争**が勃発します。これは**イラク**が**クウェート**に侵攻したことを受けて，安保理の決議の下に**多国籍軍**がクウェートのイラク軍を排除した。こうした中，日本の「**国際貢献**」のあり方が議論になります。このような背景で「**ペルシャ湾への自衛隊掃海艇派遣**」も行いますが，これに野党は激怒。結果，PKOへ自衛隊が参加するという案が与党筋から出されます。公明党からの提案である「**PKO5原則**」と「**PKF（国連平和維持軍）への参加の凍結**」を自民党が受け入れ，**1992**年，宮沢内閣が，自民・公明・民社の3党で「**国際平和協力法（PKO協力法）**」を強行採決，成立しました。**2001**年には**PKF**への参加凍結を解除する改正が行われたことも注意しておいてね。

　更に2015年には，**平和安全法制**の整備に伴って，国連職員やNGO職員などへの「**駆けつけ警護**」などへの武器使用範囲を拡大する法改正が行われました。日本が参加した1992年から24年間は，PKO活動での日本の自衛隊員の犠牲者※はいません（1993年にカンボジアでのPKO活動の最中，**日本人の文民警察官1人が死亡**。4人が負傷している）。今後，活動の内容が拡大されることで自衛隊員の犠牲のリスクが高まっています。

※国連の発表によれば，2015年10月末時点で，1992年以降のPKO活動での死者の数は，全体で2540人，そのうち各国軍人が約3分の2に当たる1653人，民間の軍事監視員72人，警察官233人，文民214人，その他368人となっている。

必ずやろう！ 爽快問題集 ▼ 第1章 06 18 20 21

7 東西冷戦「その構造と成立」

ココ が出る! 試験前の最強ポイント

★6つの時期に区分して整理 ➡ 成立期・終結期・ポスト冷戦が頻出
★成立期はそれぞれの，政治・経済・軍事的対立軸を暗記

① 冷戦とは

⇒1945年以降の米国を中心とする**西側・資本主義**陣営と，ソ連を中心とする**東側・社会主義**陣営による，政治的，経済的，軍事的対立 ⇒ 両者が直接対決「**熱戦**（hot war）」せずに対立関係が続いた為「**冷戦**（cold war）」と呼ぶ

② 冷戦の6つの時期 ➡ 困難は分割して考えよう!

❶ **成立期〔40年代後半〜〕**
　➡**鉄のカーテン演説**を皮切りに政治・経済・軍事的対立軸が形成

❷ **雪解け期〔50年代〕**
　➡**四巨頭会談**や**初の米ソ首脳会談**による雪解け期

❸ **多極化期〔60年代後半〜〕**
　➡**中ソ対立**，**仏のNATO軍脱退**，**AA地域の台頭**，二極化〜多極化へ

❹ **新冷戦期〔70年代末〜〕**
　➡**ソ連のアフガニスタン**侵攻による米ソの緊張，米ソ軍縮交渉の中断

❺ **終結期〔80年代後半〜〕**
　➡ソ連書記長に**ゴルバチョフ**就任，**マルタ会談**で冷戦終結

❻ **ポスト冷戦期〔90年代〕**
　➡冷戦崩壊後，**東西ドイツ統一**，地域・民族紛争の激化

③ 成立期〔40年代後半〕 ➡ 対立軸の暗記

西 側 陣 営		東 側 陣 営
● **トルーマン・ドクトリン** 1947年〔共産主義封じ込め政策〕	政 治 戦 略	● **コミンフォルム** 1947年〔国際共産党情報局〕1956年解散
● **マーシャル・プラン** 1947年〔欧州復興援助計画〕⇒米国の西欧諸国への経済援助	経 済 戦 略	● **COMECON** 1949年〔経済相互援助会議〕⇒ソ連の東欧諸国への経済援助
● **NATO** 1949年〔北大西洋条約機構〕	軍 事 戦 略	● **WTO** 1955年 1991年解散〔ワルシャワ条約機構〕

スパッとわかる >>> 爽快講義 <<<

▼ 東西冷戦はなぜ生まれたか？

冷戦の意味については，すでに知っていると思うので板書の①を確認しておいてください。それでは，なぜこのような対立が生まれたんだろう？

第二次世界大戦中の米ソ両国は，日本やドイツ，イタリアなどの**ファシズム**国家を共通の敵として戦ってきた。しかし，双方はその戦後処理をめぐる**ヤルタ会談**，**ポツダム会談**，などにおいて，**激しく対立**したんだ。特にソ連のスターリンは東欧を支援して社会主義の拡大を狙った。また原爆を手にした米国のトルーマンはソ連に対する軍事的優位を誇張する。こんな両国間にはいつしか**口には出せない不信感で覆われて**いくんだ。

そんな最中の**1946**年3月。当時の英国**チャーチル**元首相は米国の**フルトン**市で，とんでもない演説をしてしまう。その内容は,,,

「今や，**バルト海**の**ステッチィン**から**アドリア海**の**トリエステ**にかけて，大陸を横切って鉄のカーテンが下ろされている」。さすがに，名文家で有名な**チャーチル**の演説ですが，この**「鉄のカーテン演説」**が米ソの緊張を加速させていくことになるんです。

▼ 冷戦は年代別に6つの時期に分けて押さえよう！

「困難は分割して考えよ」これはデカルトの言葉です。冷戦は1945〜1989までの長い期間です。従って試験では**通史としての出題**よりも，**分割した出題**がなされています。よって板書②を見ながら，「どの時期に何があったのか」を大まかに摑むことが大切だよ。**年号の出題は少ないので**，この方法が効果的。

▼ そして，「鉄のカーテン」の後，対立構造が生まれた！

さて，話を元に戻そう。チャーチルの鉄のカーテン演説の翌年，**1947**年3月，トルーマン大統領は議会で，世界が自由主義と社会主義に2分されていると演説。専制に抵抗している国を助けるなどとして，**ギリシャ・トルコに経済援助**を決めたんです。これは反共を条件に両国に経済援助を行ったもので，「**共産主義封じ込め政策，トルーマン・ドクトリン**」と呼ばれます。

さらにこうした対立の動きは加速し，経済戦略での対立組織，**マーシャル・プラン**と**COMECON**が，続いて**1949**年には軍事的対立組織，**NATO**，**1955年**に**WTO**が結成されます。また西側は，東側に武器輸出を行わない，**COCOM**（対共産圏輸出統制委員会）を1949年に発足。両者の対立は決定的になる。

必ずやろう！ 爽快問題集 ▼ 第1章 19・21

8 東西冷戦「雪解け期と多極化期」

ココが出る！試験前の最強ポイント

★フルシチョフのスターリン批判　★キューバ危機　★ベトナム戦争
★フランスのNATO軍脱退　★プラハの春　★第一回非同盟諸国首脳会議

① 雪解け期〔50年代〕

1953年　朝鮮休戦協定⇨北緯38°線付近を軍事境界線に
1954年　**ジュネーブ休戦協定**⇨北緯17°線を休戦ラインに
1955年　● **ジュネーブ4巨頭会談**⇨雪解け，平和共存の方向性が示される
　　　　（米→アイゼンハワー，英→イーデン，仏→フォール，ソ→ブルガーニン）
1956年　● ソ連**フルシチョフ**書記長「**スターリン批判**」
　　　　⇨スターリンの政治は「個人崇拝を伴った専制政治」であるとし，
　　　　自由化を推進
1959年　●米ソ首脳会談「話し合い外交」（米→**アイゼンハワー**，ソ→**フルシチョフ**）

ところが!!

1962年　**キューバ危機**勃発→ケネディ大統領はこれを外交で回避
1963年　**ケネディ**大統領暗殺（**ジョンソン**が大統領に昇格）
1964年　**トンキン湾事件**勃発（米軍が北ベトナムから攻撃されたとの偽事件）
1965年　**ベトナム戦争**勃発（米軍による北爆開始）　※1973年終結，1975年北ベトナムによる南北統一

② 二極化から多極化へ〔60年代後半～〕

西側の動き	1966年 **フランスのNATO軍脱退** 「**経済の三極化**」⇨ 米国・EC（1967年発足）・日本（**1968年**GNP西側世界第**2**位へ）
東側の動き	**1968年**　「**プラハの春**」⇨チェコの民主化運動　ソ連軍などが武力制圧 1969年　**中ソ国境紛争**⇨アムール川流域での国境紛争〔**中ソ対立**〕 ⇨これを受け**1972年ニクソン訪中**　**1979年米中国交正常化**
AA地域（アジア・アフリカ地域）の台頭	**1960年**　「**アフリカの年**」⇨アフリカ17カ国が独立 **1961年**　**第一回非同盟諸国首脳会議**（ベオグラードで開催　25カ国が参加）

スパッとわかる >>> 爽 快 講 義 <<<

▼ 話し合い外交による雪解け

1953年には，1950年に勃発した朝鮮戦争 (p68・69) の休戦協定が結ばれます。また1945年に**ホーチミン**が独立を宣言した**ベトナム民主共和国**（北ベトナム・社会主義）にフランスが介入した**インドシナ戦争**も，**1954年ジュネーブ休戦協定**で南北分割され休戦。とりあえず重石を取り除かれた国際社会は，**1955**年，**ジュネーブ4巨頭会談**を開催するんです。これが**話し合い外交**の始まりで，こうした東西の歩み寄りを「**雪解け**」と表現します。そして1956年は，ソ連書記長**フルシチョフ**が**スターリン批判**を行うと，米ソは接近。こうして**1959**年，ついに**米ソ首脳会談**が実現するんだ。この会談はアメリカ，メリーランド州の「キャンプデービッド」の大統領山荘で開催。ここでの「平和共存」と「**雪解け**」の精神は，「キャンプデービッド精神」と呼ばれるよ。

▼ 一方で非同盟主義を掲げる国も

こうした動きの中で，**1954**年にインドの**ネルー**と，中国の**周恩来**は「**平和5原則**」で**非同盟主義**を掲げます。また，翌年の**1955**年には**アジア・アフリカ会議**で「**平和10原則**」が採択。非同盟主義を掲げる国は29カ国に拡大しました。

▼ キューバ危機→ケネディ暗殺→ベトナム戦争へ

1962年，世界を震撼させる出来事が起こります。なんとソ連がキューバにミサイルを搬入。するとワシントンは射程圏内に入ります。**ケネディはキューバ海上を封鎖し，核戦争直前**となります。その後ケネディはキューバ不侵攻を約束し，ソ連はミサイルを撤去。**危機は回避**されます。この一連の事件を「**キューバ危機**」といいます。翌1963年8月には「**部分的核実験禁止条約（PTBT）**」が米英ソで調印される。しかし，**1963年11月22日**，ケネディはダラスで暗殺。後を次いで昇格したジョンソン政権の下，**トンキン湾事件**（これは北ベトナムから米軍が攻撃されたというもので，1970年に嘘であった事が判明）が勃発する。これを受けて**1965**年から**ベトナム戦争**が本格化していく。

ケネディはベトナム戦争遂行のために殺されたのでは？との声もある。

▼ 多極化する世界

60年代になると，米ソの柱を軸とする「**二極化**」が崩れ，「**多極化**」へと変化していくよ。ここでは板書②に書かれている，「**フランスのNATO軍脱退**」[※]，「**プラハの春**（ドプチェクが率いた人の顔した社会主義への民主化）」，「**中ソ対立→米中接近**」，「**AA地域の台頭**」の4つをキーワードとして暗記しておこう！

注目!! 2009年4月，フランス（サルコジ政権）はNATOの軍事機構への完全復帰を宣言した

必ずやろう！ 爽快問題集 ▼ 第1章 19〜21

9 東西冷戦「新冷戦期，終結期，ポスト冷戦期」

ココが出る！試験前の最強ポイント

★ソ連のアフガニスタン侵攻 ➡ 米ソ軍縮交渉中断
★ゴルバチョフ ➡ 新思考外交，ペレストロイカ，グラスノスチ
★マルタ会談，東西ドイツ統一，ソ連解体

① 新冷戦期〔70年代末～〕

1975年　**全欧安全保障協力会議（CSCE）**→ ヨーロッパの緊張緩和等が議題
　　　　東欧・西欧諸国と米・カナダの計35カ国が参加
　　　　「ヘルシンキ宣言」採択　1995年から**全欧安全保障協力機構（OSCE）**
1979年　**ソ連アフガニスタン侵攻** → 結果米ソ軍縮交渉中断
1983年　アメリカ「**戦略防衛構想（SDI）**」
　　　　　　　　　　※SDIとは宇宙からレーザーでミサイルを迎撃するシステム

② 終結期〔80年代後半～〕

1985年　**ゴルバチョフ**がソ連共産党書記長に

> ①**ペレストロイカ（改革）**
> ②**グラスノスチ（情報公開）**
> 　⇒1986年4月の**チェルノブイリ原発事故**を受けて
> ③**新思考外交**⇒「欧州の家」構想

1989年　**東欧の民主化**⇒東欧各国で共産党の一党支配が崩壊

> ①**ハンガリー複数政党制導入**（89年2月11日）
> ②**ポーランド**で非共産主義政権発足（89年8月）
> ③**ベルリンの壁**崩壊（89年11月9日）
> ④**ルーマニア**で**チャウシェスク**大統領処刑（89年12月25日）

1989年　12月　**マルタ会談**（米→**ブッシュ**，ソ連→**ゴルバチョフ**）⇒冷戦の終結宣言

③ ポスト冷戦〔90年代〕　年号注意

1990年　**東西ドイツ統一**⇒統一ドイツはNATOに加盟
1991年　COMECON，WTO解散
1991年　「**アルマアタ宣言**」に基づき，ソ連崩壊⇒**独立国家共同体（CIS）**に
1994年　COCOM解散
　　　　旧WTOがNATOと軍事協力関係を結ぶ為の「**平和のための協調（PFP）協定**」締結　※**2002年ロシアはNATOに準加盟した**

スパッとわかる >>> 爽快講義 <<<

▼ ソ連のアフガニスタン侵攻→米ソ一気に緊張

1975年, アルバニアを除くソ連を含めたヨーロッパ諸国とアメリカ, カナダを加えた35カ国は, 第1回**全欧安全保障協力会議**(CSCE)を開催します。この中で東西協調を掲げた「**ヘルシンキ宣言**」が採択されました。こうして世界は安定に向かいつつあると見えたのですが, **1979**年, **イラン革命**によってイランに反米政権が発足。これをきっかけに**第二次オイル・ショック**が発生。さらに同年, **ソ連がアフガニスタンに侵攻**するという事態が勃発。米ソ間の緊張が再び高まったこの1970年代後半から1980年代前半までを, 新冷戦期と呼びます。

▼ ゴルバチョフの誕生で一気に冷戦終結

しかし, そんな緊張した米ソ関係の中, **1985**年ソ連書記長に**ゴルバチョフ**が就任したんだ。このことによって冷戦は一気に終結に向かいます。まず政治面では複数政党制の導入。経済面では**市場原理の一部導入**。また, 情報公開(**グラスノスチ**)を進めたり, 検閲を廃止したりなどの改革を行います。これを**ペレストロイカ**と呼びます。さらに**新思考外交**によって, 米ソ冷戦にとらわれない新しい米ソ外交を目指す, という方針も決めるんです。そして, **1989**年12月, 地中海の**マルタ**島で米国の**ブッシュ**大統領, そしてソ連の**ゴルバチョフ**共産党書記長の両首脳の下, 東西冷戦は終結。ゴルバチョフは就任からわずか4年で, この大きな東西冷戦という怪物を消したことになるんですね(1990年, ゴルバチョフはノーベル平和賞受賞)。

この冷戦の一連の流れを「**ヤルタ**から**マルタ**へ」と表現します。

一方でこの冷戦崩壊の背景には, 米ソの軍事費増大による財政赤字があったことも事実です。

▼ 東西冷戦後→それでも世界の平和は遠かった

こうして**1989**年, 東西冷戦は終わった。またこの年**ベルリンの壁**も崩壊。これに伴い, **1990**年に**東西ドイツ**は統一。また**1991**年には「**アルマアタ宣言**」によってソ連(ソビエト社会主義共和国連邦)は解体され, **CIS(独立国家共同体)**へと移行していく(p56に関連事項あり)。

しかし一方で, この冷戦の崩壊は新たな**民族紛争**を激化させる結果にもなったんです。特に東側が顕著で, かつての大きな家を失ったユーゴスラビアなどは民族間での独立を主張し, たびたび衝突しています。以下が主なもの。

旧ユーゴスラビア内戦 (1991〜1995)	クロアチアなど3カ国の独立をセルビアが阻止
コソボ紛争 (1998〜1999)	アルバニア人(イスラム教徒)とセルビア人(キリスト教徒)の対立
チェチェン紛争 (1991〜1997)	チェチェン共和国(イスラム教徒)の独立をロシアが阻止

必ずやろう! 爽快問題集 ▼ 第1章 19・21

基礎 発展 時事
出題頻度 ★★★★★

共通テスト8割目標
私大基礎

共通テスト9割目標
難関大

10 日本の国際社会への復帰

ココが出る! 試験前の最強ポイント

★ソ連 ➡ 韓国 ➡ 中国の順で国交回復　　★外交三原則
★北方領土は未返還 ➡ 平和条約締結後に返還を約束
★p227の領土問題も要チェック

① 戦後日本の外交三原則（1957年外務省発表）★必ず暗記!!

❶国連中心主義
❷自由主義諸国との協調
❸アジアの一員としての立場を堅持

② 国交正常化の歩み

1951年 　サンフランシスコ講和条約（正式名称→日本国との平和条約）

⇒吉田茂内閣

⇒連合国48ヵ国との講和（西側諸国とのみの単独講和・片面講和）

⇒日米安全保障条約同時締結，1952年の発効により日本の主権回復

1956年 　日ソ共同宣言 ⇒鳩山一郎内閣

⇒北方領土（歯舞群島・色丹島・国後島・択捉島）のうち，歯舞群島，色丹島については平和条約締結後に返還約束，ただしいまだに締結されていない

⇒この宣言を受け同年，日本は国連に加盟した

1965年 　日韓基本条約 ⇒佐藤栄作内閣

⇒日本政府は韓国を朝鮮半島における唯一の合法政府とした

1972年 　日中共同声明 ⇒田中角栄内閣

⇒中華人民共和国を中国唯一の合法政府として，台湾（国民党政府）との国交を断絶（日華平和条約の破棄を台湾政府に通告）

※日華平和条約は1952年，台湾（中華民国）の蒋介石との間で結ばれた講和条約

1978年 　「日中平和友好条約」 ⇒福田赳夫内閣

⇒日中両国の覇権禁止の表明

2002年 　「日朝首脳会談（9/17）」　日本⇒小泉純一郎　　北朝鮮⇒金正日

⇒国交正常化交渉再開の合意文書として「平壌宣言」調印

スパッとわかる >>> 爽 快 講 義 <<<

▼ 北朝鮮との国交正常化の動きなど，近年その動向が注目！

　1951年9月4日，**サンフランシスコ講和会議**が開かれました。ここで日本は，**サンフランシスコ講和条約**〔**吉田茂**内閣〕に調印。中国（中華人民共和国，中華民国）は招かれず，ソ連などを除く48カ国との間で講和（片面講和，単独講和）し，翌1952年に条約は発効し，**日本は主権を回復し独立**したんですね。

　当然，いかに早くソ連，中国との国交正常化を果たしていくのかですよね？

▼ ソ連との国交回復
→北方領土は平和条約締結後に歯舞，色丹島の返還を約束！

　1956年，**日ソ共同宣言**〔**鳩山一郎**内閣〕によって日本はソ連との国交を回復します。問題は**北方領土**（**歯舞群島**・**色丹島**・**国後島**・**択捉島**）の返還問題。当初日本政府は4島一括返還を交渉カードにしていたんですが，結局，**歯舞群島と色丹島**の2島については，平和条約締結後の返還という妥協の下に国交回復が成立したんです。このソ連との国交回復に伴って，**1956**年12月，日本はソ連の支持を得て**国連**に加盟（80番目の加盟国）しました。**1957**年に外務省は，「国連中心主義」，「自由主義諸国との協調」，「アジアの一員」を**外交三原則**として掲げ，アメリカだけでなく，国連やアジアなどへの外交上の配慮を示しました。

　さらに，**1965**年には**日韓基本条約**によって韓国との国交も回復しました。

▼ 日中国交正常化→2つの中国との関係に注意せよ！

　1949年，毛沢東率いる共産党が中華民国（資本主義）の国民党政府を打倒し，中華人民共和国（社会主義）を樹立します。この時，**中華民国政府は台湾に渡り**，ここにいわゆる「中国対台湾」の関係が築かれるんですね。実は1952年，日本はアメリカの意向に従って，**中華民国政府と日華平和条約によって国交を回復**していたんだ。当然，中華人民共和国とは国交を樹立してない。しかし，1972年2月に米国の**ニクソン**大統領が訪中したのを受けて，日本も**中華人民共和国に接近**していく。こうして**1972**年，**田中角栄**と**周恩来**との間で**日中共同声明**が発表され，日中の国交は回復しました。ただし，忘れちゃいけないのが，中華民国との関係です。なんと日本は，**日華平和条約**を破棄。つまり国交を断絶したんです。この扱いの基本には，中国（北京政府）も日本も「二つの中国」は認めないとする原則を共有したからです。

　さらに日本は，**1978**年，**日中平和友好条約**も調印しています。

11 パレスチナ問題と現在

ココ が出る! 試験前の最強ポイント

★東西冷戦後の宗教対立 ➡ イスラム対ユダヤ・キリスト
★2001年米国同時多発テロとパレスチナ問題
★新課程以降要注意　★オスロ合意と中東ロードマップ

① パレスチナ問題

⇒ユダヤ教，キリスト教，イスラム教は同一の神を信仰しているため，聖地が同じ，中東のエルサレムにある
⇒ユダヤ教とイスラム教との間の聖地とその周辺のパレスチナ地方をめぐる統治問題が**パレスチナ問題**である

② 入試に問われる年表

● 19世紀末　「**シオニズム**」運動はじまる

1930年代⇒ユダヤ人は，パレスチナに移住開始（多くはアメリカに移住），パレスチナ人と対立

1947年	**イギリス**から管理をゆだねられた国連は「**パレスチナ分割決議採択**」
1948年	**イスラエル独立** ⇒ この時多くのアラブ人が難民に（**パレスチナ難民**）
	第一次中東戦争 ⇒ 国連決議の無効を唱えパレスチナ側が開戦
1964年	**PLO**（パレスチナ解放機構設立）
1967年	**第三次中東戦争** → アラブ人はほとんどの土地を失う
1987年	**インティファーダ**
1993年	**イスラエル〔ラビン〕**と**PLO〔アラファト〕**が**クリントン米大統領**の仲介で「**パレスチナ暫定統治協定**」に調印⇒「**オスロ合意**」⇒1999年まで暫定統治
1995年	「自治拡大協定」調印⇒11月・**ラビン**暗殺
1996年	5月　後任にネタニヤフ⇒自治拡大に否定的
1999年	バラク首相　2000年9月までに交渉まとめると宣言
2001年	1月　**ブッシュ**が米国大統領に
	3月　**シャロン**がイスラエル首相に⇒元軍人のタカ派的存在
	9月　**米国同時多発テロ事件**
	10月　アメリカが**アフガニスタン**に報復攻撃開始
	12月　イスラエルがパレスチナ自治区に攻撃開始
	12月　**タリバン**政権崩壊　アフガン移行政権発足⇒**カルザイ**氏が議長に

スパッとわかる >>> 爽快講義 <<<

▼ 中東の「火種」→聖地エルサレム

中東のヨルダンとエジプトの間には聖地**エルサレム**のある，パレスチナ地方がある。**大切なのはこの聖地エルサレムは，ユダヤ教，キリスト教，イスラム教の3つの宗教の聖地**だということなんだ。つまりその土地の所有をめぐって争いが絶えない。これがいわゆる「**パレスチナ問題**」である。

▼ 第二次大戦まではパレスチナ人が住んだ→そこにユダヤ人が

第一次大戦後，パレスチナ地方はイギリスの領土，そこにアラブ人が住んでいたんだ。しかし，19世紀末ごろから「**シオニズム運動**」という名の下，世界各地に散らばっていたユダヤ人がパレスチナ地方に移住してくる。こうして同地ではパレスチナ人とユダヤ人の衝突が絶えない状態になったんです。ただ当時，ユダヤ人の大半はアメリカに移住している。つまり第2のユダヤ人の故郷はアメリカにあるんだ。

▼ イギリスは三枚舌外交で同地を混乱→国連へ統治権委譲

困ったイギリスは，1915年フセイン・マクマホン書簡でパレスチナの独立を約束。1916年には，サイクス・ピコ協定でフランスとの分割統治を約束。さらに1917年には，バルフォア宣言でユダヤ人国家の設立を認めるんだ。つまり三枚舌を使い同地はさらに混乱していく。こうしてイギリスは統治権を国連に移譲した。

▼ 国連はユダヤ人優位の分割を決定
→パレスチナ人は反発し第一次中東戦争へ

こうして国連は**1947**年，**パレスチナ分割決議**を採択。エルサレムそのものは国際管理地域にしたものの，1/3のユダヤ人に対して56％の土地を渡したんだ。そしてユダヤ人は**1948**年**イスラエル**を建国。これにパレスチナ人は反発し，**第一次中東戦争**へ発展していくんだ。

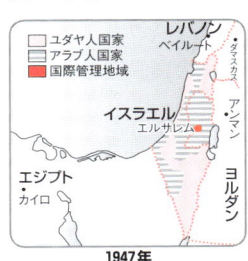

1947年
国連パレスチナ分割決議
イスラエル独立

▼ 1967年にすべての土地を失うパレスチナ人

さて，この間に中東では，イスラエルがエジプトへ侵入する，1956年のスエズ動乱を契機とする第二次中東戦争。そして**1967**年には，イスラエルがエジプト，シリアやヨルダンを攻撃したことで**第三次中東戦争**が勃発します。この時アメリカから譲り受けた近代兵器を保有する

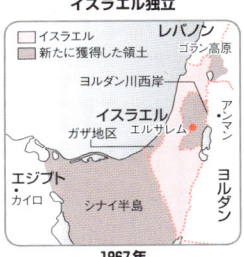

1967年
第三次中東戦争

イスラエルは圧倒的軍事力で，エジプト領である**シナイ半島**，東エルサレムを含む**ヨルダン川西岸**，**ガザ地区**そしてシリアの**ゴラン高原**を奪った。地図を見て分かるとおり，イスラエルは大きな領土をアメリカの軍事力で手にしたんだ。

さらに，**1973**年には，アラブ側が再度土地を奪還しようと**第四次中東戦争**が勃発。しかし，やはりイスラエルの近代兵器を前にこれも失敗に終わってしまいます。そこで，西側への制裁措置として，アラブ側は原油価格を4倍に跳ね上げたんだ。こうして**第一次オイル・ショック**が発生します。

▼ 1978年，イスラエル，シナイ半島をエジプトに返す

板書にはないんだけど，イスラエルがエジプトから第三次中東戦争のときに占領したシナイ半島の返還に同意するんだ（1978年）。当時のエジプトの**サダト**大統領とイスラエルのベギン首相が**カーター**米国大統領の仲介で「**キャンプデービッド合意**」に調印。シナイ半島はエジプトの領土となった。しかし1981年，中東和平を導いた**エジプト大統領サダト**は**暗殺**されたんです。

▼ しかし，かつてのパレスチナ地方にパレスチナ人はいない！→憎しみの拡大

エジプトとの関係はとりあえず修復したものの，**当然パレスチナ人はかつての土地を失ったパレスチナ難民**となっているよね。こうしてこの憎しみは70年代以降「**イスラム原理主義**」という思想の下に拡大していく。これは強いイスラムによる世界統一を目指す思想で，テロも聖戦〔**ジハード**〕として肯定された。こうして各地でテロが勃発した。**軍隊を持たないアラブ人たちはテロを戦いの道具とした**。しかしそれはどんどん国際組織へと巨大化し，**ハマス**や**アルカイダ**といった巨大国際テロ組織を生み出していったんだ。やはり憎しみは憎しみしか生まなかった。**1987年には**インティファーダ**という大規模な民衆蜂起**が勃発。しかし，イスラエルはまたしてもこれを武力で制圧したんだ。

▼ 1993年オスロ合意→中東和平は成功したかに見えたが，，，

1993年，こうした事態を打開する出来事が起こる。**オスロ合意**である。イスラエル〔**ラビン**〕と**PLO**〔**アラファト**〕が**クリントン**米大統領の仲介で「**パレスチナ暫定統治協定〔オスロ合意〕**」に調印したんです。これは1999年までの間，かつての分割地域である**ヨルダン川西岸**と**ガザ地区**のパレスチナ側の暫定統治を認めるというものなんだ。ただし，**入植地**という形でイスラエル人を居住させること。そして**軍隊は持たないことが条件**とされました。

しかし，1995年，更なる**自治拡大協定**に調印したラビンは暗殺。

▼ そしてタカ派がイスラエル首相に！

ラビンの死後パレスチナの**自治拡大に否定的な首相であるネタニヤフが首相に就任**します。このことによって，パレスチナの独立は踏み倒されるのでは？との危惧がアラブに広がっていくんです。1999年，**協調路線のバラク首相の下で，暫定統治の期限切れを迎えてしまうんだ**。バラクは2000年までに交渉をまとめると言うものの，**具体的にはまとまらなかった**。

こうして，**2001年米国は，共和党のブッシュが大統領に就任**。またイスラエル首相に元軍人でタカ派のシャロンが首相に就く。もう見えてきますよね？

そう，**パレスチナ側にとって強硬派と映る指導者が続々と就任**したことになる。そして，シャロンは統治期限を理由に**パレスチナ人の独立を否定**していくんだ。こうして**パレスチナ・アラブ側の自爆テロが広がっていった**んです。

▼ アメリカへの憎しみ

このアラブのイスラエルへの**憎しみ**は，同時にそれをずっと支援してきたアメリカにも向けられるのは当然ですよね？ 特に**オサマ・ビン・ラディン**率いる**アルカイダ**は，1993年のワールドトレードセンター駐車場爆破事件や，1998年のケニア・タンザニアの米国大使館爆破事件などの米国を狙ったテロの犯行グループとされています。

2001年9月11日，ハイジャックされた2機の旅客機がニューヨークの**ワールドトレードセンタービル**に突っ込む，**米国同時多発テロ**が勃発。ブッシュ大統領は20分後にテロと断定。そしてビン・ラディンを首謀者として，世界に彼の写真は流され続けたんだね。

10月には**オサマ・ビン・ラディン**（2011年にアメリカ軍が殺害）をかくまっているとして，**アフガニスタン**の**タリバン政権**に向け報復攻撃開始。12月首都**カブール**は陥落し，**カルザイ**が移行政権の議長に，その後大統領に就任したんです。

▼ 報復の連鎖

このアメリカの「報復戦争」は，**イスラエルのパレスチナに対する報復戦争**も招いていきます。2001年12月から，イスラエルは自爆テロへの報復として，パレスチナ自治区を攻撃，PLOのアラファト議長（2004年死去）の監禁にまで矛先は伸びていくんです。パレスチナ側はこれに自爆テロで応酬。両者の血で血を洗う憎しみの連鎖は今なお，止むことはありません。

では，今はどうなっているのでしょうか。

▼ まず，現在のパレスチナ地方を見てみよう。

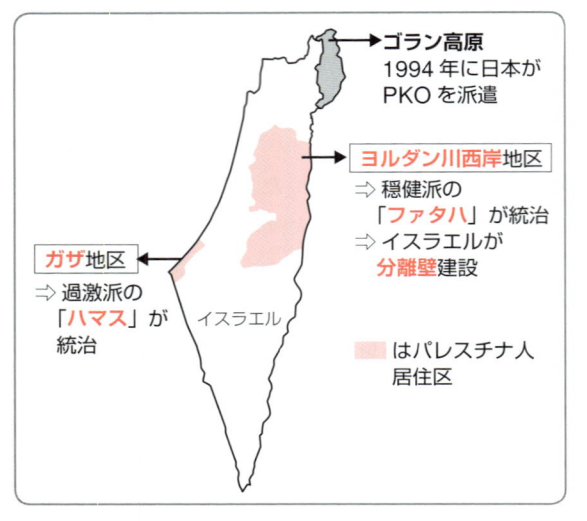

→ ゴラン高原
1994年に日本が
PKOを派遣

→ ヨルダン川西岸地区
⇨ 穏健派の
「**ファタハ**」が統治
⇨ イスラエルが
分離壁建設

← ガザ地区
⇨ 過激派の
「**ハマス**」が
統治

イスラエル

■ はパレスチナ人
居住区

このように ■ で括られた部分がパレスチナ人居住区です。見て分かるとおり2つに**分断**されてますね。そして中にいる政治勢力も少し違うんです。

ヨルダン川西岸地区は，穏健派と言われる（親イスラエル，親米が多い）「**ファタハ**」が統治しています。一方の**ガザ**地区は過激派と言われる（反イスラエル，反米）「**ハマス**」が支配しています。またここでの内戦も起こっています。つまり，パレスチナ人側にも様々な立場があることが分かります。

このマップを頭に置きながら，これから爽快講義を受けて下さいね。

▼ 「オスロ合意」と「中東ロードマップ」

まず，2003年に，**国連，EU，アメリカ，ロシア**の4者が，イスラエルとパレスチナに対して，「**中東ロードマップ**」というパレスチナ和平のための工程表を**提案**します。これについては，1993年の「**オスロ合意**」と対比すると分かりやすいので，少しまとめてみますね。

オスロ合意　1993年		中東ロードマップ　2003年
1999年まで，一部の場所（現在はヨルダン川西岸とガザ地区）について，パレスチナ側の**暫定統治**を認める。	①**統治**	2005年を目処に，**パレスチナ国家を樹立**する。
当面**存置**する	②**イスラエル入植地**	**撤退**する。 **2005年**に，**ガザ地区**からの，撤退**が完了**した。

ほら，全然違うでしょ。オスロ合意では①について，1999年までとなっていますが，中東ロードマップでは「パレスチナ国家」をつくると書いてある。つまり，暫定的なものではなく，恒久的な生活の場が確保されることになる。

そして②のイスラエル**入植地**。これは，ヨルダン川西岸地区やガザ地区に後

から移り住んできたイスラエル人の生活地で，一部にはワイン畑なんかもある。これがある以上，パレスチナ側にとっては本当の独立とは言えないわけです。オスロ合意では「存置」とあるけれど，中東ロードマップでは「撤退」となっている。実際に2005年にイスラエル軍の撤退が完了した。

▼ ではここで問題。パレスチナ側が中東ロードマップを歓迎したか？

　答は，ファタハは歓迎した。しかし，ハマスはむしろ全面的な戦闘を宣言したんだ。なぜか分かります？

　そう。ガザ地区の入植地からイスラエル軍が撤退した後は，このハマスしかいない，ガザ地区をイスラエルが攻撃している。つまりハマスから見れば，この中東ロードマップは，自分たちへの宣戦布告，ということになる。

　こうして，イスラエルのガザ地区への空爆，一部地上侵攻は，あとを絶たない。また，ヨルダン川西岸地区にも，イスラエル入植地の保護を理由に，2002年から分離壁を建設(計画総延長約708km，高さ約8m)し，入植地の既成事実化をはかっている。一方では徹底しているのに。やはりおかしい。2004年に国際司法裁判所（ＩＣＪ）は，この分離壁がパレスチナ人の生活を分断するものだとして，国際法に反するという「勧告的意見（判決と異なり拘束力はない）」を出している(2014年度　センター試験　本試験　33　に良問有り)。

▼ 少しだが，明るい兆しも

　まず，第一に，パレスチナ側が一枚岩にならないと，交渉がやりにくいよね。つまり，ファタハとハマスの和解が必要です。2007年以降事実上分断した両者は，2011年になんとそれぞれの立場を乗りこえて和解文書に調印。2012年11月には国連のオブザーバー国家（議決権のない参加）へと昇格しました。正式な国家承認は，アメリカやイスラエルが反対していますから，されていません。でもこれは歴史的一歩となった。

　しかし，この両者が接近をするとイスラエルは脅威を感じてか，ガザ地区を度々攻撃，和平合意は現在も不安定です。そんな中，2014年に統一内閣が発足し，2015年9月には，国連総会の議決のもと，パレスチナ自治政府の国旗が国連本部前に掲揚されています。

　ただし，アメリカやイスラエルなどはパレスチナ国家を承認していませんし，オブザーバー国家への承認も認めていません※。こうした中で，2018年にトランプ政権はテルアビブにあるアメリカ大使館を，エルサレムのユダヤ教居住区に移転しました。なぜあえて火に油を注ぐようなことをするのか。国際社会の間で議論を呼んでいます。

※日本は国家承認は反対しているものの，オブザーバー国家への昇格は認めている。

必ずやろう！ 爽快問題集▼第1章 21

12 軍縮問題①

ココ が出る! 試験前の最強ポイント

★安全保障のジレンマの理解
★相互確証破壊の論理と核抑止力

国連の軍縮の取組み

1961年　国連総会「**18カ国軍縮委員会（ジュネーブ軍縮委員会）**」発足

1974年　18カ国軍縮委員会が「**軍縮委員会会議・CCD**」に改組，31カ国

1978年　**国連軍縮特別総会** ⇒国連の場における初の本格的軍縮のための総会

⇒この総会を受けて以下の2組織が設置された

⇒ **国連軍縮委員会・UNDC　発足**…軍縮問題の審議機関，全ての国連加盟国で構成

⇒ 軍縮委員会会議・CCD が

「**軍縮委員会・CD**（軍縮問題の交渉機関，40カ国）」へ

1984年　軍縮委員会・CD が「**ジュネーブ軍縮会議**」へ改組

■ スパッとわかるイメージ図 ■

| **1961年** **18カ国 軍縮委員会** | **1974年** **軍縮委員会 会議・CCD** | **1978年 軍縮委員会・CD** (軍縮問題の交渉機関,40カ国) ──AND── **1978年 国連軍縮委員会・UNDC** (軍縮問題の審議機関・全加盟国で構成) | **1984年** **ジュネーブ軍縮会議** |

スパッとわかる
≫爽快講義≪

▼ まず，「安全保障のジレンマ」？

　少し聞き慣れない言葉ですよね。ちょっとゆっくり考えてみましょう。

　ちょっとこの表を見てほしい。

	政策	B国	
		協調	**非協調**
A国	協調	A国…4点，B国…4点	A国…1点，B国…5点
	非協調	A国…5点，B国…1点	A国…2点，B国…2点

　これは，ゲーム理論の1つで，司法取引（黙秘と自白）などの「**囚人のジレンマ**」として有名なものです。今回は外交と安全保障で考えてみよう。

　今仮に，互いに話し合いができない状態に置かれた2カ国が，上の得点表を与えられた場合，自国の利益のみの最大化をはかるため，双方が非協調を選ん

第**6**章 国際政治とその動向

でしまう。すると双方が不利益を被る（A国…2点, B国…2点）ことになります。一方で, 2カ国に話し合いの場（外交の場）が設けられていた場合, 互いに協調を選び, 双方の利益が最大化する（A国…4点, B国…4点）ことを示しています。

つまり, **外交や交渉の機会を増やすことで, 自らが被るリスクを低くできる**というわけです。しかし, 現実には互いに非協調を選んでしまい, リスクをより高めてしまうことがあります。これを「**安全保障のジレンマ**」といいます。

▼ しかし, 冷戦中はまさに, この安全保障のジレンマが！

1945年8月6日に「広島」, 9日に「長崎」に米国により原子爆弾が投下され, 第二次世界大戦が終わりました。また, 2016年5月に, アメリカの**オバマ**大統領は, **現職の大統領として初めて**, 最初の原爆投下の地である「**広島**」を訪問しました。

しかし, その後も, 米ソを中心に核兵器を持ち合うことで, 壊滅的被害を恐れ, 先制攻撃をしないという, 「**相互確証破壊（恐怖の均衡**ともいう）」という不安定な理論のもとに, 冷戦という時代の中に入っていきます。

具体的には, **核兵器が相手国に甚大な被害を与えることを前提**とすれば, 一方の国が核兵器を使用すると, もう一方の国も報復としての核攻撃を行うことになる。こうして双方の国が破滅的状況へと至る。このため双方が核兵器を使用しないという, **極めて不安定な核戦略論理です**（恐怖の均衡や**核抑止論**とも）。

▼ やがて, 軍縮会議や交渉が始まる

ちょっと板書を見てください。1961年国連総会の決議によって「**18カ国軍縮委員会（ジュネーブ軍縮委員会）**」が発足します。その後の変遷を経て, 1984年に, 「**ジュネーブ軍縮会議**（1961年の国連総会決議がきっかけではあるが, 直接的な国連の下部組織ではない）」が発足します。1960年代には, **米・英・ソによる核独占体制と批判**された**PTBT**（部分的核実験禁止条約, 1963年)や, **NPT**（核拡散防止条約, 1968年）がつくられました。また1972年には**生物兵器禁止条約**の調印, 75年発効もみられました。他方, 1970年代以後, **非同盟諸国首脳会議**の提唱と**非同盟諸国の国際政治への登場**を背景に, **化学兵器禁止条約**（1992年）などがつくられたり, さらには核兵器廃絶への国際世論の大きなうねりが生み出されました。

また, この相互確証破壊の論理を破綻させないために1972年に「**ABM**（弾道弾迎撃ミサイル）**制限条約**」（SALT Ⅰの一部）が締結されました。

残念ながら, **2001年にアメリカが脱退を表明したため, 2002年にこの条約は失効しました**。ちなみに, 現在日米は, 同盟国ミサイル防衛（TMDや**MD**）として共同開発を行っています。

必ずやろう！ 爽快問題集 ▼ 第1章 21

13 軍縮問題②

ココ が出る! 試験前の最強ポイント

★部分的核実験禁止条約と包括的核実験禁止条約の相違
★NPTが差別的な理由→5大国の核の独占　★の年号と条約を暗記

① 科学者による軍縮

1955年　ラッセル・アインシュタイン宣言 →科学者による核兵器禁止宣言★

1957年　第1回 パグウォッシュ会議
　　　　　ラッセル・アインシュタイン宣言を受けての科学者による軍縮会議

② 核兵器に関する軍縮

1963年　★ PTBT（部分的核実験禁止条約）→地下核実験 は禁止せず，同年発効
　　　　　⇒米・英・ソの三国で調印，中・仏は不参加，日本は1964年に批准

1968年　★ NPT（核拡散防止条約）⇒1970年発効，1992年仏・中が参加
　　　　　⇒核保有国（5常任理事国）は非核保有国に対して核兵器の譲渡の禁止
　　　　　⇒非核保有国は新たに核兵器を持つことを禁止　日本は1976年批准
　　　　　⇒1995年のNPT再検討会議でNPTの無期限化を決定

1996年　★ CTBT（包括的核実験禁止条約）1997年 日本批准
　　　　　⇒核実験を地下も含めて全面的に禁止する条約
　　　　　⇒米国，中国，インド，パキスタン，北朝鮮等が批准を拒否し未発効のまま

1998年　インド・パキスタン，核実験強行

2006年　北朝鮮核実験

③ 米ソ間における軍縮〔SALT⇒制限条約　START⇒削減条約〕

1972年　★ SALT I（第一次戦略兵器制限条約・交渉）攻撃ミサイルの数量制限 ⇒ 同年発効
　　　　　★ ABM（弾道弾迎撃ミサイル）制限条約 ⇒2001年米国が一方的に離脱

1979年　SALT II（第二次戦略兵器制限条約・交渉）⇒ 米が未批准のため未発効

1987年　★ INF（中距離核戦力）全廃条約 ⇒初の特定兵器全廃条約，1988年発効，
　　　　　　　　　　　　　　　　　　2019年8月に失効★

1991年　★ START I（第一次戦略兵器削減条約）
　　　　　　　　　　　　　⇒配備核弾頭を6000個まで削減を合意
　　　　　　　　　　　　　⇒1994年発効

1993年　START II（第二次戦略兵器削減条約）
　　　　　　　　　　　　　⇒配備核弾頭を3000〜3500個に削減合意

1997年　START III ⇒配備核弾頭を2000〜2500個に削限，この交渉開始を合意

2002年　モスクワ条約 ⇒今後10年で配備核弾頭を1700〜2200個まで削減を合意

2011年　新START（START IV）が米ロで発効，配備核弾頭を1550発程度へ削減する等

第6章 国際政治とその動向

スパッとわかる >>> 爽 快 講 義 <<<

特にここでは，核の軍縮(板書②)と，米ソ間の軍縮(板書③)を大切に学習してください。そして，この分野は苦手な人が本当に多いんです。理由はただ一つ。内容を理解していないから。つまり用語と年号と正式名称だけ，年表形式で暗記しているからです。覚えるだけの作業では苦手になります。理解しながら深く考えるほどに得意になります。今回は何よりも得点源にしてもらいたいため，ゆっくりじっくり，出し惜しみせず，理解できるように講義します(試験直前は板書を読んでいてください)。何でもそうですが，，，

「深く知るほどに，世界は実に面白い。」

▼ 原爆開発に協力したアインシュタイン？

実は，ナチスの原爆開発に脅威をいだいたアインシュタインは，F．ローズベルトに原爆開発の提案をします。いわゆる「**アインシュタイン書簡**」(1939年にアインシュタインが署名)です。実際には，シラードという別の学者が，アインシュタインに手紙への署名を依頼したのです。

▼ しかし，その後核廃絶を訴える⇒アインシュタインの遺言？

1954年3月1日，マグロ釣り漁船「**第五福竜丸**」が**ビキニ環礁**沖でのアメリカの水爆実験により被爆。23人の乗組員が急性放射能症にかかり，無線長の久保山愛吉さんが死亡しました。これで広島，長崎に続いて，3度目の核兵器の犠牲者がこの日本から出たことになります。こうした事件をきっかけに，科学者達の間からも，核廃絶を訴える動きが起こり始めます。

「私たちの争いを忘れられないからといって，私たちはその代わりに死を選ぶだろうか」

これは，**1955**年7月に発表された「**ラッセル・アインシュタイン宣言**」の一節です。更にこの宣言の中では，瞬間の死はごくわずかにみえても，長い時間をかけて，大多数の人々が肉体の破壊に苦しみながら絶滅する，と警告しています。

一方でこの宣言にアインシュタインが署名したのは，1955年4月11日。アインシュタインはその7日後の4月18日にこの世を去り，その約3か月後の7月9日にこの宣言が発表されました。そこには，ラッセルだけでなく，**湯川秀樹**や，キュリー夫人など，世界の科学者計11名の署名があります。アインシュタインの遺言とも言われています。

これをきっかけに，1957年，カナダのパグウォッシュに22名が集い，科学者の軍縮会議である，第1回「**パグウォッシュ会議**」が開催されました（1995年にノーベル平和賞受賞）。

▼ いよいよ「核軍縮条約」へ ⇒板書②を見てください（試験前に必ず確認）

ただし，ラッセル・アインシュタイン宣言は条約ではありません。1962年のキューバ危機を受けて，翌**1963**年に「**ＰＴＢＴ**（部分的核実験禁止条約）」が**米・英・ソ**の三国で署名されます。核兵器の開発途上にあった**フランス**と**中国**は参加していません。また核実験を**地下**のみに限定し，それ以外（水中，地上，大気圏内，宇宙）における核実験を禁止しました。

1968年には，「**ＮＰＴ**（核拡散防止条約）」が採択され，1970年に発効します。この条約では，1967年1月1日以前の核保有国を「核保有国」としています。すると**米**（1945年保有），**ソ**（1949年保有），**英**（1952年保有），**仏**（1960年保有），**中**（1964年保有）と自ずと五大国が合法的な核保有国となります。またこの条約に入った非保有国は，新たに核を保有することができません。また加盟国は「**ＩＡＥＡ**（国際原子力機関）」の査察を受け入れることになります。**核兵器の拡散を防ぐ意味での努力である一方で，五大国の核の独占となり不平等である**との批判もあります。

1995年には，5年に一度ＮＰＴの運用を議論する「**ＮＰＴ再検討会議**」(p465 (55)参照)でＮＰＴの**無期限**延長が**合意**されました。また，2010年の同会議では，「**核なき世界**」を目指していくことで合意しました（2009年の**オバマ**大統領の**プラハ**演説がきっかけ）。残念ながら2015年は中東地域の非核化などが議題となりましたが（ＮＰＴに批准していない**イスラエル**を念頭に置いて），実現はしませんでした。なお，**インド**，**パキスタン**もＮＰＴを批准しておらず，**1998**年に地下核実験を行っています。また，北朝鮮は1993年と2003年にＮＰＴからの脱退を表明。その後6回の地下核実験を行っています。[※]

こうした中，1996年7月に**国際司法裁判所**(**ICJ**)が核兵器の使用を国際法上違法とする「**勧告的意見**(拘束力なし)」を出しました。また，すでに1994年1月からジュネーブ軍縮会議にて議論が進んでいた，**地下を含めて全ての核実験を禁止する**「**ＣＴＢＴ**（包括的核実験禁止条約）」が，ついに**1996**年9月の国連総会で採択に至ります。ただし，爆発を伴わない「**未臨界核実験**」を禁止し

※ 2006年，2009年，2013年，2016年（2回），2017年（2019年8月現在）

ていない点や，発効に必要な44の発効要件国（アメリカ，中国，イスラエル，インド，パキスタン，北朝鮮など）が批准しておらず，未発効です。

▼ **次に米ソの軍縮は，財政赤字が原因⁉ ⇒板書③を見てください（試験前に必ず確認）**

　続いて，米ソの軍縮交渉・条約を見ていきましょう。特に**板書②の核軍縮の多国間条約の話なのか，板書③の米ソの二国間条約の話なのか，必ず正誤問題で気をつける**ようにしましょう。

　冷戦の最中，巨額の軍事費が使われていく中で，1970年代から米ソは戦略兵器（核弾頭など）を「制限（Limitation）」する交渉を始めます。それが，**第一次戦略兵器制限交渉（SALT Ⅰ，Strategic Arms Limitation Talks）**です。1969年から始まり**1972**年には第一次戦略兵器制限条約として結実。**発効しました。**ただし，2回目の**1979**年の「**SALT Ⅱ**」は，6月に調印に至ったものの，**1979年12月のソ連のアフガニスタン侵攻**によって，発効しないままに1985年に失効しました。よく「交渉（Talks）」か「条約（Treaty）」かを厳密に考える受験生がいますが，アルファベットと，発効・未発効の区別の方が重要です。またこの後出てくる「START」との区別の方が重要です。

　1987年になると，更に本格的な軍縮条約が結ばれます。なんと中距離（射程が500〜5500㎞）の核戦力を全廃するという「**INF（中距離核戦力）全廃条約**」が調印されました。米ソ間の核兵器の全廃条約としては初です。ソ連側の指導者は，もちろん**ゴルバチョフ**ですが，アメリカ側は冷戦の終結時の**ブッシュ**（父）ではなく，**レーガン**です。ただし長距離ミサイルである「**大陸間弾道ミサイル（ICBM，**射程は6500〜1万㎞にも及ぶ）」などは，手元にあるため，両国の財政難を物語るもの，との見方もあります。一方で，この条約が東西冷戦終結のきっかけの一因，との見方もあります。2019年8月にはトランプ政権の脱退により失効しました。冷戦下において米ソが初めて特定兵器を全廃・廃棄するという，冷静終結のきっかけとなった条約が無くなったわけです。トランプ政権としては中距離兵器を再開発することで，「実際に使える兵器」の開発をアピールしたい模様です。

　さて，**1989**年**12**月の**マルタ会談**で，冷戦は終結。これ以降の時代を一般に「**ポスト冷戦**」と言います。この時期の米ソの軍縮は更に加速し，1991年には「**第一次戦略兵器削減条約（START Ⅰ　Strategic Arms Reduction Treaty）**」を調印。大切なのは「制限（Limitation）」ではなく，「削減（Reduction）」という，

一層踏み込んだものとなっていることです。2001年に，米ロ両国でSTART I の義務の履行の完了を米ソは宣言し，**配備核弾頭（保有核弾頭のうち，すでに配備されいつでも攻撃できる状態のもの）は冷戦中の約60％となりました。**まさに「Reduction」です。**START I は2009年12月5日に目的を終えて失効します。**ちなみに，この後の「**START Ⅱ（1993年）**」は，配備核弾頭を冷戦期の3分の1とすることなどが盛り込まれましたが，**発効していません。**

ポイント ⋯⋯⋯⋯⋯⋯⋯⋯⋯⋯⋯⋯⋯⋯⋯⋯⋯⋯⋯⋯⋯⋯⋯⋯⋯⋯⋯⋯⋯⋯⋯⋯⋯⋯

> **「L」は制限，70年代。「R」は削減，90年代。「Ⅰ」発効，「Ⅱ」未発効！**

▼ 新STARTって？

問題なのは，START I 以降の本格的な取り組みです。

2010年4月に，「**新START（STARTⅣともいう）**」が米ロ間で調印。同12月米国上院が批准，翌2011年1月にロシア上院が批准したことで，**同条約は発効（2011年2月）しました**（期限は2021年まで）。

この内容が,,,

> ①2018年までに米ロ双方とも**配備核弾頭を1550発まで削減する**（これまでよりも30％少ない）。
> ②**ICBMを800発まで削減する。**
> ③実効的な**検証措置を整える。**

などです。**2018年に米ロは目標の達成を発表しました**が，2019年に失効したINF全廃条約とは異なり，**配備核弾頭を備蓄に切り換えることで削減することが可能です。**新STARTは2021年に期限を迎えますが，米ロの延長を含めた軍縮交渉は難航しています。

▼ 核兵器禁止条約って？

核兵器禁止条約は，「ヒバクシャが受けた，容認できない苦しみと被害を心に留める」ことを明記した上で，「核兵器の使用は国際人道法に反する」として，核兵器の「**開発**」や「**保有**」それに「**使用**」，「**威嚇**」などを禁じています。初めて「**被爆者**」という日本語が前文に明記された点や，核抑止力に反対する国際条約で，2007年にコスタリカ，マレーシア両政府によって提案され，**2017年7月に採択**されました。ただし，最初の核兵器使用国である**アメリカをはじめ，核保有国や，最初の核兵器の被害国である日本も条約に参加していません。**

資料を見る! 核兵器の現状 ⇒地域的非核化条約は近年頻出!!

● 核拡散の現状 ── 現在，核兵器は世界にどれほど広がっているのか？

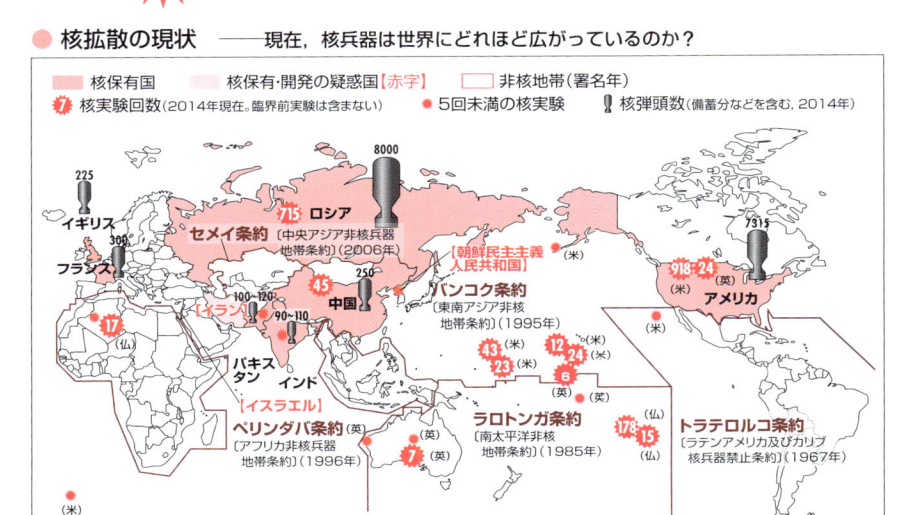

（出典）外務省『わかる! 国際情勢』，『世界国勢図会』などから作成

ポイント

　このように**核兵器は米ロなどの，特定の国に集中**している（図中は備蓄を含む核兵器の核弾頭の数。）

　一方で，中南米・カリブや，南太平洋，南アフリカ，東南アジア，中央アジアなどでは，非核地帯をつくろうという**「地域的非核化条約」**を採択し，**すでに発効**している。核兵器問題を考える上で大切な知識なので，**カタカナ名と地域名を一致**できるようにしておこう。意外ですが，近年頻出となっている用語です。

地域的非核化条約

1967年	**トラテロルコ条約**	〔ラテンアメリカ及びカリブ核兵器禁止条約〕
		⇒1968年発効
1985年	**ラロトンガ条約**	〔南太平洋非核地帯条約〕⇒1986年発効
1995年	**バンコク条約**	〔東南アジア非核地帯条約〕⇒1997年発効
1996年	**ペリンダバ条約**	〔アフリカ非核兵器地帯条約〕⇒2009年発効
2006年	**セメイ条約**	〔中央アジア非核兵器地帯条約〕⇒2009年発効

必ずやろう! 爽快問題集▼第1章 21

ここで差をつける!! その他軍縮関連用語

★は重要

① SDI 〔戦略防衛構想〕

1983年，アメリカの**レーガン**大統領が打ち出した宇宙空間からの**レーザー**によるミサイル迎撃システム。別名「**スターウォーズ計画**」。1993年に**クリントン**政権が中止し，レーザーではなく**ミサイル**による迎撃システム「**TMD**（駐留米軍や同盟国の防衛）」，「**NMD**（本土を防衛）」構想を新たに発表。さらに**ブッシュ**政権になってから再び**SDI計画**が復活。「TMD」，「NMD」も含めた包括的な「**MD**」構想を発表した。また**1972**年に米ソ両国で**SALT**の結果として締結された「**ABM**（弾道弾迎撃ミサイル）**制限条約**」から，米国は2001年一方的に**脱退**。2002年6月に条約は**失効**した

② 「核の傘」

非核保有国が，自国の安全を核保有国の核抑止力に依存している状態のこと。日本の**日米安全保障条約**などはこれにあたる

③ 第二世代のPKO →当事国の受け入れ同意なきPKO活動

⇒1992年，当時の**ガリ**国連事務総長が『**平和への課題**』レポート発表
⇒従来の当事国の受け入れ同意を必要とする**伝統的なPKO**に対して，
⇒同意のいらない重装備の**PEU**（平和執行部隊）の創設を提案
⇒1993年の第二次国連ソマリア活動（UNOSOMⅡ）やその後の**旧ユーゴ紛争**の際に派遣されたが，**PEU**は武力行使を前提とすることから後に挫折した
⇒1995年**ガリ**事務総長は『平和への課題ー追補』を発表し，**PEU**について「**現在の国連の能力を超えている**」として当面の活動の断念を決めた

④ 歴代国連事務総長

代	名前	出身国	在任期間
● 初代	**リー**	ノルウェー	1946-52
● 2代	**ハマーショルド**	スウェーデン	1953-61
● 3代	ウ・タント	ビルマ	1961-71
● 4代	ワルトハイム	オーストリア	1972-81
● 5代	デクエアル	ペルー	1982-91
● 6代	ガリ	エジプト	1992-96
● 7代	コフィ・アナン	ガーナ	1997-2006
● 8代	**潘基文**	韓国	2007-2016
● 9代	**グテーレス**	ポルトガル	2017-

Point!
国連事務総長は，国連内での中立性を保つため，あえて5常任理事国等の大国からの選出は避けられている!

★⑤ 旧敵国条項の問題

　旧敵国とは，**日本**，**ドイツ**，**イタリア**，ルーマニア，ハンガリー，ブルガリア，フィンランドの7カ国を指すといわれる。この**旧敵国への軍事制裁（NATO等の）は安保理の決議なしに行える**という差別的な条項。国連憲章第53・77・107条の規定。

⑥ 国際平和の思想と構想

　アンリ4世の宰相**シュリ**の『**平和のための大計画**・1634年』

▼**ウィリアム・ペン**→『**ヨーロッパ平和論**・1693年』国際法制定と定期議会の設置。

▼**サン・ピエール**→『**永久平和草案**・1713年』国際法制定，国際裁判所を提唱。

▼**ルソー**→『**永久平和論**・1761年』国際法制定，常設議会の設立と違反国への制裁を軸とするヨーロッパ連邦プランの提唱，サン・ピエールに影響を受けた。

▼**カント**→『**永久平和のために**・1795年』国際法制定と，常備軍の廃止，国際平和機構設立の提唱，ルソーの影響を受けた。国際連盟設立に影響。

★⑦ 化学兵器禁止条約（CWC，1992年採択，1993年調印，1997年発効）

⇒正式名称は「化学兵器の開発，生産，貯蔵及び使用の禁止並びに廃棄に関する条約」

⇒1992年，ジュネーブ軍縮会議にて採択

⇒ 1. 化学兵器の開発・製造・貯蔵・使用の禁止

　 2. 現存する化学兵器・製造施設の10年以内の廃棄

　 3. 抜き打ち査察（**チャレンジ査察**）を検証制度に導入⇒サリンなどの化学兵器の開発，生産，保有などを包括的に禁止し，同時に，米国やロシア等が保有している化学兵器を一定期間内（原則として10年以内）に全廃

⇒CWCの実施に当たる国際機関は「化学兵器禁止機関（OPCW）」で，**2013年にノーベル平和賞を受賞**

⇒1995年に**日本は批准（日本は原締約国）**

⇒2018年6月現在の締約国数は193カ国

★⑧ 対人地雷全面禁止条約 （オタワ条約，1997年採択，1999年発効）

⇒正式名は「対人地雷の使用，貯蔵，生産および移譲の禁止並びに廃棄に関する条約」

⇒対人地雷の使用・開発・生産・取得・貯蔵・移譲の禁止

⇒1997年にNGOである「**地雷禁止国際キャンペーン**」ノーベル平和賞受賞

⇒日本は発効前の，**1998年に批准**（日本は原締約国）

⇒2018年1月現在の締約国数は164ヵ国

★⑨ 生物兵器禁止条約・BWC （1971年採択，1975年発効）

⇒正式名称は「細菌兵器及び毒素兵器の開発・生産及び貯蔵の禁止並びに破棄に関する条約」

⇒1982年に**日本は批准**

⇒2018年10月現在の締約国数は182ヵ国

★⑩ クラスター爆弾禁止条約 （2010年8月発効）

⇒2008年5月，新型爆弾など一部を除いて全廃する「クラスター爆弾禁止条約」を採択。発効した

⇒クラスター爆弾は，一つの爆弾の中に入れた空き缶サイズの爆弾を無数にばらまき殺傷する兵器である

⇒旧型のクラスター爆弾は不発弾が多く，対人地雷と同様非人道的兵器とされている

⇒日本は発効前の，**2009年に批准**（日本は原締約国）

⇒2017年11月現在の締約国は119ヵ国

クラスター爆弾禁止・規制に関する各国の立場

積極派	ノルウェー，ペルー，ベルギー，アイルランド，オーストリア，ニュージーランドなど
慎重派	ドイツ，フランス，英国，日本など
反対姿勢	米国，中国，ロシア，イスラエルなど

深める 爽 快 講 義

テーマ　アラブの春と中東の民主化

講義ポイント

　チュニジアから始まった「ジャスミン革命」は，その後チュニジアも含めてアラブ約16カ国に波及し，長期政権の打倒にまで発展したケースもあります。人々はインターネットの「SNS Social Networking Service」という新しいメディアによって「連帯」していきました。人々を動かしたモノは何だったのか？　その本質について考えます。

(1) チュニジアのケース

　2010年12月。「**チュニジア**」で，ある失業者の青年がイスラム教では禁止されている焼身自殺を行いました。失業率が20％を超えるチュニジア。この青年は，無許可で路上で果物を売っていたのです。そして警察に摘発され，このことに抗議したのでした。

　こうして警察への怒りは「**フェイスブック**」を使ってデモの呼びかけへと広がっていきました。

　軍事情報部から大統領となった「**ベンアリ（ベンアリー）**」大統領は，就任した1987年以降，秘密警察を使って国民を過度に監視していました。ベンアリ大統領は，2011年1月に**サウジアラビア**に亡命したのでした。

　このチュニジアの民主化をチュニジアの国花から「**ジャスミン革命**」と呼び，**アラブ16カ国の民主化運動へと波及**しました。この全体の民主化運動を「**アラブの春**」といいます。

　こうした民主化運動の背景には，次の3点があげられます。

> ① 原油価格高騰によるインフレによる経済の不安定
> ② 政治的長期独裁への不満・不信
> ③ 人々の不満・不信を結びつける「SNS」の登場

　またこの後説明する，**シリア**については，国内の宗派対立も絡んでいます。

(2) エジプトのケース

　2011年2月，30年にわたる「**ムバラク**」大統領の長期政権が，ここでもま

たインターネットを通じたデモの集結の呼びかけにより，大規模なデモが起こり打倒されました。

ムバラク大統領は1981年にサダト大統領暗殺後から大統領に昇進し，長期間エジプトの大統領の座についていました。

下の地図を使って場所などとともに確認しておくとよいでしょう。

(3) リビアとシリアのケース

チュニジアに始まるこうした民主化の動きは，エジプト（ムバラク政権の崩壊）にとどまらず，**リビア**の（NATOなどの介入もあり），「**カダフィ**政権」崩壊，**シリア**（**アサド**政権の打倒が目指されている）などに飛び火している。

特にシリアについては，シリア国内のイスラム教の少数派「**アラウィ派**」が，シリア国内の多数派「**スンニ（スンナ）派**」を抑圧しているという，宗教的な事情も絡んでいます。

実は現在のアサド政権は，父親からの世襲でなおかつ，イスラム教の少数派「アラウィ派」です。また反米の立場を取っていることも，内戦を複雑化しています。さらに2012年8月，**ア**メリカのオバマ大統領は，反政府軍であるシリア自由軍への支援を決定しました。

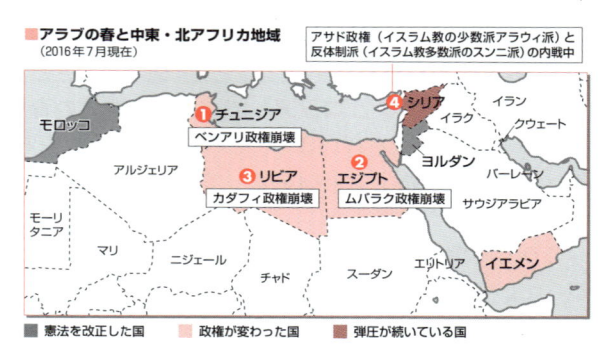

■アラブの春と中東・北アフリカ地域（2016年7月現在）

アサド政権（イスラム教の少数派アラウィ派）と反体制派（イスラム教多数派のスンニ派）の内戦中

❶チュニジア　ベンアリ政権崩壊
❷エジプト　ムバラク政権崩壊
❸リビア　カダフィ政権崩壊
❹シリア

モロッコ／アルジェリア／モーリタニア／マリ／ニジェール／チャド／スーダン／エリトリア／イエメン／イラン／イラク／クウェート／バーレーン／サウジアラビア／ヨルダン

■憲法を改正した国　■政権が変わった国　■弾圧が続いている国

(4) 泥沼化するシリア内戦。イスラム国 (IS) などの過激派が台頭

さらに，このシリアの内戦や，一部**イラク**内戦の混乱する状況の中で，「**イスラム国（IS）**」などの**イスラム過激派が台頭し，内戦が泥沼化**しています。こうした中，**多くのシリア**難民が発生し（2018年末の発生国では1位の670万人），ヨーロッパでは受け入れ体制を整えました。UNHCRによれば，2018年末に難民と国内避難民の合計は7080万人で，過去最高となっています（p30も参照）。また2015年1月には，日本人ジャーナリスト2名が，イスラム過激派に殺害され，この様子がネット上に配信されました。シリア内戦は，今なお泥沼化しています。

一方で，アラブの春のきっかけをつくった「**チュニジア**」では，2011年に選挙が行われ，連立政権が樹立されました。当然，反政権側との対立が深刻化

すると思われました。この状況の中，「対話」を行って政治的合意を模索する市民運動「国民対話カルテット」*が活躍します。2013年にチュニジアの**労働者団体，経営者団体，人権団体，弁護士団体の4つの団体**が対話運動を行ったので「カルテット」と呼ばれます。様々な利害を超えて対話運動を展開し，2014年には憲法制定に至りました。2015年，「**国民対話カルテット（を構成する4団体*）**」に**ノーベル平和賞**が贈られています。ただし，2016年以降もリビアとの国境付近でテロが起こっています。2016年4月には，日本とチュニジアで，テロ・治安対話が行われています。

※チュニジア労働総同盟，チュニジア商工業・手工業経営者連合（UTICA），アラブ初の人権団体チュニジア人権擁護連盟（LTDH）」，弁護士団体の全国法律家協会の4つの市民団体

(5) ニューメディアが政治に与える影響

これまでも新しいメディアが政治を左右した例が良くも悪くもありました。

例えば，1931年にドイツの首相となったヒトラーは，ラジオやニュース映画を用いて世論操作を行い，大衆の支持を得ました（得ているように見せかけた）。

一方，アラブの春のように民主化を促した例もあります。それは1989年の**東欧革命**のときです。このとき，新しいメディアとして「衛星テレビ」が登場しました。東欧の人々は，国境を超える電波（これを「**電波が国境を超える**」と表現している）を通して，東欧の共産党政権が崩れていく様子を見ることができたのです。そして1989年11月には**ベルリンの壁**が崩壊。同年12月には**マルタ会談**で東西冷戦の終結が宣言されました。

このように新しいメディアの登場は，民主化を促す場合もあれば，逆に政治的に利用される側面もあります。また，もともと「www World Wide Web」というネットワークは，アメリカの国防総省が使用していたものが，民間で使用されていった経緯もあります。さらに**プライバシーの侵害**や，**サイバー攻撃(サイバー犯罪)**，ネット上の人権侵害など，様々な問題も指摘されています。

私たち市民が，情報を多元的に捉えながら，主体的に判断する「**メディアリテラシー**」が益々求められているといえるでしょう。

●関連事項

　インターネットを通じた民主化が進む一方で，コンピューターネットワークなどを対象とした攻撃・テロを「**サイバー攻撃（サイバー犯罪**，サイバーテロ）」という。日本では2011年6月に「**ウィルス作成罪**」を盛り込んだ刑法改正が行われた。

　これとは別に，アメリカ政府の極秘外交文書などをネットに公開する「**ウィキリークス**（ジュリアン・アサンジ氏が設立）」も注目を集めた。

　今やインターネットが国際社会を揺るがしていく例が散見される。

領土関係・国際紛争
攻略爽快ボード

国際紛争爽快マップ

④北アイルランド紛争
⑤パレスチナ問題
⑥グルジア紛争
⑦チェチェン紛争
⑮ナゴルノ・カラバフ紛争
③尖閣諸島問題
②竹島問題
①北方領土問題
⑫ケベック州独立問題
⑬カシミール紛争
⑲クルド人問題
⑱ソマリア内戦
⑰スーダン内戦
⑯ルワンダ内戦
⑨コソボ紛争
⑧旧ユーゴスラビア内戦
⑪カタルーニャ問題
⑩バスク問題
⑭フォークランド戦争

① 北方領土問題

⇒**歯舞群島**，**色丹島**，**国後島**，**択捉島**の領土をめぐる**ロシア**と日本との対立。

※**歯舞群島**と**色丹**については平和条約締結後に返還を約束（1956年日ソ共同宣言）。

⇒ただし，現在**日本とロシアの間での平和条約は締結されていない**ため，歯舞群島，色丹島ともに日本に返還されていない。

② 竹島問題

⇒**韓国**と日本との領有権問題。韓国名では「**独島（ドクト，トクト）**」と呼ぶ。

※2005年3月に「**島根県**」は「**竹島の日条例**」を制定した。

⇒2012年8月，日本政府は韓国の「**李明博**」大統領の竹島上陸を受けて，韓国に対し，**国際司法裁判所**への提訴を提案した。ただし韓国側が同意しないため，審理はできない。過去にも2度日本は韓国との間の竹島の領有権を巡り，提訴を提案しているが，いずれも韓国側は拒否した。

⇒1952年に当時の韓国大統領「李承晩」が決めた「**李承晩ライン**」に基づき，竹島は実質上，韓国が実効支配をしている。

③ 尖閣諸島問題 ⇒**中国**，**台湾**，**香港**を巻き込んだ，日本との領有権問題。

⇒2010年には，中国の漁船が尖閣諸島の領海を侵犯し，逮捕されたが，那覇地検は漁船船長を処分保留で釈放した。

⇒2012年には，香港を出発した中国の活動家が，尖閣諸島の魚釣島に上陸し逮捕されたが，起訴はされず，不法入国で強制送還された。

北方領土・尖閣諸島・竹島の比較

北方領土	領有権を主張している国：日本，ロシア 実効支配をしている国 ：ロシア
尖閣諸島	領有権を主張している国・地域：日本，中国，台湾 実効支配をしている国 ：日本
竹島	領有権を主張している国：日本，韓国 実効支配をしている国 ：韓国

④ 北アイルランド紛争 ※**IRA**（アイルランド共和国軍）とイギリス軍との対立。

⇒**プロテスタント**系住民と**カトリック**系住民の対立。1998年和平合意後もたびたび衝突。2005年にIRAの武装解除が行われた。

⑤ パレスチナ問題

⇒**イスラム**教と**ユダヤ**教の宗教的領土問題で対立。聖地・**エルサレム**があるパレスチナ地方の統治をめぐっての紛争問題。

⇒PLO（パレスチナ解放機構）とイスラエルが度々対立。（p206～p211を参照）

⑥ グルジア紛争

⇒グルジア領内にある2つの自治州「**アブハジア**」と「**南オセチア**」が**グルジア**からの分離独立を要求。

⇒2008年に「アブハジア」と「南オセチア」がグルジアから分離独立した。

⇒また2008年に「グルジア」は「**CIS**」から脱退した。

　※グルジアは反ロシア感情が強く，1993年に遅れてCISに加盟していた。

● グルジア紛争の構図
2008年の動き

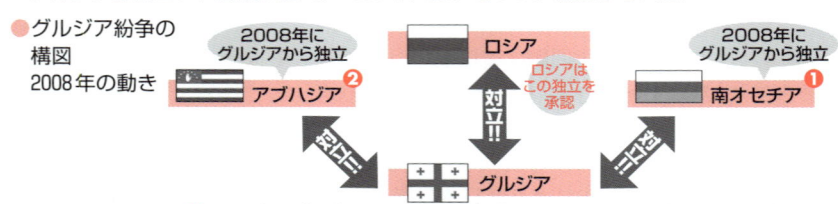

❸ 1993年にグルジアはCISに遅れて加盟をしたものの，2008年にCISから脱退。

※2015年4月22日以降，「グルジア」は「**ジョージア**」に呼称が変更されている。

⑦ チェチェン紛争 ⇒チェチェン共和国の**ロシア**からの独立問題。

※近年では1994年，1999年とロシアは2度にわたり大規模な軍事介入を行い，多数の死者を出している。現在も独立の見通しはついていない。

⑧ 旧ユーゴスラビア内戦

⇒1991年。クロアチア，スロベニア，マケドニア，ボスニア・ヘルツェゴビナなどのセルビアとモンテネグロを除くユーゴスラビア領内の各国が独立を宣言。これをセルビアを中心とするユーゴスラビア連邦軍が独立を阻止しようと介入。

⇒特に泥沼化した「**ボスニア・ヘルツェゴビナ**」は，「**セルビア**人（独立は不要と考える）・31％」と，「**クロアチア**人（独立すべきと考える）・17％」そして，元々はどちらかにいたもののイスラム教徒となった「**ムスリム**人（独立すべきだと考える）・44％」の民族からなる。

⇒1992年3月にセルビア人がボイコットする中，国民投票で独立が決定。ユーゴスラビア連邦がセルビア人保護を理由に介入，こうして内戦へ

　※国連は国連保護軍（UNPROFOR, **PEU**として）を派遣。

⇒しかし，セルビア人による「民族浄化・エスニッククレンジング」が絶えないとの理由から，1995年8月，国連安保理の要請で「**NATO**（北大西洋条約機構）」が空爆を開始。

⇒1995年12月，ボスニア・ヘルツェゴビナ，クロアチア，新ユーゴ（1992年4月にセルビアとモンテネグロが結成）の3ヵ国で「**ボスニア和平協定**」に調印，独立へ（デイトン合意）。

⑨ コソボ紛争

⇒旧ユーゴ領内の**コソボ**自治州（**アルバニア**人が90％，**セルビア**人10％）の独立を阻止するため，セルビア（セルビア人）が介入。紛争へ。

⇒1991年〜1992年のユーゴスラビアの解体に伴い，ユーゴからの独立を求めて，1991年に「コソボ共和国」を一方的に宣言。

⇒1992年には穏健派の「ルゴバ」が就任したものの，セルビア側（新ユーゴ）は認めようとしなかった。

⇒1997年に，強権派の「**ミロシェビッチ**」が新ユーゴスラビア大統領に就任。

⇒この動きに対して，同年コソボ内部では穏健派のルゴバに対して，過激な「コソボ解放軍（KLA）」が組織され，支持を拡大。1998年からはセルビア当局と，KLAとの戦闘が激化した。これがいわゆる「コソボ紛争」である。

⇒1998年9月には，国連安保理が即時停戦を決議し，これがなされなければ武力行使を行うと警告。しかし12月に再び紛争が激化。

⇒1999年2月に欧米諸国がランブイエに集まり，アルバニア側とユーゴ側に和平案を提示したが，ユーゴ側が拒否。こうして1999年3月24日，**NATO（北大西洋条約機構）** はユーゴを空爆した。ただし安保理の決議は経ておらず，**中国**と**ロシア**は反対していた。1999年5月には，NATOは中国大使館を誤爆している。

⇒1999年5月27日に，ミロシェビッチが**旧ユーゴスラビア国際戦犯法廷**に起訴され（2006年3月ミロシェビッチの死亡により判決は確定しなかった）1999年6月3日にユーゴが和平案を受け入れ，紛争はとりあえず終結した。ただし，現在もコソボは自治州のままであり，その後，2008年コソボは再び独立を宣言した。

⇒尚，2010年に**国際司法裁判所**は，コソボの独立が国際法に違反しないとする，「**勧告的意見**（判決と違い拘束力はない）」を出し，実質上コソボの独立を容認した。

---

⑩ バスク問題 ⇒**バスク**地方の**スペイン**からの分離独立をめぐる問題。1994年停戦。

---

⑪ カタルーニャ問題

⇒**カタルーニャ地方**の**スペイン**からの分離独立をめぐる問題。

⇒2014年に独立の是非を問う**住民投票**が行われ，**独立派が勝利**。

⇒結果に**法的拘束力はない**。

---

⑫ ケベック州独立問題

⇒**カナダ**の**ケベック**州はフランス系住民が多く独立を求めている。

---

⑬ カシミール紛争 ⇒**インド**と**パキスタン**がカシミール地方の領有権をめぐり対立。

※**1998**年に両国は核実験を行っている。

⑭ フォークランド戦争

⇒ **アルゼンチン**と**イギリス**が**フォークランド**諸島の領有権を巡り1982年に衝突。サッチャー政権下，**イギリスが勝利**。

⑮ ナゴルノ・カラバフ紛争

⇒ **アゼルバイジャン**共和国（イスラム教徒）からキリスト教徒の**アルメニア**人が，アルメニア共和国への帰属の変更を求める。

⑯ ルワンダ内戦

⇒1994年に「**ツチ**・10％の少数派」に対する「**フツ**・90％の多数派」による虐殺が発生。（100日間で80万人以上が犠牲に，20世紀最大の虐殺といわれる）

⇒その後，国連安保理の決議により，「**ルワンダ国際刑事裁判所**」が設立され裁判が行われた。

⑰ スーダン内戦

⇒スーダン北部（イスラム系住民）と南部（黒人系住民）との内部対立。

⇒2004年から特に「**ダルフール**地区」で内戦が激化し，その後一部国連要員も派遣された。

⇒2011年7月，南部は「**南スーダン共和国**」として北部の「**スーダン共和国**」から独立し，**193**番目の国連加盟国となった。

⑱ ソマリア内戦

⇒1991年に社会主義政権を打倒した「統一ソマリア会議・USC」の内部対立から始まった内戦。

⇒1992年に国連初の**PEU**活動（UNOSOM2決議）により国連が介入するものの，現地武装勢力との軍事衝突・戦闘となり，この介入は国連側に被害者を出し失敗に終わった。

⑲ クルド人問題

⇒ **トルコ**，**イラン**，**イラク**，シリアなどに居住する少数民族。

⇒これらの国の内部では，同化政策を強いられたり，弾圧を加えられたりしている。

第1章

経済の原理

経

済

分

野

1. 経済の発達

ココが出る！試験前の最強ポイント

★資本主義，社会主義，混合経済の相違

① 経済とは

⇒ **財**（有形な商品）・**サービス**（無形な商品）の**消費**，**生産**活動

⇒生産手段を所有・指揮する側，と労働する側との関係を**生産関係**という

● 生産関係〔経済体制〕の変遷

原始 **共産制**	**古代** **奴隷制**	**中世** **農奴制**	**近代〜現代** **資本主義**
自給自足 階級なし	自由民(所有) 奴隷(労働)	領主(所有) 農奴(労働)	**資本家**(所有) **労働者**(労働)

② 資本主義と社会主義と20世紀の混合経済

⇒近代以降の経済体制は大きく**資本主義**と**社会主義**に大別される

⇒資本主義は**市場**に経済を委ね政府は**経済活動に介入しない**

⇒社会主義は**資本主義の失敗を克服**するため**計画経済**を国家主導で行う

⇒20世紀以降，両者を混合した混合経済へ

資本主義〔国家の**経済不介入**〕		社会主義〔国家の**経済介入**〕
● **市場経済**…国家の**経済不介入** ● **自由競争**と利潤追求 ● **私有財産制** ● **階級対立の存在**(資産家と労働者)	**原　理** **克服**	● **計画経済**…国家の経済介入 ● **公有財産制**→生産手段の公有化 ● すべて**労働者階級**
● **景気変動の存在** ● **貧富の差**→**資本の集中・集積**	**問題点**	● **生産意欲低下**と技術の立遅れ ● 共産党の独裁化
● 政府による**有効需要**政策 ● 政府による**積極的財政政策** 　→**修正資本主義へ**	**修　正**	● 旧ソ連→**リーベルマン方式** 　　一部利潤方式の採用 ● 中国→**社会主義市場経済** ● ベトナム→**ドイモイ**（刷新）

スパッとわかる >>> 爽 快 講 義 <<<

▼ 経済とは？ 生産関係の変遷 　板書①へ

まず「経済」という言葉から説明するよ。僕達は誰もが，食べ物や道具といった「モノ」がないと生きていけない。また，今電車に乗っている君や，携帯電話を使っている君のように，「サービス」がないと暮らしは不便になる。だからこの「**財・モノ**」や「**サービス・行為を提供する無形の商品**」を誰かが生産しないといけない。そして作られたら，それを誰かが消費しないといけない。

いいですか。この「**財・サービスの消費・生産活動**」を経済活動と言います。現代までそのシステムである生産関係が，板書①のように変化してきたんだ。

▼ 近代以降の3つの経済体制→資本主義，社会主義，混合経済 　板書②へ

受験では近代以降の**資本主義**からの出題が多いよ。

資本主義は，一言で言うと経済に政府が介入せずに，できるだけ**市場**（家計と企業）に任せている経済体制です。当然，企業は**利潤**を最大化するために**自由競争**し，より良い商品と**コスト**ダウンを目指し**技術革新**を果たしていくよね。でも，これは一方で貧富の差が拡大する。具体的にはその競争に負けた企業は潰され特定の企業が市場と富を独占する。具体的には，利潤を主に投資にあてて拡大する「**資本の集積**」，また，企業の買収・合併による「**資本の集中**」などが挙げられる。また，**景気変動**が慢性化するんだ。

そこで，**マルクス**という経済学者は，この資本主義の矛盾を克服するため，**社会主義**という経済体制を説く。これは基本的な**生産手段**を社会全体のものに**公有化**して，**労働者**のみの平等な社会を築く。そして経済は国家がすべて**計画経済**として計画するんだ。例えば，旧ソ連などでは**国家計画委員会（ゴスプラン）**が計画する，**5カ年計画**などの形で，生産量等を厳格に決定していたんです。こうすることで景気変動が起こらない。でもどうです？　競争がないからなかなか技術革新が起こらないよね。そして経済は低迷。さらに平等とはいっても**一部の共産党幹部に富が独占**され，また強力な国家の指導は**独裁体制**を産むことにもなったんだ。

▼ そこで20世紀以降は両者の良い部分を混合した→混合経済へ！

1930年代になると，**世界恐慌**が勃発。これにより**大量の失業者**が出た。資本主義の側はどうしても経済に介入し経済政策を取る必要が出てきた。よって政府が一部経済に介入する**修正資本主義**へと変化するんだね（次項で詳しく）。

また，1960年代，社会主義ソ連も経済の低迷を続ける。こうして一部に企業評価に利潤率を導入する，**リーベルマン方式**を1965年から導入。**1985**年には**ゴルバチョフ**指導の下，ソ連は**ペレストロイカ・改革**により一部**市場経済**を導入している。また社会主義中国も1993年の憲法に**社会主義市場経済**をとることを明記していくんだ。さらにベトナムの**ドイモイ（刷新）**は1986年から打ち出されたベトナム版のペレストロイカ。ほら分かる？　つまり両者がいいとこ取りをしてるんだね。こうした両者の経済体制を**混合経済**とも呼ぶよ。

必ずやろう！ 爽快問題集 ▼ 第2章 01・02

2 資本主義の発展

ココが出る！試験前の最強ポイント

★資本の集中・集積　★世界恐慌　★修正資本主義　★新自由主義

① 資本主義の形成

14世紀ごろ，実質的に農奴制崩壊

15世紀ごろから羊毛生産拡大のため，農民が土地を追い出される「エンクロージャー（囲い込み運動）」	一方，生産手段を所有する「独立自営農民（ヨーマン）」が登場

都市へ流出「都市労働者」へ　　資本の蓄積「資本家」へ

⇒こうして，資本主義的生産関係が16世紀には構造化

② 資本主義の4つの形

16世紀
商業資本主義　担い手→商業資本家　政府→重商主義政策
● 生産形態→「問屋制家内工業」から「工場制手工業（マニュファクチュア）」へ

18世紀後半
産業革命（機械生産による大量生産）→資本主義の発展
● 1769年，ワットが蒸気機関を改良

18世紀
産業資本主義　担い手→産業資本家　政府→夜警国家
1723～90年
● アダム・スミスが自由放任主義（レッセ・フェール）を主張
● 政府の経済への不介入・消極国家

しかし「貧富の差が拡大・資本の集中・集積」

19世紀
独占資本主義　担い手→金融資本家　政府→帝国主義国家
● 資本の集中・集積，銀行を中心とする企業集団（トラスト）の形成

政府の不介入

1929年
10月ニューヨーク証券取引所株価大暴落「世界恐慌」へ
⇒ 非自発的失業の増加

20世紀
修正資本主義　政府→福祉国家
● 経済安定と雇用安定のため政府が一部経済に介入
1883～1946年・英
● ケインズが政府による有効需要の創出を主張
● 1933～，F・ローズベルトがニューディール政策を実施

政府の介入

スパッとわかる ≫≫ 爽 快 講 義 ≪≪

▼ 資本主義の発生は資本の原始的蓄積から　板書①へ

　資本主義は当然，**資本家**（ブルジョワジー）と**労働者**（プロレタリアート）の2つの階級の生産関係による経済体制だよね。大切なのはこの関係がいつごろ生まれたのか？ だね。

　14世紀にはすでに英国では**農奴制**は崩壊していた。さらに羊毛を生産するために，農地は牧場に変わっていく。すると**農民はいらなくなり，都市に追いやられる**んだね。これが**エンクロージャー**です。彼らは都市に行って**都市労働者**になった。当時**トマス・モア**[1478-1535・英]は「**羊が人を食い殺す**」と表現したほど。さらに，農民の間には資本を蓄積した，**独立自営農民（ヨーマン）**も出現するんだ。この**ヨーマン**が後に資本家となり，こうして2つの階級が出来上がる環境が整った。このことを**資本の原始的蓄積**とも表現するよ。

▼ 商業→産業→独占→修正の流れで資本主義は変化する！

　板書②を見てください。16世紀の初期の資本主義は**商業**資本主義とよばれ，小さな商店が軒を連ねた。また商店を持つ**商業資本家**がその担い手だったんだね。特に生産形態が，**問屋制家内工業**（一人ですべて作る）から**工場制手工業**（**マニュファクチュア**，分業してつくる）へと変化し，生産性も向上していきます。

▼ 産業革命で一気に資本主義は拡大！ しかし貧富の差へ

　18世紀後半になると，**ワット**の**蒸気機関**の改良などにより，生産形態が，機械による生産，つまり**工場制機械工業**へと変化する**産業革命**が英国で始まるんだ。こうして資本主義は拡大していく。この段階を**産業資本主義**というよ。担い手は，工場を所有する**産業資本家**。また政府はできるだけ介入せずに，**市場に自由な経済活動を保障**すべきだという「**自由放任主義，レッセ・フェール**」が**アダム・スミス**により主張される。考えてほしい。みんなも成績がいいときは，あれこれ指導はいらないでしょ。それと同じでこの時代は，経済が上り調子だから政府はいらないってことなんだ。このような国家を**ラッサール**は皮肉って「**夜警国家**」と呼んだんだ。

　※夜警は**国防**，**司法**，**治安**，**外交**に役割を限定した国家

▼ しかし19世紀，貧富の差の拡大へ→独占資本主義

　19世紀になると，銀行を中心とした企業集団が形成され，**資本の集中・集積**が起こったんだ。つまり土地や建物，資金が独占される。こうして**独占資本主義**となる。この時代は，とにかく銀行が強かった。なぜなら，企業は銀行か

ら資金を借りますよね。そう，こうしてある銀行を中心にして，企業が**合併（トラスト）**され，巨大な企業集団ができるんだ。一方，政府は更なる市場や勢力圏を求めて，**植民地拡大政策**に乗り出す「**帝国主義国家**」へと変貌していったんだ。つまり資本主義の踏み出した足が，大量の爆弾を抱え，火のあるほうへと歩み出した時代と言えるだろうね。

▼ そして，それは起こった→世界恐慌で修正資本主義へ

1929年10月24日木曜日。その日のニューヨークの**ウォール街**にある証券取引所の株価は急落した。そう**世界恐慌**の始まりだね。こうして全世界の失業者は2000万人にも上ったんだ。ちなみにこの失業は，自ら望まない失業，**非自発的失業**と，経済学者**ケインズ**は表現しました。

当時の大統領は**フーバー**です。この**フーバー**の経済的失政に対抗して，1933年，**ローズベルト**が第32代大統領に当選。彼は就任演説でこう言います。「**我々が恐れなければならない唯一のことは恐怖そのものである**」と。

こうして恐怖に負けない強い経済政策として，**ニューディール（新規巻き返し）**政策を実施していくんだね。

1933年から開かれた100日間の議会，「**100日議会**」では，様々な画期的な法律が通っていきます。代表的なものに**テネシー渓谷開発公社（TVA**，雇用の創出）の創設，**全国産業復興法（NIRA**，カルテルの一部合法化，**大統領の産業統制権の強化**，労働者の保護)，**農業調整法（AAA**，農産物価格の暴落を抑制）があります。見て分かりますか？　そう，**すべて政府が介入しています**よね。ここが重要で，この**政策は政府が経済に介入して**，**完全雇用**を目指すという斬新なものなんだ。この政府が介入するという修正を資本主義に加えたという意味で，この資本主義を**修正資本主義**と呼びます。

しかし，1935年。**全国産業復興法**，そして1936年には**農業調整法**が政府の統制経済に当たり，**違憲**だという判決を連邦最高裁判所が下します。

これを受けて1935年，労働者の保護規定部分を強化し**ワグナー法（全国労働関係法**）として制定。また，**社会保障法**（世界初）などの第2次ニューディール政策を実施していくんだね。しかし，実際に**失業率が大きく下がり始めたのは，太平洋戦争が勃発した後だった**（41年の失業率9.1％が44年に1.2％へと下がった）。つまり戦争景気がアメリカ経済を救ったとの説もあるんだ。

■ **ニューディール政策のまとめ，主な5つの法律を暗記せよ** ■
❶**全国産業復興法（NIRA）**　❷**テネシー渓谷開発公社（TVA）**
❸**農業調整法（AAA）**　❹**ワグナー法（全国労働関係法）**　❺**社会保障法**

▼ 第二次世界大戦後の経済政策に大きな影響を与えたケインズ理論とは

イギリスの経済学者**ケインズ**はその著書『**雇用・利子及び貨幣の一般理論**』の中で，政府の経済介入による完全雇用を主張します。

彼によれば，その国の経済活動は**有効需要**の大きさで決まるというんだ。**有効需要**ってのは「**購買力（支出）を伴った需要**」のこと。つまり実際にお金を払って商品を購入・支出すること。不況になるとこの**有効需要**が低下すると彼は考えるんだね。当然僕らも不況になると，モノを買わなくなる。すると企業の収益は低下して，働きたくても働けない「**非自発的失業**」が増えると彼は考えた。

そこで，政府が**公共投資**を行って，道路や橋を作る。そう，つまり政府は**公共投資**で**有効需要**を創出するんだね。当然，道路や橋ができればその地域は経済が潤う。こうしてその経済効果はどんどん波及する。この経済効果を**乗数効果**と彼は名づけた。これらの経済理論はその後の**混合経済**の基礎となりました。

▼ ケインズの矛盾が露呈→1970年代以降は小さな政府へ

実は1970年ごろから，このケインズ経済学に批判的な「**反ケインズ経済学（アンチ・ケインジアン）**」なるものが出てくるんです。

ちょっと考えてみてください。さっきの道路や橋を作るとき，問題の財源はどうするんでしょう？ そう，**国債**という借金によって賄われるんです。するとこの借金はどんどん膨れ上がり，国の財政を圧迫し始めたんだ。特に米国では，この時期がちょうど1970年代なんだ。

こうして，**国債**の発行額を減らしたり，政府の財政支出を削減するべきだという主張が出てくる。つまり「**小さな政府**」を目指すというものだね。特にこれは**フリードマン**によって提唱されました。以下，まとめ。

▼ 1980年代以降これを政策的に実行

こうした考え方は「**新自由主義（ネオリベラリズム）**」と呼ばれ，1980年代以降，各国で政策として実行されます。特に米国の**レーガノミックス**，英国の**サッチャリズム**，そして日本の**中曽根内閣**の**三公社の民営化**※を軸とする「**行政改革**」が主なものです。しかし，これらの政策により**非正規雇用**が拡大したり（35.8％），福祉政策の縮小による格差社会を生み出しているとの批判もあります。

※**第二次臨調**（第二次臨時行政調査会）の答申により，**三公社**が**民営化**された。国鉄→**JR**，電電公社→**NTT**，専売公社→**JT**。

共通テスト8割目標 私大基礎
共通テスト9割目標 難関大
基礎 発展 時事
出題頻度 ★ ★ ☆ ☆ ☆

3 17世紀〜19世紀の経済学説

ココが出る! 試験前の最強ポイント

★ ★の経済学者に注意　★学説同士のVS関係に注意

見てつかもう! 大きな流れ

17世紀

トマス・マン 1571〜1641年・英

主張 **重商主義**

1664年
『外国貿易による英国の財宝』

影響

★ **ケネー** 1694〜1774年・仏

主張 **重農主義**

1758年
『経済表』

18世紀

古典派経済学

★ **アダム・スミス** 1776年 『国富論』

⇒神の**見えざる手**による予定調和
→政府の**経済への不介入**
⇒**労働価値説**（労働量が財の価値）
⇒**分業**の利益

主張 **自由放任主義（レッセ・フェール）**

後にケインズがこれを批判

★ **マルサス** 1798年 『人口論』

⇒人口は幾何級数的に増加するが食糧は算術級数的にしか
増加しない
$2×2×2×2, \ldots$
$2+2+2+2, \ldots$

★ **リカード** 1817年 『経済学及び課税の原理』

⇒比較生産費説（各国が**得意な生産物**を生産し**交換**し合った方が生産性が高い）

主張 **自由貿易**

セイ ⇒**セイの法則**（供給が需要を作り出す, 販路説）

VS

歴史学派

★ **リスト** 1841年 『経済学の国民的体系』

主張 **保護貿易**

19世紀以降「**資本の集中・集積**」による貧富の差が!

19世紀

資本主義の矛盾を克服しようと, **社会主義経済**への移行を説く**マルクス**登場!

マルクス経済学

★ **マルクス** 1867年 『資本論』

主張 **資本主義の矛盾, 社会主義**

■剰余価値説…労働者はその賃金以上の価値を生み出すが, その剰余価値は
資本家が搾取する, これが階級闘争へと発展
→資本主義はプロレタリア革命により必然的に消滅するとした

■唯物史観…マルクス独自の歴史観　歴史は生産関係の矛盾, 対立を通して
発展するという説

スパッとわかる >>> 爽快講義 <<<

▼ 経済学説の攻略ポイントは，人物・用語・著書を一致させること！

▼ トマス・マン→**重商**主義，ケネー→**重農**主義

　まず，17世紀に主張されたのが**重商主義**です。これは貿易によって自国の利益を栄えさせよう，との考えから，**商業を政府が保護する**って学説なんだ。**トマス・マン**が祖だね。この考えは**イギリス**で広がって行く。これとは逆に農業の保護を重視する**重農主義**がある。**ケネー**（『**経済表**』）が有名です。この考えはフランスに広がるんだ。（フランスでは，テュルゴー，ミラボーらが有名）

▼ 経済学の元祖「古典派経済学」→**アダム・スミス**を押さえよ！

　18世紀後半の資本主義が拡大していく最中，この**古典派経済学**が生まれます。この学派の祖である**アダム・スミス**は1776年に『**国富論（諸国民の富）**』を著します。彼によれば，人間には「**利己心**」があり，これが欲望を生み財を消費する。また，消費するには富がいる。そのために人間は働いて富を得ようとする。この構造が結果として「**予定調和**」としての社会の調和を保つとしたんだ。この一連の流れを彼は「**見えざる手**」と表現した。こうして**政府が経済に介入しない自由な経済活動**としての「**自由放任主義（レッセ・フェール）**」を主張するんだね。また彼は，**経済の源泉は労働にある**とする「**労働価値説**」を主張した。それと**分業の利益**を理論的に証明したことも憶えておいてね。

▼ その他古典派経済学は板書を暗記

　板書の古典派経済学の枠の中を見てください。まず**マルサス**ですが，彼は『**人口論**』を著し，「人口は幾何級数的（つまり掛け算）に増えるのに対して，食糧は算術級数的（つまり足し算）にしか増えない」として，食糧生産の大切さを訴えた。また**リカード**は，各国が得意なものを生産してそれを交換し合った**方が利益**になるとする**比較生産費説**（p370・371参照）を主張。これによって**自由貿易**を主張するんだ。最後のセイは，**セイの法則**が頻出です。これは"供給が需要を作り出す"とする説で，政府の経済への不介入を主張したものとして，アダム・スミスの自由放任主義と共によく出題されるよ。

▼ 19世紀の資本主義の矛盾→克服としての**社会主義**を**マルクス**が主張！

　すでに学習したように19世紀の**資本の集中・集積**という資本主義の失敗をマルクスは克服するため**社会主義**への移行を説いたんだったね。あまり出ないのですが，板書の**剰余価値説**と**唯物史観**は用語として憶えてください。

共通テスト8割目標 私大基礎
共通テスト9割目標 難関大
基礎 発展 時事
出題頻度 ★ ★ ★ ★ ☆

4 19世紀以降の経済学説

ココが出る! 試験前の最強ポイント

★ケインズ理論 ➡ 有効需要と乗数効果　★マネタリズム

● 見てつかもう! 大きな流れ ●
---

① 近代経済学派

- **ジェボンズ**・英『経済学の理論』
- **メンガー**・墺『国民経済学原理』
- **ワルラス**・仏『純粋経済学要論』

→ 限界効用価値説

→商品の価値は**限界効用**（最後に消費される満足度）の大きさで決定

★ **ケインズ** 『雇用・利子及び貨幣の一般理論』 以下は試験前日再確認せよ!

⇒アダム・スミス以降の**古典派経済学**（政府の不介入政策）を批判
⇒政府の**積極的経済介入**を主張⇒「ケインズ革命」
⇒この意味から「**セイの法則**」も批判

- **有効需要**（景気回復に有効な購買力を伴う需要）の創出
  不況時「**非自発的失業**」が発生→よって政府は「**有効需要**」を創出するべき
- **乗数効果**
  政府が**財政投資**を行えばその波及効果により，何倍もの経済効果が期待できる
  この結果，**限界貯蓄性向**（ためる傾向）から**限界消費性向**（つかう傾向）が増加する。⇒この理論を政策的に実行したのが，アメリカの**F.ローズベルト**による「**ニューディール政策**」

② 1940年代には→ケインズ理論の改良型→新古典派総合が登場

サムエルソン 『経済学』 1948年

⇒不況時は**ケインズ理論で有効需要政策**
⇒好況時は**古典派経済学の自由放任政策**で市場の活性化 } 2つを総合!

③ しかし，ケインズ理論は財政赤字を招く危険が!

→そこで反ケインズ経済学が誕生

フリードマン 『消費の経済理論』，『貨幣的安定を求めて』，『選択の自由』

⇒**マネタリズム**
国債発行による有効需要政策ではなく，金利政策などの支出を伴わない
通貨供給量調整による景気調整政策→「小さな政府」へ

- **サプライサイド経済学** フェルドシュタイン，ラッファーなど
  ⇒ケインズの需要側からの経済分析ではなく，供給側からの経済分析
  ⇒**規制緩和**や**減税**などで→ビジネスチャンスや技術革新を拡大すべき

※発展知識…**ピグー**は『**厚生経済学**』の中で，公害などを市場メカニズムで解決しようとする公共経済学を主張した　近年頻出!

スパッとわかる >>> 爽 快 講 義 <<<

▼ 近代経済学派→限界効用派3人とケインズ

19世紀になると，古典派経済学の**アダム・スミス**が主張した「**労働価値説**」にかわって「**限界効用価値説**」なるものが主張されるんだ。これは，**ジェボンズ，メンガー，ワルラス**が主張しているよ。まず，**限界効用**ってのは最後に消費されるときの効用，つまり満足度のこと。この**限界効用**にどのくらいで達するのかで，その商品の価値が決まるっていうんだ。**例えば部活帰りのラーメン**で考えてみよう。AラーメンとBラーメンで限界効用を比較するよ。

	1杯目	2杯目	3杯目	4杯目	5杯目
Aラーメン	◎	○	△	×	×
Bラーメン	◎	◎	○	△	×

◎＝超ウマイ！
○＝ウマイ
△＝ふつう
×＝もう食えない！

分かるかな？ Aラーメンは3〜4杯目の間で限界効用に達しているのに対して，Bラーメンは4〜5杯目の間で限界効用に達しているよね。この意味から**Aラーメンよりも**Bラーメンの方に価値がある**ってことになるよね。また**ラーメンは限界効用に近づくにつれて，◎→○→△→×，というように満足度が減っている**のが分かる？ これを「**限界効用逓減法則**」というんだ。

▼ いよいよ，ケインズ登場→すでに学習済み　p237を確認せよ！

特に「**有効需要**」と「**乗数効果**」は頻出です。あと，**管理通貨制度**（中央銀行が金の保有量に関係なく通貨発行する制度）を提唱した事も憶えておこう！

▼ ケインズの失敗→国債濫発財政赤字→**マネタリズム**と**サプライサイド**経済学

これもp237で勉強したね。つまり**ケインズの経済学説は国債を濫発するから財政赤字になる**ってね。そこで**フリードマン**は，国債で道路や橋を作るんじゃなく，支出を伴わない**金利政策**などで，**通貨供給量**を調整する景気政策を提唱したんだ。これを「**マネタリズム**」といい，「**小さな政府**」を目指した。

また，ケインズが需要サイドからの景気対策を主張したのに対して，フェルドシュタインやラッファーは，供給サイドからの分析を行ったんだ。彼らによれば，需要創出だけでなく，**規制緩和**や**減税**で**ベンチャービジネス**や**技術革新**により，供給の拡大も併せて実施するべきだと主張した。これを「**サプライサイド経済学（SSE）**」と呼んでいます。ちとハイレベルな用語ですね。

実はこの「財政支出の削減・**小さな政府**」と「**規制緩和**」は1980年以降，**新自由主義**という各国の財政改革のテーマとなっているんだよ。

ここで差をつける!!
試験前の経済学説攻略ボード

★は最頻出!!

学者名	主 著	学 説
トマス・マン★ 英 (1571-1641)	『外国貿易による英国の財宝』 1664年	「重商主義」(マーカンティズム)
ケネー★(1694-1774)仏	『経済表』 1758年	「重農主義」の父
アダム・スミス★ 英 (1723-90)	『国富論(諸国民の富)』 1776年	神の見えざる手, 分業の利益, レッセ・フェール(自由放任主義)
マルサス 英 (1766-1834)	『人口論』 1798年	人口は「幾何級数的」に増加するが, 食糧は「算術級数的」にしか増加しないとして穀物法の保護を主張
リカード★ 英 (1772-1823)	『経済学及び課税の原理』 1817年	比較生産費説, 「自由貿易」, 穀物法の廃止を主張
セイ★ 仏	セイの法則	供給が需要を生み出す販路説を主張
リスト★ 独 (1789-1846)	『経済学の国民的体系』 1841年	リカードの「自由貿易論」を批判し「保護貿易」を主張
K.マルクス★ 独 (1818-83)	『資本論』 1867年 エンゲルス共著『共産党宣言』 1848年	資本主義の矛盾を指摘し, 社会主義, 共産主義への移行を説く 「剰余価値説」, 「唯物史観」
ジェボンズ・英 (1835-1882) メンガー・墺 (1840-1921) ワルラス・仏 (1834-1910)	『経済学の理論』1871年 『国民経済学原理』1871年 『純粋経済学要論』1874年	●それまでの「労働価値説(労働量が商品の価値)」を批判し,「限界効用価値説(最後に消費されるときの満足度が商品の価値)」を主張⇒効用は限界効用に近づくにつれだんだんと減っていく⇒「限界効用逓減法則」
J.M.ケインズ★ 英 (1883-1946)	『雇用・利子及び貨幣の一般理論』 ⇒1936年	政府の積極的経済介入を主張 ⇒この意味から「セイの法則」を批判 ●有効需要(購買力を伴う需要)の創出 　不況時は必然的に「非自発的失業」が発生 　→よって政府は「有効需要」を創出すべき ●乗数効果⇒政府が公共投資を行えばその波及効果により何倍もの経済効果が期待 　この結果, 限界貯蓄性向から限界消費性向が増加する⇒このケインズ理論を政策的に実行したのが, アメリカのF.ローズベルトによる「ニューディール政策」
シュンペーター★ 米 (1883-1950)	『経済発展の理論』1912年	技術革新(イノベーション)が経済発展の要素
フリードマン★ 米 (1912-2006)	『消費の経済理論』1957年 『貨幣的安定を求めて』1959年 『選択の自由』 1980年	20世紀のアメリカの経済学者　ケインズ経済学は政府の財政負担を招くとしてケインズを批判⇒「反ケインズ経済学」(アンチ・ケインジアン) ●「マネタリズム」 　政府の役割は安定的な貨幣供給活動に限定すべきという説⇒「小さな政府」へ ●この「小さな政府」理論を政策的に実行したのが1980年代の 　アメリカ⇒「レーガノミックス」 　イギリス⇒「サッチャリズム」 　日本⇒中曽根内閣「三公社の民営化」

第2章
市場原理

経

済

分

野

1 3つの経済主体と2つの市場

ココ が出る! 試験前の最強ポイント

★経済主体の表の暗記　★完全競争市場の4条件　★プライスリーダー制

① 3つの経済主体と経済循環

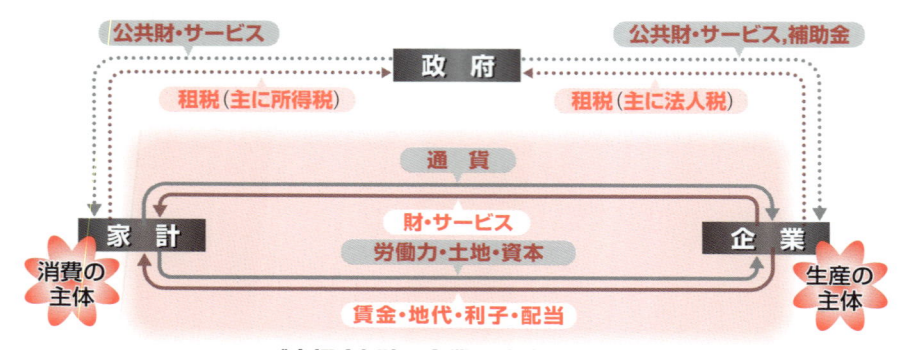

《市場（家計と企業が出会う場所）》

② 完全競争市場と不完全競争市場

完全競争市場		不完全競争市場 →p264に資料あり
①需要者供給者が多数存在 　→両者が価格支配権を持たない ②市場への参入・退出が自由 ③商品の正確な情報の伝達 ④その商品が同質であること	条　件 特　徴	⇒数社による市場での競争制限 ⇒厳密には, 　1社で…独占, 2社で…複占, 　数社で…寡占と分類する ⇒価格の下方硬直化へ
需要・供給の関係で価格が決定 ⇒「市場価格」へ （次項で詳しく講義）	価格動向	企業による管理価格の形成 ⇒プライスリーダー制など ⇒政府による独占禁止政策 (p260)

スパッとわかる >>> 爽 快 講 義 <<<

▼3つの経済主体と経済循環

　まずは板書①を見てください。このように,「**家計**」,「**企業**」,「**政府**」という3つの**経済主体**の間を財・サービスと,それの対価である通貨が循環していますよね。例えば僕が吉野家で牛丼を食べるとき,僕は吉野家に通貨,お金を払う,そんで牛丼という財がやってくる。それでは,僕はどのように通貨を手

に入れたか？　そうだね，僕が**労働**するんだ。僕は働く。この**労働**を商品として企業に買ってもらう。そんでその対価として賃金を得るんだ。そしてその通貨をまた使う。僕は使うよ，すごくねっ。こうやって，**財・サービスと通貨が循環**しているね。中には自分の**土地**，**資本**を企業に提供して，**地代**や**利子・配当**を受け取り，これで食べている人もいるよね。当然，企業はこの**労働**，**土地**，**資本**がないと生産ができない。よってこの**労働・土地・資本**を**生産の三要素**といいます。この家計と企業の間（両者が出会う場所）を**市場**といいます。

さらに，家計と企業は政府に**租税**（税金）を払っています。そして政府は**公共財**（道路，水道など）や，**公共サービス**（警察，消防など）を提供するんです。また企業に対しては，**補助金**を交付することもある。ほら分かるかな？経済主体の間を**財・サービス，通貨が循環**している。これを**経済循環**という。

▼2つの市場→「**完全競争市場**」と「**不完全競争市場**」　板書②へ

さて，家計と企業の間で財・サービスと通貨が交換される場所を「**市場**」といいます。身近なところではコンビニだし，大きなところでは，日本と米国の貿易も貿易市場ってことになるよね。この市場において，財・サービスは「**価格**」を目安にして交換されるんだ。この価格は**需要**（購入側），**供給**（生産側）それぞれに必要な情報を与える。**例えば高くなれば，もっと儲けようと企業は供給を増やすわけだし，安くなれば，今買っておこうと需要が増える**んだね。だから価格は市場の「**シグナル**」とも呼ばれるんだ。

実はこの価格はその**市場の形によって大きく左右**されます。板書②を見てほしい。ここに**完全競争市場**と**不完全競争市場**があるよね。**完全競争市場**は，**買手・需要と売手・供給が多数いる市場**，このとき価格は両者のバランスで決定される「**市場価格**」となる。（次のページで触れる）ここでは**市場メカニズム**（需要と供給の関係）が働く。

一方，**不完全競争市場**は少数の企業しかないため，**価格が生産側に支配される**。例えば自販機の缶ジュースは市場では，コカ・コーラが半分以上の**市場占有率**（**マーケットシェア**）を持っているんだ。他にキリンやアサヒ，サントリーがあるけれど，実際は**寡占市場**だね。こうなるとコカ・コーラの決めた価格に他社が追随する。ほら，100円から110円にいち早く値上げしたのもコカ・コーラ。そして120円にしたのもそうだったんだ。こうして寡占市場での価格は，ある企業に価格が先導される「**プライスリーダー制**」という**管理価格**となり，価格がなかなか下がらない「**価格の下方硬直化**」が起こるんだね。

必ずやろう！爽快問題集 ▼ 第2章 02・03・04

2 市場メカニズム ～価格決定メカニズム～

共通テスト8割目標 私大基礎

共通テスト9割目標 難関大

基礎 発展 時事
出題頻度 ★★★★★

ココ が出る! 試験前の最強ポイント

★価格メカニズムの理解　★資源の最適配分　★均衡価格

① 市場メカニズムと市場価格

⇒完全競争市場では,

「**需要**・Demand（購入量）」…増加→価格**上昇**, 減少→価格**下落**

「**供給**・Supply（生産量）」…増加→価格**下落**, 減少→価格**上昇**

　　のバランスで決定⇒この価格を「**市場価格**」という

② 市場価格の決定

●鉛筆の価格のケース●　⇒例えば鉛筆の価格を,

> 500円にした
> →すると, **誰も買わない**, 一方企業は儲かるので**生産する**
> →「**D＜S**」となり→モノ余りが発生→これを**超過供給**という

> そこで, 10円にした
> →**みんなが買い**, 一方企業は儲からないので**生産しない**
> →「**D＞S**」となり→モノ不足が発生→これを**超過需要**という

> つぎに, 50円にしてみた
> →すると, 買う人と, 生産量が一致し「**D＝S**」となる
> →このときの価格を「**均衡価格**」といい
> →モノ余りもモノ不足もない「**資源の最適配分**」が実現する

これをグラフにすると…

③ 需要と供給のグラフ

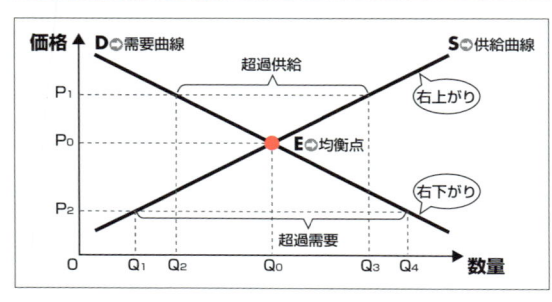

⇒需要は価格が上昇→**減少**
　価格が下落→**増加**
　よって需要曲線は
　"**右下がり**"

⇒供給は価格が上昇→**増加**
　価格が下落→**減少**
　よって供給曲線は
　"**右上がり**"

スパッとわかる >>> 爽 快 講 義 <<<

▼ 完全競争市場の下では価格は市場価格に

完全競争市場の下では，価格は購入量である「**需要**」と，生産量である「**供給**」のバランスで決定されます。当然，需要が増加すれば価格は**上昇**し，需要が減少すれば価格は**下落**する。サックリ言うと**人気のあるモノが高くなり，ないものは安くなる**よね。ほら，かつての「たまごっちブーム」みたいに。一方で供給量が増加すれば価格は**下落**し，減少すれば価格は**上昇**する。サックリ言うと，**たくさん作れば安くなり，あまり作られなければ高くなる**ね。このメカニズムを**市場メカニズム**といい，このメカニズムの下での価格を**市場価格**という。

▼ 市場価格はどう決定されるのか？ ➡ 均衡価格

板書②を見ながら説明するよ。例えば今，**鉛筆が1本500円**だったとする。すると誰も買いませんよね。でも企業は作り続ける。つまり「D＜S」というモノ余りの状態になってしまう。この状態を**超過供給**といいます。すると企業は価格を**下げ**ますね。そして今度は**10円**にしたとする。どうなる？ そう，今度はみんなが鉛筆を**買いあさって**しまうよね。逆に企業は安いモノをあまり作ろうとしない。このとき「D＞S」となり**モノ不足の状態**になるんだ。この状態を**超過需要**という。すると企業は価格を**上昇**させる。でもさっきみたいに500円は超過供給となるので，さすがにそれはしないよね。そこで**50円**にしてみる。すると「D＝S」となり**需要と供給が一致**するんだ。このときの価格を「**均衡価格**」というよ。この状態では買われる量と作られる量が一致するので，**モノ余りもモノ不足もない**。これを「**資源の最適配分**が実現された」と表現する。

こうして市場価格は，需要量と供給量が一致する価格，**均衡価格**に向かっていく。これを**価格の自動調整作用**といい，**アダム・スミス**は「**見えざる手**」と呼んだんだったね。

▼ グラフの見方を押さえよう！

次に板書③を見てください。このグラフは曲線で描かれての出題もありますが，実際は一次関数と考えて下さい。

▼ なぜ，D（需要）曲線が**右下がり**なのか？

それは，価格が上昇すると需要量は**減少**し，下落すると需要量は**増加**するか

らなんだ。ちょっとグラフに指を当ててごらん。まず，価格P1に指を当てて，それを右に移動させD曲線とぶつかる点で下にそのまま垂直に下ろした点が，価格P1の時の数量。つまり，価格P1のときの数量は**Q2**だね。次に価格P2を見てごらん。このときの需要量は**Q4**だね。ほら分かるかな？価格が高くなると需要は**減少**し，安くなると**増加**しているんだね。

▼ 逆に供給曲線が**右上がり**になる理由を考えてみよう

供給は価格が高くなると**増加**し，安くなると**減少**するからなんだ。企業は**利潤の最大化**を目指し経済活動を行う。つまり儲けたいんだね。だから高くなると作ろうとするし，安いものは作ろうとしない。この結果，グラフは**右上がり**となるんだ。ちょっと見てみよう。

P1の時の供給量は，そのまま右にいって，S曲線とぶつかった点をそのまま下に下ろした点，つまり，**Q3**がP1の時の数量。価格がP2に下落した時の供給量は**Q1**だね。ほら，供給は，価格が高くなると**増加**し，安くなると**減少**することを示しているよね。

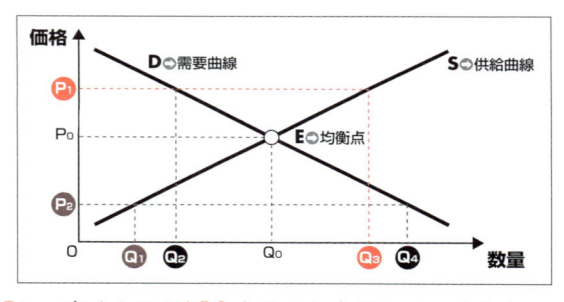

▼ ここでさっきの鉛筆の話（板書②）を当てはめながら考えてみよう

ここで，P0を50円，P1を500円，P2を10円だと思って欲しい。

さて価格がP1の時の需要は，D曲線でぶつかる点だから**Q2**だね。供給はS曲線でぶつかる点だから**Q3**だね。この時，需要より供給の方が「**Q3−Q2**」分だけ供給が上回っているね。つまり**超過供給**が発生してるんだ。この部分が「**モノ余り**」ってことだね。

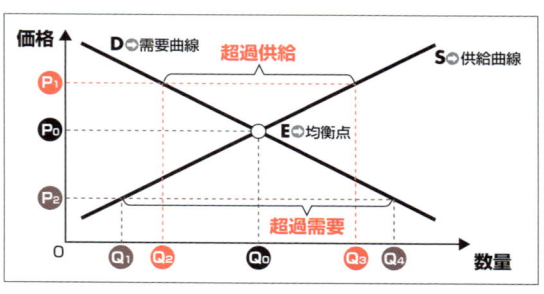

次に，価格がP2に下落する。すると需要は**Q4**だね。供給は**Q1**だ。この時「**Q4−Q1**」分の**超過需要**が発生しているね。つまりこの部分が「**モノ不足**」。

すると価格は上昇し**P0**となる。この時の需要は？　そうD曲線とぶつかる

点だから**Q0**だね。またこの時の供給量も**Q0**となる。つまり，このP0の時，超過需要（モノ不足）も，超過供給（モノ余り）も起きていない**資源の最適配分**が実現する価格，**均衡価格**となっているんだね。

▼ 応用知識 労働力市場の需要・供給曲線

　ちょっと応用です。一般的には，需要の主体が家計で，供給の主体が企業と考えていいんだけど，これが**労働力市場**の場合は少し違うんだ。

　労働力市場の場合，労働力を需要するのは**企業**，労働力を供給するのが**労働者**ということなる。つまり，労働力市場では，需要側が企業ということになるんだ。また原則，縦軸を「**賃金**」，横軸を「**労働量**」と考えます。

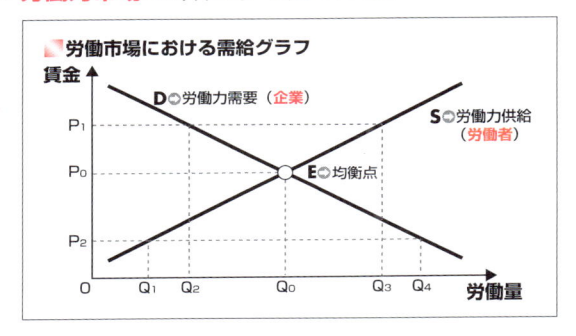

　では賃金がP1の時の労働力の需要と供給を考えてみよう。この時の需要はQ2，供給はQ3で「Q3－Q2」分の労働力の超過供給が発生しています。つまり，賃金の水準が高いと，企業はあまり雇用しようとしない反面，働こうとする人たちは多くなる。「Q3－Q2」分の**労働力の超過供給は，働きたくても働けない**人たちだから，「**失業者**」の量を意味することになります。

　では賃金がP2の場合はどうだろう。この時の需要はQ4，供給はQ1で「Q4－Q1」分の超過需要が発生しています。つまり，賃金の水準が低いと，企業は雇用を増やそうとする反面，働こうとする人たちは少なくなる。この「Q4－Q1」分の**労働力の超過需要は，労働力の不足分を意味**します。

▼ 問題を解きながら理解を図ろう！

　こういう具体例とともに，しっかりとグラフを説明できるようになってください。頻出の分野です。

　特にこの分野は用語の暗記ではなく，メカニズムの理解が必要なので，『**爽快問題集**』や過去問等で，演習を通して理解しましょう！

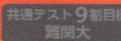

3 市場メカニズム 「曲線のシフト」基礎

ココ が出る! 試験前の最強ポイント

★ D, S曲線のシフトの要因

●超重要原則●

増加→**右**に移動　　減少→**左**に移動

これで**価格は自動的に上下する**

① D曲線のシフト

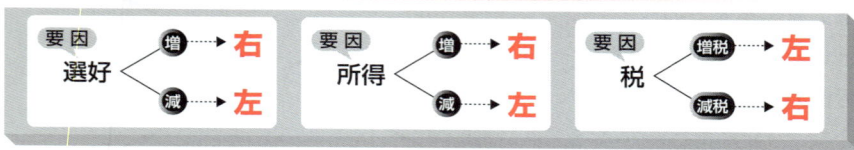

要因		
選好	増→**右**	減→**左**
所得	増→**右**	減→**左**
税	増税→**左**	減税→**右**

■ 需要・供給曲線のシフトと価格に関するグラフ
《需要の増加の場合》

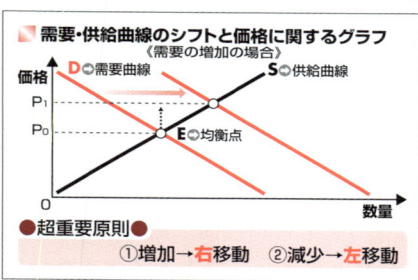

●超重要原則●　①増加→**右**移動　②減少→**左**移動

■ 需要・供給曲線のシフトと価格に関するグラフ
《需要の減少の場合》

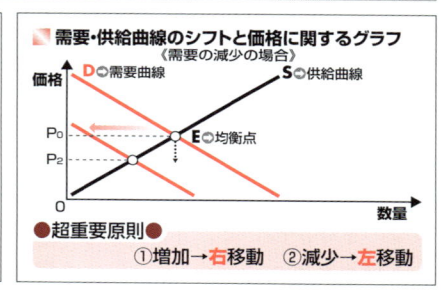

●超重要原則●　①増加→**右**移動　②減少→**左**移動

② S曲線のシフト

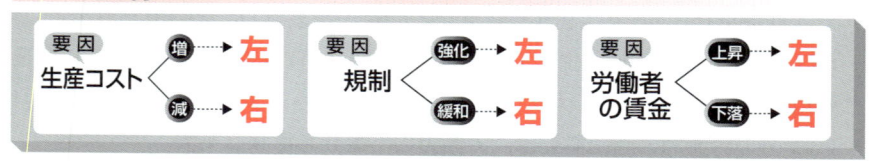

要因		
生産コスト	増→**左**	減→**右**
規制	強化→**左**	緩和→**右**
労働者の賃金	上昇→**左**	下落→**右**

■ 需要・供給曲線のシフトと価格に関するグラフ
《供給の増加の場合》

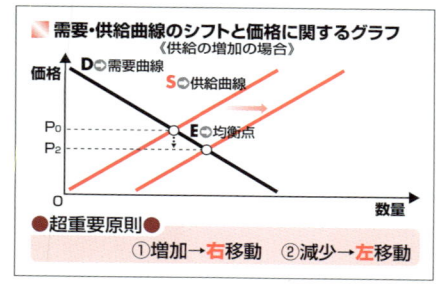

●超重要原則●　①増加→**右**移動　②減少→**左**移動

■ 需要・供給曲線のシフトと価格に関するグラフ
《供給の減少の場合》

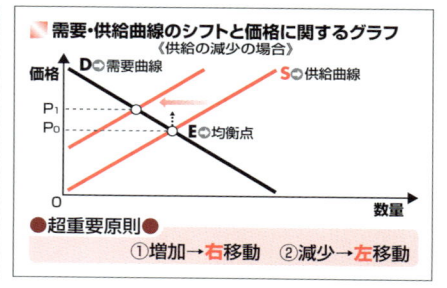

●超重要原則●　①増加→**右**移動　②減少→**左**移動

スパッとわかる >>> 爽快講義 <<<

続いて曲線のシフトの講義に入ります。ここも理解が大切だよ。

▼ D曲線のシフト〔移動〕→シフト要因は「選好」,「所得」,「税」

まず板書①を見てください。例えば今,万年筆のブーム（これを選好の増加と表現する）が起こったとする。当然,常識的に考えても市場価格は**上昇**するんだけど,これをグラフ上で,そのD曲線を**右**に移動させるんだ。ちょっと鉛筆でも使って一緒にやってみて。するとほら価格がP0から**P1**に**上昇**しているのが分かるかな。また逆にブームが去ったとする。すると今度はD曲線を左に動かすんだ。すると価格はP0から**P2**に**下落**しているね。

つまり,　| 増加→**右**に移動　　減少→**左**に移動 | ってことだね。

この他にも**所得**が増加すればみんなモノを買うから,**右**に移動し,減少すれば**左**に移動する。また,**増税**（所得税の増税など）になるとあまり買わなくなるから**左**に移動し,**減税**はみんな買うようになるので**右**に移動します。それぞれ価格はグラフ上で上下しているよね。

▼ S曲線のシフト〔移動〕→シフト要因は「コスト」,「規制」,「労働者の賃金」

続いて板書②を見てください。例えば今,携帯電話の**生産コスト**が低下したとする。当然常識で考えても価格は**下落**するんだけど,グラフで考えよう。生産コストの低下（**技術革新**など）により企業はたくさん携帯電話を生産できるよね。よってS曲線が**右**に移動し価格はP0から**P2**に**下落**するんだね。今度は逆に生産コストが増加（原材料費の高騰など）したとするよ。すると企業は今までのように生産ができないので,供給量を**減少**させる。つまりS曲線は**左**に移動し,当然価格はP0から**P1**に上昇するんだね。

つまりこれも,　| 増加→**右**に移動　　減少→**左**に移動 | ってことだね。

この他に,**規制**が**強化**されると企業は今までのように生産できないからS曲線は**左**に移動し,**規制**が**緩和**されれば生産がしやすくなるので**右**に移動する。また労働者の賃金の**上昇**は,企業にとってのコストの**増加**となるので,S曲線は**左**に移動し,賃金の**下落**は右に移動します。

こうして,それぞれ価格はグラフ上で上下しているね。

とにかく繰り返しになりますが,この分野は『爽快問題集』の第3章を解きながら理解することが大切。また,過去問などに必ずトライして,知識を定着させよう!!

251

4 市場メカニズム応用編

ココ が出る！試験前の最強ポイント

★代替財と補完財の価格の推移

① 代替財と補完財

● 肉と魚の関係 ➡ 代替財

⇒肉の価格が上昇すると，僕らは魚を買おうとする。

⇒よって，魚の「**需要**」が「**増加**」し，魚の価格は「**上昇**」する

⇒つまり，代替財の価格は**同じ方向**に推移する

● 自動車とガソリンの関係 ➡ 補完財

⇒自動車の価格が上昇すると，自動車を使う人が少なくなる。

⇒よって，ガソリンは売れなくなり，ガソリンの需要は「**減少**」し，価格は「**下落**」する

⇒つまり，補完財の価格は**異なる方向**に推移する

② 需要の価格弾力性 ➡ 価格の変化に対する需要量の変化の割合

● ぜいたく品のケース

⇒高くなると買わない，安いと買う

⇒価格の変化に対する需要の変化が大きい

→**弾力的**

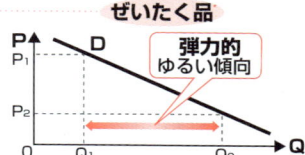

ぜいたく品

● 生活品のケース

⇒高くても，安くてもとりあえず買う

⇒価格の変化に対する需要の変化が小さい

→**非弾力的**

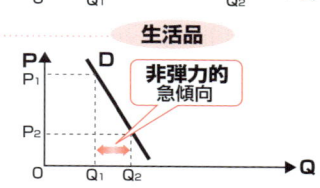

生活品

③ 供給の価格弾力性 ➡ 価格の変化に対する供給量の変化の割合

● 工業製品のケース

⇒高くなると生産し，安いと生産しない

⇒価格の変化に対する供給の変化が大きい

→**弾力的**

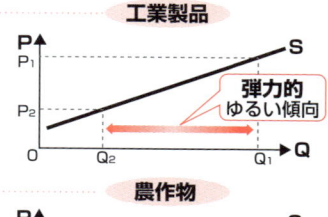

工業製品

● 農作物のケース

⇒高くても安くても生産できる量に限界がある

⇒価格の変化に対する供給の変化が小さい

→**非弾力的**

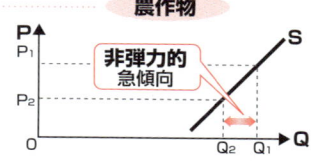

農作物

深める 爽 快 講 義

テーマ 「独占市場での価格の考え方」と
「需要の価格弾力性」

講義ポイント

　この2つのテーマは，早稲田大学（計算中心）や，かつてのセンターの難問（計算ではなく考え方）によく見られ，合否に大きく差をつけます。ここで理解してしまえば，過去問をスラスラ解くことができるでしょう。

　しっかり読んで，解き方を身につけてください。

（1）独占市場での価格の考え方

　ここで過去に出題された独占市場での価格のつけられ方，つまり最もオーソドックスな解き方を例に解説していきます。

　今あるボールペンの市場の需要関数が　$P = -X + 12$，供給関数が $P = X + 6$ であるとする。このときの独占市場の価格は（A）より大きく，（B）より小さい。を求めよ。

　まずグラフを書くと，,,

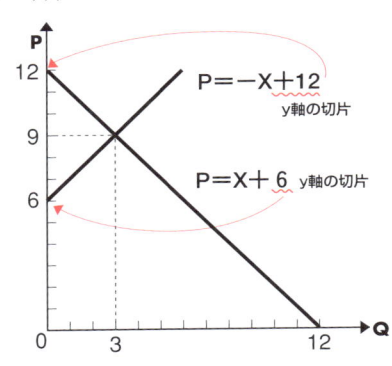

となる。

$$-X+12 = X+6 \qquad 3をX+6（もしくは-X+12）$$
$$2X = 6 \qquad\qquad のXに代入$$
$$X = 3 \qquad\qquad P = 9$$

つまり均衡数量は「3」，均衡価格は「9」となる。

　この市場における需要関数は，P＝-X＋12であるから，12以上では需要が発生しないことになるね。また供給関数は，P＝X＋6であるから，6以下では供給は発生しないことになる。

　独占市場の場合，企業は均衡価格よりも高い値段をつけるはずです。ただし12以上では需要が発生しないため，均衡価格の「9」よりも大きく「12」よりも小さい価格をつけることになります。

　このように少し現代文的な要素が加味されてくるのが，政治・経済の計算問題の特徴です。

　また式がX＝や，D（S）＝，Q＝で示された場合は，P＝に式を変換して切片を出す必要があるので，注意しましょう。

(2) 需要の価格弾力性の求め方

　考え方自体はp252で学習しましたね。
　需要の価格弾力性とは，価格の変化率（ΔP）に対する需要量の変化率（ΔQ）のことでした。
　従って，

$$\frac{需要量の変化率（ΔQ）}{価格の変化率（ΔP）}$$

で需要の価格弾力性を求めることができます。

　一般に，価格が上昇すれば需要は減少します。従って需要量の変化率はマイナスとなるため，需要の価格弾力性もマイナスとなるので絶対値を用います。

　ここで実際に問題を解きながら，理解していくことにしましょう。

①ある商品Aの変化前の価格が100円のとき需要が1000個。変化後の価格が，120円のとき需要が900個に変化するとする。この商品の価格の需要弾力性の値を求めなさい。

　まず，価格の変化率（ΔP）から求めていきましょう。変化前を基準にして価格の変化率（ΔP）を求めます。従って分母は100になるので気をつけましょう。

$$\frac{120-100}{100} \times 100\,(\%) = 20\% \cdots\cdots \ \Delta P$$

　次に，需要量の変化率（ΔQ）を求めます。ここでも変化前の数量が基準となります。よって分母が1000となります。
　このように，需要量の変化率はマイナスとなるため，需要の価格弾力性もマイナスとなるので絶対値を用います。

$$\frac{900-1000}{1000} \times 100\,(\%) = -10\% \cdots \Delta Q$$

　よって正解は

$$\frac{10\%}{20\%} = \underline{0.5} \quad 弾力値 \qquad 答：0.5$$

　試験会場では大問一つを約12分で解かなくてはなりません。つまり約1分で答えを出す必要があります。計算問題が出題されていた場合は，「解く必要がある問題」なのかどうかを，迅速に判断し，2分以上かかる場合は，ほかの知識問題を解き終えた後で，最後に計算問題を解くように心がけましょう。

「環境税」の効果

> 2012年10月から，CO_2の削減を狙いとして，原油や天然ガスの削減のために課税される「**環境税（地球温暖化対策税）**」が課税されることになった。化石燃料（石油や石炭）を仕入れた場合に課税されている「**石油石炭税**」が引き上げられます。
>
> 2016年に完全実施され，年間で約2600億円の税収があり，これらの税収は**再生可能エネルギー**の普及などのため利用されます。
>
> この「環境税の課税」によって需要・供給線はどのように動くのでしょうか？
>
> 一緒に考えてみましょう。

▼ 環境税は「間接税」

環境税は**消費税**等と同じ**間接税**です。つまり，負担者と納税者が異なります。負担者は消費者ですが，納税者は企業です。つまりここが最大のポイントで，企業側，つまり「**S**曲線」が動きます。

▼ ではどう動くのか？

基本は企業のコストの増加，つまり「コストアップ」と考えればいい。

だから，**S曲線が「上（左上）に動きます」**

■ 環境税課税の効果

価格 — D ⊖需要曲線 — S' ⊖供給曲線 — S ⊖供給曲線（生産者） — 環境税 — P2 — P1 — 0 — Q1 Q2 — 数量

こうして，環境税を課税するとS曲線は左上にシフトし,,,

取引量は Q2 から Q1 に減少し，価格は P1 から P2 に上昇

することになります。

すでに出題が数多くありますから，注意しましょう。

時事を確認！ 新 会 社 法

共通テスト8割目標 私大基礎　共通テスト9割目標 難関大

⇨2006年からの新会社法施行により「**有限会社**」が廃止された。

⇨ただしそれまでに設立された有限会社は存続ができる。

⇨有限会社が廃止され，「**合同会社**（有限責任社員が1名以上，自由配当決定権などがある）」が新設された。

⇨また，会社を設立する際必要だった**最低資本金制度**も廃止された。

資料を見る！ 所有者別持株比率の推移

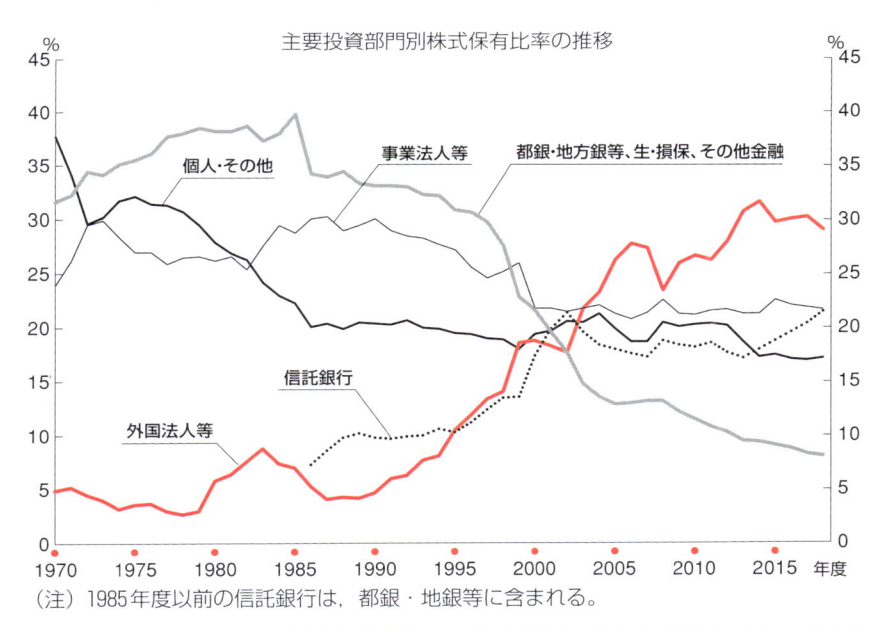

主要投資部門別株式保有比率の推移

（注）1985年度以前の信託銀行は，都銀・地銀等に含まれる。

（日本取引所グループ『2018年度株式分布状況調査』より作成）

⇨1990年代以降，バブル崩壊や金融の自由化・金融ビッグバンの影響で，株の持合いの解消などにより，**金融機関同士の持株比率が低下**してきている。**一方で外国人の持株比率が高まっている。**

5 市場の失敗

ココが出る! 試験前の最強ポイント
★公共財　　　★外部効果
★外部負（不）経済　★独占・寡占

① 市場の失敗とは

⇒市場メカニズムが機能しない状態，市場そのものが成立しない場合も含む
政府の介入による経済政策である「財政政策」による補完が必要となる

② 市場の失敗の具体例

1. 公共財の問題
⇒民間企業は採算が合わない道路，水道等の公共財提供をしない（**非採算性**）
⇒**公共財は対価を支払わずに利用する「フリーライダー」が発生しやすい**ため，民間企業は提供しない（**非排除性**）
⇒公共財などはその基本的性質として，ある人の消費が他の人の消費を減少させることがない（つまり競争して消費しようとしない）ため，民間企業は提供しようとしない（**非競合性**）

2. 外部効果
⇒ある経済主体の行動が**対価の支払いなしに**他の経済主体に与える経済効果
● **外部負（不）経済**
⇒マイナスの外部効果，公害など
⇒公害の発生者がその経済的損失分を補填することで解決する（政府が**PPP・汚染者負担の原則**などの政策や環境税などを課税する）
● **外部経済**
⇒プラスの外部効果，新しい駅の建設による地価の高騰など

3. 独占・寡占
⇒市場が1社，ないし数社で独占され市場メカニズムが機能しない

スパッとわかる >>> 爽 快 講 義 <<<

これはとても大切な問題ですね。「**市場の失敗**」はとても頻出な用語なのでしっかりと理解しましょう。

市場の失敗は，**市場メカニズムが機能しない状態**を表す言葉です。また**市場自体が成立しない**ことも含みます。よって市場では解決が困難なため，政府の**財政政策**が必要になるんです。代表的なものは次の3つです。

▼ 民間企業は採算がとれない財・サービスを提供しない

まず**1**のように，**公共財**は民間企業が提供しようとしません。つまり市場そのものが成立しないため市場の失敗となります。特に板書の「**フリーライダー**」という言葉は大切です。灯台の光なんかを考えてみると分かりやすい。結局利用料としての対価を支払っていない船にも光は当たっちゃう。そうなるとその船はフリーライダーってことになりますよね。こうしたフリーライダーの排除が難しい財については，政府が租税を先に徴収して**公共財**として提供します。「**非排除性**」と「**非競合性**」については板書で必ず確認して下さい。

▼ 対価の支払いがない経済効果は市場メカニズムが働いたとはいえない

2の外部効果は，**ある経済主体の行動が対価の支払いなしに他の経済主体に与える経済効果**のことです。大切なのは「対価の支払いがない」というところです。対価の支払いがない場合は市場メカニズムが働いたとは言えません。こうした経済効果を「**外部効果**」といいます。その効果がプラスの効果なら**外部経済**。マイナスの効果なら**外部負（不）経済**といいます。**外部経済**の例は駅などの建設で，その地域の地価が高騰したり，経済が活性化したりすること。逆に外部負(不)経済は，**公害**などの発生でその地域に不利益を及ぼすことです。ただし，政府が公害の発生者にその経済的損失分を補填させる「**PPP（汚染者負担の原則）**」などを政策化し実施することで解決できます。これを「**外部負経済の内部化**」といいます。

とくにプラスの外部経済も市場の失敗になるので注意が必要だよ。

▼ 独占は政府が独占禁止政策を実施する

最後の**独占**（1社での独占），**寡占**（数社での市場独占）は，この状態では価格は企業が支配していくことになり，市場メカニズムが働かず，価格がなかなか下がらないという「**価格の下方硬直化**」に陥ってしまうんだ。だから政府が**独占禁止政策**を実施している。次のページで**独占禁止政策**について詳しく勉強していこう。

共通テスト8割目標 私大基礎 / 共通テスト9割目標 難関大

基礎 発展 時事 出題頻度 ★ ★ ★ ☆ ☆

6 独占禁止政策

ココが出る! 試験前の最強ポイント
★商品の差別化 ★非価格競争 ★独占禁止法 ★持株会社解禁

① 不完全競争市場での動向

企業側	非価格競争による「商品の差別化」(アフターサービスやデザインなど)

消費者側	1. 他人の消費行動に同調する「デモンストレーション効果」 ← 違いに注意!!
	2. 企業のCMやパフォーマンスに依存する「依存効果」

※依存効果はガルブレイスが指摘

② 独占の形態 以下を丸暗記!

1.カルテル ⇒ 協定を結び企業連合を形成，1870年代のドイツが始まり
2.トラスト ⇒ 同一産業の企業の合併，1880年代の米国のロックフェラーグループ
3.コンツェルン ⇒ 持株支配，第一次大戦後の高度に発達した資本主義諸国

③ 独占禁止政策の始まり

⇒19世紀以降の資本の集中・集積→スタンダード石油のトラスト禁止へ
 1. シャーマン法〔反トラスト法〕1890年米国 **世界初**の独占禁止法
 2. クレイトン法 1914年米国 →シャーマン法の強化

④ 日本の独占禁止政策 ⇨ 戦後のGHQの財閥解体が本格的に始まる

1. 持株会社整理委員会発足 1946年
2. 独占禁止法〔私的独占の禁止及び公正取引の確保に関する法律〕**1947**年7月
　⇒ **公正取引委員会**による監視
3. 過度経済力集中排除法 **1947**年12月制定　1955年廃止

⑤ 主な独占禁止法の改正

合法カルテル

緩 和	1953年	**不況カルテル，合理化カルテル，再販売価格維持行為**の例外の創設
強 化	1977年	カルテルに課徴金，株式保有制限など
強 化	1992年	罰金を500万円以下から1億円以下に引き上げ ← 大切!!
緩 和	1997年	**金融ビッグバン**に伴い**持株会社**を解禁（コンツェルン合法化） p289参照
強 化	1999年	不況カルテル，合理化カルテルを**廃止**
強 化	2002年	罰金を1億円以下から5億円以下に引き上げ

スパッとわかる >>> 爽快講義 <<<

▼ 不完全競争市場では価格メカニズムが機能しない

板書①を見て！ **独占・寡占**などの「**不完全競争市場**」では**市場メカニズム**は機能しないんだったね。そうなると価格が下がりにくい**価格の下方硬直化**が起こってくる。こうなると企業は価格面での競争をせずに，デザインなどの面で**商品の差別化**をはかり**非価格競争**を激化させるんだ。一方消費者も価格で商品を選別するのではなく，他の人の消費行動につられて商品を買うんだ。これを**デモンストレーション効果**という。また，企業の派手なCMなどにつられて商品を購入したりする。これを**依存効果**という。この2つはしっかり区別を。

▼ そこで独占禁止政策が必要→米国のシャーマン法が世界初

板書③を見て！ 19世紀，米国ではスタンダード石油などがトラストを行い，市場が寡占化していた。こうした事態に対応するため，政府は独占禁止政策を実施する必要性が出てくるよね。世界で初めてこれに取り組んだのが米国です。

1890年に**シャーマン法**〔**反トラスト法**〕が制定されます。ただし，禁止規定が不明確だったことから運用がうまくいかなかったんだ。そこで1914年，禁止規定を盛り込みシャーマン法を強化した，**クレイトン法**を制定。また同年，**連邦取引委員会法**を制定し，監視機関としての**連邦取引委員会**を設置したんだ。

▼ 日本の独占禁止政策は→戦後GHQの財閥解体が起源

戦後日本はGHQの**財閥解体**により，独占禁止政策が本格化していきます。

板書④を見てください。1946年，**持株会社整理委員会**が組織されます。そして翌年の**1947**年，**独占禁止法**と**過度経済力集中排除法**が制定されます。特に**独占禁止法**は頻出なので正式名称と共に押さえよう！ この独占禁止法に基づき，**公正取引委員会**がその監視に当たっていることも，憶えておこう！

▼ 独占禁止法の改正点→1997年の持株会社の解禁は頻出だ！

独占禁止法の改正点については，板書⑤で確認しよう。特に**不況カルテル**と**合理化カルテル**は合法カルテルとして認められていましたが，**1999**年に廃止になりました。また，小売業者等に自社商品の販売価格を指示し，これを守らせることを，「**再販売価格維持行為**」といいます。簡単に言うと定価の取り決めだね。これは原則禁止なんだけど，書籍・雑誌・新聞・CDなどの著作物などに関しては，例外的に認められています（**著作物再販制度**）。そして**1997**年に，**金融ビッグバン**（p289）に伴い，**持株会社**（**コンツェルン**）が**解禁**になった点は要注意です。

必ずやろう！ 爽快問題集 ▼ 第2章 03・04

共通テスト8割目標 私大基礎	共通テスト9割目標 難関大	基礎 発展 時事 出題頻度 ★★★★☆

7 企 業

ココが出る! 試験前の最強ポイント

★3つの企業　★有限責任と無限責任　★株式会社のしくみ

① 企業の分類

1. **公企業**【国がすべて出資】⇒1現業〔**林野**〕1公社〔**日本郵政公社**，公庫，公団など〕

※ 2003年4月から従来の「4現業（郵政，印刷，造幣，林野）」のうち，郵政は「**郵政事業庁**」から「**日本郵政公社**」に．印刷は「財務省印刷局」から「独立行政法人国立印刷局」に，造幣は「財務省造幣局」から「独立行政法人造幣局」へとそれぞれ移行した

2. **公私混合企業**【国と民間の共同出資】⇒ 日銀など，**第3セクター**とも呼ぶ

3. **私企業**【民間がすべて出資】——<　個人企業
法人企業——<　組合企業（農協・生協など）
会社企業4つ

② 4つの会社企業【合名，合資，合同，株式】

会社名	合名会社	合資会社	合同会社	株式会社
責任社員	1名以上の**無限**責任社員	**無限**責任社員と**有限**責任社員を各1名以上	1名以上の**有限**責任社員	1名以上の**有限責任株主**⇒講義で確認
資本金	制限なし	制限なし	制限なし	制限なし
役員	取締役会は不要（所有と経営の一致）			取締役が1名以上（取締役会をおく場合は3名以上）
株式譲渡	原則として全社員の承諾が必要			原則自由に譲渡

※ 2006年5月より**会社法**により有限会社（有限責任社員50名以内）が廃止され（それまでの有限会社は特例有限会社として存続），合同会社（有限責任社員が1名以上）が新設された。また最低資本金制度の制限も廃止された

ココがポイント! 論述注意
- **有限責任社員**とは ⇒ 会社の負債について**出資額の範囲内**で責任を負う
- **無限責任社員**とは ⇒ 会社の負債に対して**出資額に関係なく**責任を負う

③ 株式会社の企業統治とコーポレートガバナンス

企業を監督する監査などのしくみ

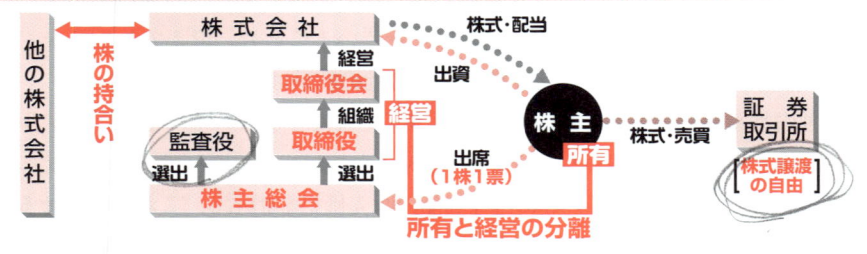

④ その他の用語

1. **コングロマリット** ⇒ 複合企業　多数の業種をこなす企業

2. **多国籍企業** ⇒ 世界に子会社を持つ企業　**3.** **メセナ活動** ⇒ 企業の芸術支援活動

4. **フィランソロピー** ⇒ 企業の社会貢献活動（ボランティア支援など）

スパッとわかる >>> 爽 快 講 義 <<<

▼ 企業の分類

　板書①を見てください。企業はその出資が政府のみなら**公企業**。政府と民間の共同出資なら**公私混合企業**。民間のみならば**私企業**と分類されるんだ。特に公企業の3現業，**印刷**（主として紙幣などの印刷），**造幣**（主として硬貨の製造），**林野**（主として国有林の管理）には要注意です。ちなみに2003年3月までは**郵政**も入れて**4現業**だったのですが，2003年4月に「**郵政の公社化**」が実施され，郵政事業の運営は**日本郵政公社**となりました。また公企業は「**第1セクター**」，私企業は「**第2セクター**」，公私混合企業は「**第3セクター**」とも呼ばれるよ。

▼ 4つの会社企業→**合名**，**合資**，**合同**，**株式**の4つの会社企業に注意せよ！

　私企業に分類される会社企業は，**資本金と責任社員の相違**によって分かれている。**責任社員とは会社が倒産したときにその負債の責任を負う者**のことで出資額の範囲内で責任を負う**有限責任社員**。出資額に関係なく責任を負うのが**無限責任社員**になっているよ。あとは板書②を見てしっかりと憶えておこうね。

▼ 株式会社のしくみ

　株式会社は不特定多数の人から株式の発行によって「**大資本の調達**」ができるメリットの大きい会社形態ですね。また株主も**配当**や**株式**を売買することで儲けることもできるよね。これを**株式譲渡の自由**というんだ。禁止はできない

　板書③を見てください。まず，株主は出資して**株式**を受取ります。この段階で株主が株式会社の**所有者**です。そして**株主総会**に出席して，会社の経営を任せる**取締役**と，資金を監査する**監査役**を選出します。この時の議決は「**1株1票**」です。つまり大株主が有利だよね。そして**取締役**は**取締役会**を組織して，会社の経営に当たるんです。でも，株主はというと，会社の経営よりも，配当や株式の売買による利益を求めて，会社の経営にあまり興味を示さないんですね。これを「**所有〔資本〕と経営の分離**」といいます。

▼ 日本は**法人株主**中心→閉鎖的企業統治に

　また，日本の場合，会社同士で株主となる「**株の持合い***」が多い。これにより閉鎖的な企業統治になってしまう。なぜなら，株主総会で相手企業の問題点を指摘すれば，今度は自分の総会の場で，批判した相手企業から逆に批判を受けるかもしれない。だから**お互いに経営批判をしない**。ちなみに米国では，**法人株主**よりも**個人株主**が多いため，経営責任が厳しく問われる企業統治なんだね。

＊近年株の持合いは徐々に解消される傾向にある。

必ずやろう！ 爽快問題集 ▼ 第2章 03

資料を見る！ 日本の生産集中度

さてここで，日本の国内でどんな製品が生産集中度，つまり独占の度合いが高いのかを見ていこう。★は注意。

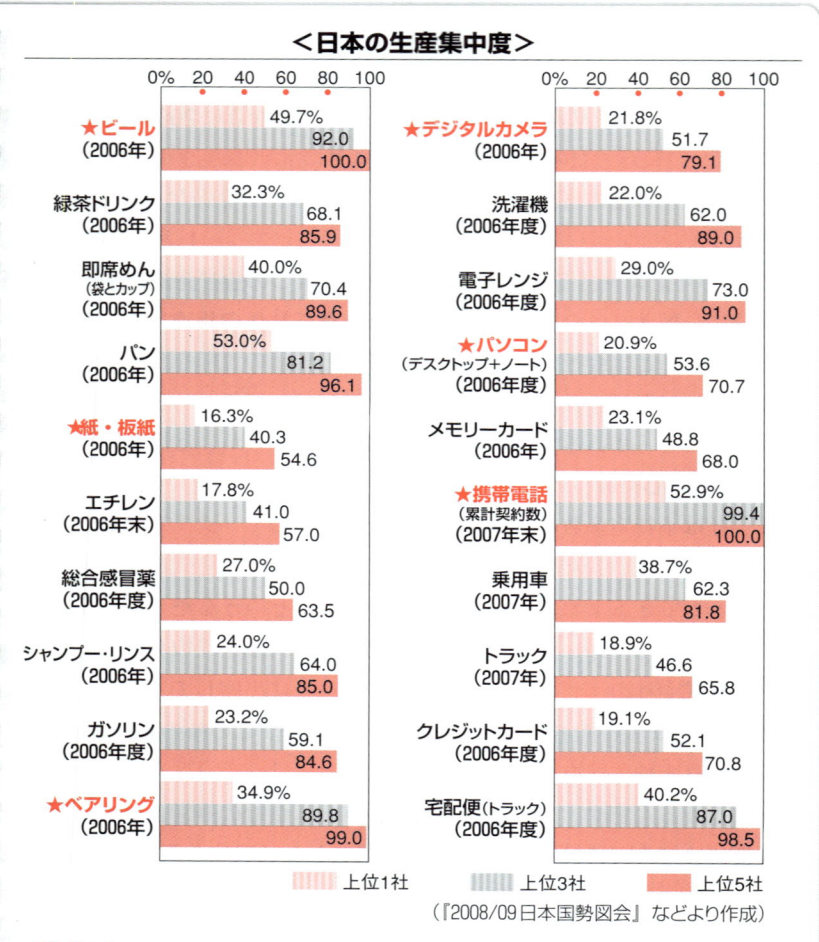

＜日本の生産集中度＞

製品	上位1社	上位3社	上位5社
★ビール（2006年）	49.7%	92.0	100.0
緑茶ドリンク（2006年）	32.3%	68.1	85.9
即席めん（袋とカップ）（2006年）	40.0%	70.4	89.6
パン（2006年）	53.0%	81.2	96.1
★紙・板紙（2006年）	16.3%	40.3	54.6
エチレン（2006年末）	17.8%	41.0	57.0
総合感冒薬（2006年度）	27.0%	50.0	63.5
シャンプー・リンス（2006年）	24.0%	64.0	85.0
ガソリン（2006年度）	23.2%	59.1	84.6
★ベアリング（2006年）	34.9%	89.8	99.0
★デジタルカメラ（2006年）	21.8%	51.7	79.1
洗濯機（2006年度）	22.0%	62.0	89.0
電子レンジ（2006年度）	29.0%	73.0	91.0
★パソコン（デスクトップ＋ノート）（2006年度）	20.9%	53.6	70.7
メモリーカード（2006年）	23.1%	48.8	68.0
★携帯電話（累計契約数）（2007年末）	52.9%	99.4	100.0
乗用車（2007年）	38.7%	62.3	81.8
トラック（2007年）	18.9%	46.6	65.8
クレジットカード（2006年度）	19.1%	52.1	70.8
宅配便（トラック）（2006年度）	40.2%	87.0	98.5

凡例：上位1社 ／ 上位3社 ／ 上位5社

（『2008/09日本国勢図会』などより作成）

ポイント

①**ビール**，**携帯電話**は上位5社で100％と集中度が高い

②次いで，**ベアリング**，**宅配便**，**パン**は95％を超える

③逆に，**デジタルカメラ**，**エチレン**，**パソコン**，そして意外にも**紙**も生産集中度が低くなっている

④近年は**携帯電話**の集中度が目立っている

第3章

国民経済と経済成長

1 国富（ストック）と付加価値（フロー）

ココ が出る! 試験前の最強ポイント

★フローとストック　★国富　★三面等価の原則

① 国富と国民資産はともに「ストック」

1. ある一時点までの蓄積でみた実資産の合計　ストックの概念

以下の**a，b**2つの指標が代表的

a「国富」 国富＝非金融資産＋対外純資産　※国内金融資産は入らない

b「国民資産」＝非金融資産＋金融資産

② 付加価値（フロー）について

⇒一定期間に新たに生み出された価値である「付加価値」の総計。

⇒新たに生み出された付加価値を算出するためには，一度支払いのあった中間生産物などは二重計算を避けるため差し引く。

⇒GDP（国内総生産），NDP（国内純生産），DI（国内所得），GNP（国民総生産）等がある。詳しくは次節の「付加価値の分類」で詳しく説明する。

付加価値＝
総生産額 −中間生産物
（原材料費など）

●帰属計算（見なし計算）

次の3つは例外として付加価値に含める。

「農家の自家消費」，「持家の帰属家賃」
「企業の現物支給」

③ 三面等価の原則

三面等価の原則

生産国民所得	=	分配国民所得	=	支出国民所得
第一次産業(1.0%)（農業・漁業など）		雇用者報酬(70.0%)		民間最終消費支出(58.9%)
第二次産業(22.3%)（建設業・工業など）		企業所得(24.0%)		政府最終消費支出(19.8%)
第三次産業(72.5%)（サービス業・商業など）		財産所得(6.0%)		国内総資本形成(20.2%)（住宅・企業設備など(投資)）
海外からの純所得(4.3%)				経常海外余剰(1.2%)（純輸出＋海外からの純所得）

⇒生産された所得と，分配された所得と，支出された所得は原則一致する

⇒それぞれの国民所得は， の中で生産，分配，消費される

※（ ）は2012年のデータ，端数処理のため，統計上の不突合有り

スパッとわかる >>> 爽快講義 <<<

確かに政経受験者がなかなかとっつきづらいこの分野。ただし簡単な用語が難しい用語に言い換えられているだけで、**実際は簡単な日々の具体例に置き換える練習をしておけば得点源になります**。用語を自分の言葉で説明できるように心がけましょう。また暗記ではなく理解的要素が大きい分野なので、『**爽快問題集**』の経済編5や、第3章の「グラフと計算問題」テーマ2などと必ず照らし合わせながら、具体例や出題例を意識して学習しよう。安心して。解説と問題演習でばっちり得点源になります。

▼フローとストック

その国の豊かさを見るとき、実は2つの視点から見ていく必要があるんだ。

例えば、僕が**今日の時点**で何枚のCDを持っているのか？「300」枚という見方と、僕が今年の1月1日から12月31日での**一定期間**に、新しくいくらのCDに新たに支出したのか？「50枚」はまったく違うよね。

つまり国家も同じで、過去から現在までの間、どれくらいの**モノ**、つまり資産を一時点で持っているのか、ということと、その国の国民が、**一定期間に新たにいくらの価値を生み出したか**（支出したか）、つまり新しく生み出された所得、カネである**付加価値**は区別されるんだ。前者の視点から眺めた指標を**国富**や**国民資産**（**ストック**の視点）といい、後者を**付加価値**（**フロー**の視点）といいます。そして**ストックは国民所得を生み出す基盤**となります。

▼ストックについてもう少し深くみてみよう　　板書①へ

板書①を見てください。

ストックを表す指標である「**国富**」と「**国民資産**」の違いは、**国内金融資産**を含むかどうかです。国内金融資産は国内の預金などですが、僕が100万円国内銀行に預金した場合、銀行はいつか僕に100万円を返さないといけない。つまり国内全体で見たとき**国内金融資産は誰かの負債となってしまっているため**「＋－ゼロ」と考えるんだ。だから国富には計上しない。つまり非金融資産の合計として考えておこう。一方の国民資産には計上される。日本の国富は1990年には約3400兆円あったが、その後の1991年のバブル崩壊以降地価の下落などが続き、2005年には約2600兆円にまで減少したものの、**2017年末には3384兆円へと増加した。土地などは日本では高く評価される分**、景気に左右されやすいので時価評価が変わってしまいやすいんだね。

▼フロー（付加価値）についてもうすこし深くみてみよう 　板書②へ

新たに生み出された**付加価値**を算出するためには，一度支払いのあった**中間生産物**などは二重計算を避けるため差し引く必要があるんだ。中間生産物とは**原材料費**や**光熱費**をいう。これらはパンなどを生産する時の小麦粉や電気代にあたる部分で，当然支出になるので二重計算（二重の支出の計算）をしないために差し引く。

つまり,,,

> **付加価値 ＝ 総生産額（総販売額）− 中間生産物**

となる。

ちょっと下の例で付加価値を考えてみよう。

> 農家が，中間生産物を投入せずに，300円の小麦を生産した。
> 製粉業者が，農家から300円の小麦を仕入れて，650円の小麦粉を生産した。
> 製パン業者が，製粉業者から650円の小麦粉を仕入れて，880円のパンを生産した。
> 小売店が，製パン会社から，880円のパンを仕入れて，1500円の販売をした。

▼さて付加価値は？

□の合計は総生産額になるよね。次に＿＿の合計はそれぞれの中間生産物になるから総生産額「3330」から中間生産物「1830」を差し引いた「1500」が付加価値となる。こうしてみると，この一連の**最終生産物**（この場合は小売店が最終的に販売した1500円）の価値と**付加価値**は等しくなっていることに気が付くでしょう。あとは『爽快問題集』などを使って演習を繰り返すと，すぐに得点源になります。

▼3つの面から見た付加価値→三面等価の原則

板書の③を見てみよう。

例えば僕が働いて1年間に300万円生産したとする，そして僕はその300万円を会社から「分配」される，最後に僕は服を買ったり，おにぎりを食べたり，預金をしたりして300万円を「支出」する。

つまり「生産」，「分配」，「支出」からみた国民所得は国全体でも等しい額になるんだ。

もう一つたとえ話。例えば日本が500兆の国民所得を**第一次産業**, **第二次産業**,

第三次産業で生産したとする。すると必ずその500兆は「**雇用者報酬**（僕らの給与など）」，「**企業所得**（企業への分配）」，「**財産所得**（株主への配当金，投資家への利子，地主への地代）」として配られます。そして配られた500兆は「**消費**」，「**投資**（国内総資本形成，預貯金など）」，「**純輸出**」として使われると考えられます。大切なのは，支出国民所得に国内資本形成，つまり預貯金が入っているでしょ。つまり銀行に預金してあっても，支出になる。となると，この**生産，分配，支出の面で見た国民所得の額は原則同じになるんだ。**

これを「**三面等価の原則**」といいます。

ちなみに生産面からみた付加価値を「**GDP**（国内総生産）」，分配面からみた付加価値を「**GDI**（国内総所得）」，支出面からみた付加価値を「**GDE**（国内総支出）」といい，みんながすでにピンときているとおり値は同じです。

最近は支出面からの付加価値指標である「GDE」に関する問題の出題が多く，ここの**内訳とその理解が差をつける**ので，板書を確認して理解を深めておきましょう。また生産，分配，支出における**各項目の数値も正誤判定の材料となる**ので，入試までにしっかり見直しておこうね。

●〔三面等価〕国民所得「ＮＩ」の場合（2012年の名目値モデル）　　　　（単位：兆円）

生産国民所得		
第1次産業	3.4	1.0%
農林水産業	3.4	1.0
第2次産業	78.3	22.3
鉱業	0.1	0.0
製造業	55.5	15.8
建設業	22.7	6.5
第3次産業	254.7	72.5
電気・ガス・水道業	1.5	0.4
卸売・小売業	56.0	15.9
金融・保険業	17.9	5.1
不動産業	33.6	9.6
運輸・通信業	36.2	10.3
サービス業	90.5	25.8
公務	19.0	5.4
帰属利子	—	—
海外からの純所得	15.0	4.3
合　計（兆円）	351.5	100%

分配国民所得		
雇用者報酬	245.9	70.0%
財産所得	21.1	6.0
企業所得	84.5	24.0
合　計（兆円）	351.5	100%

支出国民所得		
民間最終消費支出	287.7	58.9%
政府最終消費支出	96.9	19.8
国内総資本形成	98.5	20.2
総固定資本形成	100.1	20.5
在庫品増加	-1.5	-0.3
経常海外余剰	5.7	1.2
国民総支出	488.8	100%
（控除）固定資本減耗	100.6	
（控除）間接税−補助金	37.4	
統計上の不突合	0.6	
合　計（兆円）	351.5	

（内閣府『平成24年度国民経済計算』より作成）
注：表内の数値については，端数処理のため，合計が一致しない場合がある。

2 付加価値の分類

ココが出る! 試験前の最強ポイント
★GDP，NDP，DIの違いと計算過程

① 様々な付加価値指標

⇒基本的に付加価値は「総生産額−中間生産物」をさすが，その計算過程を
さらに細かくすることで，以下のように分類できる

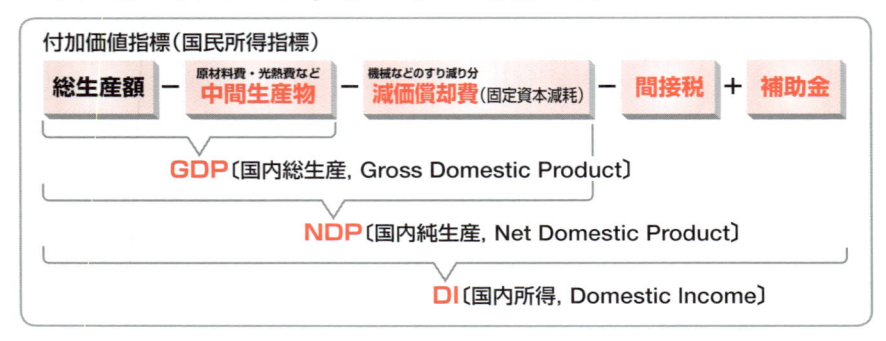

付加価値指標（国民所得指標）

総生産額 − 原材料費・光熱費など **中間生産物** − 機械などのすり減り分 **減価償却費**（固定資本減耗） − **間接税** + **補助金**

GDP〔国内総生産, Gross Domestic Product〕

NDP〔国内純生産, Net Domestic Product〕

DI〔国内所得, Domestic Income〕

1. 国内総生産（GDP）＝総生産額−中間生産物

⇒もっともポピュラーな付加価値指標で「**粗付加価値**」の指標

2. 国内純生産（NDP）＝GDP−固定資本減耗（減価償却費）

⇒機械のすり減り分（固定資本減耗，減価償却費）まで計算する。例え
ば1000万のパン焼きオーブンを10年で使用するとした場合，一年間の
固定資本減耗分は「1000÷10」で100万円となる。

⇒この固定資本減耗分まで計算した付加価値を「**純付加価値**」という

3. 国内所得（DI）＝NDP−間接税＋補助金

　　　　　　　　　　　　※（間接税−補助金）を「**純間接税**」という

⇒**要素費用**で見たNDP，あるいは**要素費用**で見た付加価値ともいわれる

⇒政府による間接税や補助金などの影響を排除して**要素費用表示**にする

⇒例えば**間接税**はその分市場価格に含まれており，この分市場価格は高
くなっている。この負担分は**差し引く**。

⇒一方**補助金**は，その分「市場価格」では安く表示されている。この分
市場価格は安くなっている。よって補助金分は**加える**。

スパッとわかる >>> 爽 快 講 義 <<<

▼3つの付加価値指標→GDP，NDP，DIの計算過程‼

付加価値をあらわす指標は，その計算過程によって主に3つあります。ここは理解が必要ですから，根気よく爽快講義を読んでその後に『爽快問題集』にトライしてください。

まずは国全体で考えると大きくなっちゃうので，缶ジュースで考えてみようか。例えば，120円で販売される缶ジュースの市場価格には，原材料費（中間生産物）や，機械のすり減り分（固定資本減耗，減価償却費），そして間接税が入っていますよね。また，企業には政府から補助金が下りている。これらをどこまで差し引いたり，加えたりするのかで，付加価値の指標が分かれているんだ。

▼粗付加価値をみるGDP

これは最初に説明した付加価値のもっともポピュラーな指標だね。一度支出のあった「**中間生産物**（原材料費・光熱費）」は新たに生み出された価値ではないので差し引く。ここまでの付加価値を**粗付加価値**といいます。

▼純付加価値をみるNDP

さっきのGDPまでは原材料費や光熱費までは考慮されているけれど，パン屋さんのオーブン代までは考えられていない。オーブンなどを「**固定資本**」というのだけど，例えば1000万のパン焼きオーブンを10年で使用するとした場合，一年間の固定資本減耗分は「1000万÷10」で100万円となる。つまり長い期間使用するものは，一年間でいきなり1000万を差し引くことはしないんだ。ここまで計算した付加価値を**純付加価値**といいます。

▼最後は**要素費用**（政府の課税する間接税や補助金の影響を排除する）で見た付加価値（国内所得，DI）⇒生産費でみた付加価値

現代経済では，政府が消費税などの**間接税**を課税したり，**補助金**を支出したりすることで，市場価格はその分高くなったり，低くなったりしている。つまり間接税の分市場価格は高くなっているし，補助金分は安くなっている。例えば120円の市場価格のパンに，消費税10円の課税と，パン1個当たり5円の補助金が支出されていたら，10円分高く，そして5円分安く市場価格が付いて市場で取引されていることになるよね。よって**間接税分を差し引き，補助金分を加える**ことで要素費用でみた付加価値が計算できる。こうして実際の**生産費**（生産のために直接かかった費用）でみた付加価値が求められる。間接税や補助金は生産費ではないからね。

共通テスト8割目標
私大基礎

共通テスト9割目標
難関大

基礎 発展 時事
出題頻度 ★ ★ ★ ★ ★

3 GDPとGNP

ココ が出る! 試験前の最強ポイント

★GDP，GNPの違いと計算過程

① GDP，GNPの違い

⇒GDPもGNPも付加価値を見ているが以下の違いがある

> 「**国内**」すなわち一国の領土内で生み出された付加価値が→「**GDP**」
>
> 「**国民**※1」が国内や海外で生み出した付加価値が→「**GNP**※2」

※1　ここでいう国民には，国内に長期滞在する外国人や外国法人の支店などを含む
※2　2000年より**GNP**（国民総生産）は**GNI**（国民総所得）へと変更されたが，三面等価（支出＝
　　　生産＝分配）より，その額は同じである。ただし実際の入試ではGNPでの出題が多い

スパッとわかる >>> 爽 快 講 義 <<<

　GDPは国内総生産（Gross Domestic Product）だ。だから**日本国内で生み出された付加価値がすべて計上されるんだ。つまり日本に1年以上いる外国人・外国企業の所得も**。逆にいえば**海外にいる日本人の所得は含まれていない**。

　そこで，国民が生み出した所得を見ようとする指標がある。これが「**GNP（国民総生産・Gross National Product）**」だ。

　計算は簡単だよ。GDPに海外からの日本人の所得（**海外からの要素所得**の受け取り）を足して，国内の外国人の所得（**海外への要素所得**の支払い）を引いちゃうわけ。日本人が生み出したものではないからね。ちなみにこの「**海外からの要素所得**」と「**海外への要素所得**」の差額を「**海外からの純所得**」といい，これをGDPに付け加えればGNPに早変わりだ。

> **GNP＝GDP ＋ 海外からの純所得**

逆に　　**GDP＝GNP － 海外からの純所得**

　ではここから少し考えてみよう。他の要素が変わらないとして，単純に海外にいる**外国企業の日本への進出が増えた場合はGDPとGNPはどちらの値が大きくなるのだろうか？**　そう，国内に外国企業が入ってきたのだから，海外への要素所得支払い分が増えるためGDPが大きくなるね。

では日本が移民を受け入れた場合は？（他の要素に変化がないものとして）

そう。単純に日本国内での付加価値は移民（日本にいる外国人の所得）の増加で**GDP**が増えると考えられる。少子高齢化で日本人の生産年齢人口が減少していけば，生産性が変わらないままならばGNPもGDPも減少する。最近ではこうした背景から**日本も移民受け入れ政策を議論する声が出てきています。**もちろんまだ実施はされていないけれどね。ただし移民受け入れ政策はGDPを引き上げる現実的な効果がある半面で，移民受け入れによる低賃金化や民族間の文化摩擦，あるいは日本人の失業率が上がるのでは，といった声もあります。

●大事なポイント●

ここでGDPとGNPに計上されるもの「○」と，そうでないもの「×」を区別しておこう。

	GDP・国内総生産	GNP・国民総生産
海外で日本人が得た所得	×	○
日本で労働した外国人への賃金	○	×
海外の日本企業の生産額	×	○
日本での外国企業の生産額	○	×
日本人の海外への投資により受け取った利子・配当	×	○
外国人が日本への投資で受け取った利子・配当	○	×

しっかり理解しておこうね。

そしてGDPの他にも「国民概念」で見た付加価値であるNDP，DIがあったように，一方で**GNP**の他にも「国民概念」で見た付加価値である，**NNP**（国民純生産，Net National Product），**NI**（国民所得，National Income）がある。計算過程は先のGDP，NDP，DIに「**海外からの純所得**」を加えればいい。下の表でまとめておこう。

	海外からの純所得		
	差し引く	加える	
①	**GDP**（国内総生産）	**GNP**（国民総生産）	総生産額−中間生産物
②	**NDP**（国内純生産）	**NNP**（国民純生産）	①−減価償却費（固定資本減耗）
③	**DI**（国内所得）	**NI**（国民所得）	②−間接税＋補助金

4 その他の経済指標と経済成長

ココが出る! 試験前の最強ポイント

★NNW　★4つの波　★ペティーの法則の論述　★成長率の計算

① 真の豊かさ指標

- **NNW（国民純福祉）** ボランティア，余暇，環境，公害，家事などを計上
- **グリーンGDP** GDPから環境汚染対策費などを差し引く
- **PLI**（新国民生活指標） 国民の精神面を考慮した生活水準指標

② 景気変動と景気の波

● 景気変動の図

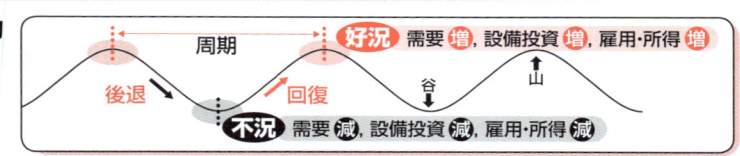

周期　**好況** 需要 **増**，設備投資 **増**，雇用・所得 **増**
後退　**回復**　谷　山
不況 需要 **減**，設備投資 **減**，雇用・所得 **減**

● 景気変動の波

波の名称	周　　期	要因（根拠）
キチンの波	**40**カ月	商品在庫の減少に伴う**在庫投資**
ジュグラーの波	8年〜**10**年（主循環）	生産設備の買換え→**設備投資**
クズネッツの波	**15**年〜25年	建物の建替え→**建設投資**
コンドラチェフの波	**50**年〜60年	新しい技術→**技術革新**，**戦争**

● **ペティー・クラークの法則（産業構造の高度化）**

⇒ 経済発展とともに，就業人口が第1次産業（農業，漁業）から第2次産業（工業，建設業），第3次産業（商業，サービス業）へと移行する

③ 経済成長率とその計算 ➡ 必ず問題（次ページ）にトライ!!せよ

⇒ **名目経済成長率**…物価の変動を考慮しない経済成長率

$$\frac{今年のGDP－昨年のGDP}{昨年のGDP}×100$$

⇒ **実質経済成長率**…物価の変動を考慮する経済成長率

$$\frac{今年の実質GDP－昨年の実質GDP}{昨年の実質GDP}×100 \qquad 実質値＝\frac{名目値}{デフレーター}×100$$

※デフレーターは物価指数の1つで5%の物価上昇なら105と表される

スパッとわかる >>> 爽 快 講 義 <<<

▼ 真の豊かさとは？→NNW・国民純福祉　板書①へ

　かつて，大学の経済学の先生がこんなことを言っていました。「もしGDPを引き上げたかったら，蚊をぶちまければいい。するとみんなは殺虫剤を買うからGDPは引き上げられる。でもこれって幸せですか？」そう，決して**GDPは本当の豊かさを表している**とは言えないよね。そこで，福祉の充実度などを計上する**NNW**等の新しい指標が生まれたんだ。その他板書①で確認してください。

▼ 景気循環の波→4つの波を暗記せよ！　板書②へ

　板書②を見てください。**資本主義経済**のもとでは，**自由競争**を原理にしているため，このような**景気変動**（景気の波）が存在するんだね。それぞれの局面は板書で確認してください。さて，大切なのはその下にある4つの景気変動の波なんだ。それぞれの学者が1周期が大体何年で訪れるのか，また，その理由を述べている。特に**ジュグラーの波**は**主循環**とよばれ，経済的な指標になっているんです。必ず受験までには暗記してください。また**ペティー・クラークの法則**についても頻出なので必ず板書での確認が必要でしょう。

▼ 経済成長率の計算　板書③へ

　経済成長率とは前年と比較してGDPの伸び率を示したものなんだ。ただし，物価の変動を考慮しない**名目経済成長率**と，物価の変動を考慮に入れる**実質経済成長率**とがあり，この後の「深める爽快講義」を必ず読んで，理解して下さい。

実際にやってみよう!!

問1　昨年度のGDPが500兆円，今年のGDPが550兆円だったとする。物価上昇率が10％だとする。名目，実質経済成長率の両方を求めよ。

● 名目

$$\frac{550 - 500}{500} \times 100$$

$$= 10\%$$

● 実質

今年 $\frac{550}{110} \times 100 = 500$

昨年 $\frac{500}{100} \times 100 = 500$

$$\Rightarrow \frac{500 - 500}{500} \times 100$$

$$= 0\%$$

問2　次の場合の名目，実質経済成長率の両方を求めよ。

	名目GDP	デフレーター
1995年	7500億ドル	100
1996年	8400億ドル	105

（小数点第2位以下は四捨五入）

● 名目

$$\frac{8400 - 7500}{7500} \times 100$$

$$= 12.0\%$$

● 実質

$$\frac{7500}{100} \times 100 = 7500$$

$$\frac{8400}{105} \times 100 = 8000$$

$$\frac{8000 - 7500}{7500} \times 100 = 6.66$$

$$= 6.7\%$$

注目!! ※2018年の前年比実質経済成長率は「**1.3%**」，前年比名目経済成長率は「**2.4%**」となっている。

共通テスト8割目標
私大基礎

共通テスト9割目標
難関大

基礎 発展 時事
出題頻度 ★ ★ ★ ★ ★

深める 爽快講義

テーマ　名目と実質

講義ポイント

　何も考えずに勉強していると，経済成長率の計算においても，機械的に名目値をデフレーターで割って100を掛けると「実質値」となる。なんて憶えてしまっている受験生が多い。そして実にこの計算は面倒くさいのです。なぜその計算をするのか？

　ここでは「名目」と「実質」の違いを講義し，その根本的な意味の違いを「理解」していきます。「経済学的に理解」してしまえば，確実に得点源となります!!

❖「受け取り」が増えることが「所得」が増えることなのか？

　こんな問いからはじめてみましょう。ここでは受け取りを「Y（Yield）」と表記します。例えば，去年の所得が500万円として今年の所得が1000万円だったとします。Yは何％増えたのかな。そう100％（つまり2倍）になったってことだよね。

　では，ここで去年の物価に対して，今年の物価が100％（つまり2倍）上昇していたら，君の所得で買えるモノ（財・サービス）の量はどうなっている？　増えている？　それとも減っている？

　うん，そうだね。変わっていない。つまり「0％」です。

　Yが100％増えても物価が100％上昇すれば，買えるモノの量（財・サービスを購入する資力を「**購買力**」という。有効需要ととらえることもある）は変わらない。これは誰だって分かるよね？

　今君は頭の中で何をしたのだろうか？

　Y（100％）から物価上昇分（今後ここでは「P（Prices）」と表記します）を差し引いただけだね。つまりここがポイントで，この「買えるモノの量（今ここでは「Q（Quantity）」と表記します」でみた概念が「実質」という概念

なんだね。つまりYが100％増えても，Pが100％上昇すれば，Qは0％。所得が倍になっても，ものの値段が倍になったら，変わらない。この関係式を，次のように表す。

Q％（実質経済成長率）≒ Y％（名目経済成長率）－（P％・物価変動率）

※全て％で統一していることに注意。

逆に，Yには変化がなく（0％），物価が100％下落していたら，Qはどうなるだろうか？　半額でモノが買えるのだから，買える量（Q）は2倍（100％）となる。

今君は頭の中で何をしたのだろうか？

物価が100％下落した分を受け取り（Y）に加えたんだ。

つまりさっきの定義式に当てはめると，

100％（実質経済成長率）≒ 0％（名目経済成長率）－（－100％）

ということをとっさに頭の中でやったんだね。

実質を求める場合，物価を考慮するのは，「Quantity（量)」の概念を見るためなんだ。

❖ ということはこんなこともあっという間!!

ある年の名目GDPが500兆円，今年の名目GDPが550兆円，物価上昇率が10％（デフレーターは110）だとすると実質経済成長率は？

普通ならば定義式に当てはめ

$$\frac{550}{110} \times 100 = 500 \qquad \frac{500-500}{500} \times 100 = \underline{0\％}$$

（今年の実質値）

と出して，計算するところだけど，先ほどの関係式に当てはめれば，

Q％（実質経済成長率）≒（＝） $\underline{10\％} - 10\％$

$$\left(\frac{550-500}{500} \times 100\right)$$

で実質経済成長率は0％と暗算できる。※割り切れない場合なども考慮して「≒」と今後表記する。実際の定義式での計算との多少の誤差はあるが，経済学上の分析，考え方として提示する。

❖ こうして物事を理解していくと応用問題も簡単に!!

●ここで，Y％（名目経済成長率）と，Q％（実質経済成長率）から，P％（物価変動率）を求めてみよう。

　今年の名目経済成長率が10％，今年の実質経済成長率が0％だとすると物価変動率は？

> **関係式**
>
> Q％（実質経済成長率）≒ Y％（名目経済成長率）−（P％・物価変動率）

のP％を左辺に移項して，左辺のQ％を右辺に移項する。すると,,,

P％（物価変動率）≒ Y％（この場合は10％）− Q％（この場合は0％）
となり物価変動率は「10％（デフレーターは110）」であるとすぐに分かるよね。

●ここで，Q％（実質経済成長率）と，P％（物価変動率）から，Y％（名目経済成長率）を求めてみよう。

　今年の実質経済成長率が0％，今年の物価変動率が10％だとすると名目経済成長率は？

> **関係式**
>
> Q％（実質経済成長率）≒ Y％（名目経済成長率）−（P％・物価変動率）

のP％を左辺に移項すると,,,

Y％（名目経済成長率）≒ Q％（この場合は0％）＋P％（この場合は10％）
となり名目経済成長率は「10％」であるとすぐに分かるよね。

❖難問にトライ!!

ここで二題，知識を深めるために「難問」を解いてみましょう。

問 次の文章のうち適切なものを一つ選び，その番号を答えなさい。　　(オリジナル問題)

① 物価上昇率が名目経済変動率を上回っていた場合，実質経済成長率はプラスとなる。

② 名目経済成長率が実質経済成長率を上回っていた場合，物価変動率はマイナスとなる。

③ 実質経済成長率が物価上昇率を上回っていた場合，名目経済成長率はマイナスとなる。

④ 名目経済成長率と物価上昇率が等しい場合，実質経済成長率は0％となる。

解説 ① Q％≒Y％−（P）％なので，マイナスとなる。

② P％≒Y％−Q％なので，プラスとなる。

③ Y％≒P％＋Q％なので，プラスとなる。

④ Q％≒Y％−（P）％なので，ゼロ％となる。　　　　　　　　**正解は④**

問 実質GDP増加率，名目GDP増加率，物価上昇率の間の正しい関係を表しているものを1つ選び，マーク解答用紙の所定欄にマークせよ。　　(早稲田大学)

① 実質GDP増加率＝名目GDP増加率／物価上昇率

② 名目GDP増加率＝実質GDP増加率／物価上昇率

③ 実質GDP増加率＝名目GDP増加率＋物価上昇率

④ 名目GDP増加率＝実質GDP増加率＋物価上昇率

解説 ① 正しくは，実質GDP増加率＝名目GDP増加率−物価上昇率となる。

② 正しくは，名目GDP増加率＝実質GDP増加率＋物価上昇率となる。

③ 正しくは，実質GDP増加率＝名目GDP増加率−物価上昇率となる。　**正解は④**

このように，政経の難問は，ほぼこの「考え方」が問われます。しかし一度理解してしまえば，「考え方の問題」の場合は確実に答えが導けるため，**細かい計算をするよりはるかに楽だし，時間もかかりません。**数字を変えてみたり，実際に数値を当てはめて，自分なりに問題を作り替え，解き直していくことで得点が安定します。安心して取り組んでください。

ただし，詳細な数値を求める場合は，p274・p275の定義式を用いて下さい。

5 物価と資料

共通テスト8割目標 私大基礎　共通テスト9割目標 難関大　基礎 発展 時事　出題頻度 ★★★★☆

ココが出る! 試験前の最強ポイント

★スタグフレーション　★デフレスパイラル

① 物価の変動

1. **インフレーション**→物価水準が**継続して上昇**，②で種類を確認のこと
   ex）第一次世界大戦後のドイツ→1マルクが1兆マルクに
2. **デフレーション**→物価水準が**継続して下落**，不況期に見られる
   ● **デフレスパイラル**
   ⇒**生産**の抑制→**収益**低下→**賃金**低下→**消費**停滞→さらなる**物価**下落の悪循環
3. **スタグフレーション**→不況と物価上昇併発
   ex）日本の1970年代の**オイル・ショック**のとき

② インフレの分類

● **程度による分類**
   1. **ハイパー・インフレ**→短期間で急激なインフレ（超インフレ）
   2. **ギャロッピング・インフレ**→年，数十％のインフレ（かけあしのインフレ）
   3. **クリーピング・インフレ**→年，2～3％程度のインフレ（しのびよるインフレ）
● **要因による分類**
   1. **コスト・プッシュ・インフレ**→生産コスト上昇によるインフレ
   2. **ディマンド・プル・インフレ**→需要の増大によるインフレ（ブームなど）

③ 資料

就業者数の産業別割合の推移

	第一次産業	第二次産業	第三次産業
1950	48.5%	21.8	29.6
1960	32.7	29.1	38.2
1970	19.3	34.0	46.6
1980	10.9	33.6	55.4
1990	7.1	33.3	59.0
2000	5.1	29.2	64.5
2015	3.6	24.0	70.8

名目GDPの産業別割合の推移

	第一次産業	第二次産業	第三次産業
1950	26.0%	31.8	42.2
1960	13.1	41.7	45.2
1970	6.1	44.5	49.4
1980	3.6	38.0	58.4
1990	2.5	36.8	60.7
2000	1.8	29.7	68.5
2015	1.2	24.7	73.4

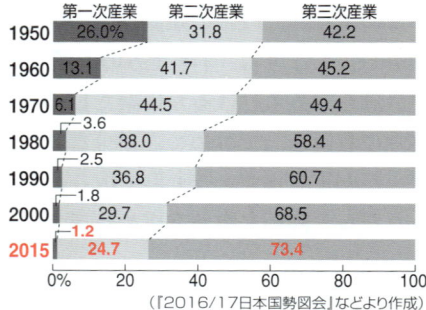

（『2016/17日本国勢図会』などより作成）

スパッとわかる >>> 爽 快 講 義 <<<

物価は個別の財の**価格**ではなく様々な財・サービスの価格をある一定の方法で総合した平均値のことで，物価指数として示されます。ここでは「個別の財の価格」ではないってことを押さえておこう。

▼ インフレーション・デフレーションの原因

インフレーション（以下**インフレ**）は物価水準が継続的に上昇していくことを言います。こうなると手元にあった100円の価値はどうなるだろう。例えば今日100円をポケットに入れて100円のジュースが1本買えていたのに，次の日100円のジュースが200円に。150円のアイスキャンディーが300円に…物価が2倍になっていたら，僕のポケットの100円の**通貨価値**は減少してしまう。そしてその通貨でモノを買うことができる力「**購買力**」も縮小していることが分かる。また預金していた預金をポケットの100円として考えれば，**預金価値**も減少していることが分かるね。

つまりインフレは**通貨価値の減少**と**購買力の縮小**を意味するんだね。

ではなぜインフレになるんだろうか？　その原因はいろいろあるんだけど，次のように説明できる。

景気過熱期（好況期）
p298参照
→MS（マネーストック・通貨残高）の増加→消費・支出の増加
→モノ不足（超過需要）に→物価の上昇（インフレ）へ

分かりますよね。そう景気がいいと賃金もよく，僕らは色々モノを買う。すると物不足になって物価が上昇するというわけだね。このようなインフレを「**ディマンド・プル・インフレ**」といいます。これ以外にも輸入価格が高騰（例えば1ドルが100円から200円へと円安が進んだ場合，原料の輸入コストも倍になる）することで，コストが高くなり物価を上げてしまう「**コスト・プッシュ・インフレ**」や，政府の財政支出の拡大によりMSが増加するなどして起こる「**財政インフレ**」などがあります。

デフレーションについてはこの逆で，

景気停滞期（不況期）
→MS減少→消費・支出の減少→モノ余り（超過供給）に
→物価の下落（デフレ）へ

必ずやろう！ 爽快問題集 ▼ 第2章 08

▼ 中には例外の「スタグフレーション」も

いままで勉強したようにインフレは好況期，デフレは不況期の特徴なのだけど，**不況期にインフレが起こるという例外**もある。例えば1970年代のオイル・ショック期はこの例で，**オイル・ショック**により物価が上昇。一方で先進国の投資は石油価格の上昇により伸びず景気が停滞した。このような状況を「**スタグフレーション**（stagnation〈停滞〉とinflationの合成語）」といいます。

▼ 物価の影響

以下の表でインフレが進行した場合，そして逆にデフレが進行した場合の影響をまとめておこう。

インフレの進行		デフレの進行
増加	名目賃金	減少
減少	実質賃金	増加
下落	預金価値	上昇
減少	債務の返済負担	増加
縮小	購買力	拡大
上昇	金利	低下
増加	実物資産の価値	減少

まず，名目賃金と実質賃金については，**名目GDPと実質GDPとの関係と同様**に考えてくれれば問題ないよね。賃金が倍になっても，物価が4倍になってしまえば実質賃金は半分になったってことだね。預金価値については先ほど触れたので問題ないでしょう。

さて債務負担の返済なんだけど，いま100万の債務（借金）を背負っていたとしよう。でもインフレによって**僕の名目賃金は増加する。すると月々の支払いはいまよりも楽になるはずなんだ。**

購買力については先ほどの講義で問題ないね。金利についても**MSが増加すれば通貨の流れを引き締めようとする圧力が加わるから，金利は上昇**する。

最後の実物資産なんだけどこれは不動産などのマンションをイメージしてほしい。いまマンションを3000万円で購入したとする。景気が良くなると，つまりインフレ期になるとこの**マンション価格はどうなる**。そう上がっていくよね。ちょうど1986年から1991年のバブル景気と呼ばれる時期が典型的です。

第4章
金融と財政

経

済

分

野

1 金融と通貨

ココ が出る！試験前の最強ポイント

★間接金融と直接金融　　★金本位制と管理通貨制度

① 金融とは

⇒通貨の貸し借り（融通）を意味する言葉，主に金融機関が担う

② 金融の方法「日本は間接金融，米は直接金融中心」

調達方式 資本の種類	証券市場からの調達 「直接金融」	銀行を仲介して調達 「間接金融」	自分で調達 「自己金融」
返済義務が**ない** 「自己資本」	具体例 「株式」	なし	具体例 「内部留保」や 「減価償却積立金」等
返済義務が**ある** 「他人資本」	具体例 「社債」	具体例「借入金」 銀行にとって預金者から の預金は借入金の一つ	―

③ 通貨の分類

通貨　─┬─現金通貨─┬─日本銀行券（日本銀行が発行）
　　　　│　　　　　└─補助貨幣（貨幣）（政府が発行）
　　　　└─預金通貨─── 普通預金（要求払い預金）
　　　　　　　　　　　　 当座預金　※定期預金は準預金通貨

④ 通貨の機能

価値尺度　価値貯蔵手段　交換手段（その場の決済）　支払手段（一定期間後の決済）

⑤ 通貨体制…通貨を発行するシステム

19世紀　金本位制
⇒金の保有量に応じて通貨発行
⇒金と交換可能な 兌換紙幣
●メリット…通貨価値の安定
●デメリット…景気調整不可
※1816年，イギリスで始まる

1930年代

世界恐慌
景気調整の
必要性

20世紀　管理通貨制度
⇒中央銀行が通貨を管理・発行
⇒金と交換できない 不換紙幣
●メリット…景気調整可能
●デメリット…インフレの危険
※ケインズの提唱による

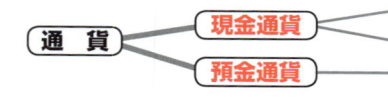
スパッとわかる
≫爽快講義≪

▼金融とは　板書①へ

　突然ですが，君は会社を起こそうと思ったことがあるかい？ 例えばその時，設立資金は銀行に借りなければならないよね。このように経済社会では金の貸し借り，つまり**金融**が必ず必要になるんだ。金を融通する金融

（左側）第4章 金融と財政

は主として銀行などの**金融機関**が担っているんだ。

▼ 3つの金融方法→日本は間接金融中心，米国は直接金融中心だ！　板書②へ

ここで，金融の方法を学習しよう。板書②を見てください。資金には返済義務のない「**自己資本**」，返済義務がある「**他人資本**」がある。ちなみに，金融機関は一定の**自己資本比率**（総資本に占める自己資本の比率）を下回ると業務ができない。この規制を「**BIS規制**」といいます。調達方式には，まず1つに銀行などの**金融機関**を通して

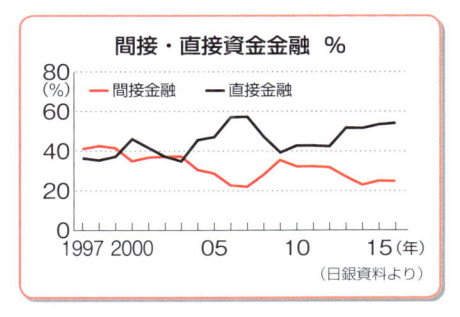

間接・直接資金金融　%

（日銀資料より）

行われる**間接金融**がある。2つ目に自社の**社債**や**株式**を発行して資金を得る**金融機関を介さない直接金融**があるね。ちなみに，日本はかつて間接金融中心でしたが，上のグラフからも分かるとおり，近年は直接金融の割合が増えています。また，自社の**内部留保金**（ヘソクリみたいなもの）を用いて行われる**自己金融**がある。**間接金融**と**直接金融**は外部から資金を調達するので**外部**金融。**自己金融**は自己から資金を調達しているので**内部**金融とも分類することがあるよ。

▼ 通貨の種類と役割→日本銀行券は日銀発行，補助貨幣は政府発行　板書③④へ

通貨は，お札である**日本銀行券**と，コインの**補助貨幣（貨幣）**の2つの**現金通貨**と，**預金通貨**からなる。特に日本銀行券は**日銀発行**，補助貨幣は**政府発行**で，すべて日銀が発行していないところが注意です。続いて，4つの通貨の機能を見ていこう。1つ目は**価値尺度**，価格の表示などがこれだね。2つ目が**価値貯蔵手段**，つまり持ち歩けるってことだ。3つ目は**交換手段**，品物と交換する機能だね。そして4つ目が**支払手段**，これは一定期間後の支払い，例えば携帯の通話料やガス料金の支払いだ。だって僕らはその場で払いながら通話をしている訳ではないよね。ポイントは**交換手段**がその場での決済，**支払手段**が一定期間後の決済。ここが大切。

▼ 通貨体制は金本位制から管理通貨制度へ　板書⑤へ

さて，通貨を発行するシステム，通貨制度を学習していこう。まず**金本位制**。1816年に**イギリス**で始まりました。これはその国の金の保有量に応じて通貨を発行するもので，その国に100tの金しかなかったとする。その場合，100t分と同等の額面だけの通貨しか発行できないんだ。こうすることで**通貨価値は安定する**，でも通貨量の調整が自由にできないので，**景気調整**ができないよね。そこに**1930年代**の**世界恐慌**が始まる。当然，政府は**景気調整**の必要があるわけで，自由に通貨を発行できる**管理通貨制度**に切り替わるんです。これを提唱したのが**ケインズ**です。ただし自由に中央銀行が通貨を発行するので，**インフレ**になる危険があるんだ。旧ドイツでは1マルクが1兆マルクにまで拡大したんです。

必ずやろう！　爽快問題集 ▼ 第2章　06

2 日本銀行と金融政策

ココが出る！試験前の最強ポイント

★日銀の3つの役割　★3つの金融政策とその内容と操作方法

① 日本銀行 ➡ わが国の中央銀行

● 3つの役割⇒「**発券銀行・政府の銀行・銀行の銀行**」

⇒意思決定機関…**日銀政策委員会**（9名）総裁1名，副総裁2名，審議委員6名

※ 1882年，日本銀行条例によって設立，1942年，日本銀行法により「中央銀行」として再スタート
1998年，日銀法の改正で政府からの**独立性**と政策決定の**透明性**確保のための改革が行われた

※各国の中央銀行に，米国⇒連邦**準備制度**理事会（FRB），EU⇒**欧州中央銀行**（ECB）等がある

⇒日銀は**通貨残高**（マネーストック・MS）の調整により，物価安定，景気調整，国際収支調整を行う

② 金融政策 ➡ 日銀による景気調整政策

⇒目的…日銀は市場の通貨供給量の調整により景気の調整を行う

| ①好況時 ⇒（市場に通貨が出回り過ぎ）　通貨量を [**減少**] させる ⇒ **引き締め**政策 |
| ②不況時 ⇒（市場に通貨があまりない）　通貨量を [**増加**] させる ⇒ **緩和**政策 |

● 手段…金融3政策

❶政策金利操作

好況時………政策金利を [**上げる**] ⇒通貨量**減少・引き締め**政策
不況時………政策金利を [**下げる**] ⇒通貨量**増加・緩和**政策

❷支払準備率操作　市中銀行の支払準備金の割合を日銀が操作

預金準備率→預金者への支払い準備のための日銀への強制預入金の割合
好況時………支払準備率を [**上げる**] ⇒通貨量**減少・引き締め**政策
不況時………支払準備率を [**下げる**] ⇒通貨量**増加・緩和**政策

❸公開市場操作・オープンマーケットオペレーション　有価証券の売買による操作

好況時………有価証券を [売る・**売りオペレーション**] ⇒通貨量**減少・引き締め**政策
不況時………有価証券を [買う・**買いオペレーション**] ⇒通貨量**増加・緩和**政策

スパッとわかる ≫≫爽快講義≪≪　▼日銀の3つの役割を押さえよ!!　**板書①へ**

　その国の通貨発行銀行を**中央銀行**といいます。日本では**日本銀行**が**中央銀行**です。さて，この日銀には3つの役割があるんだ。1つ目が唯一の**発券銀行**。つまり**通貨**を発行できるのは日銀だけ。2つ目が**政府の銀行**。これは国家予算などを**国庫金**という形で管理している。ざっくり言えば，国民の税金は日銀の国庫に集まるんだ。3つ目が**銀行の銀行**。銀行への融資をして

いるんだね。

　また日銀は市場に流れているカネの量である，**通貨残高**（**マネーストック・MS**）の調整により，**物価安定**などを行うんだ。これを**金融政策**というよ。

▼ 日銀の金融政策⇒3つを押さえよ!! 板書②へ

　日銀は市場の**通貨残高**を調整することで景気の調整を行うんだ。例えば，**好況時**は通貨が出回り過ぎて景気が過熱しているから，MSを**減少**させる政策をとる。これを**引き締め**政策という。反対に**不況時**は，通貨がうまく出回っていないから，MSを**増加**させる政策をとるよね。これを**緩和**政策というよ。

①政策金利操作（金利政策）　好況→**引き上げる**　　不況→**引き下げる**

　政策金利とは，中央銀行が金融政策の手段として用いている短期金利のことをいいます。金利が上がるとどうなる？　そう，市中銀行は利子が高いからあまりカネのやりとりをしませんよね。そうなるとMSは減少する。だって自分の懐が寒いんだから。つまり**好況時は政策金利を上げる**んだ。**不況時は逆に政策金利を下げて**，カネの流れを活発に

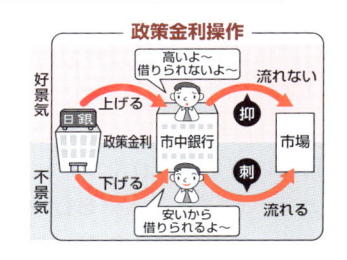

する。つまり**市中銀行の懐を暖める**わけだね。こうして金めぐりをよくするんだね。

　それでは，日本銀行は何を政策金利としているんでしょう？　これまで主に3つがあり，時代と共に，以下のように変遷してきました。

> 〜1995 …「**公定歩合**（日本銀行の市中銀行への貸出金利）」
> ※2006年から基準貸付利率に名称変更
> 1995〜 …「**コールレート**（無担保コール翌日物）」
> ⇒金融機関同士の短期金利
> ⇒1999年以降，度々この金利をゼロに誘導する「**ゼロ金利政策**」が採られた
> 2016年2月〜 …（一部の）「**日銀当座預金金利**」
> ⇒民間金融機関が日銀に開設している口座の金利
> ⇒この一部で「**マイナス金利**政策」が導入された

　ここでは，好況期は引き上げて「引き締め」，不況期は引き下げて「緩和」という大原則を理解してください。詳細は，時事動向が絡むためp290「4.金融政策の動向」で説明します。今すぐ頭の中を，スッキリ爽快にしたい人は，ここでp290を読んでも構いませんよ。

②支払準備率操作〔預金準備率操作〕　好況→**引き上げる**　不況→**引き下げる**

　例えば僕が今日100万円預金したとする。その預金を銀行が全部どこかに融資してしまったら，僕は次の日預金を引き出せませんよね。だから市中銀行は

預金者が**預金を引き出す時の支払いのための準備金**をとっておくんだ。とっておくといっても，実際には**日銀に市中銀行が預かってもらっている。**このとっておく割合を**支払準備率**とか**預金準備率**といいます（p299②で詳説）。さて今，日銀がこの支払準備率を10％に設定していたとする。そ

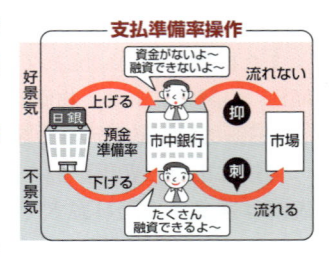

して僕が100万円を預金したとする。するとその市中銀行は僕の預金の10％，つまり**10万円を日銀に支払準備金として預ける**んだ。当然**市中銀行には90万円残る**から，**これを市場に流す**ことになるよね。

今度は支払準備率を1％に設定したとする。するとどうなる？　そうだね。その**市中銀行は1万円を日銀に預けて，99万円を市場に流す**ことができるよね。

もうわかるかな？　そう，つまり好況時は支払準備率を**引き上げて**，できるだけ市場に資金が流れないようにする。逆に不況時は支払準備率を**引き下げて**市場に資金が流れやすい状態を作るんだ。この**支払準備率を日銀が決定する**ことで，通貨量の調整を行うんだね。ちなみに1991年から支払準備率に変更がなく，事実上使われていない政策です。

③公開市場操作（オープンマーケットオペレーション）　好況→**売りオペ**　不況→**買いオペ**

公開市場操作は，日銀が**有価証券**（**国債，社債**など）を売買することで，市場の通貨量を調整するものです。ゆっくり説明するよ。

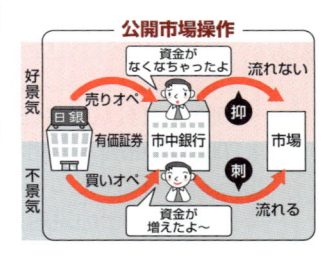

例えば今，日銀が1億円分の有価証券を市中銀行に売った（**売りオペ**）とする。するとどうなる？そう，**市中銀行はこの有価証券を現金で買うわけ**だから，**1億円分の現金が市中銀行から消えちゃ**うよね。こうして1億円を日銀が取り上げたことになる。ほら，分かる？　すると市中銀行に資金がないから，市場に資金が流れない。よってこの**売りオペ**は好況時に行われるんだ。

今度は逆に不況時を考えよう。例えば今，日銀が1億円分の有価証券を市中銀行から買ってあげた（**買いオペ**）とする。するとどうなる？　そう，**1億円が市中銀行に入ってくる。つまり市中銀行の有価証券が現金に換わりますよね。**こうして市中銀行の資金量を増やして，市場に資金が流れやすくするんだ。よってこの**買いオペ**は不況時に行われるんだ。現在はこの政策が積極的に行われている。

また，かつては**窓口規制**といって，日銀が直接に貸出上限を決めて通貨量を調整する指導もあったんだ。ただしこれは1991年に廃止されたよ。

必ずやろう！　爽快問題集▶第2章 06

3 金融の自由化と金融ビッグバン

ココ が出る! 試験前の最強ポイント

★金融の自由化と金融ビッグバン　　★ビッグバンの内容5つ

① 金融の自由化と金融ビッグバン

1. 金融の自由化 （1980年代）

⇒ **金利の自由化** （1979年から，**1994**年完全自由化）

⇒ **市場開放・規制緩和** （外資系金融機関の国内参入）

2. 金融ビッグバン （1998〜2001）

スローガン **フリー** （自由）・**フェア** （公正）・**グローバル** （国際化）

内　容 ①**銀行・証券・信託・保険の相互参入**（垣根撤廃）…金融業務の自由化
②株式売買の手数料の自由化　③有価証券取引税の廃止
④**外国為替業務の自由化**　⑤**持株会社の解禁** （1997年**独占禁止法**改正）

結　果 巨大金融グループの誕生
⇒三井住友グループ，みずほグループ，三菱UFJグループ （2019年現在）

スパッとわかる
≫**爽快講義**≪

▼ 日本版金融ビッグバン
　→銀行，証券，信託，保険の相互参入が可能に！

　日本はかつての**大蔵省**によって金融機関を手厚く保護していた。これを**護送船団方式**というね。しかし，80年代になると米国などから**市場開放**や**規制緩和**を求められ，1979年から徐々に**金利の自由化**（**1994**年完全自由化）に踏み切るんだ。これが金融の自由化の最初の動きです。さらに90年代に入ると，**外資系金融との競争に打ち勝つため，メガバンク**をつくる必要が出てくる。そして日本の金融も国際標準・**グローバルスタンダード**に乗り遅れないようにしようって動きが活発化するんだ。

　この流れを受け，金融の自由化の第2の動きとして，1997年から徐々に**銀行・証券・信託・保険の垣根**をなくして，**相互に業務が可能**になっていくんだ。つまり**金融業務の自由化**だね。この動きの中で，**独占禁止法**が改正され，**持株会社が解禁**になったり，銀行だけに限られていた**外貨と円との交換業務**である**外国為替業務が自由化**になったりするんだ。

　実はこのビッグバン，1980年代の英国の**サッチャー**政権の「**サッチャリズム**」の一環として行われた金融改革（ビッグバン）をモデルとしたことから，**日本版金融ビッグバン**とも呼ばれているんだ。

　板書①のスローガンと内容は，正誤判定の出題が多いよ。必ず暗記しよう。

4 金融政策の動向

ココが出る! 試験前の最強ポイント

- ★ゼロ金利政策　★コールレート
- ★量的緩和政策　★マイナス金利政策

スパッとわかる ≫≫ 爽 快 講 義 ≪≪

▼ 政策金利ってなに？

　以前にも講義したように，政策金利とは，**中央銀行が金融政策の手段として用いている短期金利**のことをいいます。

　一言で「金利」といってもいくつかの種類があります。ここでは試験で出ている主な3つの金利を説明します。

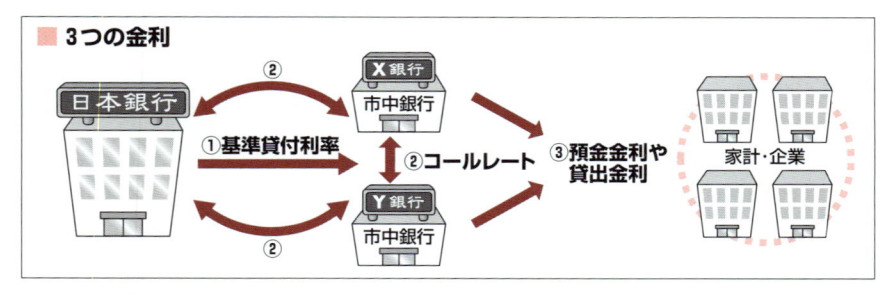

■ 3つの金利

　まず，①のように日銀から民間の市中銀行に貸し出す「**基準貸付利率**」。

　②のように，日銀を含む金融機関同士でもとても短い期間で資金をやり取りする，コール市場での「**コールレート**」。

　そして③の家計や企業の預金金利や，貸し付ける際の貸出金利などです。この分野で大切なのは①と②の話です。

▼ 基準貸付利率（旧・公定歩合）は政策金利ではない!!

　今まで勉強したように，日銀は，日銀から市中銀行へ貸し出す時の金利である「**公定歩合**（2006年から**基準貸付利率**）」を政策金利として操作していました。日本では **1994** 年まで，金利は規制されていて，預金金利等の金利は，「公定歩合」に直接連動していたのです。つまり，①を日銀が上げれば，③は上がるし，公定歩合を下げれば，③も下がっていくといったイメージです。こうして長い間

「**公定歩合**」はその名の通り「公に定めた金利」として，金融政策の代表的な政策金利として活躍していました。

しかし **1994** 年から，③を各金融機関が自由に決定する，**金利の完全自由化**が実現しました。すると①と③が連動しなくなったのです。日銀が公定歩合を下げたって金融機関は「いや③は下げません」ってことがありうるわけです。こうして公定歩合は政策金利としての有効性が薄れはじめてきました。とうとう日本銀行は，2006 年から公定歩合を「**基準貸付利率**（正式には，基準割引率および基準貸付利率）」と呼称を変更してしまいます。つまり公定歩合も基準割引率も内容は同じもので，かつ現在の政策金利ではありません。

▼ そこで日銀は市中銀行間の貸出金利（コールレート）を誘導することに

なんだか「コール」ってのは，妙に聞こえる人もいるかもしれません。これは，金融機関同士で，「呼ぶとすぐ返ってくるほど短い期間の貸し出し」という意味から来ています。この金融機関同士の短期市場を「**コール市場**」，この市場での金利を「**コールレート**」といいます。金融機関では日々多額の取引を行うので，一時的に資金不足に陥ることがありえます。このような時，短い期間でのお金の貸し借りが必要となりますよね。またこの**取引を仲介している会社を短資会社**といいます。

1994 年の金利の完全自由化以降，日銀が政策金利としたのは，**担保が不要で次の日返す**という，すごく短い期間の**コールレート**（**無担保コールレート**，**無担保コール翌日物**）でした。

ちなみに，このコール市場に参加できるのは次の金融機関で，**日本銀行**を筆頭に，都市銀行，地方銀行，外国銀行，証券会社，生損保会社，政府系金融機関と短資会社となっています。地方公共団体や企業は参加できません。

▼ じゃ〜どうやって「コールレート」を上げ下げするの？

なかなかいい質問です。たしかに，公定歩合と違うので，日銀が直接コールレートを決定することはできません。

ここで少し，需要・供給曲線を使って，おカネの量と，金利との関係を考えてみましょう。

そこで日銀は，資金供給量を増やすことで，コールレートを下げます（上げる場合は，その逆に資金供給量を減らす）。

ここで登場する政策が，以前学習した「**公開市場操作**」です。日銀が金融機

関の保有する**国債**などの有価証券を，証券市場で直接売買して資金量を調整するものです。するとコールレートが上下するわけです。ちょっと難しいかな。

▼ よし，こんな時は，需要・供給曲線のグラフで考えてみよう

下のグラフは，縦軸が金利，横軸が資金量，Dは資金需要，そしてSが資金供給を示しています。

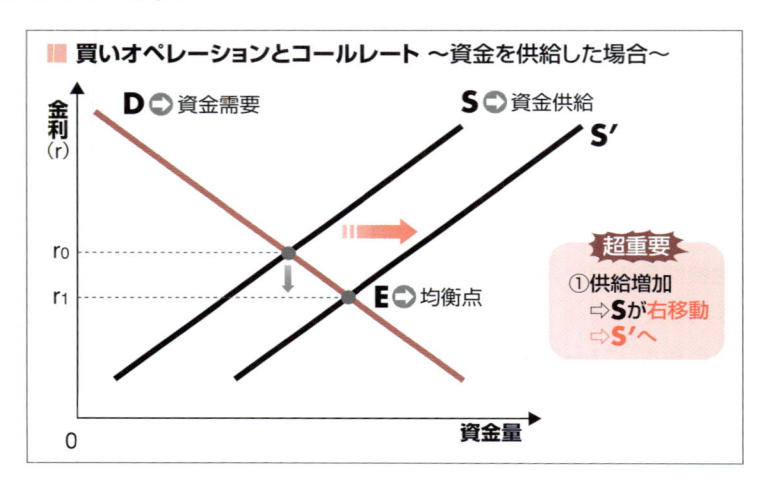

上は，日銀が買いオペを行った場合のグラフの動きです。金融機関の国債などを買い取った場合，その買取り資金は，金融機関が日銀に保有する「**日銀当座預金**」に振り込まれます。つまり，**おカネが供給されるわけですね。すると，資金供給曲線がSからS′へと右にシフトし，金利が下がる**ことになるんです。ここでは，金利をコールレート，資金量を日銀当座預金の資金量と考えてください（逆に売りオペをした場合，Sは左へとシフトし金利は上がる）。

実はこの買いオペ。今やっている「**量的緩和政策**」ってやつです。つまり，金融政策は，**公開市場操作**中心となりました。ちなみに金利に中心を置いた政策を「**質的**政策」。公開市場操作を用いて，資金量を中心においた政策を「**量的**政策」といいます。2013年以降日銀は，その双方を用いるという意味で，「**量的・質的金融緩和**」という用語を用いています。

このように政経では，一度学習したことが，分野を飛び超えて繋がりだします。必ず早めに『爽快講義』と『爽快問題集』を並行しながら1周して，あとは『爽快問題集』をベースに，大学の過去問にトライしてください。全範囲を

1周せずに過去問挑戦は禁じ手です。

▼ 1999年「ゼロ金利政策」開始。

いままでの講義で，コールレートの誘導方法は分かったと思います。当然，デフレが続く景気後退期（不況期）は，コールレートを下げて，おカネのめぐりを良くしなければならない。要するに，どんどん買いオペして，おカネの量を増やし（**量的緩和**），コールレートを下げる。それでも効果がない場合は，さらに買いオペして，おカネの量を増やす。

こうして，**コールレートの誘導目標は，ついに「ゼロ」としていく**ことになった。これが「**ゼロ金利政策**」です。時期としては，**1999**～2000年，2001～2006年，そして2010年以降続いています。ちょうど，**1997**年の「**アジア通貨危機**」，**2008**年の「**リーマン・ショック**」あたりだね。

▼ それでもデフレが脱却できない！⇒次の手はあるのか？

ゼロ金利政策を行っても，デフレ脱却が難しいとなれば，次の手はあるのだろうか？　ちなみに，ある一定の水準から金利が下がらない，いわば**金利政策の限界**を「**流動性の罠**」といいます。金融政策は機能しなくなる状態です。

そこで，とられた政策は「**物価**」というものにターゲットを絞っていくものでした。つまり，**物価が上がるまで買いオペにより，資金量を増やし続ける**というものです。この政策は一般に「**インフレ目標（インフレ・ターゲット）**」といわれます。

2012年2月の日銀政策委員会における「**金融政策決定会合**」で，「**中期的な物価安定のめど**」として，「1％」のインフレ目標を決定しました（当時は白川総裁）。その後同年12月に，安倍政権が誕生すると「**アベノミクス**（p142の「深める爽快講義」で詳説）」と呼ばれる経済政策が打ち出されます。この流れを受け，2013年4月に，黒田総裁によって発表された，「**2年以内に2％の物価目標**」*という「インフレ目標」を発表していきます。この目標を達成すべく，日銀は，従来の2倍の量の買いオペを実行しています。

▼ しかし，2年たっても目標が達成できない。

しかしなかなか効果が出ない。**要するに次なる手を考えなくてはならない。**

日銀は，追加緩和策を出し続けました。基本的には，従来よりも，買い取り額を増やすなどしましたが，なかなかデフレは払しょくできない。

※その後日銀は物価目標の達成時期を「2019年ごろ」としたが，2019年1月に達成時期を削除した。

ちなみに，2018年末の「マネタリーベース（市中の現金と日銀当座預金の合計）」は504兆円を超えています。

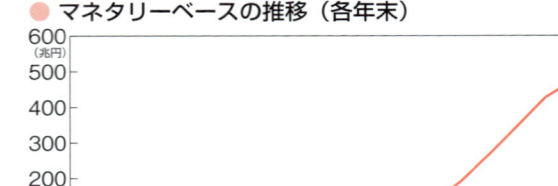

● マネタリーベースの推移（各年末）

（『2019/20 日本国勢図会』）

▼ そこで登場!!「マイナス金利」政策。

ついに，日銀は政策金利の変更に踏み切ります。従来のコールレートはもう使い物にならない。そこで目をつけたのが，「**日銀当座預金**」についている金利の一部でした。

よく考えてみてください。日銀が買いオペした際の買い取り資金は，「日銀当座預金」に振り込まれます。しかし金融機関が，ここからおカネを引き出して使おうとしない。これでは家計や企業におカネが回りません。そこで，この**日銀当座預金金利**の一部を**マイナス**にしたんです。すると**日銀当座預金におカネを置いておいたら金利がつくどころか，減ってしまう。そうなれば，金融機関はあわててカネを引き出して家計や企業におカネを回すはずだ。と。**

これが，「**マイナス金利政策**」で，2016年1月の「金融政策決定会合」の決定で，同年2月16日からスタートしました。これを日銀などは「**マイナス金利付き量的・質的金融緩和**」と呼んでいます。気を付けたいのは，今回日銀が政策金利としてマイナスとしたのは，一部の「**日銀当座預金金利**」であって，コールレートではありません（ただし2016年2月17日以降，コールレートもたびたび，需給バランスによりマイナスとなっているが，現在，コールレートは政策金利ではない）。簡

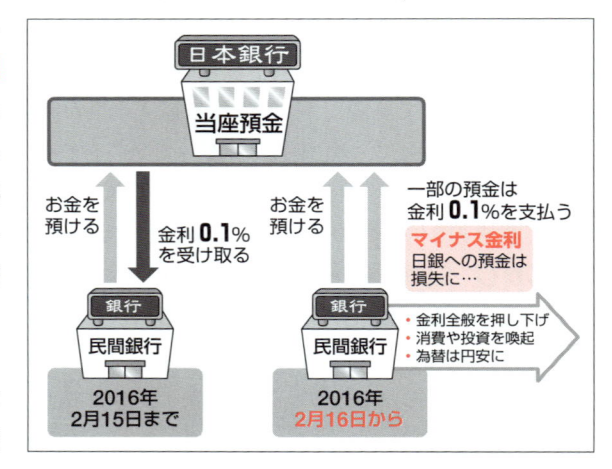

単にいうと，前ページのようなイメージです。

▼ 「マイナス金利」で市場混乱⇒長期国債の利回りも低下へ

このマイナス金利を受け，市場では安全な長期国債を買う動きが強まりました。つまり，銀行に預けるくらいなら，安全資産である国債を買おうというわけです。すると長期国債の**利回り**が初の0.1％割れまで低下したのです。

利回りがマイナスとはどういうことか？　これからゆっくり説明します。

ここで重要なポイントは，**国債は額面価格通りに買えるわけではない**ということです。例えば，かの有名な腕時計は，定価よりも高いケースがよくありますよね。人気モデルだからです。つまり需要供給曲線でいうと，

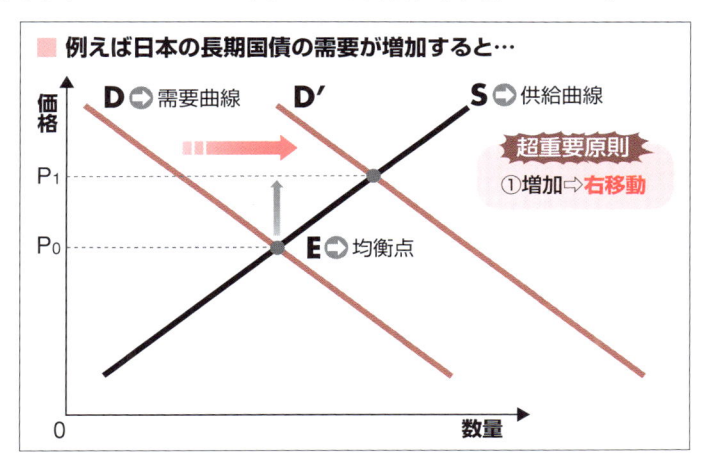

■ 例えば日本の長期国債の需要が増加すると…

と，このように，国債の需要の増加は，D曲線が右シフトしてD′となり，**実際の購入価格である国債の市場価格がP_0からP_1へと値上がりする**わけです。

すると考えてみましょう。「**利回り**」はどうなります？

利回りとは，投資した額に対して，実際に受け取ることのできる利益の割合のことです。今回は期間を1年として考えます。

> ここに額面金額が10000円，表面利率が年5％で，1年後の満期に元金・利子を合わせて10500円を受け取れる国債があるとします。

第4章 金融と財政

パターンA

　あなたがこれを，額面と同じ額の，**10000円**で買えたなら，利回りは次のようになります。

　投資額(購入額)は10000円…①。

　1年後の受取額は10500円…②。

　投資によって増えた額(②－①)は「500円…③」です。

すると投資額10000円に対して，受け取りは500円

つまり利回りは，③÷①× 100＝5％（小数点第1位を四捨五入）となります。

パターンB

　では，この国債を額面価格より高い，11000円で買った場合，利回りはどうなりますか？

　投資額(購入額)は11000円…①。

　1年後の受取額は10500円…②。

投資によって増えた額(②－①)は「－500円…③」です。

すると投資額11000円に対して，受け取りは－500円。

つまり③÷①× 100≒－4.5％（小数点第1位を四捨五入）となります。

　当初の投資額よりも受取額が減っていますね。これは極端な例ですが，人気のある国債ほど，額面価額よりも高い額で購入しなければならないため，利回りは小さくなるわけです。

一応，利回りの求め方を示しておきます。

$$利回り＝\frac{1年あたりの利子＋\dfrac{(額面金額－購入金額)}{期間(年数)}}{購入金額(投資額)}×100$$

パターンBの場合を当てはめてみると，,

$$利回り＝\frac{500円＋\dfrac{(10,000円－11,000円)}{1年間}}{11,000円}×100＝－4.5\%$$

● 資料　「10年物国債利回り」

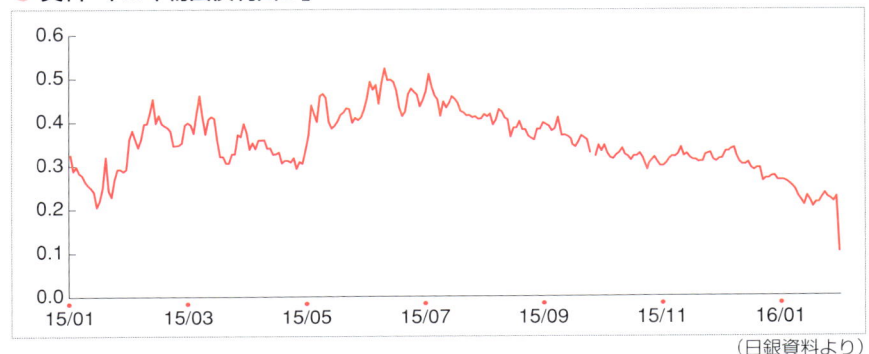

（日銀資料より）

▼ 今後の動向に注意

　このように，政策金利は，「**公定歩合**」→「**コールレート**」→「**日銀当座預金金利**（の一部をマイナス）」と大きく変化しています。講義を受けた後，下のボードを見直すと，よく理解できますよね。そして，ここまで読んでくれた人はよく分かると思いますが，現在の金融政策は，かなり従来とは異質で，荒治療をしている，ということにも気が付くはずです。

　特に私立の難関校を受ける人は，最新動向で差が付きます。また，その他の人は，細かい用語よりも，金利，通貨量，需要や供給，利回りといったメカニズムを，近年の動向に当てはめて考えるようにしてください。

見てスパッとわかる!! 攻略ボード　「政策金利」の変遷

|～1995|…「**公定歩合**（日本銀行の市中銀行への貸出金利）」
　※2006年から基準貸付利率に名称変更

|1995～|…「**コールレート**（無担保コール翌日物）」
　⇒金融機関同士の短期金利
　⇒1999年以降，度々この金利をゼロに誘導する「**ゼロ金利政策**」
　　更に「**量的緩和政策**」が採られた

|2016年1月～|…（一部の）「**日銀当座預金金利**」で「**マイナス金利政策**」
　⇒日銀当座預金金利とは，民間金融機関が日銀に開設している口座の金利
　⇒この一部で「**マイナス金利政策**」が導入された（2016年2月より）
　⇒日銀などは「**マイナス金利付き量的・質的金融政策**」と呼んでいる

基礎 発展 時事
出題頻度 ★ ★ ★ ★ ☆

共通テスト8割目標
私大基礎

共通テスト9割目標
難関大

5 銀行の信用創造と，近年の動向

ココが出る！試験前の最強ポイント
★信用創造の計算　★ペイオフの動向

① マネーストックという指標

⇒民間が保有する現金・預金が，市場にどれだけ出回っているのかを示す指標

⇒政府と金融機関の保有する現金・預金は除く

⇒2007年の郵政民営化に伴い，2008年から「マネーサプライ」が「**マネーストック**」へと変更となり，「**ゆうちょ**」の貯金等が**M1**に計上されている

M1 ＝ 現金通貨＋全預金取扱機関の預金通貨※（要求払い預金である普通預金など）

★対象金融機関に**ゆうちょ**などを**含める**

※預金通貨とは，預金の中でも特に現金としての流動性の高い「要求払い預金」をいう

M2 ＝ Ｍ１＋準通貨※＋譲渡性預金（CD）

★M1と異なり，対象金融機関に**ゆうちょ**は**含めない**

M3 ＝ Ｍ１＋準通貨※＋譲渡性預金（CD）

★対象金融機関に**ゆうちょ**などを**含める**

※定期預金や外貨預金など。例えば，定期預金や外貨預金は，解約して現金通貨や普通預金などに切り替えれば，現金に準じた性格を持つことから，準通貨と呼ばれる。

スパッとわかる
»爽快講義«

▼ マネタリーベースとマネーストック　板書①へ

　世の中に流通している貨幣を通貨といい，大きく**現金通貨**と**預金通貨**に分けることができます。まず現金そのものを「**マネタリーベース**（民間が保有する現金と日銀当座預金の合計）」といいます。一方，**企業や個人など**の民間における現金通貨と預金通貨などの合計である通貨残高を，「**マネーストック**」といいます。正確には，**金融機関や中央政府を除いた**，企業や，個人，地方公共団体の保有する通貨残高です。つまり，日銀を含めた金融機関全体から，どれくらいのおカネが世の中に供給されたのかを見る指標です。少し

● 日本のマネタリーベースとマネーストックの推移

（各年平均残高，単位　兆円）

	2013年	2015年	2017年
マネタリーベース	163.15	313.12	458.10
日本銀行券発行高	83.60	90.85	100.48
貨幣流通高	4.56	4.64	4.74
日銀当座預金	74.99	217.63	352.88
M2	845.88	906.50	974.05
M3	1,155.28	1,222.63	1,299.69
M1	560.23	616.50	711.91
現金通貨	79.76	86.67	95.86
預金通貨	480.47	529.83	616.06
準通貨	561.42	568.88	556.27
CD（譲渡性預金）	33.63	37.25	31.50
広義流動性	1,505.24	1,615.70	1,700.57

（日銀資料より）

深くみると，マネタリーベースはこの後学習する**信用創造**によって**マネーストック**を生み出す基礎となるおカネです。この意味で「ベース・マネー」や「ハイパワード・マネー」とも呼ばれます。表からも分かるように，2013年から「量的・質的金融緩和」を行い「マネタリーベース」が増やされ続けました。するとM1，M2，M3（違いはこの後説明）といった「マネーストック」も増えていることに気が付きます。

▼ ポイントは「ゆうちょ」を含めた指標か否か ⇒「M2」は含まない

マネーストックは，板書①のように，計上する金融機関や金融商品によって，種類が分かれています。2008年から郵政民営化（2007年）に伴い，呼称が「マネーサプライ」から「マネーストック（以下MS）」へ変更されました。

ちょっと複雑な統計なので，以下は難関大受験用に読んでください。

M1は，**現金通貨**と，ゆうちょ，農業協同組合，信用組合などを含めた全預金取扱機関の，「**要求払い預金**（普通預金などの，自由に引き出し可能な預金）」の残高。**M2**は，ゆうちょを除く，M1と**準通貨**（定期預金や，外貨預金など）そして，**譲渡性預金**（第三者に譲渡が可能な，無記名の預金。主に企業同士での大口決済に用いる）の合計です。準通貨とは，要求払い預金とは異なり，現金として使える度合いである「**流動性**」が低い通貨です。**M3**は，ゆうちょを含む，M1と準通貨，そして譲渡性預金の合計です。

M1に比べて，M2やM3は流動性が低い金融商品も対象としていることが分かります。この他にも，いつか現金化されるであろう「国債」などを含めた「**広義流動性**」という，MSの指標も存在します。

② 銀行の信用創造

⇒銀行間での貸出操作を通じて当初の何倍もの預金通貨を創造するシステム

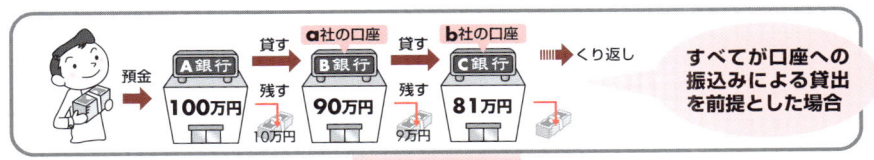

これを数式で表すと

● 預金総額＝**本源的預金**（当初の預金）×1／**支払準備率**

● 信用創造額＝**預金総額－本源的預金** ※新たに創造された額なので最初の預金を引く

⇒例えば当初の預金が，100万円，支払準備率が10％だとすると，
預金総額は 100×1/0.1＝1000万円
信用創造額は新たに創造された部分なので1000万－100万，よって900万円

スパッとわかる »爽快講義«

▼ 銀行の信用創造 →計算問題として頻出！確実に押さえよ！

板書②へ

　ここからは理解が必要なので，**一緒に考えながら講義を聴いてくださいね**。

　さて，**銀行は他の銀行との間での貸し借りを繰り返すことで，最初に預金された預金通貨の何倍もの預金通貨を創造するんだ**。それじゃ説明するよ。

　板書②の図を見ながら聴いてください。まず僕が，100万円をA銀行に預けたとします。するとこのときの支払準備率が10％だとすると，**A銀行は10万円を準備預金（支払準備ともいう）としてとっておいて90万円までどこかに融資**できますよね。ここで，この90万円をa社に貸し出すとします。そのときa社の口座がB銀行にあったとすると，今度はB銀行に90万円の預金として振り込まれるよね。ここまでいい？　さらに今度はこのB銀行は，9万円を準備預金として残して，81万をb社に融資したとする。するとb社の口座のあるC銀行に81万円が振り込まれるんだ。この段階で，A，B，C銀行全体の預金は100＋90＋81で271万円になっているんだ。銀行は，預金のうちその支払い準備分を残して貸しつけに運用する。これを繰り返すと，銀行全体で当初の何倍もの預金通貨が創造されることになる。板書②に計算式が書いてあるので，必ず読んでおいてください。特に**預金総額**と**信用創造額**は区別が必要。信用創造額は，新たに生み出された部分なので，当初の預金を引くことを忘れないように。

> ここで1問　本源的預金が100億円，支払準備率が20％だとする。預金総額と信用創造額を求めなさい。
>
> ［答］預金総額は100億×1/0.2＝500億円　信用創造額は500億－100億＝400億円

▼ 銀行が破綻したら，預金はどうなるの？

　これは気になりますよね。実は「**預金保険機構**」というところが，預金を守ってくれます。この制度を「**預金保険制度**」といいます。ただし，現在は「**1000万円**とその**利子**」までしか保護されません。

預金保険機構

⇒1971年に**預金者保護**のため政府と民間の共同出資で設立

⇒銀行は保険料を払い倒産した時，**預金保険機構が預金者の預金を全額保護**

⇒ただし，これでは銀行の**モラルハザード**（倫理崩壊）となるため，**ペイオフ解禁**（2005年）

　ペイオフとは，**金融機関が破綻した場合，預金が1000万円までしか保護され**
なくなる制度のこと。つまり僕が3000万円をある銀行に預金していても，その
銀行が潰れてしまえば1000万しか預金が返ってこない。「全額保護」から「定
額保護」へとシフトしたことになるよね。となると今まで以上に僕らが銀行を選
んだり，銀行の経営状態を知りながら取捨選択していったりする時代に入った
ということになるよね。こうした取捨選択能力を「**金融リテラシー**」といいます。

　さて，ペイオフの目的は何だろうか。

　実はそれまで**預金保険機構**（1971年に預金者保護のため政府と民間の共同
出資で設立）という保険機関が，金融機関が破綻した場合に預金保護（当初は
100万円が上限であったが，1996年に全額保護を目的としてペイオフ凍結を
行った）をしてくれた。さっきの例だと，僕はちゃんと3000万の預金が戻っ
てきたわけだ。しかし1991年2月に**バブル**が崩壊すると，金融機関の破綻が
相次ぎこの保険料の支払いコストがどんどんかさんでいった。さらには，ペイ
オフを頼りにいささか乱暴な融資を銀行はするかもしれない。どうせ預金保険
機構が守ってくれるもん，みたいに。このような金融機関の態度一般を「**金融**
のモラルハザード」といいます。保険料の支払いコストの縮減とモラルハザー
ドの防止がこのペイオフの狙いってわけだ。

　ペイオフは，**2002**年4月〜定期預金において解禁。**2005**年4月〜**決済用預金**（無
利息，要求払い，決済サービスを提供できることという3条件を満たすもの）
を除く「普通預金」，「当座預金」なども解禁されているよ。

　2010年9月に「**日本振興銀行**」の経営破綻に対してペイオフが初適用された。

▼ 金融機関をしっかり監督⇒「金融庁」発足（2000年）

　また，金融機関の融資状況を厳しく検査する行政機関も必要になります。か
つては，大蔵省（2001年から財務省）がこの役割を担っていました。しかし
大蔵省は税金を扱う「財政」部門の行政機関です。ここが民間金融機関の監督
を行うことは公正さを欠くのでは？　こうして大蔵省から金融監督業務を分離
し，**金融監督庁**（1998年設立）が設置され，**2000**年に**金融庁**へと改変されま
した。こうした改革を，「**金融と財政の分離**」，「**財金分離**」ともいいます。

　この金融庁は，金融検査などにより，民間の金融機関を監督しています。ま
た金融庁内に「**証券取引等監視委員会**」をおき，**インサイダー**取引（会社の内
部者がその立場を利用し，重要な情報が公表される前に，証券を売買する行為）
なども監視しています。

6 財政の機能と財政政策

ココが出る! 試験前の最強ポイント

★財政の3大機能　★2つの財政政策の相違

① 財政とは

⇒政府による経済活動　20世紀，**世界恐慌**と**市場の失敗**により政府が経済活動を行う必要性が増す→18世紀の**夜警国家**から，20世紀の**福祉国家**への変容

② 市場の失敗と財政の3大機能

1. 所得の不公平⇒**累進課税**による社会保障費への移転支出→**所得の再分配機能**
2. 公共財の不提供⇒政府が**公共財**を提供する **資源配分の調整機能**
3. 景気変動の存在⇒政府による **経済の安定化機能**→**財政政策**の実施

③ 財政政策

1. 裁量的財政政策（フィスカル・ポリシー）→政府の意図的政策による

好況期	有効需要(MS)を減少させる政策をとる
	増税政策，**公共投資の削減**

不況期	有効需要(MS)を増加させる政策をとる
	減税政策，**公共投資の増加**

2. 財政の自動安定装置（ビルト・イン・スタビライザー）→景気動向による自動調整

好況期	所得の上昇と失業者等の減少により，
	⇒**累進課税**により税収**増加**　購買力の増大を緩和
	⇒**社会保障給付金**の減少

不況期	所得の減少と失業者等の増加により，
	⇒**累進課税**により税収**減少**　購買力の減少を緩和
	⇒**社会保障給付金の増加**

⇒政府の財政政策と日銀の金融政策を合わせて→「**ポリシー・ミックス**」

④ 日本の租税制度

直接税 （負担者＝納税者）			**間接税** （負担者≠納税者）
所得税，**法人税**，相続税など		主な税	**消費税**，**たばこ税**，**酒税**など
累進課税による**垂直的公平**		公平性	**逆進課税**による**水平的公平**

これだけは累進課税ではないよ

⇒**所得の捕捉率**の不公平問題「**クロヨン（9・6・4）**」

スパッとわかる ≫≫ 爽 快 講 義 ≪≪

▼ 20世紀に財政の役割の増加→世界恐慌と市場の失敗　板書①へ

▼ 財政の3大機能と市場の失敗をセットで押さえよ！　板書②へ

　ズバリ，財政の3大機能は，**所得の再分配機能，資源配分の調整機能，経済の安定化機能**の3つです。これらは板書②を見ながら，必ず**市場の失敗**の補完的機能として財政の機能があることを押さえること。ここが攻略ポイントになるよ。

▼ 2つの財政政策→フィスカル・ポリシーとビルト・イン・スタビライザー　板書③へ

　政府の景気調整政策である**財政政策**には，政府の政策決定により行うものと，**累進課税**と**社会保障給付**が景気状態で自動変化することで，景気を調整するタイプの2種類がある。板書③を見てください。1つ目の**裁量的財政政策**は，政府が**増減税，公共投資**の支出増減を行うことで，有効需要（MS）を創出・削減して景気を調整するものなんだ。2つ目の**ビルト・イン・スタビライザー**（**財政の自動安定装置**）は，好況期は所得環境がいいので自動的に**累進課税**により**増税**となり，失業者が少ないので**社会保障給付**が**減少**。逆に，不況期は，所得環境が悪いので自動的に**累進課税**により**減税**となり，失業者が多いので**社会保障給付**が**増加**。ほら分かるかな？　こうして自動的に有効需要（MS）が調整されているんだね。累進課税制度と社会保障制度が一般化した現代の財政制度そのものに，景気変動を緩和するしくみが備わっているんだ。

　また，政府の財政政策は日銀が行う金融政策と組み合わせて行われ，これを**ポリシー・ミックス**といいます。

▼ 直接税と間接税の公平性の相違に注意→垂直的公平と水平的公平　板書④へ

　租税は，**直接税**と**間接税**に分かれています。**直接税**は直接，納税者が税務署に支払いに行くタイプ。つまり，**負担者＝納税者**となるよね。対する**間接税**は，**負担者と納税者が異なる**というもので，例えば消費税。僕が買った108円のガムの消費税8円分は，負担したのは僕，税務署に申告するのは買った店なんだね。

　さて，ここで両者の特徴を考えてみよう。**直接税**は主として**累進課税**が適用されている。よって所得の高低によって負担額が違います。例えば税率幅は所得税の場合，0〜45％の7段階です。これを**垂直的公平**といいます。対して**間接税**は，所得によって税率が変化しませんよね。消費税はみんな同じ8％。こうして一律な**比例課税**なのでこれを，**水平的公平**といいます。ただし間接税は低所得者に負担が重く感じられてしまうので，**逆進課税**であるとも言われます。ちなみに，**法人税は累進課税ではないので注意**が必要ですよ。

▼ 所得の捕捉率の不公平→クロヨン・トウゴーサンピン

　所得税は，被用者（サラリーマン）は**源泉徴収**，自営業，農業者は**申告納税**です。つまりサラリーマンは必ず所得が税務署にバレるんだけど，後者は申告しなければバレない。こうして税負担に差が出てしまう問題を**所得の捕捉率の不公平**といいます。大体サラリーマンが9割，自営業が6割，農業者が4割の捕捉率なので「**クロヨン**問題」とも呼ばれます。

必ずやろう！　爽快問題集▼　第2章　07

共通テスト8割目標
私大基礎

共通テスト9割目標
難関大

基礎 発展 時事
出題頻度 ★ ★ ★ ★ ★

7 消費税と，国税の税収動向

ココが出る! 試験前の最強ポイント

- ★ 消費税導入の年号「1989年」と増税の変遷
- ★ 消費税の特徴（税収が景気に左右されにくい。逆進性があるなど）
- ★ 国民負担率　★各国の消費税との比較

① 消費税の導入

⇒消費税は，**所得の捕捉率**の不公平の是正や，福祉財源の安定的確保などの理由から，**1989**年に導入（**竹下**内閣）

⇒導入当初は「**3**％」

② 消費税の社会的メリットとデメリット

✚ メリット	消費税の特徴	デメリット ▬
①税収が比較的景気に左右されない ②高齢化が進んでも税収が見込める ③**所得の捕捉率**による納税の不平等格差を是正する ④財政再建が期待できる		①低所得者に対して負担が重くなる「**逆進性，逆進課税**」 ②景気後退期に課税することは更なる景気後退を招く ③逆進性を緩和する措置が明確になっていない

③ 消費税の変遷（消費税法の改正動向）

1989年4月導入…消費税（国税）として「**3**％」（**竹下**内閣）⇒社会保障財源化されず

1997年4月増税…⇒「**5**％」

⇒内訳は消費税（国税）「**4**％」，地方消費税「**1**％」創設

　（導入時の内閣は**橋本**内閣）

2014年4月増税…「**8**％」⇒増税分は**社会保障財源化**された

⇒内訳は消費税（国税）「**6.3**％」，地方消費税「**1.7**％」

　（導入時の内閣は**安倍**内閣）

2019年10月増税…「**10**％」

⇒内訳は消費税（国税）「**7.8**％」，地方消費税「**2.2**％」

スパッとわかる >>> 爽 快 講 義 <<<

▼ 消費税の導入

1989年4月に日本で**消費税**が導入されました。消費税は国税です（**1997**年に**地方消費税**も創設）。所得税と異なり、**所得の捕捉率**による税の不公平がありません。また、急激に進む高齢化社会への財源確保もその理由でした。しかし当初は、税収を福祉財源のみにあてる「**社会保障財源化（≒福祉目的税化**）」はされていませんでした。ただし、現在は、消費税の増税分の税収については、「**社会保障と税の一体改革**（2012年に**野田**政権が掲げたもの）」の一環として、**社会保障財源**化されることとなっています。

▼ 消費税の社会的メリットとデメリット

板書②を見てください。消費税は所得税や法人税と異なり、景気変動によって税収が左右されにくい特徴をもちます。従って、所得税などと比べて「**ビルト・イン・スタビライザー**」の機能が弱いといえます。ただし、退職した人からも税収を得ることができるなど、高齢化が進展した場合でも、税収を見込めること。また、1％当たりの国税税収が約**3**兆円（2019年度当初予算）あり、約**19.3**兆円の国税税収規模となるなど、その規模は所得税に匹敵します（2019年度当初予算で所得税の税収は約**19.9**兆円）。このため、財政再建（**プライマリー・バランス**の黒字化　p316参照）や、今後の福祉財源に対する、安定した税収をもたらすと言われています。

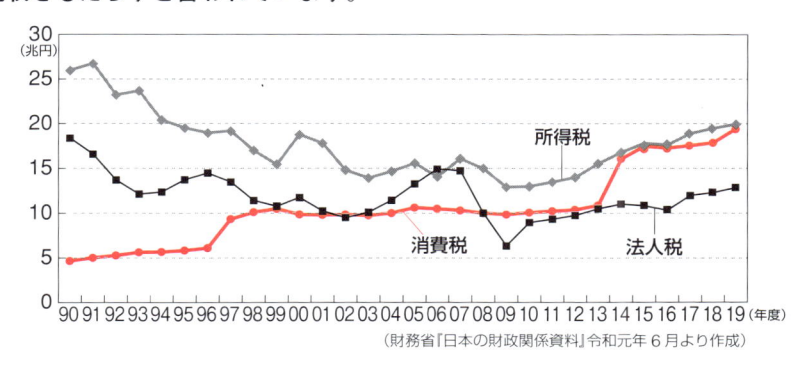

（財務省『日本の財政関係資料』令和元年6月より作成）

このグラフを見て明らかなように、増税（1997年度、2014年度）ともに消費税の税収は増加している反面（2016年度は、ほぼ所得税の税収と肩を並べる）、バブル崩壊後、所得税と法人税の税収は減少し、全体の税収は減少しました。

こうした背景で，**1994**年から毎年，**特例国債**（赤字国債）を発行し続けたのです。

　こうして，2018年度末の日本の国債残高は**883**兆円，国民一人当たり，**700**万円の負担となっています（2018年4月財務省発表）。

　特にこのグラフは，出題が予想されますので，**所得税，法人税，消費税の税収の変化を確認**しましょう。

▼ 消費税は，低所得者に負担大！？

　ただし，消費税の課税によって消費減退してしまえば，税収は減少します。また，消費税は所得に関係なく課税される「**比例課税**」です。すると低所得者に実質的負担が重くなる「**逆進性（逆進課税**となること）」が指摘されています。

　従って，**生活必需品などに課税しない「軽減税率制度」**などが，諸外国では導入されています（諸外国では消費税を**付加価値税**などとよぶ）。2019年10月からは，**外食品を除く飲食料品と新聞は8％に税率が据え置かれる「軽減税率制度」**が導入されました。

▼ 延期また延期

　1989年に消費税3％が導入されましたが，**1997**年に**5**％へと増税されました。この際，国税である消費税の他に，地方税（都道府県税）である**地方消費税**が創設されました。（消費税**4**％，地方消費税**1**％計**5**％）。その後**2014**年に増税（消費税**6.3**％，地方消費税**1.7**％の計**8**％）されました。2015年には再増税（消費税**7.8**％，地方消費税**2.2**％の計**10**％）が予定されていましたが，**景気への配慮から，2017年4月に延期され，その後2019年10月へと再延期**されています。

▼ 諸外国より低い日本の消費税

■ 付加価値税率の国際比較（2018年1月現在）

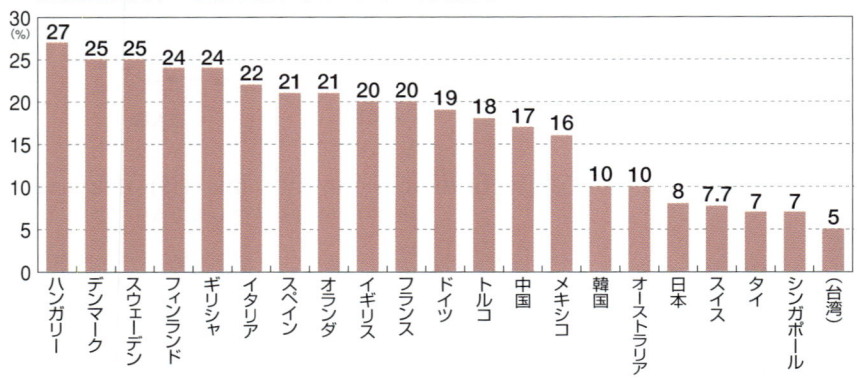

※アメリカ合衆国は州，郡，市により小売売上税がある（例，ニューヨーク州及びニューヨーク市の合計 8.875％）
（『2019／20 世界国勢図会』）

　このように，ハンガリーでは27％，スウェーデンでは25％と他国と比較しても，**日本の消費税は明らかに低い水準**にあります。一方で，世界で最も速いスピードで少子高齢化が進展する国でもあります。2016年の**高齢化率**（人口に占める**65**歳以上の人口）は，下の図からも分かるとおり「**27.5**％」（2018年は28.1%）となっており，2050年には**40**％近くに上ります。

　こうした現状を考えながら，建設的な税源対策が必要になるでしょう。

■ 高齢化率の国際比較

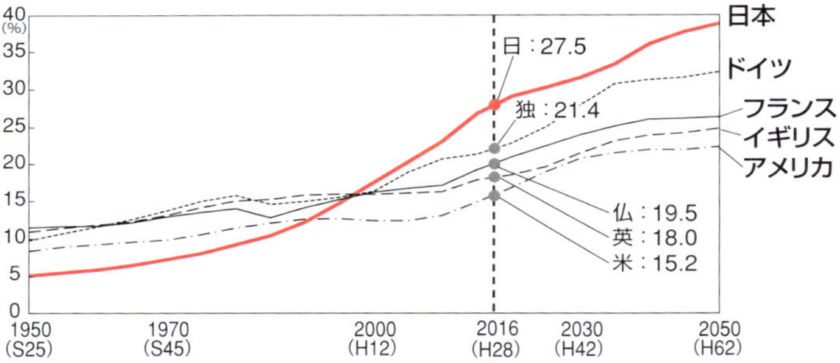

（出典）日本　〜 2010：総務省「国勢調査」
　　　　2011 〜 2050：国立社会保障・人口問題研究所「日本の将来推計人口（平成 24 年 1 月推計）」
　　　　諸外国　国連 "World Population Prospects: The 2015 Revision"

	1970 (S45)	2016 (H28)	2025 (H37)	2050 (H62)
日本	7.1	27.5	30.3	38.8
ドイツ	13.6	21.4	25.0	32.3
フランス	12.8	19.5	22.4	26.3
イギリス	13.0	18.0	19.6	24.7
アメリカ	9.7	15.2	18.9	22.2

▼ 一方で国民負担率は？

　それでは最後に，「**国民負担率**の国際比較」を確認しておきましょう。国民負担率とは，国民所得に対する「**租税負担率**」と「**社会保障負担率**」の比率です。僕らに限って言えば，所得からどれくらいの税金や社会保険料が取られているのかを見る指標と考えてください。

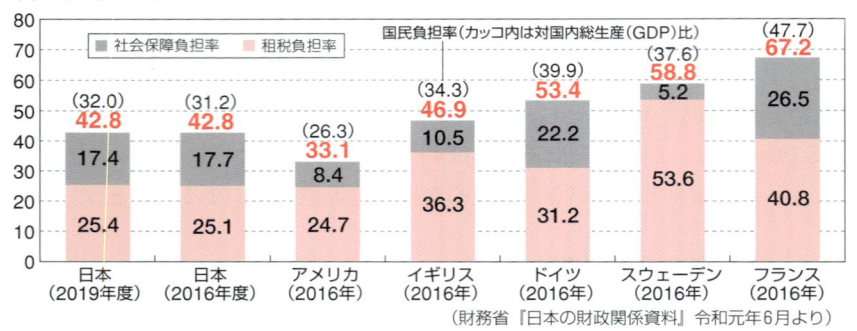

(対国民所得比：%)

国民負担率(カッコ内は対国内総生産(GDP)比)

凡例：■ 社会保障負担率　■ 租税負担率

	日本(2019年度)	日本(2016年度)	アメリカ(2016年)	イギリス(2016年)	ドイツ(2016年)	スウェーデン(2016年)	フランス(2016年)
(GDP比)	(32.0)	(31.2)	(26.3)	(34.3)	(39.9)	(37.6)	(47.7)
国民負担率	42.8	42.8	33.1	46.9	53.4	58.8	67.2
社会保障負担率	17.4	17.7	8.4	10.5	22.2	5.2	26.5
租税負担率	25.4	25.1	24.7	36.3	31.2	53.6	40.8

（財務省『日本の財政関係資料』令和元年6月より）

これを見ると分かるように，**福祉大国であるスウェーデンなどは軒並み高い**ことが分かります。福祉はタダではなく，それなりのコストが必要です。

▼ 利子の返済だけで年間約10兆円！

一方で，日本は国債の償還費である「**国債費**」が，一般会計の歳出約101兆円に対して，**約23.5兆円（23.2%）。** このうち元本（実際の借入れ）に充てられるのは約14.7兆円。残りの約8.8兆円は利子の支払い分です。つまり，**約9兆円が，何らかの政策に使われることなく，利子の支払いに消えていく。** その一方で，教育への基本予算である**文教科学振興費**は，約5.6兆円（歳出の**5.5%**）。先進国の中でも低い水準です。ちなみに，**高校生への就学支援はわずか3780億円**（いずれも2019年度一般会計，2019年6月財務省発表）です。9兆という金額がどれだけ重いか分かるでしょう。

利子付きの借金を将来につけ回しながら社会を回すのか？　それとも利子が付かない税収によって社会を回すのか？

この問題は，国の歳入や税制のあり方，及び歳出面で何に使われているかの視点からも，冷静に考えることが必要なのかもしれません。

益税って？

日本の消費税には，納税されない「**益税**」（税もうけ）といわれる部分があります。これらは，小規模の事業者に対する特例措置として行われています。いわゆる小規模事業者の事務負担軽減・保護対策とみなされています。

例えば，課税売上高[※1]が「**1000万円**」以下の事業者（免税事業者）は，消費税の納付が免除されます。これを「**事業者免税点制度**」（図の①）といいます。

また，課税売上高が「**5000万円**」以下の事業者は，業種に応じて[※2]「**40～90％**」のみなし仕入れ率を掛けて自動的に納付税額を算定でき，次のような益税が発生します。これを「**簡易課税制度**」（図の②）といいます。

例えば，以下のように小売業者が，課税売上高5000万円以下の事業者だった場合，本来は仕入れにかかった税である「3000円－2000円＝1000円」を納税します。しかしこの3000円分に見なし仕入れ率80％をかけた，「2400円」を仕入れにかかった税とみなし，「3000－2400円＝600円」を納税すればいいのです。つまり，「1000円－600円＝400円分」が益税となるのです。

※1　課税売上高とは，商品の売上げや事業用資産の譲渡所得などの消費税の課税の対象となる取り引きで受け取った対価の額をいう。

※2　第一種事業(卸売業)90％，第二種事業(小売業)80％，第三種事業(製造業等)70％，第四種事業(その他の事業)60％，第五種事業(サービス業等)50％，第六種事業(不動産業)40％　※2019年10月現在

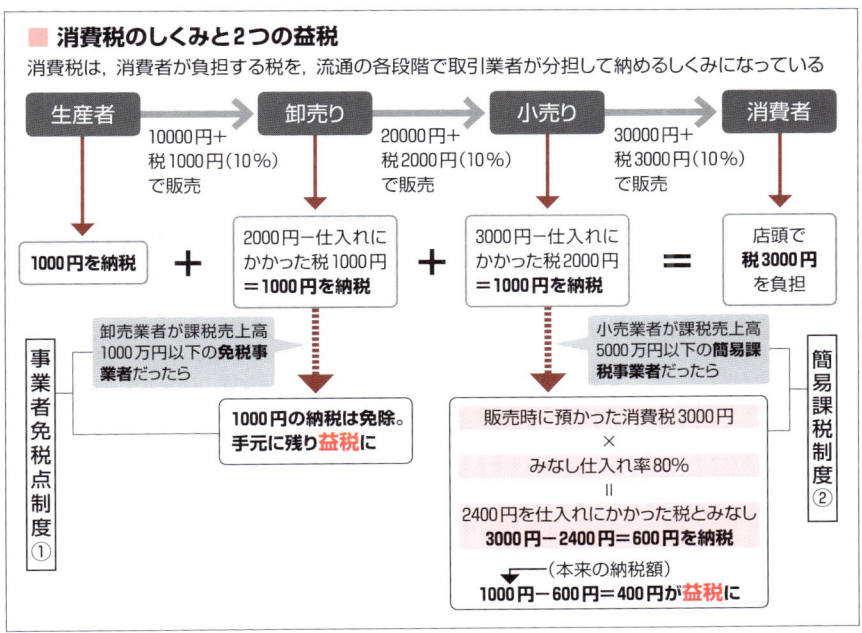

■ 消費税のしくみと2つの益税

消費税は，消費者が負担する税を，流通の各段階で取引業者が分担して納めるしくみになっている

8 国家予算

ココ が出る! 試験前の最強ポイント

★ 一般会計の歳入と歳出ベスト4を必ず暗記

① 日本の国家予算は以下のように大別される

（会計年度　4/1 〜 翌年 3/31）

国家予算
- **Ⓐ「一般会計」**‥‥約101兆円（2019年度）
- **Ⓑ「特別会計」**‥‥[**事業特別会計**（郵政事業など），**食糧管理特別会計**（コメの需給調整など），**保険特別会計**（年金や簡易保険など），**融資特別会計**（財政投融資の原資）]

金額 約393兆（2019年度）

※予算は その年の会計年度の基本となる ➡「**当初予算（本予算）**」
特別な状況に対応するため変更を加えた ➡「**補正予算**」
年度開始までに成立が無い場合の暫定的な ➡「**暫定予算**」
の3つの形式がある。

② 一般会計の歳入と歳出

- 歳入は　約**6**割が**租税・印紙**収入　約**3**割が**公債金**収入
- 2019年度当初予算は「約**101**兆円」。
- 歳入は租税・印紙収入 **61.6**％，公債金収入 **32.2**％，その他 6.2％。
    - ⇒**国債依存度**の上昇（これは後の項目で扱います）
- 歳出は**社会保障関係費・国債費・地方交付税交付金・公共事業関係費**がベスト4。（下のグラフ参照）

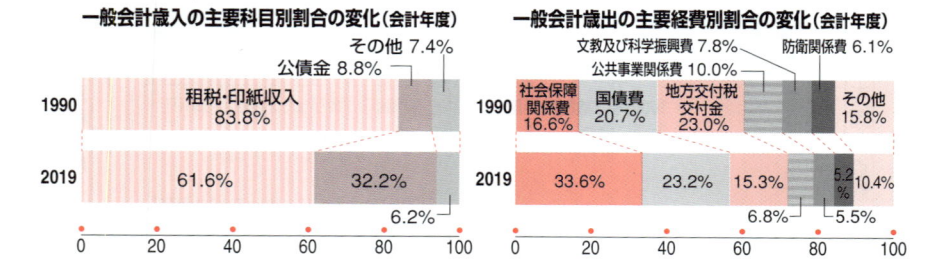

一般会計歳入の主要科目別割合の変化（会計年度）

その他 7.4％
公債金 8.8％

年度	租税・印紙収入	公債金	その他
1990	83.8％		
2019	61.6％	32.2％	6.2％

0　20　40　60　80　100

一般会計歳出の主要経費別割合の変化（会計年度）

文教及び科学振興費 7.8％　防衛関係費 6.1％
公共事業関係費 10.0％

年度	社会保障関係費	国債費	地方交付税交付金	その他
1990	16.6％	20.7％	23.0％	15.8％
2019	33.6％	23.2％	15.3％	6.8％ 5.5％ 5.2％ 10.4％

0　20　40　60　80　100

スパッとわかる >>> 爽 快 講 義 <<<

▼ 会計年度は4/1〜翌年3月末日，予算は内閣が作成，国会が議決！ 板書①へ

まず，国家予算は4月1日から翌年3月31日までを「**会計年度**」として区切っています。そしてその中での**歳入**と**歳出**をまとめたものが「**当初予算**」となります。この「**当初予算**」策定手順は，まず各省庁が内閣に**概算要求**という形で必要な額の請求をします。このとき「**シーリング**」という請求上限が設けられていて法外な請求はできません。次に内閣で基本方針が話し合われ，これを**閣議決定**したものが「予算案」となります。

ここ憶えていますか？

そうです。予算は**内閣**が**作成・提出**し，**国会**が**議決**するんでしたね。つまり，1月の通常国会はこの予算の議決から始まるんです。でも国会中継の予算委員会なんかでは予算とは関係ない議論も目立っていたり…。

▼ 一般会計歳入のベスト2と歳出のベスト4を暗記!! 板書②へ

さて，予算は**一般会計**と，特定事業の運用のための**特別会計**があります。

まず歳入項目は，国の健全収入部分である「**租税・印紙**収入」61.6％，借入金である「**公債金**収入」32.2％と，約3割が借入金である「**公債金**」に頼っています。この歳入に占める公債金の割合を**国債依存度**（公債依存度）といいますが，1990年度は8.8％だったこの値が，2019年度は約3.6倍の32.2％となっています。この**国債依存度**の上昇問題は後でじっくり学習します。

次に歳出ですが，1位が「**社会保障関係費**」，2位が「**国債費**（国債の元本と利子の償還費）」というところが大切です。なぜ「**社会保障関係費**」がトップなのか？　それは高齢社会の日本が，高齢者への年金，医療関連の給付金が増加しているからです。また，「**国債費**（国債の返済資金）」が次いで多いのは，さきほどの**国債依存度**の上昇があげられます。日本は国債の残高が約**883**兆円（2018年度末の見込み。2018年3月の財務省発表による）あり，これを返済するために歳出の約**23.2**％を占めるに至っているのです。さらには，この借金は国民1人当たり約700万円前後の負担になるのです。

一方の特別会計は，一般会計よりも金額が大きいことを押さえておきましょう。政府の「**財政投融資**（財政投融資計画）」については，次のページでゆっくり解説をしていきましょう。

必ずやろう！ 爽快問題集 ▼ 第2章 07

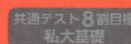 

9 財政投融資

ココが出る！試験前の最強ポイント

★ 財政投融資の改革後と改革前の運用方法の相違
★ 財投機関債（特殊法人が発行）と財投債（政府発行）の相違

① 財政投融資（第二の予算）とは？

⇒ **郵便貯金，簡易保険積立金**，などの公的資金で投資や融資を行う
⇒ 一般会計との違いは「**原資の有償性**」といって返済義務がある
⇒ よって運用には「**収益性**」が求められる
⇒ 1953年から実施され，主に特殊法人へ　2019年度で「約13.1兆円」（予算案）

② 財政投融資改革

● 従来は…
⇒ 従来は**大蔵省資金運用部**が大蔵省資金運用部資金として投融資を実施
⇒ **特殊法人**（道路公団など）への**不透明かつ非効率な配分**が
⇒ この批判を受けて改革
● 2001年4月以降の改革後は…
⇒ 従来は，郵便貯金，年金積立金などの資金を，大蔵省へ**預託義務**があり，**大蔵省資金運用部が運用していたが，これを廃止**
⇒ 郵便貯金，年金積立金自身が**自主運用**することとなった
⇒ またその際，**特殊法人が発行体となる**「**財投機関債**」もしくは，必要な際は，**政府（財政融資資金特別会計）が発行体**となる「**財投債**」を金融機関に引き受けてもらい，資金を調達する

③ 改革のイメージ

財政投融資の使途別内訳（2019年度〈予算案〉）
総額　約13.1兆円

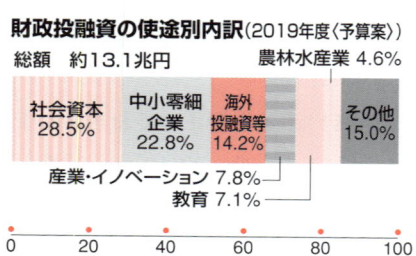

社会資本 28.5% ／ 中小零細企業 22.8% ／ 海外投融資等 14.2% ／ 農林水産業 4.6% ／ その他 15.0% ／ 産業・イノベーション 7.8% ／ 教育 7.1%

0　20　40　60　80　100

■ 改革前

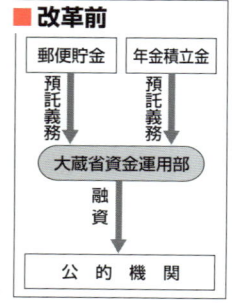

郵便貯金 → 預託義務 → 大蔵省資金運用部
年金積立金 → 預託義務 → 大蔵省資金運用部
大蔵省資金運用部 → 融資 → 公的機関

■ 改革後（2001年4月以降）

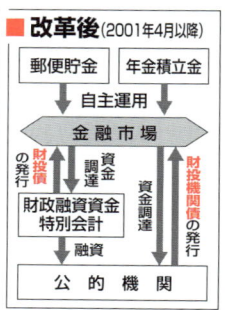

郵便貯金／年金積立金 → 自主運用 → 金融市場
財投債の発行 → 資金調達 → 財政融資資金特別会計 → 融資 → 公的機関
財投機関債の発行

スパッとわかる >>> 爽 快 講 義 <<<

　財政投融資は，国が必要な事業を行うために実施する投資や融資をいいます。1953年より実施されて以来，2019年度当初予算案では約**13.1**兆円という規模にのぼり，一般会計に次ぐ「**第二の予算**」とも呼ばれているほどです。ただ，一般会計と違うのは「**原資の有償性**」といって，必ず資金を返済しなければなりません。使った分を必ず返すというところがポイントで，このことからその運用には「収益性」の見込める分野への投融資が基本となっています。

　しかし現実には，この資金をかつての**大蔵省資金運用部**が，単独で特殊法人へ資金を流す，不透明な運用をしていました。例えば，本州四国連絡橋公団や，かつての**道路公団**などの赤字を抱えている特殊法人の赤字をこの資金で補填するといった具合でした。

　こうしたことから，その運用方法の改善が求められ，2001年4月より新たな財政投融資の仕組みができあがったのです。それの仕組みとは，，，

　まず，従来は**大蔵省資金運用部**に「**郵便貯金**」a，「**簡易保険積立金**」b などを**預託義務**という形で，強制的に預け入れをさせた上で，資金運用部が融資を行っていました。つまり大蔵省が「はいよこせ〜」と取り上げて，特殊法人に「はいどうぞ〜」って渡す。これでは健全運用ができない。

　そこで，2001年からはこの**預託義務**を廃止して，「郵便貯金」，「年金積立金」は**自主運用**することになったんです。自主運用とは，郵便貯金など**自らが金融機関に預け入れて，金融機関を通して特殊法人に融資**をするという方法です。また，特殊法人が金融機関からその資金の融資を受けたい場合は，その**特殊法人が発行する**「**財投機関債**」と引き換える形になっています。こうなると，経営状態の悪い特殊法人の財投機関債を金融機関は引き受けないので，融資が行われず，結果として非効率的な特殊法人には資金が流れなくなる，というわけです。（板書③の図を参照）

　しかし，ここまではよかった！　でも裏があるんです。

　もし，**政府がどうしても国益上必要な場合**，つまりどうしても融資しなければならない特殊法人がある場合，**政府（財政融資資金特別会計）が代わりに債権（財投債）を発行して，金融機関から資金を受け取り，これを特殊法人に流す**ことも可能なのです。ここが抜け道として問題が残るでしょう。

※尚，2007年度にa，bは廃止（郵政民営化に伴って）

必ずやろう！爽快問題集 ▼ 第2章 07

共通テスト8割目標
私大基礎
共通テスト9割目標
難関大
基礎　発展　時事
出題頻度 ★ ★ ★ ★ ★

10 財政問題

ココ が出る！試験前の最強ポイント

★国債発行の問題点　　★国債発行原則 ➡ 建設国債・市中消化

① 国債発行による財政圧迫 ➡ 日本は国の借金である「国債」に依存している

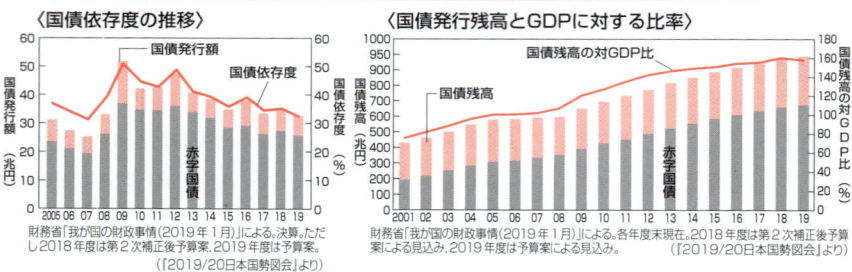

〈国債依存度の推移〉

財務省「我が国の財政事情（2019年1月）」による。決算。ただし2018年度は第2次補正後予算案、2019年度は予算案。　　（『2019/20日本国勢図会』より）

〈国債発行残高とGDPに対する比率〉

財務省「我が国の財政事情（2019年1月）」による。各年度末現在。2018年度は第2次補正後予算案による見込み。2019年度は予算案による見込み。　　（『2019/20日本国勢図会』より）

⇒2019年度の国債発行額は「32.2」兆円，内，特例国債発行額は「27.7」兆円
⇒2019年度末で国債残高が約**897**兆円（GDP比で約160％に上る）

② 国債発行の問題点 ★★★★★

1. 財政の硬直化 …国債の返済費がかさみ，自由に使える予算が減少
2. クラウディングアウト …市中金利の上昇により，民間が資金を借りにくくなる
3. 将来世代への負担　　**4.** インフレの可能性

③ 国債発行の原則

1. 建設国債の原則

⇒**公共事業費**捻出の目的のみの国債発行に限定
⇒**1966**年から発行，これ以外は**赤字国債**といい違法となる（財政法第4条）
⇒**1965**年補正予算で**赤字国債**発行（法律ではなく省令に基づく**歳入補填債**として発行）
⇒その後，政府は**特例法**を制定し「**特例国債**」という名前で赤字国債を発行
⇒特例国債は**1975**年から**89**年まで毎年発行，後**94**年から毎年発行

2. 市中消化の原則

⇒インフレ防止のため，**市中銀行・民間のみで国債引受，日銀引受の禁止**
（財政法第5条）

※その他
・「**均衡財政（緊縮財政）主義**」→歳入と歳出の額をしっかりと一致させる健全財政主義のこと
1949年のドッジ・ラインにより打ち出される⇒**1964**年までは均衡財政
・「**プライマリー・バランス**」→歳入から公債金収入を差し引いた額と，歳出から国債費（返済費）
を差し引いた額の差額，この額が前者が後者を上回れば黒字，下回れば赤字

スパッとわかる >>> 爽 快 講 義 <<<

▼ 国債依存度の上昇→借金に頼る日本の財政！ 板書①へ

突然ですが，ここで質問です。

日本の**国債依存度**，すなわち歳入のうち何割が借り入れ金である国債で賄われていると思いますか？　正解は32.2％（2019年度）です。じゃあもうひとつ。日本の**国債残高**，つまり，まだ返していない借金はいくらあると思います？　正解は約**897**兆円（2019年9月財務省発表。ちなみに国債以外の地方債などを含めた債務残高は1000兆円を超え，ＧＤＰ比で約200％以上）。国民1人当たり**約700万円の借金が残っている計算**になるんです。こうした**国債依存度**は近年低下傾向にあるものの，**国債費**（国債の返済費と利子支払い分）が増大し**財政の硬直化**が指摘されています。こうした中，小泉内閣の「**構造改革**」（2001～2006年）。そして**野田内閣**（2011年9月発足）の消費税増税の決定へと影響しました。

▼ 国債発行の問題点は→財政の硬直化とクラウディングアウトを押さえよ!! 板書②へ

国債発行は様々な問題を生み出します。例えば返済費である**国債費**が増え，他の財政支出ができなくなる**財政の硬直化**。また，政府が国債を発行した場合，政府が民間資金を吸い上げてしまい，市中金利が上昇してしまう。すると企業や家計が資金を借りにくくなり，経済活動を抑制してしまう。これを「**クラウディングアウト**」という。さらに，将来世代に返済を負担させるため，**世代間の不公平**や**インフレ**の危険もある。できるだけ国債依存度を下げていくことや**プライマリー・バランス**（p316参照）を黒字化することが，今後の対策だろうね。

▼ 発行原則は2つ→建設国債（公共事業のみ）と市中消化（日銀引受禁止）!! 板書③へ

当然国債は，ある程度の制限のもとで発行されないといけないよね。日本では**財政法**という法律により，2つの原則が定められているんだ。

1つは「**建設国債の原則**」。これは**公共事業費**，つまり道路や橋を建設する為に必要な資金を捻出する目的で発行される国債です。これ以外は**赤字国債**となり違法です。なぜ**建設国債**は許されるかというと，道路や橋は将来世代も使いますよね？　よって**世代間の負担を公平化**するので，「よし」とされているんだ。

ちなみに**1966**年から毎年発行されています。しかし，その前年の**1965**年に政府は**赤字国債**を発行しているんだ。これってマズイね。その後政府はその年毎に**財政特例法**を制定し**1975**年から**特例国債**として発行をしているんです。

また，近年は建設国債よりも，特例国債の発行額の方が大きくなっています。

2つ目は，**市中消化の原則**。これは政府からの国債を必ず**市中銀行**に引き受けてもらうというものです。つまり**日銀引受の禁止**だね。ただし，市中銀行の国債を引き受けること（**買いオペ**）はＯＫです。

必ずやろう！ 爽快問題集 ▼ 第2章 07

① 各国の直間比率

⇒**直間比率**とは「**直接税**」と「**間接税**」の比率のこと

＜国税収入構成（直間比率）の国際比較＞

	直接税	間接税等
日本 1980	直接税 71.1%	間接税等 28.9
日本 2000	61.3%	38.7
日本 2018	58.1%	41.9
日本[国税＋地方税]（2018）	67%	33
アメリカ合衆国（2015）	78%	22
イギリス（2015）	56%	44
フランス（2015）	55%	45
ド イ ツ（2015）	53%	47

0% 10 20 30 40 50 60 70 80 90 100
（『2019/20日本国勢図会』より）

⇒日本の直間比率は1949年の**シャウプ税制勧告**により，**7：3**に現在は消費税の導入やその後の消費税増税の影響もあり，間接税の割合が増えている。

⇒アメリカは約**8：2**で**直接税**中心

⇒フランス・ドイツは中間型

※ 日本は戦前，**直接税が3.5**，**間接税が6.5**で現在とは逆だった

② 各国のプライマリー・バランス〈基礎的財政収支〉

● **プライマリー・バランス**とは

⇒歳入から**公債金**収入を差し引いた額と，歳出から**国債費**（元本と利子）を差し引いた額の差額，この額が前者が後者を上回れば**黒字**，下回れば**赤字**

＜財政収支の国際比較＞ ※参考

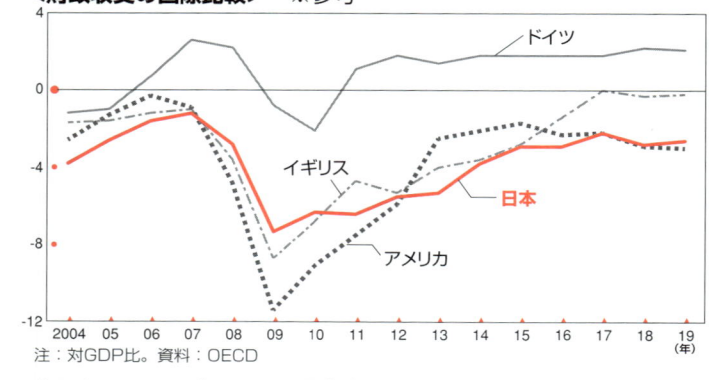

注：対GDP比。資料：OECD

⇒プライマリー・バランスを黒字化するためには

⇒**公債金**収入を**減らす**か，**国債費**（国債の返済）を**増や**して，ちゃんと借金を返すか，または両方を実行するしかない

⇒政府は**2027年度にプライマリー・バランスの黒字化**を目指している

第5章

日本経済と
その諸問題

経

済

分

野

日本経済史 〜戦後復興から高度経済成長〜

ココが出る！試験前の最強ポイント

★三大民主化政策　★傾斜生産方式　★ドッジ・ライン　★特需景気

戦後復興期（1945〜1954年）

① GHQによる「三大経済民主化政策」

1 財閥の解体 →1946年「**持株会社整理委員会**」発足

→ **1947**年「**独占禁止法**(私的独占の禁止および公正取引の確保に関する法律)」
「**過度経済力集中排除法**（1955年廃止）」

2 農地改革 →**1946**年**自作農創設特別措置法**制定。

3 労働の民主化 →労働三権と労働三法の内容チェック

労働三法とは…
19**45**年**労働組合法**
19**46**年**労働関係調整法**
19**47**年**労働基準法**

「労働三権」とは…
◎**団結権**→**組合を組織する権利**
◎**団体交渉権**→**組合としての交渉権**
◎**団体行動権**→**争議権**

② 政府による「傾斜生産方式」と「ドッジ・ライン」

⇒基幹産業に**復興金融金庫**が「**復興金融金庫債**」によって重点融資
⇒しかし→この債権は「**日銀引受**」だったため日本経済は**インフレ**に
⇒そこで→政府は1948年，「**経済安定9原則**」を発表
⇒これを具体化した→「**ドッジ・ライン**」→この結果**インフレ**収束
⇒ただし**デフレ**となり不況へ→「**ドッジ安定恐慌**」

傾斜生産方式

※このドッジ・ラインにおいて同時に「シャウプ税制勧告」で直間比率**7:3**が決定
※アメリカの**対日援助資金**として⇒食料品の購入に充てられた**ガリオア**（占領地域救済政府資金）と産業復興・原材料費の購入に充てられた**エロア**（占領地域経済復興援助資金）がある

③ 1950年の朝鮮戦争による特需景気

⇒米ソ冷戦の**代理戦争**を呈していた**朝鮮戦争**により，アメリカが日本から物資を購入，この特別需要・**特需**により日本の景気は好況に転じる

● スパッとわかるイメージ図

 傾斜生産方式 ➡ **インフレ!!** ➡  ドッジ・ライン ➡ デフレ ➡  1950年朝鮮戦争 ➡  特需景気

そこで　　でも　　そこに

スパッとわかる >>> 爽 快 講 義 <<<

戦後日本経済史は，次の 1.戦後復興期 ， 2.高度経済成長期 ， 3.経済成長終焉期 ， 4.バブル経済期 ， 5.バブル崩壊期 ，の5つの時期に分けて勉強していくよ。特にその時期に何があったのかを最低3つずつ押さえよう。

▼ 戦後復興期→まずはGHQの「三大経済民主化政策」から

板書①を見てください。1945年9月，GHQは「日本の**非軍事化**」と「日本の**民主化**」を内容とした**初期対日方針**に基づき，占領政策を開始します。また10月には「**五大改革指令**」をマッカーサー自らが政府に指示し，この流れは本格化していくんだ。こうして経済的側面から「非軍事化」を推進し，合わせて経済の民主化を行うため，「**三大経済民主化政策**」が実施されていく。内容は「**財閥解体**」，「**農地改革**」，「**労働の民主化**」です。

先ず**財閥解体**については**1947**年に制定された「**独占禁止法**」と「**過度経済力集中排除法**」を暗記してね。次の「**農地改革**」については「**自作農創設特別措置法**」を憶えよう。ただ，**寄生地主**制度を廃止し大地主の土地を小さく分割し自作農を創設したため，耕地面積の小さい**零細農家**が増えてしまうんだ。また**山林は対象外**だった。こうして**食料自給率**は低下していった。最後に，「**労働の民主化**」については板書①の**労働三法**と**労働三権**を暗記しておこう。（第6章で詳説）

▼ 政府の傾斜生産方式で更なるインフレに 板書②

一方の日本政府は，モノ不足とインフレを解決するため石炭・鉄鋼・電力などの**基幹産業**に資金を重点融資する「**傾斜生産方式**」を実施。具体的には**復興金融金庫**（1947年設立）が，なんと**日銀引受**の「**復興金融金庫債**」で日銀から資金を調達して融資したんだ。つまり，**紙を日銀が現金に換えた**。これじゃ更なる**インフレ**になるよね。

▼ そこで，ドッジ・ラインで**インフレ収束**へ→**ドッジ安定恐慌**へ

1948年，政府はこのインフレ収束のため，**均衡予算**の実施，融資制限，増税政策などから成る「**経済安定9原則**」を発表。また日本を反共の防波堤としたい米国も早期に日本経済を立て直したかった。こうした中，**1949**年にはトルーマン大統領の要請で，デトロイト銀行の頭取であったドッジが来日。復金融資の停止や，1ドル**360円**の単一レートの決定，対日援助資金創設などを掲げた「**ドッジ・ライン**」が実施された。ただし，インフレ収束のために経済は**デフレ化**したため，不況になってしまったんだ。これを「**ドッジ安定恐慌**」と呼ぶよ。

▼ 本格的な経済発展は→朝鮮戦争から 板書③

つまり，**傾斜生産方式**は**インフレ**に，**ドッジ・ライン**は**デフレ**になったため，実質的な経済政策にはならなかったってことだよね。じゃあ，何が日本経済を復興させたのか？ 実はそれは「**戦争**」だったんだ。

1950年から始まる**朝鮮戦争**で米国は一部の武器や，物資を日本から購入した。つまり日本は，この特別な需要でドルがどんどん入る。この**特需景気**が日本経済を復興させる大きな力となる。戦争による復興はちょっと皮肉ですね。

必ずやろう！ 爽快問題集▼ 第2章 08

2 高度経済成長期とその終焉

ココが出る! 試験前の最強ポイント

★4大景気　★国際収支の天井　★高度成長の要因　★オイル・ショック

第5章 日本経済とその諸問題

① 高度経済成長期（1955〜1973年）

❶ 神武景気（1955〜1957）

- ●「もはや戦後ではない」1956年の経済白書
- ●「三種の神器」⇒白黒テレビ・電気洗濯機・電気冷蔵庫の耐久消費財ブーム
- ●「なべ底不況」へ（1957〜1958）⇒国際収支の天井へ

❷ 岩戸景気（1958〜1961）

- ●「投資が投資を呼ぶ」1960年の経済白書⇒民間設備投資の増大
- ●「国民所得倍増計画」⇒1960年, 池田勇人内閣が発表, 10年間でGNPを倍増するという計画

❸ オリンピック景気（1963〜1964）

- ●「昭和40年不況」へ⇒オリンピック需要の反動不況

この後, 日本経済は「民間設備投資主導型」から「公共投資・輸出主導型」へ

❹ いざなぎ景気（1965〜1970）　➡57カ月の戦後最長の好景気

- ●「3C」⇒カラーテレビ, クーラー, 自動車
- ●1968年, 日本「GNP西側第2位」⇒1位…米国, 3位…西ドイツ

第一次高度成長期 / 転換期 / 第二次高度成長期

◎ポイント　高度成長の要因

①民間設備投資の拡大　②豊富な労働力　③輸出の拡大
④政府の経済優先政策⇒産業関連資本への公共投資の拡大

② 高度経済成長の終焉期（1970年代〜）

●終焉の要因●　〜1974年「戦後初のマイナス成長」へ〜

1. 公害の発生⇒1967年「公害対策基本法」制定, 1970年の「公害国会」

2. インフレの発生⇒好景気の持続により慢性的なインフレに

3. オイル・ショック（石油危機）による経済の不安定化→インフレに

　◎1973年「第一次オイル・ショック」…第四次中東戦争による

　◎1979年「第二次オイル・ショック」…イラン革命による

　⇒この結果, 不況とインフレが併発する「スタグフレーション」に

スパッとわかる >>> 爽 快 講 義 <<<

▼ 高度経済成長→4つの景気と要因を押さえよ！ 板書①

　朝鮮戦争の特需景気で、日本は**1955**年から**73**年までの間、経済成長率の年平均が「**10%**」を超える「**高度経済成長**」期へ突入します。

　この間、「**神武**景気」→「**岩戸**景気」→「**オリンピック**景気」→「**いざなぎ**景気」の順に4大景気が続くよ。

1955年　　　　　　　　　73年　　景神 景岩 景オ 景い
　　　　　　　　　　　　　　　　 気武 気戸 気リ 気ざ
　　　　　　　　　　　　　　　　　　　　　　ン　　なぎ
　　　　　　　　　　　　　　　　　　　　　　ピ
　　　　　　　　　　　　　　　　　　　　　　ッ
　　　　　　　　　　　　　　　　　　　　　　ク

憶え方は「ゴーゴー（55），73頭，ジ・イ・オ・イ!!」

この時代の男の人達の髪型にツッコミをいれる感じで（今も73は流行ってるか）。

　攻略法としては、4大景気を押さえた上で、その中の出来事を板書①を赤シートで隠しながら、最低2つは憶えていこう。その上でポイントになる事項をまとめていくよ。準備いいかな。

　「**神武景気**」は神武天皇以来の好景気という意味から名づけられたんだ。1956年に発表された「**もはや戦後ではない**」という**経済白書**は戦後の復興の終わりを意味した。また「**三種の神器**」の耐久消費財ブームと、急増する輸入を抑えるための金融抑制政策を実施し（原材料等の輸入が増加、これを受け日銀は一時経済成長の抑制を図った、これを**国際収支の天井**という）、その結果「**なべ底不況**」となっていく。次の「**岩戸景気**」は、「**投資が投資を呼ぶ**」の**経済白書**、そして**池田勇人**内閣による「**国民所得倍増計画**」も合わせて押さえよう。

　実はこの時代、「60年安保改定」をめぐり学生運動が多発。この所得倍増計画は国民を政治ではなく経済に向けさせようとする、政治的政策でもあったんだね。

　そして「**オリンピック景気**」。これは1964年の東京オリンピックに向けて、**東海道新幹線**や、首都高などの大規模な**公共投資**が実施された。こうした**建設投資**が要因だったんだね。ここで大切なポイントが2つあります。1つは「**国際収支の天井**」が解消へと向かっていった点。もう1つは、「**民間設備投資型**」から政府の「**公共投資主導型**」へと経済構造が変化する**転換期**だという点だね。

　最後の「**いざなぎ景気**」は戦後最長だった（「注目!!」をチェック）**57**カ月の好景気で、**1968**年にはGNPが西側第**2**位となったんだ。また、「**国際収支の天井**」が解消され、**輸出**が増加、政府の「**公共投資主導型**（1966年から**建設国債の発行**）」へと変化した。この意味から、神武・岩戸までを「**第一次高度経済成長期**」、オリンピック景気を「**転換期**」、いざなぎ景気を「**第二次高度経済成長期**」と区分するよ。また高度成長の要因4つは必ず暗記しよう！

▼ 高度経済成長の終焉→オイル・ショックとニクソン・ショック

　1973年、**第四次中東戦争**（p208）をきっかけに**OPEC**（石油輸出国機構）は、原油価格を引き上げた。この結果原油価格は約4倍に跳ね上がった。また、その2年前の**1971**年にはドル信用の低迷から**ニクソン・ショック**（p396）が勃発し、世界経済は混乱した。こうして**1974**年、初の**実質経済成長率**の**マイナス成長**を記録し高度経済成長は終焉したんだ。また「**スタグフレーション**」は頻出なので確認を！

※**第二次石油危機**⇒1979年。ホメイニ師率いるイスラム過激派のイラン革命が成功。反米政権がイランに誕生。米国は経済制裁を開始。これに対抗しアラブ諸国は原油価格を引き上げた。

注目!! 2002年2月から2008年2月までの**73**カ月間の好景気は「**いざなみ景気**（出島景気）」と呼ばれる。また政府は2019年1月に、2012年11月からの景気拡大は73カ月を超え戦後最長となったとした。

必ずやろう！爽快問題集▼第2章 08

3 バブル経済の発生とその終焉

ココが出る! 試験前の最強ポイント

★プラザ合意　★円高不況　★バブル, 不良債権
★リーマン・ショック後の経済動向

① バブル経済期（1980年代・バブル景気は1986.11〜1991.2まで）

●**背景**…**1985年**の**プラザ合意**による**円高誘導**→この結果輸出の落ち込み
　　→「**円高不況**」→日銀・公定歩合を史上最低の 2.5% に引き下げ
　　→景気の過熱により**バブル**へ
　　→**投資**の拡大→過剰**生産**・**消費**→**キャピタルゲイン**（**資産効果**）
　　→地価・株価の**高騰**→**財テク**ブームへ

　プラザ合意　…**G5**（日・米・英・仏・西独）・先進5カ国蔵相・中央銀
　　　　行総裁会議により, **ドル高**是正が決定
　　　　この結果, 日本は**円高**に誘導→**協調介入**

　　　　※1987年には急激な円高・ドル安に歯止めをかけようとした**ルーブル合意**がある

② 平成不況期 （1991.2〜） ★★★

●**背景**…1989年からバブル景気の引き締めとして「**金融引き締め政策**」実施
　　→1990年には**公定歩合**を**6%**に→反動として株価・地価の**暴落**
　　→この結果, **キャピタルロス**（**逆資産効果**）へ
　　→さらに**円高**の進行100円〜90円台→輸出の落ち込みの**複合不況**へ

　　　　※1995年一時1ドル＝79円台に

③ バブル崩壊後の日本経済の動向 ★★★

1. **完全失業率**の上昇
　　⇒2002年の**5.4**％が過去最高の失業率
2. **不良債権問題**⇒企業の倒産などにより回収不能な貸付資金の増加
　→それに伴う「**貸し渋り（クレジット・クランチ）**」
3. **個人消費**の落ち込み
4. **デフレスパイラル**⇒デフレによる経済の悪循環 (p280)
5. **2001**年9月　**小泉**内閣「**骨太の方針**」策定⇒「**聖域なき構造改革**」
　　・**不良債権**処理　　・**赤字国債**の縮減　　・**特殊法人**の整理縮小など
　　⇒行財政改革の推進, 道路公団の民営化, **郵政事業**の公社化など

スパッとわかる >>> 爽快講義 <<<

▼ バブル景気の始まり→プラザ合意

「バブル景気」。そんな言葉を耳にするけど，ちゃんと説明できるかな？

これは，**1986**年11月～**1991**年2月までの（51か月）地価や株価などが高騰を続けた，まさに泡のように**資産価値が膨らんでいった**景気のことなんだ。

はじまりは**1985**年。当時の米国はドル高に悩まされていた。当然，ドル高は外国にとって輸入価格が高く，ドル製品が売れない。当時**米国は輸出が減少**して**貿易収支が赤字**だった。そこで「ドル安にして―」と先進諸国に要求してきたんだ。そして**1985**年9月「**ドル高是正**」をG5で**プラザ合意**として合意。こうして日本は「**円高・ドル安**」へと誘導した。具体的には日銀が保有するドルを外国為替市場に売り，円を買えばいい。すると外国為替市場にドルが増えるからドルは安く，円は高くなるってことだね。複数国での為替介入を**協調介入**といいます。（外国為替についてはp377～379を参照）

▼ しかし，円高不況に！→日銀は金融緩和政策を実施→バブルに！

でも，今度はどうかな？ そう円高にしたら，**日本の貿易が不利**になるよね。

例えば，1ドルが130から110円の円高になった場合，今まで日本は1ドルの輸出で130円を得ていたのに，今度は110円しか得ることができない。つまり輸出では20円損するわけだね。こうして「**円高不況**」になるんだ。そこで日銀は1987年2月に**公定歩合**を当時としては**最低の2.5**％にまで引き下げた！

すると今度は，みんなが**一斉に土地や株を買い漁った**んだ。また株価も連日高騰，1989年12月29日には日経平均株価が38,915円にもなった（終値ベース）。このような資産価値の高騰を「**キャピタルゲイン（資産効果）**」といい，このような資産ブームを「**財テク**ブーム」というよ。

▼ そこで日銀は金融引き締め政策を実施→バブル崩壊へ

こうした一連の経済状況の中，日銀は**金融引き締め政策**を実施します。具体的には1989年から段階的に公定歩合を引き上げ，1990年8月には公定歩合を6％まで引き上げたんです。また1989年には**土地基本法**を制定し，土地保有に課税する**地価税**の導入を決定。また，土地の売買を目的とした融資を規制する「**不動産融資総量規制**」を実施するなど，**急激な引き締め政策を実施**したんです。

これにより，**株価，地価とも暴落**，こうして**1991**年2月，バブルは崩壊した。こうした資産価値の目減りを「**キャピタルロス（逆資産効果）**」といいます。

また，この時**円高**が進行し，日本の**輸出産業は大きな痛手**を被っていました。この**円高**との**複合不況**が日本経済を益々苦しめていくことになります。

注目!! 2003年4月には「7600円台」。2008年9月の**リーマン・ブラザーズ**の破綻（**リーマン・ショック**）後，2008年10月に「**7100円台**」，2009年3月には「**7054円**」とバブル崩壊後の日経平均株価最安値を更新した。

▼ バブル経済のまとめ

　つまりまとめると，**急激な金融緩和政策**と，その後の**急激な金融引き締め政策**が，結果的にバブル景気とバブル崩壊を招いたといえるだろうね。また，元々は**プラザ合意**の，「**ドル高是正**」という，米国のワガママ的とも言える市場への人為的介入が，経済全体の混乱へと波及していったことも否めないよね。

▼ バブル崩壊後の日本経済

　板書③を見てください。

　バブル崩壊後の深刻な問題は，まず**不良債権**問題が挙げられるでしょう。**不良債権**。説明しようね。銀行はお金を貸す時，当然，土地などを担保としてお金を貸し出すよね。例えばこの土地が，3億円として3億円の融資をしたとするよ。しかしバブル崩壊後，この土地が1億円になってしまったら，土地を取り上げても**2億円分が回収不能な資金**となるよね。この回収不能な資金を「**不良債権**」と言うんだ。こうなると銀行はお金を貸し出す余裕がない。企業への貸し出しを渋る（**貸し渋り，クレジット・クランチ**）。すると企業の設備投資などが減少する。この不良債権を回収するため，**1999**年4月にその処理に当たる**整理回収機構**が設立され，2005年末にはかなり改善されました。

　このような，1991年のバブル崩壊以降の経済低迷期を「**失われた10年**（2001年頃まで）」，また「**失われた20年**（2010年頃まで）」，2016年には「失われた25年」などと呼びます。

▼ リーマン・ショック（世界金融危機）とその後の動向

　2007年秋，低所得者向けの住宅ローンである「**サブプライムローン（低所得者は貸し出しリスクが高いため，通常よりも高い金利が設定されている）**」がこげつく，いわゆる「**サブプライムローン問題**」に端をなし，アメリカ最大手の証券会社であるリーマン・ブラザーズ証券などが破綻する，いわゆる「**リーマン・ショック**」が世界金融危機へと発展します（詳しくはp429）。投資家たちは，株式などの証券への投資から撤退し，**安定資産とされる，円を買いました**。また原油への投資も増加し，円高（2011年には一時，1ドル75円台）と原油高（2007年には1バレル140ドル台，ちなみに，2019年12月は1バレル61ドル台）が発生しました。円高の進行は，日本の輸出産業に打撃を与え，2009年3月には日経平均株価は「7054円」まで株安が進行（2019年12月は23300円台），バブル崩壊後の最安値を更新しました。**アメリカ発の世界金融危機は，世界経済に大きな打撃を与えました。**

こうした中，2012年12月に誕生した安倍政権は「**アベノミクス**（p148〜150を参照）」という財政政策を打ち出し，併せて日銀も，異例とも言うべき「**量的・質的金融緩和**（p292を参照）」を実施し，デフレ脱却を目指しています。ちなみに，2020年には，1964年から，56年ぶりとなる「**東京オリンピック**」が開催されます。

▼ 日本の経済の国際化→以下を暗記せよ

● 「IMF14条国」から「IMF8条国」への移行

1952年…**IMF**（国際通貨基金）と**IBRD**（国際復興開発銀行）に加盟

⇒この時，貿易赤字を理由に**為替制限が許される**「**IMF14条国**」に指定

⇒**1964**年に貿易赤字を理由に**為替制限が許されない**「**IMF8条国**」に移行

● 「GATT12条国」から「GATT11条国」への移行

1955年…GATT（関税及び貿易に関する一般協定）に加盟

⇒この時，貿易赤字を理由に**貿易制限が許される**「**GATT12条国**」に指定

⇒**1963**年に貿易赤字を理由に**貿易制限が許されない**「**GATT11条国**」に移行

☛IMF，IBRD，GATTについての詳細は国際経済 p390〜394，396〜399を参照のこと

為替制限とはざっくり言うと**外貨との交換制限**のこと。戦後間もなくの日本は，この外貨が大変に貴重だったため交換には様々な制限があった。これが撤廃されたということは本格的に貿易の自由化への歩みを踏み出したことになるんだね。

次に貿易制限とは，日本が海外に**高関税を適用**したり，**数量制限を行ったり**することで輸入を防いで国内産業の育成を図る「**保護貿易**」政策の一つです。戦後間もない日本は，海外の輸入に頼ってしまえば国内産業の育成も阻まれるし，海外製品を貴重な外貨で買わなければならなくなる。よって戦後の一時期の間，この貿易制限が認められていたんだ。

★スパッとわかる 高度経済成長のまとめボード　　試験前の重要用語!!

1. 戦 後 復 興 期	● 三大経済民主化政策　● 傾斜生産方式 ● ドッジ・ライン　● 特需景気
2. 高度経済成長期	● 神武・岩戸・オリンピック・いざなぎの四大景気 ● 「民間設備投資」から「公共投資」へ　● 国際収支の天井
3. 高度成長終焉期	● オイル・ショック　● ニクソン・ショック　● 公害の発生
4. バブル経済期	● プラザ合意　● 財テクブーム　● 円高不況
5. バブル終焉期	● 土地基本法　● 不良債権　● 貸し渋り　● デフレスパイラル
6. リーマン・ショック	● 円高の進行

必ずやろう！ 爽快問題集 ▼ 第2章 08 18

4 日本の公害問題

ココが出る! 試験前の最強ポイント

★足尾銅山鉱毒事件　★四大公害　★公害対策基本法と環境基本法

① 公害の定義

[環境基本法]による7つの定義 1993年制定

❶ 大気の汚染　❷ 水質の汚濁　❸ 土壌の汚染
❹ 地盤の沈下　❺ 振動　❻ 悪臭　❼ 騒音

② わが国の公害の歴史

戦前 ⇒明治政府の「**富国強兵**」,「**殖産興業**」のスローガンの下に発生

● 「**足尾銅山鉱毒事件**」1880年頃　栃木県**渡良瀬川**

⇒**田中正造**の活躍…衆議院議員を辞し,天皇への直訴を行った

※その他として「**別子銅山煙害事件** 1894年」や「**日立煙害事件** 1904年」などがある

戦後 ⇒高度経済成長に伴う「四大公害」訴訟,以下四大公害とその訴訟

事件名	1967年6月12日提訴 新潟水俣病	1967年9月1日提訴 四日市ぜんそく	1968年3月9日提訴 富山イタイイタイ病	1969年6月14日提訴 熊本水俣病
場　所	新潟県**阿賀野川**	三重県**四日市市**	富山県神通川	**熊本県**水俣市
被　告	昭和電工	昭和四日市石油,三菱化成,三菱油化,三菱モンサント,中部電力,石原産業の**6社**	三井金属鉱業	**チッソ**
物　質	**有機水銀**	**亜硫酸ガス**	**カドミウム**	**有機水銀**
判　決	1971年,第**1**審 **原告勝訴**	1972年,第**1**審 **原告勝訴**	1971年,第**2**審 **原告勝訴**	1973年,第**1**審 **原告勝訴**
賠償額	2億7779万円	8821万円	1億4820万円	9億3730万円

※四大公害訴訟では企業側の賠償責任は認められたが,国や県の賠償責任は認められていなかった。こうした中,2004年10月,関西水俣病訴訟において初めて,国や県の賠償責任も認められた。

③ 政府の公害対策

公害対策基本法
1967年　制定
⇒しかし,1970年に[**公害国会**]の中で改正
⇒その改正内容は「**経済との調和条項**」の削除
⇒1971年には**環境庁**設置

そして,
1993年に**廃止**,

代わりに制定されたのが

環境基本法
1993年　制定
⇒**1992**年の**地球サミット**を受けて,**環境対策も合わせて行う意図**から
⇒**公害対策基本法**と**自然環境保全法**(1972制定)を統合する形で制定

スパッとわかる >>> 爽 快 講 義 <<<

▼ 公害→板書①の7つの定義を丸暗記

　みんなは「公害」と「環境問題」の大まかな違いが分かるかな？

　まず公害は，特定の範囲で発生し，被害者と加害者が特定されます。ほら，水俣病の場合は水俣市の住民が被害者で，加害者はチッソという企業だね。この対策は**国内問題**として解決します。一方の**環境問題**は範囲が広範で，被害者と加害者が**特定されません**。つまり**地球的規模**の取組みが必要になるんだね。

　ちなみに公害は，企業が発生する「**産業公害**」（大気汚染など），都市住民が発生する「**都市公害**」（騒音やゴミ問題など），また，基地の騒音や薬品公害などの政府の活動により発生する「**政治公害**」に大別されます。

▼ 公害は経済発展とともに発生→戦前は「殖産興業」，戦後は「高度経済成長」

　公害は経済発展と共に発生します。戦前は明治政府の掲げた「**富国強兵**」と「**殖産興業**」の下，**栃木**県**渡良瀬川**流域で発生した「**足尾銅山鉱毒事件**」が公害の原点として知られています。社会は公害を垂れ流しながら，経済発展を目指しました。またこの他にも，愛媛県四阪島（しさかじま）の別子銅山から発生した亜硫酸ガスにより，農地に被害を与えた「**別子銅山煙害事件**」なども起こっています。

　この足尾銅山鉱毒事件について，衆議院議員だった**田中正造**はその実態を国会で演説し議員を辞職。田中の「**亡国に至るを知らざれば之れ即ち亡国の儀につき質問書**」はこの惨状を国会で訴えたものです。

　「**国が滅びる過程（原因）から目をそらせば，たちまち国が本当に滅びる**」。

　一方の政府は惨状を隠すことに精いっぱいでした。情報を隠すことは民主社会にとって危機を表します。**衆議院議員を辞した後，田中は天皇に直訴しようとしましたが失敗**。なんとか命は取り留めたものの，実際に彼は遺書を残し直訴しようとしたのです。この事をきっかけに，たちまちこの公害の惨状が人々に知れ渡っていくことになりました。

　しかしその後政府は，鉱毒を沈殿させるという名目で，渡良瀬川下流域の「**谷中村**」に遊水池をつくる計画を発表。**1906年に廃村が決定**されました。

　これに対して田中は谷中村に移住し，公害に苦しむ農民たちと共に廃村反対運動などを続け，この地で死を遂げます（1913年）。**一方の足尾銅山は1973年まで稼働し続けました。2011年の東日本大震災の地震の際に，渡良瀬川流域で基準値以上の鉛が検出される**など，被害は今でも続いています。

こうして，特定の地域に，汚染や危険のリスクを負担させ，経済成長を遂げる構造は，今も昔も変わることはありません（沖縄の米軍基地問題や，原発問題や，今なお決まらない放射性物質の最終処分場の問題など）。

田中が命をかけたもの。それは「そこに生活する人」だったのでしょう。確かに「国家と人間」は互いに背反する時もある。そのときこそお互いに向き合い，解決を探ることが，人間社会の成長となります。

政治における近代革命も，ふつうの人にはない強い信念を持つ人が，時代を変えたのかもしれません。彼らはそして世界を変えた。そして彼らは今，教科書の中で僕らに大切なものを叫び続けています。

▼ 四大公害訴訟⇒原告が全企業に勝訴

さて，戦後は，高度経済成長と共に，1960年後半から「**四大公害**」訴訟が始まります。これらは経済的利益を追求する企業による「**産業公害**」である点が特徴で，多くの住民が大きな被害を受けています。また，**政府の産業優先政策により，公害対策が遅れたことも，公害を拡大させた理由**だった。

これを受けて政府は1967年に**公害対策基本法**を制定します。ただし，第1条には「**経済の健全な発展との調和（経済調和条項）**」が規定されていた。これでは結果として経済発展が優先されることになりかねない。そこで**1970**年に国会でこの条項が削除されました。ちなみにこの国会を「**公害国会**」といいます。また，翌年の**1971**年には**環境庁**が設置されました（2001年から**環境省**へ）。

▼ 公害対策基本法から，環境基本法へ

さらに，**1992**年「**地球サミット（国連環境開発会議）**」が開催され，21世紀に向けた27の環境保全の在り方を示した「**リオ宣言**」が採択されました。これを受けて，日本でも公害対策だけでなく，環境対策も併せて行う意味で，1993年に「**環境基本法**」が制定されました。

2013年10月に**熊本市・水俣市**で開催された国際会議において，水銀による健康被害を防ぐため，水銀の適正な管理と排出の削減を定める国際条約である，「**水銀に関する水俣条約（水俣条約）**」が採択され，2017年8月に発効しました（日本やアメリカも参加）。

5 その他公害をめぐる動向

ココが出る! 試験前の最強ポイント

★無過失責任とPPPの相違　★環境アセスメント法　★循環型社会の動向

① 公害問題をめぐる重要用語　論述注意!

❶「濃度規制」から「総量規制」への規制の強化

⇒1974年の「大気汚染防止法（1968年制定）」の改正
　1978年の「水質汚濁防止法（1970年制定）」の改正により導入

❷「無過失責任の原則」⇒論述注意

⇒公害被害を出した場合，企業側に過失がなくても賠償責任を負う原則
⇒1972年に，大気汚染防止法や，水質汚濁防止法の中で明文化

❸「PPP（Polluter Pays Principle）汚染者負担の原則」⇒論述注意

⇒公害汚染者が公害防止費用を負担する，という原則
⇒1972年の［OECD（経済協力開発機構）］の環境委員会で採択
⇒日本では「公害防止事業費事業者負担法（1970年制定）」の中で明文化

❹ 公害健康被害補償制度

⇒患者認定審査会により公害病〔指定疾病〕と認定された患者を救済する制度
⇒公害健康被害補償法（1973年制定）により制度化
　※ 1988年の改正で「大気汚染の公害患者」は状況が改善されたとして救済対象から除外された

② 近年の動向　事実関係の正誤判定ができるように!

❶ 環境アセスメント〔環境影響評価〕制度

⇒スウェーデンで発達し，1976年に自治体レベルで川崎市が条例化
⇒1997年には国レベルで「環境アセスメント法」が制定，1999年に施行された

❷ ダイオキシン類対策特別措置法　1999年制定　2000年施行 ⇒罰則規定あり

⇒健康に影響を及ぼすおそれがない1日当たりの摂取量（耐容一日摂取量・TDI）4pg/体重kg/日以下とする，などの基準を設定

❸「資源循環型社会」の実現へ向けた動き

● 再生資源利用法（リサイクル法）〔1991年制定・施行〕
● 容器包装リサイクル法〔1995年制定，1997年施行→2000年改正〕
　⇒ガラス瓶，ペットボトルなどの分別回収
● 特定家電製品リサイクル法〔1998年制定　2001年施行〕
　⇒ブラウン管テレビ，エアコン，冷蔵庫・冷凍庫，洗濯機をリサイクル

スパッとわかる >>> 爽快講義 <<<

▼ 重要用語→説明できるように

板書①を見てください。4つの公害に関する用語が説明してあるよね。実はこれ受験生の盲点となっていて，かつ出題頻度が高い用語なんです。特に1.2.3は確実に理解してくださいね。

1.の「**濃度規制**」は濃度を薄めさえすればいくらでも排出できる，という規制なんだ。これじゃ意味がない！ そこで1972年，**三重県**で国内で初めに**総量規制**を盛り込んだ条例が設けられた。「**総量規制**」は**一定地域や工場毎に排出の総量を規制する**ため，「**濃度規制**」より規制が強化できるんだね。また1974年には国レベルで**大気汚染防止法**の改正を行い，**総量規制**が導入されたよ。

2.の「**無過失責任の原則**」は，3.の「**PPP**」との区別ができるか否かがポイントです。「**無過失責任の原則**」はその字面の通り，**企業に過失**がなくても，公害を発生させた時点で賠償責任を負う，というもの。一方の「**PPP**」は「**汚染者負担の原則**」といい，汚染者が，賠償責任ではなく，**公害の再発防止**のための費用（**公害防止費用**）を負担するというものです。これは1972年の[**OECD（経済協力開発機構）**]の**環境委員会**で採択された，という点も超頻出だよ。

▼ 近年の動向→環境アセスメント，資源循環型社会への取組みに注意

板書②を見てください。1.の**スウェーデン**で発達した「**環境アセスメント**」は，道路，ダム，下水処理場，廃棄物処理施設などの開発が**環境に及ぼす影響を事前に調査**するもので，「**環境影響評価制度**」と呼ばれます。日本では川崎市が国内で条例化し，国レベルでは**1997**年に「**環境アセスメント法**」が制定，**1999**年に施行されました。

また，近年問題化している**ダイオキシン**は，生殖異常といった人体への影響が懸念される物質です。こうしたことから**耐容一日摂取量（TDI）**の基準などを定めた，**ダイオキシン類対策特別措置法**が1999年に制定されました。

最後に3.の「**資源循環型社会**」とは，廃棄物などを抑制して，「**環境への負荷**」が低減された社会を言います。2000年に制定（2001年施行）された，「**循環型社会形成推進基本法**」では，「**Reduce**（廃棄物の発生抑制）」，「**Reuse**（廃棄物の再使用）」，「**Recycle**（廃棄物の再資源化）」という，いわゆる「**3R**」の考えを導入しました。また法律とは別に，近年宮崎県などでは，3Rに「**Refuse**（レジ袋など不要な物を断る）」を加えた，「**4R**」運動などを展開しています（一部民間の間では，4Rに「Repair（修理して使う）」を加えた5Rという考え方も近年登場している）。特に**2000**年に改正された，「**容器包装リサイクル法**」でのペットボトルやガラス瓶のリサイクル。そして**2001**年に施行された「**特定家電製品リサイクル法**」の内容を板書で確認しておきましょう！

ココが出る！試験前の最強ポイント

★減反政策と動向　★コメのミニマム・アクセス　★コメの自由化

① GHQの三大経済民主化政策の一環としての「農地改革」

⇒**1946**年［**自作農創設特別措置法**］制定
⇒「**農地改革**」で**寄生地主制**の解体→**自作農**増加→ただし経営の零細化
⇒そこで，農業以外の業種を兼業し，所得を得る「**兼業農家**」が増える

●**兼業農家の種類**●
　［**第1種**］**兼業農家**　➡ 農業所得 ＞ 農業外所得の農家
　［**第2種**］**兼業農家**　➡ 農業所得 ＜ 農業外所得の農家

② 政府の農業政策は

⇒ 保護 → 自立 → 減反 → 市場開放 → 食管制度廃止 の5つ

❶ 食糧管理法（1942年制定）による農業保護政策
⇒政府がコメ農家からコメを高く買い・**生産者米価**
→消費者に安く売る・**消費者米価**，これを［**食糧管理**］制度という

しかし…この制度のおかげで1960年代，**政府の利益が出ずに赤字**に⇒［**逆ザヤ**］現象
そこで農家に自立を求めることに

❷「基本法農政」⇒1960年代 〜農家の自立へ〜
●［**農業基本法**］**1961年制定**
　①自立経営農家の育成　②**生産の選択的拡大**⇒果樹・畜産など必要なものを作る
　③農工間格差の是正

しかし本当の意味での問題はコメ余り⇒つまり**コメを削減**することだった

❸「総合農政」1970年閣議決定 →コメの作付を制限〜コメの生産削減へ
●［**減反政策**］⇒コメの生産調整　方法…①**転作**　②**作付制限**

そして，いよいよ米国からの市場開放要求

❹ 1990年代⇒「自由化」の流れ 〜先進国による「市場開放要求」〜
●**ウルグアイ・ラウンド**交渉（1986〜1994年）⇒**農産物の例外なき関税化**（自由化）
　⇒**コメのミニマム・アクセス**の決定→国内消費量［**4%〜8%**］
　⇒**1999**年4月から「**コメの関税化**（自由化）」

さらに政府は，食糧管理制度を廃止！

❺ 1995年⇒新食糧法制定による**食糧管理制度**の**廃止**
　　　　→「**計画外流通米**」「**計画流通米**」が主流に

▼ GHQの三大経済民主化政策の一環としての「農地改革」

板書①を見てください。すでに学習したように，戦後はGHQの「農地改革」により，農家は零細化し兼業農家が増加した。また1954年のMSA協定により，軍備増強や愛国心教育の推進のみならず，小麦の輸入が奨励され，日本家庭の食事は，次第にコメ食からパン食に変わっていく。

▼ 政府の農業政策→ 保護 → 自立 → 減反 → 市場開放 → 食管制度廃止 の5つ

政府は戦前，戦時中の食糧供給を守るため，食糧管理法（1942年制定）による農業保護政策を実施した。これは図のように，農家から高くコメを買い（生

産者米価），消費者に安く売る（消費者米価）という，食糧管理制度を創設したんだね。でもこれは政府が損しますよね。

▼ そこで，農家の自立をだんだんと求めていくことに

板書②の2を見ながらいくよ。こうして1960年代には政府の食糧管理特別会計が赤字になる「逆ザヤ現象」が。そこで農家の自立を求めて，1961年農業基本法を制定し，「基本法農政」を開始したんだ。内容はコメ以外の果実，畜産などに生産を向けていく「生産の選択的拡大」が重要です。しかし，コメは依然として豊作で，それを買い取る政府の負担はどんどん増えたんだ。こうして，政府は1968年に「総合農政」を発表。ついにコメの生産制限である「減反政策」を実施していく。また減反した農家には補助金を支給したほどだった。しかし，この減反政策は自由競争を阻害する側面を持つ。このため政府は2018年度までに，減反政策の柱である補助金を，段階的に廃止することを決めた。

▼ さらに1980年代米国の「市場開放」要求→ミニマム・アクセスの決定

1980年代に入ると，さらにコメ農家を窮地に追い込む事態となります。1986年から始まったGATTのウルグアイ・ラウンド交渉などで，米国などが農業分野の「市場開放」を要求します。「日本は閉鎖的だ。もっと外国の農産物を輸入しろ」と。1995年には，コメのミニマム・アクセス（最低輸入義務，国内消費量の4％〜8％）が実施。1999年にはコメも自由化（関税化）され，益々農家は厳しい経営を迫られています。またこの間，日米農業交渉が行われ，1988年に牛肉・オレンジの自由化を合意し，1991年から実施されました。また，1995年に，食糧管理制度が廃止されました。こうした中，日本の「食料自給

率（カロリーベース）」は1965年の**73**％以降下がり続け，現在では約**40**％（穀物自給率は約**30**％）となっています。一方で自国の食料は自国で賄えるようにするべきだという「**食料安全保障論**」が近年，政治の場で主張されています。

▼ 近年の動向⇒ココ注意！

1999年に制定の「**食料・農業・農村基本法**」では，農業・農村の食糧供給以外の機能（水資源涵養や環境保全・景観・文化伝承など）である「**多面的機能**」も理念化されました。また，2001年には**JAS法**が改正され，リスクが不透明な「遺伝子組み換え食品」の表示の義務化が行われています。

2009年には「**農地法**（1952年制定，自作農家の促進）」が改正され，戦後の基本的農業政策だった，**自作農主義を改め，リース方式**（借地権利用）が自由化されました。

農地を買うとなるとコストがかかり，他からの参入が阻害され，**農産物価格が高止まり**してしまいます。農地がリース（賃貸）できれば，作付けされていない**耕作放棄地**などの解消にも繋がるとされています。この法改正により，非営利組織である**NPO**や**株式会社**などの会社法人がリース使用できることになりました。また賛否はあるのですが，**外国企業なども，農地のリース利用が可能**となります。**参入企業が増える**ことで，**農産物の供給量が増え**（供給曲線が**右シフト**），**農産物価格が下がり**，僕らが安く野菜を買えるだけでなく，海外にも**輸出価格を下げて輸出できることも期待**されます（**輸出競争力**の拡大）。このような規制改革によって，**食料自給率**を引き上げ，**持続可能な農業**を実現しようというのが政府の方針です。

2005年には，**健全な食生活の実現，食文化の継承**などの施策・研究・調査の促進を目指して「**食育基本法**」が制定されました。2010年に「**6次産業化法**」が成立。農林漁業関係者などによる事業の多角化・高度化（これを**6次産業化**という），および地域の農林水産物の利用促進（地産地消）を発展させることを目指している。「**6次産業**」とは，第1次産業（農林漁業）が第2次産業（加工業）や第3次産業（流通業）に進出・連携するなどして1＋2＋3＝6次の産業になることをいう（1×2×3＝6次産業ともいう）。人間にとって一番大切なものとされている「食」。その歴史や制度などから，一度，真剣に考えてみてもいいのではないでしょうか。今，何を考えて，食事をしていますか？

注目‼ ・政府は2025年度までに自給率を**45**％（カロリーベース）に引き上げることを決定した。
・現在農業保護政策として**農産物価格維持制度，農業補助金制度**がある。
・1995年の新食糧法によりそれまで違法とされていた「**ヤミ米**」を「**計画外流通米**」として合法化。

共通テスト8割目標 私大基礎
共通テスト9割目標 難関大

7 中小企業問題

ココが出る！試験前の最強ポイント

★中小企業の定義 ★二重構造 ★大規模小売店舗法の廃止

① 中小企業の定義 ➡ 中小企業基本法より（1963年制定 1999年改正）

⇒次の表のうち，資本金と従業者数いずれかが該当する場合

業　種	資本金	従業者数
製　造　業 運　輸　業	3億円以下	300人以下
卸　売　業	1億円以下	100人以下
サービス業	5000万円以下	100人以下
小　売　業	5000万円以下	50人以下

● 製造業の中小企業の割合 ●

（従業者4人以上）（2016年）

	0.9%		
事業所数		99.1%	
従業者数	31.4%	68.6%	
出荷額	大企業51.7%	中小企業48.3%	

0% 10 20 30 40 50 60 70 80 90 100

従業者数は2017年6月1日現在。（経済産業省「2017年工業統計調査」）

⇒事業所数の**99**％，従業者数の約**69**％

⇒にもかかわらず出荷額の約**48**％

⇒大企業との**生産性**格差あり

② 大企業との格差問題 ➡ （経済の）「二重構造」

1.「**資本装備率**」による格差→生産性格差→**賃金**格差へ

2.「**下請け**」→「**景気の調整弁**」

③ 政府による中小企業対策

1. 中小企業基本法 （1963年制定，99年改正）

　⇒設備の**近代化**や**生産の合理化**を図り，大企業との格差の是正を目的

2. 中小企業近代化促進法 （1963年制定）

　⇒中小企業の近代化のため**中小企業金融公庫などから融資**を受けられる

3. 大規模小売店舗法 （1973年制定，**2000**年廃止）

　⇒大規模小売店の出店規制⇒2000年**大規模小売店舗立地法**制定により廃止

　※大規模小売店舗立地法は1998年制定，2000年施行　**環境保持**の義務付け等が主な内容で，**面積制限**や，**営業時間制限**は廃止された。これにより中小企業はさらに厳しい経営を強いられている

④ その他用語

1. ベンチャービジネス （高い専門性と革新力に富んだ知識集約型の小企業）

2. 地場産業 （地域密着型の事業）

3. 企業城下町 （ある大企業を中心に経済基盤が成り立っている都市。愛知県豊田市や，茨城県日立市など）

スパッとわかる >>> 爽 快 講 義 <<<

▼ 中小企業の定義と，経済の「二重構造」

板書①の**中小企業基本法**による中小企業の定義は，必ず暗記して下さい。

ここでは，中小企業の置かれている状況について確認しておこう。中小企業は，大企業の「**下請け**（生産工程の一部を請け負う）」や，大企業から資金や人材などの提供を受ける形で，大企業に「**系列化**」されることが多い。中小企業は事業所数で約**99**％，従業者数で約**69**％と，大企業を中小企業がはるかに上回っている。にもかかわらず，出荷額では約**48**％と大企業のそれよりも少ない（2016年）。つまり，1％の大企業が出荷の半分を独占していることになる。このような経済構造を「**二重構造**」※と呼びます（1957年版の経済白書に登場）。

▼ 資本装備率と二重構造

なぜこの二重構造が生まれるのか考えてみよう。まず大企業は大きな生産設備を持っている。つまり「**資本装備率**（労働者一人当たりに割り当てられている機械などの固定資本比率）」が高い。すると沢山の商品を効率よく生産できる。こうして「生産性格差」が生まれ「**賃金格差**」へとつながっていく。また，大企業は景気が悪くなると，中小企業との取引を止め，中小企業を「**景気の調整弁**」として使う。**不況になると，先ず中小企業が倒産していく。**

ちなみに，その地域の住民の大部分が，特定の大企業に雇用されている地域を「**企業城下町**」といいます。旭化成の延岡市や，トヨタ自動車の豊田市などが有名だね。こうした地域では，大企業と中小企業の関係が特に強いため，大企業の経営状態に連動して，中小企業が打撃を特に被りやすいといわれる。

▼ 政府の中小企業対策⇒板書④の用語は書けるように。

板書③を見てみよう。かつて，**大規模小売店舗法**（1973年制定）というものがあった。例えば商店街にデパートなんかが参入してきたら，町の魚屋や肉屋，文房具屋，駄菓子屋，八百屋なんかが潰れてしまうよね。だから**大規模小売店の出店規制や営業時間制限，売場面積制限を行うのがこの法律です。**

ただし1989年から始まる**日米構造協議**の中で，アメリカがこの法律を自由競争的ではない，として厳しく批判してくる。すると徐々に規制が緩和され，1998年に「**大規模小売店舗立地法**」にとって変わられた。この法律の内容は「地域環境の保全」などで，**大規模小売店舗法**は実質的に廃止された。

最近商店街に賑わいがない。小さな居酒屋が潰れていく。古き良き町並みがぽっかりと姿を消す。午後10時の芳香なはずの前割り焼酎が，妙に鼻につく。

※大企業と中小企業，工業と農業の生産性格差など。

必ずやろう！ 爽快問題集 ▼ 第2章 09

8 都市問題

ココが出る！試験前の最強ポイント

★過疎化　★ドーナツ化現象とスプロール現象の論述　★国土形成計画

① 都市化の進展

⇒ 高度経済成長とともに我が国は都市化が進展

⇒ 3大都市圏⇒ **東京・名古屋・大阪**で約**51.6**％の人口集中⇒「**メガロポリス**」

⇒ 東京への「**一極集中**」⇒［**ヒト**］・［**モノ**］・［**カネ**］の集中

② 都市化の問題点

1. **都市公害**の発生 →騒音，悪臭，大気汚染，ゴミ問題など
2. 地方の「**過疎**」化の進展→地方財政の圧迫
3. 土地・住宅問題 →地価の高騰，核家族化による住宅不足

※ 1989年，土地基本法により**地価税導入**，1998年以降**地価税課税**を当面停止することとなった

4. **ドーナツ化**現象 →都市中心部の居住人口が減少し都市周辺部の居住人口が増加
5. **スプロール**現象 →都市周辺部の**虫食い状の乱開発**→劣悪な居住環境へ

③ 対策　政府 ○「全国総合開発計画」の実施（第5全総まで）

1962年 池田内閣策定 **全国総合開発計画**（旧全総）	15の新産業都市を指定し「**拠点開発方式**」を採用
1969年 佐藤内閣策定 **新全国総合開発計画**（新全総）	全国を7つの地域ブロックに分け，高速交通ネットワーク（**ネットワーク方式**）により一体化
1977年 福田内閣策定 **第三次全国総合開発計画**（3全総）	生活環境の整備に重点をおく「**定住圏構想**」を打ち出す。→全国に200以上の定住圏を設ける
1987年 中曽根内閣策定 **第四次全国総合開発計画**（4全総）	東京一極集中を是正し，「**多極分散型**国土」の建設を目指す。首都機能の移転も議論
1998年 橋本内閣策定 **第五次全国総合開発計画**（5全総）	北東・日本海・太平洋新・西日本の4つの国土軸を設け，「**多軸型**国土」の形成を目指す

2005年「**国土形成計画**」へ

スパッとわかる >>> 爽 快 講 義 <<<

▼ 高度経済成長と，都市への人口集中⇒「都市化」

　少し息抜きがてらに，ここは，**吉幾三**の『**俺ら東京さ行ぐだ**』を聴いた後に，講義を読むと面白いかもしれない。

　高度経済成長期。人々は「**農村から都市へ**」とばかり，故郷を離れ都市部に移り住んでいきます。当然農村部では，人口が減少し**過疎**化が進み，都市部では人口が集中し，**過密**化が進む。今や，総人口に対する3大都市圏「**東京・大阪・名古屋**」の人口は約**51.91**％（2018年1月1日時点）となっています。

▼「俺らこんな村やだ」どんな問題が起こるのか？　結構根深いよ〜

　人口が減少する過疎地域では，**高齢化**が進展します。そして農業の担い手も高齢化。さらには**出生率も低下**し，**地方税の税収も減少**します。こうなると国からの**地方交付税交付金**や，**国庫支出金**（補助金）に依存し，財政的な自立が立ちゆかない。また有権者数が減少し，人口の多い都市部との**一票の格差**も生じやすくなります。

▼ 一方都市は？　これも大変

　板書②を見てください。人口が集中するとなれば，騒音や悪臭といった**都市公害**が発生しやすくなります。そして地価が高騰し住宅事情も大変です。すると，新宿などの都市中心部ではなく，少し離れた，立川などの郊外の居住人口が増加します。これを「**ドーナツ化現象**」といいます。ドーナツ化現象は，**都市部での学校の統廃合**や，通勤ラッシュの原因となっています。また都市計画から外れた地域は，虫食い状に乱開発される「**スプロール現象**」も見られます。このスプロール現象などへの対策として，高度経済成長期に建設された，**ニュータウン**などでは，高齢化が進み，エレベーターなどがなく居住環境が良くない，高齢者の孤独死，などの問題も指摘されています。

▼ 全国総合開発計画⇒あらため⇒「国土形成計画」へ

　板書③を見てください。こうした都市問題の対策には，国がある程度まとまった国土計画をつくる必要があります。そこで，「国土の均衡ある発展」を目指し，1950年の「**国土総合開発法**」により「**全国総合開発計画**」という，国土計画の長期指針が**5回**にわたって策定されました。1974年には，**田中角栄**（『日本列島改造計画』の著者でもある）内閣が「国土総合開発本部」を設置し（1974年に**国土庁**へ。2001年からは国土交通省に統合），過疎と過密を一気に解決しようとします。しかし世界は**第一次オイル・ショック**に見舞われ，国内物価とともに，「**列島改造ブーム**」による開発によって，地価も高騰。後の福田首相は，当時のインフレを「**狂乱物価**」と呼びました。

　こうした，開発志向型の国土計画は，人口減少社会を迎えたことなどにより，見直しを迫られていくことになります。「全国総合開発計画」は2005年に廃止され，**国土形成計画法**に基づき，「**国土形成計画**」へとバトンタッチしました。国土形成計画では，中央政府中心の国土計画ではなく，より細かく**地域の事情を反映**させることとなっています。

必ずやろう！爽快問題集▼第2章 11

9 消費者問題

共通テスト8割目標
私大基礎

共通テスト9割目標
難関大

ココが出る! 試験前の最強ポイント

★ケネディの「4つの権利」 ★消費者主権 ★クーリングオフ

① 問題の背景

⇒大量生産・大量消費, この結果⇒**欠陥商品・悪徳商法**の増大⇒消費者に被害

⇒特にアメリカでは深刻化し「社会問題」に

⇒こうした中, **1962**年に**ケネディ**大統領が「**消費者特別教書**」を発表

⇒「**消費者の4つの権利**」★

　①知らされる権利　②選ぶ権利　③安全である権利　④意見を反映させる権利

⇒消費者主権の方針を示す

> ●**消費者主権**とは★…商品生産のありかたを**最終的に決定するのは消費者**である
> とする考え方→論述注意

② 日本の消費者保護立法と制度

> **1.** **独占禁止法**(1947年制定)⇒適正価格の維持, 公正取引委員会が監視
>
> **2.** **消費者保護基本法**(1968年)⇒安全性確保のため計量・表示の義務付け
> 　　　　　　　　　　　　　　　 ※2004年**消費者基本法**に改められた
>
> **3.** **クーリングオフ**制度★⇒訪問販売等は一定期間であれば契約が解除できる
>
> **4.** **PL法**(**製造物責任法**)★ 1994年制定 1995年施行
> ⇒欠陥商品の場合, 企業の過失を立証しなくても損害賠償請求ができる
>
> **5.** **消費者契約法**★(2000年制定 2001年施行)
> ⇒不当な契約の取り消しが可能に

③ 行政組織とその他団体

1. **消費者政策会議**⇒内閣に設置, 消費者行政の最高意思決定機関

2. 苦情の処理⇒国…**国民生活センター**, 地方…**消費生活センター**

3. 消費者団体⇒民間の**生活協同組合**, **主婦連合会**

4. **「消費者庁」発足** ⇒2009年5月「消費者庁設置関連3法」により, 2009年9月
に**内閣府**の外局に「**消費者庁**」が発足した。

　⇒これにより, 役所ごとに不統一な対策をしていた**消費者行政が一元化**された。

　⇒事故の苦情に対しては**首相が直接「改善命令」**を出すことが可能となった。

　⇒また内閣府内に「**消費者委員会**」が設置され監視に当たる。

　※地方の「**消費生活センター**」はオンライン化された。

スパッとわかる >>> 爽 快 講 義 <<<

いいですか？　この「消費者問題」は，新課程での強化分野です。ボリュームアップで講義します。

▼ ちょっと君に質問

新型iPhoneはいつ出るのか。イヤホンジャックは付いているのか？　防水型なのか？　君は知っていますか？　僕らは想像の域を出ない。もちろん食べ物の添加物や，電化製品のリスクも同じ。

このように，商品に関する情報は，圧倒的に企業が多く保有します。このことを「**情報の非対称性**」といいます。すると僕ら消費者が，自分たちの自由な意思で消費の決定を行う「**消費者主権**」が実現しにくくなる。企業は，**利潤**の追求を主要な目的とするため，時として欠陥商品や，薬害，食品公害などの消費者問題を引き起こすことがあります。日本では，1948年に**不良マッチ追放運動**などを契機に結成された「**主婦連合会**」などが，消費者運動を展開しました。また，アメリカでは1960年代以降，弁護士である**ラルフネーダー**氏が始めた，自動車告発運動などの消費者運動も展開されました。

▼ ケネディの「消費者の4つの権利」

1962年にアメリカの**ケネディ**大統領は，消費者特別教書の中で，板書①にある，消費者の**4つの権利**を主張します。この内容は，**企業の生産の在り方は消費者が決定するべきである**という「**消費者主権**」の概念を端的に表現したものです。試験までに覚えましょう。

▼ 日本の消費者行政

板書②を見てください。日本では，1968年に国民の消費生活の安定のため，「**消費者保護基本法**」を制定し，内閣に「**消費者保護会議**」（2004年から「**消費者政策会議**」）が設置されています。特に国に「**国民生活センター**」，自治体に「**消費生活センター**」がおかれているのですが，同じ仕事を別々の行政センターが行って，かえって混乱が生じ，行政が非効率化する「**二重行政**」では？との指摘もあります。こうした背景もあり，2009年には，一元的な消費者行政の窓口である「**消費者庁**」が**内閣府に設置**され，内閣総理大臣が直接，改善命令を出すこともできるようになっています。ちなみに，国民生活センターと消費生活センターは，存続しています。

また，近年の相次ぐ**食品偽装**などに対応するため，**食品行政を一元化**しようと，2003年から「**食品安全基本法**」に基づき，「**食品安全委員会**」が設置されています。

2004年には，「消費者保護基本法」は「**消費者基本法**」へと名称を変えて，消費者を「**保護**の客体」ではなく，「**権利**の主体」，つまり「保護される者」から「自

立した主体」と捉え直し，より消費者主権を目指すこととなりました。

また，以下のように，消費者の「8つの権利」が明記されました。

> **■ 消費者の8つの権利（参考までに目を通しておこう）**
>
> 1. 消費生活における**基本的な需要**が満たされる権利
> 2. **健全な生活環境**が確保される権利
> 3. **安全が確保**される権利
> 4. **選択の機会**が確保される権利
> 5. **必要な情報**が提供される権利
> 6. **消費者教育**の機会が提供される権利
> 7. **消費者の意見**が消費者政策に反映される権利
> 8. 被害者が適切かつ**迅速に救済**される権利

▼ 特に頻出，クーリングオフ，ＰＬ法，消費者契約法

特に，試験前に確認したいのが，この3つです。板書②を引き続き見てください。

クーリングオフは，「**特定商取引法**」に規定されています。**訪問販売などで商品を購入した場合，一定期間**であれば無償で契約が解除できる制度です。

また，**ＰＬ法**（**製造物責任法**）は，欠陥商品の被害に対する損害賠償について，**欠陥と被害の立証のみで賠償請求が可能**とする法律です。従来は製造過程での過失の立証（製造過程で，どのようにしてミスが起こったのか）が必要でしたが，消費者の訴訟負担を軽減するため，企業に**無過失責任**を負わせることになりました。ただし，欠陥と被害の立証もかなりハードルが高いのが現実です。

消費者契約法は，契約過程のトラブルの解決を目指して2001年に施行されました。事実でない告知，断定的な説明，監禁による契約など，自由な意思が無い状態で結んだ不当な契約を取り消すことが可能です。

ただし被害者は，一人になると泣き寝入りしやすいものです。2007年からは，**資格を持った消費者団体が，被害者に代わって訴訟を起こす**「**消費者団体訴訟制度**」がスタートしています。制度を学んで，しっかりと活用し，賢い消費者になりましょう。

▼ グレーゾーン金利って？⇒廃止

みなさんは，金利20％で，100万円を借入れし，10年で返済するとした場合，おおよそいくらを支払うことになると思いますか？　約「230万円」です（元利均等払）。銀行は預金者のお金を貸し出します。一方で，消費者金融などの貸金業は，自分のお金を貸し出します。つまり銀行よりも金利が高いんです。**従来の金利の上限は2つあって，利息制限法が**「**15〜20％**」，**出資法が**「**29.2％**」。どちらの上

限を使うかは，グレーでした（つまり 20 ～ 29.2 ％）。このいわゆる**グレーゾーン金利**が，2006 年の最高裁判決を踏まえて成立した貸金業法（2007 年施行）によって上限が 20 ％に統一され，3 年の猶予期間を経て **2010 年 6 月から**グレーゾーン金利は解消されました。また，貸金業者（銀行と区別）が，貸し出す相手の年収の**3 分の 1**までしか貸し出せない，「**貸付総量規制**」も導入されました。しかし，2 社以上の貸金業から借り入れている，**多重債務者**は約 400 万人に上っています（2015 年 7 月，株式会社日本信用情報機構）。債務が返済できなくなった場合，**自己破産**という制度が「**破産法**」によって規定されています。これは**裁判所に自己破産を申し立て，債務を帳消しにする**ものです。ただし，5 ～ 10 年間借入れやクレジットカードが所有できなくなったり，官報という国の機関誌に，住所や氏名が掲載されたりします。くれぐれも気をつけてください。

▼ 内部通報者の保護⇒公益通報者保護法

最後ですが，企業の従業員が，内部の偽装や，不正を通報したことで会社を首になったり，不利な扱いを受けたりしたのでは，フェアな社会は実現しません。これまで日本では，内部告発者が実際に不利な社会的扱いを受けてきた現実がありました。こうした，**企業や官庁の内部告発者を解雇などから守るために，**2004 年に「**公益通報者保護法**」が制定されました。ただし**罰則がない**などの問題点も指摘されています。

● 確認しよう。日本の「食品公害」や「薬害」，その他

① 高度成長期の食品公害
⇒1955 年の「**森永ヒ素ミルク**事件」や，1960 年の「**にせ牛缶**事件」，発ガン性物質 **PCB**（ポリ塩化ビフェニル）混入による「**カネミ油症**事件」など

② 高度成長期の薬害
⇒「**サリドマイド**事件（睡眠薬）」や，「**キノホルム**（整腸剤）」による「**スモン**病」など

③ **薬害エイズ**事件
⇒**ミドリ十字**が製造した，非加熱血液製剤による HIV ウイルス感染事件。1980 年代に，約 2000 人が HIV に感染した戦後最大の薬害事件。一部で和解成立。

④ 悪質商法（悪徳商法）
「**マルチ商法**（ネズミ講式商法，どんどんと友人を紹介し商品を買わせる）」，路上で声をかける「**キャッチセールス**」，電話などで呼び出す「**アポイントセールス**」，値上がり確実な株などと持ちかける「**財テク**商法」，幸せになる高額なネックレスなどを買わせる「**霊感**商法」，一方的に商品を送り付ける「**ネガティブオプション**」，息子を装いカネがいるなどと騙してカネを振り込ませる「**振り込め**詐欺」など

①各国の食料自給率

<各国の食料自給率(%)>

（日本は2017年度，他は2013年）

	日本	アメリカ合衆国	イギリス	ドイツ	フランス	イタリア
穀類	**28**	127	86	113	189	69
食用穀物①	60	170	79	132	176	73
うち小麦	14	170	82	152	190	66
粗粒穀物	1	121	99	87	214	65
豆類	8	171	39	6	78	34
野菜類	79	90	38	40	73	141
果実類	39	74	5	25	57	106
肉類	52	116	69	114	98	79
卵類	96	105	88	71	100	99
牛乳・乳製品②	60	104	81	123	123	68
供給熱量総合食料	**38**	130	63	95	127	60

農林水産省「食糧需給表」による。①米，小麦，ライ麦など。②生乳換算（バターを含む）。
（2019/20 日本国勢図会）

<各国の食料自給率(カロリーベース)の推移>

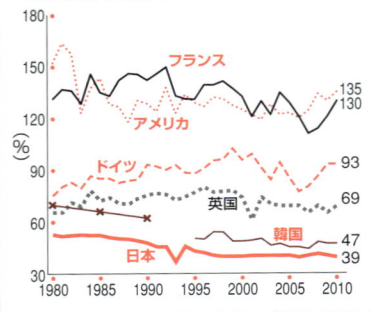

（注）1. フランス，アメリカ，ドイツ，英国については FAO "Food Balance Sheets" 等を基に農林水産省で試算（1980〜2010年）。
2. 韓国については，韓国農村経済研究院「食糧需給表」による。

⇒自給率ベスト3は，**アメリカ，フランス，ドイツ**の順
⇒**フランス**と**アメリカ**は，熱量自給率が100％を超えている
⇒**日本**は自給率が下がり続ける傾向にある
⇒日本は穀物自給率にいたっては，**28**％となっている

②日本の食料自給率の変化

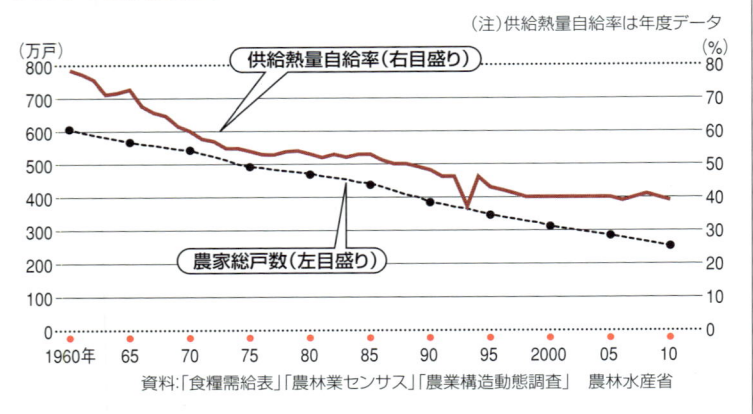

（注）供給熱量自給率は年度データ

資料:「食糧需給表」「農林業センサス」「農業構造動態調査」 農林水産省

⇒1960年には**70**％を超えていた自給率が2010年には**39**％にまで低下
⇒これと合わせて，農家戸数も，600万戸から，250万戸へと低下
⇒政府は2025年度までに自給率を**45**％（カロリーベース）に引き上げることを目標として決定した

第**6**章
労働問題と社会保障

経済分野

1 労働問題とその歴史

ココが出る! 試験前の最強ポイント

★英国のラダイト運動とチャーチスト運動の相違
★米国のワグナー法とタフト=ハートレー法の相違

① 労働問題の背景

⇒産業革命 ➡ 貧富の差が拡大 ➡ 生産手段を所有する**資本家**〔**ブルジョワジー**〕と，労働力を商品とする**労働者**〔**プロレタリアート**〕との対立 ➡ 19世紀のイギリスから**労働運動**が始まる

② イギリスの労働運動 ～ラダイト運動とチャーチスト運動～

⇒18世紀後半，**産業革命** ➡ 資本主義の発展 ➡ しかし労働問題激化
⇒1799年，**団結禁止法**制定（労働者の弾圧）➡ **1811年ラダイト（機械打ちこわし）運動** ➡ 1824年**団結禁止法**廃止 ➡ 1833年**工場法**制定（初の労働者保護法）
⇒**1838**～1848年頃，**チャーチスト運動**（労働者の**参政権**要求）➡ 1868年**労働組合会議**発足（TUC）➡ **1871年**，**労働組合法**（団結権の承認）➡ 1906年，**労働党**結成　同年，労働争議法（争議権の公認）

③ アメリカの労働運動 ～ワグナー法からタフト=ハートレー法へ

⇒南北戦争後，産業革命進展 ➡ 1869年**労働騎士団**（熟練工中心の**アメリカ初**の大規模かつ**急進的な**労働組合）➡ 1886年**アメリカ労働総連盟**（**AFL**，政治闘争よりも経済闘争の重視）➡ 1929年**世界恐慌** ➡ **ニューディール政策**で労働者の保護 ➡ **1935年ワグナー法**（労働者の保護立法）➡ 1938年産業別労働組合会議（CIO，AFLに不満を持つ不熟練工の独立，1955年に合同）➡ **1945年以降，東西冷戦の激化** ➡ **1947年タフト=ハートレー法**（労働者の弾圧）

④ その他，国際的労働組織 ～社会主義の台頭と国際組織　赤字を暗記

- 1848年，マルクス・エンゲルス共著『共産党宣言』
  1864年，第一インターナショナル（国際労働者協会，マルクスが作る）
  ※第2インター（エンゲルス指導，1889），第3インター（コミンテルン，レーニン指導，1919）
- 1919年，ILO（国際労働機関）が誕生（現在は国際連合の下部組織）
  ※2019年現在，ILOには190号の条約（1919年に第1号条約）と206号の勧告がある。ILOは条約や勧告などの形で，労働関係の改善のために設置された組織である

スパッとわかる >>> 爽 快 講 義 <<<

▼ 産業革命がもたらした階級対立　板書①へ

　18世紀後半，英国で始まる**産業革命**は**資本主義**を飛躍的に発展させた。資本主義は「**契約自由の原則**」の上に成り立っているから，常に労働者は資本家に対して弱い立場にあるんだ。労働力を商品とする労働者は，どんなにキツイ仕事であっても辞めるわけにはいかない。この**資本家と労働者の対立**を**労働問題**といい，19世紀以降，労働者はその地位向上を求め**労働運動**を開始したんだ。

▼ 労働運動は英国から→ラダイト運動とチャーチスト運動に注意せよ!　板書②へ

　1811年，英国で**ラダイト運動**が起こる。これは**工場制機械工業**に生産方法が移行したことで，多くの熟練労働者がクビになった。これに怒った彼らは夜，機械を打ち壊して回ったんだ。別名「**機械打ちこわし運動**」と言われます。この後の1833年に，世界初の労働者保護立法である**工場法**が成立しました。

　一方の**1838**年からの**チャーチスト**運動[※1]は，労働者の**参政権**要求運動です。しっかりと区別してください。その他の事項については板書②の赤字をチェック。

▼ 米国は戦後の政策転換を押さえよ→保護・ワグナー法から，弾圧・タフト=ハートレー法へ　板書③へ

　南北戦争後に産業革命が始まった米国では，1869年，急進的な労働組織である**労働騎士団**が結成。1886年には，政治闘争ではなく経済闘争を目指す**アメリカ労働総連盟**（**AFL**）が**ゴンパーズ**によって設立されたんだ。

　特に出題が多いのは，1930年代の**世界恐慌**の際に**ニューディール政策**における労働者の保護立法，**ワグナー法**（**全国労働関係法**）と，**1947**年，東西冷戦激化を理由に共産党員の組合活動の禁止やストの一部制限などを盛り込んだ，**タフト=ハートレー法**（**全国労使関係法**）の背反する2つの法律についてです。

▼ 板書④を見てください。特にILO条約とフィラデルフィア宣言

　さて，国際連盟の下に発足した「**ILO**（国際労働機関，現在は国際連合の経済社会理事会の専門機関）」は，**ILO条約**の違反行為に対して，勧告などを行い，国際的な労働者の保護を行っています。2019年現在，190号の条約と206号の勧告があるものの，**第1号**条約（1日8時間，週48時間制）などを日本は批准していません[※2]。

　また，**1944**年の**ILO総会**では，社会保障に関する共通理念となった「**フィラデルフィア宣言**」が採択されました。最後に，インターナショナル運動です。**第一インターナショナル**は，世界初の国際労働組織で，共産主義の国際的拡大を目指し，**マルクス**が率いました。また，「**万国の労働者よ，団結せよ**」で有名な『**共産党宣言**』（**1848**年）は，**マルクス**と**エンゲルス**の共著です。

※1　具体的には，「ロンドン労働者協会」が，男子普通選挙などを議会に要求した運動。『人民憲章（People's Charter）』を議会に提出した。

※2　2019年現在，日本は190号あるILO条約のうち4分の1程度しか批准しておらず，**第1号（1日8時間，週48時間労働制）**，105号（強制労働の廃止），111号（差別待遇の禁止）などを批准していない。一方で，131号（最低賃金決定，1971年批准），182号（最悪形態の児童労働，2001年批准）などは批准している。

2 日本の労働問題

ココが出る! 試験前の最強ポイント

★労働三法 ➡ 労働組合法，労働関係調整法，労働基準法
★2.1ゼネスト中止令，政令201号

① 日本の労働運動

● 戦前

⇒**1897**年**労働組合期成会**(**片山潜・高野房太郎**) → 1900年**治安警察法**で弾圧
⇒**1911**年**工場法**制定 (労働者保護) → **1925**年**男子普通選挙の実現**，**治安維持法**制定
⇒1940年**大日本産業報国会**に統合 (国家による戦時下のための労働者の統合)

● 戦後

⇒1945年**GHQ**による**三大経済民主化政策**(**財閥解体・労働の民主化・農地改革**)
⇒**1945**年**労働組合法**→**1946**年**労働関係調整法**→**1947**年**労働基準法**，日本国憲
　法施行→東西冷戦激化→**1947**.2.1 GHQ**ゼネスト中止令**→**1948**年**政令201号**
　で公務員のスト権の非公認
⇒1949年には**下山**，**三鷹**，**松川**の三大鉄道謀略事件が起こる
　そして**1950**年の**朝鮮戦争**へ

② 日本国憲法の労働者の保護　暗記せよ!

労働基本権 ┬ **労働三権** [**団結権・団体交渉権・**
　　　　　　　│ **団体行動権** (争議権)] (28条)
　　　　　　　└ **➕勤労権** (27条)

・**公務員 → 一律争議権**なし
・**警察官**，**消防士**，**自衛官**，**刑務官**，**海上保
　安庁職員** → 以上5職は**労働三権**すべてなし

③ 労働組合と雇用関係 (ショップ制)

暗記!

1. クローズド・ショップ

⇒組合員から必ず雇用，組合除名者は解雇

2. ユニオン・ショップ

⇒雇用の際，組合に加入，組合除名者は解雇
※日本には解雇規定が無い (**しりぬけユニオン**)

3. オープン・ショップ

⇒組合加入は自由 (公務員に多い)

〈戦後の労働組合の系譜〉

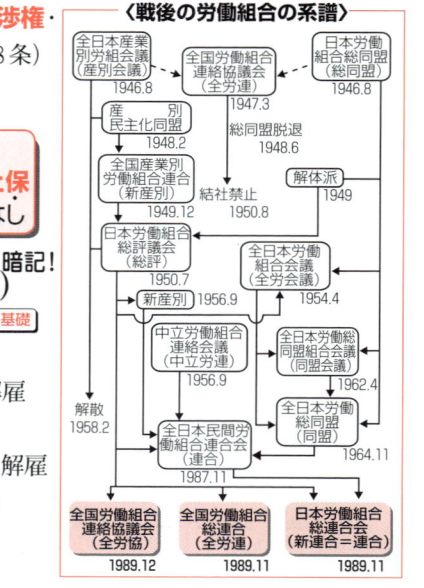

スパッとわかる >>> 爽 快 講 義 <<<

▼ 戦前は治安警察法や治安維持法などで労働運動は弾圧！ 板書①へ

日本は，1894年〜95年の日清戦争後の産業革命により労働問題が激化します。やっぱりどの国でも，産業革命後の急激な経済発展が，労働問題の火種となっているんだね。こうした中，**高野房太郎**と**片山潜**が，日本の近代的労働運動組織である**労働組合期成会**を発足（1897年）。同年，日本初の労働組合である「鉄工組合」が組織されます。これは試験に出ますよ。こうした中，政府は**治安警察法**で弾圧するものの，**1911**年には我が国初の労働者保護立法である**工場法**（英国の工場法と区別）が制定されます。**1925**年には**男子普通選挙の実現**と**治安維持法**がアメとムチとして同時に制定されるんだったね（**加藤高明**内閣）。しかし，太平洋戦争突入の前年の1940年，労働組合活動は否定され，**大日本産業報国会**に統合されるんだ。

▼ 戦後はGHQ主導で労働の民主化→新憲法の制定で労働三権と労働三法の制定！

戦後日本は，**GHQ**主導の下，急速な民主化が行われていく。とくに**GHQ**の**三大経済民主化政策**の中で「**労働の民主化**」が掲げられ，経済活動の基軸である労働者に多くの権利を認めていくんだ。こうした中で，**労働三法**である**労働組合法**（1945年），**労働関係調整法**（1946年），**労働基準法**（1947年）が制定され，日本国憲法も施行（1947年）されるんだね。試験では**年号順に並べ替えさせる**問題が出題されるので，ちょい面倒だけど**年号も必ず暗記**しようね。

▼ 東西冷戦の激化による，米国のヒステリックな赤狩り→日本でも！

実はこの動きは占領国である日本にも吹き荒れるんだ。米国は日本の共産化も恐れていた。特に旧国鉄の中には国労という共産党系の組合が活発に活動していた。こうして，**1947**年2月1日，官公労（公務員組合）はゼネスト決行を宣言。すぐさま**GHQ**はその前日に「**2.1ゼネスト中止令**」を発し，ゼネストは不発に終わったんです。翌年の**1948**年，政府は**政令201号**を発し，公務員の**争議権**剥奪等の労働基本権の大幅な制限（板書②）を行ったんだ。まだ話は続く。

> 1949年7月6日。国鉄の下山総裁が列車の下敷きになって死亡する**下山事件**が勃発。7月15日には三鷹駅構内で列車が暴走する**三鷹事件**が，そして8月17日には列車が脱線する**松川事件**が勃発。国鉄を舞台にした相次ぐ怪奇な事件は，組合のテロであるかの印象を国民に植えつけた。松川事件では**国労関係者が逮捕，17名有罪，内4名の死刑が2審で確定したものの，後に全員無罪**となる。ちなみに下山事件の翌年，**朝鮮戦争**が勃発し，日本は再軍備されていく。

共通テスト8割目標
私大基礎
共通テスト9割目標
難関大
基礎 発展 時事
出題頻度 ★ ★ ★ ★ ★

3 労働三法とその内容

ココが出る！試験前の最強ポイント
★不当労働行為　★労働争議　★争議調整　★基準法の改正

① 労働組合法（1945年制定　労働組合の組織に関して）

⇒自主的な労働組合活動の保障

● **争議行為の免責特権**

⇒労働組合による正当な労働争議は，**民事上，刑事上の免責**がなされる

- 主な**不当労働行為**→使用者による組合活動への妨害行為，以下主な内容
  1. 労働組合に加入しないことを条件に雇用すること→**黄犬契約**
  2. 正当な理由なしに使用者が**団体交渉を拒否**すること
  3. 労働組合活動への参加などを理由に**不利益な扱い**をすること
  4. 使用者が労働組合に介入したり，**経済援助をする**こと
  5. 不当労働行為の**労働委員会への申立**を理由に**不利益扱い**をすること

② 労働関係調整法（1946年制定　労働争議の未然予防）

- **労働争議** **ストライキ**（同盟罷業）　**サボタージュ**（怠業）　**ピケッティング**（座り込み）　**ロックアウト**（使用者側の事業所閉鎖）

● **労働委員会**による争議調整

	❶ 斡　旋	❷ 調　停	❸ 仲　裁
担当者	斡旋員	調停委員会	仲裁委員会
拘束力	話合いの場の提供のみ	**調停案**，拘束力**なし**	**仲裁裁定**，拘束力**あり**

※争議の規制→運輸・通信・ガス・電気・水道・病院のライフライン関連は，10日前に関係大臣に**通告義務**あり，また**緊急調整**という内閣総理大臣による50日間のスト禁止命令あり

③ 労働基準法（1947年制定）　改正ポイントを押さえること

⇒**労働基準法，最低賃金法**（1959年）により**労働基準監督署**が最低基準設定

- **労働条件の7要件** **人たるに値する生活**，**労使対等の決定**，均等待遇，**男女同一賃金**，強制労働の禁止，中間搾取の排除，公民権行使の保障

⇒賃金の支払方法は通貨で→直接労働者に→全額→毎月一回以上→一定期日

労働基準法の改正ポイント

1987年改正	**フレックスタイム制**の導入，**裁量労働制**の導入，1日**8**時間週**40**時間 ※1994年に完全実施。それまでは1日8時間
1993年改正	年次有給休暇の付与要件の緩和，時間外労働の割増率の変更
1997年改正	**女子の深夜・時間外・休日労働禁止など女性保護規定の撤廃**

スパッとわかる >>> 爽 快 講 義 <<<

▼ 労働組合法は不当労働行為を押さえよ！ 板書①へ

労働組合法は，労働者の地位向上のために自立的組合活動の保障について規定している法律です。入試でのポイントは大きく2つになりますよ。

1つ目は，正当な**労働争議**についての民事上，刑事上の**免責**です。例えば，労働争議の一環として建物に侵入したとしても，責任は問われないんです。また，使用者も損害賠償請求を組合に行うことはできないんだ。

2つ目は**不当労働行為**の禁止。これは使用者からの組合活動への妨害行為を禁止するもので，板書①に書いた5つが主なものです。特に「**黄犬契約**の禁止」と「組合への**経済援助**の禁止」は頻出なので注意だね。

▼ 労働関係調整法は争議調整の種類を押さえよ！ 板書②へ

この法律は主として，**労働委員会**（**労働者委員**，**使用者委員**，**公益委員**の三者で構成）が未然に**労働争議**（ストなど）を予防する為のものです。**労働委員会**が労使の間に入って，双方の利害を調整するんです。その争議調整は，板書②のとおり3つの種類があるよね。ここがポイントなんです。

まず，最初にサックリ説明しちゃいますね。**斡旋**は「まぁ話そうよ」って段階。つまり，話し合いの場を作るだけ。次の**調停**は「こうしたら？」っていう**調停案**を提示するんだ。ただしこの**調停案**には法的拘束力がありません。最後の争議調整である**仲裁**は「こうしろ！」っていう**仲裁裁定**を下すんだ。これは法的拘束力があり，ここで調整が完了するんですね。

ちなみに，労働争議の4つの種類は基本なのでしっかり憶えてくださいね。

▼ 労働基準法はその改正ポイントをチェックせよ！ 板書③へ

労働基準法は労働者が「**人たるに値する生活**」，つまり人間らしく働くために必要な最低限の基準を示している法律だね。この労働基準は**労働基準法**，**最低賃金法**（1959年）により**労働基準監督署**が最低基準として設定しています。

さて，大切なのは改正ポイントですね。87年の**フレックスタイム制**は1日8時間の労働時間を労働者が自由決定できるというもの。また**裁量労働制**は，予め労使間で結んだ協定の時間を労働時間とします。例えば「8時間でこの業務を遂行する」と協定を結べば，その業務が10時間かかっても，8時間分の賃金しか支払われません。いわゆる「みなし労働」制度です。当初はマスコミ取材・編集などの「専門業務」11種類が対象でしたが，その後この制度がどんどんと拡大され，労働時間の長期時間化などの問題が指摘されています。また1日8時間，週40時間労働制へと改正され，94年に完全実施されました。さらに，93年には，**年次有給休暇**の付与要件が，1年以上継続勤務した労働者から，6カ月以上継続勤務した労働者へと，付与要件が緩和されました。そして97年の改正では，**女子の深夜・時間外・休日労働禁止など女性保護規定の撤廃**が行われました。

必ずやろう！ 爽快問題集 ▼ 第2章 14・15

4 近年の労働関係の動向

ココが出る！試験前の最強ポイント

★日本的経営→企業別組合，年功序列型賃金，終身雇用制
★完全失業率は5%台　★M字カーブ　★男女雇用機会均等法の改正

① 日本的経営とその変化

1. 企業別組合 ⇒労使協調型の企業体制となりやすい

2. 年功序列型賃金 ⇒近年では，「年俸制」等の職能給を導入する企業も

3. 終身雇用制 ⇒企業への帰属意識　最近では，中途採用等も増加

⇒バブル崩壊後，2，3の日本的経営スタイルは崩れつつあり，実力主義的傾向へと移行しつつある

② 失業率の上昇と有効求人倍率の低下

⇒**完全失業率**…15歳以上の働く意思と身体を持つものが失業する率（労働力人口に占める失業者の割合）。グラフからも分かるとおり日本は現在約**2**%台である（2018年）

⇒ **有効求人倍率＝求人数÷求職者数** 1以上は人手不足，1以下は仕事不足

■ 主な国の失業率の推移

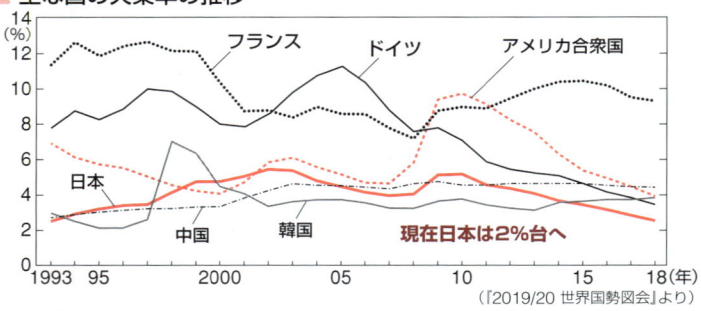

（『2019/20 世界国勢図会』より）

■ 完全失業率と有効求人倍率の推移（年平均）

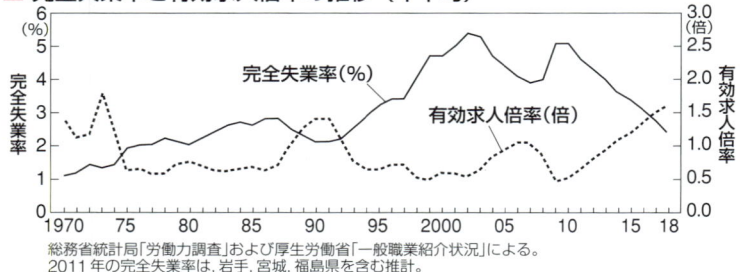

総務省統計局「労働力調査」および厚生労働省「一般職業紹介状況」による。
2011年の完全失業率は，岩手，宮城，福島県を含む推計。

③ 近年のその他の動向

1. 女子労働者の**M字カーブ**の変化→ p352グラフ
2. **1997**年，**男女雇用機会均等法の改正**(1999年施行)
　⇒「努力義務」から「**禁止規定**」へ
　⇒ 事業主の**セクシャルハラスメント**防止義務
3. **育児介護休業法**　1999年施行 ⇒ 深夜業の拒否権，男女共に適用

スパッとわかる ≫≫ 爽 快 講 義 ≪≪

▼ 日本的経営は必ず聞かれる！　板書①へ

　日本は独自の経営スタイルを持っている。これを**日本的経営**というんだ。3つあるのでしっかりと憶えてね。まず1つ目が**企業別組合**。これは組合が企業ごとに作られているもので，使用者との独立性が薄い為，組合は遠慮しがちな活動をするんだ。だから**労使協調型**になる。欧米では，**産業別組合**や**職業別組合**などの，その会社から独立して組合があるので，逆に会社に文句が言いやすいんだね。2つ目は**年功序列型賃金**。つまり「勤続年数に応じて高くなる」賃金体系だね。でも最近では**年俸制**などの職能給へシフトする企業も出ていますよね。3つ目が**終身雇用制**（定年制）。「会社は定年までクビにならない」っていう安心のシステム。近年では，年功序列型賃金や終身雇用制は一部，変化も見られます（p356へ）。

▼ 失業率の増加と有効求人倍率の低下　板書②へ

　15歳以上の人口から働く意思のない人や，高齢などで物理的に働けない人などの非労働力人口を差し引き，残った働く意思のある**労働力人口**の中での**完全失業者の割合**を，**完全失業率**といいます。日本は2002年の平均が**5.4**％と過去最高の水準でしたが，2018年平均は2.4%まで改善。また，求人数を求職者数で割った**有効求人倍率**は2009年平均で0.45倍。つまり，働きたい人2人に対して，働き口が約1つしかない状態でしたが，2018年平均は**1.61**倍にまで改善。つまり仕事を選ばなければ1人に1つの仕事先があるということになります。こうした中，1985年に**労働者派遣事業法**が制定されて以来「**非正規雇用**」が増加傾向にあり，2018年の平均で**37.9**％。これは1984年に調査（この年は15.3％）を始めて以来高い水準です。また2003年に同法が改正（2004年3月施行）され派遣が「**製造業**」にまで認められたため，さらなる低賃金化を招くといわれています。

▼ 近年の動向→男女雇用機会均等法が禁止規定に　板書③へ

■ 主要国における女性の年齢階級別労働力率

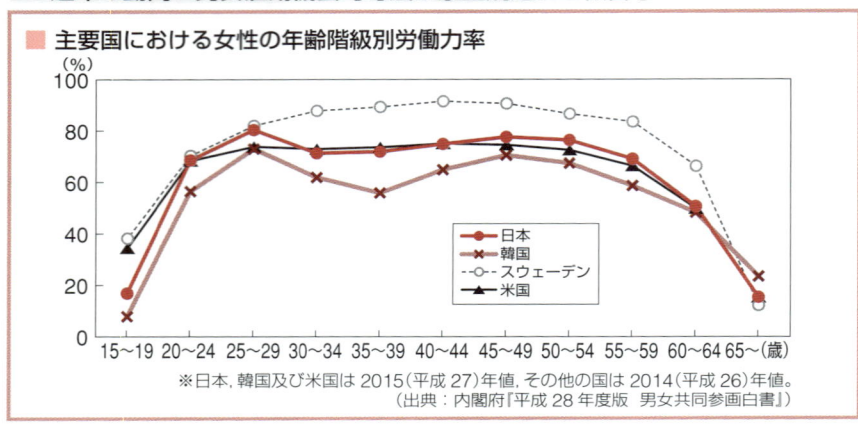

※日本，韓国及び米国は2015（平成27）年値，その他の国は2014（平成26）年値。
（出典：内閣府『平成28年度版　男女共同参画白書』）

■ 女性の年齢階級別の労働力率（労働力人口比率）の推移

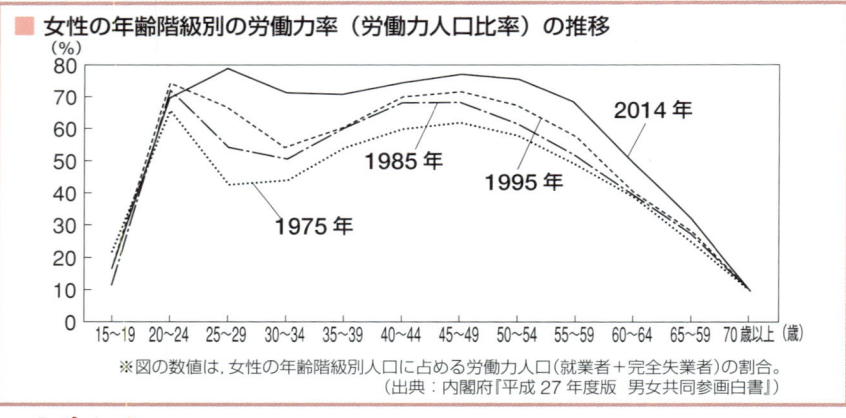

※図の数値は，女性の年齢階級別人口に占める労働力人口（就業者＋完全失業者）の割合。
（出典：内閣府『平成27年度版　男女共同参画白書』）

●ポイント

日本では，子育てのために一旦仕事から離れた女性が，子育て終了後にパートタイマーとして再就職する事が多く，「**M字型**」となる。ただし，**1975年と比べて，2014年では，20〜29歳の間での労働力率が上昇傾向にあり，その後の離職率が1975年と比較して，緩やかなのがポイント**である。これは，晩婚化，出産等で退職しない女性の増加が背景にある。一方**諸外国では，子育てをしながら働き続ける女性が多い**ため，若干の違いはあるものの「**逆U字型**」に近い形になることが多い。

板書③を見てください。近年の動向として3点挙げておきました。

1つ目の**M字カーブ**は，女性の労働力率と年齢との動向を示しています。20

代で結婚退職，30代でパート労働，そして50代から子どもの自立と共にパートもやめる，という推移が「M字」に似ていますね。内閣府の『男女共同参画白書』を見てみると，日本や韓国に特徴的で，女性に子育てを依存している現れとされています。

2つ目は，1997年に**男女雇用機会均等法**（1985年制定）が改正（1999年4月施行）され，罰則のない「**努力義務**」から，罰則のある「**禁止規定**（違反事業者の公表）」となったほか，「**事業主のセクシャルハラスメント**防止義務」が盛り込まれました。2006年にも同法が改正され，**男性**へのセクシャルハラスメント防止や， 不合理な**身体と体重**，全国転勤の募集要件，転勤経験による差別（**間接差別**）も禁止されました。

3つ目の，**育児介護休業法**では，男女共に育児休業（満**1**歳まで，特別な事情があれば，満**2**歳まで）や，介護休業（要介護状態にある対象家族，1回につき，**93**日まで）が申請でき，使用者もそれを拒否できないこととなっています。

ただし， 育休中の所得保障規定が不十分であることから（雇用保険により，**育児休業給付金**が支給されるものの，全ての労働者が雇用保険に加入しているわけではない），育休取得率は**女性が82.2％**，**男性が6.16％**（2018年）と，**男性の育休取得率が極めて低い**のが現実です（厚生労働省調べ）。ちなみに， この6.16％という日本の男性の育休取得率は，過去最高です。

これは，2014年度より育児休業給付金が，従来の給与の50％から，育休中の半年間に限り67％に引き上げられたことが背景にあります。実際24万円の月給与を想定すると，月12万円から，16万円と，4万円ほど育児休業給付金がアップしました。

ただし，内閣府の資料などによると，**スウェーデン**の男性の育休取得率は，民間企業で約80％となっており（2004年のデータ，2004年度の日本の民間企業のそれは0.56％），男女ともに高い水準です。実は， もともとスウェーデンの男性の育休取得率は約10％前後と，低い水準でした。そこで，**男性に一定の育休取得を義務づける「パパ・クォーター」**という政策を取り入れたのです。

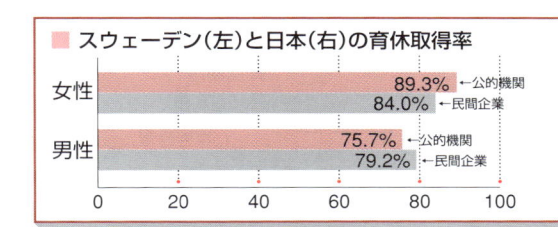

■ スウェーデン（左）と日本（右）の育休取得率

（参考）	日本（民間企業）
男性	0.56%
女性	70.6%

女性　89.3% ←公的機関　84.0% ←民間企業
男性　75.7% ←公的機関　79.2% ←民間企業
0 20 40 60 80 100

資料：内閣府経済社会総合研究所編「スウェーデン企業におけるワーク・ライフ・バランス調査」2005年。日本は厚生労働省「女性雇用管理基本調査」2004年度

2018年，「6％台」で過去最高の男性育休取得率という日本の状況は，**男女共同参画社会**を実現する上で，今後の課題を示しているものと言えます。

　ちなみに政府は，男女共同参画社会をめざし，1999年に「**男女共同参画社会基本法**」を制定。内閣府に「**男女共同参画会議**」を設置してます。政府は，2008年を「**ワーク・ライフ・バランス元年**」として，**仕事と家庭の両立を目指す**「**ワーク・ライフ・バランス**」の推進を掲げています。

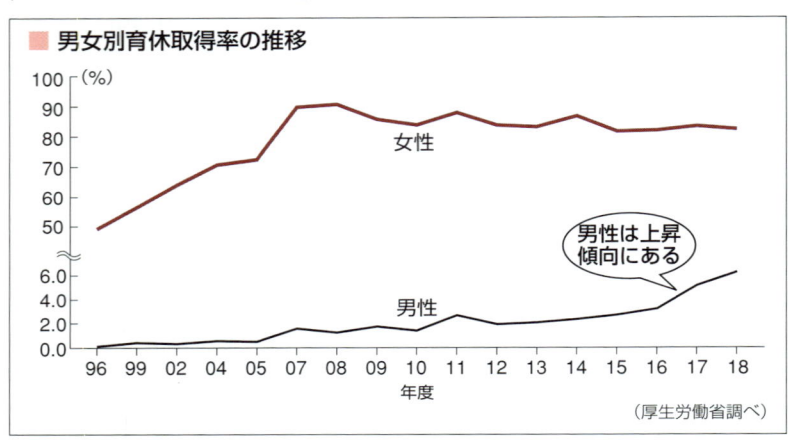

■ 男女別育休取得率の推移

（厚生労働省調べ）

ここで差をつける!!　労働関係の最新時事用語

①労働審判制度

⇒個別的な労働関係紛争に対処するため2006年4月「**労働審判法**（2004年制定）」が施行された。

⇒裁判官**1**人と，有識者**2**人からなる「**労働審判委員会**」で協議が行われ，リストラ解雇や，賃金カットなどに対応する。

⇒原則，調停であるが困難な場合は労働審判において和解と同一の法的拘束力で対応する。

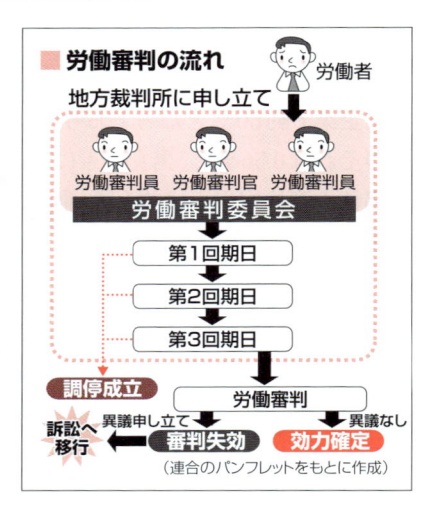

■ 労働審判の流れ

労働者
地方裁判所に申し立て
労働審判員　労働審判官　労働審判員
労働審判委員会
第1回期日
第2回期日
第3回期日
調停成立　労働審判
訴訟へ移行　異議申し立て　異議なし
審判失効　効力確定
（連合のパンフレットをもとに作成）

②「日雇い派遣」

⇒全国に5万人いるといわれる。派遣会社の違法な搾取や,安全面が不安定なため,「ワーキング・プアの温床」ともいわれる。

⇒2012年10月から,30日未満の派遣労働が原則禁止された。

③「名ばかり管理職」

⇒時間外規制の対象外にある**「管理職」の名前だけ利用して,残業代の不払いな**どを免れようとすること。2008年1月の東京地裁の判決では,残業代などの支払いを命じた。

④「ワーク・ライフ・バランス」

⇒「仕事か生活か」ではなく,**「仕事も生活も」という仕事の遂行と充実した生活の両立を図るという考え方。**当面は少子化対策を意識したやや偏った風潮でとらえられがちである。政府は2007年7月に「ワーク・ライフ・バランス推進官民トップ会議」を発足させた。以下が具体的な数値目標

●10.8%いる週60時間働く人を10年後に半減

●出産後も働く率(38%)を10年後に「55%」へ

●男性の育児休業取得率(0.5%)を10年後に「10%」へ

⑤「ワーキング・プア(働く貧困層)」

⇒フルタイム労働を行っても,生活保護水準以下の収入しか得られない人々。

⑥「ニート」問題 ★働く意思がないので完全失業者には含まれない ココ注意!!

⇒厚生労働省による「ニート」「NEET(not in education, employment, or training) ※1999年にイギリス内閣府の報告書で初めて使われ,若年無業者を意味する。進学も職探しもせず教育訓練も受けない,の英語の頭文字をとっている」の定義は,「非労働力人口のうち,年齢が15歳以上35歳未満の未婚者であって,家事・通学をしてない者」(若年無業者層)としている。

⇒2018年で「71万人」(15歳〜34歳)。(総務省労働力調査〈平成30年平均,速報〉より)

⑦「フリーター」

⇒厚生労働省による「フリーター」の定義は,「15歳から34歳の学校卒業者(女性の場合は未婚者のみ)の中で,雇用先でアルバイトやパートと呼ばれている人,無業者では家事も通学もせずにアルバイトかパートの仕事を希望する人。」である。

⇒2018年平均で「143万人」。(総務省労働力調査〈平成30年平均,速報〉より)

共通テスト8割目標
私大基礎

共通テスト9割目標
難関大

基礎　発展　時事

出題頻度 ★ ★ ★ ★ ☆

深める 爽快講義

テーマ　現代版の奴隷なのか　～非正規雇用の拡大～

講義ポイント

　1985年の「労働者派遣事業法」により，派遣労働が可能となった。要するに派遣先が支払う派遣料を，派遣元が（恐れずにいうならば）「搾取」し派遣労働者に支払う。労働基準法では「中間搾取の禁止」が規定されているんだけど，自由な働き方の模索などとキレイ事を並べられ，2004年には低賃金化が懸念される「製造業」にも派遣労働が拡大された。また，外国人雇用や高齢者雇用についても触れていく。

(1) 派遣労働とは？

　派遣労働は，以下の図のように，派遣先と派遣元が「派遣契約」を結び，派遣元が派遣労働者に賃金を支払うんだ。ただし「指揮命令権」は派遣先がもっているため，実際の業務内容が，予め派遣元から説明されていた内容と食い違ったり，労働時間が超過したりするなどの問題も起こっています。ただし派遣**労働者と派遣先には，直接の雇用契約がないため**，法的な面において，派遣労働者が不利になることがあるんだ。

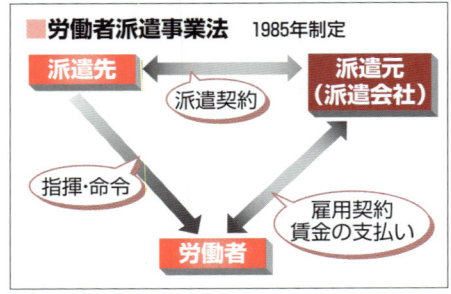

■労働者派遣事業法 1985年制定

派遣先 ←派遣契約→ 派遣元（派遣会社）

指揮・命令　　雇用契約 賃金の支払い

労働者

●ポイント
⇨労働者と派遣先の間に直接の雇用契約関係がない。
⇨1999年に**26**業務に限定されていた派遣業務の対象が，製造業などを除き，**原則自由化**。
⇨2004年の法改正では，「**製造業**」への派遣も解禁。また受入期間を「1年」から「**3年**」へ。
※3年経つと，派遣先は労働者に直接雇用を申し出なければならない。よってその前に雇用を打ち切る「**雇い止め**」の温床ともなっている。さらに派遣労働に関しては「キャリア形成」の阻害要因にもなるとの指摘もある。
⇨2015年の法改正により，「**3年**」としていた**派遣受入期間を撤廃**した（労使の合意などによる）。

(2) 派遣労働のメリット

　2004年には，低賃金化が懸念される「**製造業**」に対しても派遣が解禁されました。確かに，年末年始などはお雑煮を食べるためのお餅や，食材の需要が高まる。当

然それに伴って，労働力需要も高まるから，一時的に労働者が必要となります。フランスなどでは，こうした意味で派遣労働者は貴重な存在であり，給与の10％分の手当が支給される。また有期雇用のためその後の事を考え，手厚い職能訓練なども行われています。

　つまり，正規雇用に比べて，柔軟的に雇えるという企業側のメリットを，派遣労働者に対してその利益を経済的・社会的に還元しているといえます。※参考『立法と調査』2010.11 No.310

（3）派遣労働の問題点

　一方で日本の場合，労働者派遣の形態には，派遣元に常時雇用されている**常用雇用型派遣**と，派遣先が見つかるまでは登録しておいて，派遣先が必要とする期間だけ派遣元に雇用される**登録型派遣**（平成22年度で約**65**％，厚生労働省『労働者派遣事業の平成22年度事業報告について』）の2つがあります。登録型派遣は，派遣契約期間が終了すると職を失う不安定なもので，「**日雇い派遣**」という1日ごとの派遣も合法でした（ただし**2012年10月より労働者派遣事業法が改正され，原則30日以内の派遣労働は禁止**）。また，平均年収は正規雇用者（男性）で532万円，

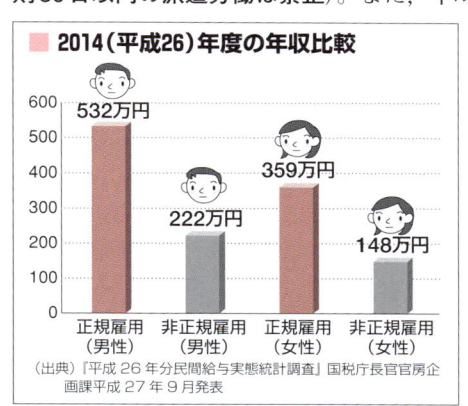

2014（平成26）年度の年収比較

532万円／222万円／359万円／148万円

正規雇用（男性）／非正規雇用（男性）／正規雇用（女性）／非正規雇用（女性）

（出典）『平成26年分民間給与実態統計調査』国税庁長官官房企画課平成27年9月発表

正規雇用者（女性）359万円。非正規雇用者（男性）で222万円，非正規雇用者（女性）で148万円となっています。正規雇用と非正規雇用の年収差は，**男性間でも300万円以上の開き**があります。もちろん非正規雇用には派遣労働者だけではなく，パート・アルバイトも含まれていることにも注意しましょう。また，**男女間の賃金格差も正規雇用者の男性に対して，女性のそれは約67％にとどま**り，非正規雇用でもほぼ同じ66％となります。これらのデータは，**女性の社会進出について，真剣に取り組まなくてはならないことを示しています。**

　また，3年経つと派遣先は労働者に直接雇用の申し入れをしなくてはならないため，結果的に，**雇い止め**が行われます。さらに，職業を転々とすることで，**生涯にわたって形成される職能能力，つまり「キャリア形成」の阻害要因ともなり，正社員へステップアップすることがなかなか難しいのです。**

つまり

> ① 登録型派遣　　② 収入格差　　③ キャリア形成の阻害

などの問題が指摘されます。

ちなみに，2015年の法改正により，「**3**」年としていた**派遣受け入れ期間を撤廃**しました（労使の合意などによる）。（p454（35）参照）

❖ 労働社会保障のこの分野，まだまだ問題が!!

● 外国人雇用の問題

　日本では，例えばマクドナルドでバイトする，というような「**単純労働**」での査証，つまり滞在資格は，原則認められていません。**1990年から日系人（特に多いのが日系ブラジル人ですが，）は例外的に認められました。**ただし，パスポート（旅券）や，査証の期限切れで働いている，いわゆる「不法就労者」も多くいます。この方々は「**キツイ，キタナイ，キケン**」という，いわゆる「**3K労働**」を強いられています。**労働上の各種法規は適応される**ものの，入管当局に判明した場合，即時強制送還となります（労働基準監督署などは通告しないこととなっていますが…）。

　こうして劣悪，かつ，非人間的な労働が，日本の国の中で当該労働者やその子どもたちに及んでいる実態があり，極めて劣悪な労働環境も存在することは事実です。

❖ 高年齢者雇用安定法と，長く働く人生

　1980年代から，日本は高齢者対策のため（年金支給年齢の引き上げに伴いながら。現在，国民年金の支給年齢は原則**65**歳から），高齢者にできるだけ長く働いてもらう施策を打って出ます。もちろん，人生80年と言われるこの日本において，生涯働くことが

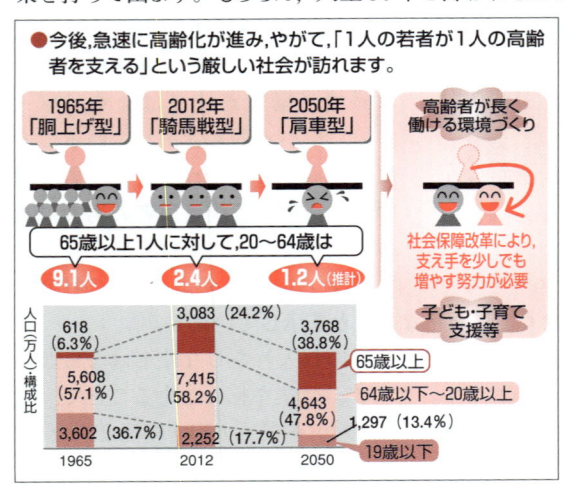

生き甲斐だと思う方々も多いことでしょう。一方で，年金支給額が，生活保護を下回る中で，働き続けることしか選択肢がない方々がいることも事実でしょう。

　左の資料は，厚生労働省のものです。

　つまり，65歳以上の人口が，4割・5割と増加を続けるなかで，現役世代の負担が増加するというシミュレーションです。**簡潔に言うと，**

今この本を読んでいるみんなが，この社会を受け入れざるを得なくなります。

一体こうした世の中が訪れることを前提として，どのような施策を考えるべきなのでしょうか？

政府の答えは簡単でした。つまり，**働き続けてもらうこと。そして税金を納め続けてもらうことです。**

2013年までに，事業者は次の3つの選択肢のうち，1つを選ぶ「**努力義務**」があります。

> ① **65**歳定年制
> ② 定年以降の「**継続雇用**」
> ③ 「**定年廃止**」 ※つまり定年のない正社員。40歳代での雇い止めの可能性も。

こうして，国家財政の危機は，国民生活の「未来への危機」をも予感させる感覚に襲われます。この日本に生まれてよかった。**そう誰もが言える日本をつくるためには，安定した所得保障と，医療，そして育児支援という中で，「少子化」と闘いながら，地道に，当たり前な政策を実行するしかないのかもしれません。**

❖ **待機児童**は「約2万人」

そのような中で，未来を背負う子どもたちは，日本にとって貴重な人材です。しかしながら，**待機児童**（6歳までに，保育施設等に入ることができない児童）が2018年4月時点で，**約20,000人。その水準は極めて高いのです。**

新しく生まれる命を粗末に扱うことは許されません。と同時に，今までの日本を作り上げてきた世代を軽んずることもできません。

かつて，死を目前にした，ジャーナリストであり，TBS系のニュース番組「ニュース23」のメインキャスターをつとめた，**筑紫哲也さんは「人間がガンに冒されると，必要なエネルギーが，生きるために必要なところへいかなくなる。つまり，高齢者にも，これからを担う若い人たちにもいかなくなる。この国はガンにかかっている。原因はすごく単純です。しかし敵はなかなかしぶといです。」**というニュアンスのコメントを残していました。

一体，「この国を守る」という，耳に心地よい言葉を発するとき，また私たちが聴くときに，本当に守るべきものは何なのか。

2018年。65歳以上の人口は「**28.1%**」と過去最高を記録した一方で，15歳未満の人口は「**12.2%**」と過去最低となっています。

また，**50歳までに一度も結婚をしたことのない人の割合**である「**生涯未婚率**（2015年）」は，男性で**23.4**%（1950年は1.45%），女性で**14.1**%（1950年では1.35%）となっています（国立社会保障人口問題研究所『人口統計資料集』2018より）。

5 社会保障のあゆみ

ココが出る！試験前の最強ポイント

★ 公的扶助〔英〕＋社会保険〔独〕＝社会保障〔米〕
★ エリザベス救貧法，ベバリッジ報告，アメとムチ政策の内容

① 社会保障とは

⇒政府が財政負担及び社会保険料により**国民の最低限度の生活　ナショナル・ミニマム**を保障する制度

公的扶助
（社会的弱者に対する経済援助）
→**1601年エリザベス救貧法**（英）

社会保険
（保険料と財政負担の公的保険）
→**1883年ビスマルクの疾病保険法**（独）

この2つを総合した制度が

社会保障 →1935年**社会保障法**（米）

⇒18世紀の**自由放任主義**により，19世紀以降に貧富の差，社会的弱者が増大
⇒20世紀，貧困は「**個人の責任**」ではなく「**社会全体の責任**」，**福祉国家**へ

② イギリスの社会保障 ➡ 初の公的扶助

1601年　**エリザベス救貧法**（ただし国王の恩恵的⇒福祉恩恵論に立脚）
1911年　**国民保険法**（健康保険と失業保険→失業保険としては世界初）
1942年　**ベバリッジ報告**⇒「**ゆりかごから墓場まで**」→**チャーチル**首相の時代

※この「ゆりかごから墓場まで」という言葉は，最低限度の生活を国が保障するという「**ナショナル・ミニマム**」の概念を含めた社会保障の在り方をいう。1980年代に入るとイギリスは財政赤字を立て直すため「**サッチャリズム**（保守党の**サッチャー**により進められた経済政策）」により歳出削減に転じ，福祉予算も縮減されていくこととなった。

③ ドイツの社会保障 ➡ 初の社会保険

⇒19世紀末，ドイツの鉄血宰相で有名な**ビスマルク**による→ **アメとムチ政策**
ムチ …1878年**社会主義者鎮圧法**
アメ …**1883**年**疾病保険法**，1884年労働者災害保険法，1889年養老廃疾保険法

④ アメリカの社会保障制度 ➡ 初の社会保障の名称の法

⇒1930年代世界恐慌→**F.ローズベルト**大統領の**ニューディール政策**の一環として→**1935**年**社会保障法**（社会保険＋公的扶助）が制定

※豆知識　アメリカの医療保険は民間中心である

スパッとわかる >>> 爽 快 講 義 <<<

　それでは社会保障分野に入りますよ。ここは**近年非常に出題頻度が高くなっ
ている項目**です。意外と受験生の盲点だよね。しっかり学ぼう！

▼ 公的扶助＋社会保険＝社会保障だ！

　社会保障は，**公的扶助**〔政府による社会的弱者に対する経済援助〕と，**社会
保険**〔社会保険料と財政負担による公的保険〕を総合した制度をいいます。こ
うして，政府が定めた国民の最低限度の生活の規準〔**ナショナル・ミニマム**〕
を保障する。これは**ベバリッジ報告**に登場する言葉です。ちなみに地方自治体
が設定した最低限度の生活の基準を「**シビル・ミニマム**」といいますよ。

　さて，**公的扶助**は**イギリス**の**エリザベス救貧法**（**1601**年）が起源で，国王の恩恵
的要素が強かったんだ。次の社会保険は，**ドイツ**の**アメとムチ政策**で有名な**ビス
マルク**が制定した**疾病保険法**（**1883**年）が起源ですよ。そして，**最後にこの2つを
総合して社会保障**を確立したのが，**米国**の**社会保障法**（**1935**年）です。これは**F.ロー
ズベルト大統領**の**ニューディール政策**の一環だったことを押さえておこうね。

▼ 20世紀に社会保障制度は発達した！→夜警国家から福祉国家への変容

　社会保障制度は20世紀に入ると発展していくんだ。なぜだろう？

　もう分かるよね？　そう，キーワードは**夜警国家**から**福祉国家**への変容だ。

　18世紀後半より**産業革命**が進展した。そして貧困は**個人の責任**とされてい
たんだ。当然，当時は**夜警国家**が理想とされ，国家は**自由放任主義**をとってい
たから，失業や貧困などの社会問題がどんどん加速するんだったね。こうして
20世紀に入ると，もはや貧困は「**社会全体の責任**」として捉えられるように
なり，**福祉国家**の実現のため，国家の社会保障制度が充実していくんだ。

▼ 英国，ドイツ，米国の制度は板書の赤字を必ず憶え，絶対試験前に見直せ！

▼ 財源方式は→3つある

　それではこの社会保障の費用はどうやって賄うのか？　1つは税金で公的扶
助を主として行う**租税方式**があるよね。2つ目には，保険料を別途徴収して社
会保険を軸とする**保険方式**があるんだ。3つ目にはこの2つを混ぜて行う，**中
間型**というのもある。まとめると以下のようになるよ。

> ①**北欧型**⇒租税中心　英国，スウェーデン　②**大陸型**⇒保険料中心　仏国，独国
> ③**中間型**⇒租税＋保険料　日本，米国

必ずやろう！　爽快問題集▼第2章　16

6 日本の社会保障制度

ココ が出る! 試験前の最強ポイント

★日本初の公的扶助→恤救規則　★戦後は→生存権と4つの柱
★医療，年金，介護保険の内容　★積立方式と賦課方式

① 日本の社会保障の歴史

1874年 **恤救規則**（天皇の恩恵的）→ 1922年 **健康保険法**（日本初の社会保険，工場労働者が対象）→ 1938年 **国民健康保険法**（未加入者の任意加入）→

1941年 **労働者年金保険法**（10名以上の事業所の男子労働者対象）→

1944年 **厚生年金保険法**（5名以上の事業所の男女が対象）

戦後…憲法第**25**条の「**健康で文化的な最低限度の生活**」**生存権**の保障

② 社会保障の4つの柱 ➡ 必ず暗記せよ！

| 社会保険 | 公的扶助 | 社会福祉 | 公衆衛生 |

③ 日本の社会保険 ➡ 特に医療保険，年金保険，介護保険が頻出

医療保険，年金保険，労働者災害補償保険，雇用保険，介護保険の5つ

● 医療保険，年金保険は職業別に加入保険が分かれる

医療保険	加入対象者	年金保険
健康保険	民間被用者〔サラリーマン〕	厚生年金
共済保険	公務員，私学教職員など	
国民健康保険	その他	国民年金

注目!!

⇒**1961**年 **国民皆保険**（1958年改正），**国民皆年金**（1959年改正）が実施
⇒**1973**年 **老人医療費無償化制度**→しかし，**1982**年**老人保健法**により**一部有料化**

④ 年金改革→基礎年金導入→積立方式と賦課方式の論述注意

⇒1985年の国民年金法改正により，1986年より**基礎年金**制度が導入
⇒20歳以上の全国民が（婦人も，91年からは学生も）加入する年金の一元化

積立方式…受給者の積立金により年金を賄う
賦課方式…その年毎の現役世代の保険料により年金を賄う

違いに注意!!

⇒両者の混合型を**修正積立方式**と呼ぶ
⇒2001年に企業年金について**確定拠出年金**制度（**日本版401K**）が制度化

スパッとわかる >>> 爽 快 講 義 <<<

▼ 戦前は恤救規則，戦後は4つの柱を押さえろ！ 板書①，②へ

日本の公的扶助は1874年の**恤救規則**です。これは**天皇の恩恵**として，高齢者などの社会的弱者に対して米代を支給するというものです。また，制度的な不備はあるものの，**健康保険法**（1922年），**国民健康保険法**（1938年），**厚生年金保険法**（1944年）などは戦前に制定されていたことを整理しておこう。

戦後になると，1947年に**日本国憲法**が施行され，この第**25**条において「**生存権**」が規定されるんだね。こうして日本は**社会保険**，**公的扶助**，**社会福祉**，**公衆衛生**の4つを柱とした社会保障が本格的にスタートするんだ。

特に社会保険は時事動向も含めて注意が必要です。それでは社会保険から順に講義をしていくぞーーっ！（3ページあるので最後までしっかり読んでね）

▼ 日本の社会保険は5つ！→特に医療，年金，介護が頻出！ 板書③へ

日本の社会保険は全部で，**医療保険**，**年金保険**，**労働者災害補償保険**，**雇用保険**，**介護保険**の5つ。先に労働者災害補償保険，雇用保険から説明するよ。

労働者災害補償保険（労災保険法1947年，保険料は全額使用者が負担する）は，業務中，つまり仕事による疾病の際に，事業者の保険料によって医療費などを支給する保険です。**通勤時も保険の対象に含まれる**ので注意しておいてね。

雇用保険（保険料は，使用者と労働者が負担する）は，（1947年の**失業保険法**が1974年に**雇用保険法**へ）失業時に，失業者が保険金の給付と雇用事業サービスが受けられるというもの。当然，不況が深刻化すればするほど，この給付額は大きくなるよね。

▼ 医療保険，年金保険は職業別に加入保険が分かれる！→表を必ず暗記せよ！

ちなみに**医療保険**は2003年度から，被用者が**2**割から**3**割負担へ，70歳以上の高所得高齢者も原則**1**割から**2**割へと負担が増額されているよ。

▼ 1961年に皆保険・皆年金実施 板書④へ

これはとても重要です。これは読んで字の如く，「みんなが医療保険と年金保険に加入できる」制度ですね。実は**国民皆保険・国民皆年金**が実施される前まで，農業や自営業者，従業員5人未満の小規模事業者，そして主婦などは，医療保険と年金保険に加入できなかったんだ。こうした人達も含めて加入できるようになった点がポイントだね。ちなみに年金保険については，**20歳以上の国民が，厚生年金，共済年金，国民年金のいずれかの加入が義務付けられました**。

また，**1973**年**老人医療費無償化**，**1982**年**老人保健法**により**一部有料化**になり，2008年からは**後期高齢者医療制度**へと移行しました（p456（39）参照）。

▼ 年金制度改革→基礎年金導入と確定拠出制度を押さえよ!!

1980年代に入ると，年金の制度改革が本格化します。とくに**高齢化の進展**による財源不足は深刻な問題でした。従来年金の財源方式は「**積立方式**」で賄

われていました。ほら，修学旅行の積立金を思い出してくれればいい。ああやって受給者が積立てた資金を基に年金を支給するんだね。でもこれだとインフレが進んだ場合の目減りや，金利など経済活動の影響を受けることになる。そこで政府は「**賦課方式**」に移行しようとします。これはその年に必要な年金を現役世代が**保険料**として負担するもの（現在はその移行期にあたるため**修正積立方式**）。そうなると，全国民がこの国民年金に加入する必要があるよね。こうして，**厚生年金**に加入している民間被用者，**共済年金**に加入している公務員を含め，日本国内の居住者が20歳以上になるとこの**国民年金**に加入することになったんだ。当然，**厚生年金**，**共済年金加入者**は，**国民年金**にも加入しなくてはいけない。だからいわゆる「二階建て年金」の仕組みになったんだ。

　また，**基礎年金**部分しか受け取ることのできない，自営業などのこれまで国民年金に加入していた人のために，任意加入の**国民年金基金**も創設されたよ。

　また，2015年10月からは**厚生年金**と**共済年金**が**一元化**され原則，民間被用者と公務員・私学教職員などは，**厚生年金**に加入することになりました。

改革のイメージ

▼ 2001年より企業年金に→確定拠出年金制度が導入可能に

　2001年，企業の厚生年金がその**運用の結果によって給付額が変動できる確定拠出年金**の導入が可能となった。企業の厚生年金は拠出された保険料を原資にして**様々な投資運用**をする。こうして**資金を増幅させ将来の給付に充てる**んです。しかし，バブル崩壊後は，**運用での目減り（損）**が起こってしまう。そこで加入者自身の責任での運用に応じて給付額が変動する**確定拠出制度**が企業の立場から必要になってきたんです。実はこの制度，米国歳入法の401・K条を**モデル**にしたことから，「**日本版401K**」とも呼ばれています。

▼ 介護保険は以下のとおり，絶対押さえよ!!

1997年に制定**2000年に施行**→ 介護保険法 →**在宅介護サービス**に保険が適用
→財源は**40**歳以上の[**保険料**]と[**租税**]，そして利用者は所得に応じて**1〜3**割の負担
→保険が適用されるのは**65**歳以上でかつ[**介護認定**]で[**要介護**]を受けたもの
→運営は[**市，町，村，特別区**]が行う（自治体間での格差あり）
→また，許可を取れば[**民間企業**]もサービスを提供できる

▼ 公的扶助は生活保護法によって実施される！

続いて，**公的扶助**です。これは，1946年の**生活保護法**（1950年改正）に基づいて，生活，教育，医療，住宅，出産，生業，介護，葬祭の8分野について，**社会福祉事務所**への本人の申請で経済扶助が行われるものです。実施に当たっては，**民生委員**による資質調査〔**ミーンズテスト**〕がある。さらに**無差別平等**の原理に基づいて実施。また，この**生活保護基準**をめぐる訴訟として以前学習した**朝日訴訟**や**堀木訴訟**があり，**プログラム規定説**とともに確認しておこう (p93)。

注目!! 生活保護費の2017年度の内訳は，**医療扶助**が約48.6％，**生活扶助**が約31.6％，**住宅扶助**が約16.3％でベスト3。総額は**3.6**兆円に上る。2017年度の受給世帯が**212万**人となっている。

▼ 社会福祉は福祉6法を押さえよ！

● 福祉6法⇒**生活保護法**（1946年，1950年改正），**児童福祉法**（1947年），**身体障害者福祉法**（1949年），**精神薄弱者福祉法**（1960年），**老人福祉法**（1963年），**母子福祉法**（1964年）

注目!! 1960年に制定された「精神薄弱者福祉法」は1998年に「**知的障害者福祉法**」に。1964年に制定された「母子福祉法」は1981年に「**母子寡婦福祉法**」となった。受験ではそれぞれ後者で押さえておこう。

▼ 公衆衛生は国民の衛生の保持や伝染病予防など保健所主体で実施される！

● **重要年表**→★は要注意

年	事項	年	事項
1874	恤救規則制定（最初の公的扶助）★	1963	老人福祉法制定
1922	健康保険法（最初の社会保険）	1964	母子福祉法制定
1929	救護法制定（恤救規則の発展）		81年に母子及び寡婦福祉法と改題
1931	労働者災害扶助法	1967	朝日訴訟最高裁判決
	労働者災害扶助責任保険法	1968	国民健康保険法改正
1938	国民健康保険法	1971	児童手当法制定
1941	労働者年金保険法	1973	**福祉元年**★　労災保険法改正
1944	厚生年金保険法		健康保険法改正　**老人医療無償化**★
1946	生活保護法（旧法）制定		年金の**物価スライド**制導入★
	新憲法制定（生存権の規定）	1974	雇用保険法制定
1947	労働者災害補償保険法	1976	中高年齢者雇用促進法改正
	失業保険法制定，児童福祉法制定	1982	堀木訴訟最高裁判決
	国家公務員共済組合法制定		**老人保健法**（実施83年）★→**一部有料化へ**
1948	国民健康保険法改正	1985	国民年金法改正
1949	身体障害者福祉法制定		→**基礎年金**制度導入★（実施は86年）
1950	**生活保護法**（新法）制定★	1991	国民年金に20歳以上の学生強制加入へ
1954	厚生年金保険法改正	1997	健康保険本人2割負担導入
1956	公共企業体職員等共済組合法		→2003年から**3割**
1958	**国民健康保険法改正→国民皆保険**	2000	**介護保険**制度スタート
1959	**国民年金法制定→国民皆年金**★	2001	**確定拠出年金**法制定★
1960	精神薄弱者福祉法制定	2004	年金の**マクロ経済スライド**導入※
	身体障害者雇用促進法	2008	**後期高齢者医療制度**スタート（p456参照）
1961	国民皆保険皆年金完全実施		（これに伴い老人保健法が廃止）

※1973年の年金の物価スライドでは，物価や賃金の上昇に伴って年金の受給額を増加させる。一方マクロ経済スライドでは，物価や賃金の上昇分よりも年金の給付額の上昇分を少なくする。少子高齢化での財源不足が背景にある。

必ずやろう爽快問題集▼第2章 16

7 少子高齢化問題

ココが出る！試験前の最強ポイント
★高齢化と少子化の定義　★グラフにも注意　★ノーマライゼーションの論述

① 何が問題？

⇒少子高齢化は財政負担が増大し，結果として生産年齢人口への負担が増大

● **国連の人口区分**

　年少人口（0～14歳）　**生産年齢人口**（15～64歳）　**老年人口**（65歳以上）

　⇒年少人口と老年人口を合わせて「**従属人口**」という

② 高齢化の定義（国連による）⇒ 全国民に占める老年人口比率

● ［**7**％］を超えた社会を→　**高齢化社会**　※日本は**1970**年に突破
● ［**14**％］を超えた社会を→　**高齢社会**　※日本は**1994**年に突破
● ［**21**％］を超えた社会を→　**超高齢社会**　※日本は**2007**年に突破

> **データ** この移行スピードは世界一（7％から14％になるまで24年）である。ちなみに平均寿命は2017年現在，女性87.26歳，男性81.09歳である。

③ 少子化問題 ⇒ 合計特殊出生率が**2.08**を下回った状態

⇒**合計特殊出生率**（1人の女性が一生に産む子供の数の合計の平均）の低下

> **データ 1974年2.05→少子化へ　1989年1.57［ショック］** 1997年1.39（東京で1.05）
> 　2001年1.33　2002年1.39　2005年1.26　2018年**1.42**

④ 少子高齢化対策 ⇒ 高齢対策，**ノーマライゼーション**を目指して

● **高齢化対策** → 1989年**ゴールドプラン**，1994年**新ゴールドプラン**
　　　　　　　　1999年ゴールドプラン21

● **少子化対策** → 1995年**エンゼルプラン**，2000年**新エンゼルプラン**

政策名を暗記!!

日本の人口と将来推計

平均寿命の国際比較

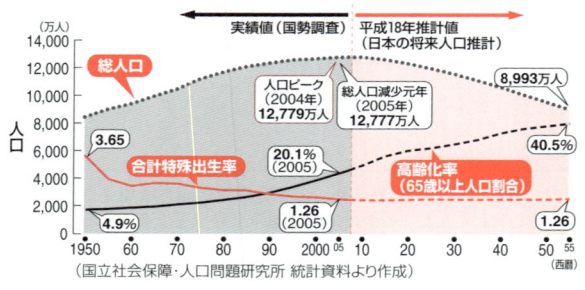

（国立社会保障・人口問題研究所 統計資料より作成）

	男性	女性
1位	香港 81.7歳（2017年）	香港 87.66歳（2017年）
2位	スイス 81.5歳（2016年）	日本 87.26歳（2015年）
3位	日本 81.09歳（2017年）	スペイン 85.84歳（2016年）

（2018年7月30日 厚生労働省発表資料より作成（　）内は調査年）

第6章　労働問題と社会保障

スパッとわかる >>> 爽 快 講 義 <<<

▼ 高齢化の定義を押さえよ→老年人口比が7%で高齢化社会　板書①，②へ

国連では，**14歳以下**を**年少人口**，**15〜64歳**までを**生産年齢人口**，**65歳以上**を**老年人口**（高齢者人口）と区分しています。また**年少人口と老年人口**は，生産年齢人口に依存せざるを得ないため，**従属人口とも区分**されるんだ。

この老年人口の全国民に占める比率が**7**％を超えた社会を**高齢化社会**，**14**％を超えた社会を**高齢社会**，**21**％を超えた社会を**超高齢社会**といいます。日本は**1970**年に**高齢化社会**に，**1994**年に**高齢社会**に，**2007**年には**超高齢社会**に突入しています。

ここではデータがとにかく出題されますので，板書とグラフで必ずデータを確認してね。特に**2055**年に**40.5**％（推計）まで高まる点は注意です。

▼ 少子化とは→合計特殊出生率の低下だ！　板書③へ

少子化は，1人の女性が一生に産む子供の数の合計の平均である，**合計特殊出生率**の低下です。厳密にはこの値が**2.08**を下回った社会を少子化社会といいます。日本では**1974**年に**2.05**となり少子化社会に突入したんです。また**1989**年**1.57**となり，この「**1.57ショック**」が列島を震撼させたんです。**2005**年には過去最低の「**1.26**」を記録しました（この**2005**年は**総人口減少元年**）。2018年は**1.42**となっています。少子化の理由としては，①**晩婚化・非婚化**，②**女性の社会進出**，③**都市化**などが挙げられます。

▼ 高齢化対策「ゴールドプラン」，少子化対策「エンゼルプラン」　板書④へ

板書④に，対策を挙げました。年代の順と用語を押さえておけば大丈夫でしょう。ちなみにゴールドプランは**特別養護老人ホーム**，**デイサービス**，**ショートステイ**などの施設の整備，**ホームヘルパー**の養成などが盛り込まれています。

一方の**エンゼルプラン**の骨子は，低年齢児の保育所受け入れの拡大，育児休業給付の給付水準の引き上げ，出産・子育てのために退職した者に対する再就職の支援などが盛り込まれています。

▼ ノーマライゼーション→論述注意！

ノーマライゼーションとは，高齢者や障害者が健常者と同じように生活できる社会を目指すことばです。この実現のためには，高齢者や障害者の障壁となるもの（段差など）を取り除く**バリアフリー**が必要なんです。ちなみに1994年に**ハートビル法**（高齢者，身体障害者等が円滑に利用できる特定建築物の建築の促進に関する法律）が制定され，2000年に**交通バリアフリー法**（高齢者，身体障害者等の公共交通機関を利用した移動の円滑化の促進に関する法律）が制定されています。2006年にはこの2つを統合した**新バリアフリー法**（高齢者，障害者等の移動等の円滑化の促進に関する法律）が施行されました。

必ずやろう！　爽快問題集 ▼ 第2章　16

①各国の労働時間と賃金

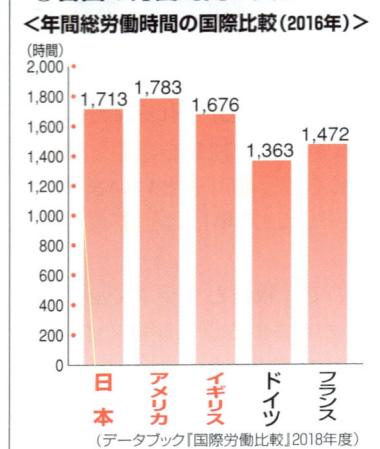

＜年間総労働時間の国際比較（2016年）＞

（データブック『国際労働比較』2018年度）

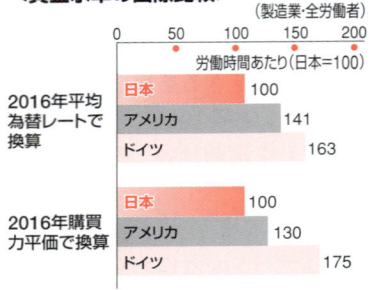

＜賃金水準の国際比較＞

（製造業・全労働者）

（データブック『国際労働比較』2018年度）

※購買力平価とは，国によって異なる物価水準を考慮に入れて，消費者の実質的な購買力から算出された2国間貨幣の変換比率。例えば，為替レートで換算した賃金が同じ場合，物価水準の低い国ほど，実質的な賃金水準は高いことになる。

⇒労働時間そのものは，2016年で**アメリカ**，**日本**，**イギリス**がベスト3である
⇒賃金比較や，実際の購買力，つまりモノを買うことのできる力でみると**日本**は**低い水準**である
⇒また，**過労死**も"KAROSHI"が国際的に通用する異常な状況にあり，2017年度で過労死・過労自殺は190件が認定されている
⇒2014年には**過労死対策を国の義務**とする「**過労死防止法**」が成立した

②日本の労働組合組織率

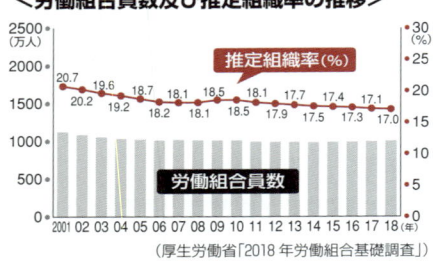

＜労働組合員数及び推定組織率の推移＞

（厚生労働省「2018年労働組合基礎調査」）

⇒組合組織率とは雇用者数に占める組合員数の割合
⇒日本の現在の組合組織率は**20%**を下回るなど年々減少傾向
（1975年の「34.4%」を境にして連続して低下。）
（2018年には17.0%）
⇒一方，雇用者数はパートの増加などで増加している

●**組織率の低下の要因**
1. **パート**や**アルバイト**などの増加（ちなみにこの人達も組合に入ることができる）
2. 大企業の組合員自体は変化していないが，**新規の雇用者**が，なかなか組合に入らない。また，雇用者数の増加なども背景にある。

第**6**章 労働問題と社会保障

第7章

国際経済と
人類の諸課題

経済分野

1 国際貿易とその学説

ココが出る! 試験前の最強ポイント

★自由貿易 ➡ リカード　★保護貿易 ➡ リスト　★比較生産費説の理論

① 国際分業の種類

水平的分業…工業国同士，農業国同士の，ほぼ**対等**な分業関係

垂直的分業…先進国が工業製品などの**二次産品**を，途上国がその原材料となる**一次産品**を生産する，支配と被支配の関係が構築されやすい分業関係

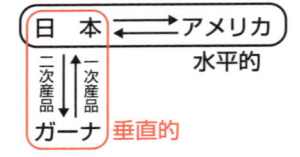

② 国際貿易に関する学説

1. 自由貿易…輸出入を政府が**介入**せずに民間が自由に行う貿易
　⇒ **リカード**(1772～1823年・英)が『**経済学及び課税の原理**』において**比較生産費説**の中で主張

● **比較生産費説とは**

> 両国が得意な生産物に生産を特化し，それを輸出した方が全体として生産性が高まるという説→爽快講義で理屈を説明

2. 保護貿易…政府が介入し，輸入制限などを行い自国の産業を保護する貿易
　⇒ **リスト**(1789～1846年・独)がその著書『**経済学の国民的体系**』の中で主張

スパッとわかる ≫≫ 爽快講義 ≪≪

▼ 僕等は一人で暮らせない！

　この世界では，全てを国内で自給自足する「**アウタルキー経済**」は，ほぼ見られません。日本やアメリカなどもそうで，自国で生産できない物を輸入して，生産し，その一部を輸出します。こうした**国際分業**の下，**輸出・輸入を行うこと**を貿易といいます。また，現在では，自動車やぶどうなどのモノ中心の「財貿易」だけではなく，**運輸・旅客**(航空機やホテルの利用など)，**特許使用料**(ライセンス料の支払い・受け取り)などのサービスに関わる，「**サービス貿易**」も**活発化**している。今話題の「**インバウンド**(訪日外国人，2015年は過去最高の2535万9000人)」などは，まさに，日本のホテルに泊まり，新幹線に乗り，飛行機に乗る。これは典型的なサービス貿易の例だといえます。

　さて，板書①のように，工業国間，農業国間で行われる交易を「**水平的分業**」，途上国が原料である「**一次産品**」を輸出し，先進国がそれを工業製品などの「**ニ**

第7章 国際経済と人類の諸課題

次産品（一次産品を加工した物）を輸出する交易を「垂直的分業」といいます。

問題なのは、この「垂直的分業」が、支配する側と支配される側とで分かれ、国際的な社会的・経済的格差を生み出してしまう、ということです。例えば農業製品は、工業製品に比べて価格が安い。一方で工業製品は高い。途上国が農業製品、先進国が工業製品のみに生産が固定化されると、国際間での南北問題（p414参照）などの経済格差が拡大します。

▶ 自由貿易と保護貿易

板書②を見てください。19世紀にイギリスのリカードが、政府が貿易制限を加えない「自由貿易」を「比較生産費説」で主張。一方ドイツのリストは、未熟な発展段階にある多くの国の幼稚産業（国内の国際競争力の弱い産業、当時のドイツの場合は工業）を保護するため、政府が、外国の工業製品などに高関税（保護関税）を課し、外国の工業製品をシャットアウトし保護貿易政策を探る。後に国内の幼稚産業が育ってきたところで、自由貿易へと徐々に切り替えるべきだとする、「経済発展段階説」を唱えました。

現在では、南北問題という、国際的な経済格差があります。このリストの説は、そうした途上国の意見を代弁しているとも言えます。また、途上国の経済的自立のために、先進国が途上国の製品を適正な価格で購入する「フェアトレード」が、途上国の自立のために必要視されています。

▶ リカードの比較生産費説を理解せよ！

比較生産費説とは、両国が得意な生産物に生産を集中して（特化して）、それを輸出し合ったほうが、両国全体にとって有利である、という説です。これによりリカードは自由貿易を提唱しました。これを以下にもう少し説明しますね。

以下に説明するのは、「世界には表内の2カ国のみしか存在しない」、「生産財は表内の2種の財のみ」、「労働力は表内の数のみ。国際間の労働力移動はない」、「関税などはかからない」という前提の下に成立します。

▶ 次の表を見てください。

	ワイン1単位の生産に必要な労働力	毛布1単位の生産に必要な労働力	国内の労働力の合計
ポルトガル	8	9	17
イギリス	12	10	22

これは、1単位のワインと毛布を生産するのに必要な労働者数を表したものです。このように財1単位を生産するのに必要な労働投入量を「労働生産性」といいます。例えばこの場合、ポルトガルでは、ワインは8人、毛布は9人が1単

位の生産に必要です。

イギリスでは，ワインは12人，毛布は10人が1単位の生産に必要です。

両財の労働力を国際間で絶対比較することで得られる優位性を「**絶対優位**」といいます（この概念は，**アダム・スミス**による）。この場合，ポルトガルが両財ともに絶対優位を持ちます。しかしこれでは互いに貿易するメリットがありません。そこで登場するのが，**リカード**の「**比較優位**」という概念です。

▼まず国内における「機会費用」を考える！

「**機会費用**」とは，国内である財の生産を（例えば）1単位増やす際に失われるもう一方の財の単位，つまり犠牲（コスト・費用）です。経済社会では，あるものを手に入れるためには，あるものをあきらめなければなりません。こうした関係を「**トレード・オフ**」と言います。例えば，ポルトガルとイギリスがそれぞれワインを1単位増産することにします。すると毛布は何単位削減しないといけないのでしょうか。

> ポルトガルではワイン1単位の生産に8人必要ですから，**毛布を8/9（約0.89）単位削減**することになります。
> 一方で，イギリスではワイン1単位の生産に12人必要ですから，**毛布を12/10，つまり6/5（1.2）単位削減**することになります。

▼するとどうなる？

すると，毛布の犠牲が少なくて済むのは，ポルトガルということになります。こうして，ポルトガルがワインの生産に特化（それだけを生産すること）し，イギリスは毛布の生産に特化します。

▼ 特化前と比較してみよう‼

特化前は，世界全体でワインは「2単位（ポルトガルが1単位，イギリスも1単位，合わせて2単位）」。毛布も「2単位（ポルトガルが1単位，イギリスも1単位，合わせて2単位）」で，両国のワインと毛布の合計は4単位でした。

しかし，ポルトガルがワインの生産に特化すると，17/8でワイン2.125単位，特化前（両国合計で2単位）と比較すると，ワインが「0.125単位（2.125単位－2単位）」増加しています。一方，イギリスが毛布の生産に特化すると，22/10で毛布が2.2単位生産できます。特化前（両国合計で2単位）と比較すると，ワインが「0.2単位（2.2単位－2単位）」増加しています。この分野は，計算のみではなく，「**絶対優位**」，「**比較優位**」，「**機会費用**」という概念を理解し，多くの問題を解いて理解を深めましょう。

深める 爽快講義

テーマ 「ローレンツ曲線」と「ジニ係数」，
「相対的貧困率」から格差を考える!!

講義ポイント

　近年，ローレンツ曲線やジニ係数，相対的貧困率，ベーシック・インカムの出題が増えています。これらは所得格差を考える重要な手がかりとなります。数学が苦手な人でも簡単に理解できるので，この際，学んでおきましょう。

（1）ローレンツ曲線

　まず次のような村を想定します。あるところに，爽快村という村がありました。爽快村にはA，B，C，Dの4人が住んでいて，生み出される所得総額は年間100万円です。以上を前提に，次のようなケースで**ローレンツ曲線**を考えてみましょう。

①4人に平等に100万円が配分された場合（格差のない社会）

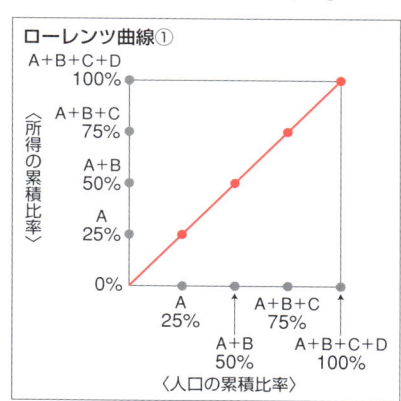

ローレンツ曲線①

　この場合，Aに「25万円」，Bに「25万円」，Cに「25万円」，Dに「25万円」が配分されることになります。

　これを左のグラフに表します。このグラフは，縦軸は所得の累積比率，横軸は人口の累積比率で，所得の低い順からとっていきます。

　すると，Aで人口の累積比率は25％，所得の累積比率は25％，A＋Bで人口の累積比率は50％，所得の累積比率は50％，A＋B＋Cで人口の累積比率は75％，A＋B＋Cで所得の累積比率は75％，A＋B＋C＋Dで人口の累積比率は100％，A＋B＋C＋Dで所得の累積比率は100％となり，この点を結ぶと「**45度線**」が現れます。これは所得が最も公平に配分されたことを意味するため，「均等分布線」と呼ばれています。

②次に4人に少し所得格差が生じた場合（格差社会）

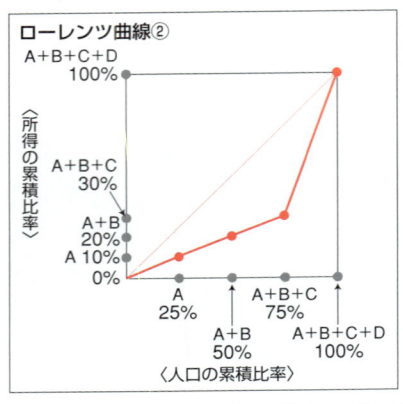

ここで，Aに「10万円」，Bに「10万円」，Cに「10万円」，Dに「70万円」が配分される場合を考えましょう。

すると，Aで人口の累積比率は25％，所得の累積比率は10％，A＋Bで人口の累積比率は50％，所得の累積比率は20％，A＋B＋Cで人口の累積比率は75％，A＋B＋Cで所得の累積比率は30％，A＋B＋C＋Dで人口の累積比率は100％，A＋B＋C＋Dで所得の累積比率は100％となり，この点を結ぶと「45度線」から下方向に曲線が描かれます。このように，所得が公平に配分されなくなると，この曲線の傾斜は大きくなります。

③最後に1人にすべての所得が配分された場合（極端な格差社会）

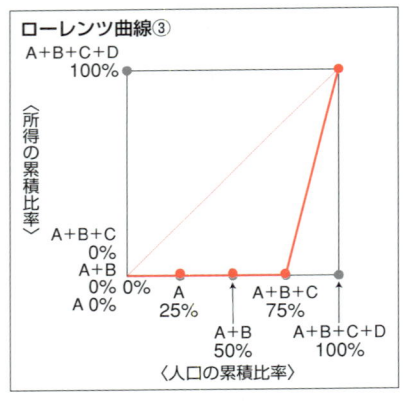

ここで，Aに「0万円」，Bに「0万円」，Cに「0万円」，Dに「100万円」が配分される，極端な爽快村の場合を考えましょう。

すると，Aで人口の累積比率は25％，所得の累積比率は0％，A＋Bで人口の累積比率は50％，所得の累積比率は0％，A＋B＋Cで人口の累積率は75％，A＋B＋Cで所得の累積比率は0％，A＋B＋C＋Dで人口の累積比率は100％，A＋B＋C＋Dで所得の累積比率は100％となり，この点を結ぶとほぼ，直角に近い曲線（⌐の形）が描かれます。このように，最も格差の大きい場合，ローレンツ曲線は直角に近い曲線（⌐の形）となります。

(2) ジニ係数

ジニ係数とは，均等分布線である45度線と，ローレンツ曲線で囲まれた面積を2倍し，ローレンツ曲線を指数化したものです。

前例①のように，**所得が平等に配分されていれば，等分線45°とローレンツ曲線が一致するので，面積は「0」**となります。

これは最も格差がないことを意味します。

「／（均等分布線）」 ＋ 「／（ローレンツ曲線）」 ×2 ＝ 「0」

一方，一人がすべての所得を得る③のような場合，直角に近い曲線「 ⌐ の形」のローレンツ曲線が描かれます。実際は人口がもっと多いため，便宜上ローレンツ曲線を「⌐」と考えます。

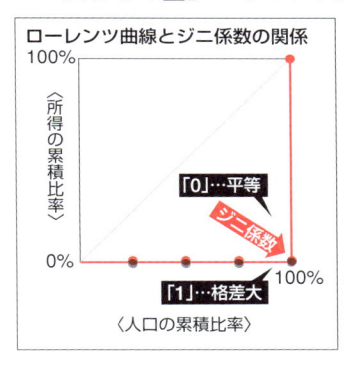

ローレンツ曲線とジニ係数の関係

〈所得の累積比率〉

100%

「0」…平等

ジニ係数

0%

「1」…格差大

〈人口の累積比率〉

100%

すると**直角三角形「1/2」の面積となり，これを2倍して「1」というジニ係数**が得られます。これは**最も格差が拡大したことを意味**します。

「／（均等分布線）」 ＋ 「⌐」（ローレンツ曲線）」 ×2 ＝ 「1」

つまり，

「◿」 × 2 ＝ 「1」

このように，ジニ係数は「0」から「1」の係数で，ジニ係数が「1」に近づくにつれて，格差は拡大していることになります。そして，**格差の拡大とともに，ローレンツ曲線は，均等分布線よりも下方向に傾斜している**ことになります。

（3）国際比較　※再分配所得で見たジニ係数

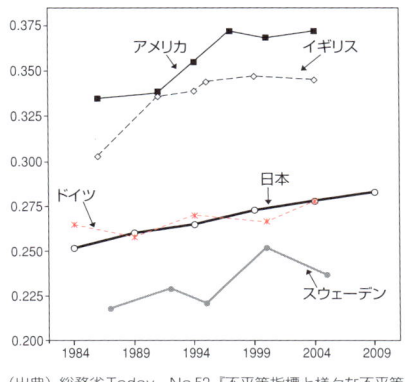

（出典）総務省Today　No.53『不平等指標と様々な不平等について考える』
（注）表は再分配所得で見たジニ係数

このように，**アメリカ**はジニ係数が高く，格差が大きいことが分かります。そして**スウェーデン**は，格差が低いことが分かります。また『爽快問題集』（p212）に掲載したセンター試験の問題にもある通り，**所得の再分配**政策（**累進課税**や，**社会保障給付**）が行われた再分配所得では，格差は縮小する傾向があることも押さえておきましょう。

世界的に，1980年代から**新自由主義**（規制緩和や歳出削減などの「**小さな**

政府」を目指す）の流れの中で、競争が激化し、格差が拡大している様子がうかがえます。また日本においても、1980年代の**三公社民営化**や、派遣労働の解禁（1985年に**労働者派遣事業法**を制定）、2000年代の**構造改革**の流れの中で、ジニ係数の上昇、つまり格差の拡大が確認できます。

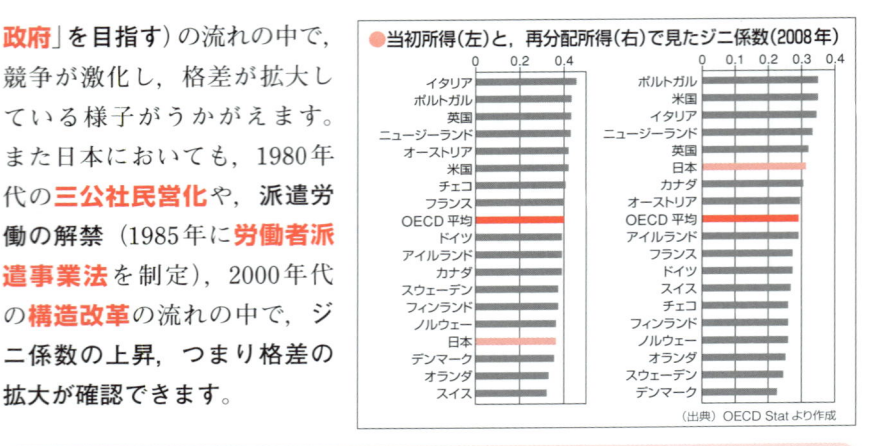

●当初所得（左）と、再分配所得（右）で見たジニ係数（2008年）

（出典）OECD Stat より作成

(4) 相対的貧困率って？　えっ！　日本が高い。ベーシック・インカムって？

　ここで、近年注目されている「**相対的貧困率**」について、説明しましょう。相対的貧困率とは、所得の中央値の半分（貧困線）を下回っている人の割合です。2013年の国民生活基礎調査（厚生労働省発表）では、中央値の半分の所得（貧困線）は122万円（名目値）となっています。つまり月10万円程度で生活している人々です。2013年の相対的貧困率は**16.1％**にのぼり、その値は先進国でも高い水準となっています。特に、大人一人で子どもを養育している世帯では、**50.8％**にものぼり、この水準はアメリカを抜いています。

　今後、無償の奨学金制度の拡充や、収入に関係なく一定の現金を全国民に支給する「**ベーシック・インカム**」*の導入などの検討の必要があることでしょう。

ただし、ベーシック・インカムについては、多様な働き方の拡充や、増加した余暇時間を学習やボランティアに充てることができる一方で、財源問題や、競争力の低下、働かない人が増えるのではとの懸念も指摘されています。一方で貧困を放置せずに「**健康で文化的な最低限度の生活**」、すなわち**生存権**を保障することは、日本国憲法第**25**条で定められた国の責任でもあります。

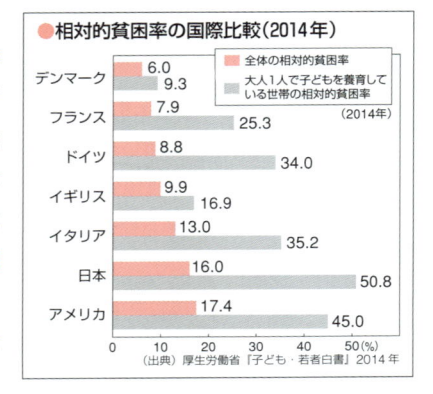

●相対的貧困率の国際比較（2014年）

■ 全体の相対的貧困率
■ 大人1人で子どもを養育している世帯の相対的貧困率

（2014年）

	全体の相対的貧困率	大人1人で子どもを養育している世帯の相対的貧困率
デンマーク	6.0	9.3
フランス	7.9	25.3
ドイツ	8.8	34.0
イギリス	9.9	16.9
イタリア	13.0	35.2
日本	16.0	50.8
アメリカ	17.4	45.0

（出典）厚生労働省『子ども・若者白書』2014年

※A　2016年6月に、この制度の導入について、スイスで国民投票が行われた。結果は反対派が賛成派を上回った。
　　B　2016年から、オランダのユトレヒトで、ベーシック・インカムのパイロットプログラムが実施されている。

2 外国為替レート 円高と円安

ココ が出る! 試験前の最強ポイント

★円高と円安の概念の理解　★レートの決定要因

① 外国為替レートとは

⇒国際間での決済（支払い）には，通貨を用いるのではなく，主に**外国為替手形**を用いる この相場が外国為替レート（相場）である

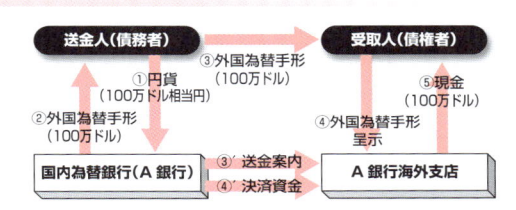

② 円高と円安

● **円高**（1ドル＝100円→80円）⇒輸入は**有利**，輸出は**不利**⇒貿易収支［**赤字**］
● **円安**（1ドル＝100円→120円）⇒輸入は**不利**，輸出は**有利**⇒貿易収支［**黒字**］

③ 外国為替レートの決定要因

⇒自国通貨（円）と外貨（ドル）の**外国為替市場**での**需要**と**供給**のバランスで決定
⇒当然，その通貨の［**需要**］が増加すれば，その通貨の価値は［**上昇**］
　　　　その通貨の［**供給**］が増加すれば，その通貨の価値は［**下落**］

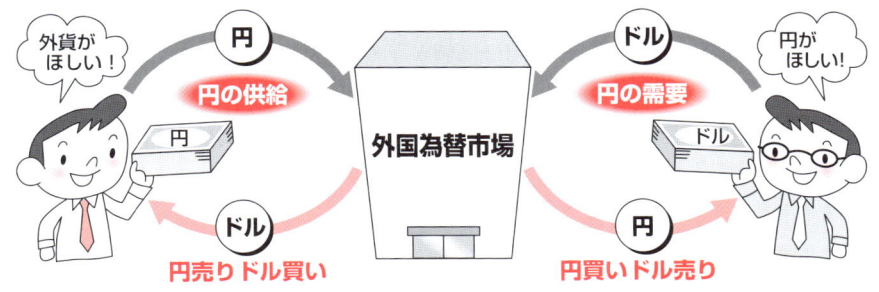

1. ［円の需要側］⇒外貨を円に換える必要性がある人々→**円買いドル売り**をする
● 日本の輸出業者→**外貨で得た収益を円建てする**
● 海外から日本への旅行者や投資家→**外貨を円に換えて旅行や投資**

2. ［円の供給者］⇒円を外貨に換える必要性がある人々→**円売りドル買い**をする
● 日本の輸入業者→**円を外貨に換えて外国から商品を買う**
● 日本から海外への旅行者や投資家→**円を外貨に換えて旅行や投資**

▼ 国際間の決済は外国為替レートで行われる

板書①の図を見てください。このように国際間での決済（支払い）はドルや円といった通貨で行われるのではなく，金融機関で**外国為替手形**に交換し，この**外国為替手形**で決済が行われるんだね。つまりこの**外国為替手形**の相場が，前日と比較して円が高かったのか，安かったのかが，円高，円安というわけなんです。当然，前日と変わらないこともあるから，この場合は，前日とほぼ「同じ水準」などと表現します。ちなみにこのレートが変動するのが**変動相場制**，固定なのが**固定相場制**（後の項目で詳しく解説）で，現在ほとんどがこの変動相場制です。

▼ 円高と円安　超基本→知ってる人もホントに説明できるかな？

1ドルをどれだけの円で交換できるのか？ここが最大のポイントになります。

例えば今1ドルが100円から80円になったとするよ。つまり，日本人は20円分安く1ドルを手にすることができる。つまり1ドル100円していたガムを80円で買えるよね。ほら分かるかな？明らかに円の価値が高くなっていますよね。この円の価値が高くなることを**円高**というんだ。

逆に今，1ドルが100円から120円になったとする。すると1ドルを20円分高く買わなきゃいけない。明らかに損ですよね。つまり円の価値は下がっている。この円の価値が下がることを**円安**という。だから，1ドルが120円，170円と高くなればなるほど日本の円は価値が下がり**円安**になるし，1ドルが80円，60円と安くなればなるほど，日本の円の価値は高くなり**円高**になるんだね。

▼ 円高と円安がもたらす貿易への影響→貿易収支が円高は**赤字**，円安は**黒字**

さてここで，貿易との関係を見ておくよ。

例えば1ドルが100円から80円の円高になれば，**20円分ドル製品が安く買える**。すると**輸入**には**有利**だよね。だって1995年には1ドルが79円にまで円高が進行した。このときは，かの有名香水が980円だったんだから。でも輸出はどうだろう。そうだね。日本が1ドルで自動車の部品を売っても，**80円にしかならない**。それまでは100円手にできたんだから20円の損だね。つまり**輸出**は**損**なんだ。

つまり円高は言い換えれば買ってばっかりいて，儲けることができない。

よって円高は外貨が出て行くことになるので貿易収支は**赤字**になるんです。

今度は逆に，1ドルが100円から120円の円安になったとしよう。すると日

本人は外国製品の国内価格が高く感じられるから**買わない**。つまり**輸入しない**んだ。逆に日本製品を1ドルで売ったとき，100円から120円に収益が20円UPするよね。つまり**輸出**には**有利**な状態になっているね。だから**輸出**が**拡大**して外貨を多く獲得できるので，**円安**は貿易収支を**黒字**にするんだね。

▼ 円高と円安，レート（相場）はどこで決まるの？　以下センター多数出題あり！

円高と円安のレートは，**外国為替市場**で決定されます。ここで日々，円やドルが売買されているんだ。日本の為替ディーラーは上田ハーローなんかが有名だ。

当然その通貨の**需要**が高まればレートは上昇するし，逆に手放す人，すなわち**供給**が増加すれば，その通貨のレートは下落するよね。人気があれば高くなり，人気がなければ安くなる。

さて，ここで円の需要（ドルの供給）の増加要因について考えよう。

つまり，円を買ってドルを売る，円買い，ドル売りの要因。まず，**日本の輸出の拡大**だね。例えばトヨタが自動車を輸出すると，当然ドルで売上げを得ることになるよね。日本でドルは使えないから，**ドルで得た収益を円に換える必要**があるね。つまりドルを手放し，円を手に入れる。また海外から日本に来る**海外旅行者の増加**だよね。ドルを手放し，円を手に入れていざ日本へ。また海外からの**日本への投資拡大**も。仮に日本の金利が上昇すれば，日本の銀行に円で自分の資金を貯めようとするよね。この人達はドルを手放し，円を手に入れる，円買いドル売りのパターンになる。つまり外国為替市場で円を買う，円の**需要**者，と同時にドルの**供給**者になるね。この時レートは**円高・ドル安**だね。

逆に，円の供給（ドルの需要）の増加要因について考えよう！

次に円を売ってドルを買う，円売り，ドル買いの要因だね。まず**輸入の拡大**。外国製品を輸入する際にドルが必要になりますよね。つまり円を手放し，ドルを買うんだ。次に日本から**海外への旅行者増加**。円を手放して，ドルを手にいざ海外へ。そして，**日本からの海外への投資の拡大**。外国の金融機関の金利が高くなれば，**外貨預金をする**よね。この人達は円を手放し，ドルに換え，ドル預金する。つまり彼らは，外国為替市場において円の**供給**者，と同時にドルの**需要**者になるね。このとき，当然レートは**円安・ドル高**となりますよね。

3 国際収支

ココが出る！試験前の最強ポイント

★ 2014年以降の新統計と計上項目　★ 特に金融収支の捉え方
★ 日本やアメリカ，中国の収支構造の特徴

① 国際収支とは

⇒ **一定期間**の（一般的には一年），対外的な様々な経済取引を体系的に記録した統計。「**フロー**」の概念に当たる。IMF（国際通貨基金）の，国際収支マニュアルに基づき各国が作成する。2014年1月から新統計（第6版）へと移行した

超重要原則
外貨・資産の**受取り・流入**は ➡ **プラス**
外貨・資産の**支払い・流出**は **マイナス**

② 国際収支の項目

⇒ 「**経常収支**」，「**資本移転等収支**」，「**金融収支**」，「誤差脱漏」から構成される

経常収支	貿易・サービス収支	貿易収支 ⇒ 財の**輸出入**の取引を計上
		サービス収支 ⇒ **旅客**，宿泊，通信，保険，**知的財産権**（特許権や著作権，商標権など）の**使用料**などの取引（**サービス貿易**）を計上
	第一次所得収支	雇用者報酬，投資収益，利子・配当などの取引を計上
	第二次所得収支	対価を伴わない資金の移転。例えば，**食糧や医薬品など**の消費に関わる無償援助や，国際機関への拠出金，相手国の資本形成とならない消費財などへの**ODA**（政府開発援助），**仕送り**などの取引を計上
資本移転等収支		対価を伴わない資産の移転。例えば，道路や港湾などの，**無償の社会資本援助**，相手国の資本形成となる**ODA**，特許権などの**知的財産権**などの権利の取得に関わる取引を計上
金融収支 ★**資産・負債の増減を記録**	直接投資	⇒ 土地などの**不動産**取引や，**工場や会社**の設立・買収・合併，**経営権取得**のために海外企業の株式を取得する投資
	証券投資	⇒ 経営権取得目的以外の，**配当や利子**収入を目的とした，**海外株式**や海外債券を取得する投資
	金融派生商品	⇒ **デリバティブ**（先物やオプションなど）取引に関わる投資
	その他投資	⇒ 銀行・企業・政府による**貸付け**や貸出し，**現金**，**預金**など
	外貨準備	⇒ 中央銀行や政府が保有する，対外的な決済手段である，**外貨**（ドルなど），金，**SDR**（IMFの特別引き出し権，p396〜399参照）など
誤差脱漏		統計上の誤差の記録

スパッとわかる >>> 爽 快 講 義 <<<

▼ 国際収支とは？

国際収支は，**一定期間**の（一般的には一年），対外的な様々な経済取引を体系的に記録した統計です。国際経済のつまり取引を示す「**フロー**」の記録です。

例えば日本から海外にいくら，輸出したのか。日本は海外にどれくらい工場を建設したのか。利益目的で，日本はどれくらい海外の株式を購入したのか。といった取引を金額にして計上します。簡単に言えば，国際経済の帳簿みたいなものです。まずは「どこに何がカウントされるのか」を理解して下さい。

国際収支は，**IMF**（国際通貨基金）の国際収支マニュアルによって各国が作成します。2014年1月から，第5版から「第**6**版」へと統計が組み替えられたため，受験生は喉から手が出るほど，新しい統計が知りたかったことでしょう。分かりやすく講義します。

▼ 「経常収支」，「資本移転等収支」，「金融収支」に何が計上されるのか？

板書②を見てください（計上項目を必ず受験までに覚えてください）。

国際収支は，「**経常収支**」，「**資本移転等収支**」，「**金融収支**」からなります。

まず「**経常収支**」は，主として**貿易やサービス，所得の受け取り，無償財の援助**に関わる取引を示します。特にサービス収支は，**サービス貿易**が拡大する現在，とても重要な項目で，著作権などの**知的財産権**の利用料なども計上します。ちなみに，著作権などの**知的財産権**そのものの取引は，権利の取引となるため，「**資本移転等収支**」に計上される点を注意してください。

また，**第一次所得収支**は，所得だけでなく，投資収益も計上される点がとても重要です。**第二次所得収支**，無償の消費財援助や相手国の資本形成とならない消費財などへの**ODA**（p416で講義），仕送りなどが計上されます。

次に，「**資本移転等収支**」です。ここには**無償の社会資本援助，相手国の資本形成となるODA**，例えば途上国への道路の建設や，**知的財産権**の取得に関する取引を計上します。同じ無償援助でも，医薬品や食料などの消費財の場合は「経常収支の第二次所得収支」，道路や港湾などの社会資本の場合は「資本移転等収支」に計上されます。

この，「経常収支」，「資本移転等収支」では，カネを受け取れば＋，支払えばーと計上します。

そして，とても大切になってくるのが，様々な国際投資取引などを計上する「**金融収支**」です。いいですか。ここからは理解が必要です。

▶ 金融収支では、カネの受け払いではなく、資産・負債の流入流出に着目!!

近年、国際経済取引では、様々な投資も活発化しています。

金融収支では、「資産（側）－負債（側）※資産－負債を対外純資産という」を「金融資産」として計上します。

例えば、今、

日本が海外の土地や株式に、100億円の投資を行ったとします。
一方、海外が日本の土地や株式に、40億円の投資を行ったとします。

日本が海外に保有している土地や株式の資産100億円は、日本にとっては資産ですが、海外が保有している、土地や株式の資産40億円は、日本からの資産の流出を意味します。

つまり、日本の金融資産は「資産－負債」ですから、「60億円」となりますね。

このように、海外の資産は日本の負債となります。逆に日本の資産と負債は海外の負債となります。気づつきましたか？ そう。国際間での資産と負債の合計はゼロとなります。少しスケールを変えて世の中を見ると、とても面白いですね。

金融収支の考え方をまとめると以下のようになります。

資産と負債の増減の考え方		
	資産の増加 （資金流出） →外国株式などが日本に流入	資産の減少 （資金流入） →日本が保有していた外国株式などが海外に流出
資産側（対外投資） 日本→海外への投資		
負債側（対内投資） 海外→日本への投資	負債の増加 （資金流入） →日本債券などが外国に流出	負債の減少 （資金流出） →外国に保有されていた日本債券などが流入

として記録し、最終的に「資産（側）－負債（側）」に計上します。

ともいう）を「金融収支」に計上します。

▶ 次に、金融収支の計上項目を説明します

まず、**直接投資**と**証券投資**の違いはハッキリさせて、他の二つは、板書で意味を確認しましょう。

直接投資とは、工場の建設のため、海外に土地などの不動産を購入することや、海外企業の経営権取得のために株式の取得を目的とし、海外企業の経営権取得のためにどく投資することをいいます。

一方、**証券投資**とは、海外株式や外国の国債などを購入すること、利子や配当などの投資収益を見込んで、海外株式や外国の国債などを購入することをいいます。

また、日本が海外の株式を受け取った場合、**金融収支の証券投資は＋と計上し、その後投資収益を受け取った場合は、投資収益を計上する「第一次所得収支」**

を＋として記録します（現在，**日本の国際収支の中の，最大の黒字項目が第一次所得収支**）。この関係はよく出題されるので，注意しましょう。

▼ もう少し金融収支を具体的に考えよう。

例えば今，日本企業が海外の工場建設のために土地を購入した場合，どうなるだろう。確かにカネは出ていくけれど，土地という資産を保有することになるので，**直接**投資は＋となります。

では利益目的で海外株を購入した場合は？　そう。これも確かにカネは出ていくけど，**株式という資産を保有することになるので，証券投資は＋**となります。

▼ その他投資と外貨準備⇒「その他投資」の計上例は意外と大事

その他投資は，主として借入れや，貸出し，**現金**，**預金**などを計上します。この後の国際収支の記録で大活躍します。そして，**外貨準備**は，中央銀行や政府が保有する，ドルなどの外貨で，政府が為替介入などを行うことで，増減します。

しつこく繰り返しますが，この**金融収支**では，経常収支，資本移転等収支とは異なり，「資産」と「負債」の流入・流出に着目します。

▼ 国際収支の関係式（恒等式）

国際収支は，**複式計上**（簿記の授業ではないので，あまり深くは気にしないこと）に基づいて記録されています。これは国内への資金流入を「貸方」，国外への資金流出を「借方」として，同時に2つの記載をし，両者が等しくなるように記載する方式です。よって取引を見るもので，黒字が善で赤字が悪ではありません。

国際収支では「経常収支」＋「資本移転等収支」の実物取引（モノ）を貸方に，金融収支額（カネ）を借方として捉え，両者が等しく（**モノ＝カネ**）なるように記録していきます（誤差脱漏は誤差の調整項目）。

単純な例として，次の場合を国際収支に記録してみよう

以下の例は，国際収支の記載を，分かり易く理解してもらうため，かなり単純化していることを断っておきます。

● 日本が3億円分の自動車を輸出し，代金が口座に振り込まれた。

日本が3億円分の，自動車を輸出した

（貿易収支が＋3億円）

＝日本の預金が増加（金融収支の，その他投資（預金）が＋3億円）

となりますよね。モノの輸出は，カネの増加と同じです。

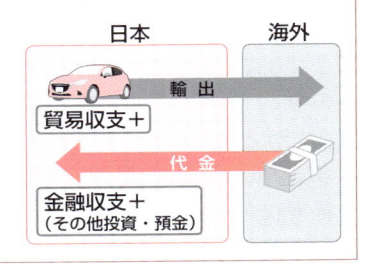

また，

● **日本が1億円分の石油を輸入し，代金が口座から支払われた。**

日本が1億円分の，石油を輸入した
（貿易収支が－1億円）

＝日本の預金が減少（金融収支の，その他
投資（預金）が－1億円）

となりますよね。モノの輸入は，カネの
減少と同じです。

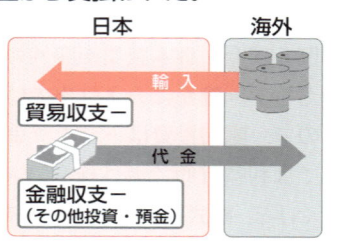

日本　　　海外

輸 入

貿易収支－

代 金

金融収支－
（その他投資・預金）

では，次の例を国際収支に記録してみよう

● **日本が50億円の海外株式に利益目的で投資し，代金が口座から支払われた。**

日本にとっては，株式・資産の増加
（金融収支の，証券投資が＋50億円）

＝日本の預金が減少（金融収支の，その他
投資（預金）が－50億円）

となります。つまりこの場合は，金融収
支の中で，カネがモノ（株式・資産）に代
わっただけということになります。よっ
て金融収支内の取引は，±0となります
（実際には経常収支の取引の影響を受ける

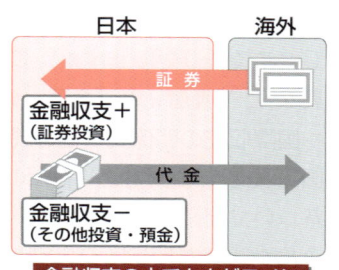

日本　　　海外

証 券

金融収支＋
（証券投資）

代 金

金融収支－
（その他投資・預金）

金融収支の中でカネがモノに
代わっただけ（±0）

ため，金融収支の合計がゼロになるわけではない）。国際収支表からは見
えにくいですが，実際にはこのように記載されています。

最後に，次の例を国際収支に記録してみよう

● **日本政府が，20億円分の，ドル買いの為替介入を行った。**

日本にとっては，ドル債券・資産の増加（金
融収支の外貨準備＋20億円）

＝日本の現金が減少（金融収支の，その他
投資（現金）が－20億円）

となります。つまりこの場合も，金融収支
の中で，カネがモノ（債券・資産）に代わっ
ただけということになります。よって金融
収支内の取引は，±0となります（実際には
経常収支の取引の影響を受けるため，金融
収支の合計がゼロになるわけではない）。

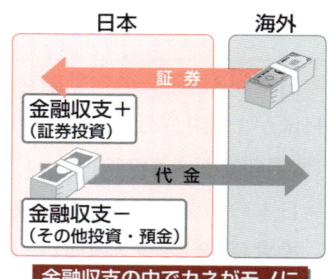

日本　　　海外

証 券

金融収支＋
（証券投資）

代 金

金融収支－
（その他投資・預金）

金融収支の中でカネがモノに
代わっただけ（±0）

第7章 ● 国際経済と人類の諸課題

このように、国際収支は、モノ＝カネの、２つの動きを同時に記す、複式計上に従い、以下のように記載することになっています。

> 「経常収支」＋「資本移転等収支」＋誤差脱漏 ＝ 「金融収支」
> [モノ]　　　　　　　　　　　　　　　　　　　　　　[カネ]

ここで、金融収支を左辺に移項すると、

> 「経常収支」＋「資本移転等収支」－「金融収支」＋誤差脱漏 ＝ 0

となります。

● 実際に考えてみよう・国際収支の記載例（単位：兆円）

ポイント…A～Gを同時に２か所に記録（預金の記録は、その他投資）

A. 日本企業が自動車、10を輸入 （現金10の減少）
B. 日本企業が特許料、3を支払い （現金3の減少）
C. 日本企業が海外株式の配当、20を受け取り （現金20の増加）
D. 日本が海外に無償の医薬品、2を援助 （現金2の減少）
E. 日本政府が、途上国に道路、1を建設 （現金1の減少）
F. 日本企業が海外の経営権取得のため、10の海外株式取得 （現金10の減少）
G. 日本企業が利益を得るため、30の外国株式取得。外国企業が利益を得るため、35の日本株式取得 （現金5の増加）
H. 日本政府が円高対策として、3のドル買い介入を実施 （現金3の減少）

項目	金額（単位：兆円） △は－を示す
経常収支 ……… 5	
貿易収支 …………	A.△10
サービス収支 ……	B.△3
第一次所得収支 …	C. 20
第二次所得収支 …	D.△2
資本移転等収支 … △1	E.△1
金融収支 ……… 4	
直接投資 …………	F.10
証券投資 …………	G.△5 （日本の保有した資産30→海外に流出した資産35）
金融派生商品	
外貨準備 …………	H.3
その他投資 ………	A.△10、B.△3、C.20、D.△2、E.△1、F.10、G.5※、H.△3

※ 日本の保有資産35、海外への流出資産35、つまり5だけ資産を受け取ることになる

すると…

経常収支（5）＋資本移転等収支（△1）＝金融収支（4）

> 経常収支（5）＋資本移転等収支（△1）＝ 金融収支（4）

入試では、数字が空欄となり、パズルのようにその数字を埋めさせる問題も出題されます。試験前に軽く見直しておきましょう。

そして「4.国際経済の思考問題にトライ」(p388) と、『爽快問題集』を必ず解いて理解し、得点源としてください。

（参考文献）日本銀行レポート・調査論文「国際収支関連統計の見直しについて」、財務省WEB「国際収支状況」、田中靖人「国際経済学第6版（新国際収支統計対応版）」、小巻泰之「新しい国際収支統計をもとに経済の流れを読む」など

385

①日本の国際収支の特徴

(億円)

項目	2007年	2009年	2011年	2013年	2015年	2017年
経常収支	249,490	135,925	104,013	44,566	165,194	219,514
貿易・サービス収支	98,253	21,249	-31,101	-122,521	-21,169	42,297
貿易収支	141,873	53,876	-3,302	-87,734	-8,862	49,554
輸出	800,236	511,216	629,653	678,290	752,742	772,855
輸入	658,364	457,340	632,955	766,024	761,604	823,301
サービス収支	-43,620	-32,627	-27,799	-34,786	-19,307	-7,257
第一次所得収支	164,818	126,312	146,210	176,978	213,032	198,374
第二次所得収支	-13,581	-11,635	-11,096	-9,892	-19,669	-21,157
資本移転等収支	-4,731	-4,653	282	-7,436	-2,714	-2,872
金融収支	263,775	156,292	126,294	-4,087	218,764	176,642
直接投資	60,203	57,294	93,101	142,459	161,319	168,271
証券投資	-82,515	199,485	-135,245	-265,652	160,294	-59,680
金融派生商品	-3,249	-9,487	-13,470	55,516	21,439	34,561
その他投資	246,362	-116,266	44,010	25,085	-130,539	6,972
外貨準備	42,974	25,265	137,897	38,504	6,251	26,518
誤差脱漏	19,016	25,019	21,998	-41,217	56,283	-40,000

(財務省 Web ページ)

ここがPoint!!

1. 2008年秋の**リーマン・ショック**以降の**円高**に伴い，**輸出が減少**し，2011～2015年は**貿易収支が赤字**となっていた。

2. **直接投資については，近年増加傾向**にあり，これに伴い，投資収益を計上する**第一次所得収支**が，**最も大きいプラス**項目となっている。

3. 近年，**サービス収支のマイナスが縮小**しているのは，**円安傾向**が進み，「**インバウンド（訪日外国人）**」が増加しているためである（**2018年の訪日外国人は，過去最高の3199万人**）。

②各国の国際収支の特徴

●中国

(百万ドル)

項目	2013年	2014年	2015年	2016年	2017年
経常収支	182,807	236,047	304,164	202,203	195,117
貿易・サービス収支	235,380	221,299	357,871	255,737	217,010
貿易収支	351,766	435,042	576,191	488,883	475,941
サービス収支	-116,387	-213,742	-218,320	-233,146	-258,932
第一次所得収支	-43,839	13,301	-41,057	-44,013	-10,037
第二次所得収支	-8,734	1,446	-12,649	-9,520	-11,856
資本移転等収支	3,052	-33	316	-344	-91
金融収支（外貨準備以外）	-323,151	51,361	434,462	416,070	-109,537
外貨準備	431,382	117,784	-342,941	-443,625	91,526
誤差脱漏	-77,628	-66,869	-212,959	-229,414	-213,036

●アメリカ

(百万ドル)

項目	2013年	2014年	2015年	2016年	2017年
経常収支	-379,300	-365,193	-407,769	-432,874	-449,137
貿易・サービス収支	-474,800	-489,581	-498,532	-502,001	-552,269
貿易収支	-703,300	-749,917	-761,866	-751,051	-807,491
サービス収支	228,500	260,336	263,334	249,050	255,222
第一次所得収支	228,700	218,396	203,610	193,022	221,724
第二次所得収支	-133,300	-94,008	-112,847	-123,895	-118,596
資本移転等収支	-400	-46	-43	-59	24,746
金融収支（外貨準備以外）	-348,100	-293,668	-319,654	-387,166	-330,174
外貨準備	-3,100	-3,583	-6,305	2,102	-1,695
誤差脱漏	28,500	67,988	81,853	47,869	92,522

(『世界国勢図会』各年版より作成)

ここがPoint!!

1. 中国の**貿易収支額が大きい**こと。

2. アメリカの**貿易収支の赤字額が大きい**こと。また**サービス収支は（権利利用料の受け取りなど）プラス**であること。

③主な国の外貨準備

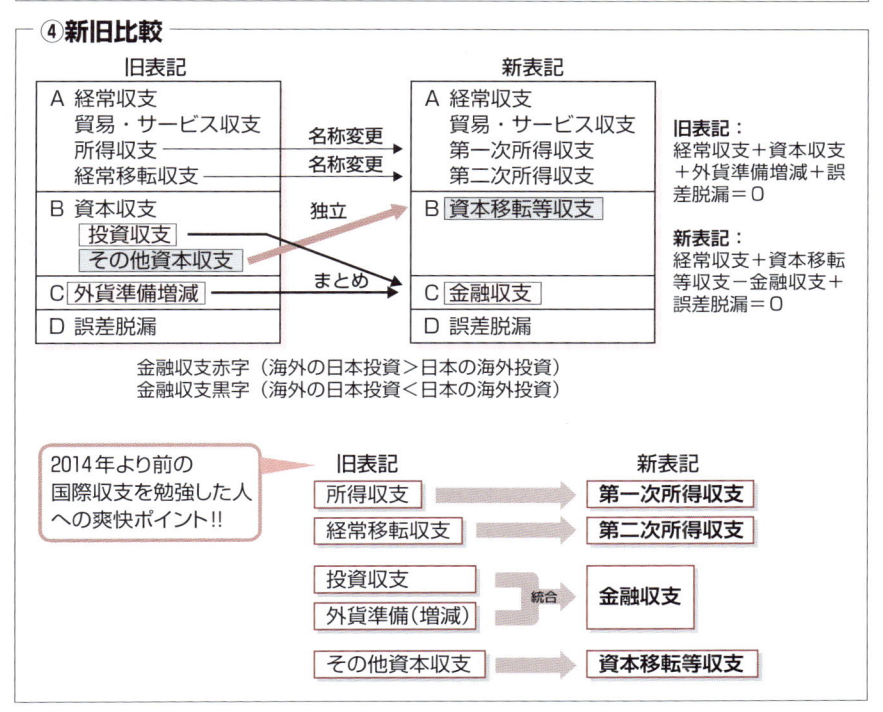

(2019/20 日本国勢図会)

ここがPoint!!

1. 2006年に，**中国**がそれまで**外貨準備1位であった日本を抜き1位**となったこと。
2. 外貨準備とは，**政府，中央銀行が保有**する，**外貨（ドルなど）**，**金**，**SDR**（IMFの特別引き出し権）などをさす。
3. 2015年の**外貨準備に占める金の比率は2.4%**である（財務省WEB）
4. 中国の外貨準備の増加は，**中国による「ドル買い介入」**を示しているともいえる。

④新旧比較

```
        旧表記                          新表記
A 経常収支                      A 経常収支
  貿易・サービス収支              貿易・サービス収支
  所得収支 ──── 名称変更          第一次所得収支
  経常移転収支 ── 名称変更         第二次所得収支

B 資本収支          独立      B 資本移転等収支
  投資収支
  その他資本収支
C 外貨準備増減     まとめ    C 金融収支
D 誤差脱漏                    D 誤差脱漏
```

旧表記：
経常収支＋資本収支＋外貨準備増減＋誤差脱漏＝0

新表記：
経常収支＋資本移転等収支－金融収支＋誤差脱漏＝0

金融収支赤字（海外の日本投資＞日本の海外投資）
金融収支黒字（海外の日本投資＜日本の海外投資）

2014年より前の国際収支を勉強した人への爽快ポイント!!

```
   旧表記                     新表記
所得収支      ──→   第一次所得収支
経常移転収支  ──→   第二次所得収支
投資収支      ┐
              │統合  金融収支
外貨準備（増減）┘
その他資本収支 ──→  資本移転等収支
```

387

4 国際経済の思考問題にトライ

ココが出る! 試験前の最強ポイント

★国際収支の黒字・赤字　★為替レートの円高・円安

■ 暗記ではなく理解が必要なこの手の問題, 解いて納得しよう!

❶ 日本が米国へ半導体を輸出した場合, 日本の 貿易 収支は プラス となる。

➡️ 輸出により外貨を日本が受け取るんだよね。

❷ 海外からの日本への直接投資の拡大は 円高 の要因となる。このとき日本の 金融 収支は マイナス となる。

➡️ 当然, 海外の投資家は円が必要になりますよね。円の需要が増加し円高へ。また, 日本が投資を受けた場合は日本の資産が減少するのでマイナスになるよね。

❸ 日本人が海外旅行をすると サービス 収支の 赤字 要因となる。

➡️ 旅行は外貨を国外に持ち出す, つまり支払いなんだ。

❹ 日本企業が利益目的の株式を購入した場合 金融 収支の プラス となる。

➡️ いいかい, 株式の購入は日本の資産のUP。だからプラス。

❺ 日本が海外に無償消費財援助を行った場合, 第二次所得 収支は 赤字 となる。

➡️ たとえ, 援助であっても外貨を支払ってしまえば赤字なんだ。

❻ 日本が米国に直接投資を行った場合, 日本の 金融 収支は プラス となる。このとき, 対外資産は 増加 している。

➡️ 当然, 工場を作るんだから, 日本の対外資産の増加となるよね。でも工場という日本の資本（実物資産）は増えるわけだよね。

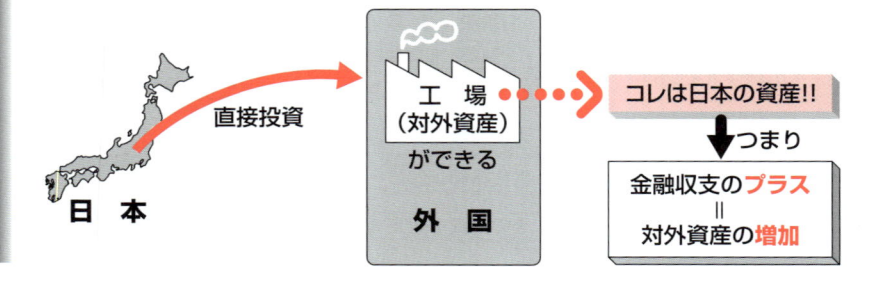

■ High Level

❶ 日本の国内金利の上昇は 円高 となる。

➡ 日本の金利が高くなると，**海外の投資家は円に立替えて日本の銀行に貯めようとする**よね。だから円の需要が高まり円高になるんだ。

❷ 経常収支の黒字により，円の 需要 は 増加 し，レートは 円高 となる。

➡ 経常収支の黒字は，**日本企業が外貨で収益を得ている**。つまり国内で外貨が使えないから，これを円と交換するんだったね。つまり円の需要が増える。

❸ 円高 は日米貿易摩擦を是正する。

➡ 日米貿易摩擦は，**日本が黒字で，米国が赤字の状態**。つまり日本の黒字を縮小するには，円高，円安どっちにすればいいのかな？ こういうことだね。　円高，つまり1ドルが100円から50円になれば，日本が1ドルの輸出をしても50円しか儲からない。つまり**輸出は不利**。逆に海外製品は50円で買えるから**輸入が増える**。つまり**日本が外貨を支払う赤字の状態**になる。だから円高になるんだね。逆に「円安（1ドル100円→200円）」の場合は，1ドルで200円分の日本の製品を海外は手に入れる。よって日本の輸出は拡大してしまう。

❹ 円高 は内外価格差を拡大する。

➡ 内外価格差とは，**円である財を買うのと，円をドルにしてある財を買う時の購買力の差**。例えば1ドルが100円だったら，日本ではジュース1本，米国でもジュース1本が買えるよね。でも1ドルが50円にまで円高が進行したらどうなる？ そうだね，ドルにして買ったほうがジュースが2本買える。つまり**購買力の差は拡大**していることが分かるよね。

❺ 円高 は日本企業の海外への直接投資を増加させる。

➡ もし，1ドルが100円から50円に円高が進行したら，当然，**海外の土地や建物は半額で買えますよね**。だったら安いときに投資して生産拠点をつくろうとするじゃない。

■ 試験に出たら，こう行動せよ!!

⇒ まず頭で考えようとせずに，できるだけ**情報を図にしたりして，紙の上に再現すること**。頭の中で考えるとゴチャゴチャになる。絶対。

⇒ 例えば円高ときたらすぐに「100円→80円」と上に書く。

⇒ 例えば日本が海外に直接投資ときたら**右のように図を書く**。

⇒ するとイメージが浮かぶよ。

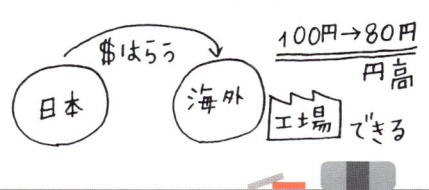

必ずやろう！ 爽快問題集▼ 第2章 **18**

基礎 発展 時事
出題頻度 ★ ★ ★ ★ ★

共通テスト8割目標
私大基礎

共通テスト9割目標
難関大

5 戦後の国際貿易体制

ココが出る! 試験前の最強ポイント

★GATTの3原則と例外　　★ウルグアイ・ラウンドの内容

① 講義の背景

⇒1930年代の世界恐慌→自国の経済保護政策による**保護主義**へ

⇒そのため，**ブロック経済**という排他的経済圏を形成→第二次世界大戦へ

⇒この反省により，戦後「**自由貿易**」を目指して**GATT**に調印

⇒1995年に**WTO**を設立

② GATT〔協定〕からWTO〔組織〕へ

⇒1947年…**GATT（関税及び貿易に関する一般協定）**　日本→1955年加盟

● 目的…「貿易の自由化」→**関税**引き下げと**非関税障壁**などの貿易制限の撤廃

● 原則… ① 自　由 → 自由貿易

② 無差別 → 1. **最恵国待遇**（最も優遇されている国の交易条件を全ての国に無差別に適用）

2. **内国民待遇**（国内において輸入品を不利に扱わない）

☛例外① 一般特恵関税

⇒ 発展途上国の輸出品目は輸入の際の関税を無税か引き下げ

☛例外② セーフガード （緊急輸入制限）

⇒特定商品の輸入が急増して，国内産業が重大な損害を被る，またはその恐れがある場合，一時的に行われる輸入制限

③ 多　角 →ラウンド（多国間）交渉の実施　以下が主なもの

ケネディ・ラウンド 1964-1967年 ⇒鉱工業製品の関税を平均35%の一括引き下げなど

東京ラウンド 1973-1979年 ⇒鉱工業製品の関税を平均33%の一括引き下げなど

ウルグアイ・ラウンド 1986-1994年 以下主な内容 ここは重要

1. 農産物の例外なき**関税化（自由化）**
2. **サービス貿易**に関する一般協定（**GATS**）
3. **知的財産権**の貿易に関する協定（**TRIPS**）
4. **WTO**（世界貿易機関）の設立合意（1994年）→**1995年**に設立へ

※2001年から「**ドーハ・ラウンド**」※2002年WTOに**台湾**加盟　　※2008年WTOに**ウクライナ**加盟
※2001年WTOに**中国**加盟　　※2007年WTOに**ベトナム**加盟　注目!! 2012年WTOに**ロシア**加盟

③ WTO（1994年**マラケシュ協定**→**1995年**発効設立，本部スイスの**ジュネーブ**）

⇒モノ中心の貿易だけでなく，サービス貿易や特許権，著作権などの**知的所有権**に関する国際ルールの確立・運用・紛争解決，**農業分野の自由化**の促進

⇒紛争処理の迅速化，**パネル**（紛争処理小委員会）は**ネガティブコンセンサス方式**（全会一致の反対がない限り勧告が採択される）を採用

第7章 国際経済と人類の諸課題

スパッとわかる >>> 爽快講義 <<<

▼ 1930年代の世界恐慌と保護貿易政策　板書①へ

1930年代の世界恐慌という経済の不安は，自国の経済利益をなんとか死守しようという**排他的な国際関係**を作り出していくんだ。こうして日・独・伊などで**ファシズム**が生まれていく。当然，国際貿易においても**保護主義**へとシフト。

まず，各国は**為替ダンピング**といって**不当に自国の通貨の引き下げ**を行うんです。例えば，日本だったら大量に自国通貨を外国為替市場に売ればいい。

そうすると円の供給が増えて，円の価値はどんどん下がるよね。すると自国の貿易は有利になる。**為替切下げ競争が国際通貨体制を不安定にする**んだ。

▼ ブロック経済による排他的貿易体制→戦争の要因に

また，各国は植民地との間には低い関税をかける**特恵関税**を適用し，他の国には高い関税をかけはじめるんだ。この排他的貿易体制を「**ブロック経済**」という。火付け役はイギリスの**ポンドブロック**で，それに対抗せん，とばかりに各地にブロック経済圏が構築される。例えば，米→ドルブロック，仏→フランブロック，独→マルクブロック，日→大東亜共栄圏（円ブロック）って感じだね。特に英・米・仏は多くの植民地を所有した「**持てるブロック**」。対して日・独は当時植民地が少ない「**持たざるブロック**」だった。こうして日本やドイツは植民地獲得のため侵略戦争に出て行くんだ。こうして**1939**年の**ドイツ**の**ポーランド**侵攻を契機に**第二次世界大戦**が勃発。死者は史上最大の6500万人にも上った。

▼ この反省から，戦後は自由貿易の拡大を目指し，GATTが結ばれた。

1944年には，次の項目で学習する「**ブレトンウッズ協定**」によって**固定**相場制が模索されはじめます。これは，**為替ダンピング**などが起きないように「**金・ドル本位制**」を採用するなどの内容です。また，**ブロック経済**という排他的な貿易体制（**保護主義**）が，第二次世界大戦の一因であったとの反省から，「**自由貿易**」の拡大を目指して，1947年に「**GATT**」という**協定**が結ばれました（発効は1948年）。

GATTは，「**自由**…非関税障壁（例えば関税以外の貿易の障壁で，**数量制限**〈年間〜トンまでしか輸入しない〉などの撤廃），**関税**の引き下げ（こちらは撤廃ではない）」，「**無差別**…全ての国に同じ待遇」，「**多角**…多国間での開かれた交渉」という3つの原則があります。特に，無差別については，「**最恵国待遇**」と「**内国民待遇**」があり両者を区別しましょう。

「**最恵国待遇**」とは，最も優遇されている国の交易待遇を全ての国に適用す

るというものです。例えば，ある国の農産物の関税税率が，A国に対して100％，B国に対して50％，C 国に対して10％であったとします。最も有利な条件は？　そう。C国の10％ですね。となれば，A国にも，B国にも10％を適用して「無差別」を実現するわけです。ただし，**途上国に対しては更に優遇する「一般特恵関税（特恵関税）」という例外規定**があります。

一方の，「**内国民待遇**」とは，**国内において輸入品を不利に扱わない**，言いかえれば，**国内製品と同じような待遇をとり「無差別」を実現するわけ**です。

また，特定商品の輸入が急増して，**国内産業が重大な損害を被る**，またはその恐れがある場合，一時的に行われる輸入制限を行う「**セーフガード**（緊急輸入制限）」の発動も，**例外として認められています**（この後勉強する1995年に設立された**WTO**の下でも同様に認められている）。

日本は**2001**年に**中国**の，イグサ，生シイタケ，長ネギについて発動を行いました。また，**2003**年には**輸入牛肉**（国内の狂牛病問題により，国産牛肉が打撃を受けたため）に対しても発動されています。

▼ GATTのラウンド交渉→ウルグアイ・ラウンドでWTOの設立を合意

GATTの下では，「多角」の原則にも基づいて，8回のラウンド交渉が行われてきました。第6回の「**ケネディ・ラウンド**」では，それまで，品目別に引き下げてきた関税（**品目別引き下げ**）を，鉱工業製品について，「**一括引き下げ**」を合意しました。例えば，銅は～％，鉛は～％といった形ではなく，鉱工業製品は平均35％引き下げるという形をとったんです。**より強い形での引き下げ**ということになります。

特に重要なのが第**8**回の「**ウルグアイ・ラウンド**（1986～94年，以降URと表します）」です。ここでは農業分野から，**知的財産**権，**サービス**貿易，**WTO**の設立合意といった，幅広い分野での合意がなされました。特に受験前は，**板書部分を確認してください**。

▼ 農産物の関税化って？

まず，**農作物**では関税障壁以外の，**非関税障壁**が撤廃されました。先ほども話したとおり，非関税障壁とは，**数量制限**などのように「年間～トン」までしか輸入しません，などのような，関税以外のあらゆる貿易上の障壁（輸入課徴金，最低輸入価格，など）です。これらを撤廃しました。つまり，**合意された農産物へは，関税を課税することしかできなくなるわけです**。これを「**農産物の関税化**」といい，「**農産物の自由化**」とほぼイコールです。

　ただし，日本のコメについては，2000年までの関税化の猶予と引き替えに，国内消費量の一定割合を輸入する「**ミニマム・アクセス**（最低輸入量義務，**1995**年から実施，現在も行われている）」を段階的に拡大（国内消費量の4％から，段階的に8％へ）する，部分開放となりました。その後**1999**年からは，**コメの関税化**（**自由化**）もはじまっています。ただし，**外国のコメは日本よりも安い**ため，高い関税を課税することで，国内の農家を守っているのが現状です。**TPP**（ニュージーランドや日本など11カ国での原則関税撤廃，p402参照）に農業団体が反対するのは，**農業関税が撤廃されてしまえば，安い外国の農産物に国内の農産物が取って代わられ，農家が立ちゆかなくなるとの懸念からです。**

▼ サービス貿易や知的所有権のルール作り→「ポケモンgo」が流行ってる？

　国際経済の最初で話したとおり，現在はモノ中心の「財貿易」だけではなく，通信，流通，金融，運送，知的財産権の利用など，国を超えたサービスの利用機会が増えています。こうしたサービスの国際取引を「**サービス貿易**」といいます。これらについても，**最恵国待遇**を義務づけるなど，サービス貿易に関してもルールが整備されました。この協定をWTOの「**GATS**（サービス貿易に関する一般協定）」といいます。

　また，近年では，**知的所有権**（**特許権**〔発明など〕，**著作権**，**商標権**〔ブランドのロゴなど〕，**意匠権**〔デザインなど〕など）もサービス貿易として取引されています。2016年夏に流行った「ポケモンgo」もその一つ。するとこうした**著作権が不正使用されないためにも，新たな統一的な国際ルールの取り決めが必要**になりました。

　これまでにも，1883年のパリ条約（産業財産権の保護に関するパリ条約），1886年の**ベルヌ**条約（万国著作権条約）などでは，古くから「内国民待遇」などが規定されていました。

　URでは，知的所有権の国際的な保護・強化を目指し，「**最恵国待遇**」を盛り込むなどした「**TRIPS**（知的財産権の貿易に関する協定）」が合意されました。またTRIPSでは，ボルドーワイン（ボルドーはフランスの地名）や，ゴルゴンゾーラチーズ（ゴルゴンゾーラはイタリアの地名）など，ある商品が地理的原産地に由来する場合，「**地理的表示**」を義務付けると同時に，それらが不正使用されないよう，保護することとなっています。

　日本では2005年に，**知的財産権**（知的所有権の日本の法律での呼称）の保護を行うため，「**知的財産高等裁判所**」が設置されています。

▼ そして，紛争処理権限をもつ「WTO」の設立合意へ→板書③へ

でもよく考えてください。これらのルールがあっても，実際に衝突が起こった時に，ルールを運用して解決する，準司法的な国際機関が必要になりますよね。そもそも「GATT」は協定でしかありません。GATSもTRIPSも協定です。

そこで，GATTを発展的に継承し自由貿易を推進する国際機関として，「**WTO（世界貿易機関）**」を設立することを，URで合意したのです。ここでは，モノ中心の貿易だけではなく，**サービス貿易**，**知的所有権**などルールの確立・運用の他に，**紛争解決機能**が迅速化されています。まさに貿易専門の裁判所的機能を有しています。1993年にURで設立合意，1994年に設立条約である「**マラケシュ**協定」が採択され，翌**1995**年に，スイスの**ジュネーブ**に設立されました。

ただし，現在の貿易ルールが，先進国にとって有利なルールであり，途上国などからは批判の声もあります。知的財産権のほとんどは先進国に独占されていることから，利用料の支払いが，途上国からの搾取ではないか，との批判です（実際にアメリカのサービス収支は増加傾向にある）。例えば，**エイズ治療薬**などの生産を途上国が勝手に行うことはできず，膨大なライセンス料を先進国に支払わなくてはなりません。実際ブラジル政府は，安いインド製のコピー薬を輸入しました。これに対してアメリカは，ブラジルをWTOに提訴。2001年に和解が成立しています（似たようなケースは南アフリカでも見られた）。**グローバリズム**が拡大する中での，**反グローバリズム**運動には，こうした事情があります。

▼ なかなかまとまらない「ドーハ・ラウンド」

2001年から，WTOの下での新しいルール作りである「**ドーハ・ラウンド**（通算第9回）」が開催されています。ただし，先進国と途上国の対立はもとより，先進国間での対立も埋まることがなく，2016年9月現在，**合意に至っていません**。また，**2001**年には**中国**，2007年には**ベトナム**，2012年には**ロシア**が加盟し，アメリカの発言力も弱ってきています（2016年9月現在，164国と地域）。

こうした背景から，世界で共通した一体性を求める「**グローバリズム（普遍主義）**」よりも，「**リージョナリズム（地域主義）**」が加速しています。その一例に，特定国間で，関税の引き下げや撤廃を行う「**FTA（自由貿易協定）**」を締結する動きが加速しているのです（p401・402へ）。

> **注目!!** 2001年からカタールのドーハで行われているWTOの多国間交渉である「**ドーハ・ラウンド**」は，自由貿易を推進する先進国と，一定の自由貿易への制約を求める途上国との対立，さらには著作権の使用ルールなどを巡るアメリカと中国の対立が埋まらず，未だ最終合意は得られていない（2016年9月現在）。

「RCEP」ってなに？

RCEP（アールセップと読む，Regional Comprehensive Economic Partnership，**東アジア地域包括的経済連携**）は，ASEAN10カ国と，**日・中・韓・印・豪・ニュージーランドの6カ国**の計**16**カ国からなる，包括的経済連携構想で，2011年11月にASEANが提唱し，2012年11月のASEAN関連首脳会合において正式に交渉が始まったものです。世界人口の**約半分**，世界のGDP及び貿易総額の約**3**割を占める経済圏となります。

具体的には，この16カ国で**税関貿易手続きの円滑化**，サービス貿易，ヒトの移動，投資，電子商取引の促進など，多くの分野での**協力**を見込んでいます。

日韓や日中は政治的な対立が後を絶ちませんが，一方で経済的連携は以前から盛んです。こうした経済分野での様々なパートナーシップが政治的問題の解決に手をさしのべてくれるかもしれません。

「世界的に**保護主義**的な声が高まる中，国際社会に対して**自由貿易**推進の力強いメッセージを発信したい」というのが日本の外務省の意見です。

当初はTPPが「アメリカ寄り」，RCEPが「アジア寄り」との見方がありましたが，2017年にトランプ政権がTPPから脱退すると，この図式は必ずしも正しいとは言えなくなりました。

現在発効済みの「**TPP11**」，「**日EU・EPA**」，交渉中の「日米貿易協定」そしてもしこの「**RCEP**」が発効すれば，日本の**FTAカバー率**は約**70**％にまで拡大する予定です。共同首脳声明では，2020年11月に，**インド**を除く**15**カ国で署名されました。

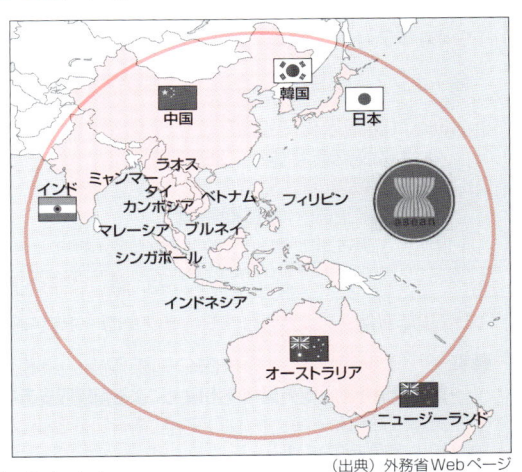

（出典）外務省Webページ

日本の貿易総額に占める
RCEP参加国の割合
（2018年，小数点第2位四捨五入）

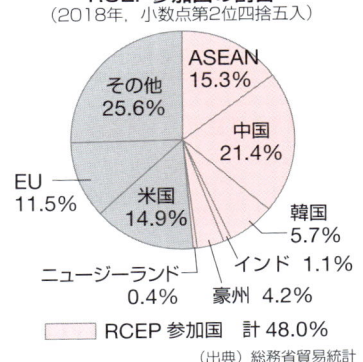

その他 25.6%
ASEAN 15.3%
中国 21.4%
韓国 5.7%
インド 1.1%
豪州 4.2%
ニュージーランド 0.4%
米国 14.9%
EU 11.5%

RCEP 参加国　計48.0%

（出典）総務省貿易統計

6 戦後の国際通貨体制

ココ が出る! 試験前の最強ポイント

★固定→変動→固定→変動のそれぞれの協定名と出来事

① 固定→変動→固定→変動のあゆみ

1944年7月… **ブレトンウッズ**協定 ➡固定相場制

①金1オンス=[**35**]ドル,1ドル=[**360**]円(±1%) 〉 ドルを**基軸通貨**とする **固定**相場制

②[**IMF**](**国際通貨基金**)の設立合意 　→貿易収支赤字国への**短期融資**

③[**IBRD**](**国際復興開発銀行**)の設立合意 　→発展途上国への**長期融資** 〉 国際経済の安定化

※1960年に発展途上国へ無利子・50年返済など緩い条件で融資を行う**IDA・第二世銀**が設立された。

> 固定相場制

1970年IMFは ⬇ **SDR**を配分開始

1971年8月… **ニクソン・ショック** ➡一時変動相場制

●背景…1958年以降の米国の国際収支の継続的赤字の増大
　→**対外経済援助と対外軍事支出増大による国際収支赤字の増大**→ドルの対外流出拡大
　→経済の低迷→金とドルの交換・**ゴールドラッシュ**へ→ドル危機の発生
　→ドルの信用の動揺→そこでニクソンは,,,

ニクソン声明の内容	①**金**とドルの交換停止
	②輸入抑制のため10%の**輸入課徴金**
	③対外援助の**10**%削減

⇒各国は一時変動相場制に移行

> 変動相場制

1971年12月… **スミソニアン**協定 ➡再び固定相場制の回復を図る(が失敗)

●金1オンス=**38**ドル,1ドル=**308**円(±2.25%)の**固定**相場制
　　但し, 金との交換はしない
　　　→しかしさらに**米国の国際収支赤字の拡大**

> 固定相場制

1973年2月…主要国は米ドルの再切り下げを契機に**変動**相場制に移行
　　　　→日本もこの時, 変動相場制へ移行

1976年1月… **キングストン**協定 ➡世界は**正式に変動相場制**を承認

●**変動相場制**正式承認　●**SDR**をドルに代わる中心的な資産とする

※SDRは,1969年に創設,1970年にIMFが配分を開始した「**特別引き出し権**」と訳される
外貨準備高が豊富な国から外貨を自由に引き出すことができる権利のこと

> 変動相場制

スパッとわかる >>> 爽快講義 <<<

▼ 戦後は為替レートの安定と，国際通貨の安定が急務だった！

前の項目で解説したとおり，1930年代の世界恐慌下の**為替ダンピング**による国際通貨体制の混乱の経験から，第二次大戦後の国際通貨体制の建て直しのために，**1944**年7月，連合国側44カ国の出席のもと，**ブレトンウッズ会議**（連合国通貨金融会議）が開催された。ここで**ブレトンウッズ協定**が締結されたんだ。

▼ ブレトンウッズ協定の内容を3つ押さえよ！

試験に出題されるこの協定の内容は3点です。①外国通貨当局が請求すれば，金1オンス＝**35**ドルの兌換を保証（アメリカ国内法による）した米ドルを**キーカレンシー**（基軸通貨）として，各国通貨の価値を米ドルで表示する**固定相場制**とすることが合意された（このように金とドルを本位通貨とすることを「**金・ドル本位制**」ともいいます）。②為替相場の安定のため，外資不足に陥った国に短期融資する**IMF**（**国際通貨基金**）の設立（1945年設立，47年業務開始）。③先進国の**戦後復興**や発展途上国などへの**長期融資**を行うIBRD（国際復興開発銀行，通称**世界銀行**）の設立（1945年設立，46年業務開始）。日本は**1949**年の**ドッジ・ライン**により1ドル＝**360**円（**±1**％）の**単一為替レート**が決定されました。ポイントは**IMF**が短期融資，**IBRD**が長期融資，と憶えよう！またIBRDは通称，**世界銀行**とも呼ばれているよ。

▼ しかし，アメリカは貿易赤字に！→ニクソン・ショックで一時変動相場制へ！

また，アメリカは世界最大の貿易国であると共に，冷戦下の対外経済援助と対外軍事支出によって，ドルを海外に供給し続ける。一方で，アメリカの国際収支は赤字となる。このジレンマを「**国際流動性ジレンマ**」といいます。当時，金とドルは同じとされています。つまり，ドルの流出はアメリカの金保有量の激減を招き，ドルの信用は大きく揺らぎ，各国為替市場の混乱と**ゴールドラッシュ**を招いた。これを「**ドル危機**」といいます。

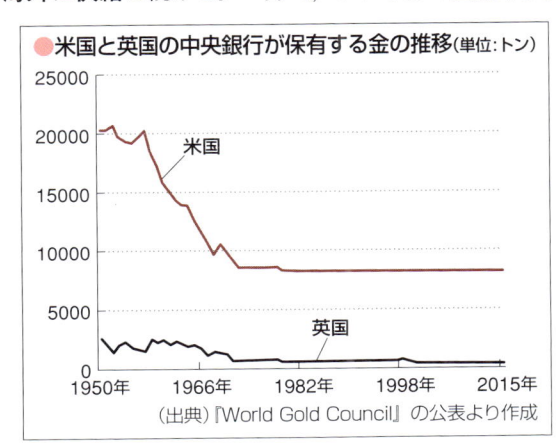

● 米国と英国の中央銀行が保有する金の推移（単位：トン）

（出典）『World Gold Council』の公表より作成

▼ えっ。ドルに代わる通貨を創ったの？「SDR」って何者？

　こうした中，ドルに代わる決済手段として，IMF により「**SDR（特別引き出し権）**」が創設されました（1968 年採択，1969 年発効，1970 年配分開始）。これは，IMF 加盟国の外貨不足に陥った国（収支赤字国）が，外貨が豊富な国（収支黒字国）から担保なしに外貨を引き出すことができる権利です。

　例えば，アメリカが自動車の輸入代金を，日本に 1 億ドル支払う場合，日本に 1 億 SDR を支払えばいい。**つまりアメリカはドルを動かさずに決済できる**。さらには，金と交換しなくてもいいなどの優れものです。

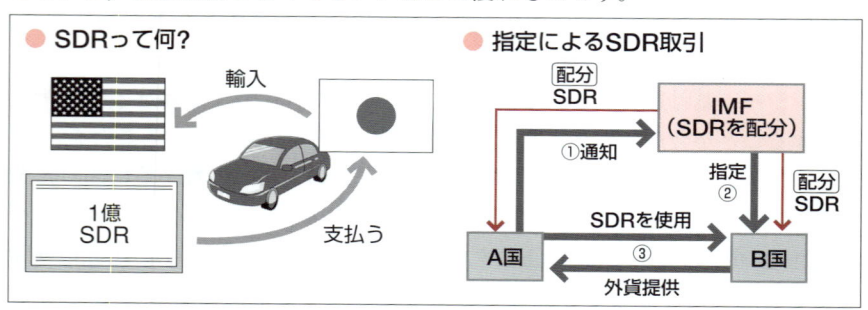

● SDRって何？

輸入／支払う／1億 SDR

● 指定によるSDR取引

配分 SDR／IMF（SDRを配分）／①通知／指定② ／配分 SDR／SDRを使用／A国／③／B国／外貨提供

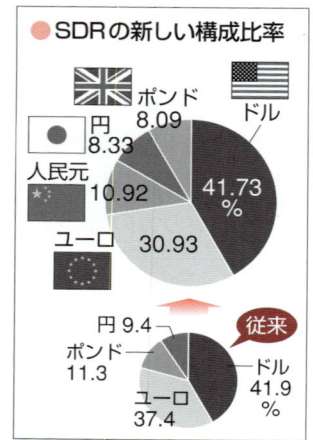

● SDRの新しい構成比率

ポンド 8.09／ドル／円 8.33／人民元 10.92／ドル 41.73％／ユーロ 30.93

従来

円 9.4／ポンド 11.3／ユーロ 37.4／ドル 41.9％

　このSDRは，1970 年から IMF の拠出額に応じて各国に配分されたため，アメリカが巨額の割り当てを受けました。ちなみに当初は 1 ドル 1SDR とされ（現在は通貨バスケット制[※1]），1970〜72 年までに約 95 億ドルが創出されました。ただし日本やドイツは，このSDRが溜まる一方でした。それまでは，「ドル＝金」として代金を受け取っていたので，少しは通貨の安定性を信用できましたが，SDRという約束手形が，通貨としての安定性をいつまで保つのか，この点はやはり不安だったことでしょう。

　現在も金・ドルに次ぐ「**第三の通貨**」として，**外貨準備**の一つとなっています（1976 年の**キングストン協定**でドルに代わる中心的資産とされた）。ちなみに，提供される通貨は，米ドル，日本円，英国ポンド，ユーロ，そして 2016 年 10 月からは，なんと中国の**人民元**が加わっています。

　そして，これらの通貨を取り決められた構成比に基づいて，加重平均して

※1　複数の通貨の重みを変えて平均値を出し（加重平均して）為替レートを決定する仕組み。

第 7 章　国際経済と人類の諸課題

レートを決定します。いわゆる「通貨バスケット」です。新しい構成比は、図のように、SDRの構成比率は、ドル41.73％、ユーロ30.93％、人民元10.92％、円8.33％、ポンド8.09％となっています。

▶ **1971年8月、ついにアメリカは、「金とドルの交換停止」を発表!!**

停止」と、当時の米国大統領は「ニクソン声明」を発表します。これはある意味、アメリカが「を」うドルは金ではありません」と言い切ってしまったようなものです。こうして各国は一時**変動相場**制へと移行せざるを得なくなりました。長い間固定相場で貿易をしてきた世界は、為替変動リスクが大きい変動相場制により、貿易の停滞が起こり始めていきます。

こうして、世界の貿易停滞の懸念から、**1971年12月**にアメリカのスミソニアン博物館に先進10カ国※2が集まり、先進10カ国が**固定相場**に復帰することを宣言します。これが「**スミソニアン協定**」です。ただし、金に対するドルの価値は引き下げられ（金1オンス＝**38ドル**）、円に対するドルの価値も引き下げられました（1ドル＝**308円**）。また、変動幅も上下１％から「**2.25％**」に拡大されました。

しかし、何とかして維持してきた固定相場でもドル危機は払拭できず、**1972年6月にイギリス**が、固定相場離脱を発表、主要国は次々とこれに追随し、**1973年2月14日**には、**日本も固定相場離脱**へと移行しました。**変動相場制**へと移行しました。こうした中、1976年にジャマイカの首都キングストンで、IMF暫定委員会が開催されました。ここで「**変動相場制の正式承認**」、ドルに代えて「**SDR**を中心的な資産」とすることが合意されました。この合意を「**キングストン協定**（合意）」や「**ジャマイカ協定**（合意）」と呼びます。

特に正誤問題では、「キングストン協定によって日本が変動相場に移行した」、との誤文の出題がよくあります。先に変動相場になっていたので、くれぐれも注意しましょう。

▶ **現在は管理フロート制→政府が協調介入によりレートを調整**

現在は政府による**協調介入**がしばしば行われる。各国の中央銀行が保有する円やドルを外国為替市場に売買するんだ。具体的には、例えば円高・ドル安にしたければ、中央銀行がドルを売り、円を買えばいい。すると、外国為替市場のドルが増えて、円が減るから円は高くなる。実際、**1985年のプラザ合意**で「**円高誘導**」、**1987年のルーブル合意**で「**円安誘導**」が行われた。政府がレートを管理していることから、現在は**管理フロート制**と言います。

※2 G10は米・英・仏・西・独・伊・日・加・ベルギー・オランダ・スウェーデン（1984年からスイスが加わり「G10諸国」と呼称。

共通テスト8割目標
私大基礎
共通テスト9割目標
難関大
基礎 発展 時事
出題頻度 ★ ★ ★ ★ ★

7 地域的経済統合の動き

ココが出る! 試験前の最強ポイント
★EU, NAFTA, ASEAN, MERCOSUR, APEC

① 世界各地の地域的経済統合

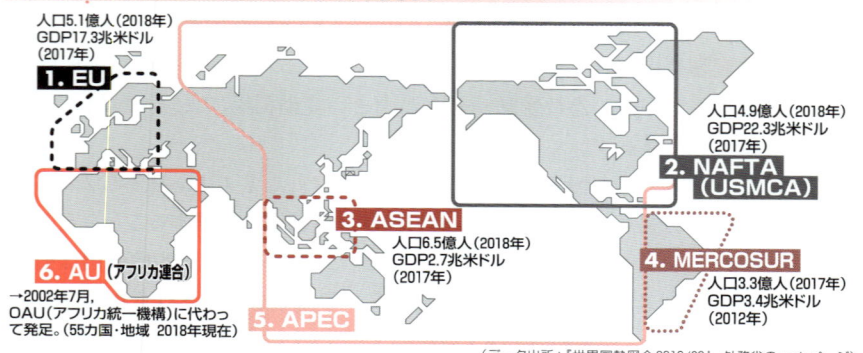

人口5.1億人(2018年)
GDP17.3兆米ドル
(2017年)
1. EU

人口4.9億人(2018年)
GDP22.3兆米ドル
(2017年)
2. NAFTA (USMCA)

3. ASEAN
人口6.5億人(2018年)
GDP2.7兆米ドル
(2017年)

6. AU(アフリカ連合)
→2002年7月,
OAU(アフリカ統一機構)に代わって発足。(55カ国・地域 2018年現在)

5. APEC

4. MERCOSUR
人口3.3億人(2017年)
GDP3.4兆米ドル
(2012年)

(データ出所:『世界国勢図会 2019/20』, 外務省のwebページ)

② 組織の説明

1. EU(欧州連合) ⇒2021年現在**27**カ国　※2013年**クロアチア**が加盟

2. NAFTA(北米自由貿易協定) ⇒2018年に再交渉され「**USMCA**(米国・メキシコ・カナダ協定)」へ
⇒1989年, **アメリカ**, **カナダ**との間での域内関税の撤廃を目指し自由貿易協定を締結
1994年, **メキシコ**を入れてNAFTAが発足

3. ASEAN(東南アジア諸国連合) ⇒1967年結成
⇒1967年にインドネシア・マレーシア・タイ・フィリピン・シンガポールで結成。
1984年にブルネイ, 1995年にベトナム, 1997年にラオス, 1997年にミャンマー,
1999年にカンボジアが加盟, 現在10カ国
※ラオス, ミャンマー, カンボジアを除き「ASEAN7」といい, APECにはASEAN7が加盟している
⇒ASEANを中心に15年以内に域内関税の引き下げを目指す**AFTA**(**ASEAN
自由貿易地域**)が1993年に結成された。
⇒1994年から, アジア・太平洋地域の政治と安全保障を対象とする対話のフォーラムとして,「**ASEAN地域フォーラム(ARF)**」が開催されている。ASEAN10カ国に加え, **欧州委員会**や, **米国, 韓国, 中国, 北朝鮮, 日本**も参加している。1994年7月に**バンコク**で第1回会合が開催された。2016年7月には第22回閣僚会合が「**ラオス**」で開催された。

4. MERCOSUR(南米南部共同市場)
⇒1995年に発足, **ブラジル**, **アルゼンチン**, **パラグアイ**, **ウルグアイ**, **ボリビア**の**5**カ
国で域内関税の撤廃と共同市場創設を目指す　2015年加盟　※2012年**ベネズエラ**が正式加盟, 2016年**資格停止**

5. APEC(アジア太平洋経済協力会議)
⇒1989年, オーストラリアの**ホーク**首相の提唱により開催, 92年より事務局は
シンガポール　**21**の国と地域からなる, 現在規模は最大
※2019年現在, 日本, 米国, 韓国, カナダ, オーストラリア, ニュージーランド, 中国, 台湾, 香港, (ラオス・ミャンマー・カンボジアを除くASEAN7カ国), メキシコ, パプアニューギニア, チリ, ロシア, ペルーの21の国と地域

スパッとわかる >>> 爽 快 講 義 <<<

▼ グローバリズムとリージョナリズム

近年，**グローバリズム**という言葉をよく耳にするよね。これは国境を越えて，地球的規模で協調体制を作っていこうとする考え方なんだ。例えば自由貿易を目指す**WTO**の動きなどがそれだね。

これに対して，**リージョナリズム**という言葉がある。これは，**地域主義**と訳され，一定地域という少し狭い枠での協調体制を目指し，経済を発展させようとする考えなんだ。この動きの一環として，「**地域的経済統合**」や「**FTA**（自由貿易協定）」があるんだね。

▼ 地域的経済統合には5つの類型があるよ！

地域的経済統合の段階には，域内の貿易制限を撤廃する**FTA**（自由貿易協定）から，共通通貨を用いて共通通貨体制を築く完全経済統合まで，以下の5つがあるんだ。特に**EU**の動きはまさに**完全経済統合**へと向かっているんだ。

❶ 域内貿易制限の撤廃 → **FTA（自由貿易協定）**
❷ 共通関税の実施 — 関税同盟
❸ 資本，サービス，労働の移動 — 共同市場
❹ 規制・租税・経済政策の共通化 — 経済同盟
❺ 予算・通貨体制の共通化 — 完全経済統合

⇒このように①から⑤までを実現した段階で完全経済統合となるんだね。

▼ EU, NAFTA, ASEAN, MERCOSUR, APECの5つが大切‼

EUについては，後の項で講義します。以下は正式名称よりも内容をざっくり押さえましょう。

まず，**NAFTA**は，**アメリカ**，**カナダ**，**メキシコ**の域内で関税引き下げなどを目指すFTA（自由貿易協定）です。2018年に再交渉が行われ，NAFTAに替わる「**USMCA**（米国・メキシコ・カナダ協定）」として署名されています。次の**ASEAN**は，1967年に東南アジアの共産主義化を防止する目的で当初は5カ国（現在は10カ国）で設立されました。冷戦崩壊後の1993年には域内で自由貿易を目指す**AFTA**が結成されました。また2015年には経済統合を目指す（通貨統合は見送り）**AEC**（ASEAN経済共同体）も結成されています。南米では1995年に**MERCOSUR**が結成されましたが，2016年にベネズエラが資格停止となるなど動きが流動的です（事実関係は2019年12月現在）。

これとは別に，21の国と地域（ASEANはラオス・ミャンマー・カンボジアを除く7カ国）からなる経済会議である**APEC**は，1989年から開催され，幅広い議論が行われています。

必ずやろう！ 爽快問題集 ▼ 第2章 **17 18 19**

8 日本のFTA・EPA動向

ココが出る! 試験前の最強ポイント

★初めての「シンガポール」　★TPP動向　★日欧EPA動向
★一部人の受け入れを行う「フィリピン」,「シンガポール」,「ベトナム」との「EPA」

① これまでの日本のFTA（自由貿易協定），EPA（経済連携協定）

⇒**FTA**（自由貿易協定）は，二国間で関税や非関税障壁，サービス貿易の障壁などを撤廃するもの。

⇒近年，日本は**インドネシア**などから，「ヒト」の受け入れを行っている。**EPA**（経済連携協定）は，FTAに加えて，労働市場の開放や投資，知的財産権保護，政府調達，二国間協力など，**様々な分野にまで拡大**させたもので，日本が提唱・推進している。

⇒日本は，2002年の「**シンガポール**」をはじめ，これまで18で発効している（2021年9月現在）。

数	締約国	発効	POINT（主な内容）
1	★**シンガポール**	**2002**年11月	日本初のEPA
2	メキシコ	2005年4月	南米初，NAFTA加盟国，一部農作物も対象
3	マレーシア	2006年7月	往復貿易額の約97%で関税撤廃
4	チリ	2007年9月	鉱工業品の関税を10年以内に撤廃
5	タイ	2007年11月	日本にとり第5位の貿易相手国（2011年）
6	★**インドネシア**	**2008**年7月	**介護福祉士候補者も受け入れ**
7	ブルネイ	2008年7月	往復貿易額の約99.9%を10年以内に関税撤廃
8	★**ASEAN全体**	**2008**年12月	**初の複数国（10カ国）**
9	★**フィリピン**	2008年12月	**介護福祉士候補者も受け入れ**
10	★**スイス**	2009年9月	**欧州初（スイスは非EU加盟国）**
11	★**ベトナム**	2009年10月	**介護福祉士候補者も受け入れ**
12	★**インド**	2011年8月	アジア第3位の経済規模
13	ペルー	2012年3月	往復貿易額の99%以上を10年間で関税撤廃
14	★**オーストラリア**	2015年1月	2017年の食料自給率は200%※ ※農林水産省『食料需給表，2021年8月発表』による。 カロリーベース
15	モンゴル	2016年6月	モンゴルにとって初の経済連携協定
16	★**TPP**(11カ国)	2018年12月発効	参加国の世界経済に占める割合は，GDPが約36%，貿易が約26%，人口は約11%。発効すれば世界最大規模の経済圏
17	EU	2019年2月発効	世界のGDPの30%，人口は6億人を超える

（出典）外務省資料などより作成。TPPに関するPOINTは，アメリカを入れた場合の12カ国のデータ

② TPP協定（環太平洋経済連携協定）…2018年発効

⇒2006年に発効した「**チリ，ニュージーランド，シンガポール，ブルネイ**（域内での関税撤廃を目指す）」での Pacific4（**P4**）がベース

⇒現在，**中国**，**韓国**，**ロシア**，**EU**諸国などは参加していない（2019年7月現在）

⇒2017年に**アメリカ**のトランプ政権がTPPからの脱退を表明した

⇒2018年に，アメリカを除く11カ国で「TPP11」として発効した

③ 日EU・EPA…2019年2月発効

⇒2018年11月に署名され，**2019**年2月に**発効**

⇒世界のGDPの30%，人口は6億人を超える「メガFTA」である

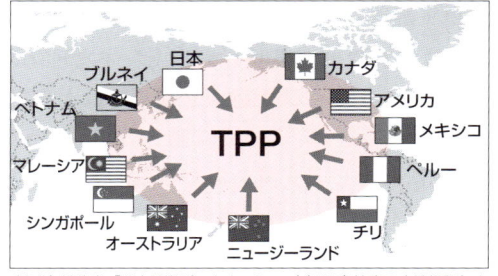

●TPP 交渉参加国（2014 年）

（出典）外務省『環太平洋パートナーシップ（TPP）協定の交渉概要』より作成

●世界全体の GDP に TPP 交渉参加国が占める割合（2014 年）

　□ TPP 交渉参加国：36.3%
　■ その他の：63.7%

（出典）IMF World Economics Outlook Database, April 2015

スパッとわかる ≫≫≫ 爽 快 講 義 ≪≪≪

▼ようやく日本も「FTA」始動!!

　2002 年，ようやく日本初の**FTA**（自由貿易協定）が「**シンガポール**」との間で発効しました。近年は，**インドネシア，フィリピン，ベトナム**から，**外国人介護福祉士候補者**などの「ヒト」の受け入れを行っているものもあることから，FTA（自由貿易協定）を拡大させたものとして，日本では「**EPA（経済連携協定）**」と呼称しています。ちなみに「初」という年号は意識しましょう。

　ただ，問題も指摘されています。2008年より**インドネシア**から，**104人の介護福祉士候補者を受け入れました。しかし，合格したのは僅か46人**[1]。候補者は自国で看護学校などを卒業しており，それでも日本で介護士になりたいとしてやってきます。しかし**現実には，日本語の勉強に追われ，実際の資格に対する勉強時間が割けないのが現実**です。日本は超高齢社会を迎え，介護士不足が叫ばれています。また国内においても，低賃金から「**介護離職**」が問題となっています。これからの対策が急務です。

　試験前は特に，★のついたものを押さえよう。

▼TPP協定（環太平洋経済連携協定）って？

　当初は，**12** カ国で域内関税の廃止など，様々な経済分野において，協力をしていくものでした。以前学習した通り，**ドーハ・ラウンド**の合意がない中で，各国は，仲の良い国同士で「FTA」を加速させてきました。そんな中で，アメリカが目をつけたのが，「**P4**」でした。これは，**チリ，ニュージーランド，シンガポール，ブルネイ**の4カ国で10年をめどに全関税を撤廃するものです。

※1　国際厚生事業団『平成28年版　EPA に基づく外国人看護師・介護福祉士受入れパンフレット』より

必ずやろう！ 爽快問題集▼ 第2章 18

2006年に発効しました。これに**アメリカ**が2010年に交渉に参加。**日本**も2013年に交渉に参加し，2015年10月に**12**カ国で大筋合意に至りました。

しかし，2017年に入るとトランプ政権が脱退を表明しました。主な理由として，関税を撤廃するとますます安い製品をアメリカが輸入しなくてはならず，アメリカの貿易赤字が拡大する，というものです。こうした動きは「**ポピュリズム**（長期的視野で政策を考えず大衆に迎合して支持を集める政治手法）」であるとの批判があります。その一方でアメリカは世界最大の貿易赤字国であることも事実であり，こうしたトランプ政権を支持する国内世論もあります。

2019年10月にアメリカは日本との間での，対日貿易協定に署名しています。また2012年にアメリカ初の二国間ＦＴＡが韓国との間で発効（米韓自由貿易協定・ＫＯＲＵＳ，2007年署名）しています。

▼ついに「日EU・EPA」発効!!⇒2019年2月

こうした中，日本とEUとの間で関税の撤廃などを取り決めた，「**日EU・EPA**」が2018年11月に署名され，2019年2月に発効しました。注目は何といってもその規模で，日本とEUの合計は**世界のGDPの30％**，人口は6億人を超える巨大な経済圏であるということです。こうしたことから「メガＦＴＡ」として注目を集めています。日本が危険視するのは農産物，特にコメの関税撤廃です。日本よりも安い海外のコメが日本に関税なしで入ってくれば，コメ農家の経営を圧迫します。今回はコメについては適用除外（要するに現状維持）とした上で，ワインや日本酒，パスタどの関税は即時廃止されます。近頃ワインが安いのはこのためです。他にも豚肉や牛肉などの関税が10〜16年かけて引き下げられます。

こうして日本の**ＦＴＡカバー率**（貿易額に対するＦＴＡ締約国の貿易額）は，2016年の約23％から，51.6％（署名済みを含めて，2019年3月末時点）に拡大しました。日本製品が高くて売れないのは，製品の値段が高いだけでなく関税も影響していたのですね。

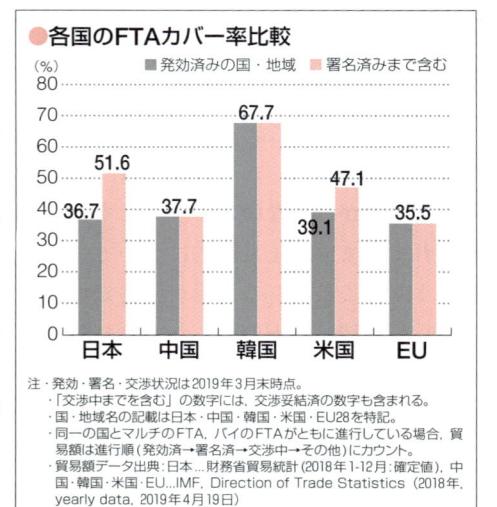

●各国のFTAカバー率比較

（注）
・発効・署名・交渉状況は2019年3月末時点。
・「交渉中までを含む」の数字には，交渉妥結済の数字も含まれる。
・国・地域名の記載は日本・中国・韓国・米国・EU28を特記。
・同一の国とマルチのFTA，バイのFTAがともに進行している場合，貿易額は進行順（発効済→署名済→交渉中→その他）にカウント。
・貿易額データ出典：日本…財務省貿易統計（2018年1-12月：確定値），中国・韓国・米国・EU…IMF, Direction of Trade Statistics（2018年, yearly data, 2019年4月19日）
・小数第2位を四捨五入のため合計は必ずしも100％とならない。

共通テスト8割目標 私大基礎　共通テスト9割目標 難関大　基礎　発展　時事　出題頻度 ★★★★★

9 EUへの歩み

ココが出る! 試験前の最強ポイント

★組織名とその設立条約　★2016年英のEU離脱決定　★EURO概要

1952年

ECSC(欧州石炭鉄鋼共同体)
⇒1951年のパリ条約に基づき設置 ⇒**フランス**の外相**シューマン**が提唱
⇒加盟国…**フランス**,**西ドイツ**,**イタリア**,**ベルギー**,**オランダ**,**ルクセンブルク**の6カ国

EECへ,より多くの分野での関税同盟を目指す

1958年

EEC(欧州経済共同体)　加盟国…同上
⇒1957年の**ローマ条約**に基づく ⇒**EURATOM(欧州原子力共同体)**も設立

対抗 **イギリス**がフランス中心の**EECに対抗して結成**

1960年

EFTA(欧州自由貿易連合)
⇒**英**,**デンマーク**,ノルウェー,スイス,ポルトガル,オーストリア,スウェーデンの7カ国で結成
※1970年にアイスランド,1986年にフィンランド,1991年にはリヒテンシュタイン加盟。しかし,EU加盟のために**英**と**デンマーク**が1973年に,ポルトガルが1985年に,オーストリア,フィンランド,スウェーデンが1995年にそれぞれ脱退。現在は**ノルウェー・スイス・アイスランド・リヒテンシュタイン**の4カ国で構成。1991年にECとEFTA(**スイス**を除く3カ国)が「EEA(欧州経済地域)」の設立を合意。1994年,EEA設立。

'94年 EUとの間でEEA(欧州経済地域)設立

1967年

EC(欧州共同体) ➡ 関税同盟と共通農業政策
⇒加盟国… EEC6カ国　'**73**年→**イギリス**,**アイルランド**,**デンマーク**加盟　'81年→ギリシャ加盟　'86年→スペイン,ポルトガル加盟　計**12**カ国
⇒1979年 **EMS(欧州通貨制度)**を制定→**ECU**(エキュー)(通貨単位)誕生
域内相場をECU平価2.25%以内の変動枠にする固定相場,域外は**変動**相場

いよいよ通貨統合を目指す

1993年

EU(欧州連合)へ(この年マーストリヒト条約が発効)
⇒1992年の**マーストリヒト条約**に基づき設置
⇒加盟国…EC12カ国に加えて
⇒'**95**年→**オーストリア**,**フィンランド**,**スウェーデン**加盟　計15カ国

そして通貨統合へ

1999年

単一通貨EURO(ユーロ)に通貨統合　2002年に完了
⇒これに伴い→中央銀行を**ECB**(欧州中央銀行)に一本化
⇒**金融政策もECB(欧州中央銀行)が統一実施**
⇒**2016年現在,イギリス,スウェーデン,デンマークはEUROに参加せず**
⇒2016年6月,**イギリス**は**国民投票でEU離脱**決定。2019年12月にはイギリスで解散総選挙が実施され,保守党が単独過半数を獲得し,ジョンソン首相はEU離脱を正式に決定した。

※チェコ,エストニア,キプロス,ラトビア,リトアニア,ハンガリー,マルタ,ポーランド,スロベニア,スロバキアの10カ国は,2004年5月からEUの加盟国に。2007年ルーマニアとブルガリアが加盟。2013年**クロアチア**が加盟。

▼ 不戦を誓った，欧州復興

第二次世界大戦は，日本への原爆投下だけでなく，ヨーロッパにも甚大な被害をもたらしました。**もう戦争はしたくない。どうすれば，戦争を防ぐことができるのか？**

答えは「**フランス**と**ドイツ**（当時は西ドイツ）の和解」と，「**地下資源の共同管理**」でした。長い間戦争に明け暮れた欧州のこれまでの戦争の要因が，**地下資源の争奪にあったことを省みたのです。**そして，戦争での勝者と敗者のいがみ合いが，戦後復興を困難にすることも分かっていました。

このことを宣言したのが，1950年のフランスの外相である**シューマン**が発表した「**シューマン・プラン**[※1]」でした。

こうして，1952年に，石炭と鉄鋼を共同管理する「**ECSC**（欧州石炭鉄鋼共同体，設立条約は1951年のパリ条約）」が設立されました。この原加盟国，「**フランス，西ドイツ，イタリア，ベルギー，オランダ，ルクセンブルク**」の6カ国です。あれ，ある国がいませんね。そう**イギリス**です。イギリスは，フランスが求める事前の主権移譲への同意に反対して，**加盟を拒否しました。**ちなみにイギリスは，1960年に「**EFTA**（欧州自由貿易連合）」を**デンマーク**などとともに結成し，フランスが率いる**EEC**（欧州経済共同体）に対抗します。イギリスが後のEC（欧州共同体）に加わるのは，1973年のことです。その後EFTAは，EU（欧州連合）との間で「**EEA**（欧州経済地域）」を設立しています（1994年）。

さて，本線に戻ろう。1957年には，ECSCの6カ国によって，**ローマ**条約が締結されました。これによって，**工業製品の域内関税の撤廃**と，**域外共通関税の設定**（このような経済同盟を「**関税同盟**」という），共通の農業政策，域内資本と労働力の移動の自由化を目指す「**EEC**（欧州経済共同体）」が1958年に設立されました。**これは後のECのベースとなる組織です。**また同1958年には，原子力の平和利用の促進のため「**EURATOM**（欧州原子力共同体）」が設立されています。

▼ECSC，EEC，EURATOMを統合して→ECへ

1967年には，それまであったECSC，EEC，EURATOMを統合して，**EC**（欧州共同体）」が設立されます。労働力・資本・サービスなどの域内の移動を自

※1　シューマン・プランを最初に着想したのは，フランス企画院長官であったジャン・モネ。

由化し，**統一市場**を形成していきました。また，域内の為替変動率を創設され
た共通単位である「**ECU**」に対して一定の幅に抑える，「**EMS**（欧州通貨制度）」
も1979年に発足しています。ECUは，加盟国の複数の通貨の加重平均値を
1ECUとしました。いわゆる「**通貨バスケット**制（複数の通貨の加重平均から
算出されたレートに対する**固定**相場制）」が採用されたわけです（アメリカな
ど域外に対しては，今まで通り**変動**相場制）。この「ECU」は後の「**EURO（ユー
ロ）**」の前身的存在です。

　1987年には，**単一欧州議定書**により，EEC時代からの念願であった，労働力・
資本・サービスなどの域内の移動の自由化が実現し，**市場統合**が完成しました。

▼ いよいよ，通貨統合へ。イギリスはもともと距離感あり？

　1992年に，オランダの**マーストリヒト**で，「**EU**（欧州連合）」設立条約であ
る「**マーストリヒト**条約」を締結，翌**1993**年に発効。こうしてEUが設立され
ました。本命である共通通貨「**EURO（ユーロ）**」への通貨統合は，**1999～
2002年**にかけて行われ，完了しました。現在，ユーロが使用できる経済圏を
「**EMU**（経済通貨同盟）」といいます。2019年9月現在,EU加盟国**28**カ国（2016
年6月，イギリスが離脱を決定）のうち，EMU（つまりユーロ圏）は「**19**カ国」
（2015年に**リトアニア**が加盟）となっています。特に**イギリス，スウェーデン，
デンマーク**などが，EMUに参加していないことに注意しましょう。EMUでは，
ECB（欧州中央銀行）が共通の**金融政策**（中央銀行による物価の安定政策）を
実施します。しかし，**財政政策**（税制や国債発行などによる各国内の経済政策）
は，加盟国毎に行われます。すると財政赤字国と，財政黒字国が混在すること
になりますね。2010年に**ギリシャ**に端を発した「**欧州債務危機**（**PIIGS**と呼
ばれる国の債務危機がユーロ危機に発展）」など（p409～413参照）が起こっ
た場合，共通した金融政策が採りにくくなる，ということも起こります。

▼ その後，かつての東欧諸国も仲間入り

　さらにEUは，**通貨統合**だけではなく，政治的意思決定プロセスも統一し，
政治統合を目指していきます。

　アムステルダム条約（共通の安全保障政策や外交政策の拡充などを盛り込む。
1999年発効）や，**ニース**条約（アムステルダム条約に後継。東欧拡大に備え，
各国にとって公平な議決権などを盛り込む。2003年発効）は，まさに「**政治
統合**」を視野に入れたものでした。こうして，2004年には，かつての社会主

義国を含む10カ国[※2]が加わりました。これをＥＵの「**東欧拡大**」といいます。

▼ 欧州憲法条約に代わって，リスボン条約発効→政治統合目指す‼

2004年には**欧州憲法**条約が調印されましたが，**フランス**と**オランダ**が批准を拒否したため，**全加盟国の批准という発効要件を満たすことができず，未発効**となりました。この欧州憲法条約に代わるものとして，2009年に「**リスボン**条約（ニース条約の改正）」が発効しました。リスボン条約では，大統領的

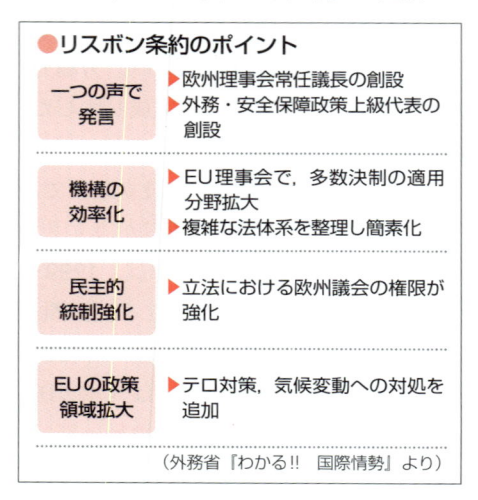

●リスボン条約のポイント

一つの声で発言	▶欧州理事会常任議長の創設 ▶外務・安全保障政策上級代表の創設
機構の効率化	▶EU理事会で，多数決制の適用分野拡大 ▶複雑な法体系を整理し簡素化
民主的統制強化	▶立法における欧州議会の権限が強化
EUの政策領域拡大	▶テロ対策，気候変動への対処を追加

（外務省『わかる‼ 国際情勢』より）

ポストである「**欧州理事会常任議長**」の創設。「**多数決制の適用分野の拡大**」。「**欧州議会の権限強化**」。「**テロや気候変動対策への対処**」などが盛り込まれ，政治統合の色彩を色濃くしています。

2016年に入ると，**イギリスでは国民投票が実施**され，**ＥＵからの離脱が決定**されました。主な理由としては，「移民が職を奪っている」ことや「治安の悪化」などを懸念する声があったからです。しかし，その後議会は運営が紛糾し，2019年7月にはこうした責任をとって**メイ首相が辞任**，ジョンソン**首相が就任**しました。ジョンソン首相は12月に（議会で総選挙を実施する法律を通して）**総選挙を実施**し，単独過半数を獲得。2020年1月末にＥＵを離脱しました。この一連の動きを一般に「**ブレグジット**」といいます。

このように，2021年で設立から28年が経過するＥＵは，経済的にも政治的にも不安定な状況です。**今後の動向から目が離せません**（p409〜413も参照）。

第**7**章 国際経済と人類の諸課題

※2　ポーランド，チェコ，ハンガリー，スロベニア，スロバキア，バルト3国（エストニア，ラトビア，リトアニア），キプロス，マルタ。

共通テスト8割目標
私大基礎

共通テスト9割目標
難関大

基礎 発展 時事
出題頻度 ★ ★ ★ ☆ ☆

深める 爽 快 講 義

テーマ 「欧州債務危機とEU動向」

講義ポイント

　2002年に通貨統合を完了してから，2017年で15年が経ちます。しかし2010年にギリシャの債務危機（2009年に政権交代がおき，パパンドレウ政権となって，2010年に明るみに出た）に端を発したこの債務問題は，ポルトガル，アイルランド，イタリア，ギリシャ，スペインなども同様の債務国であることが次々に明るみに出ました（これらの国をPIIGSやGIIPSといいます）。こうして欧州中央銀行（ECB）や国際通貨基金（IMF）までもが，ギリシャへのユーロの緊急融資に乗り出したことで，ユーロ安（円高が進行しました），2008年7月には1ユーロ169.93円であったのが，2012年7月には1ユーロ95.39円までユーロ安が進行しました。更に2015年にも再び，ギリシャのデフォルト（債務不履行）懸念などが再燃しました。高得点を目指す受験者や難関大受験者は確実に理解しよう。

❖ 公務員の給料が3倍のギリシャ

　ギリシャは2001年にユーロに加盟し（1999年の第一次移行国ではなかった），自国通貨の「**ドラクマ**」をユーロに換えた。ただし民間の3倍近くの公務員給与や大盤振舞な社会保障支出などで財政危機に陥っていたんです。

　経済協力開発機構（OECD）の統計では2007年時点での政府債務残高の年

● 債務残高の国際比較（対GDP比）

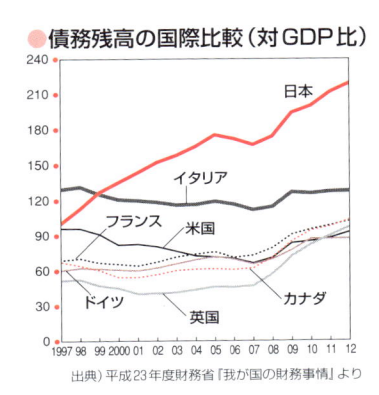

出典 平成23年度財務省「我が国の財政事情」より

● 欧州各国の経済力　※内閣府資料などで作成。▼はマイナス。

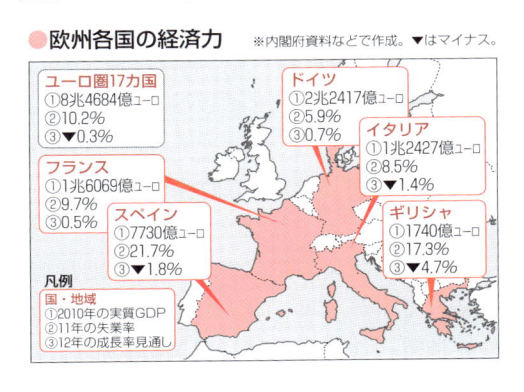

ユーロ圏17カ国
①8兆4684億ユーロ
②10.2%
③▼0.3%

ドイツ
①2兆2417億ユーロ
②5.9%
③0.7%

イタリア
①1兆2427億ユーロ
②8.5%
③▼1.4%

フランス
①1兆6069億ユーロ
②9.7%
③0.5%

スペイン
①7730億ユーロ
②21.7%
③▼1.8%

ギリシャ
①1740億ユーロ
②17.3%
③▼4.7%

凡例
国・地域
①2010年の実質GDP
②11年の失業率
③12年の成長率見通し

GDP比はギリシャが102％に上っていた。ちなみに日本国の借金はGDP比で200％を超え，OECD加盟国で最悪です。

❖ 日本との違いはギリシャの国債の7割以上が外国人が保有していること！

またギリシャは外債に頼っており外国人投資家の**国債保有比率は74％**にも達します。ちなみに日本は2010年12月時点で，**約5％である**（『財務省債務管理リポート2011』より）。

また同様に巨額の財政赤字を抱えるポルトガル，イタリア，スペインにも伝播し，ギリシャを加えた「**PIIGS**」や「**GIIPS**」（ポルトガル，アイルランド，イタリア，ギリシャ，スペイン）と呼ばれる国の長期国債の利回りは急騰しました。特に債務国の場合は，**ギリシャの長期国債の市場価格が急落したため**（p407参照），**長期国債の利回りが上昇**した。

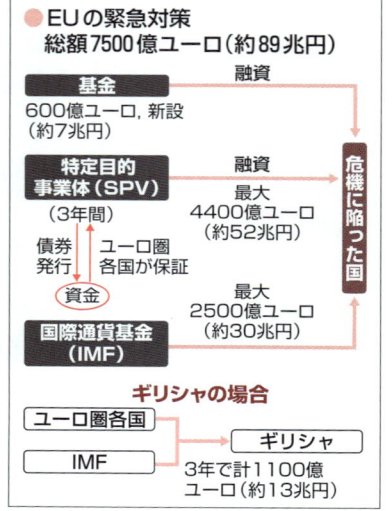

❖ 緊急支援の決定

2010年5月2日，欧州連合（EU）のユーロ圏15カ国（ギリシャを除く）と**国際通貨基金（IMF）**が3年間で1100億ユーロ（約13兆7000億円）の緊急支援をまとめ実施しました。

ただし大量のユーロ供給はユーロの価値を下げることとなり，5月6〜7日の2日間で円相場は一時，対ユーロで8年5カ月ぶりの110円台半ばへ。対ドルで87円台まで急騰しました。

❖ ユーロ流通国となるには条件がある

みなさんは，EUに加盟すること＝ユーロ流通国となるって思っていませんか？

実はこれは大間違いです。現在EU加盟国**28**カ国（2013年にクロアチアが加盟）ですが，ユーロ流通国（以下ユーロ圏）は**19**カ国（2015年にリトアニアが加盟）です（ともに2019年10月現在）。

実はユーロ圏になるには、「**EMU（経済通貨同盟）**」に入る必要があるんです。これに入るためには「**安定成長協定**（単年度財政収支の赤字がGDPの**3**％以内，債務残高がGDPの**60**％を下回っていること）」の条件を満たす必要があります。

あるユーロ圏内の国の財政が悪化すれば，その財政が悪化した国の国債を保有しているユーロ圏内や，世界の金融機関にも打撃を与えます。もちろん財政悪化国の国債は，買い手がつかなくなりますから，その国の予算は，IMFや，ユーロ圏内の基金（2012年10月に，**欧州安定メカニズム**「**ESM**」が発足，新規融資能力は約5000億ユーロ，日本円で約50兆円といわれる）に頼ることになります。こうしてEU圏内の財政赤字国は，緊縮財政（財政支出の縮減や，増税）を余儀なくされ，EU圏全体の景気も縮小傾向に傾き出しました。

こうした中で，2012年10月，ノーベル委員会は，「EUは欧州を戦争の大陸から平和の大陸に変革させる重要な役割を果たした」として，2012年の**ノーベル平和賞**の授賞を決定しました。

❖ またまたギリシャで債務危機！

2015年1月の総選挙の結果，**反緊縮，反財政再建を掲げた左派政党である急進左派連合が勝利，チプラス政権**が誕生しました。これによってギリシャが緊縮（年金給付の削減，公務員の雇用削減，国有資産の売却など）に取り組まないのでは，との懸念が広がりはじめます。これまでギリシャは緊縮を進めることと引き替えに，国際社会から金融支援（第2次金融支援）を受けています。しかし，チプラス政権は2015年2月末に行うべき**緊縮の実施の延長と，つなぎ融資を要求し出しました。EUはこれを拒み，2015年6月30日までに約15.7億ユーロ（約2000億円）の返済をギリシャに迫ったのです。7月には，ギ**リシャでは緊縮の是非を問う**国民投票**が実施され，緊縮**反対**派が勝利しました。結局，2015年8月にギリシャとEUとの間で，**2018年までに基礎的財政収支をGDP比で3.5％まで改善させることなどを条件に，「第3次金融支援」が合意**されました。ただしその実現は不透明で，ギリシャの**債務不履行（デフォルト）**懸念は払拭しきれていません。

　2009年に「**EU基本条約（欧州基本条約）**」が発効し，大統領（2019年9月現在，ポーランドの「**トゥスク**」）を置き「政治統合」を実現しようとするEUですが，先ほど述べたようなユーロ圏内でのリスクの共有などにおいて，ドイツやフランスなどでも対立が見え始めています。こうした中，2016年6月には，**イギリス**でEU離脱の是非を問う国民投票が行われ，**離脱**派が勝利しました。このように，2019年で設立から26年が経過するEUは，経済的にも政治的にも不安定な状況です。最後に「**リスボン**条約」の内容と，「EUの課題や問題点」をまとめておきましょう。

(1)「リスボン条約」が発効　2009年12月

⇒2004年に採択されたEU憲法の発効のめどが立たないため，EUでは2003年に発効した「ニース条約」を改定することで合意した。これがEU基本条約。

⇒2008年6月に「アイルランド」が批准を否決したため，発効のめどが立っていなかった。

⇒2009年10月にアイルランドは再び国民投票を行い批准を決定。

〈**主な内容**〉

- EU旗，EU歌，標準語などを定めない。
- EUを代表する「欧州理事会常任議長（EU大統領と同じ，任期は2年半で3選禁止）」を置く。
- 理事会の議決は全会一致の案件を除き，加盟国の55％以上が賛成し，賛成国の総人口の65％以上となれば可決とする「**特定多数決**」方式の実施。

※EUはこれまでのローマ条約以降の様々な条約が基本法とされ，それらに明記されたもの以外の法的拘束は受けない。今回はこれらの条約を包括的に整理したEUの基本法といえる。ただし「憲法」という名称・概念はこれにより解体したと見ることができる。

(2) EUの課題や問題点

- PIIGSなどの**債務赤字国との通貨連動**により，**ユーロ安が進行**する，経済的な不協和音。
- **移民問題**や，**経済格差**の拡大などの社会的問題。
- ロンドン中心部と，ルーマニア北東地域での一人当たりの平均所得の差は13倍にもなる（2004年　EU統計局）。
- EU基本条約（欧州憲法条約）の多数決方式が，**人口の多いドイツに有利**となるのでは，といった，政治的コンセンサスの問題（加盟国の55％と総人口の65％の賛成を必要とする，特定多数決議）。
- 2016年6月には，**イギリス**でEU離脱の是非を問う国民投票が行われ，**離脱**派が勝利するなど，EU離脱と**ナショナリズム**の高揚。
- 2019年12月にはイギリスで解散総選挙が実施され，保守党が単独過半数を獲得し，ジョンソン首相はEU離脱を正式に決定。

★**その他の知識（2021年現在）**

① EU加盟国は「**27**カ国」（イギリスが2021年に離脱），ユーロ流通圏は「**19**カ国（※2015年にリトアニアが加盟）」。

② 現在，大統領は置かれている（**ミシェル**氏）。

③ 2013年に「**クロアチア**」がEU加盟。

④ 人口は**4.4**億人を超える。

⑤ 「**トルコ**」とマケドニアなどは加盟交渉中である。

10 南北問題

共通テスト8割目標 私大基礎 **共通テスト9割目標 難関大** **基礎 発展 時事** **出題頻度 ★★★★☆**

ココが出る! 試験前の最強ポイント

★モノカルチャー経済　★UNCTAD　★NIEO樹立宣言　★南南問題

① 南北問題と南南問題のイメージ

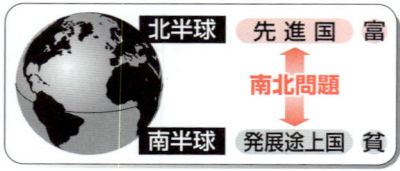

② 南北問題の問題点

⇨ **モノカルチャー経済**（単品経済）への依存
⇨ **一次産品**（原材料）が主に輸出品目のため**利益上がらず**
⇨ ちなみに，先進国は加工し製品を生産→収益性が高い→**加工貿易**

③ 南北問題解決への取組み

1. 1961年…**ケネディ米国大統領**「国連開発の10年」を国連総会で提案
2. **1964年**…**UNCTAD**（**国連貿易開発会議**）加盟国194カ国　2019年現在
　　⇨第1回総会のスローガン「**援助よりも貿易を**」開催場所ジュネーブ
● **プレビッシュ報告**
　　❶GNP1％の経済援助　❷**一般特恵関税**の拡大　❸一次産品の価格安定

④ 資源ナショナリズムの台頭 ➡ 天然資源に対する保有国の恒久主権

⇨1962年…**国連総会**⇨天然資源に対する保有国の恒久主権を宣言
⇨**1974**年…国連資源特別総会「**NIEO**（**新国際経済秩序**）**樹立宣言**」
　　　　　　　　　　➡ 天然資源に対する保有国の恒久主権

⑤ 累積債務と南南問題（途上国における格差の問題）

● **高成長を遂げる国**⇨**アジアNIES**（韓国・台湾・香港・シンガポール）**ASEAN**など
● **累積債務に悩む国**⇨**中南米諸国**（メキシコ・ブラジル・アルゼンチンなど），
　　　　　　　　　　　　アフリカの発展途上諸国

※先進国は返済の繰り延べであるリスケジューリングなどで対応，こうした中2001年，**アルゼンチン**
　は史上最大の**債務不履行・デフォルト**を宣言しペソを切り下げ，変動相場制へと移行した

スパッとわかる >>> 爽 快 講 義 <<<

▼ 欧米列強の植民地支配によって作られた悲劇の構造！

　以前学習したように，19世紀後半からの独占資本主義時代の国家は，新たな市場拡大のため植民地の拡大政策をとっていたよね。この**帝国主義国家**の台頭により南半球にある植民地は，**一次産品**（製品の原材料）の生産を強いられていくんだ。そして英国や仏国などの宗主国はその一次産品を安く買い上げ，これを自国で製品化し（**加工貿易**），不当に高く売って儲けていく。当然，植民地は砂糖や，天然ゴムといった一次産品のみの生産に経済を頼るしかない。こうして，単品の一次産品を生産し，それを安く売る「**モノカルチャー経済**」となっていく。これが構造化され，**植民地の側は経済発展を阻まれてきたんです。**

▼ ケネディが「国連開発の10年」を提案→国連が解決に動き出す！

　1961年。史上最年少43歳の若さで第35代米国大統領に就いた**ケネディ**は世界に向けて，平和への理想を大きく掲げます。黒人差別撤廃への**公民権法**制定の公約，ベトナム撤退の公約（暗殺により戦争へ）。そして彼は世界から貧困を無くすため，1961年の国連総会で彼の提唱により，「**国連開発の10年**」として，国連と先進国が発展途上国の経済発展のために取組むことを採択した。

▼ UNCTAD（国連貿易開発会議）→スローガンと援助目標

　1964年には，国連総会の常設機関として**UNCTAD（国連貿易開発会議）**が設立。第1回のジュネーブ総会では，「**援助よりも貿易を**」のスローガンのもと，UNCTADの初代事務局長である**プレビッシュ**が**プレビッシュ報告**を提出したんです。主な内容は先進各国が**GNP1％**の経済援助の実施（ODAは**0.7**％），発展途上国の製品の関税を引き下げる**一般特恵関税**の拡大，**一次産品**の価格の安定が盛り込まれていたよ。

▼ 資源ナショナリズムの（天然資源の保有国の恒久主権）主張!!

　1970年代になると，中東の**パレスチナ問題**（p206を参照）をめぐり，イスラエルとアラブ諸国が真っ向から対立していくんだ。1973年にはイスラエルから領土を奪還しようとシリアが侵攻，サウジをはじめ10カ国の中東諸国が介入した**第四次中東戦争**は，米国製の武器を用いたイスラエルが圧倒的勝利。そこで中東各国で構成する，**OAPEC・アラブ石油輸出国機構**や**OPEC・石油輸出国機構**が原油価格を**4**倍にする石油戦略を展開。こうして**資源ナショナリズム**が台頭していくことになるんです。特に**1974**年の**NIEO（新国際経済秩序）樹立宣言**は頻出です。

▼ 新たな南南問題→板書⑤を確認　特に累積債務に悩む中南米情勢に注意！

必ずやろう！ 爽快問題集▼第2章 17.18.19

11 ODA援助

ココが出る！試験前の最強ポイント

- ★ OECDの下部組織DACが実施
- ★ 人間の安全保障
- ★ ODA大綱を改め，開発協力大綱へ

ODA（政府開発援助）

⇒1961年に誕生した **OECD**（経済協力開発機構）の下部組織である **DAC**（**開発援助委員会**）の設定するガイドラインに沿って加盟先進国が実施する経済援助

⇒2018年実績で日本の援助総額は世界第**4**位（1991年から2000年までのODA実績はDAC加盟国中**1**位だった）

ODA援助の形態 ── ODA・政府開発援助 ┄┄┄ 二国間 ┄┄┄ **贈与**（無償資金協力・技術協力）／**借款**（貸し付け）／国際機関への出資・拠出

〈DAC加盟国のODAの実績（単位百万ドル）〉

	2016	2017	2018[2]	2018(%)	GNI比(%)	順位
アメリカ合衆国	34,421	34,732	34,261	22.4	0.17	22
ドイツ	24,736	25,005	24,985	16.3	0.61	6
イギリス	18,053	18,103	19,403	12.7	0.70	5
日本	10,417	11,463	14,167	9.3	0.28	16
フランス	9,622	11,331	12,155	7.9	0.43	10
スウェーデン	4,894	5,563	5,844	3.8	1.04	1
オランダ	4,966	4,958	5,616	3.7	0.61	7
イタリア	5,087	5,858	5,005	3.3	0.24	18
カナダ	3,930	4,305	4,655	3.0	0.28	15
ノルウェー	4,380	4,125	4,257	2.8	0.94	3
オーストラリア	3,278	3,036	3,119	2.0	0.23	19
スイス	3,582	3,138	3,094	2.0	0.44	8
スペイン	4,224	2,560	2,874	1.9	0.20	20
デンマーク	2,369	2,448	2,582	1.7	0.72	4
韓国	2,246	2,201	2,351	1.5	0.15	24
ベルギー	2,300	2,196	2,294	1.5	0.43	9
オーストリア	1,635	1,251	1,178	0.8	0.26	17
フィンランド	1,060	1,084	983	0.6	0.36	11
アイルランド	803	838	928	0.6	0.31	12
ポーランド	663	679	763	0.5	0.14	27
ニュージーランド	447	450	556	0.4	0.28	14
ルクセンブルク	391	424	473	0.3	0.98	2
ポルトガル	343	381	390	0.3	0.17	21
チェコ	260	304	323	0.2	0.14	25
ギリシャ	369	314	282	0.2	0.13	28
ハンガリー[1]	199	149	190	0.1	0.14	26
スロバキア	106	119	133	0.1	0.13	29
スロベニア	71	76	83	0.1	0.16	23
アイスランド	59	68	81	0.1	0.31	13
DAC加盟国の合計	144,921	147,160	153,025	100.0	0.31	─

経済協力開発機構（OECD）資料による。支出純額ベース。卒業国向けは含まない。GNI（国民総所得）比は2018年。DAC（開発援助委員会）は，OECDの下部組織で，主として援助の量的拡大，質的向上について援助供与国間の意見調整を行う。加盟国は上記29カ国と欧州連合。1）ハンガリーは2016年12月加盟。2）贈与相当額上方式による金額。　　　　　　　（2019/20 世界国勢図会）

⇒贈与・相当分〔**グラント・エレメント**〕が**25**％以上でODAとみなされる

⇒DACの援助目標はGNP比**0.7**％　左に2018年のデータ

⇒総額では，**米**，**独**，**英**が上位3位

⇒2018年現在GNI比では
　1位…**スウェーデン**の「1.04」
　2位…ルクセンブルクの「0.98」
　3位…ノルウェーの「0.94」
　いずれも国際目標0.7をクリア

⇒しかし，日本はGNI比「**0.28**」と16位で依然低い水準にある

スパッとわかる ≫≫≫ 爽 快 講 義 ≪≪≪

ODA・政府開発援助は，1961年に誕生した **OECD**（経済協力開発機構，35カ国[*]）の下部組織である **DAC**（**開発援助委員会**，29カ国[*1]）が示す規準で実施する経済援助です。援助目標はGNP（GNI）比で**0.7**％ですが，実際にクリアしているのは，**スウェー**

※1　2019年現在。

デンなど数カ国なんだね。**日本は2018年現在0.28％でクリアしていません。**また，ODAはその贈与相当分〔**グラント・エレメント**〕[※2]が**25％**以上であることが条件です。これは，借款等の貸付の援助による途上国の**返済による負担増を防ぐ**ためなんだ。

▼ そもそも，OECDってなに？

実は，以前冷戦のところで勉強した，**マーシャル・プラン**まで遡るんだ。そう，アメリカが西欧諸国に経済援助して，戦後復興を助けるってやつ。あの具体的な，援助の受け入れ機関が「**OEEC**（ヨーロッパ経済協力機構，1948年）」という当初西欧8カ国の組織で，これが，OECDの前身なんだ。1960年代に入ると，以前勉強したドル危機が深刻化する。そこで加盟国を拡大してOECDが設立された。つまり，冷戦下では，共産主義化を防止する経済援助，という側面があった。くれぐれも，OECDを国連の機関と勘違いしないでください。ちなみに日本は，1964年に加盟しています。

▼ 具体的な援助は？

板書を見てみよう。ODAには，**二国間**で実施されるものと，**国際機関**へ拠出される援助がある。二国間援助は，援助する側の国益や意向がより反映されやすい。**日本はこの二国間援助が多い。**また，**アジア**地域に約半分のODAが向けられているなど，戦後の経済賠償の意味合いも滲んでいる。

さらに，その方法には，無償援助である「**贈与**」と，利子を付けて貸し出す「**借款**」があり，この「借款」の比率が日本は高いと批判されています。さらに「**タイド**援助」も問題となっています。例えば日本の建設会社で道路を作れっ，みたいに使途を限定する。すると援助は結局日本に戻ってくる。日本は比較的この**タイド**比率は低いんだけど，アメリカはこのタイド援助が多いと批判されています。

また贈与には，資金だけではなく，**技術協力**や「**青年海外協力隊**」の活動なども含まれています（p439(11)参照）。

▼ ODAの日本の基本方針「ODA大綱」→2015年，「開発協力大綱」に改称

1992年の**ODA大綱**では，「**環境と開発**の両立」，「**軍事的**用途の回避」，「軍事支出・大量破壊兵器等に十分注意」，「**民主化・人権**等に十分注意」が盛り込まれた。特に「環境」と「軍事的用途の回避」は大切です。

2003年の新ODA大綱では，上記に加えて，「開発途上国の自助努力支援」，「**人間の安全保障**の重視」などが盛り込まれた。特に大切なのは「人間の安全保障」の概念です。

「人間の安全保障」とは（論述注意），人間一人ひとりに着目し，人々が恐怖と欠乏から解放され，尊厳ある生命を全うできるような社会づくりを言います。具体的には，貧困，環境破壊，自然災害，感染症，テロ，突然の経済危機といった国境を越えた問題に対処することになります。このような問題は，国家がその国境と国民を守るという「**国家の安全保障**」の考え方だけでは対応できない脅威です。「人間の安全保障」は，「国家の安全保障」を補完しながら実現することになります。

2015年2月にはODA大綱は「**開発協力大綱**」へと抜本的に見直され，「民生目的，災害支援など**非軍事的**目的」と前置きした上で，非軍事的分野に限り**他国軍**への支援が可能となりました。これは2013年に安倍政権が**国家安全保障戦略**で打ち出した，「**積極的平和主義**」の姿勢が色濃く滲んでいると言えます。

[※2] 貸付条件の緩やかさを示す指標。金利が低く，融資期間が長いほど，グラント・エレメントは高くなる。贈与のグラント・エレメントは100％とされている。

12 日米貿易摩擦

ココ が出る! 試験前の最強ポイント

★時代ごとの摩擦品目 　★日米構造協議と日米包括協議

① 背景

⇒1970年代からの日本の**集中豪雨型**輸出が批判を浴びる

⇒米国などからの批判の中，**自主規制**などでこれに対応

※これまでの日本の輸出自主規制…1969年「**鉄鋼**」，1972年「**繊維**協定」，1977年「**カラーテレビ**」，1981年「**自動車**」，1986年「**半導体**協定」→しかし貿易黒字は減少しなかった

② 摩擦品目 ⊃ 絶対に押さえよ!

1960年代は「**繊維**」　　1970年代は「**鉄鋼，カラーテレビ，工作機械**」
1980年代は「**自動車，半導体**」

③ 日米間の経済協議

1. 日米構造協議・SII（1989年〜1990年）
内容…「日米の**貿易格差**の是正」，「**市場開放**」
決定…**排他的取引慣行**の撤廃，**内外価格差**の是正，**大規模小売店舗法**の見直し

2. 日米包括経済協議（1993年〜1994年）
内容…「日本の**貿易黒字**削減」，「**規制緩和**」，「**数値目標**の決定」
決定…日本の経常収支の**黒字を3年後にGDP2%以内**に削減するなどを合意
　　　しかし**自動車部品**の数値目標（日本の米国からの輸入量）は**交渉決裂**

3. 日米自動車交渉（1995年5〜6月）
⇒**カンター**通商代表が**対日制裁**を発表
⇒「**スーパー301条**により，**日本製高級車に100%の報復関税**」というもの
⇒日本の通産省，**スーパー301条**制裁に対して「**WTOに提訴**」
⇒米国は制裁を**取下げ**，日本も提訴を取下げた→6月・日米が**和解**

スーパー301条とは（米国包括通商法　301条）

⇒**米国通商代表部（USTR）**が**不正取引慣行国**を指定

⇒その不正慣行を撤廃しない場合には⇒報復関税などの**報復措置**をとる

※1974年に制定された米国包括通商法の特別手続。元々は1989〜90年の時限立法だったが，**クリントン**政権のジャパンバッシングの中復活。1996〜97，1999〜2001の時限立法，現在は失効。

※1986年に，日米貿易摩擦の是正のため輸出ではなく，国内需要の拡大（内需拡大）への転換を「**前川レポート**」が提唱。

スパッとわかる >>> 爽 快 講 義 <<<

▼ 日米貿易摩擦って？

日米貿易摩擦とは，日本が貿易**黒字**で，米国が貿易**赤字**。つまり日本が一方的に米国に**輸出**超過，米国が一方的に日本製品を**輸入**超過している状態をさします。実際には，米国は，1980年代からその批判を「**ジャパン・バッシング**」として強めてくるんだ。

▼ 摩擦品目は？

摩擦品目とは，その時代に日本が米国に対して，積極的に輸出していた品目，言い換えれば，米国が日本から輸入していた品目です。具体的には，**1960年代**が「**繊維**」，**1970年代**が「**鉄鋼**，カラーテレビ，工作機械」，**1980年代**が「**自動車**，**半導体**」などとなっています。これらの品目に対して，**日本は自主的に輸出を規制**したんだけど（**輸出規制**），日米貿易摩擦は是正されなかったんだ。

▼ いよいよ日米交渉が開催される

1986年には，**中曽根**内閣の私的諮問機関である「国際協調のための経済構造調整研究会」が，貿易摩擦の是正のため，**内需拡大**（国内市場の拡大によって輸出〈外需〉依存を減らす）や，市場開放，金融の自由化を報告書としてまとめました。会議の座長が元日銀総裁の前川春雄であったことから，この報告書は「**前川レポート**」と呼ばれています。

1980年代後半から，**日米の貿易不均衡を是正すべく，日米間で経済協議が行われ**ます。特に両国の経済構造まで変化させようとする。1989年から開催された「**日米構造協議**」では，特に日本の「**大規模小売店舗法**」などが問題になった。前に勉強した（政経は最後にくるといろんな情報が繋がり出す）大規模小売店の出店規制ですね。こうして徐々にその規制は緩和されていきます。

次に1993年からの「**日米包括経済協議**」では，米国側が具体的な**数値目標**を，かなり強気に要求してきます。結局，日本の経常収支の黒字を3年後にGDPの2％以内に削減するなどを合意したものの，日本も自動車部品の数値目標については譲らず，交渉は1995年からの「**日米自動車交渉**」に持ち越されました。

「日米自動車交渉」では，強気の米国に対して，日本は譲りませんでした。すると米国は，米国の法律「米国包括通商法第301条」で規定されている，いわゆる「**スーパー301条**制裁」をちらつかせはじめたのです。これは，米国が不正取引慣行国を指定して，不正慣行を是正しない場合，報復措置をとるというものです。実際に日本に対し，**WTO**で協議するとともに，日本の高級車に100％の報復関税を課税すると発表してきた。しかし日本も，米国の制裁措置こそWTOのルールに反するとして，WTOの紛争処理手続きを開始したんです。結局米国は，対日制裁を回避しました。正に一触即発でした。

共通テスト8割目標
私大基礎

共通テスト9割目標
難関大

基礎　発展　時事
出題頻度 ★ ★ ★ ★ ★

13 環境問題とその取組み

ココが出る! 試験前の最強ポイント

★国連人間環境会議と国連環境開発会議の相違　★京都議定書と内容
1972年・ストックホルム会議　　1992年・地球サミット

★パリ協定動向　★SDGs

① 環境問題の種類

種類	酸性雨	オゾン層破壊	地球温暖化	熱帯林破壊	砂漠化
原因	SOx **硫黄酸化物** NOx **窒素酸化物**	**フロンガス**	CO_2, メタン, フロンガス等	**焼畑**, **森林伐採**, **過放牧**	**過放牧**, **過耕作**, 干ばつ
現象	森林・湖沼の生物の死滅	**オゾンホール**の拡大による皮膚がん	**海面上昇**による島や都市の水没	土壌浸食や洪水, 気候変動, 野生生物絶滅	食糧生産の低下や飢餓

② 主な国連の取組み→会議名と内容の一致

⇨1950年代ごろ北欧で**酸性雨**による被害が報告

⇨世界的な環境問題への取組みの必要性

■ 具体的取組み ■ 　必ず会議名と成果を押さえること

1972年　国連人間環境会議（スウェーデン・**ストックホルム**）
- スローガン「**かけがえのない地球**（only one earth）」
- 成果…1. **国連環境計画**（**UNEP**）設置
  2. **人間環境宣言採択**

1987年　**モントリオール議定書**採択⇨フロンを10年で50%削減
その後1992年の締結国会議にて改定され, 1995年までに特定フロンを全廃することとなった

1989年　**ヘルシンキ宣言**採択⇨特定フロンを2000年までに全廃

1992年　国連環境開発会議（地球サミット・リオデジャネイロ）
- スローガン「**持続可能な開発**」
- 成果…1. **アジェンダ21**の策定, **リオ宣言**採択
  2. **気候変動枠組み条約**（地球温暖化防止条約）
    ※ただし, 具体的数値目標なし→1997年の京都会議で具体化
  3. **生物多様性条約**
  4. **森林原則声明**（酸性雨などの規制努力→条約化されず）

違いに注意!!

スパッとわかる >>> 爽 快 講 義 <<<

▼ 国境を越えた人類の危機「環境問題」

1950年代に入ると，**スウェーデン**などの湖で魚が黄色くなって死んでいる，いわゆる「**酸性雨**」が報告されます。以前学習したように「公害」との違いはその**範囲**が多国間にまたがること。そして**不特定多数の人々が被害者であり加害者である**こと。これが「**環境問題**」です。当然，国境を越えた対策が必要になるわけです。こうして1970年ごろから国連を中心にした**環境問題**への取組みがスタートするんだ。主な環境問題については，板書①を参照しながら，原因を理解しておこう。

▼ 最初の国連会議→ストックホルム会議　板書②を参照

1972年，世界114カ国の代表が参加する中「**国連人間環境会議**」が開催されます。「**かけがえのない地球**」のスローガンの下，**ストックホルム**で開催されたことから，「**ストックホルム会議**」とも呼ばれるよ。この中で，環境問題を専門に扱う機関である「**UNEP・国連環境計画**（本部・ナイロビ）」の設置。そして「自然の世界で自由を得るためには人は自然と協調してより良い社会をつくる…」で有名な「**人間環境宣言**」が採択されました。ちなみに10年後の**1982**年，10周年を記念して**ナイロビ国連環境会議**を開催。ここで**ナイロビ宣言**が採択されたよ。

▼ 生物の減少に関する取組み

このストックホルム会議に先立ち，**生物の絶滅の対策**として，**1971**年に水鳥と湿地を保護する「**ラムサール条約（国際湿地条約）**」を採択。**1973**年には絶滅危惧種などの密猟や輸入を規制する「**ワシントン条約**」も採択されました。

▼ 1980年代のオゾン層対策

1980年代に入ると，オゾン層を破壊する「**フロンガス**」への対策が始まります。**フロンガス**はオゾン層を破壊し「**オゾンホール**」を作ります。すると，有害な紫外線が人体に降り注ぎ，皮膚がんや白内障を引き起こすと言われています。

1985年には「**ウィーン条約**」が採択され，日本は1988年に批准。同年，国内で「**オゾン層保護法**」を制定します。また，1987年には，10年間でフロン消費の**50**％削減を内容とした「**モントリオール議定書**」を採択。1989年の第2回締約国会議では，2000年までに特定フロンの**全廃**を目指した「**ヘルシンキ宣言**」が採択されました。

▼ 1992年の「国連環境開発会議（地球サミット）」→内容は超頻出！　板書②

1992年には，国連人間環境会議から20周年を記念して，ブラジルの**リオデジャネイロ**で，「**国連環境開発会議**」が開催されました。「**地球サミット**」と呼ばれ

るこの会議には、世界172カ国の代表と**NGO**（非政府組織）が一堂に集まり、「**持続可能な開発**」というスローガンを掲げたんだね。この意味は発展途上国の「**開発の権利**」を認めながら環境保全を目指すというもの。ほら考えてみて。先進国はCO$_2$を出し続け、ある程度の発展を遂げてきた。しかし、**発展途上国はまだまだ発展を遂げていないよね**。そんな中で先進国が一方的に「もうこれ以上の経済発展はやめましょー」ってのは、発展途上国に対して無責任だよね。だから発展途上国の「**開発の権利**」を認めた上で、環境保全に取り組もうということになったんだね。実はこの「**開発の権利**」、そして「**持続可能な開発**」という考え方は、1984年から1987年にかけて開催された「**環境と開発に関する世界委員会・WCED**」、別名「**ブルントラント委員会**」の報告書『**我ら共有の未来**』の中で提唱されていたものです。

さて、この地球サミットの具体的成果ですが、主に以下の4点です。

---

❶リオ宣言採択→環境保全のあり方27項目→各国の**資源開発権**、各国に環境法の制定などを勧告→日本は**1993**年に**環境基本法**制定

❷アジェンダ21の策定→国際機関、国、**自治体**、事業者が取るべき環境計画

❸気候変動枠組み条約（地球温暖化防止条約）
　　→大気中の**温暖化ガス**の削減を目指す　この段階での**具体的数値目標**なし

❹生物多様性条約→各国の**生物の遺伝子**などを利用　その国の**生物の遺伝子**はその国の主権が及ぶ　また**絶滅の恐れのある生物の保存に協力**することを内容とした条約

特に、**気候変動枠組み条約（地球温暖化防止条約）**は重要です。

▼ 京都会議で気候変動枠組み条約の数値目標決定へ

さて、先ほど触れた**気候変動枠組み条約（地球温暖化防止条約）**には具体的**数値目標がありません**でしたよね。これを受け、**1997**年に**京都**で開かれた「**第三回気候変動枠組み条約締約国会議→COP3〔京都会議〕**」において**数値目標を盛り込んだ**「**京都議定書**」が採択されたんです。具体的には、1990年比で2008年〜2012年（**第一約束期間**）の間で、先進国全体⇒**5**%　日本⇒**6**%　米国⇒**7**%　EU⇒**8**%　の**温室効果ガス**を削減するというものです。2001年に**アメリカ**が脱退。条約の発効には、「**55**カ国以上の批准」と「批准先進国で、先進国の総排出量の**55**%（1990年）」に達しなければなりません。実は米国が36.1%の排出となっているため、米国の脱退は条約の発効を一時脅かしました。しかし、2004年に

ロシアが批准したため，2005年に発効しました。特に「**京都メカニズム**」を確認しておきましょう。

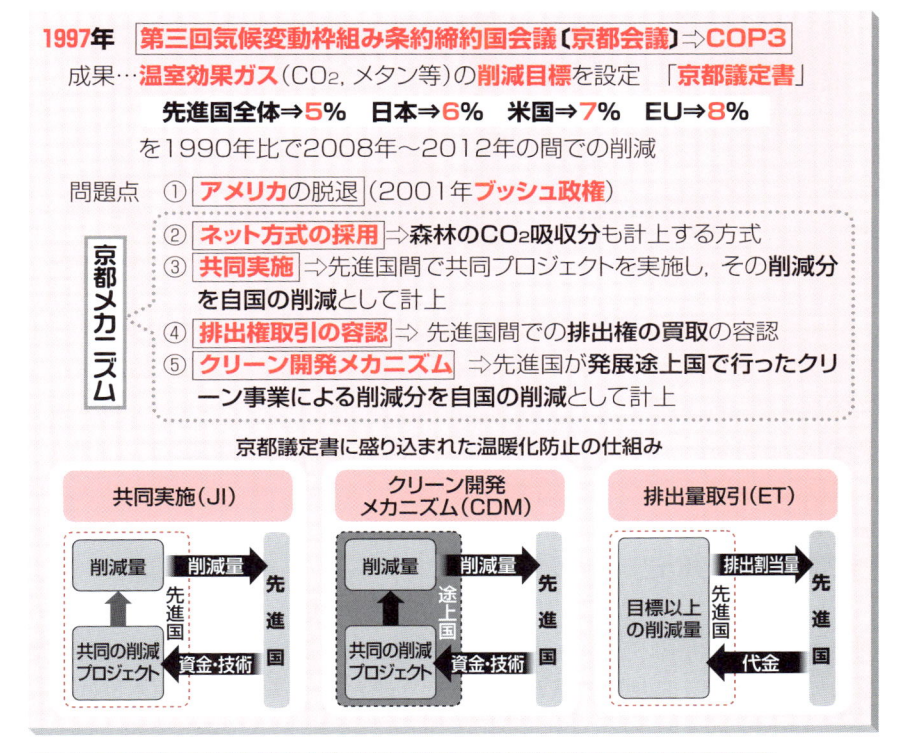

1997年 第三回気候変動枠組み条約締約国会議〔京都会議〕⇒COP3

成果…**温室効果ガス**（CO_2, メタン等）の**削減目標**を設定 「**京都議定書**」

先進国全体⇒5% 日本⇒6% 米国⇒7% EU⇒8%

を1990年比で2008年～2012年の間での削減

問題点 ① **アメリカの脱退**（2001年**ブッシュ政権**）

京都メカニズム

② **ネット方式の採用** ⇒森林のCO_2吸収分も計上する方式
③ **共同実施** ⇒先進国間で共同プロジェクトを実施し，その**削減分**を自国の削減として計上
④ **排出権取引の容認** ⇒ 先進国間での排出権の買取の容認
⑤ **クリーン開発メカニズム** ⇒先進国が**発展途上国**で行ったクリーン事業による削減分を自国の削減として計上

京都議定書に盛り込まれた温暖化防止の仕組み

共同実施（JI）

削減量 削減量 先進国
先進国
共同の削減プロジェクト 資金・技術

クリーン開発メカニズム（CDM）

削減量 削減量 先進国
途上国
共同の削減プロジェクト 資金・技術

排出量取引（ET）

目標以上の削減量 排出割当量 先進国
先進国
代金

▼2012年「京都議定書」が賞味期限に→2015年「パリ協定」採択。

残念ながら，京都議定書は**2012年末に第一約束期間を終了**しました（**日本は数値目標を達成**）。今後はどうしていくのか？ その後の締約国会議の中で，毎年議論されました。まず現在の二酸化炭素の排出量を見てください（次ページ）。

世界の二酸化炭素の排出量は，**中国**，アメリカ，インドと続き，**上位5カ国で5割を上回っています**。また，一人当たりの排出量でみると，**アメリカ**，韓国，ロシア，日本と続き，先進国がそのほとんどを排出しているわけです（共に2016年）。まず今後のポイントは，**これら二酸化炭素排出大国が参加するのか？**ということにあります。また，京都議定書では，途上国の**開発の権利**に配慮して，先進国のみに削減義務を負わせましたが，今後は**途上国にも削減義務を負ってもらうのか？**ということも論点です。

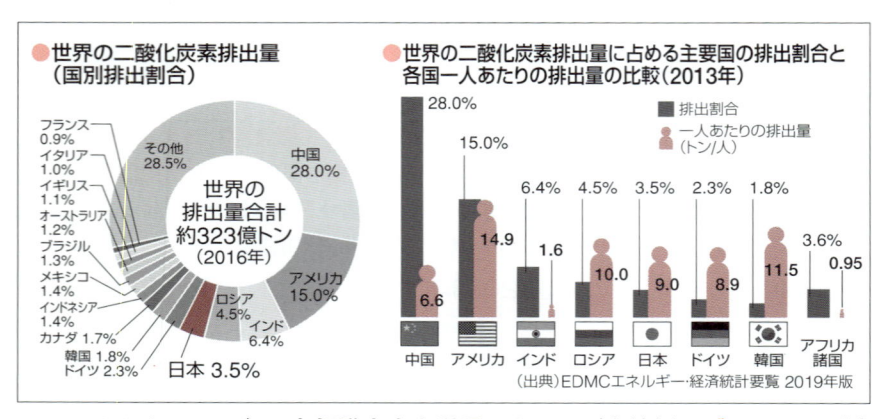

●世界の二酸化炭素排出量（国別排出割合）

フランス 0.9%
イタリア 1.0%
イギリス 1.1%
オーストラリア 1.2%
ブラジル 1.3%
メキシコ 1.4%
インドネシア 1.4%
カナダ 1.7%
韓国 1.8%
ドイツ 2.3%

その他 28.5%

世界の排出量合計 約323億トン（2016年）

中国 28.0%
アメリカ 15.0%
ロシア 4.5%
インド 6.4%
日本 3.5%

●世界の二酸化炭素排出量に占める主要国の排出割合と各国一人あたりの排出量の比較（2013年）

■ 排出割合
👤 一人あたりの排出量（トン/人）

中国 28.0% 6.6
アメリカ 15.0% 14.9
インド 6.4% 1.6
ロシア 4.5% 10.0
日本 3.5% 9.0
ドイツ 2.3% 8.9
韓国 1.8% 11.5
アフリカ諸国 3.6% 0.95

（出典）EDMCエネルギー・経済統計要覧 2019年版

アメリカは，**2001年に京都議定書を脱退しました**（大統領は**ブッシュ**。石油産業で知られるテキサス州の元州知事）。一方で京都議定書は，**2013年から2020年を第二約束期間**としています。日本は2011年の東日本大震災以降，火力発電の依存が高まったなどからの理由で，**第二約束期間には参加していません**。

今後は，京都議定書で削減義務を逃れた，**アメリカ，インド，中国などが参加するのかも焦点**となります。

▼2015年「パリ協定」採択!!

2014年11月に，国際的な専門家でつくる「**IPCC**（気候変動に関する政府間パネル）」が7年ぶりとなる『第**5**次報告書』を発表しました。この内容が衝撃的で，21世紀末に地球の気温は現在より最大で「**4.8**度」，海面水位は最大

●パリ協定と京都議定書との比較

※○×△は京都議定書と比べた進捗度合い
（○は進展，△は現時点で不明，×は後退）

	目的	対象国（温室効果ガスの削減実施義務のある国）	長期目標	国別削減目標	目標達成の義務	途上国への資金支援
進捗度合い	○	○	○	△	×	△
パリ協定（2015年採択）	産業革命前からの気温上昇を2度未満に抑えることを目指し，1.5度未満も努力する	197カ国・地域	できるだけ早く世界の温室効果ガス排出量を頭打ちにし，今世紀後半に実質ゼロに	全ての国に策定・報告・見直しを義務付け。ただし目標値は各国が自ら決定	なし	先進国が20年以降，1000億ドルを下限に拠出することには合意
京都議定書（1997年採択）	条約で，大気中の温室効果ガス濃度を安定化させると規定	38カ国・地域（13〜20年）	なし	目標は政府間交渉で決定	あり（できなければ罰則）	条約で，先進国に拠出の義務があると規定

「**82**cm」上昇する，というものでした。**産業革命前からの気温上昇を2度未満に抑えるためには，少なくとも2050年までに二酸化炭素を現在の4〜7割減らし，今世紀末までに排出量をゼロにする必要があると報告したのです**。

2015年12月に，COP**21**（第21回気候変動枠組み条約締約国会議）で採択された「**パリ**協定」では，「**産業革命前からの気温上昇を2度未満に抑える**」とする目標を掲げました。また対象国を，**途上国**も含めた197の国と地域とし，全世界で取り組むこととなりました。ここは京都議定書と明らかに違います。ただし，**罰則規定がないなど京都議定書よりも後退した部分もあります**。

2016年9月，中国で開かれたG20において，米・中首脳がそろって国連事務総長に「パリ協定」批准の書簡を手渡しました。パリ協定は，2016年に**発効**し，日本も批准しましたが，2019年に入り**米国のトランプ政権は離脱はしたもの**の，その後2021年にはバイデン政権が復帰を宣言しました。2019年には，スウェーデンの高校生・環境活動家のグレタ・トゥンベリさん（女性）の呼びかけ・活動が，世界の人々に温暖化問題の深刻さを気付かせました。

▼ 名古屋議定書の動向　京都議定書と区別!!

2010年10月，愛知県名古屋市で，「**生物多様性条約第10回締約国会議(COP10)，**別名，**国連地球生きもの会議**」が179の締約国とＥＵ，ＮＧＯが出席し開催されました。2010年は国連が定めた「**国際生物多様性年**」にあたり，「**名古屋議定書**」と2011年以降の新戦略計画である「愛知目標（愛知ターゲット）」が採択されました。名古屋議定書は2014年に**発効**しています。

●名古屋議定書のポイント

医薬品などを製造する場合，熱帯地方の生物を利用するなどの必要があります。このとき，資源提供を行った途上国にどのように利益を配分するのかが，問題となります。名古屋議定書では，**途上国への公正で衡平な利益配分を行うこととなっていて，その利益は生物多様性の保全に使う**ことになっています。

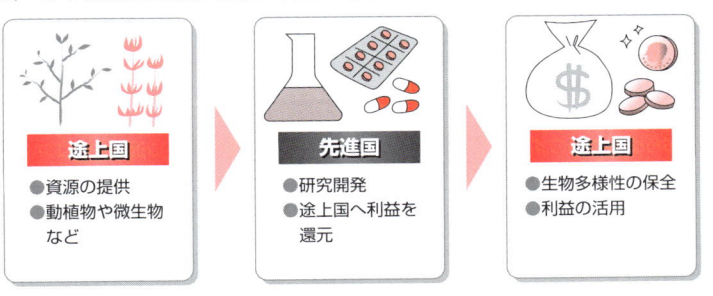

ここで少し「**生物多様性条約**」について触れよう。

生物多様性条約とは，1992年の地球サミットで採択されたもので，1993年に発効したものです。多くの生物を保全することは，地球の生態系の維持に不可欠なだけでなく，微生物などから新しい薬を作ることもできるかもしれません。

この条約の主な内容は，「**生物多様性の保全**」，「**生物多様性の持続可能な利用**」，「**遺伝子資源の取得と利益配分**」です。ただし，いつものことながらアメリカなどは参加していません。

▼SDGsって何？　2015年国連で決まった，2030年までの取組み目標

このように，環境問題は様々な国や人々が連携して課題を解決していく必要性があります。こうした国境を超えた人類の取組みは，何も環境問題に限ったことではありません。貧困や格差，質の高い教育の普及，女性の社会進出の促進など，21世紀は全人類の課題として取り組まなければならない課題が山積しています。

こうした問題を国や地方，企業や個人をあげて全人類で解決しようとする動きが「**SDGs（持続可能な開発目標**, Sustainable Development Goals）」です。2015年に国連の「**国連持続可能な開発サミット**」が開催され，2016〜2030年までの取組みである「SDGs（持続可能な開発目標）」が採択されました。具体的には17のゴール（目標）と169のターゲット（具体的な取組み）が掲げられています。「**持続可能な開発**」とは，将来世代のニーズを損なうことなく，現役世代のニーズを満たす開発のことです。この考え方は1987年に『我ら共有の未来』(p.422参照)の中で提唱されたものです。

	目標1（貧困） あらゆる場所で，あらゆる形態の貧困に終止符を打つ		目標5（ジェンダー） ジェンダーの平等を達成し，すべての女性と女児のエンパワーメントを図る
	目標2（飢餓） 飢餓に終止符を打ち，食料の安定確保と栄養状態の改善を達成するとともに，持続可能な農業を推進する		目標6（水・衛生） すべての人々に水と衛生へのアクセスと持続可能な管理を確保する
	目標3（保健） あらゆる年齢のすべての人々の健康的な生活を確保し，福祉を推進する		目標7（エネルギー） すべての人々に手ごろで信頼でき，持続可能かつ近代的なエネルギーへのアクセスを確保する
	目標4（教育） すべての人々に包摂的かつ公平で質の高い教育を提供し，生涯学習の機会を促進する	 	目標8（経済成長と雇用） すべての人々のための持続的，包摂的かつ持続可能な経済成長，生産的な完全雇用およびディーセント・ワークを推進する

	**目標9（産業化，イノベーション）** レジリエント（強靱）なインフラを整備し，包摂的で持続可能な産業化を推進するとともに，イノベーションの拡大を図る		**目標14（海洋資源）** 海洋と海洋資源を持続可能な開発に向けて保全し，持続可能な形で利用する
	目標10（不平等） 国内および国家間の不平等を是正する		**目標15（陸上資源）** 陸上生態系の保護，回復および持続可能な利用の推進，森林の持続可能な管理，砂漠化への対処，土地劣化の阻止および逆転，ならびに生物多様性損失の阻止を図る
	目標11（持続可能な都市） 都市と人間の居住地を包摂的，安全，レジリエント（強靱）かつ持続可能にする		**目標16（平和）** 持続可能な開発に向けて平和で包摂的な社会を推進し，すべての人々に司法へのアクセスを提供するとともに，あらゆるレベルにおいて効果的で責任ある包摂的な制度を構築する
	目標12（生産と消費） 持続可能な消費と生産のパターンを確保する		**目標17（実施手段）** 持続可能な開発に向けて実施手段を強化し，グローバル・パートナーシップを活性化する
	目標13（気候変動） 気候変動とその影響に立ち向かうため，緊急対策を取る		

（出典）国連広報センター

▼途上国の目標ではなく，全世界の目標としての「ＳＤＧｓ」

実は，これに先立つこと2000年に「国連ミレニアムサミット」が開催され，これまでの国連の目標を統合した2015年までの達成目標「**MDGs（国連ミレニアム目標**，Millennium Development Goals）」を掲げました。主として開発途上国の貧困や教育，健康など8つの目標に対して，世界で取り組みました。しかし，これらの問題は途上国だけのものではなく，先進国の中にも潜んでいることに人々は気づきはじめたのです。例えば日本や米国での相対的貧困率の高さや，所得格差などもその一つです。「SDGs」のゴール1〜6は「MDGs」の内容と似ていますが，ゴール7以降は先進国にも関わりの深い内容となっています。例えばゴール8の「**人間らしい雇用（ディーセント・ワーク）**」は，僕らの身の回りでも「ブラック労働」や「非正規と正規社員の待遇格差」など日々直面している課題です。またゴール12の「**持続可能な消費と生産**」は，僕ら

●MDGsとの比較

2001〜2015年	2016〜2030年
MDGs ミレニアム開発目標 Millennium Development Goals	**SDGs** 持続可能な開発目標 Sustainable Development Goals
8ゴール・21ターゲット（シンプルで明快）	17ゴール・169ターゲット（包摂的で，互いに関連）
途上国の目標	全ての国の目標（＝ユニバーサリティ）
国連の専門家主導	国連全加盟国で交渉 実施手段（資金・技術）

（出典）外務省Webページ

の世代だけの「拡大型」の経済ではなく，将来世代にも配慮した「成長型」の生産・消費が必要になります。

　こうして，全ての国や人（**ユニバーサリティ**）の目標として，2016年から2030年にかけて「ＳＤＧｓ」の取組みが始まっています。「ＳＤＧｓ」には（「ＭＤＧｓ」にも）法的拘束力（罰則）があるわけではありません。しかし，身近なところから1〜17のゴールの中で何かに取り組むことは可能なはずです。

（参考）国連広報センター「ＳＤＧｓとは」，日本ユニセフ協会「持続可能な開発目標」，農林水産省「ＳＤＧｓとは」など

▼ その他重要用語⇒以下，試験前に赤シートで確認せよ!!

❶ ローマクラブ『**成長の限界（1972年）**』⇒100年以内に資源が枯渇すると警告

❷ 米国の生物学者**レイチェル＝カーソン**の『**沈黙の春**』⇒DDTの危険性　1962年

❸ アメリカの経済学者ボールディングの「**宇宙船地球号**」

❹ 国連の報告書「**核の冬**」⇒核戦争が起きた場合，**世界の気候は－10〜－20度へ**

❺ 1986年の**チェルノブイリ**原発事故〔旧ソ連〕

❻ 1979年の**スリーマイル島**原発事故〔米国〕

❼ 1995年の高速増殖炉「**もんじゅ**」の**ナトリウム漏れ**に伴う放射能汚染

　⇒動燃（動力炉・核燃料開発事業団）の社会的責任が問われる

❽ 1990年『環境白書』⇒「**地球的規模で考え，地元からの行動を**」

　⇒**地域エゴ**にとらわれず**地球的見地からの行動**を呼びかける環境白書のサブテーマ→イギリスの**バーバラ＝ウォード**が提唱

❾ 日本のエネルギー政策⇒**サンシャイン計画**と**ニューサンシャイン計画**

　⇒1974年に当時の通産省が，石油に代わる代替エネルギーの総合開発計画

　　太陽・地熱・水素・石炭液化ガス化の4つを柱としている

　⇒1978年には省エネルギー技術の開発を目指す「**ムーンライト計画**」

　⇒1993年には「**サンシャイン計画**」と「**ムーンライト計画**」を併せた「**ニューサンシャイン計画**」を実施

❿ 人口問題への取組み「2050年には**93**億人に（世界人口白書2001）」

　⇒**1974**年に**第一回世界人口会議**（ブカレスト会議）⇒「**開発こそ人口抑制の鍵**」

深める 爽快講義

テーマ 「サブプライムローン問題とリーマン・ショック」

講義ポイント

　2007年秋から焦げ付き始めた**サブプライムローン関連債権**は，やがて2008年秋にアメリカの最大手の証券会社「**リーマン・ブラザーズ**」を破たんさせた**リーマン・ショックへ**と進展した。今や1929年に始まる世界恐慌以来の100年に一度の経済危機と言われる。入試での出題が多いので抜群に分かりやすく講義する。これで君の世界を見る目が変わる。

❖ 株が売られ浮遊資金が「原油」に→「スタグフレーション」へ

　2007年9月ごろからアメリカにおいて，低所得者向けの住宅ローンであった「**サブプライムローン**」が焦げ付き始めました。これに伴ってNYダウ平均株価は下がり続け，その投機資金が原油へと流れたんです。**株から実物投資にシ**フトしだしたんだね。

　この結果2007年1月には**50**ドル台を推移していた原油価格（NY先物「WTI」市場，世界の0.04％の原油を扱っている）が上がり続け，2008年7月には1バレル（**159**リットル）が「**140**」ドル台

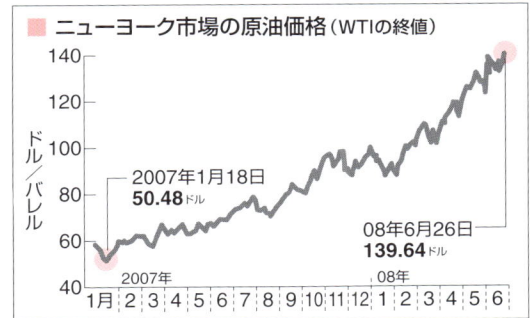

■ ニューヨーク市場の原油価格（WTIの終値）

2007年1月18日 **50.48**ドル

08年6月26日 **139.64**ドル

に高騰してしまったんだ（ちなみに2001年1月は15ドル程度）。こうした原油価格の**高騰は物価の上昇にも拍車をかけていきます**。株価は下落し景気が悪いのに物価だけは上昇する。まさに「**スタグフレーション**（1970年代のオイル・ショック期にも同様の事態となった）」に一時的に陥ったんだね。

❖ なぜ「サブプライムローン」は焦げ付いたのか→「証券化」と「CDS」という仕掛け

　そもそもサブプライムローンは，信用力の低い人にプライムローン（一般に

信用力の高い人向けの優遇金利）の金利よりも高い金利で貸し出します。当初2年ほどは金利5〜6％と抑え，その後は10％程度に金利が引き上げられるという仕組みなんです。

でもよく考えてみてください。誰がこのような債権に投資するのだろう？

そう，するはずがないよね。そこで使われた手法が「**証券化**」なるものです。

サブプライムローンのような不良債権化の可能性が高い債権はそのままでは誰も投資してくれません。貸した金が返ってこないんじゃ投資じゃないですもんね。

したがって，**サブプライムローン債権をばらばらに細かくして，ほかの株式などの証券と混ぜて売るわけです。**この手法を「証券化」といいます。何重もの証券化を繰り返すことで，原資産であるサブプライムローンのリスクが隠されたんだ。これは当然種類の異なる金融商品を混合するので「**金融の自由化**」の流れの規制緩和を受けてのものです。まさに「**新自由主義**」的な政策が採られたってわけだね。

ちなみに2010年5月には，**オバマ**大統領がこれら証券化などの金融商品に規制をかける，**金融規制に本格的に動きだし**ました。

そしてもう一つの「**CDS**・Credit default swap（クレジット・デフォルト・スワップ）市場規模は4000億ドル」。

これは簡単に言うと借金保険のようなもの。例えばAがBにお金を貸す場合，保険会社Cに一定の保証料を払っておく。そしてBが返済できなくなったとき，**残りの不良債権分をCはAに支払うという仕組みです。**

これによって危険なサブプライムローンも世界中に広がったわけです。もちろん保険会社に損のないよう高度な金融工学に裏打ちされているんだけど，突如としてサブプライムローン問題のような予期せぬ事態に出くわすと，砂山のように崩れてしまうんだね。

住宅価格は2006年以降下落に転じ（住宅バブルの崩壊），**2007年の夏ごろからサブプライムローンの金利が上がり始め，債務を返済できなくなる人が出始めた。**これが当初の予定を大幅に上回った。サブプライムローン債権を含んだ証券を持っている投資家たちは，「腐らないうちに売れー」とばかりにこの債権を手放し始めたんだ。

❖ サブプライムローン証券とCDSを大量に持つ証券会社の破たん

当然証券会社はこのサブプライムローン証券を持っているのだから日々損益が出ていくよね。そしてその証券は誰も買ってはくれない。持っているだけでどんどん損益拡大。そして**リーマン・ブラザーズ**などの証券会社が破たんしてしまう。

また，**CDS**による保証金の支払いも増えて**AIG**などの**保険会社の経営は悪化**するよね。こうして保険会社も経営危機になるんだ。すると金融機関全体の信用が萎縮。こうして**株価が下がり始める**んです。

主な証券会社の破たん・買収・公的資金の注入は以下のとおり。

2008年3月
「ベアスターンズ」が経営危機
→5月「JPモルガン・チェース」が「ベアスターンズ」を買収合併
2008年9月
①「**リーマン・ブラザーズ**」が「連邦倒産法第11章」の適用申請により破たん
　　※負債総額64兆円
②「メリルリンチ証券」が「バンクオブアメリカ」に買収
③「**AIG**」が経営危機に。FRBが公的資金を注入。救済。79%が政府保有株に
④政府系住宅向け融資会社「**ファニーメイ**」と「**フレディ・マック**」が実質国有化
※シティーグループは約4兆8000億円の損失。日本の6大グループも2008年3月の時点で9825億円の損失。
※2007年からの1年間での下落率は（2008年9〜10月時点）
　　米国…38.4%　　　英国…35.8%　　　　日本…50.6%
　　ドイツ…39.1%　　フランス…41.1%　　上海…66.4%
この一連の流れを「**リーマン・ショック**」といいます。

❖ そして円高（ドル安）進行も併発

こうして米国経済が衰退しだすと，**ドル信用も急激に下落**するため，ドル売り圧力が先行して「**ドル安（円高）**」となります。すると**日本の輸出産業の為替変動に伴う損失も発生**します。また**世界全体として輸出が鈍化するため赤字は拡大**するという悪循環に陥ることになったんです。

❖ 今度は貸し渋りへ

こうして，株価が暴落すると担保価値の減少，貸付けの焦げ付きなど，当然，

金融機関の自己資本も減少することになります。すると金融機関はリスク回避のため資金を貸そうとはしない（**クレジット・クランチ　貸し渋り**）ため，経済全体の資金の流れが滞っていくことになってしまう。こうして**大規模な経済危機へと拡大**したんです。

❖不介入型の新自由主義から，介入型の「ニューディール」主義へ

　生産活動などの実体経済における過剰生産，そこから遊離し急激に膨張した投機資金（金余りの世界）のもとで，こうした経済危機は，市場原理を過度に信じ，市場にすべてをゆだねる**新自由主義**の経済運営があることは明らかです。

　ここで1929年の10月24日「**世界恐慌のはじまり**」を思い出してみよう。

　19世紀は**産業革命**の結果，**独占資本**が**金融資本**と結びつき**過剰生産**がおこなわれていた。新たな市場を求めて欧米は**植民地**支配を拡大し，**市場規模はどんどん拡大**していった。そして**過剰生産により株価は暴落。世界恐慌へと波及**しました。

　平たくいいかえれば，一部の富裕層だけが莫大な利益を上げる「**自由放任主義**」という名のもとにつくられたシステムが破たんし，世界は恐慌へと突入。

　そして**排他的なナショナリズムが高揚し第二次世界大戦**へと突入していく。この間政府の介入政策として「**ニューディール政策**」などが実行され，それまでの資本主義は新たな段階に入ったのはすでに勉強したよね。

　例えばこの動きをその後の動きにあわせてみると分かりやすいでしょう。

　2008年10月から「**G8**・先進8カ国財相中央銀行総裁会議」では各国が歩調を合わせ，公的資金の注入の準備や，為替介入を行っています。米国「**ポールソン**」財務長官は75兆円の特別枠を準備し，FRBの「バーナンキ」議長もさらなる値利下げを検討し，アメリカは実質的な「**ゼロ金利**」に入りました（2014年以降は米国経済の改善に伴い**量的緩和は縮小**）。

　G7，G20，IMFや世銀などの国際機関の協議においても，投機資金の活動を規制・監督する必要性がほぼ共通の認識になっているが，その具体策・方法をめぐって模索が続いている。

　2008年の「**リーマン・ショック**」は世界経済を新しい秩序に組み替える一要因だったことに間違いなさそうです。

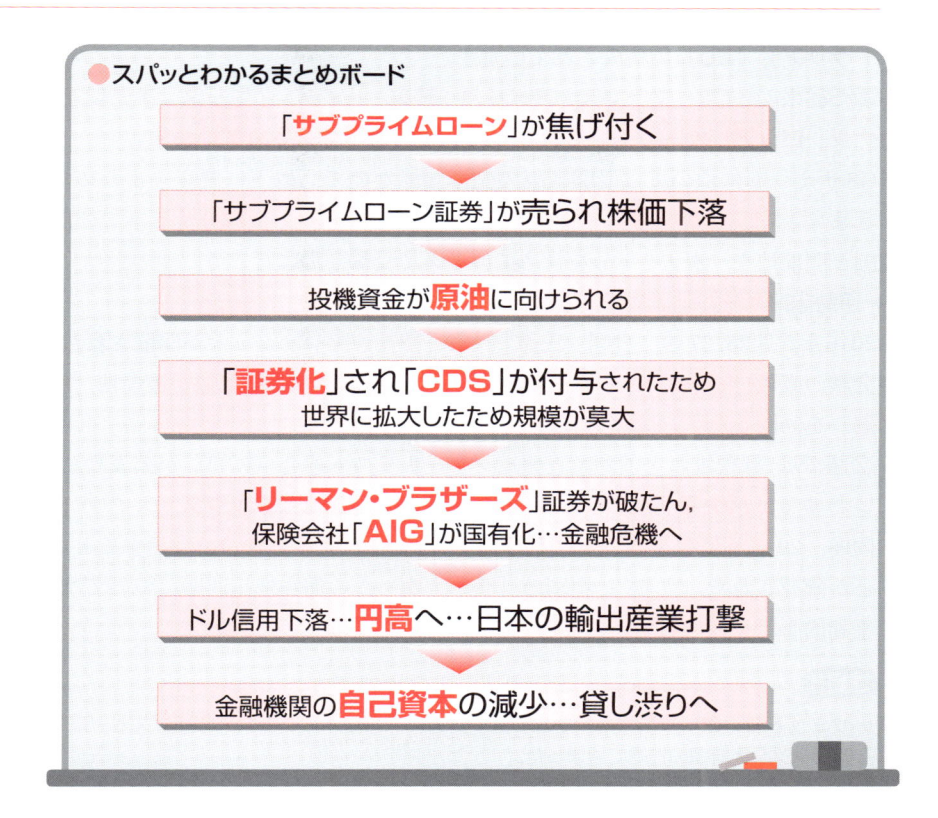

● スパッとわかるまとめボード

「**サブプライムローン**」が焦げ付く

⬇

「サブプライムローン証券」が売られ株価下落

⬇

投機資金が**原油**に向けられる

⬇

「**証券化**」され「**CDS**」が付与されたため
世界に拡大したため規模が莫大

⬇

「**リーマン・ブラザーズ**」証券が破たん，
保険会社「**AIG**」が国有化…金融危機へ

⬇

ドル信用下落…**円高**へ…日本の輸出産業打撃

⬇

金融機関の**自己資本**の減少…貸し渋りへ

❖「G20サミット」

　このリーマン・ショックを受けて，新興国の「**BRICS（ブラジル，ロシア，インド，中国，南アフリカ**）」などを含めた，「**G20サミット**（正式名称は「**金融・世界経済に関する首脳会合**」）が，**2008**年に第一回会合が「**ワシントン**」で開催された。これまでサミットというと「**主要国首脳会議（G8）**」が有名だったのですが，今や**新興国が世界経済を牽引していく**中で，それらの国々と**協力した経済問題の討議の場が必要**となったんだね。実はこのG20だけで世界のGDPの約**9**割を占めるんです。G20は，世界的経済危機を受けて，2008年にG8（フランス，アメリカ，イギリス，ドイツ，日本，イタリア，カナダ，ロシア）に加え「中国」，「インド」，「ブラジル」，「南アフリカ」，「韓国」，「インドネシア」，「サウジアラビア」，「トルコ」，「メキシコ」，「アルゼンチン」，「オー

ストラリア」，「EU」で構成されています。

　また従来の「**G8（フランス，アメリカ，日本，ドイツ，イギリス，イタリア，カナダ，ロシア）サミット**」も**毎年G20と並行して開催**されています。

　G8サミットについては受験政経の基本知識なので，以下に要点をまとめておきます。尚，受験生は毎年開催される，G8サミットと，G20サミットの開催国と開催地を，過去2年分を含めて押さえて受験会場に行こう。

❖ 伊勢志摩サミットとオバマ広島訪問　2016年5月

⇒2016年5月26, 27の二日間，「**三重**」県で「**伊勢志摩**」サミットが開催された。会議の直後，現職のアメリカ大統領として初めて，オバマ大統領が被爆地「**広島**」を訪問した。

⇒会議では，課税逃れを国際調査報道ジャーナリスト連合（ICIJ）が公表した，いわゆる「**パナマ**」文書で目を浴びた，租税回避地「**タックス・ヘイブン**」問題，2015年に採択された「**パリ協定**」の2016年中の発効を目指すことなどが確認された。さらに，中国の「**南シナ海**」への海洋進出問題については，平和的手段を模索していくことも確認された。

> **注目!!**
>
> - **サミット**は，**第一次石油危機**を立て直すために，1975年に**フランス**の「**ジスカールデスタン**」大統領の提唱で始まった。
> - G7とG8…「G7」は，日本，米国，ドイツ，英国，フランス，イタリア，カナダの7カ国を指す。1976年の第2回サミットから1996年までのサミット参加国で，この7カ国の財務相と中央銀行総裁が参加して経済運営などに関して意見交換する「財務相・中央銀行総裁会議」を意味する場合が多い。
> - **1997年**のデンバー・サミットから**ロシア**が正式メンバーとなって「G8」へ。なお，財務相・中央銀行総裁会議は引き続き7カ国で構成されている。現在では，G7は「先進7カ国」，G8は「主要8カ国」と区別して呼ばれている。2014年から，ロシアが参加停止。
> - **重要サミット** … ⇒1975年・第1回，1976年・第2回・サンファン（米）でカナダを含め「G7」へ。
>   　　⇒1980年・第6回・ベネチア（伊）でロシアのアフガン侵攻を討議。「**政治問題**」を議題に。
>   　　⇒1994年・第20回・ナポリ（伊）ロシア大統領が枠外招請として出席。
>   　　⇒1997年・第23回・デンバー（米）先進国首脳会議から「**主要国首脳会議**」に名称変更。

■ サミット（主要国首脳会議）のあゆみ

開催年・場所／参加首脳	主な合意内容	開催年・場所／参加首脳	主な合意内容
75年 ランブイエ(仏) 三木武夫	石油危機後の世界経済再建。為替協調を首脳でも確認	01年 ジェノバ(伊) 小泉純一郎	貧困削減のための戦略, 感染症対策の世界基準設立
76年 サンファン(米) 三木武夫	カナダ初参加。G7体制に。インフレなき経済拡大	02年 カナナスキス(加) 小泉純一郎	アフリカ支援の推進。中東和平の達成に関与
77年 ロンドン(英) 福田赳夫	世界経済のけん引役として, 「日米独機関論」を討議。EC参加	03年 エビアン(仏) 小泉純一郎	中東和平ロードマップ, 北朝鮮の核・拉致問題の解決を支持
78年 ボン(独) 福田赳夫	世界経済課題の克服で各国が相互支援する「総合的戦術」	04年 シーアイランド(米) 小泉純一郎	イラク暫定政権を支援。産油国の増産努力を注視
79年 東京(日) 大平正芳	石油の消費・輸入について, 上限目標を設定	05年 グレンイーグルス(英) 小泉純一郎	アフリカ支援を増額。テロとの戦いを強化
80年 ベネチア(伊) 大来佐武郎(代理)	ソ連のアフガン侵略を非難。政治サミットの色彩強まる	06年 サンクトペテルブルク(露) 小泉純一郎	北朝鮮の核開発, ミサイル, 拉致への懸念
81年 オタワ(加) 鈴木善幸	インフレの抑制と失業対策。政治討議の議長総括を初発表	07年 ハイリゲンダム(独) 安倍晋三	イランにウラン濃縮活動の停止を求める
82年 ベルサイユ(仏) 鈴木善幸	科学技術の振興と雇用拡大で国際協力を確認	08年 北海道(日) 福田康夫	CO_2排出量の削減など環境・気候変動問題に焦点
83年 ウィリアムズバーグ(米) 中曽根康弘	インフレなき持続的成長および通貨安定のために多角的監視制度の導入で合意	09年 ラクイラ(伊) 麻生太郎	イランの核問題について平和的解決を目指す
84年 ロンドン(英) 中曽根康弘	ガット新ラウンドの必要性と早期実現を確認	10年 ハンツビル(加) 菅直人	先進国は少なくとも2013年までに財政赤字を半減させる
85年 ボン(独) 中曽根康弘	インフレなき成長と雇用拡大で各国別取組み目標を明示	11年 ドーヴィル(仏) 菅直人	北朝鮮, イランの核問題, 日本の原発事故とエネルギー問題
86年 東京(日) 中曽根康弘	7カ国蔵相会議の新設。政策協調と監視体制強化を確認	12年 キャンプデービッド(米) 野田佳彦	欧州経済危機への対応, 財政健全化と経済成長の両立
87年 ベネチア(伊) 中曽根康弘	新ラウンド交渉促進で合意。保護主義阻止に政治的決意	13年 ロックアーン(英) 安倍晋三	シリアの人道状況への懸念表明, マネーロンダリング, 企業の租税回避への対応
88年 トロント(加) 竹下登	最貧国累積債務削減への協力強化。政策協調の成果を評価	14年 ブリュッセル (ベルギー) 安倍晋三	ウクライナ情勢を受けロシアのG8への参加停止。2014年からはG7サミットとして開催。ファン・ロンパイ欧州理事会議長, バローゾ欧州委員会委員長も出席
89年 アルシュ(仏) 宇野宗佑	重債務国への戦略強化支持。環境問題への地球的規模対応		
90年 ヒューストン(米) 海部俊樹	ソ連のペレストロイカ支援。経済宣言で北方領土に言及		
91年 ロンドン(英) 海部俊樹	会議後に, ソ連のゴルバチョフ大統領とG7首脳が会合	15年 エルマウ(独) 安倍晋三	COP21での「全ての国が参加する」枠組みで一致。「女性が輝く社会」の構築に関する取組みをアピール。TPP早期妥結。トゥスク欧州理事会議長, ユンカー欧州委員会委員長も出席
92年 ミュンヘン(独) 宮沢喜一	冷戦終結で, 旧ソ連の改革支援確認。国連強化重要と指摘		
93年 東京(日) 宮沢喜一	各国別の成長戦略を合意。サミットの重要性確認		
94年 ナポリ(伊) 村山富市	WTO早期設立を決議。ロシア大統領が政治討議参加	16年 伊勢志摩(日) 安倍晋三	タックス・ヘイブン対策, パリ協定早期発効を目指す, 中国の南シナ海問題では平和的解決を
95年 ハリファクス(加) 村山富市	国際機関の機能見直し, 改革の方向性提示。旧ユーゴ声明		
96年 リヨン(仏) 橋本龍太郎	朝鮮半島安定へ4者協議支持。財政赤字と失業に全力	17年 タオルミーナ(伊) 安倍晋三	ジェンダーに配慮した経済環境, 労働に関するG7人間中心の行動計画など
97年 デンバー(米) 橋本龍太郎	ロシア全面参加でG8に。ペルー事件受けテロ対策強化。		
98年 バーミンガム(英) 橋本龍太郎	アジア金融危機を受け市場開放を確認。核不拡散体制堅持	18年 シャルルボア(加) 安倍晋三	海洋プラスチック憲章, 平等と経済成長に関するコミットメント, AIの未来のための共通ビジョン, 少女・女性のための質の高い教育など
99年 ケルン(独) 小渕恵三	ロシアの経済改革への協力。ユーゴ・コソボの復興		
2000年 沖縄(日) 森喜朗	エイズなど感染症対策, 安保理を含む国連改革の必要性	19年 ビアリッツ(仏) 安倍晋三	不平等との闘い, ジェンダー平等およびエンパワーメント, 自由で安全なデジタル化など

特別編

最新時事動向

共通テスト8割目標
私大基礎

共通テスト9割目標
難関大

近年の入試では，時事動向も全体の2割程度出題されているよ。
また新課程の重点事項です。板書に目を通し，赤字は必ず押さえるようにしよう!!

(1) 第25回参議院通常選挙速報（2019年7月）

①戦後2番目に低い投票率

⇒2019年7月21日，第「25」回参議院議員「通常」選挙が実施。

⇒投票率は選挙区全体で「48.80」％と戦後2番目に低い。ちなみに過去最低となったのは1995年の「44.52」％である。

⇒18歳の投票率は「35.62」％，19歳の投票率は「28.83」％で，18，19歳の合計の平均投票率は「32」％台と全体平均を大きく下回った。

■ 投票率の推移

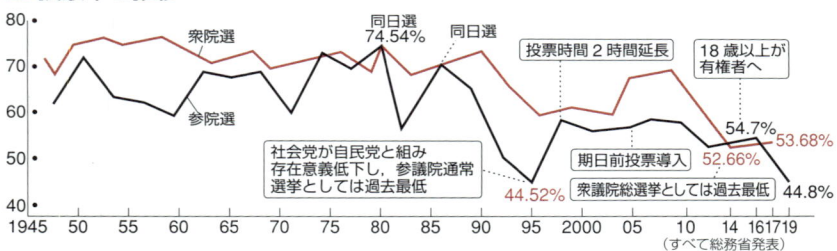

（すべて総務省発表）

②選挙結果

⇒今回の選挙では，定数2で，改選議席が1となる，いわゆる「**一人区**」が「32」区あり，与野党の最重要選挙区となった。この選挙区においては，野党は野党と共闘し，候補者を一本化して選挙に臨んだ。結果は**自民が「22」，野党が「10」**を獲得した。

⇒全体としては，124の改選議席のうち，自民が57議席（改選前との合計は113で改選前の123を下回った）。また憲法改正に必要な3分の2（164議席）についても，改憲勢力（おおさか維新の会など）を併せてもそれに満たない結果（160議席）となった。

(2) 改正児童虐待防止法・改正児童福祉法（2019年6月19日）

⇒2019年6月19日，親権者や里親，児童福祉施設長による「しつけ」と称した「体罰」の禁止を明文化した，「**改正児童虐待防止法**（2000年制定）」と「**改正児童**

福祉法(1947年制定)」が成立した。

⇨これにより，児童相談所の体制強化をねらう。

⇨2018年の1年間で警察が児童相談所に通告を行った18歳未満の子どもは，前年より約23％増加し，「80252人」となっている。

---

(3) 大学等修学支援法 (2019年5月10日)

⇨2019年5月10日，大学・短期大学・高等専門学校・専門学校の授業料を無償化する「**大学等修学支援法**」が成立した。

⇨年収の目安が380万円未満の世帯の学生が対象で，給付水準は親の年収に応じて差を設ける。また入学後の単位取得が標準の5割を下回ると給付が打ち切りとなる。

⇨上限は国公立大学が54万円，私立大学が70万円など。2020年4月から支援が開始されるため，2019年度中に手続きが必要となる。

⇨年間予算は7600億円となり，財源は「消費税」の増税分を充てる。

---

(4) 改正子ども・子育て支援法 (2019年5月10日)

⇨2019年5月10日，認可保育所や一部幼稚園，認定子ども園の費用を無償化する「**改正子ども・子育て支援法**(2012年制定)」が成立した。

⇨0～2歳児は住民税非課税世帯が無料，3～5歳児は全額無料となる。

⇨これにより，安倍政権の掲げる「希望出生率1.8」の実現を目指していく。

⇨年間予算は7764億円となり，財源は「消費税」の増税分を充てる。

---

(5) 改元「令和」へ (2019年5月1日)

⇨2019年4月30日，「**皇室典範**」の特例法(天皇の退位等に関する皇室典範特例法)により，天皇は**生前退位**し(退位後は「**上皇**」，皇后は「上皇后」へ)，5月1日から新天皇が即位した。

⇨元号は平成から「**令和**」へと改元された(出典は『**万葉集**』)。

---

(6) 旧優生保護法救済法 (強制不妊救済法) (2019年4月24日)

⇨2019年4月，**旧優生保護法**(1948～1996年)のもとで，強制不妊手術を強いられた人々に対して，国が一律320万円の一時金を支払う，「**旧優生保護法救済法(強制不妊救済法)**」が成立した。今後は専門家の認定を受けた上で，支払いが始まる。

⇨旧優生保護法は，第一次ベビーブームの最中である1948年に制定され，**親の**

障害・疾患は子どもに遺伝するとして，法律にも「優生上の見地から不良な子孫の出生を防止する」と明記された。こうして，精神疾患や遺伝病などの疑いがある人に対して強制不妊手術を施した。強制不妊を受けた人は約25000人に上ると言われる。

⇒安倍首相は，「旧優生保護法を執行していた立場から真摯に反省し，心から深くおわび申し上げる」との談話を発表した。

⇒2019年5月には，国に賠償を求める被害者の訴訟への判決が仙台地裁で言い渡され，旧優生保護法を違憲としつつも，国の賠償責任は認めなかった。原告側は控訴している。（2019年9月現在）

---

(7) 沖縄で住民投票実施（2019年2月）

⇒2019年2月，沖縄県で「普天間」飛行場の名護市「辺野古」への移設の是非を問う住民投票が行われ，「反対派」が勝利した。

⇒この住民投票は，「地方自治法」の「直接請求制度に基づいて制定された条例（住民投票条例）」によって実施された。なお，結果には法的拘束力「はない」。

　　沖縄では過去にも「住民投票条例」によって実施された住民投票があり，1996年の「米軍基地の整理縮小と日米地位協定の撤廃」を求めたもの（沖縄県）や，1997年の「米軍の代替施設受け入れの是非」を問うもの（名護市）などがある。

---

(8) 日韓関係動向　2019年版

⇒2018年10月，韓国の最高裁に当たる大法院は，「徴用工（第二次大戦中，日本企業が中国や朝鮮で募集・徴用によって苛酷な労働を行わせていたとする問題）」に対して日本企業への賠償を命じた。

⇒一方で日本政府は，1965年の「日韓請求権協定」に基づく仲裁委員会の開催を提案したが，韓国は応じなかった。

⇒2019年7月，日本政府は，韓国から他国に転売し兵器利用される可能性があるとして，半導体製造に必要なフッ化水素など3品目について輸出を優遇する「ホワイト国（輸出優遇措置対象国）」の指定から韓国を除外した。

⇒一方で韓国は日本を「GATT（関税及び貿易に関する一般協定）」に違反する，としてWTOに提訴した。

⇒また8月には，日韓の間で軍事情報を提供し合い第三国への漏洩を防止する「GSOMIA（軍事情報包括保護協定，2016年署名）」を韓国側が破棄した。

※破棄通告から3カ月後に失効。ただし，韓国は失効直前に破棄通告の一時停止を宣言した。

(9) 改正入管法（出入国管理及び難民認定法）（2018年12月）

⇒2018年12月，外国人労働者の受け入れ拡大を目指し「**出入国管理及び難民認定法**（1951年の出入国管理令を，1981年難民条約批准に併せて改正し成立した法律）」を改正した（以下，改正入管法）。

⇒これにより，これまで禁止されていた「**単純労働**」の就労を実質的に認めた。

⇒また，「相当の知識・経験を要する」農業・建設業・介護など14業種は「**特定技能1号**」とし，5年間で約34万人を認定対象として目指す。

⇒「特定技能1号」取得後に更に試験に合格すると「**特定技能2号**」となり，配偶者や子の帯同や，事実上の永住が可能となる。

⇒こうした背景には，介護士不足の問題や，日本の総人口の減少問題などがある。

■ 改正入管法

技能実習生，技能実習以外で働く外国人（家族の帯同不可）	
最長5年	前者は3年の経験，後者は試験に合格すると，

↓

特定技能1号（家族の帯同不可）	
最長5年	介護など14業種で受け入れ検討

更に試験に合格すれば ↓

特定技能2号（家族の帯同可能）	
期間なし	事実上の永住資格

(10) 特定複合観光施設区域整備法（統合型リゾート・IR実施法）（2018年）

⇒2018年，カジノを含めた統合型リゾートの運営について定めた「**特定複合観光施設区域整備法**」が公布された。3年をめどに施行される。

⇒ギャンブル依存症への対策などのために，IR施設は当面全国「3か所」に限り，日本人の入場料は6000円とした。

⇒利用については，「7日間に3回かつ28日間で10回」に限定し，**マイナンバーカード**で本人確認を行う。

⇒また，カジノ事業者への監督機関として，行政委員会として「**カジノ管理委員会**（委員長は国会の同意人事）」を内閣府の外局に設置した（2019年）。

⇒こうして，カジノ事業者の財務状況の把握や，反社会的勢力の介入の有無，**マネーロンダリング**（資金洗浄）などの犯罪を未然に防ぐ。

(11) 日本から中国への「ODA」供与廃止へ（2018年）

⇒2018年10月，2010年以降，日中両国のGDP（総額）が世界第2位（中国）・3位（日本）となったことを受け，日中両国首脳は，対等なパートナーとの認識で一致し，対中**ODA**について2018年度をもって新規採択の終了を発表した。

⇒すでに採択済の複数年度の継続案件については，2021年度末をもって全て終了することとなった。

⇒対中ODAは，1979年から中国の**改革・開放**政策の促進を目指し実施されてきた。

⇒すでに2006年には一般無償資金協力が終了し，2007年には円借款の新規供与が終了していたが，その後は越境公害や感染症等協力などの技術協力，「**草の根・人間の安全保障無償資金協力**」などのごく限られたものを実施し，技術協力については，日中双方が適切に費用を負担する形がとられていた。

(12) 改正民法（2018年6月13日〈2022年施行〉）

⇒2018年6月13日，「**成人**年齢」を「20歳」から「18歳」に引き下げる改正「**民法**」が成立した。また女性の「**婚姻**年齢」も「16歳」から「18歳」に引き上げられた（2022年施行）。

⇒すでに選挙権年齢については，2016年6月の「**公職選挙法**」改正で引き下げられている（憲法改正の国民投票の選挙権は，すでに18歳）。

⇒若者の社会進出や経済の活性化を促す一方で，悪質な消費者被害や，金融知識を持たない若者が，多重債務に陥る危険なども指摘されている。

事　例	改正前	改正後
クレジットカード作成	×	「○」
一部ローン契約	×	「○」
10年パスポート	×	「○」
公認会計士	×	「○」
司法書士	×	「○」
性別の取扱いの変更審判※	×	「○」
飲酒・喫煙・公営ギャンブル	×	「×」

※ 「性同一性障害者の性別の取扱いの特例に関する法律」が2004年に施行され可能となった制度で，審判は20歳以上が条件の一つであった。

(13) 一億総活躍社会と「働き方改革」

⇒2016年6月，政府は「**一億総活躍社会**」の実現の一環として「**働き方改革**」を打ち出した。

⇒これに伴い，2018年6月には，労働基準法，労働者派遣事業法，パート労働法など，8つの法律の改正などからなる「**働き方改革関連法**」が成立した。

⇒特に多くの労働時間規制を外す，「**高度プロフェッショナル制度**」については，与野党で

■ 高度プロフェッショナル制度と他の労働者の労働規制の比較

	一般労働者	管理職	高度プロフェッショナル
法定労働時間	○	×	×
時間外割増賃金	○	×	×
休憩	○	×	×
深夜割増賃金	○	×	×
休日	○	○	△※

※ 4週間で4日以上，年104日以上の休日

　一方で，今回の「働き方改革法」では，高度プロフェッショナルではない一般労働者の時間外労働の上限が原則月45時間・年間360時間とされた（特別な事情がある場合は，年間6カ月まで月45時間を超えられるが，最大でも年間720時間・月100時間未満）。

　更に，この規制に違反した企業への罰則が規定された（6カ月以下の懲役，または30万円以下の罰金）。

■ 資料「上位と主な国の下院に占める女性の割合」列国議会同盟(IPU)の調べ

順位	国名	下院に占める女性の割合
1位	ルワンダ	61.3%
2位	キューバ	53.2%
16位	フランス	39.0%
41位	イギリス	32.0%
46位	ドイツ	30.7%
70位	中国	24.9%
102位	米国	19.5%
158位	日本	10.1%

(14)「候補者男女同数法」(2018年5月)

⇒2018年5月、女性議員の増加を目指す「候補者男女同数法」が成立した。

⇒主な内容は、政党が男女の候補者数を同数となるよう努力するというもので、罰則はない。

⇒日本の2017年の下院の女性比率では、日本は世界193カ国中158位(10.1%)で国際的に低い(列国議会同盟(IPU)の調べ)。

⇒社会的に不遇な立場にある側を暫定的に優遇する措置を「アファーマティブ・アクション」という。

⇒なお、2000年に「フランス」では男女同数法(パリテ法)を制定している。

の対立が目立った。

⇒同制度は、金融ディーラー、コンサルタント、研究職などへの適用が想定され、柔軟な働き方が広がるという意見の一方で、長時間労働に繋がりかねないとの批判もある。

■「働き方改革」のPoint

① 高度プロフェッショナル制度の導入
⇒年収1075万円以上の労働者(金融、研究者など)で、本人が同意した場合、残業や休日出勤をしても割増賃金が支払われない。

② 罰則付きの時間外労働の上限規制(①以外)
⇒時間外労働の上限を原則月45時間・年間360時間とした(特別な事情がある場合は、年間6カ月まで月45時間を超えられるが、最大でも年間720時間・月100時間未満)。
⇒更にこの規制に違反した企業への罰則が規定された(6カ月以下の懲役、または30万円以下の罰金)。

③ 同一労働同一賃金
⇒正社員と非正規労働者の合理性のない待遇差をなくす。
⇒待遇差が出る場合、その理由を非正規労働者に説明することを義務づける。

④ インターバル制度の努力義務化
⇒退社と翌日の出社までの間に一定の休息時間を設ける制度(EUでは11時間)。努力義務。

（15）テロ等準備罪と国際組織犯罪防止条約（2017年）

⇒2017年6月15日，犯罪の計画や，実行準備段階からの処罰の対応を可能とする「**テロ等準備罪**」を盛り込んだ改正「**組織犯罪処罰法**」が委員会採択を省略（中間報告という奇策で），参議院本会議で強行採決・成立した。

⇒これまで議論となっていた「共謀罪」は犯罪の計画を成立要件としていたが，実行準備も犯罪の成立要件に加えた。今回はこの共謀罪の成立要件を一部変更した形となる。共謀罪は過去にも何度か国会で審議されていたものの，**廃案となっていた。**

⇒政府は，東京オリンピックに向けた**テロ対策の強化**の一環として「**国際組織犯罪防止条約（パレルモ条約）**」の批准のために必要であると説明し，2017年8月に同条約の188番目の加盟国となった。

⇒一方で識者からは危惧する声も上がっている。従来の刑法の原則は「既遂」や「未遂」などの犯罪の実行が処罰の対象であり，**捜査当局による恣意的な捜査に繋がりかねない**との意見もある。

■ テロ等準備罪（以下放火のケース）

計 画	…いつどこで放火を行うか具体的に話しあう		
実行準備	…灯油購入資金を調達		新たな処罰範囲
予 備	…灯油を調達し犯行現場で待機	現行犯の処罰範囲	
未 遂	…放火をするものの燃え広がらない		
既 遂	…放火し燃え広がる		

（16）国家戦略特区と「加計学園問題」

⇒2013年に安倍政権が「民間投資を喚起する成長戦略」の目玉として，規制緩和や，税制面での優遇を行う「**国家戦略特区**」を新設した。根拠法は「**国家戦略特別区域法**」である。

⇒具体的には，医療，雇用，など計六分野で規制の特例が認められた。政府は**規制緩和による成長戦略の要**であるとしている。

⇒また2017年には，「**国家戦略特区**」の一つである「愛媛県**今治市**」の「**加計学園**」の獣医学部の新設の認可をめぐる不透明な行政手続きなどが国会で問題となった。

⇒同年8月には野党の要求で関係者への「**参考人招致**」が実施された。なお「**証人喚問**」とは異なり，「**参考人招致**」において偽証をした場合は，偽証罪に問われることは**ない**（証人喚問の場合は偽証罪に問われる）。

(17) 個人情報保護法の強化改正　（2015年〈2017年施行〉）

⇒2015年9月，民間事業者の取り扱う個人情報の運用を定めた「**個人情報保護法**」が改正された。

⇒今回の改正では，個人が識別できないよう暗号化するなどの加工を加えた情報を「**匿名加工情報**」と定義し，本人の同意がなくても第三者が提供・利用できることとした。今後は膨大なネット上の情報を収集・分析して得られる「**ビッグ・データ**」などの利用を意識している。

⇒一方で，人種・信条・病歴などの個人への偏見を助長しかねない個人情報を「**要配慮個人情報**」と定義し，本人の同意の上で第三者に提供することとした。

⇒この改正により，2016年1月に個人情報を扱う民間事業者に対する監視・監督権限を一元化した「**個人情報保護委員会**」が新設され，**すべての個人情報を取り扱う民間事業者が法的規制の対象**となった。

間違えるな!!

①1988年制定の個人情報保護法は
　「政府の保有する」個人情報の保護が対象

②2005年に全面施行された個人情報保護法は
　「民間の保有する」個人情報の保護が対象
　⇒自分の個人情報を訂正開示する権利を「コントロール権」といい，プライバシーの権利を幅広く捉えたものである。

(18) ヘイトスピーチ対策法（2016年5月）

⇒2016年5月，国内に住む外国人に対する差別的言動である，いわゆる「**ヘイトスピーチ**」への対策として，「**ヘイトスピーチ対策法**」が成立，6月に施行された。

⇒同法では，「**日本以外**」の国・地域の出身者かその子孫として国内に住む人に対して，「**差別的意識**」を助長・誘発する目的で，生命や財産に「**危害**」を加えるように告げ，地域社会からの排除をあおる言動を，「**差別的言動**」と定義している。

⇒国や自治体，相談体制の整備や教育・啓発活動などの施策で差別の解消に取り組むよう求められた。なお，**禁止規定がなく，罰則がない**などの問題も指摘されている。

● ヘイトスピーチ対策法のポイント

◆ 差別をあおるため，生命に危険を与えると言ったり，ひどく見下したりすることをヘイトスピーチという
◆ 法律では外国出身の人やその子孫への差別的言動と規定
◆ ヘイトスピーチの問題について学校で教えることや，国や市町村での相談体制の整備
◆ 社会からこうした差別がなくなるよう努力

（19）マイナンバー制度（2015年通知，2016年運用開始）

●社会保障・税番号制度。通称「マイナンバー制度」。

⇒各行政機関が，個別に把握している個人情報を結びつけ，納税や社会保障の行政情報を一元化することで，行政の効率化を図る。

⇒住民票コードなどをもとに，新たに個人で「**12**」桁。法人で「**13**」桁が割り当てられる。

⇒2015年から通知が始まり，2016年1月から運用が開始された。

●問題点など

⇒公平な所得の把握や，迅速な納税額の把握などにより，**行政の効率化**が期待される一方で，市民の生活に関わる様々な情報がひも付されることなどから，**プライバシー**の侵害などの問題も指摘されている。

⇒正式名称は「行政手続における特定の個人を識別するための番号の利用等に関する法律」。

マイナンバー制度　2016年1月〜

【社会保障】
年金・医療保険，失業給付，
生活保護など　　　※年金は1年半延期

災害対策
支援金の受給など

マイナンバー

【税】
確定申告など

医療情報
2018年以降
診療記録など

預金口座
2018年以降
同意を得て

（20）夫婦別姓合憲，女子の再婚禁止期間違憲（2015年12月）

■ 最高裁，女性の再婚禁止期間について一部，違憲

⇒2015年12月16日，最高裁は，「夫婦別姓」について合憲とする判断を示した。

⇒また，女性が離婚後6カ月（180日）たたないと再婚できないと定めた「**民法**」の規定のうち，「**100**」日を超える部分について違憲判決を示した。

⇒これで最高裁の法令違憲判決は「**10**」例となる（2016年9月現在）。

⇒2016年には同法が国会で改正され，再婚禁止期間が短縮された。

再婚禁止期間と生まれた子の父親の推定

	離婚	再婚	離婚後300日
現行	再婚禁止期間 6カ月（180日）	（再婚後 200日）	再婚夫の子
	前夫の子（離婚後 300日）		
100日に短縮すると	再婚禁止期間（100日）	（再婚後 200日）	再婚夫の子
	前夫の子（離婚後 300日）		

（21）新日米ガイドライン（日米防衛協力のための指針）の見直し

　2015年4月，安倍政権は1997年に策定された「**新日米ガイドライン**」の見直しを閣議決定した。これにより，指針の目的が日本の平和と安全を確保し，「**アジア・太平洋地域**」と「**これを越えた地域**」の安定に寄与へと拡大した。

● **整理**

> 1951年…「**日米安全保障条約**」締結
> 1960年…「**安保改定（安保改正）**」
> ①「**極東**」条項…日本国内の米軍が行動できる範囲
> ②「**共同防衛**」義務…ただし，当初は「**片務的**」規定，2014年以降「**双務的**」規定へ
> ③「**軍備増強**」義務
> ④「**事前協議**」制…ただし一度も開催なし
>
> 1978年「**日米ガイドライン**」を策定。範囲は「**極東**」のまま
> 1997年「**新日米ガイドライン**」を閣議決定
> 　⇒米軍との協力範囲が「**アジア・太平洋地域**」へ
> 2015年…同ガイドラインの改定。指針の目的が，平時から有事まで，日本の平和と安全を確保し
> 　　「**アジア・太平洋地域**」と「**これを越えた地域**」の安定に寄与へと拡大

● **資料　日米安保条約とガイドライン，安全保障関連法**

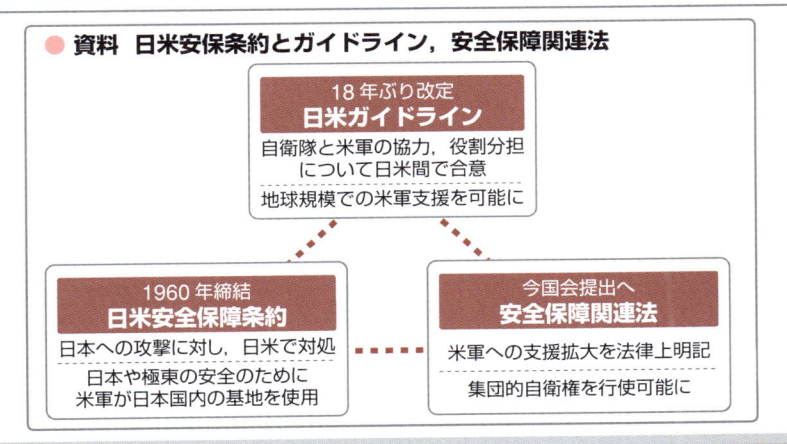

445

（22）内閣人事局

　2014年4月に，「**国家公務員**」法が改正され，政治主導の幹部公務員の人事を官邸が一元管理することを目的に，内閣官房に「**内閣人事局**」が設置された。また，公務員採用における「**キャリア**」制度（法的根拠はなく，慣行）の廃止なども盛り込まれている。

　こうして，政治主導が期待される一方で，政治的中立性の担保や，存続された人事院との関係（内閣人事局は人事院の意見を尊重することとなっている）など，運用に疑問の声もある。

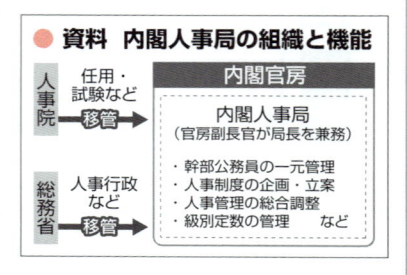

● **資料　内閣人事局の組織と機能**

（23）特定秘密保護法

⇒2013年12月6日，「**外交**」，「**防衛**」，「**スパイ活動防止**」，「**テロ防止**」の4分野の繊細な情報を「**特定秘密**」に指定し，漏洩した公務員に対しては，最高で10年の懲役（民間人は懲役5年）となる，「**特定秘密保護法**」が成立した。

⇒特定秘密の指定権限は「**防衛省**」や「**外務省**」，「**国家安全保障会議**」など「**19**」の行政機関の長にのみ与えられている。

⇒特定秘密の指定期間は原則「**5**」年で，閣議決定で最長「**60**」年まで延長できる。法律に明記のある一部情報については，60年を超えることも可能である。

⇒政府は「**報道の自由**」には十分配慮するとしているが，市民の「**知る権利**」や「表現の自由」が脅かされるのでは，との声もある。

■ **特定秘密の指定期間のイメージ**

原則指定から
5 年間

更に閣議決定で最大指定から
60 年間

暗号情報など，法律に規定のある一部情報は，
60 年を超えることも可能

⇒このため，同法の運用監視のための有識者からなる第三者機関として，「**情報保全諮問会議**」を設置した。

⇒また衆参両院に「**情報監視審査会**」を設置した。ただし，政府に対して強制的に情報を提出させる権限がないことなどから，その存在に疑問の声もある。

⇒2018年末の時点で，指定権限を持つ19の行政機関の内，11の行政機関が計551件（資料の数は約44万点に及ぶ）を特定秘密として指定した。

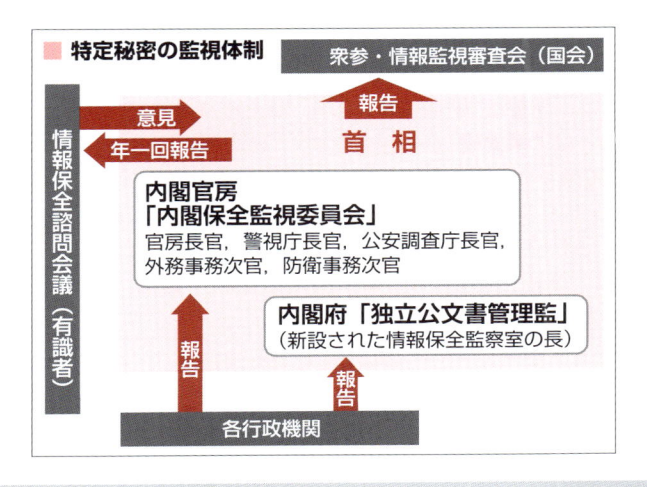

■ 特定秘密の監視体制

衆参・情報監視審査会（国会）

報告

首相

意見

年一回報告

情報保全諮問会議（有識者）

内閣官房
「内閣保全監視委員会」
官房長官，警視庁長官，公安調査庁長官，
外務事務次官，防衛事務次官

内閣府「独立公文書管理監」
（新設された情報保全監察室の長）

報告

報告

各行政機関

（24）国家安全保障会議設置

⇒ 2013年12月4日，日本の安全保障についての重要事項や緊急事態における対応を審議するため，内閣に「**国家安全保障会議（日本版NSC）**」を設置した。

⇒ アメリカの国家安全保障会議（NSC）になぞらえ，日本版NSCとも呼ばれる。これにより，日本の諜報活動などを効果的に行うことができるとされている。

⇒ 一方で，ここで取り扱われる情報が，極めて高度な我が国の安全保障政策に関わるため，その後の「**特定秘密保護法**」の制定・運用へと繋がったのではとの声もある。

⇒ 同組織は，「**首相**」，「**官房長官**」，「**外務大臣**」，「**防衛大臣**」の4大臣会合（必要に応じて9大臣会合）が，機動的，実質的に審議，「**国家安全保障局**」への指示を行う。

⇒ これまで，1956年に設置された「**国防会議**」が，国防の基本方針などを諮問してきたが，この後国防会議は，1986年に「**安全保障会議**」となった。今回設置された「**国家安全保障会議**」は，安全保障会議を前身としながらも，諜報機能を大幅に拡大した機関である。

元，「安全保障会議」

国家安全保障会議（日本版NSC）

4大臣会合	9大臣会合	緊急事態会合
首相，官房長官，外務，防衛	総務，財務，経産，国土交通，国家公安委員長	首相，官房長官，首相が指定した閣僚

指示

情報企画立案

内閣危機管理監
（危機管理）

連携

国家安全保障局

（25）嫡出子と非嫡出子をめぐる司法判決

⇒「**嫡出子**」とは「**法律婚**（婚姻届のある）」の夫婦の間の子。

⇒「**非嫡出子**」とは「**事実婚**（婚姻届のない）」の夫婦の間の子。

① 「**民法**」第900条4号の定める，相続分の違いについて

⇒（非嫡出子は嫡出子の**2分の1**しか相続できない），1995年の最高裁判決では「**合理的区別**」とされ「**合憲**」とされていた。

⇒しかし，2013年9月，最高裁はこの判例を変更し，「**違憲**」とした。

② 「**国籍法**」の定める，国籍取得制限について

⇒「**国籍法**」第3条1項では，未婚のまま子どもを産む場合，親が胎児認知していなければ国籍が付与できないこととなっていた。

⇒2008年6月に，最高裁はこの規定を，憲法第「**14**」条の「**法の下の平等**」に反するとして，違憲の判決を下した。

⇒この規定はその後国会で改正され，非嫡出子の生後認知であっても，国籍が付与（ＤＮＡ鑑定などにより）されることとなった。

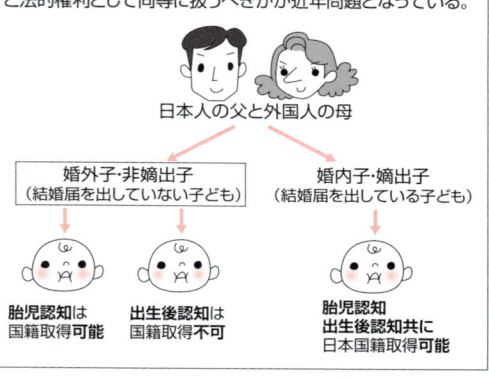

● **違憲とされた国籍法**

外国人と日本人が結婚届を出さずに生まれた子どもは，国籍取得ができない。国内にいる外国人を，どこまで国籍を持つ人と法的権利として同等に扱うべきかが近年問題となっている。

日本人の父と外国人の母

婚外子・非嫡出子
（結婚届を出していない子ども）

婚内子・嫡出子
（結婚届を出している子ども）

胎児認知は
国籍取得可能

出生後認知は
国籍取得不可

胎児認知
出生後認知共に
日本国籍取得可能

（26）福島第一原子力発電所の事故とその動向

① 福島第一原子力発電所の事故

⇒2011年3月11日に発生した「**東日本大震災**」の後，東京電力「**福島第一原子力発電所**」では全電源が喪失する「**ステーション・ブラックアウト**」に陥り緊急炉心冷却装置が停止し，燃料棒が溶け出す炉心溶融（**メルトダウン**）が発生した。また溶け出した燃料棒が格納容器を突き破る「メルトスルー」も発生した。

⇒この事故は，**IAEA**（**国際原子力機関**）を介して各国に発表される「**国際原子力事象評価尺度（INES）**」の「レベル7」に相当する。これまでにも日本における原子力関連施設では多くの事故があるが，レベル7は過去最大である。

⇒1995年には，福井県**敦賀市**にある「**高速増殖炉**（発電と同時に消費した以上の燃料を生み出す）」である「**もんじゅ**（2010年5月に再稼働したが，8月にトラブルのため稼働を停止した）」のナトリウム漏えい事故や，1999年には**東**

海村の **JCO** の核燃料施設で「**臨界事故**」が発生している。

⇒2016 年 3 月 10 日「**大津地裁**」は「**高浜原発**」の再稼働の差し止めを命じた。

● 国際原子力事象評価尺度（INES）

	レベル	基準（最も高いレベルが当該事象の評価結果となる）			参考事例 INESの公式評価ではないものもきまれている
		基準1：所外への影響	基準2：所内への影響	基準3：深層防護の劣化	
事故	7 (深刻な事故)	放射性物質の重大な外部放出 ヨウ素131等価で数万TBq（テラベクレル）※1相当以上の放射性物質の外部放出			旧ソ連チェルノブイリ発電所事故（1986年）
	6 (大事故)	放射性物質のかなりの外部放出 ヨウ素131等価で数千から数万TBq（テラベクレル）相当の放射性物質の外部放出			
	5 (所外へのリスクを伴う事故)	放射性物質の限定的な外部放出 ヨウ素131等価で数百から数千TBq（テラベクレル）相当の放射性物質の外部放出	原子炉の炉心の重大な損傷		アメリカスリーマイルアイランド発電所事故（1979年）
	4 (所外への大きなリスクを伴わない事故)	放射性物質の少量の外部放出 公衆の個人の数mSv（ミリシーベルト）※2程度の被ばく	原子炉の炉心のかなりの損傷／従業員の致死量被ばく		JCO臨界事故（1999年）
異常な事象	3 (重大な異常事象)	放射性物質の極めて少量の外部放出 公衆の個人の十分の数mSv（ミリシーベルト）程度の被ばく	所内の重大な放射性物質による汚染／急性の放射線障害を生じる従業員の被ばく	深層防護の喪失	
	2 (異常事象)		所内のかなりの放射性物質による汚染／法定の年間線量限度を超える従業員の被ばく	深層防護のかなりの劣化	美浜発電所2号機蒸気発生器伝熱管損傷事象（1991年）
	1 (逸脱)			運転制限範囲からの逸脱	「もんじゅ」ナトリウム漏洩事故（1995年）
尺度以下	0 (尺度以下)	安全上重要ではない事象		0+ 安全上重要ではないが, 安全に影響を与え得る事象 0- 安全上重要ではなく, 安全に影響を与えない事象	
	評価対象外	安全に関係しない事象			

※1：ベクレル（Bq）：放射性物質の量を表す単位（テラは10⁹＝1兆）
※2：シーベルト（Sv）：放射線が人体に与える影響を表す単位（ミリは1,000分の1）　　　　出典：資源エネルギー庁「原子力2010」

②日本政府のエネルギー政策

⇒1955 年に「**原子力基本法**」が制定され，翌年には原子力政策を推進する「**原子力委員会**」が設置された。一方で原子力行政を監視・監督する機関である「**原子力安全・保安院**」が経済産業省の中にあるなど，安全管理における独立性に疑問の声もあった。こうした声を受けて「**三条委員会**（国家行政組織法の第三条に基づく行政機関）」の形で「**原子力規制委員会**」の設置を行う法律「**原子力規制委員会設置法**」が可決され，2012 年 9 月に設立されることとなった。尚「原子力規制委員会」は環境省の外局に置かれ，10 月に「原子力安全・保安院」との統合なども行われた。

⇒1974 年には石油に代わる代替エネルギー政策として「**サンシャイン計画**（太陽・石炭・地熱・石炭液化ガス化）」が発表され，1993 年には「**ニューサンシャイン計画**」となった。

⇒1997 年には，「**新エネルギー法**」により，**バイオマス，太陽熱利用**，雪氷熱利用，

地熱発電，**風力発電**，廃棄物焼却発電，**天然ガスコジェネレーション**，燃料電池などの開発を促進するとした。ちなみに，自然界の現象から取り出す自然エネルギーを「**再生可能エネルギー**」という。

⇒2010年6月の「エネルギー基本計画」では，原発を14基以上増設し，原子力発電による二次エネルギーの供給比率を現在の約30％から50％に引き上げることとされたが，2011年以降見直されている。

③海外の動向

⇒2011年6月，**ドイツ**では国内に17基ある原子力発電所を，現在停止している8基をそのまま停止し，残る9基も2022年までに順次停止していくことを決めた。

⇒2011年6月，原発再開の是非を問う**イタリア**の国民投票が行われ，原発凍結賛成票が94.05％を占めた。ベルルスコーニ首相は原発の新設や再稼働を当面断念する意向を表明した。

⇒2011年9月，フランス南部マルクールにある原子力関連施設で爆発事故が起きた。仏テレビによれば1人が死亡，4人が負傷した。

④2012年の動向

⇒2012年5月には，北海道電力「**泊原発3号機**」も停止し，1970年に当時2基しかなかった原発が検査のため同時停止して以来，42年ぶりに「原発ゼロ」となった。

⇒しかし6月に野田政権は，関西電力「**大飯原発**」の再稼働を決定した。これに対し東京では，参加者が10万人を超える反対デモが起こった。

⑤司法による差し止め

⇒2014年5月21日，「**福井地裁**」は「**大飯原発**（3・4号機)」の再稼働差し止めを命じる仮処分決定をした。

⇒2016年6月17日，「**大津地裁**」は「**高浜原発**（3・4号機)」の再稼働差し止めを命じる仮処分決定を下した。

---

(27) 復興基本法

⇒2011年3月11日に発生した「東日本大震災」を受けて，2011年6月，**復興基本法**が成立した。これによって「復興対策本部」が内閣に設置され，復興の担当を担う「復興庁」や復興財源に充てる「**復興債**」の発行（2011年度で約19兆円発行），震災地域などの規制を緩和する「**復興特区制度**」などが盛り込まれた。

---

(28) 「ねじれ国会」とその動向

①「ねじれ国会」について

⇒2010年7月の「第22回参議院通常選挙」で民主党が参議院で過半数割れを起こした結果，衆議院第一党が「民主党」，参議院第一党が「自民党」という「ね

じれ国会」の構図が生まれた。

⇒2007年7月の「第21回参議院通常選挙」で自民党が参議院で過半数割れを起こした結果，衆議院第一党が「自民党」，参議院第一党が「民主党」という「ねじれ国会」の構図が生まれていた。1989年，98年にも自民党が参議院で惨敗して同様の事態が生まれている。「ねじれ国会」は，2016年9月現在，戦後合計**5**回目（1947年，1989年，1998年，2007年，2010年）となる。

⇒これによって「法律案」や「**国会同意人事**（日銀総裁など）」，「**参議院の問責決議**」など様々な方面で政策運営が困難になる。

②**参議院の問責決議案**

⇒参議院の**問責決議案**は，衆議院の内閣不信任決議案と違い，**法的根拠がないため法的拘束力がない**。ただし政治的な決議であり，政治圧力を強めることができる。

⇒2008年6月，現行憲法下では初の「**福田康夫**」首相に対する問責決議案が参議院で可決された。これを受け衆議院では内閣信任決議案を可決しこれに対抗した。

---

(29) 公訴時効の廃止

⇒2010年4月27日，「**刑法**」と「**刑事訴訟法**」が改正・即日施行され，「**強盗殺人**」，「**殺人**」についての**公訴時効**（刑の時効も含む）が廃止された（最高刑が死刑に当たらない犯罪については公訴時効は存続される）。

⇒また，この**法律改正の前に発生した事件で時効となっていない事件についても改正内容が適用される。**

● 改正された公訴時効

罪　名	最高刑	これまでの公訴時効期間	改正後
強盗殺人	死刑	25年	➡ 廃止
殺人	死刑	25年	➡ 廃止
強姦致死	無期懲役	15年	➡ 30年
傷害致死	懲役20年	10年	➡ 20年
危険運転致死	懲役20年	10年	➡ 20年
自動車運転過失致死	懲役・禁固7年	5年	➡ 10年
業務上過失致死	懲役・禁固5年	5年	➡ 10年

（東京新聞 2010年4月28日）

● **廃止の理由** ●

①道義的責任が消えることはない。

②ジェノサイド条約（日本は未批准）にも時効はない。

③逃げ得は許されてはならない。

● **廃止の問題点** ●

①証拠が散逸し物的証拠や証言の証拠能力や証拠の信憑性が低下する。

②冤罪を生みだすきっかけになりかねない。

③過度に国民を捜査機関の監視にさらすことは人身の自由を侵す。

④医療事故捜査などで医療の萎縮がおこりかねない。

★いずれにしても「初動捜査」の捜査能力の向上に努める必要がある。

(30) 砂川市有地無償貸与違憲判決（2010年4月）

⇒北海道「**砂川市**」が「**空知太神社**」に対して，市の公有地を無償貸与していた問題について，最高裁は憲法第**20**条（**政教分離**）と第89条（**宗教団体への公金支出**の禁止）に反するとした違憲判決を下した。

⇒空知太神社は1882年ごろに誕生しその後私有地に移転した。しかし住民が固定資産税の支払いを解消するなどの目的で市に土地を寄付し市有地となっていた。

⇒最高裁は土地を市の公有地として使用させるのではなく，土地の所有者を神社に転記するなどの対策ができると示唆した。

再 確認「これまでの政教分離に関する違憲判決」

　最高裁は「津地鎮祭事件」にて，「その目的が宗教的意義をもち，その効果が**特定宗教への援助，助長，促進，圧迫，干渉**となる場合は宗教活動である」とする「**目的効果基準**」を示している。

　⇒1977年「**津地鎮祭訴訟**」では最高裁は**合憲**判決。

　⇒1997年「**愛媛玉串料訴訟**」では最高裁は**違憲**判決。

(31) 高校の授業料の無償化

⇒2010年4月，「**高校授業料無償化法**（公立高等学校に係る授業料の不徴収及び高等学校等就学支援金の支給に関する法律）」が施行された。

⇒これにより公立高校の授業料年約12万円が無償化されるとともに，公立・私立高校に通う生徒の授業料を補助する「**高等学校等就学支援金制度**」も創設することとなった。

⇒支給者に対する**年齢制限と国籍制限はない**。

⇒必ず親が子どもを通学させる義務教育課程（小学校と中学校）とは異なる。

⇒民族学校やインターナショナルスクールについては，省令の基準により一部この制度が適用されている。

(32) 米軍基地移設・再編問題

⇒米軍基地移設・再編問題は2003年ごろから本格化した。東西冷戦の終結，北東アジア情勢の緊迫などがその背景にあり，北東アジア安全保障の要に米国は日本を位置付けている。

⇒2006年5月,「**日米安保協議委員会**」いわゆる「**2プラス2**」で合意に至った。

内容

①在沖縄海兵隊を8000人「**グアム**」に移動。この際日本は,移転費用102億7000万ドルのうち,59％に当たる,60億9000万ドルを負担する。

②沖縄県の「**普天間飛行場**」等4施設の全面返還。

③「**普天間基地**」の移設先は**名護**市の「**辺野古沖**」。

④米国海軍厚木基地の空母艦載機を「**岩国市**」に移設。

⑤米国陸軍第1軍団司令部を「統合作戦本部」として「**キャンプ座間**」に移転。

⑥「**横田基地**」に航空自衛隊航空総隊司令部の移転。   など

(33) 市町村合併と政令指定都市 (2019年4月現在20市)

⇒1965年の「市町村合併特例法 (2005年3月まで)」にもとづき,2003年4月,新たに「静岡市 (静岡市と清水市の合併,面積は日本最大の市)」などの11市町が誕生した。

⇒2003年4月には「**さいたま市**(浦和市,大宮市,与野市2001年5月に合併)」が「13」番目の「政令指定都市,1956年制度化(人口50万人以上)」となった。

⇒2005年4月には「**静岡市**」が「14」番目の政令指定都市に移行する。

⇒また,2006年4月には大阪府「**堺市**」が「15」番目の政令指定都市となった。

⇒2007年4月からは「**新潟市**」と「**浜松市**」が政令指定都市となった。

⇒2009年4月から「**岡山市**」が政令指定都市となった。

⇒2010年4月から「**相模原市**」が政令指定都市となった。

⇒2012年4月から「**熊本市**」が政令指定都市となった。

⇒政府は2005年3月に期限を迎える「市町村合併特例法」の後継として,「新市町村合併特例法」,「改正地方自治法」,「改正現行市町村合併特例法」の「合併関連3法案」を成立させた。

> ※政令指定都市「札幌,仙台,さいたま,千葉,川崎,横浜,名古屋,京都,大阪,神戸,広島,北九州,福岡,静岡,堺,新潟,浜松,岡山,相模原,熊本」の**20**都市で,法律上は人口50万人以上(実際は70万人以上で認定)
>
> ※中核市「人口30万人以上,1994年制度化」,特例市「人口20万以上,2000年制度化」,広域連合「地方組合の一種1994年制度化」…これらは国から多くの権限が移譲され,国に対しても一定の要請ができる。つまり独立した行政業務が円滑に遂行できるメリットがある。

(34) アイヌ民族をめぐる問題

① 1997年「**アイヌ文化振興法**」

⇒アイヌ民族を**固有の民族**として位置づけ ただし,**先住権の明記なし**

※これに伴いアイヌ民族に**同化政策**を強いた**北海道旧土人保護法**(1889年公布)

は廃止された。

② 2008年6月「**アイヌ国会決議**」

⇒**アイヌ民族**を先住民族と認め，関連する政策を推進するための国会決議が採択された。

⇒これに伴い政府は，有識者会議を立ち上げ「先住民としての権利」などの検討を始めた。

⇒2007年9月に国連総会で「**先住民の権利に関する宣言**」が採択されたことを受けてのもの。

⇒現在世界には先住民が**3億7000万人**いるといわれ，先住民の「**民族自決権**」などが盛り込まれている。

③ 2019年4月「**アイヌ施策推進法（アイヌ新法）**」

⇒初めてアイヌ民族を「**先住民族**」と位置づけ，アイヌ文化の振興に向けた施策を推進する「**アイヌ施策推進法**（アイヌ新法）」が2019年成立した。

⇒1997年の「**アイヌ文化振興法**」に代わるもので正式名称は「**アイヌの人々の誇りが尊重される社会を実現するための施策の推進に関する法律**」。

⇒アイヌ民族を**先住民族**と位置づけたことを評価する声がある一方で，土地や資源などへの**先住民族の権利（先住権）**は**明記されていない**などの課題を指摘する声もある。

⇒2020年には，北海道の**白老町**に，アイヌの尊厳と尊重を目指す「**民族共生象徴空間（ウポポイ）**」がオープンされる。

（35）改正労働者派遣法 （2015年9月施行）

⇒1985年に「**労働者派遣事業法**」が制定されたことで，非正規雇用の一部である派遣労働が法的に認められた。以後，規制が緩和され，非正規雇用が増加し続けている。

⇒2015年の平均で「**35.7**」％（役員を除く）と過去最高となっている。

⇒特に，2004年に「**製造業**」への派遣が解禁されたことで，派遣者数が増加している。

⇒非正規雇用に占める派遣社員の実数そのものは多くないが，伸び率に注目すると大きいことに気付く（下の表）。

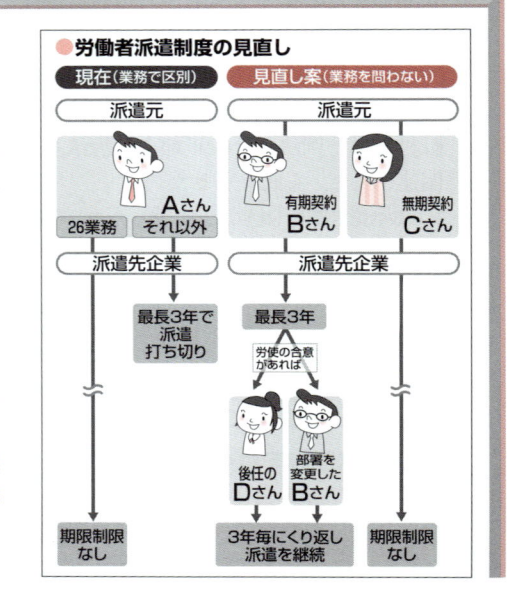

●労働者派遣制度の見直し

⇒2015年9月からは，派遣の受け入れ期間の定めのない専門26業務以外の，「**3**」年間の**派遣受け入れの上限を撤廃**した。

⇒企業は，労使の合意の上に，3年毎に人を入れ替えれば（図のようにBさんが部署を変更するなどして），派遣社員に継続して同一の仕事を行わせることが可能（図のように後任の派遣社員Dさんに）となった。

⇒なお，2007年には，製造業の派遣受け入れ期間を1年から3年とする同法改正，2012年には30日以内の「**日雇い派遣**」を禁止する同法改正が行われている。

●**雇用形態別雇用者数の推移**

(単位 万人)

	1995	2000	2005	2010	2014	2015
役員	389	364	400	370	346	348
正規の職員・従業員	3 779	3 630	3 375	3 374	3 278	3 304
非正規の職員・従業員	1 001	1 273	1 634	1 763	1 962	1 980
パート	563	719	780	852	943	961
アルバイト	262	359	340	344	404	405
派遣社員，嘱託など	176	194	514	567	616	613
雇用者計	5 169	5 267	5 408	5 508	5 586	5632

総務省統計局「労働力調査（詳細集計）」による。形態区分は勤め先における呼称によるもの。詳細集計は，基本集計の約4分の1の世帯が対象であることなどから，基本集計の数値と一致しない。

（『2016/17日本国勢図会』）

（36）プログラム法

⇒2013年12月に，社会保障の見直しの行程を定めた，通称「**プログラム**」法（持続可能な社会保障制度の確立を図るための改革の推進に関する法律）が成立した。

⇒同法では，**医療，介護保険，少子化対策，公的年金の4分野**における改革の行程とそれに伴う各種法案の国会提出の目途が定められている。

⇒特に「**医療**」については，70歳から74歳の自己負担割合が1割から「**2**」割へと引き上げられた（2014年度から）。また「**介護保険**」については，**高所得者の自己負担割**合が1割から所得に応じて「**1〜3**割」へと引き上げられることとなった。

● **社会保障プログラム法案骨子の概要**

	主な項目
医療	70〜74歳の窓口負担を2割へ
	高額医療費の負担上限上げ
	医療提供体制見直し
	大企業健保の負担増
	国保の都道府県移管
	高所得者の保険料上げ
介護	軽度者へのサービスを市町村に
	高所得者の自己負担増
	特別養護老人ホームへの軽度者の入所制限
年金・少子化対策	年金支給開始年齢の引き上げ
	待機児童対策など

(37)「子ども手当」 2011年度限りで廃止，再び名称が「児童手当へ」

⇒2010年6月から15歳までの子どもを持つ保護者に対して，月額1万3000円の支給を開始した。これにより児童手当は廃止された。所得制限はない。

⇒2011年8月，民主，自民，公明3党が「**子ども手当**」を廃止し，2012年度から再び「**児童手当**」とすることで合意した。

⇒なお，子ども手当とは異なり，児童手当には所得制限がある。

⇒ただし名称の再三の変更は，与野党の政局が絡んでいるとの指摘もある。

(38) 臓器移植法の改正（2009年改正，2010年本格施行）

⇒2009年7月に，「**臓器移植法**（1997年施行）」が改正された。これにより「脳死を人の死」とすることなどが前提化された。

⇒1997年の制定当初はそれまで**生体間に限られていた**臓器移植を，新たに**脳死**のドナーからの移植も可能にした。尚，臓器売買は禁止されている。

● **改正前と改正後の比較**

改 正 前		改 正 後
臓器移植に限り脳死を認める	脳死の前提	「脳死を人の死」とする
本人の生前の意思表示（**リビングウィル**）と家族の同意	判定と同意	**本人の拒否がない限り家族の同意のみでも可**
15歳以上	脳死判定の年齢	年齢制限**なし**（生後12週未満の子は除く）

● **問題点**

①本人の拒否の確認をどうとるか

②子どもの人権にどう配慮するか（虐待などのケース）

③本人の意思がない場合の家族の同意をどう取り付けるか（移植コーディネーター）

④救急医療における対応時はどうするか

(39) 後期高齢者医療制度

⇒2006年6月に，「医療制度改革関連法」が成立した。

⇒これに伴い，2008年4月から「**75**」歳以上の高齢者を対象にした「**後期高齢者医療制度**」がスタートした。

⇒これにより全国で約1300万人が加入し，平均で新規保険料として月約6200円の負担増となる。

⇒保険給付金の「半分を政府」，「4割を現役世代の支援金」，「所得に応じて**1割～3割**を高齢者本人」が支払う。

⇒ただし都道府県での負担の格差や，年齢だけでくくる排他的な理念の問題など

が批判を浴び，法の施行日に通称を「長寿医療制度」と改めた。

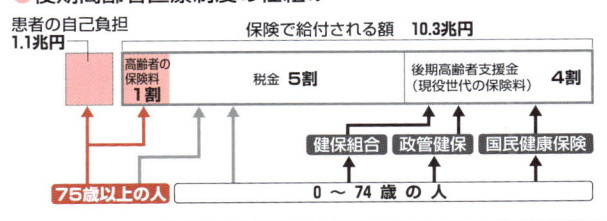

●後期高齢者医療制度の仕組み

患者の自己負担 1.1兆円

保険で給付される額　10.3兆円

高齢者の保険料 1割　｜　税金 5割　｜　後期高齢者支援金（現役世代の保険料）4割

健保組合　政管健保　国民健康保険

75歳以上の人　｜　0 〜 74 歳 の 人

（40）男女雇用機会均等法の改正

⇨2006年6月に成立した。

⇨「**間接差別**（不合理な**身体と体重，全国転勤の募集要件，転勤経験**による差別）」の禁止と，**男性へのセクハラ防止義務**を盛り込んだ。

⇨1999年には事業主のセクハラ防止義務，努力義務から禁止規定への改正が行われていた。

⇨また虚偽報告には，**20万円以下の科料**が設けられた。

（41）中国の「一帯一路」構想と，国家主席の「5年2期制廃止」

⇨2014年に中国の「**習近平**」国家主席は「**一帯一路**」と称する巨大経済圏構想を掲げた。

⇨具体的には，「陸のシルクロード（一帯）」と「海のシルクロード（一路）」でほぼ囲まれたエリアでの，インフラ整備や経済協力を行う経済圏構想で，2017年には党規約に「**一帯一路**」が盛り込まれた。**欧州・中国・インドを結ぶエリア**で，**2019年現在100カ国以上が参加を表明**し，中国などによるインフラ整備などが着々と行われている。**日本や米国は参加していない。**

⇨こうしたインフラ整備には，2015年に中国が中心となり設立された「**AIIB**（アジアインフラ投資銀行）」などが融資を行う。「**AIIB**」にも**日米は参加していない。**

⇨「習近平」国家主席は，建国100年を迎える2049年までに「世界の製造強国の先頭グループ入り」を目指す長期戦略を掲げ，その第一段階として，2025年までに「世界の製造強国の仲間入り」を目指す「**中国製造2025**」を掲げている。

　具体的には2025年までに，次世代通信規格「5G」での市場占有率を，中国市場で80%，世界市場で40%にするなどを掲げている。

⇨こうした中，2018年には「全国人民代表大会」において憲法が改正され，国家主席の「**5年2期制**」が**廃止**された。「習近平」国家主席は**2023年以降も続投することができ，事実上の終身制**となる。

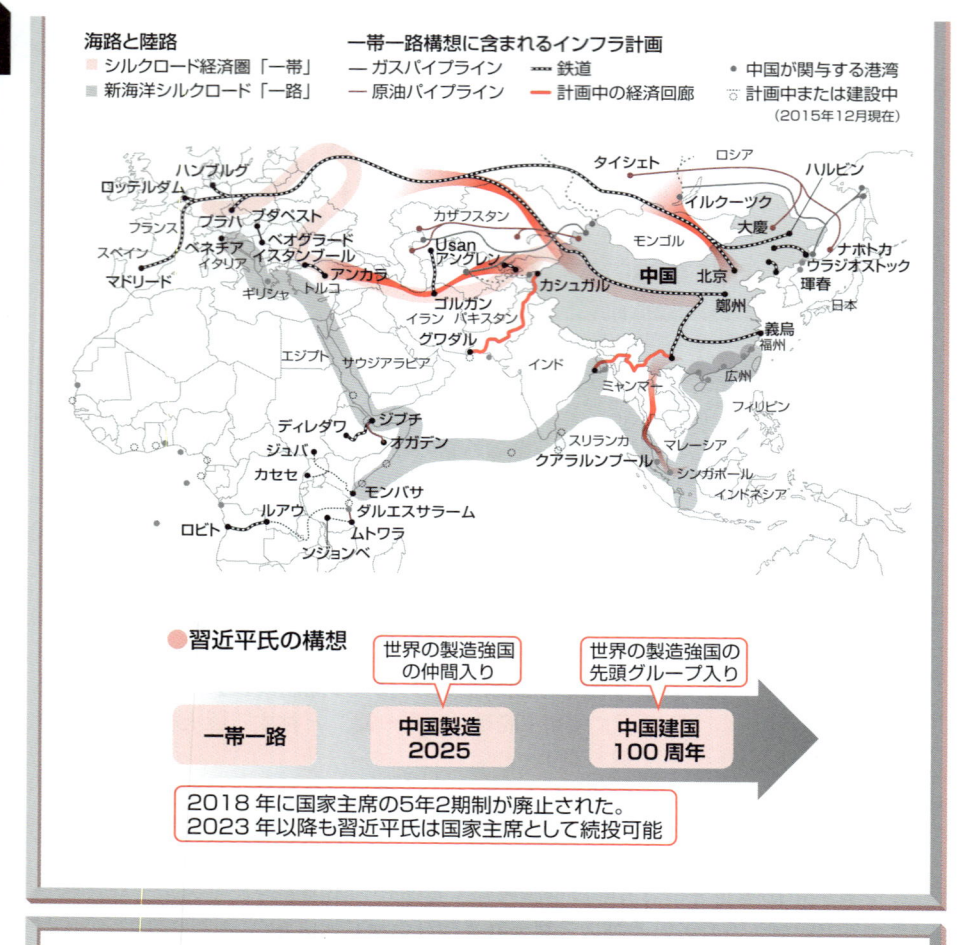

（42）米中貿易摩擦動向　2019年版

⇒アメリカのトランプ大統領は，選挙期間中から中国の巨額な貿易黒字を批判するとともに，アメリカの貿易赤字の是正策として，**中国製品に対する「追加関税」**を主張していた。

⇒2018年7月からアメリカが**中国から輸入している機械や電子部品などに25%の「追加関税」措置「第一弾」を発動**した。また中国もアメリカから輸入している大豆や自動車などに対して25%の報復関税措置を発動した。

⇒2019年に入るとアメリカは中国の「**ファーウェイ**（華為技術）」製品の禁輸措置に踏み切った。2019年9月までにアメリカは合計4回の追加関税措置，中国は合計3回の報復関税措置を発動している。（2019年9月現在）

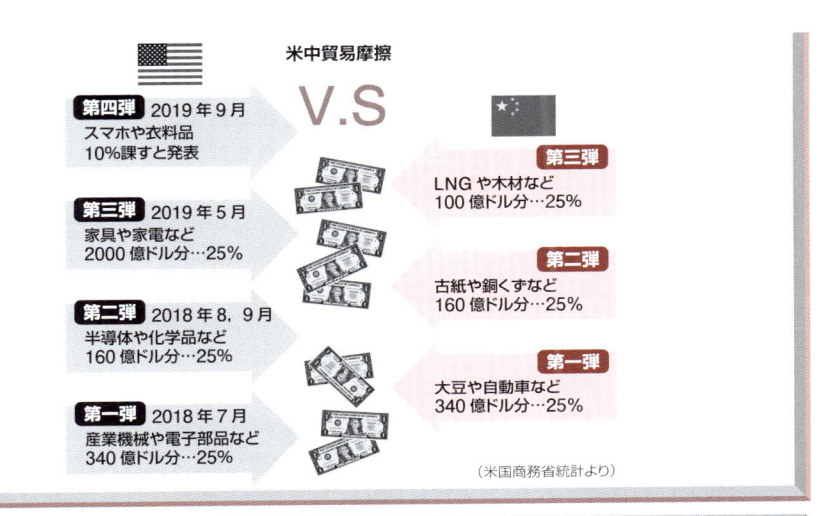

（米国商務省統計より）

（43）INF全廃条約失効へ（2019年8月）

⇒2019年8月，射程500〜5500kmの中距離核戦力を米ロ（ソ）で全廃する「**INF全廃条約**」が2019年2月のトランプ大統領の破棄の通告を受けて失効した。

⇒同条約は，1987年に米ソ間で締結され（米は**レーガン**大統領，ソは**ゴルバチョフ**書記長），1988年に発効した。米ソ初の特定兵器の廃棄削減条約であり，東西冷戦の終結のきっかけとなった条約でもあった。

（44）TICAD（2019年8月）

⇒2019年8月28日〜30日，「横浜」において「第7回**TICAD**（アフリカ開発会議）」が開催された。

⇒1993年に日本政府が主導し，国際連合，国連開発計画，アフリカ連合，世界銀行の共催で，アフリカの開発について話し合われる会議である。1993年は日本で開催されたが，2016年8月には初めてアフリカのケニアの首都「ナイロビ」で開催された。2013年までは5年毎，それ以降は3年毎に開催されている。

⇒「**横浜宣言2019**」では，「**人間の安全保障**」と人間開発に向け，イノベーション，気候変動対策，「**海洋プラスチックゴミ**」対策，防災，人材育成などの分野についての日本とアフリカの協力を確認した。

(45) イギリス首相交代 (2019年7月)

⇨ 2019年7月，EU離脱交渉の責任をとって辞任した「**テリーザ・メイ**」英首相に代わって「**ボリス・ジョンソン**」前外相が首相に就任した。

⇨ 10月末までのEU離脱を目指していたが，議会との折衝が難航。

⇨ 2019年12月には解散総選挙が実施され，保守党が単独過半数を獲得し（ハング・パーラメントは解消），ジョンソン首相はEU離脱を正式に決定した。

(46) G20 (2019年6月28，29日)

⇨ 2019年6月28，29日，日本で初開催となる「**G20**（金融・世界経済に関する首脳会合）」が「**大阪**」で開催された（G7と区別すること）。

⇨「G20」は2008年のリーマン・ショック（世界金融危機）を契機に開催されている。

⇨ 今回の首脳宣言である「大阪宣言」では「**海洋プラスチックゴミ**（最新用語参照）」による新たな汚染を2050年までにゼロにする「大阪ブルー・オーシャン・ビジョン」や，「パリ協定の推進」等が盛り込まれた。

● G20とG7

G7
日本，アメリカ，イギリス，ドイツ，フランス，イタリア，カナダ

G8 ロシア（2014クリミア問題でG8の参加資格停止）

ブラジル，インド，中国，南アフリカ，韓国，オーストラリア，
インドネシア，トルコ，メキシコ，アルゼンチン，サウジアラビア，EU
G20

最新用語「海洋プラスチックゴミ」

　プラスチックは非常に安定した物質で，長期間腐敗や分解もされない。このため最終的には微少な破片となり（5mm以下），海に流れ滞留する。また魚介類を通して人体に吸収され障害などを引き起こすとされている（水道水からも見つかっている）。2018年のG7（カナダのシャルルボアで開催）で「海洋プラスチック憲章」が採択された。

(47) 香港のデモと中国の民主化（2019年6月）

⇒2019年6月，「**逃亡犯条例**」の可決をめぐり，それに反対する学生・市民による大規模なデモが発生している。

⇒「逃亡犯条例」とは，香港以外の国で犯罪が発生した場合，その国の要請により犯人を引き渡すもの。2018年に台湾に旅行中の男が，台湾で殺人事件を犯し，香港に帰国した。香港と台湾との間に同協定がなかったことから，男の台湾への引き渡しが難航した。現在中国などとの間にも同協定はない。

⇒香港当局は「逃亡犯条例」の可決を強行しデモとなった。もし中国との間で同協定が結ばれた場合，人権活動家が香港で冤罪により逮捕され，中国に引き渡された後，人権弾圧を受けるのではないか，との懸念からである。

⇒2019年9月4日に，当局は「逃亡犯条例」の提出を撤回した。

⇒香港は**1997**年に**イギリス**から中国に返還され「**一国二制度**」を採用している。

(48) NAFTA再交渉（USMCA）（2018年11月30日署名）

⇒2017年にトランプ大統領が，自国の貿易赤字などを理由に**NAFTA**からの離脱を表明。

⇒これを受け2018年からアメリカ，カナダ，メキシコで協議が行われ，2018年11月30日，NAFTAに代わる「**USMCA**（アメリカ・メキシコ・カナダ協定）」が署名された。

⇒NAFTAよりも原産地割合を高めたり，関税措置が行いやすくなったりしている。

(49) 初の米朝首脳会談（2018年6月12日）

⇒2018年6月12日，「**シンガポール**」において，米国の「**トランプ**」大統領と，北朝鮮の「**金正恩**」朝鮮労働党委員長が初の米朝首脳会談を行った。

⇒共同声明において米国は「北朝鮮の安全の保障」を約束する一方で，北朝鮮側は「朝鮮半島の完全な非核化」を明記した。

⇒また，この会談を受けて，8月に予定されていた1994年以来続く定例の「米韓共同軍事演習（フリーダム・ガーディアン）」の中止を決定した。

■ 動きのPOINT

①米朝首脳会談は**歴史上初**。

②**南北首脳会談**は**2000**年に初

（韓国「金大中」大統領，北朝鮮「金正日」国防委員長）。

③**1991**年に**南北朝鮮は国連に同時加盟**。

（50）核兵器禁止条約（2017年採択，2021年発効）

⇒2017年7月，国連総会で，「**核兵器禁止条約**」が採択された。

⇒この条約では「**ヒバクシャ**」が受けた，容認できない苦しみと被害を心に留めることを明記した上で，「核兵器の使用は国際人道法に反する」として，核兵器の「開発」や「保有」それに「使用」，「威嚇」などを禁じている。

⇒初めて「**ヒバクシャ**」という日本語が前文に明記された点や，核抑止力に反対する国際条約で，2007年に**コスタリカ**，**マレーシア**両政府によって提案されていたものである。

⇒ただし，最初の核兵器使用国である**アメリカ**をはじめとする核保有国は参加していない。最初の核兵器の被害国である**日本**は条約に参加していない。

資料を見る！

● 2016年10月27日（日本時間28日）の国連総会第1委員会（軍縮）の「核兵器禁止条約」制定交渉開始を定めた決議案の投票結果

賛成（123カ国）	**北朝鮮**，**イラン**，オーストリア，メキシコ，ブラジル，ナイジェリアなど
反対（38カ国）	**米国**，**日本**，韓国，英国，ロシア，オーストラリア，ドイツ，フランスなど
棄権（16カ国）	**中国**，インド，パキスタン，オランダ，フィンランド，スイスなど

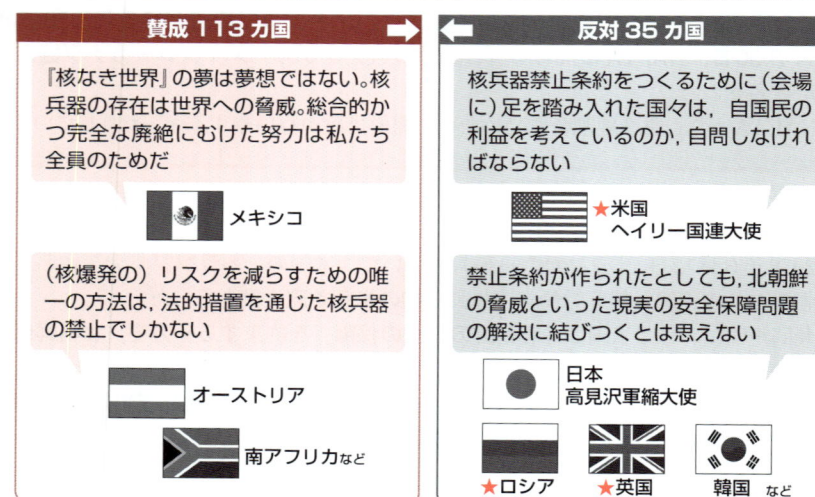

賛成 113カ国 ➡

『核なき世界』の夢は夢想ではない。核兵器の存在は世界への脅威。総合的かつ完全な廃絶にむけた努力は私たち全員のためだ

メキシコ

（核爆発の）リスクを減らすための唯一の方法は，法的措置を通じた核兵器の禁止でしかない

オーストリア

南アフリカ など

反対 35カ国

核兵器禁止条約をつくるために（会場に）足を踏み入れた国々は，自国民の利益を考えているのか，自問しなければならない

★米国
ヘイリー国連大使

禁止条約が作られたとしても，北朝鮮の脅威といった現実の安全保障問題の解決に結びつくとは思えない

日本
高見沢軍縮大使

★ロシア　★英国　韓国 など

棄権 13カ国　★中国　★インド など

★は核兵器保有国か事実上の核兵器保有国。日本と韓国は米国の「核の傘」の下。
発言内容は2016年10月27日の交渉会議中や，会議を受けてのもの。

(51) イギリスEU離脱を国民投票で決定（2016年6月）

⇒2016年6月、イギリスでEU離脱の是非を問う国民投票が行われ、離脱派が勝利した。投票率は「72.2」％。

⇒イギリスは、保守党の「テリーザ・メイ」新首相の下、離脱手続きを進めていく。女性首相は「サッチャー」に次いで、イギリスで2人目。

⇒背景には、「移民」によって職が奪われることや、低賃金化など、離脱派の主な主張がある。一方で、移民が経済に貢献しているという現実を訴える残留派もいた。

⇒離脱派は高齢者が、残留派は若い層が比較的多いのが特徴的である。

⇒2019年12月には解散総選挙が実施され、保守党が単独過半数を獲得し、ジョンソン首相はEU離脱を正式に決定した。

● 資料「国民投票の争点」

政策	残留派 48.1%	離脱派 51.9%
外交・安全保障	欧州の安全保障体制が弱体化し、テロのリスクが高くなる	NATOとの連携により、開戦・安全保障に影響は出ない
移民	労働力の重要な支え。移民に対する福祉給付はすでに制限している	移民の増加が福祉財政を圧迫している。また離脱により国境管理コストが減る
経済	離脱によりGDPが6％減少する。また、330万人の雇用が不安定になる	EU拠出金がなくなることで、財政負担が減る。規制緩和やFTAの加速で経済を活性化

(52) スコットランド独立を問う住民投票

① 地方分権を求める「草の根民主主義の一端」

⇒2014年9月18日、「スコットランド」でイギリスからの独立を問う住民投票が行われた。

⇒投票率は「84.6%」と高く、独立賛成の「44.7%」に対し、反対は「55.3%」と、10ポイント以上の差で、反対が上回り独立は回避された。

⇒今回は「16」歳以上から投票権を広く認め、市民達は議論を行いながら、暴力行為などもなく、「草の根民主主義」の一例を垣間見たとの指摘もあった。

⇒スコットランドはイギリスの「約30%」の国土を占め、イギリスの人口の約「8%」となる「530万人」が暮らしている。

② 北海油田とマイクロナショナリズム

⇒1960年代にイギリスが開発した「北海油田」が近くにあり、現在この石油輸出額はイギリスの約8％を占める。

⇒中央集権的な「単一国家」であるイギリス政府に対して、自治拡大を要求し、1997年には住民投票においてスコットランド議会が置かれた。こうした一国

内での独立運動を「**マイクロナショナリズム運動**」という。

③主な主張

─ 1.独立賛成の主な主張 ─────────────

⇒北海油田からの資源収益を財政基盤として，イギリスから独立し，福祉を充実させるべき。

─ 2.独立反対派の主な主張 ─────────────

⇒通貨（英ポンド）の維持や，治安維持など，これまでの行政サービスを維持し地域の安定化を図るべき。

（53）ハーグ条約に日本批准（2014年1月）

⇒2014年1月，日本政府は，国際結婚が破たんした際に，夫婦間の子どもをどのように扱うか，を定めた，「**ハーグ条約**」を批准した。

※1983年発効。2016年6月現在，アメリカ，EUなど94カ国が批准。

⇒条約の内容は，「**16**」歳未満の子どもを対象として，国際結婚の破たん後に，子どもを連れ去った場合，残された親が返還を求めれば，原則返還されるというもの。

※住み慣れた国の方が，子どもにとって成長環境にメリットが多いとの理由から。

　具体的には，外務省が当事者間での話し合いを促し，それでも解決しない場合は，東京か大阪の「**家庭裁判所**」で子どもを戻すべきか判断する。

　ただし，「**子供に心身の害悪がある場合**」は返還を止めることができる，という関連法での規定が例外として存在する。

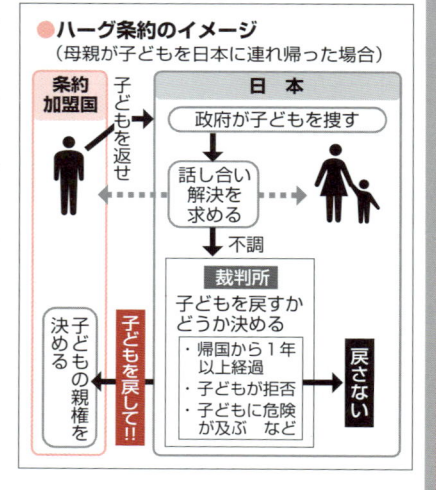

●ハーグ条約のイメージ
（母親が子どもを日本に連れ帰った場合）

（54）南スーダン独立　国連加盟へ（2011年7月）

⇒2011年7月，スーダンが南北に分割され，「**南スーダン共和国**」が誕生した（北側はスーダン共和国）。また「南スーダン共和国」は「**193**」番目の国連加盟国となった。

⇒ただし油田は南側にあるものの製油所は北側にあり，また紅海に直接面しているのは北側であることから，今後この石油利権をめぐる火種が残る。2012年9月現在も戦闘は続いており，激しさを増している。

⇒スーダンでは1983年から2005年までの間アラブ系ムスリム住民が多い北側と，アフリカ系カトリック住民が多い南側との間で内戦が起こっており，約200万人が死亡したとされる。

⇒特に近年では2003年から2004年ごろに激化した「**ダルフール紛争**」で約20万人が犠牲になったとされている。

● 関連事項「ダルフール紛争（スーダン内戦） 2009年，ICC逮捕状発行」

⇒北部のイスラム系住民（政権側）と，南部のアフリカ系住民の対立。

⇒1956年にイギリスから独立。

⇒1978年にこの国の南部から油田が発見され利権が交錯。

⇒1983年にSPLA（スーダン人民解放軍・南側の住民）が武力闘争を展開。

⇒1989年に交渉を続けてきたマハディ政権がバシール率いるクーデタにより崩壊。

⇒バシール政権は南側へのジハードを推進し軍事衝突が激化。

⇒1999年から和平交渉を続けているものの，2003年に再び軍事衝突が起こっている。

⇒現在までに死者約20万人。避難民250万人を生み出している。

⇒「最大の人道危機」と呼ばれたダルフール紛争に関する和平協定が，2006年5月に結ばれた。

⇒2005年に安保理決議によって「国連スーダン派遣団（UNMIS）」がPKOとして現在活動中だが，同年10月に日本は自衛隊員2人の派遣を決定した。

⇒2004年からAUを中心に組織された「アフリカ連合ダルフール派遣団（AMIS）」とも連携している。

⇒スーダンの**バシール**大統領はAU部隊以外の受け入れを拒否したため，2009年3月，及び2010年7月にICC（国際刑事裁判所）がバジールの逮捕状「人道に対する罪」を発行した。

（55）NPT再検討会議 2010年

⇒2010年5月，ニューヨークにおいて「**NPT再検討会議**」が開催された。「**核なき世界**」を訴えた2009年のオバマ大統領の「**プラハ演説**」以来の会議であることから，世界的に注目を集めた。このプラハ演説ではオバマ大統領自らが原爆投下への道義的責任に触れた。

⇒NPT再検討会議は，**1975年に開催され，5年に一度NPT条約全般の在り方を議論する会議**である。**1995年にはNPT条約の無期限延長が決定された**ものの，2000年，2005年は特筆すべき成果がなかった。2003年には北朝鮮がNPT条約からの脱退を宣言し，2006年には核実験を行うなど新たな核の脅威が問題となっている。また2005年にイランの大統領に就任（2009年に大統領に再選）した「**アフマディネジャド**」大統領はウランの濃縮を再開するなど，核拡散の

動きは日に日に高まっている。

⇒今回の会議の成果は，

> (1) 中東決議（国連事務総長及び中東決議共同提案国（米英露）の招集による，すべての中東諸国が参加する中東非大量破壊兵器地帯設置に関する国際会議，2012年実施）の実施に関する現実的な措置につき合意したこと。
>
> (2) 核軍縮につき「明確な約束」が再確認されたこと。
>
> (3) 具体的な核軍縮措置につき，核兵器保有国2014年のNPT運用検討会議準備委員会に進捗を報告するように要請したこと。
>
> (4) 「**核兵器のない世界**」の達成に向けた直接的な言及が盛り込まれたこと。
>
> (5) 核兵器の使用における国際人道法等の遵守の必要性を再確認したこと。

などが挙げられる。

(56) アジアインフラ投資銀行とその動向

⇒2015年12月に，中国などを中心に設立された，途上国のインフラを支援する目的の新銀行を「**アジアインフラ投資銀行（AIIB）**」という。

⇒また2014年からBRICSを中心に「**新開発銀行**（通称**BRICS銀行**）」も運営開始している。

　アメリカや日本はAIIBの運営に不透明な点が多いと批判し不参加。

● 参考

金融機関	アジアインフラ投資銀行（AIIB）	BRICS銀行（新開発銀行）	国際通貨基金IMF	アジア開発銀行ADB
設立	2015年12月 本部…北京	2014年7月 本部…上海	1945年 本部…ワシントン	1966年 本部…マニラ
資本金 出資比率	1000億ドル 3割を中国が出資	500億ドル 5カ国が20％ずつ出資	出資比率(%) アメリカ……17.4 日本…………6.5 中国…………6.4 ドイツ………5.6 イギリス……4.2	出資比率(%) 日本…………15.7 アメリカ……15.6 中国…………6.5 インド………6.4 オーストラリア …………5.8
加盟国	57カ国 （2016年6月現在 加盟国）	5カ国	189カ国・地域 （2016年5月現在）	67カ国・地域 （2016年現在）

ここで差をつける!! 日本国憲法の爽快攻略

日本国憲法

朕は，日本国民の総意に基いて，新日本建設の礎が，定まるに至つたことを，深くよろこび，枢密顧問の諮詢及び帝国憲法第七十三条による帝国議会の議決を経た帝国憲法の改正を裁可し，ここにこれを公布せしめる。

御名御璽
_{ぎょめいぎょじ}

昭和二十一年十一月三日

内閣総理大臣兼		逓信大臣	一松定吉
外務大臣	吉田茂	商工大臣	星島二郎
国務大臣 男爵	幣原喜重郎	厚生大臣	河合良成
司法大臣	木村篤太郎	国務大臣	植原悦二郎
内務大臣	大村清一	運輸大臣	平塚常次郎
文部大臣	田中耕太郎	大蔵大臣	石橋湛山
農林大臣	和田博雄	国務大臣	金森徳次郎
国務大臣	斎藤隆夫	国務大臣	膳桂之助

日本国憲法　前文

日本国民は，**正当に選挙**された**国会における代表者**を通じて行動し，われらとわれらの子孫のために，諸国民との協和による成果と，わが国全土にわたつて**自由のもたらす恵沢**を確保し，**政府の行為**によつて再び**戦争の惨禍**が起ることのないやうにすることを決意し，ここに**主権**が**国民**に存することを宣言し，この憲法を確定する。そもそも国政は，国民の厳粛な**信託**によるものであつて，その**権威**は国民に由来し，その**権力**は国民の**代表者**がこれを行使し，その**福利**は国民がこれを享受する。これは人類普遍の原理であり，この憲法は，かかる原理に基くものである。われらは，これに反する一切の**憲法**，**法令**及び**詔勅**を排除する。

日本国民は，**恒久の平和**を念願し，人間相互の関係を支配する崇高な理想を深く自覚するのであつて，平和を愛する諸国民の公正と信義に信頼して，われらの安全と生存を保持しようと決意した。われらは，**平和**を維持し，**専制と隷従**，**圧迫と偏狭**を地上から永遠に除去しようと努めてゐる**国際社会**において，名誉ある地位を占めたいと思ふ。われらは，全世界の国民が，ひとしく**恐怖と欠乏**から免かれ，**平和のうちに生存する権利**を有することを確認する。われらは，いづれの国家も，**自国**のことのみに専念して**他国**を無視してはならないのであつて，政治道徳の法則は，普遍的なものであり，この法則に従ふことは，自国の**主権**を維持し，**他国**と**対等関係**に立たうとする各国の責務であると信ずる。

日本国民は，国家の名誉にかけ，全力をあげてこの崇高な理想と目的を達成することを誓ふ。

第1章　天皇

★**第1条**〔天皇の地位と主権在民〕

　天皇は，**日本国の象徴**であり**日本国民統合の象徴**であつて，この地位は，**主権**の存する**日本国民の総意**に基く。

第2条〔皇位の世襲〕

　皇位は，世襲のものであつて，国会の議決した**皇室典範**の定めるところにより，これを継承する。

第3条〔内閣の助言と承認及び責任〕

　天皇の**国事**に関するすべての行為には，**内閣**の**助言と承認**を必要とし，**内閣**が，その責任を負ふ。

第4条〔天皇の権能と権能行使の委任〕

1　天皇は，この憲法の定める**国事に関する行為**のみを行ひ，**国政に関する権能**を有しない。

2　天皇は，法律の定めるところにより，その国事に関する行為を委任することができる。

第5条〔摂政〕

　皇室典範の定めるところにより摂政を置くときは，摂政は，天皇の名でその国事に関する行為を行ふ。この場合には，前条第一項の規定を準用する。

★**第6条**〔天皇の任命行為〕

1　**天皇**は，**国会の指名**に基いて，**内閣総理大臣を任命**する。

2　**天皇**は，**内閣の指名**に基いて，**最高裁判所の長たる裁判官**を任命する。

★**第7条**〔**天皇の国事行為**〕

天皇は，**内閣の助言**と承認により，国民のために，左の**国事に関する行為**を行ふ。

　　一　憲法改正，法律，政令及び条約を**公布**すること。

　　二　**国会**を召集すること。

　　三　**衆議院**を**解散**すること。

　　四　国会議員の総選挙の施行を公示すること。

　　五　国務大臣及び法律の定めるその他の官吏の任免並びに全権委任状及び大使及び公使の信任状を**認証**すること。

　　六　大赦，特赦，減刑，刑の執行の免除及び復権を**認証**すること。

　　七　栄典を授与すること。

　　八　批准書及び法律の定めるその他の外交文書を認証すること。

　　九　外国の大使及び公使を**接受**すること。

　　十　**儀式**を行ふこと。

第8条〔財産授受の制限〕

　皇室に財産を譲り渡し，又は皇室が，財産を譲り受け，若しくは賜与することは，国会の議決に基かなければならない。

第2章　戦争の放棄

★**第9条**〔戦争の放棄と戦力及び交戦権の否認〕

1　日本国民は，**正義と秩序**を基調とする**国際平和**を誠実に希求し，**国権の発動たる戦争**と，**武力による威嚇**又は**武力の行使**は，**国際紛争**を解決する手段としては，**永久にこれを放棄**する。

2 前項の目的を達するため、**陸海空軍**その他の**戦力**は、これを保持しない。国の**交戦権**は、これを認めない。

第3章　国民の権利及び義務

第10条〔国民たる要件〕

　日本国民たる要件は、**法律**でこれを定める。

出題Point ここでいう法律とは「国籍法」のこと。

第11条〔基本的人権〕

　国民は、すべての**基本的人権**の享有を妨げられない。この憲法が国民に保障する**基本的人権**は、**侵すことのできない永久の権利**として、**現在及び将来の国民**に与へられる。

第12条〔自由及び権利の保持義務と公共の福祉〕

　この憲法が国民に保障する自由及び権利は、国民の**不断の努力**によつて、これを保持しなければならない。又、国民は、これを**濫用**してはならないのであつて、常に**公共の福祉**のためにこれを利用する責任を負ふ。

★第**13**条〔個人の尊重と公共の福祉〕

　すべて国民は、**個人**として尊重される。**生命**、**自由**及び**幸福追求**に対する国民の権利については、**公共の福祉**に反しない限り、**立法**その他の**国政**の上で、最大の尊重を必要とする。

★第**14**条〔平等原則、貴族制度の否認及び栄典の限界〕

1 すべて国民は、**法の下に平等**であつて、**人種**、**信条**、**性別**、**社会的身分**又は**門地**により、**政治**的、**経済**的又は**社会**的関係において、**差別**されない。

2 **華族**その他の貴族の制度は、これを認めない。

3 栄誉、勲章その他の**栄典**の授与は、いかなる**特権**も伴はない。栄典の授与は、現にこれを有し、又は将来これを受ける者の一代に限り、その効力を有する。

★第**15**条〔公務員の選定罷免権、公務員の本質、普通選挙の保障及び投票秘密の保障〕

1 **公務員**を**選定**し、及びこれを**罷免**することは、国民固有の権利である。

2 すべて**公務員**は、**全体の奉仕者**であつて、一部の奉仕者ではない。

3 公務員の選挙については、成年者による**普通選挙**を保障する。

4 すべて選挙における**投票の秘密**は、これを侵してはならない。選挙人は、その選択に関し公的にも私的にも責任を問はれない。

第16条〔請願権〕

　何人も、損害の救済、公務員の罷免、法律、命令又は規則の制定、廃止又は改正その他の事項に関し、平穏に請願する権利を有し、何人も、かかる請願をしたためにいかなる差別待遇も受けない。

★第**17**条〔公務員の不法行為による損害の賠償〕

　何人も、公務員の不法行為により、損害を受けたときは、法律の定めるところにより、**国**又は**公共団体**に、その**賠償**を求めることができる。

★第**18**条〔奴隷的拘束及び苦役の禁止〕

　何人も、いかなる**奴隷的拘束**も受けない。又、犯罪に因る処罰の場合を除いては、その意に反する**苦役**に服させられない。

★第**19**条〔思想及び良心の自由〕

　思想及び**良心**の自由は、これを侵してはならない。

★第**20**条〔信教の自由〕

1 **信教の自由**は，何人に対してもこれを保障する。いかなる**宗教団体**も，国から**特権**を受け，又は**政治上の権力**を行使してはならない。

2 何人も，宗教上の行為，祝典，儀式又は行事に参加することを強制されない。

3 **国及びその機関**は，**宗教教育**その他いかなる**宗教的活動**もしてはならない。

★**第21条**〔集会，結社及び表現の自由と通信秘密の保護〕

1 **集会**，**結社**及び**言論**，**出版**その他一切の**表現の自由**は，これを保障する。

2 **検閲**は，これをしてはならない。**通信の秘密**は，これを侵してはならない。

★**第22条**〔居住，移転，職業選択，外国移住及び国籍離脱の自由〕

1 何人も，**公共の福祉**に反しない限り，**居住**，**移転及び職業選択の自由**を有する。

2 何人も，外国に移住し，又は**国籍**を離脱する自由を侵されない。

第23条〔学問の自由〕

　学問の自由は，これを保障する。

第24条〔家族関係における個人の尊厳と両性の平等〕

1 婚姻は，**両性の合意**のみに基いて成立し，夫婦が同等の権利を有することを基本として，相互の協力により，維持されなければならない。

2 配偶者の選択，財産権，相続，住居の選定，離婚並びに婚姻及び家族に関するその他の事項に関しては，法律は，個人の尊厳と両性の本質的平等に立脚して，制定されなければならない。

★**第25条**〔生存権及び国民生活の社会的進歩向上に努める国の義務〕

1 すべて国民は，**健康で文化的**な**最低限度の生活**を営む権利を有する。

2 国は，すべての生活部面について，**社会福祉**，**社会保障**及び**公衆衛生**の向上及び増進に努めなければならない。

第26条〔教育を受ける権利と受けさせる義務〕

1 すべて国民は，法律の定めるところにより，その能力に応じて，ひとしく**教育を受ける権利**を有する。

2 すべて国民は，法律の定めるところにより，その保護する子女に**普通教育を受けさせる義務**を負ふ。**義務教育**は，これを無償とする。

第27条〔勤労の権利と義務，勤労条件の基準及び児童酷使の禁止〕

1 すべて国民は，**勤労の権利**を有し，**義務**を負ふ。

2 賃金，就業時間，休息その他の勤労条件に関する基準は，法律でこれを定める。

3 **児童**は，これを酷使してはならない。

★**第28条**〔勤労者の団結権及び団体行動権〕

　勤労者の**団結**する権利及び**団体交渉**その他の**団体行動**をする権利は，これを保障する。

出題Point 労働三権の規定。

★**第29条**〔財産権〕

1 **財産権**は，これを侵してはならない。

2 財産権の内容は，**公共の福祉**に適合するやうに，法律でこれを定める。

3 私有財産は，**正当な補償**の下に，これを**公共**のために用ひることができる。

第30条〔納税の義務〕

　国民は，法律の定めるところにより，**納税の義務**を負ふ。

★**第31条**〔生命及び自由の保障と科刑の制約〕

　何人も，**法律**の定める手続によらなければ，その**生命**若しくは**自由**を奪はれ，又はその他

の**刑罰**を科せられない。

第32条〔裁判を受ける権利〕

　何人も，**裁判所**において**裁判**を受ける権利を奪はれない。

★第33条〔逮捕の制約〕

　何人も，**現行犯**として逮捕される場合を除いては，権限を有する**司法官憲**が発し，且つ理由となつてゐる犯罪を明示する**令状**によらなければ，逮捕されない。

第34条〔抑留及び拘禁の制約〕

　何人も，理由を直ちに告げられ，且つ，直ちに**弁護人**に依頼する権利を与へられなければ，抑留又は拘禁されない。又，何人も，正当な理由がなければ，拘禁されず，要求があれば，その理由は，直ちに本人及びその**弁護人**の出席する公開の法廷で示されなければならない。

第35条〔侵入，捜索及び押収の制約〕

1　何人も，その住居，書類及び所持品について，侵入，捜索及び押収を受けることのない権利は，第三十三条の場合を除いては，正当な理由に基いて発せられ，且つ捜索する場所及び押収する物を明示する**令状**がなければ，侵されない。

2　捜索又は押収は，権限を有する**司法官憲**が発する各別の**令状**により，これを行ふ。

★第36条〔拷問及び残虐な刑罰の禁止〕

　公務員による**拷問**及び**残虐な刑罰**は，絶対にこれを禁ずる。

第37条〔刑事被告人の権利〕

1　すべて**刑事事件**においては，被告人は，**公平**な裁判所の**迅速**な**公開**裁判を受ける権利を有する。

2　刑事被告人は，すべての証人に対して**審問**する機会を充分に与へられ，又，公費で自己のために強制的手続により証人を求める権利を有する。

3　刑事被告人は，いかなる場合にも，資格を有する**弁護人**を依頼することができる。被告人が自らこれを依頼することができないときは，**国**でこれを附する。

★第38条〔自白強要の禁止と自白の証拠能力の限界〕

1　何人も，自己に不利益な供述を**強要**されない。

2　**強制**，**拷問**若しくは**脅迫**による**自白**又は<u>不当に長く抑留若しくは拘禁された後の自白</u>は，これを証拠とすることができない。

3　何人も，自己に不利益な唯一の証拠が本人の**自白**である場合には，**有罪**とされ，又は**刑罰**を科せられない。

★第39条〔遡及処罰，二重処罰等の禁止〕

　何人も，<u>**実行**の時に**適法**であつた行為又は既に**無罪**とされた行為については，刑事上の責任を問はれない。又，同一の犯罪について，重ねて刑事上の責任を問はれない。</u>

★第40条〔**刑事補償**〕

　<u>何人も，抑留又は拘禁された後，**無罪**の裁判を受けたときは，法律の定めるところにより，**国**にその**補償**を求めることができる。</u>

> **出題Point** 人身の自由の「刑事補償請求権」，旧憲法には規定がなかった。

第4章　国会

★第**41**条〔国会の地位〕

　国会は，**国権の最高機関**であつて，**国の唯一の立法機関**である。

第42条〔二院制〕

国会は，衆議院及び参議院の両議院でこれを構成する。

第43条〔両議院の組織〕

1　両議院は，**全国民**を代表する**選挙**された議員でこれを組織する。

2　両議院の議員の定数は，法律でこれを定める。

第44条〔議員及び選挙人の資格〕

両議院の議員及びその選挙人の資格は，法律でこれを定める。但し，<u>人種，信条，性別，社会的身分，門地，教育，財産又は収入によつて差別してはならない。</u>

出題Point　一票の格差に関連する条文「選挙人資格の平等」

第45条〔衆議院議員の任期〕

衆議院議員の任期は，**四**年とする。但し，衆議院解散の場合には，その期間満了前に終了する。

第46条〔参議院議員の任期〕

参議院議員の任期は，**六**年とし，**三**年ごとに議員の半数を改選する。

第47条〔議員の選挙〕

選挙区，投票の方法その他両議院の議員の選挙に関する事項は，法律でこれを定める。

第48条〔両議院議員相互**兼職の禁止**〕

何人も，同時に両議院の議員たることはできない。

第49条〔議員の歳費〕

両議院の議員は，法律の定めるところにより，国庫から相当額の**歳費**を受ける。

★第50条〔議員の**不逮捕特権**〕

両議院の議員は，法律の定める場合を除いては，国会の**会期中**逮捕されず，会期前に逮捕された議員は，その**議院の要求**があれば，**会期中**これを**釈放**しなければならない。

第51条〔議員の発言表決の無答責〕

両議院の議員は，<u>議院で行つた演説，討論又は表決について，**院外**で責任を問はれない。</u>

第52条〔常会〕

国会の常会は，毎年一回これを召集する。

第53条〔臨時会〕

内閣は，国会の臨時会の召集を決定することができる。いづれかの議院の総議員の**四分の一**以上の要求があれば，**内閣**は，その召集を決定しなければならない。

★第54条〔総選挙，特別会及び緊急集会〕

1　**衆議院**が解散されたときは，解散の日から**四十**日以内に，衆議院議員の**総選挙**を行ひ，その選挙の日から**三十**日以内に，**国会**を召集しなければならない。

2　**衆議院**が解散されたときは，参議院は，同時に**閉会**となる。但し，**内閣**は，国に緊急の必要があるときは，参議院の**緊急集会**を求めることができる。

3　前項但書の緊急集会において採られた措置は，臨時のものであつて，次の<u>国会開会の後十日以内</u>に，衆議院の同意がない場合には，その効力を失ふ。

第55条〔資格争訟〕

両議院は，各々その議員の資格に関する争訟を裁判する。但し，議員の議席を失はせるには，**出席**議員の**三分の二**以上の多数による議決を必要とする。

出題Point　「議員の資格争訟裁判権」

第56条〔議事の定足数と過半数議決〕

1　両議院は，各々その総議員の**三分の一**以上の出席がなければ，議事を開き議決することができない。

2　両議院の議事は，この憲法に特別の定のある場合を除いては，**出席**議員の**過半数**でこれを決し，可否同数のときは，<u>議長</u>の決するところによる。

第57条〔会議の公開と会議録〕

1　両議院の会議は，**公開**とする。但し，**出席**議員の**三分の二**以上の多数で議決したときは，**秘密会**を開くことができる。

2　両議院は，各々その会議の記録を保存し，秘密会の記録の中で特に秘密を要すると認められるもの以外は，これを公表し，且つ一般に頒布しなければならない。

3　出席議員の**五分の一**以上の要求があれば，各議員の表決は，これを会議録に記載しなければならない。

第58条〔役員の選任及び**議院の自律権**〕

1　両議院は，各々その議長その他の役員を選任する。

2　両議院は，各々その会議その他の手続及び内部の規律に関する**規則**を定め，又，院内の秩序をみだした議員を**懲罰**することができる。但し，議員を除名するには，**出席**議員の**三分の二**以上の多数による議決を必要とする。

> **出題Point**　「議院の規則制定権」

★第59条〔法律の成立〕

1　法律案は，この憲法に特別の定のある場合を除いては，両議院で可決したとき法律となる。

2　衆議院で可決し，参議院でこれと異なつた議決をした法律案は，**衆議院**で**出席**議員の**三分の二**以上の多数で再び可決したときは，法律となる。

3　前項の規定は，法律の定めるところにより，衆議院が，<u>両議院の協議会</u>を開くことを求めることを妨げない。

4　参議院が，衆議院の可決した法律案を受け取つた後，国会休会中の期間を除いて**六十**日以内に，議決しないときは，衆議院は，参議院がその法律案を否決したものとみなすことができる。

> **出題Point**　憲法の条文では，「両議院の協議会」となっているが，受験用語としては「両院協議会」。

★第60条〔衆議院の**予算先議権**及び予算の議決〕

1　予算は，さきに**衆議院**に提出しなければならない。

2　予算について，参議院で衆議院と異なつた議決をした場合に，法律の定めるところにより，両議院の協議会を開いても意見が一致しないとき，又は参議院が，衆議院の可決した予算を受け取つた後，国会休会中の期間を除いて**三十**日以内に，議決しないときは，衆議院の議決を国会の議決とする。

第61条〔条約締結の承認〕

条約の締結に必要な国会の承認については，前条第二項の規定を準用する。

★第62条〔議院の**国政調査権**〕

両議院は，各々**国政**に関する調査を行ひ，これに関して，**証人**の出頭及び**証言**並びに**記録**の提出を要求することができる。

第63条〔国務大臣の出席〕

内閣総理大臣その他の国務大臣は，両議院の一に議席を有すると有しないとにかかはら

ず，何時でも議案について発言するため議院に出席することができる。又，答弁又は説明のため出席を求められたときは，出席しなければならない。

第64条〔弾劾裁判所〕

1　国会は，罷免の**訴追**を受けた**裁判官**を裁判するため，両議院の議員で組織する**弾劾裁判所**を設ける。

2　弾劾に関する事項は，法律でこれを定める。

> **出題Point**　国会の権限は「弾劾裁判所の設置権」であり，弾劾裁判を行う権限は弾劾裁判所にある。これまでに罷免例あり。

第5章　内閣

★第**65**条〔行政権の帰属〕

　行政権は，**内閣**に属する。

★第**66**条〔内閣の組織と責任〕

1　内閣は，法律の定めるところにより，その**首長**たる**内閣総理大臣**及びその他の**国務大臣**でこれを組織する。

2　内閣総理大臣その他の国務大臣は，**文民**でなければならない。

> **出題Point**　「文民統制」，「シビリアン・コントロール」。

3　内閣は，行政権の行使について，国会に対し**連帯して責任**を負ふ。

> **出題Point**　議院内閣制に関する規定

第67条〔内閣総理大臣の指名〕

1　**内閣総理大臣**は，**国会議員**の中から**国会**の議決で，これを**指名**する。この指名は，他のすべての案件に先だつて，これを行ふ。

2　衆議院と参議院とが異なつた指名の議決をした場合に，法律の定めるところにより，両議院の協議会を開いても意見が一致しないとき，又は衆議院が指名の議決をした後，国会休会中の期間を除いて**十日**以内に，参議院が，指名の議決をしないときは，衆議院の議決を国会の議決とする。

第68条〔国務大臣の**任免**〕

1　**内閣総理大臣**は，国務大臣を**任命**する。但し，その**過半数**は，**国会議員**の中から選ばれなければならない。

2　**内閣総理大臣**は，任意に**国務大臣**を**罷免**することができる。

> **出題Point**　任命権と罷免権を「任免」権という。

★第**69**条〔不信任決議と解散又は総辞職〕

　内閣は，**衆議院**で**不信任**の決議案を**可決**し，又は**信任**の決議案を**否決**したときは，**十日**以内に**衆議院**が解散されない限り，**総辞職**をしなければならない。

第70条〔内閣総理大臣の欠缺又は総選挙施行による総辞職〕

　内閣総理大臣が欠けたとき，又は衆議院議員総選挙の後に初めて国会の召集があつたときは，内閣は，**総辞職**をしなければならない。

第71条〔総辞職後の職務続行〕

　前二条の場合には，内閣は，あらたに内閣総理大臣が任命されるまで引き続きその**職務**を行ふ。

> **出題Point** 一般に「職務遂行内閣」という。

第72条〔内閣総理大臣の職務権限〕

　内閣総理大臣は，内閣を代表して議案を国会に提出し，一般国務及び外交関係について国会に報告し，並びに行政各部を**指揮監督**する。

★第73条〔内閣の職務権限〕

　内閣は，他の一般行政事務の外，左の事務を行ふ。

　一　法律を誠実に執行し，国務を**総理**すること。
　二　外交関係を処理すること。
　三　条約を**締結**すること。但し，**事前**に，時宜によつては**事後**に，**国会の承認**を経ることを必要とする。
　四　法律の定める基準に従ひ，官吏に関する事務を掌理すること。
　五　**予算**を作成して国会に**提出**すること。
　六　この憲法及び法律の規定を実施するために，**政令**を制定すること。但し，**政令**には，特にその法律の委任がある場合を除いては，罰則を設けることができない。
　七　大赦，特赦，減刑，刑の執行の免除及び復権を決定すること。

> **出題Point** 一般に「大赦，特赦，減刑，刑の執行の免除及び復権」を「恩赦」といい，決定は内閣が行うが，認証は天皇が国事行為として行う。

第74条〔法律及び政令への署名と連署〕

　法律及び政令には，すべて主任の国務大臣が署名し，内閣総理大臣が連署することを必要とする。

第75条〔**国務大臣訴追の制約**〕

　国務大臣は，その在任中，内閣総理大臣の同意がなければ，訴追されない。但し，これがため，訴追の権利は，害されない。

第6章　司法

★第**76**条〔司法権の機関と裁判官の職務上の独立〕

　1　すべて**司法権**は，**最高裁判所**及び**法律**の定めるところにより設置する**下級裁判所**に属する。
　2　**特別裁判所**は，これを設置することができない。**行政機関**は，**終審**として裁判を行ふことができない。
　3　すべて**裁判官**は，その**良心**に従ひ**独立**してその**職権**を行ひ，この**憲法**及び**法律**にのみ拘束される。

第77条〔最高裁判所の規則制定権〕

　1　**最高裁判所**は，訴訟に関する手続，弁護士，裁判所の内部規律及び司法事務処理に関する事項について，**規則**を定める権限を有する。
　2　検察官は，最高裁判所の定める**規則**に従はなければならない。
　3　最高裁判所は，下級裁判所に関する**規則**を定める権限を，下級裁判所に委任することができる。

第78条〔裁判官の身分の保障〕

　裁判官は，**裁判**により，**心身の故障**のために職務を執ることができないと決定された場合を除いては，**公の弾劾**によらなければ罷免されない。裁判官の懲戒処分は，**行政機関**がこれ

を行ふことはできない。

第79条〔最高裁判所の構成及び裁判官任命の国民審査〕

1　最高裁判所は，その長たる裁判官及び法律の定める員数のその他の裁判官でこれを構成し，その長たる裁判官以外の裁判官は，**内閣**でこれを**任命**する。

2　最高裁判所の裁判官の任命は，その任命後初めて行はれる**衆議院**議員総選挙の際**国民の審査**に付し，その後**十**年を経過した後初めて行はれる**衆議院**議員総選挙の際更に審査に付し，その後も同様とする。

3　前項の場合において，投票者の多数が裁判官の**罷免**を可とするときは，その裁判官は，罷免される。

4　審査に関する事項は，法律でこれを定める。

出題Point ここでいう法律とは「最高裁判所裁判官国民審査法」。

5　最高裁判所の裁判官は，法律の定める年齢に達した時に退官する。

6　最高裁判所の裁判官は，すべて定期に相当額の報酬を受ける。この報酬は，在任中，これを減額することができない。

第80条〔下級裁判所の裁判官〕

1　**下級裁判所**の裁判官は，**最高裁判所**の**指名**した者の**名簿**によつて，**内閣**でこれを**任命**する。その裁判官は，任期を**十**年とし，再任されることができる。但し，法律の定める年齢に達した時には退官する。

2　下級裁判所の裁判官は，すべて定期に相当額の報酬を受ける。この報酬は，在任中，これを減額することができない。

★第81条〔最高裁判所の法令審査権〕

最高裁判所は，一切の**法律**，**命令**，**規則**又は**処分**が憲法に適合するかしないかを決定する権限を有する**終審裁判所**である。

出題Point すべての裁判所が，法令審査権を行使できる。旧憲法には規定はなかった。

第82条〔対審及び判決の公開〕

1　裁判の対審及び判決は，**公開**法廷でこれを行ふ。

2　裁判所が，裁判官の**全員一致**で，公の秩序又は善良の風俗を害する虞があると決した場合には，**対審**は，公開しないでこれを行ふことができる。但し，**政治犯罪**，**出版に関する犯罪**又はこの**憲法第三章で保障する国民の権利**が問題となつてゐる事件の**対審**は，常にこれを公開しなければならない。

出題Point 「公の秩序又は善良の風俗」を受験用語では，「公序良俗」としている場合が多い。

第7章　財政

第83条〔財政処理の要件〕

国の財政を処理する権限は，国会の**議決**に基いて，これを行使しなければならない。

第84条〔課税の要件〕

あらたに租税を課し，又は現行の租税を変更するには，法律又は法律の定める条件によることを必要とする。

第85条〔国費支出及び債務負担の要件〕

国費を支出し，又は国が債務を負担するには，国会の議決に基くことを必要とする。

第86条〔予算の作成〕

内閣は，毎会計年度の**予算**を作成し，**国会**に提出して，その審議を受け議決を経なければならない。

第87条〔予備費〕

1　予見し難い予算の不足に充てるため，国会の議決に基いて予備費を設け，内閣の責任でこれを支出することができる。

2　すべて予備費の支出については，内閣は，事後に国会の承諾を得なければならない。

第88条〔皇室財産及び皇室費用〕

　すべて皇室財産は，国に属する。すべて皇室の費用は，予算に計上して国会の議決を経なければならない。

★第89条〔公の財産の用途制限〕

　公金その他の公の財産は，**宗教**上の組織若しくは団体の使用，便益若しくは維持のため，又は公の支配に属しない慈善，教育若しくは博愛の事業に対し，これを支出し，又はその利用に供してはならない。

出題Point　第20条と共に，一般に「政教分離規定」とされる。

第90条〔会計検査〕

1　国の収入支出の**決算**は，すべて毎年**会計検査院**がこれを検査し，内閣は，次の年度に，その検査報告とともに，これを国会に提出しなければならない。

2　会計検査院の組織及び権限は，法律でこれを定める。

第91条〔財政状況の報告〕

　内閣は，国会及び国民に対し，定期に，少くとも毎年一回，国の財政状況について報告しなければならない。

第8章　地方自治

★第**92**条〔地方自治の本旨の確保〕

　地方公共団体の組織及び運営に関する事項は，**地方自治の本旨**に基いて，法律でこれを定める。

出題Point　ここでいう法律とは「地方自治法」のこと。

第93条〔地方公共団体の機関〕

1　地方公共団体には，法律の定めるところにより，その議事機関として議会を設置する。

2　地方公共団体の長，その議会の議員及び法律の定めるその他の吏員は，その地方公共団体の**住民**が，**直接**これを**選挙**する。

第94条〔地方公共団体の権能〕

　地方公共団体は，その財産を管理し，事務を処理し，及び行政を執行する権能を有し，**法律**の範囲内で**条例**を制定することができる。

★第**95**条〔一の地方公共団体のみに適用される特別法〕

　一の**地方公共団体**のみに適用される**特別法**は，法律の定めるところにより，その**地方公共団体**の**住民**の**投票**においてその**過半数**の同意を得なければ，**国会**は，これを制定することができない。

第9章　改正

第**96**条〔憲法改正の発議，国民投票及び公布〕

1　この憲法の改正は、**各議院**の**総議員**の**三分の二**以上の賛成で、**国会**が、これを**発議**し、**国民**に提案してその承認を経なければならない。この承認には、特別の**国民投票**又は国会の定める選挙の際行はれる**投票**において、その**過半数**の賛成を必要とする。

2　憲法改正について前項の承認を経たときは、**天皇**は、**国民の名**で、この憲法と一体を成すものとして、直ちにこれを**公布**する。

第10章　最高法規

★第97条〔基本的人権の由来特質〕

　この憲法が日本国民に保障する基本的人権は、人類の多年にわたる**自由獲得**の努力の成果であつて、これらの権利は、過去幾多の試錬に堪へ、**現在**及び**将来の国民**に対し、**侵すことのできない永久の権利**として**信託**されたものである。

★第98条〔憲法の最高性と条約及び国際法規の遵守〕

1　この憲法は、国の**最高法規**であつて、その条規に反する**法律**、**命令**、**詔勅**及び国務に関するその他の**行為**の全部又は一部は、その効力を有しない。

2　日本国が締結した**条約**及び確立された**国際法規**は、これを**誠実に遵守**することを必要とする。

★第99条〔憲法尊重擁護の義務〕

　天皇又は摂政及び国務大臣、国会議員、裁判官その他の公務員は、この**憲法を尊重し擁護**する義務を負ふ。

第11章　補則

第100条〔施行期日と施行前の準備行為〕

1　この憲法は、公布の日から起算して六箇月を経過した日〔昭二二・五・三〕から、これを施行する。

2　この憲法を施行するために必要な法律の制定、参議院議員の選挙及び国会召集の手続並びにこの憲法を施行するために必要な準備手続は、前項の期日よりも前に、これを行ふことができる。

第101条〔参議院成立前の国会〕

　この憲法施行の際、参議院がまだ成立してゐないときは、その成立するまでの間、衆議院は、国会としての権限を行ふ。

第102条〔参議院議員の任期の経過的特例〕

　この憲法による第一期の参議院議員のうち、その半数の者の任期は、これを三年とする。その議員は、法律の定めるところにより、これを定める。

第103条〔公務員の地位に関する経過規定〕

　この憲法施行の際現に在職する国務大臣、衆議院議員及び裁判官並びにその他の公務員で、その地位に相応する地位がこの憲法で認められてゐる者は、法律で特別の定をした場合を除いては、この憲法施行のため、当然にはその地位を失ふことはない。但し、この憲法によつて、後任者が選挙又は任命されたときは、当然その地位を失ふ。

ここで差をつける!! 「歴史的文書，憲法（抜粋）」

★特に赤字の部分を「キーワード」にして，どの文書なのか特定できるようにしておこう!!

(1) 1689年「権利章典」

〔1〕国王は，王権により，**国会の承認**なしに法律を停止し，または法律の執行を停止し得る権限があると称しているが，そのようなことは違法である。

〔4〕大権に名を借り，**国会の承認なし**に，…（中略）…王の使用に供するために**金銭を徴収することは，違法**である。

(2) 1776年6月「バージニア権利章典（バージニア憲法）」

〔1〕すべて人は生来等しく**自由かつ独立**しており，**一定の生来の権利**を有するものである。…（中略）…かかる権利とは，すなわち**財産**を取得所有し，**幸福追求**を獲得する手段を伴って，**生命**と**自由**とを享受する権利である。

(3) 1776年7月「アメリカ独立宣言」

われわれは，**自明の真理**として，**すべての人は平等**に造られ，**造物主**によって，一定の奪いがたい**天賦の権利**を付与され，そのなかに**生命**，**自由**および**幸福追求の権利**が含まれることを信ずる。…（中略）…もしこれらの目的を毀損するものとなった場合には，**人民はそれを改廃**し，…（中略）…**新たな政府を組織する権利**を有することを信ずる。

(4) 1789年「フランス人権宣言（人及び市民の権利宣言）」

第1条　人は，**自由かつ権利において平等なものとして出生**し，かつ生存する。社会的差別は，共同の利益の上にのみ設けることができる。

第2条　あらゆる政治的団結の目的は，人の消滅することのない自然権を保全することである。これらの権利は，自由・所有権・安全および**圧制への抵抗**である。

第16条　**権利の保障**が確保されず，**権力の分立**が規定されないすべての社会は，**憲法**をもつものでない。

(5) 1919年「ワイマール憲法」

第151条（1）経済生活の秩序は，すべての者に**人間たるに値する生活**を保障する目的をもつ正義の原則に適合しなければならない。この限界内で，個人の経済的自由は確保されなければならない。

第153条（3）**所有権は義務を伴う**。その行使は，同時に**公共の福祉**に役立つべきである。

(6) 1948年「世界人権宣言」

第1条　**すべての人間は，生まれながら自由で，尊厳と権利について平等**である。（以下省略）

第2条　①何人も**人種，皮膚の色，性，言語，宗教**，政治的その他の意見，国民的もしくは社会的出身，財産，門地もしくはその他の地位のような，いかなる種類の**差別もうけることなく，この宣言にかかげられているすべての権利と自由とを享有**することができる。

(7) 1966年「国際人権規約」

A規約　第1条　〔**人民の自決**の権利〕　1　すべての人民は，**自決の権利**を有する。この権利に基づき，すべての人民は，その政治的地位を自由に決定し並びにその経済的，社会的及び文化的発展を自由に追求する。

※解説…**民族自決の権利**とは，各民族が他の国家・民族から干渉を受けずに，政治決定を行う権利のことで，その後の独立運動を法的・政治的に支えることになった。

Afterword

　浅才な身も顧みず予備校の教壇に立って22年目になる。代々木ゼミナールでは来年で19年目となり，本書は初版出版から既に16年が経過し32回の印刷を重ね，爽快シリーズは累計25万部を超えるに至った。改めて日々の早さを実感する。コラムの一部はその時代背景の追憶物としてそのまま残した。

　変化する世界を敏感に反映する「政治・経済」という科目の特質上，また新課程に伴い，どうしても改訂が必要になる。本書は様々な人々のご協力の下，大多数の受験生に支持され，その甲斐あり今回「改訂六版」の出版に漕ぎ着くことができた。

　まず冒頭に，多くの受験生にとって，本書がさらなる栄冠を勝ち取る伴侶となることを期待したい。

　さて，人生は出会いであると，ある詩人は言った。このことと合わせて，今回の出版では様々な人達に出会い，協力していただいた。

　まず本書初版の出版のきっかけは，品川女子学院漆副校長（現同校校長）の勧めからだった。情熱的に学校改革に取り組まれている漆副校長からの勧めは素直にとても嬉しかった。また漆副校長と私を繋げてくださったのは，2003年から2008年まで，杉並区立和田中学校で民間人として校長に登用され，日々「よのなか科」を通じて教育改革を実践されている藤原和博氏である。藤原氏は多忙な中，私の早稲田大学での（学生主催による）講義を聴いて下さったことから，出版の機会へと育っていくことになった。平凡なる私にとって，正に両氏との出会いは幸運そのものである。さらに，故・堀内孝雄氏（元・栄光顧問）には，出版に関する多大なるご助言と，我が子を育てるような叱咤激

励を頂いた。心からご冥福をお祈りしたい。

　本書内容の細かい原稿編集作業では(株)ファイン・プランニングの福井信之氏にお世話になった。小生の粗雑な原稿を円滑に編集してくださるその技術は職人技である。また，デザイン面では小生の尽きない我が儘を素早く的確に再現してくださった，トーキョー工房のデザイナー，長網千恵さんにもお世話になった。受験生にとって見やすいデザインを編み出す姿には芸術性すら感じる。そして実務担当の白石氏には，本書の出版にご協力いただいた。さらに各位には，原稿提出の期限がどんどんと先延ばしになってしまったことを，この場を借りてお詫びしなければならない。

　このように本書は，数え切れない多くの人々の協力があっての賜物である。小生一人では到底たどり着けない数々の技術や，ノウハウを持つ人々の力の結集によって本書が生まれた。この場を借りて関係諸氏に心からの謝意を表したい。

　願わくば，本書が受験生の夢を一つでも多く叶え，一人一人が幸せな人生を歩みゆくための一助となること。さらに強いていえば，理想社会の建設のための一助となればこの上ない幸いである。

　もうすぐ夜が明ける。

2019年12月吉日
　朝焼間近の星辰輝く自宅書斎にて

　　　　　　　　　　　　　　　著者

参考文献一覧

　著者の専門が政治哲学であるため，政治分野の文献は少々専門的なものが多いかもしれない。経済分野については，入門書などの分かりやすいものが多いと思う。ただ，一部に翻訳したために文章が難解になっているものもあるかもしれない。また，直接的に本文に関係なくても，読者に是非読んでほしいものも含めて挙げておいた。特に★はオススメしたい一冊である。ふだんの電車の中でも，大学に入った後でもいいのでぜひ読んでほしい。

　尚，以下に掲げた文献は直接的な引用などはなくとも，著者の「政治・経済観」，そして「人生価値観」を形成するのに大変に役立った良書である。以下文献の著者ならびに訳者にこの場を借りて心から感謝したい。

●政治分野

ジョン・ロールズ著　田中成明，亀本洋，平井亮輔訳『公正としての正義　再説』岩波書店

ジョン・ロールズ著　川本隆史，福間聡，神島裕子訳『正義論　改訂版』紀伊國屋書店

川本隆史著『ロールズ　正義の原理』講談社

アマルティア・セン著　池本幸生，野上裕生，佐藤仁訳『不平等の再検討』岩波書店

M．Jサンデル著　菊地理夫訳『リベラリズムと正義の限界』勁草書房

J．Sミル著　塩尻公明，木村健康訳『自由論』岩波文庫

エドモンド・バーク　半澤孝麿訳『フランス革命の省察』みすず書房

エーリッヒ・フロム　作田啓一，佐野哲郎訳『希望の革命』紀伊國屋書店

E．フロム　佐藤哲郎訳『反抗と自由』紀伊國屋書店

V・E・フランクル　山田邦男，松田美佳訳『それでも人生にイエスと言う』春秋社

トクヴィル著　松本礼二訳『アメリカのデモクラシー　第一巻上下，第二巻上下』岩波文庫

カント著　宇都宮芳明訳『永遠平和のために』岩波文庫

永井隆著『如己堂随筆』アルバ文庫

佐藤功著『日本国憲法概説』学陽書房

春江一也『プラハの春　上下』集英社文庫

ヘンリー・A・キッシンジャー　岡崎久彦訳『外交』日本経済新聞出版社

バレンボイム／サイード　A.グゼリミアン編　中野真紀子訳『音楽と社会』みすず書房

福田歓一著『政治学史』東京大学出版会

中田光雄著『政治と哲学(上下)～ハイデガーとナチズム論争史の一決算』岩波書店

中野実著『現代日本の政策過程』東京大学出版会

中野実著『現代国家と集団の理論』早稲田大学出版部

丸山真男著『日本政治思想史研究』東京大学出版会

丸山真男著『日本の思想』岩波新書

佐々木毅著『プラトンと政治』東京大学出版会

藤川吉美著『正義論入門』論創社

K・ブドゥリス著，山川偉也訳『正義・愛・政治』勁草書房

ハンス・ケルゼン著，宮崎繁樹訳『正義とは何か』木鐸社

プラトン著，藤沢令夫訳『国家(上下)』岩波文庫

中川八洋著『正統の憲法　バークの哲学』中央公論新社

R．A．ダール著，中村孝文訳『デモクラシーとは何か』岩波書店

ハンナ・アレント著　志水速雄訳『人間の条件』ちくま学芸文庫

ハンナ・アレント著，山田正行訳『暴力について』みすず書房★

　○「国防総省秘密報告書」をもとに「政治における嘘」，暴力と権力を中心テーマにした本である。60年～70年代の，ベトナム戦争と学生運動の時代をテーマに，政治のあるべき姿を痛切に問いかけている。個人的に陶酔している一冊。

菅野喜八郎著『**抵抗権論とロック，ホッブズ**』信山社出版

C．W．ミルズ著，綿貫譲治・鵜飼信成訳『**パワーエリート（上下）**』東京大学出版会（UP選書）

C．E．メリアム著，有賀弘・斎藤直訳『**政治権力（上下）**』東京大学出版会（UP選書）

松本礼二，川出良枝著『**近代国家と近代革命の政治思想**』放送大学教育振興会★
　⬤政治思想全般をつかむにはオススメの一冊。流れが非常に分かりやすくつかめる。

慎斗範著『**比較政治学**』信山社出版

M．A．アイゼンバーグ著，石田裕敏訳『**コモンローの本質**』木鐸社

樋口陽一著『**憲法入門**』勁草書房★
　⬤憲法の本質が分かりやすく理解できる。とにかく読んでほしい。本質に迫るために。

樋口陽一著『**憲法　近代知の復権へ**』東京大学出版会★
　⬤樋口氏の『**憲法入門**』を読んだ人に贈る上級編。憲法の尊さを理論的に伝えている。

西修著『**日本国憲法を考える**』文春新書★
　⬤樋口氏の『**憲法入門**』と合わせて読んでほしい。西氏は改憲論を展開するのだが，改憲の側の理論的根拠を把握するための良書。学問は先ず偏らないことが大切。

丸山和也著『**行列のできる弁護士　正義の判決**』小学館★
　⬤将来弁護士になりたい人はオススメ。

渡辺洋三著『**日本をどう変えていくのか**』岩波新書★
　⬤日本社会の論点と対策がコンパクトに理解できる。小論文対策にもオススメ。

門田隆将著『**裁判官が日本を滅ぼす**』新潮社

福岡政行著『**手にとるように政治のことが分かる本**』かんき出版

萩野芳夫著『**外国人と法**』明石書店

牧英正，藤原明久編『**日本法制史**』青林書院

E．W．サイード著，中野真紀子・早尾貴紀訳『**戦争とプロパガンダ**』みすず書房★
　⬤本当にオススメしたい。西洋近代とオリエント，そして戦争の本質が目に見えるように分かる。特に一つの価値としてこの本を位置づけてほしい。2.3.4ともに良書なので，休日にゆっくりと読み味わってほしい。

E．W．サイード著，中野真紀子訳『**戦争とプロパガンダ2－パレスチナは今－**』みすず書房

E．W．サイード著，中野真紀子訳『**イスラエル・イラク・アメリカ－戦争とプロパガンダ3－**』みすず書房

E．W．サイード著，中野真紀子訳『**裏切られた民主主義－戦争とプロパガンダ4－**』みすず書房

松本清張著『**日本の黒い霧（上下）**』文春文庫★
　⬤特に下山事件を追った「下山国鉄総裁謀殺論」は，戦後の日本の本質が透けて見えてくる。迫りくるGHQとの攻防が見えてくる。今すぐ読むべし。

保阪正康著『**昭和史の7つの謎**』講談社文庫

西里扶甬子著『**生物戦部隊731**』草の根出版会★
　⬤綿密資料分析に基づく，客観的な歴史書。忘れてはならない歴史を直視しよう。

W．リップマン著，掛川トミ子訳『**世論（上下）**』岩波文庫★
　⬤高校時代に読んだ一冊。ここからメディアに憧れ，かつメディアの改革を夢見た。ジャーナリストを希望するすべての人に読んでほしい。

ノーム・チョムスキー著，鈴木主税訳『**メディア・コントロール**』集英社新書★
　⬤国家が個人の集団化をさせずに，メディア操作を都合のいいように推し進めていく過程を筆者独自の観点から展開している。とにかく読みやすい。それはおそらく筆者自身が伝えたいものを直球でぶつけているからだろう。そして彼の生き様にも注視したい。

原克著『**悪魔の発明と大衆操作**』集英社新書

曽良中清司著『**権威主義的人間**』有斐閣選書

ジョゼフ・ナイ著，山岡洋一訳『**アメリカへの警告**』日本経済新聞社

高橋和夫著『アメリカのイラク戦略』角川ONEテーマ21★
- イラク問題を素早く体系的に理解できる。特にアメリカの中東政策を「もぐらたたき」と表現するなど，読みやすさはピカイチだろう。

高橋和夫著『国際政治―新しい世界像を求めて―』放送大学教育振興会

マイケル・ムーア著，松田和也訳『アホでマヌケなアメリカ白人』柏書房★
- 是非高校生にも読んでほしい。彼の絶妙なトーク調の文章はすらすら読める。さらに綿密なデータには感服する。

川村亨夫著『誰も気がつかないブッシュの世界戦略』ダイヤモンド社

池上彰著『そうだったのか現代史』集英社★
- 報道の世界にいる著者が，図解を用いながら丁寧に解説している。

日高義樹著『アメリカの世界戦略を知らない日本人』PHP研究所

共に，アマルティア・セン著『人間の安全保障』集英社新書★，『貧困の克服』集英社新書★

E.W.サイード著『知識人とは何か』平凡社ライブラリー

最上敏樹著『人道的介入』岩波新書

最上敏樹著『いま平和とは』岩波新書★

藤原帰一著『デモクラシーの帝国』岩波新書

E.W.サイード著『イスラム報道』みすず書房

阿部謹也著『「世間」とは何か』講談社現代新書★

丸山真男著『日本の思想』岩波新書

猪瀬直樹著　猪瀬直樹全集8『日本人はなぜ戦争をしたか　昭和16年夏の敗戦』小学館

猪瀬直樹著『空気と戦争』文芸新書

猪瀬直樹著『道路の権力』文芸春秋

R.A.ダール著『デモクラシーとは何か』岩波書店

ノーム.チョムスキー著『9.11　アメリカに報復する資格はない！』文春文庫

●経済分野

堂目卓生著『アダム・スミス　～道徳感情論と国富論の世界～』中公新書

藪下史郎，荒木一法著『スティグリッツ　早稲田大学講義録　グローバリゼーション再考』光文社新書

橋本健二著『階級社会～現代日本の格差を問う～』講談社選書メチエ

N.グレゴリー・マンキュー著　足立英之，石川城太，小川英治，地主敏樹，中馬宏之，柳川隆訳『マンキュー経済学　第2版　I　ミクロ編』東洋経済新報社

N.グレゴリー・マンキュー著　足立英之，石川城太，小川英治，地主敏樹，中馬宏之，柳川隆訳『マンキュー経済学　第2版　II　マクロ編』東洋経済新報社

白石嘉治・大野英士編　『ネオリベ現代生活批判序説』新評論

ダニエル・ヤーギン＆ジョゼフ・スタニスロー著，山岡洋一訳『市場対国家』日経ビジネス人文庫★
- ケインズ理論がどのように政治的に採用されたか。そして市場と国家がいかにあるべきか。スリリングに経済史が摑める一冊。　ただ少し難解かもしれない。

寺島実郎著『国家の論理と企業の論理』中公新書★
- 大学時代に読んだ一冊。経済のみならず，日米関係，安保問題，なども含めて，21世紀の社会，経済の向かうべき方向が明確に示されている。寺島氏の知性に心から感動した。

F．A．ハイエク著，西山千明訳『隷属への道』春秋社★
- 国家による計画・統制経済の非効率さ。そして個人の自由と競争を基礎とする自由主義経済の重要性を説いた名著。「マルクスを殺した男」とも呼ばれている。「私有財産は自由の最重要の基礎である。（ハイエク）」暇になると読み返してしまう一冊である。

宇沢弘文著『経済学と人間の心』東洋経済新報社

金子勝著『日本再生論』NHKブックス

アマルティア・セン著，大石りら訳『貧困の克服』集英社新書★
- アジア初のノーベル経済学賞を受賞し

たセン。日本やアジア経済再生の鍵は，「経済至上主義路線」ではなく，「人間を中心とした経済政策」への転換だと主張する。必ず読んでおきたい一冊。

水田洋，玉野井芳郎著『**経済思想史読本**』東洋経済新報社★

　◯おそらくこれを読めば，経済の大まかな仕組みとその歴史が理解できるばすである。

ジョゼフ・E・スティグリッツ著，藪下史朗・秋山太郎・金子能宏訳『**ミクロ経済学**』東洋経済新報社

ジョゼフ・E・スティグリッツ著，藪下史朗・秋山太郎・金子能宏訳『**マクロ経済学**』東洋経済新報社

ジョゼフ・E・スティグリッツ著，藪下史朗・秋山太郎・金子能宏訳『**入門経済学**』東洋経済新報社★

　◯少々値段が高いのだが，経済学部の学生や，経済学部を志望する学生ならば，図なども多いのでしっかりと経済学を知ることができる。私は辞書的に活用している。

入江雄吉著『**ケインズの一般理論を読む**』PHP研究所

篠原総一著『**わかる！ミクロ経済学**』有斐閣

伊藤元重著『**マクロ経済学**』日本評論社

伊藤元重著『**入門経済学**』日本評論社★

　◯伊藤氏は個人的に好きな経済学者である。オーソドックスな形式での丁寧な理論説明が，理解しやすい。ただし学生向けではある。一部の大学では教科書になっている模様。

嶋村紘輝，横山将義著『**図解雑学　ミクロ経済学**』ナツメ社★

　◯この本だけでなく，図解雑学シリーズは是非高校生にもオススメしたい非常に分かりやすい本である。授業前に一読すると良い予習にもなることだろう。

井堀利宏著『**図解雑学　マクロ経済学**』ナツメ社★

林宜嗣著『**基礎コース　財政学**』新世社

重森暁・鶴田廣巳・植田和弘著『**Basic　現代財政学**』有斐閣

田中治彦著『**南北問題と開発教育**』亜紀書房

小林好宏著『**公共事業と環境問題**』中央経済社

広瀬隆著『**世界金融戦争**』NHK出版★

広瀬隆著『**世界石油戦争**』NHK出版★

　◯英国・米国の石油戦略と国際経済との関係が驚くほどリアルにつながる一冊。米国の中東政策の裏側を概観できる。

日本銀行国際収支統計研究会著『**入門　国際収支**』東洋経済新報社

野本哲嗣・浅井宏著『**図解雑学　国際金融**』ナツメ社★

小野晋也著『**日本は必ず米国に勝てる**』小学館文庫

伊藤元重著『**グローバル経済の本質**』ダイヤモンド社

スティグリッツ著『**早稲田大学講義録**』光文社新書★

●その他　教科書・資料

『**世界国勢図会**』矢野恒太記念会，

『**日本国勢図会**』矢野恒太記念会，

山川出版社『**政治・経済用語集**』，

山川出版社『**世界史B用語集**』，

山川出版社『**日本史B用語集**』，

山川出版社『**現代社会用語集**』，

駿台文庫『**倫理・政治経済用語資料集**』，

『**高等学校政治・経済**』第一学習社，

『**新政治経済**』桐原書店，

『**新　政治経済**』清水書院，

『**高校政治経済**』実教出版，

『**新資料集　政治・経済**』一橋出版，

『**新政治・経済資料**』実教出版，

『**資料政・経**』東学，

『**詳説日本史研究**』山川出版社，

『**詳説世界史研究**』山川出版社，

『**知恵蔵**』朝日新聞社，

『**imidas**』集英社，

『**日本の論点**』文芸春秋。

その他，各省庁ホームページ

以上主要な参考文献。他にも補助文献多数あり。

□ はチェックボックスとして使ってください。

488

498

な

に

501

畠山のスパッとわかる政治・経済　爽快講義　改訂第6版

初版第1刷発行 …………	2003年 9月15日
初版第10刷発行 ………	2006年12月20日
改訂版第1刷発行 ………	2007年 4月 1日
改訂版第8刷発行 ………	2010年 8月15日
改訂第3版第1刷発行 …	2010年10月 1日
改訂第3版第5刷発行 …	2012年10月20日
改訂第4版第1刷発行 …	2012年12月20日
改訂第4版第5刷発行 …	2015年10月30日
改訂第5版第1刷発行 …	2016年11月30日
改訂第5版第3刷発行 …	2018年 9月30日
改訂第6版第1刷発行 …	2020年 3月10日
改訂第6版第4刷発行 …	2021年10月10日

著者 …………………………	畠山創
発行者 ……………………	藤井孝昭
発行 ……………………	Ｚ会
	〒411-0033
	静岡県三島市文教町1-9-11
	TEL 055-976-9095
	https://www.zkai.co.jp/books/
本文制作 …………………	株式会社ファイン・プランニング
組版所・本文デザイン …	有限会社トーキョー工房
印刷・製本 ………………	図書印刷株式会社